에너지 경제학

김동훈

Energy Economics

박영사

대현에게

머리말

에너지는 단순한 생산 요소를 넘어, 현대 문명의 생명선이라 할 수 있다. 우리가 사용하는 거의 모든 재화와 서비스는 에너지 투입을 전제로 하며, 산업 활동, 교통, 통신, 주거에 이르기까지 인간 삶의 모든 영역은 에너지에 의해 유지되고 발전한다. 특히 산업화 이후 에너지의 안정적 공급과 효율적 활용은 경제성장의 핵심 동력으로 작용해 왔다. 하지만 동시에, 에너지는 지정학적 갈등의 원인이자, 지구환경 위기의 핵심 요인으로 작용해 왔다.

러시아-우크라이나 전쟁 이후 세계 에너지 시장이 격동을 겪으면서, 우리는 에너지가 단지 기술적·물리적 자원이 아니라, 국가 안보와 외교, 산업 정책, 복지에 이르기까지 깊이 얽혀 있는 전략적 자산임을 다시금 확인하고 있다. 특히, 에너지 수입 의존도가 높은 국가들은 공급망 안정성 확보와 가격 변동성 완화라는 이중의 과제에 직면하고 있다. 이러한 현실은 에너지를 경제학의 시각에서 보다 정교하게 분석하고 이해할 필요성을 강하게 제기한다. 동시에, 에너지 문제는 기후변화 대응이라는 인류 공동의 도전과도 직결되어 있다. 전 세계 온실가스 배출의 약 70% 이상이 에너지 생산과 소비에서 비롯되며, 이에 따라 에너지 시스템의 전환 없이는 기후 목표 달성이 불가능하다. 이는 단지 기술적 혁신의 문제가 아니라, 시장 설계, 가격 체계, 보조금 정책, 외부효과의 내부화, 형평성과 지속가능성의 균형 등 다차원적 경제학적 문제를 포함한다. 따라서 오늘날 에너지 문제는 경제학의 중심 주제로서, 환경과 성장, 효율성과 형평성, 단기와 장기라는 복잡한 균형을 요구하는 정책적 핵심 이슈로 자리매김하고 있다.

『에너지 경제학』은 이러한 문제의식에 바탕을 두고 집필되었다. 이 책은 에너지 시장의 작동 원리와 제도적 구조를 이해하고, 석유·가스·석탄·전력·재생에너지 등 다양한 에너지원의 수급 구조와 가격 메커니즘을 분석하며, 나아가 효율성, 에너지 안보, 기후변화 대응, 지속가능성 등 주요 정책 이슈들을 경제학적으로 고찰하는 것을 목표로 한다.

본서는 총 네 개의 부로 구성되어 있다. 제I부에서는 에너지 경제학의 이론적 기반을 다룬다. 에너지 수요와 공급, 자원의 동태적 배분, 시장구조 및 게임이론 등 경제학의 주요 개념들이 에너지 분야에 어떻게 적용되는지를 살펴본다. 제II부는 주요 에너지원의 특성과 시장구조, 국제적 흐름을 분석한다. 석유, 천연가스, 석탄 등 전통적 화석연료에서부터 원자력과 재생에너지까지, 각각의 기술적·지리적·정책적 특성을 비교함으로써 에너지 전환의 과제를 조망한다. 제III부는 전력시장이라는 특수한 부문에 집중한다. 실시간 수급 균형, 송배전 제약, 저장 불가능성 등 전력의 기술적 특성을 고려하여, 시장 설계와 규제, 구조개편의 이슈를 다룬다. 제IV부는 에너지 정책의 핵심 주제들을 포괄한다. 에너지 효율성, 에너지 안보, 기후변화 대응 정책, 지속가능한 에너지 체계 설계 등 다양한 논점이 포함된다. 보다 구체적인 구성과 각 장의 내용은 제1장에서 자세히 소개한다.

이 책은 에너지 문제를 경제학적으로 이해하고자 하는 학부 및 대학원 수준의 학생은 물론, 정책 입안자, 실무자, 연구자 등 에너지 분야의 다양한 이해관계자들에게 이론적 틀을 제공하고자 하였다. 이 책에서 다루는 내용들은 한국의 에너지 시장이나 정책을 다루기 보다는 보다 일반적인 이론과 여러 국가들의 현황을 비교하는 관점에서 집필하였다. 각 장은 이론과 실제, 국내외 사례, 도표와 수치를 적절히 활용하여 구성되었으며, 국제기구의 주요 보고서, 국내외 에너지 통계, 최신 연구 성과를 반영함으로써 실증성과 시의성을 높이고자 했다. 특히 복잡하게 얽힌 에너지 이슈를 경제학의 언어로 명료하게 설명하고, 정책 대안을 탐색할 수 있는 기반을 제공하고자 노력하였다.

이 책을 집필하는 과정에서 많은 분들의 도움을 받았다. 학회나 세미나를 통해 영감을 주고 조언을 아끼지 않은 동료 학자들께 감사드리며, 자료 정리와 문헌 조사에 헌신해 준 연구실 조교들에게도 깊이 감사드린다. 저자 나름대로는 오랜 기간의 공부의 결과를 책으로 엮어보려고 하였으나 내용의 깊이와 폭에서 많은 한계가 있다고 판단된다. 추가적인 내용과 오류들은 향후 개정판을 통해서 수정해 나가고자 한다.

마지막으로, 언제나 곁에서 응원해 준 가족들에게 고마움을 전하고자 한다. 책을 집필하던 중 우리 곁을 떠난 사랑하는 아들, 고 김대현 군에게 이 책을 바친다.

2025년 가을

저자 씀

목 차

I

에너지 시장의 기초 이론

제1장

에너지 경제학 서론

1 에너지의 역사

에너지는 인류의 삶 전반에 걸쳐 결정적인 역할을 해 왔다. 일상적인 생활 유지부터 복잡한 사회경제적 활동에 이르기까지, 에너지는 인간 문명의 기반을 이루는 핵심 자원이다. 안정적인 에너지 공급 없이는 현대사회의 생활 조건과 생산 체계를 유지하는 것이 사실상 불가능하다.

인류 초기에는 사냥과 채집을 통해 야생 동식물에 저장된 생물학적 에너지를 소비함으로써 생존을 유지하였다. 이후 농경사회로의 전환은 작물 재배와 가축 사육을 통해 보다 지속적이고 예측 가능한 에너지원을 제공하였으며, 에너지 잉여를 축적할 수 있는 기초를 마련하였다(Fouquet, 2008). 이는 인구 증가와 사회 조직의 발전, 기술 진보의 기반이 되었고, 에너지 사용의 양적·질적 전환을 유도하였다.

산업혁명은 에너지 이용의 역사에서 획기적인 전환점을 제공하였다. 석탄을 중심으로 한 화석연료의 대규모 사용은 증기기관의 작동, 대량생산 체제, 철도 및 선박 운송의 발전을 가능하게 하였으며, 이는 전례 없는 경제 성장과 산업 확장을 초래하였다. 20세기 이후에는 석유와 천연가스가 주요 에너지원으로 자리 잡으며 산업, 운송, 가정 부문 전반에서 핵심적 역할을 담당하게 되었다(Smil, 2017).

화석연료 기반의 에너지 시스템은 인류에게 막대한 동력과 경제적 성과를 제공했지만, 동시에 심각한 환경 문제를 초래하였다. 이산화탄소(CO_2), 메탄(CH_4), 이산화질소(N_2O) 등의 온실가스 배출은 기후변화의 주된 원인이 되었고(IPCC, 2014), 이는 인류가 직면한 가장 중대한 글로벌 도전 중 하나로 부각되었다.

이에 따라 오늘날 각국은 재생에너지와 원자력 등 저탄소 에너지로의 전환을 시도하고 있으며, 탄소중립과 에너지 안보를 동시에 달성하려는 다양한 정책을 추진하고 있다. 그러나 국가별 에너지 자원의 분포, 기술 수준, 제도적 여건이 상이하기 때문에 에너지 전환 경로는 일률적일 수 없으며, 친환경 에너지로의 이행은 여전히 복잡하고 도전적인 과제다.

에너지는 인간 문명의 진화, 경제구조의 형성, 기술혁신과 무역, 환경 변화에 이르기까지 다차원적인 영향을 미치는 자원이다. 본 절에서는 과거의 에너지 이용사, 현대의 에너지 과제, 그리고 미래의 지속가능한 에너지 전환 방향을 중심으로 에너지의 역할을 총체적으로 고찰하고자 한다.

(1) 과거: 에너지와 산업혁명

산업혁명은 인류의 역사에서 에너지 체계가 근본적으로 변화한 결정적인 전환점이었다. 이 시기를 통해 에너지는 단순한 생활 수단을 넘어, 경제와 사회 구조의 변화를 이끄는 핵심 동력으로 작용하게 되었다. 특히 화석연료의 대규모 이용은 인류가 이전에는 경험하지 못했던 산업화의 가속화와 경제 성장의 비약을 가능하게 하였다(Mokyr, 1990).

이러한 전환의 중심에는 석탄이 있었다. 석탄은 증기기관, 기계화된 공장, 철도 및 선박 운송 체계에 필수적인 에너지원을 제공하였으며, 나무와 축력 등 전통적인 에너지원으로부터의 이행을 가능하게 하였다. 제임스 와트가 개발한 증기기관의 기술적 혁신은 석탄의 활용을 극대화하였고, 이는 섬유, 철강, 운송 등 에너지 집약적인 산업 부문의 성장을 뒷받침하였다(Allen, 2009).

석탄을 기반으로 한 증기기관은 단순한 기계 장치를 넘어 산업 생산의 핵심 동력이 되었으며, 철도와 증기선의 보급을 통해 국가 간 무역을 촉진하고 세계 경제의 통합을 가속화하는 데 기여하였다(Pomeranz, 2000). 이러한 변화는 에너지 사용 방식의 혁명뿐 아니라 노동, 도시화, 글로벌 무역구조에 이르기까지 전방위적인 사회경제적 구조 변화를 초래하였다.

이후 20세기 들어 석탄뿐 아니라 석유와 천연가스의 활용이 본격화되면서 화석연료 중심의 에너지 시스템이 정착되었다. 특히 석유는 내연기관 기술의 확산과 함께 운송 부문의 핵심 에너지원이 되었으며, 동시에 화학 산업과 플라스틱 산업의 주요 원료로 활용되었다(Smil, 2017). 화석연료의 활용 확대는 생산성과 경제성장의 주된 기반이 되었지만, 에너지 안보와 자원 분배를 둘러싼 지정학적 갈등 또한 심화시켰다. 이로 인해 에너지 자원에 대한 통제는 국제정치에서 핵심 이슈로 부상하게 되었다(Yergin, 2008).

그러나 화석연료의 전방위적 사용은 대기오염, 온실가스 배출, 기후변화 등 중대한 환경 문제를 초래하였다. 화석연료 연소는 대기 중 이산화탄소 농도를 급격히 증가시켰으며, 이는 인류가 직면한 가장 심각한 생태적 도전 중 하나로 간주되고 있다(IPCC, 2014b).

(2) 현재: 현대사회에서의 에너지

현대사회에서도 에너지는 경제 활동과 인간 후생의 초석으로 남아 있다. 그러나 에너지 지형은 에너지 수요를 충족시키면서 환경의 지속가능성을 고민해야 하는 이중도전에 직면해 있다.

현대 경제는 에너지 시스템과 깊이 연관이 되어 있다. 에너지는 산업에 동력을 제공하고, 가정에 열을 제공하고, 교통과 통신 네트워크 연결을 가능하게 한다. 에너지 공급의 안정성은 경제 안정과 성장의 필수 요소가 되었다. 오늘날과 같이 세계화된 경제에서 에너지는 국제무역과 지정학에 중심적인 역할을 한다. 석유와 천연가스와 같은 에너지원의 가격과 이용가능성 여부는 경제적 성과와 국제관계에 중대한 의미를 내포하고 있다. 예를 들면, 석유가격의 급격한 변동은 인플레이션을 촉발하고 무역수지에 영향을 미치며 경기 후퇴를 초래할 수 있다(Kilian, 2008). 결국, 많은 국가들이 에너지 인프라에 투자를 하면서 경제적 활동을 지원하기 위한 에너지원을 확보하기 위한 방안을 모색하고 있다.

현대사회가 마주하고 있는 가장 심각한 이슈는 에너지 소비가 환경에 미치는 영향이다. 특히 기후변화의 주요한 요인이 되고 있는 화석연료의 역할에 관한 것이다. 화석연료의 연소는 지구온난화, 생태계, 기후 변화와 해양 수위에 영향을 미치는 온실가스 배출의 주요한 요인이다(IPCC, 2014b). 기후변화의 원인과 결과가 점점 드러나면서 정부와 산업계는 청정에너지원으로의 이행과 에너지 효율성을 향상에 대한 가중되는 압력을 느끼고 있다. 이러한 전환은 새로운 기술에 대한 투자, 전환을 뒷받침 해줄 규제 프레임워크의 창출, 화석연료 사용으로부터 멀어지는 데 따르는 사회적·경제적 효과에 대한 설득을 필요로 한다. 따라서 현재의 에너지 정책 지형은 환경적 지속가능성과 경제성장의 균형을 도모하는 노력들로 특징지워 진다. 이러한 노력은 국제협력과 혁신적인 문제해결 능력을 필요로 한다.

(3) 미래: 지속가능한 에너지와 기후변화 대응

향후 글로벌 에너지 시스템은 전 세계가 보다 지속가능한 저탄소 에너지 모델로 전환하는 과정에서 구조적인 변화를 경험할 것으로 전망된다. 이 전환은 재생에너지의 확산, 에너지 효율성의 향상, 그리고 새로운 기술의 개발을 통해 이루어질 것으로 예상된다.

에너지의 미래는 점진적으로 화석연료에서 벗어나 태양광, 풍력, 수력과 같은 재생가능한 에너지원 중심으로 이동하고 있다. 이러한 재생에너지는 탄소배출이 거의 없기 때문에 기후변화 완화와 온실가스 감축에 필수적인 역할을 한다. 기술 발전에 따른 태양광 패널, 풍력터빈, 에너지 저장장치의 비용 하락은 재생에너지의 경제성을 강화시키고 있으며, 기존 화석연료와의 경쟁력을 점차 확보해 나가고 있다. 또한 보조금, 세금 인센티브, 재생에너지 의무 할당제도(RPS)와 같은 정책적 지원이 청정에너지 채택을 촉진하고 있다. 하지만 이러한 전환은 도전과제 없이 진행되는 것은 아니다. 재생에너지의 간헐성을 보완하고 이를 기존 전력 그리드에 통합하는 문제, 청정에너지 혜택의 공정한 분배와 같은 사회적 형평성 이슈가 동반된다.

기술혁신은 향후 에너지 시스템 재편의 핵심 동인이 될 것이다. 에너지 저장 기술, 스마트 그리드, 고효율 기기 및 건축물의 확산은 에너지의 안정성과 지속가능성을 동시에 향상시킬 수 있다. 특히, 고성능 배터리와 기타 저장 시스템의 발전은 태양광과 풍력의 간헐성 문제를 완화하고, 초과 생산된 에너지를 저장하여 수요가 높을 때 사용할 수 있도록 해 준다(Farhangi, 2010). 스마트 그리드는 에너지 소비 및 배분의 효율성을 제고하며, 전력 시스템의 유연성과 신뢰성을 높이는 역할을 수행한다. 또한 건물, 운송, 산업 부문의 에너지 효율 향상은 에너지 수요를 절감하고 환경 영향을 최소화하는 데 중요한 기여를 한다(Sorrell, 2007).

에너지 및 환경 문제는 그 특성상 국가 간 경계를 초월한 지구적 과제이기 때문에, 국제적인 협력과 정책적 연대가 필수적이다. 2015년 채택된 파리협정은 온실가스 감축을 위한 국가별 기여(NDCs)를 기반으로 기후변화 대응을 국제적으로 제도화한 대표적인 협약이며, 지구 평균 기온 상승을 산업화 이전 대비 1.5~2℃ 이내로 제한하려는 글로벌 목표를 담고 있다(UNFCCC, 2015).

지속가능한 에너지 미래로의 전환을 위해서는 기술 개발뿐 아니라 정책 조정과 국제 공조가 병행되어야 한다. 특히, 개발도상국의 청정에너지 프로젝트에 대한 재정적 지원, 기술이전, 탄소가격 도입과 같은 국제적인 제도 설계가 필요하다(Aldy & Stavins, 2012).

2 에너지와 경제의 상호 작용

에너지는 거의 모든 경제 활동의 근원적인 투입요소인 반면 경제적 의사결정은 에너지 수요와 공급을 결정한다. 이 절에서는 경제성장, 에너지 시장과 경제의 상호 작용, 그리고 환경적 측면에서 에너지와 경제의 연관관계에 대해서 살펴보기로 하자.

(1) 에너지와 경제성장

에너지는 경제성장과 산업화 과정을 이끄는 주요 요인이다. 산업화 초기 단계에서, 경제성장은 에너지 소비의 증가를 수반한다. 석탄, 석유, 천연가스, 수력, 원자력 등의 1차 에너지는 경제성장과 직접적으로 연관이 되어 있다. 특히, 산업화 초기 단계에서는 제조업, 운송 등에서의 에너지 수요가 증가함에 따라 에너지 소비가 빠르게 증가하였고 이는 화석연료에 대한 의존도를 높이는 역할을 하였다(Patterson, 1996).

경제가 발전함에 따라 에너지 효율성은 증가하나 절대적인 에너지 소비 또한 지속적으로 확대되는 경향이 있다. 경제적 산출량(예 GDP) 단위당 에너지 소비를 나타내는 에너지 집중도는 에너지 효율성과 경제구조의 변화를 계측하는 중요한 도구로 사용된다. 일반적으로, 경제가 성숙됨에 따라는 에너지 집약도가 낮은 산업으로 전환되고 기술 혁신이 진행됨에 따라 에너지 집중도가 감소하는 경향을 보인다(Sorrell, 2010).

경제성장은 산업구조의 변화를 수반하고 이는 에너지 수요를 변화시킨다. 산업화 초기 단계에서는 제조업이나 중공업 등 에너지 집약도가 높은 산업이 주를 이룬다. 그러나 경제가 성숙단계로 접어들면서 서비스 산업의 비중이 높은 경제구조로 전환이 되고 에너지 수요를 감소시키는 요인으로 작용한다(Kander, 2002). 가령, 철강, 화학, 시멘트 산업은 에너지 집약적인 산업으로 초기 경제성장 단계에서 에너지 수요를 끌어올리는 주요 원인이었다. 이러한 산업들은 보통 화석연료에 의존도가 아주 높다(Smil, 2017). 경제가 성장함에 따라 점진적으로 서비스 부문으로 이행하고 정보통신(ICT)과 같은 고부가가치 산업이 출현하게 된다. 이러한 산업부문은 상대적으로 에너지 집약도가 낮으며 이는 에너지 소비와 경제성장의 경로를 분리시키는 역할을 한다(Aghion & Howitt, 2009).

(2) 에너지 시장과 경제의 상호작용

에너지 시장과 경제는 복잡하게 연결이 되어 있다. 에너지 시장의 변동은 경제 성과에 광범위하게 영향을 미친다. 반대로, 경제 동향과 정책 의사결정은 에너지 시장 동학을 결정하는 데 중요한 역할을 한다.

에너지 가격은 경제 활동에 중요한 역할을 한다. 가령, 에너지 가격의 변동은 인플레이션, 실업, 경제성장 등 글로벌 경제에 지대한 영향을 미쳐왔다(Hamilton, 1983). 역사적으로, 석유가격의 급격한 인상은 경제 불황과 연관이 되어 왔다. 예를 들어, 1970년대의 오일 쇼크는 세계경제에 심각한 영향을 미침으로써 에너지 정책에 대한 재평가와 대체에너지를 탐색하는 계기가 되었다. 에너지 가격이 상승은 에너지 집약도가 높은 산업이 생산비용을 증가시켜 산업 경쟁력을 약화시키는 역할을 한다. 또한 고 에너지 비용은 소비자의 가처분 소득을 감소시켜 지출감소와 경제 수축을 야기할 수 있다(Kilian, 2008).

정부 정책은 에너지 시장을 형성하는 데 중요한 역할을 한다. 에너지 보조금, 탄소세, 배출권거래제 등의 정책은 에너지 가격, 시장 행태, 그리고 자원 배분에 중대한 영향을 미친다. 많은 국가들에서 에너지 보조금은 소비자와 생산자의 에너지 비용을 감소시키는 역할을 해왔지만 한편으로는 시장왜곡과 비효율적인 에너지 사용을 일으키는 원인이다(Coady et al., 2015). 탄소세나 배출권거래제와 같이 온실가스를 줄이기 위한 정책들이 점차 채택되고 있으며 이는 에너지 소비의 증가가 환경에 미치는 악영향을 감소시키기 위한 것이다. 이러한 정책들은 청정에너지를 사용을 늘이고, 에너지 효율성을 증대시키며 궁극적으로 지속가능한 에너지 시스템으로 전환하기 위한 것이다(Nordhaus, 2007).

(3) 에너지와 환경의 상호 작용

에너지 소비는 환경에 중대한 영향을 미치는데, 특히, 온실가스와 공해의 형태로 영향을 미친다. 에너지 사용과 환경의 상호 작용을 이해하는 것은 경제성장과 환경 지속가능성의 균형을 맞추는 정책개발에 매우 중요한 역할을 한다.

화석연료와 같은 에너지 소비는 환경오염과 온실가스 배출의 주요한 요인이고 기후변화와 다른 환경문제를 유발하고 있다. 화석연료의 연소는 상당한 양의 이산화탄소(CO_2), 메탄(CH_4), 그리고 이산화질소(N_2O)와 같이 지구온난화에 기여하는 물질은 배출하고 있다. 석탄과 석유의 사용은 이러한 배출의 주요 원인이다(IPCC, 2016b). 또한, 화석연료 사용은 미세먼지(PM2.5), 황산화물(SOx), 그리고 질소산화물(NOx) 등의 오염물을 발생시켜 대기의 질을 악화시키고 건강 악화를 초래하고 있다(WHO, 2016).

지속가능한 발전을 위해서는 재생에너지를 비롯한 무탄소 에너지원의 사용을 확대하고 에너지 효율을 개선해 나가는 것이 필요하다. 이러한 전환은 온실가스 배출과 에너지 소비에 의한 환경피해를 줄이는 데 큰 역할을 할 것이다. 태양광, 풍력, 수력, 그리고 바이오 연료와 같은 재생에너지 사용은 화석연료에 대한 대체에너지로서 에너지 생산과 소비에 의한 환경 족적을 줄여나가는 데 기여할 것이다. 재생에너지 사용의 확대는 기술진보와 정책적 지원에 크게 의존할 것이다.

에너지 효율성을 높이는 것은 경제성장을 유지하면서 환경피해를 최소화시키는 중요한 전략이다. 에너지 효율성 향상은 경제적 산출량을 희생하지 않고서도 에너지 소비를 줄이는 데 기여할 수 있어서 지속가능한 에너지 정책의 주요한 요소로 평가되고 있다. 건물, 운송과 산업 등 다양한 부문에서 에너지 효율성 향상을 달성하기 위해서는 기술진보와 제도적 지원이 필요하다(Patterson, 1996).

3 에너지 경제학의 정의 및 범위

에너지 경제학은 에너지의 생산, 분배 그리고 소비 등 에너지 자원의 경제적 측면의 문제들은 분석하는 학문분야이다. 에너지 경제학의 주요 목표는 에너지 자원의 효율적인 이용과 시장에서의 배분, 에너지 관련 정책의 영향, 에너지와 환경의 상호 작용을 분석하는 것이다(Bhattacharyya, 2011). 에너지 경제학의 분석 대상은 전력, 석유, 천연가스, 석탄, 재생에너지 등 주요 에너지원 전반을 포괄한다. 각 에너지원의 물리적 특성과 시장구조, 가격 결정 메커니즘, 정책 도구 등을 이해하는 것이 이 학문의 핵심이다.

에너지 경제학은 에너지 소비의 경제적 원리와 탐사, 개발, 생산 및 에너지 재화의 운송을 포함하는 에너지 공급에 대하여 공부하는 응용 학문이라 할 수 있다. 또한, 에너지 자원 거래를 위한 시장 설계, 에너지 사용에 따른 사회적, 환경적 영향 및 에너지 정책 등에 대하여 연구를 한다. 에너지 관련 이슈에 대한 연구들은 기존에도 분석이 되었지만 에너지 경제학이 학문체계로 성장한 것은 제1차 오일쇼크 이후라 할 수 있다. 1973－74년도의 급격한 오일 가격 인상은 경제발전에 있어서 에너지의 중요성을 각인시키게 된다(Yergin, 2006). 그 이후 에너지 경제학은 응용학문으로서 급속한 성장을 하게 된다.

에너지 경제학은 미시경제학, 자원경제학, 환경경제학 그리고 생태학 등 다양한 분야와 관련되어 있으며 에너지 관련 이슈를 분석하기 위해서 다양한 경제 이론과 도구를 활용한다(Bhattacharyya, 2011). 또한, 에너지 경제학은 에너지 자원의 경제적 특성과 에너지 시장의 기능을 이해하는 것과 관련되어 있다. 에너지가 경제성장, 환경보호, 그리고 사회적 후생에 미치는 영향을 분석하며 이러한 기반을 바탕으로 정책 제시를 하는 것이 에너지 경제학의 역할이다.

에너지 경제학은 다양한 범위를 분석 대상으로 다루고 있다. 분석의 가장 중요한 부분은 에너지 수요와 공급에 대한 연구이다. 이 분야는 에너지 수요와 공급의 결정 요인과 에너지 시장에서 균형가격의 결정과정에 대해서 분석한다. 그리고 균형 가격 결정 요인들이 에너지 시장의 효율에 미치는 영향에 대해서도 다루고 있다(Pindyck, 1979). 에너지 시장의 성과는 에너지 시장의 구조에 의하여 영향을 받는데 시장구조와 경쟁의 정도, 독점적 요소의 존재 여부, 그리고 시장 실패의 가능성 등이 에너지 경제학의 연구 대상으로 포함된다. 그리고 국제에너지 시장의 역할 및 OPEC과 같은 기구가 국제 에너지 가격에 미치는 영향을 연구한다.

에너지 소비와 환경의 상호 작용 또한 에너지 경제학의 중요 분야이다. 에너지 사용이 기후변화나 환경오염에 미치는 영향에 대해서 분석하며 지속가능한 에너지 시스템으로의 전환과 탄소배출을 줄이고 청정에너지 활용을 확대하기 위한 정책을 연구한다(Nordhaus, 2007).

에너지 정책과 규제 분야는 에너지 시장에서 조세, 정부 보조금 그리고 가격 규제 및 환경규제가 시장효율성에 미치는 영향을 분석한다. 이러한 분석은 환경 보호와 경제성장을 동시에 달성하면서 시장효율성을 향상시키기 위한 것이다.

에너지 경제학은 국제협력과 에너지 안보에 대해서도 연구한다. 이 분야는 안정적인 에너지 자원의 공급에 관한 이슈를 다루며 국제협력, 에너지 자립과 자원 갈등에 대한 내용을 포괄한다. 또한, 이 분야는 지정학적 위협으로부터 에너지 안보를 유지하기 위한 전략 등을 고려한다(Yergin, 2006).

4 에너지 경제학의 방법

에너지 경제학은 다른 경제학 분야와 마찬가지로 수요와 공급을 분석하는 경제학의 분석 틀을 사용한다. 경제학에는 수요의 법칙, 소비자 선호, 수요탄력성, 대체소비재, 규모의 경제, 시장구조, 시장실패, 정부실패 등 많은 원리들이 있으며 에너지 경제학에도 동일하게 적용이 되고 있다(Bhattacharyya, 2011).

에너지는 고갈성과 외부효과라는 특징을 가지며, 이로 인해 에너지 경제학은 전통적인 경제학 분석을 넘어서 독특한 접근을 요구한다. 고갈자원의 경우, 현재와 미래에 걸친 최적 배분 문제가 중심에 놓이며, 외부효과는 시장가격이 사회적 비용을 반영하지 못할 가능성을 제기한다. 예컨대, 공해나 온실가스 배출로 인한 기후변화와 같은 부정적 외부효과는 시장 메커니즘만으로는 적정한 자원 배분을 달성하기 어렵다는 점을 보여준다(Pigou, 1920; Nordhaus, 2007).

에너지 경제학은 실증분석과 규범분석의 분석틀을 동시에 제공한다. 실증분석은 실제 에너지 시장의 현상(what is), 즉 에너지 사용의 결정 요인 등을 분석하는 것이고 규범분석은 에너지 이용의 적정성(what should be)을 분석하는 것이다(Stiglitz, 2000). 가령, 석유시장의 균형 가격과 수량이 어떻게 결정되는지 분석한다면 이는 실증분석이고 시장이 사회를 위해서 최선의 결과를 낳는지를 분석하는 것은 규범분석이다. 시장성과가 최선의 결과를 낳지 못할 경우가 발생할 수 있는데 이를 시장실패라 하며 정부의 역할을 통해서 이를 개선할 수 있다. 그러나 정부의 간섭이 항상 상황을 개선할 수 있는 것은 아니다. 이는 정부가 다른 목표를 가지는 경우가 있기 때문이며 이를 정부실패라 한다(Tullock, 1965).

경제학은 희소한 자원에 대한 선택을 연구하는 학문이라 정의된다. 시장가격이 소비자와 생산자의 선택에 중심적인 역할을 한다. 에너지 사용의 효율성을 높이는 중요한 요소는 에너지 가격을 의사결정에 정확하게 반영하는 것이다. 사회가 공기의 질 같은 가격이 매겨지지 않는 희소자원을 소비한다면 배출권거래제와 같은 제도가 시장성과를 보완하는 역할을 할 것이다.

사적비용은 구매자나 생산자 등의 시장참여자에게 직접적인 영향을 미치는 비용이다. 반면 사회적 비용은 사적비용과 외부비용을 포함한 전체 비용을 의미한다. 공해나 기후변화와 같은 외부효과는 에너지 시장에 만연해 있다. 시장가격이 외부효과를 반영하지 못한다면 시장은 희소자원을 저평가하고 과대소비를 유도할 것이다. 외부효과가 존재할 경우에는 시장이 효율적인 성과를 유도하는데 실패하는 것이다. 시장실패는 사적효율성을 만족하지만 사회적 효율성을 만족하지 못하는 경우가 발생하게 된다.

에너지 경제학은 자원 배분의 동태적 측면도 분석한다. 대표적인 예가 호텔링(Hotelling, 1931)의 모형이다. 이 모형에서는 경쟁시장에서의 생산자가 시간에 걸쳐 어떻게 고갈자원의 생산을 배분하는가를 다루고 있다. 만약 생산자가 현재에 원유를 지나치게 많이 채굴한다면 현재 원유가격은 하락할 것이고 미래의 가격은 상승할 것이다. 만약 지나치게 적게 채굴한다면 미래가격이 하락하게 되기 때문에 원유를 적게 채굴할 유인이 적다. 호텔링 모델은 시장메카니즘에 의하여 현재와 미래에 걸쳐 고갈자원의 배분이 효율적으로 이루어질 것으로 예측하지만 시장실패의 가능성이 여전히 존재한다. 가령 생산자가 근시안적인 행태로 현재의 이윤을 지나치게 강조할 수가 있고, 이자율이 사회적 비용을 반영하지 못할 수 있다. 만약 사적 이자율이 사회적 이자율보다 클 경우 자원의 현재 소비 인센티브가 크기 때문에 미래 세대의 자원 이용이 충분하게 보장이 되지 않을 수 있다. 따라서 지속가능성의 관점에서 보면 현재 자원이 충분하다 하더라도 시장성과는 미래 세대의 후생을 충분하게 보장하지 못하는 문제가 발생한다(Solow, 1991).

시장경제는 보통 완전경쟁을 효율성의 기준으로 제시하지만, 에너지 경제학에서는 시장실패와 외부비용을 고려해야 하므로 완전경쟁이 반드시 최선의 해법은 아니다. 외부비용의 존재는 시장가격이 자원의 사회적 가치를 과소평가하도록 만든다. 이를 보완하기 위해 탄소세, 배출권거래제, 발전차액지원제도(Feed-in Tariff: FIT), 신재생에너지 의무할당제도(Renewable Portfolio Standards: RPS) 등의 정책 수단이 활용된다. 이들은 외부비용을 내부화하거나, 사회적으로 바람직한 방향으로 자원 배분을 유도하기 위한 방법들이다(Pigou, 1920; Lipsey & Lancaster, 1956).

경제학에서 가장 기본이 되는 개념은 목적 함수를 극대화하는 것이다. 소비자는 소비자 후생을 극대화하기 위해서 예산 제약하에서 적정 재화와 용역의 양을 선택하고 기업들은 이윤 극대화를 위해서 재화의 생산량을 결정하게 된다. 또한 경제전체 관점에서의 의사결정은 사회후생 함수를 극대화하기 위해서 경제 내에 주어진 재화와 용역을 배분하는 정책을 시행하게 된다. 사회후생 또한 사회구성원들이 추구하는 가치에 따라서 그 내용이 달라질 수 있다. 일반적으로 사회후생함수는 경제 내의 효율성과 형평성을 동시에 고려하고 있다. 만약 개별 구성원들의 효용에 동일한 가중치를 부과한다면 사회후생 함수의 극대화는 개별 구성원들의 효용의 합을 극대화하는 공리주의 원칙을 따르게 된다[1]. 형평성을 고려한다면 서로 다른 구성원들에게 다른 가중치를 부과하게 될 것이다. 사회목적함수를 극대화하기 위해서 희소한 자원을 배분하는 방법에는 무수한 해가 존재할 수 있다. 형평성을 고려하지 않는다면 비용-편익 분석에서에서와 같이 순편익을 극대화하도록 자원을 배분할 수 있다.

파레토 개선(pareto improvement)은 사회후생분석에 있어서 하나의 기준을 제시해 줄 수 있다.[2] 이 기준에 따르면 자원 배분이 최소한 특정 집단의 후생 감소 없이 다른 집단의 후생을 개선할 수 있다면 사회적으로 바람직한 것이다. 이 기준은 특정 집단의 후생을 희생하지 않으면서 다른 사회구성원의 후생을 증대

1) Rawls(1971)는 최소수혜자(maximin)의 원칙을 주장하였는데 이는 사회제도가 모든 사람에게 공정한 기회를 보장해야 하며, 특히 가장 불리한 처지에 있는 사람들의 여건을 개선하는 방향으로 설계되어야 한다고 주장하였다.

2) 파레토 효율성(pareto optimality)은 자원의 배분이 어떤 사람(또는 경제 주체)에게 이득이 되면서도 다른 누구에게도 손해를 끼치지 않는 방식으로 더 이상 개선될 수 없는 상태를 의미한다. 한 경제가 파레토 비효율적인 상태에 있다면, 파레토 개선(pareto improvement)을 통해 더 나은 상태로 이동할 수 있다. 하지만 파레토 효율적인 상태에 도달하면, 더 이상의 파레토 개선이 불가능하다.

시킬 수 있어서 정치적·사회적으로 갈등을 줄이는 데 도움을 줄 수 있지만 반드시 공정성을 개선시킨다고 볼 수 없다. 또한 특정 그룹을 희생함으로써 사회 전체의 후생을 증대시킬 수 있는 정책을 펼 수가 없는 문제가 있다. 또 하나의 대안으로는 힉스-칼도 조건(Hicks-Kaldor condtion)을 고려할 수 있다(Hicks, 1939). 힉스-칼도 조건은 어떤 경제적 변화가 승자(이득을 보는 사람)들이 패자(손해를 보는 사람)들에게 보상을 해줄 수 있을 정도로 충분한 이득을 창출한다면, 그 변화는 사회적으로 바람직하다는 원칙이다. 즉, 보상이 실제로 이루어지지 않더라도, 이론적으로 가능하다면 해당 변화는 정당화될 수 있다고 보는 입장이다.

우리는 에너지 사용과 관련된 환경보전이나 기후변화 문제와 관련해서 선의에 의하여 과감한 정책을 요구하는 것을 종종 목격한다. 그러나 다른 문제와 마찬가지로 에너지 경제학에는 '공짜 점심'이 존재하지 않는다. 경제적 효율성의 관점에서 글로벌 탄소배출 감소와 같은 우리가 기대하는 보상에는 언제나 이를 실현하기 위한 비용이 수반된다. 합리적인 결정이라는 것은 항상 한계편익과 한계비용이 만나는 접점에서 결정이 된다. 그러나 외부효과와 같이 시장이 효율적으로 작동하기 위한 조건들이 만족되지 못할 경우에는 탄소세나 배출권거래제와 같은 제도를 통하여 외부비용을 내재화하여 사회적으로 적정한 자원 배분을 추구할 수 있는 것이다. 이것이 외부경제 문제를 해결하는 최우선의 방법이 될 것이다. 그러나 현실적으로 이러한 제도들은 운용하는 것은 거래비용을 수반한다. 그 거래비용이 클 경우에는 다른 차선의 대안들을 디자인해서 시행해야 한다. 화석연료 사용의 외부비용을 내재화 시키기 어려운 경우에는 차선의 정책으로 재생에너지에 대한 발전차액지원제도나 신재생에너지 의무할당제도가 정책대안이 될 것이다[3]. 에너지 사용의 형평성은 사회적, 경제적, 지역적 차원에서 발생

3) 차선의 이론(Lipsey & Lancaster, 1956)에 따르면 경제모형에서 한 조건이 최적 상태로부터 멀어져 있을 때 차선의 선택은 다른 변수를 최적 상태로부터 멀어지게 하는 것이다. 즉, 서로 연결된 시장에서 한 시장이 시장 왜곡 상태에 있으면 다른 시장이 최적 상태에 있는 것보다 오히려 왜곡이 발생하는 것이 처음 시장의 왜곡을 개선하는 방안이 된다. 화석연료 시장에서 왜곡이 발생할 경우 재생에너지 시장에서 발전차액지원제도(FIT)나 신재생에너지 의무할당제도(RPS)제도를 통한 보조금 지급을 정당화하는 이론적 배경이 된다.

하는 불평등을 의미한다. 저소득층은 에너지 비용 부담이 크므로, 에너지를 충분히 사용할 수 없는 에너지 빈곤 문제가 발생한다. 에너지 가격 상승이 저소득층에 더 큰 영향을 미치는 역진적 효과가 생기기도 한다. 또한 지역적으로 농촌 및 도서 지역은 전력망과 가스망이 부족하여 에너지 접근성이 낮고 대도시에 비해 재생에너지 및 친환경 에너지 인프라가 미흡하다. 또한 개발도상국은 화석연료 의존도가 높고, 재생에너지 전환에 어려움이 있다. 선진국이 온실가스를 많이 배출했음에도 불구하고, 기후변화 대응 비용을 개도국도 부담해야 하는 불공정성 문제가 발생한다(Aldy & Stavins, 2012). 에너지 사용과 관련하여 형평성 문제를 해결하기 위해 다양한 정책들이 실시되고 있다. 저소득층 가구에 전기·가스 요금 보조금이 지급되고 농촌·도서 지역의 전력망 및 가스망 확대를 위한 에너지 인프라 확충이 시행된다. 선진국이 개도국의 재생에너지 개발을 지원하기 위한 제도가 운영되기도 한다.

에너지 경제학은 효율성과 형평성 뿐만 아니라 지속가능성에 대한 분석틀을 제공한다. 에너지 사용의 지속가능성은 세대 간 형평성의 문제이기도 하다.[4] 세대 간 형평성은 현 세대와 미래 세대가 공정하게 자원을 이용할 권리를 가져야 한다는 원칙을 기반으로 하고 있다. 석유, 석탄, 천연가스와 같은 화석연료는 유한한 자원이며, 현재 세대가 과다하게 소비하면 미래 세대가 사용할 수 있는 양이 줄어들 수 있다. 화석연료 사용으로 인한 온실가스 배출과 기후변화 문제는 미래 세대의 삶의 질을 저하시킬 수도 있다. 현재 세대가 친환경 에너지 전환을 적극 추진하지 않으면, 미래 세대는 더 큰 비용을 지불해야 한다. 탄소 배출량이 지속적으로 증가하면 미래에는 탄소포집 기술(CCUS) 이용이나 환경 복구 비용이

4) 지속가능성(sustainability)은 UN(1987)의 지속가능 발전(sustainable developmet)에 기반한 개념이다. 지속가능 발전이란 미래 세대가 자신의 필요를 충족할 능력을 훼손하지 않으면서 현재 세대의 필요를 충족하는 발전을 의미한다. 지속가능성은 강한 지속가능성(strong sustainability)과 약한 지속가능성(weak sustainbility)으로 구분되며 강한 지속가능성은 생태서비스 등의 자연자원은 대체할 수 없으며 미래 세대도 최소한 현재 세대와 동일한 수준의 자연 자원 서비스를 누려야 한다는 견해이다. 반면 약한 지속가능성은 Solow(1991) 등에 의하여 주장되는 견해로 동일한 수준의 자원 서비스를 미래 세대에게 보장하기 보다 미래 세대가 현재 세대보다 최소한 동일한 수준의 후생을 누리는 있는 능력(capacity)을 보장해야 한다는 견해이다.

증가할 것이다. 에너지 사용의 지속가능성을 유지하기 위해서는 태양광, 풍력, 수력 등 재생에너지를 확대하여 화석연료 의존도를 줄이는 정책이 필요하며 이를 통해 미래 세대도 지속적으로 에너지를 활용할 수 있도록 보장하여야 한다. 온실가스 배출에 대한 비용을 현재 세대가 부담하도록 함으로써, 미래 세대의 부담을 줄이며 탄소세 수익을 활용하여 재생에너지 연구·개발(R&D)에 투자하여야 한다. 건물, 산업, 운송 부문에서 에너지 효율 기술 개발 및 도입을 촉진하여 에너지 소비를 절감하고 에너지 효율성을 높여야 한다. 이는 미래 세대의 에너지 부담을 줄이는 데 기여할 것이다. 현재 세대가 에너지 소비 패턴을 바꾸고 친환경 기술에 투자하는 노력이 없다면, 미래 세대는 더 높은 비용과 환경적 부담을 짊어지게 될 것이다.

결국 에너지 경제학은 단지 경제적 효율성을 추구하는 학문을 넘어서, 자원 고갈과 환경 파괴의 위험 속에서 세대 간 정의, 형평성, 사회후생의 조화를 모색하는 종합적 분석도구로 자리잡고 있다. 이 책은 이러한 분석 틀을 바탕으로 에너지 수요·공급, 시장구조, 정책평가, 환경 및 형평성 문제 등을 포괄적으로 다루고자 한다.

5 이 책의 구성

이 책은 총 네 개의 부로 구성되며, 각 부는 에너지 경제학의 핵심 주제를 체계적으로 다룬다.

제1부는 에너지 시장을 분석하기 위한 경제학적 기초 이론에 초점을 맞춘다. 제2장에서는 수요와 공급을 통한 에너지 시장의 균형 메커니즘을 설명하고, 수요·공급 함수의 결정 요인 및 시장 외부 충격에 따른 균형 회복 과정을 살펴본다. 아울러, 이윤 극대화를 추구하는 기업의 공급 전략과 경제적 합리성 조건도 함께 논의된다. 이어지는 제3장에서는 에너지 자원의 동태적 배분 문제를 다룬다. 대부분의 에너지원은 고갈성 자원이므로, 시간에 따른 효율적인 활용 전략은 중요한 경제적 과제다. 이 장에서는 자원의 최적 사용을 위한 이론적 틀과 함께,

기술 변화와 정책의 역할, 자원의 대체 가능성 등을 종합적으로 고찰한다. 제4장은 에너지 시장의 구조를 중심으로, 과점, 독점적 경쟁, 자연독점과 같은 구조적 특징과 이에 따른 기업 전략을 분석한다. 이 과정에서 산업조직론과 게임이론의 도구를 활용하여 시장성과와 정책적 대응방안을 구체적으로 제시한다.

제2부는 전통적 에너지원과 재생에너지를 포괄적으로 다룬다. 제5장은 석유시장에 대한 분석으로 시작된다. 석유의 물리적 특성과 경제·정책적 중요성, 산업구조, 가격 메커니즘, 수급 조정과 국제 시장의 동향을 살펴보며, 에너지 전환 시대에 석유가 직면한 도전과 그 함의를 분석한다. 제6장은 천연가스를 다룬다. 이 장에서는 천연가스의 연소 특성과 환경적 측면, 전 세계 매장량과 주요 생산·소비국, 공급 인프라, 유통 구조를 고찰하고, 시장 지배력과 가격 형성, 에너지 전환기에서의 전략적 위치에 대해 설명한다. 제7장에서는 석탄의 역사적·경제적 의미와 함께 현재의 산업 구조를 점검하고, 석탄 산업의 가치사슬 및 전환 가능성을 분석한다. 제8장은 원자력을 주제로 한다. 기술적 기반과 경제성, 정책과 규제 환경, 사회적 수용성과 환경적 영향 등을 종합적으로 검토하여, 에너지 경제학적 시각에서 원자력의 가능성과 한계를 분석한다. 제9장은 재생에너지에 대한 논의로, 태양광과 풍력 등 청정에너지의 경제적 특성과 정책적 도구, 전력시장과의 통합 문제를 다룬다. 특히 재생에너지가 탄소중립 및 지속가능발전목표(SDGs) 달성에 기여하는 방식에 주목한다.

제3부는 전력시장에 관한 논의를 중심으로 구성된다. 제10장은 전력시장의 기본 구조와 운영 원리, 주요 도매시장(미국, 영국, 유럽 등)의 사례, 그리고 세계 전력 생산 추세와 전원 믹스를 다룬다. 제11장은 전력산업의 규제를 주제로, 요금 설계, 규제기관의 역할, 전통적 규제 방식과 최근의 정책 전환을 체계적으로 설명한다. 제12장은 전력시장 구조개편과 탈규제 정책을 다룬다. 전력산업 구조개편의 이론적 배경, 주요 구성 요소, 국가별 사례를 소개하고, 제도적 성과와 한계, 향후 지속가능한 시장 설계 방향을 제시한다.

제4부는 에너지 정책의 다양한 측면을 통합적으로 다룬다. 제13장은 에너지 효율성에 대한 이해를 바탕으로, 에너지 효율 향상의 경제적 효과와 정책수단,

기술혁신 및 반등효과, 그리고 지속가능성과의 연계를 고찰한다. 제14장은 에너지 안보를 다룬다. 이 장에서는 에너지 안보의 개념과 구성요소, 위협 요인, 정책 및 제도적 대응 방안, 에너지 전환과 안보의 상호작용을 논의한다. 제15장은 에너지와 기후변화 간의 상호작용을 다루며, 에너지원별 탄소배출계수, 탄소가격제도 및 기후정책의 경제적 수단, 그리고 기후변화 대응을 위한 국제협력과 글로벌 거버넌스 체계를 분석한다. 제16장은 지속가능한 에너지 시스템 구축을 위한 정책 방향과 기술혁신, 에너지 정의, 그리고 미래 전망에 대해 고찰한다.

제2장

에너지 시장의 수요와 공급

1 서론

이 장에서는 에너지 시장의 효율성을 분석하기 위한 기초로서 에너지 시장의 수요과 공급에 대해서 살펴보기로 하자. 우선, 에너지의 수요과 공급의 결정 요인에 대해서 살펴보고 어떻게 에너지 시장의 균형이 이루어 지는지 분석한다.

에너지는 현대 경제의 핵심 요소이며, 산업, 가정, 교통, 농업 등 모든 부문에서 필수적으로 소비된다. 에너지는 경제성장의 원동력이자 국가 간 경쟁력을 결정짓는 요소 중 하나로, 그 수요와 공급의 구조를 이해하는 것은 에너지 경제학의 출발점이라 할 수 있다.

에너지는 경제학에서 분석하는 일반적인 상품과 차별되는 몇 가지 독특한 특성을 가지고 있다. 단기적으로 에너지는 공급 조정이 쉽지 않다. 예를 들어, 원유 시장에서 생산량을 줄이거나 늘리는 데는 상당한 시간이 걸리며, 전력 공급도 발전소 건설 및 전력망 확충에 따라 조정이 필요하다. 일부 에너지원(석유, 석탄, 천연가스)은 저장이 가능하지만, 전기는 즉각적인 소비가 이루어져야 하므로 실시간 수요-공급 균형이 필요하다. 이는 전력 시장에서 가격변동성을 증가시키는 요인이다. 또한 에너지 생산과 소비 과정에서 환경오염, 온실가스 배출 등 외부효과가 발생하며, 이에 대한 정부 개입(탄소세, 보조금, 규제 등)이 필요하다.

에너지 시장의 균형은 단순히 생산자와 소비자 간의 시장 거래를 통해 결정되는 것이 아니라, 복잡한 정책적, 기술적, 환경적 요소들이 상호작용하는 가운데 형성된다. 전통적 에너지 시장에서는 석유, 석탄, 천연가스와 같은 화석연료가 주요 공급원으로 작용했으며, 가격 변동성은 주로 원유 생산국의 결정(OPEC 정책)이나 지정학적 위기(예 중동 분쟁)에 의해 영향을 받았다. 현대적 에너지 시장은 재생에너지(태양광, 풍력)의 증가와 에너지 저장 기술(배터리, 수소)의 발전으로 인해 구조적 변화를 겪고 있다. 기존의 중앙집중형 발전 모델에서 분산형 에너지 시스템으로 이동하는 과정에서, 새로운 형태의 수요-공급 조정이 필요해지고 있다.

이제, 개별 에너지 기업의 입장에서 이윤 극대화를 위해서 생산량을 어떻게 결정하는지 분석하자. 우선, 에너지 기업의 현재 의사 결정이 미래에 영향을 미치지 않는다는 가정하에 분석을 하고자 한다. 석유와 같은 비재생에너지는 현재의 생산수준 결정이 미래의 생산량에 영향을 미치지만, 태양에너지나 풍력 등의 에너지원은 고갈 위험이 없기 때문에 시간에 걸친 자원 배분을 고려할 필요가 없으며 이러한 분석을 정태적 분석이라 한다.

2 에너지 시장의 수요

(1) 에너지의 수요곡선

에너지 수요는 일반적인 재화와 서비스의 수요와 마찬가지로, 가격과 소득에 의해 영향을 받지만, 에너지가 필수재적 성격이 강하고 수요가 기술적·정책적 요인에 의해 변화할 수 있다는 점에서 차별성이 있다.[1)]

먼저 에너지 수요 측면의 개념들을 정의해 보도록 하자. 우선 , 에너지 수요량은 소비자가 소비할 의사와 지불할 능력이 있을 때 소비하는 에너지 양을 말한다. 에너지에 대한 소비자의 수요는 여러 가지 요인에 의하여 결정이 되는데

1) 에너지는 소비자들이 직접 사용하는 최종 에너지와 산업·발전 부문에서 사용되는 1차 에너지로 구분된다. 1차 에너지는 자연에서 직접 얻을 수 있는 형태의 에너지(석탄, 원유, 천연가스, 태양광, 풍력 등)를 말하며 최종 에너지는 소비자가 실제로 사용하는 형태의 에너지(전력, 휘발유, 난방용 가스 등)이다.

이를 수식으로 표현한 것이 에너지 수요함수이다. 에너지 수요는 다음과 같이 다양한 요인들의 함수로 나타낼 수 있다.

$$X^d = f(p_x, E, T, D, G) \qquad (2.1)$$

여기서 X^d는 에너지 수요량을 나타낸다. p_x는 시장가격, E는 경제적인 요인, T는 기술적 요인, D는 인구통계학적 요인, G는 정부 정책적 요인을 나타낸다.

에너지 가격은 에너지 수요를 결정하는 가장 중요한 요인이다. 에너지 수요와 가격과의 관계는 수요곡선을 통해서 나타낼 수 있다. 수식 (2.1)에서 보는 바와 같이 에너지 대한 수요는 여러 요인에 의하여 결정되기 때문에 모든 요인들을 동시에 고려하여 분석하는 것은 쉬운 일이 아니다. 따라서 다른 요인들은 일정한 수준에 고정시키고(Ceteris Paribus) 에너지 X의 수요에 가장 중요하게 영향을 미치는 X재의 가격과 에너지 수요량 X^d의 관계에 초점을 두어 분석하는 것이 수요곡선이다.

[그림 2-1]은 에너지 시장의 수요곡선을 나타낸다. 수요곡선은 우하향하는 모습을 보이는데 이는 수요의 법칙을 반영한 것이다. 수요의 법칙이라 함은 다른 변수들이 고정되어 있을 경우 에너지 가격이 상승할 때 에너지 수요가 감소하는 현상을 말한다.

그림 2-1 에너지의 수요곡선

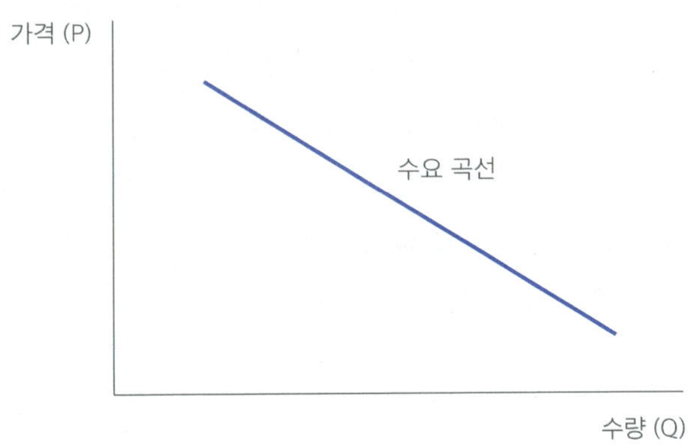

에너지 가격의 변동에 대한 소비자의 수요 민감도는 수요의 가격탄력성(price elasticity of demand: PED)에 의하여 측정되는 데 수요의 탄력성은 에너지 가격이 1 퍼센트 상승하였을 경우 수요량의 퍼센트 변화량의 절대값을 측정하게 된다. 수식(2.2)는 수요의 가격탄력성을 나타낸다.

$$PED = \frac{\%\text{수요 변화}}{\%\text{가격 변화}} \tag{2.2}$$

수요의 가격탄력성이 1보다 클 경우 탄력적인 수요라 하며, 1보다 작은 경우 비탄력적 수요라 한다. 에너지는 다른 소비재와 마찬가지로 가격이 상승하면 소비가 감소하고, 가격이 하락하면 소비가 증가하는 경향이 있다. 그러나 에너지는 필수재적 성격이 강하기 때문에 가격탄력성이 상대적으로 낮은 경우가 많다. 단기적으로는 가격이 상승해도 에너지 소비를 줄이기 어렵기 때문이다. 예를 들어, 가정에서 사용하는 전기 소비는 필수적이므로 가격이 올라가도 즉각적인 소비 감축이 어렵다.

수요의 가격탄력성은 동일한 수요곡선 하에서도 수요량과 가격에 따라 달라진다. 또한 서로 다른 수요 곡선인 경우 비탄력적인 수요곡선은 가파른 모습을 보이며 탄력성이 큰 경우 수요곡선은 수평축에 대하여 덜 가파른 모습을 보이게 된다. [그림 2-2]는 수요함수의 기울기에 따른 가격탄력성의 차이를 나타내고 있다. 수요곡선 D_B가 D_A 보다 동일한 가격수준하에서 보다 더 큰 수요의 가격 탄력성을 나타낸댜.

소비자로 하여금 에너지 가격 변화에 민감하게 반응하게 하는 요소들은 대체 에너지의 이용 가능 여부, 소비자 지출에서 에너지에 대한 지출이 차지하는 비중에 영향을 받는다(Pindyck & Rubinfeld, 2013). 에너지 지출이 총지출에서 차지하는 비중이 클수록 가격변화에 민감할 수 밖에 없다. 반면 소비자가 대체재에 대한 소비 경험이 부족하거나 사용에 따르는 학습비용 등 전환비용이 발생할 경우 수요의 탄력성은 낮게 나타난다.

그림 2-2 수요함수와 가격탄력성

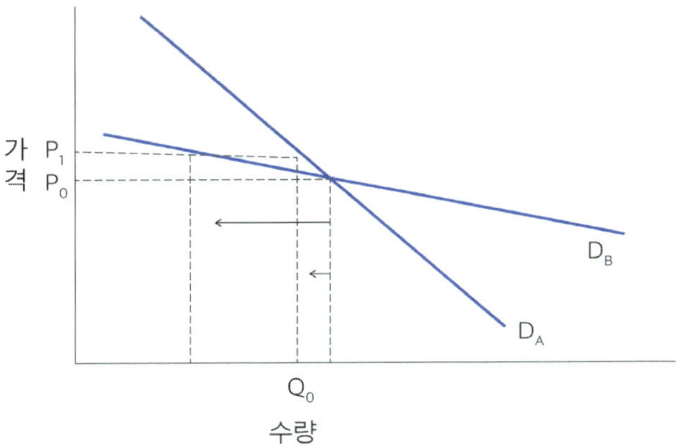

수요의 교차탄력성(cross elasticity of demand: CED)은 한 에너지원의 가격이 변할 때, 다른 에너지원의 소비량이 어떻게 변하는지를 측정하는 지표이다. 수식 (2.3)은 수요의 교차탄력성 공식을 나타낸다.

$$CED = \frac{A\text{에너지원 \% 수요 변화율}}{B\text{에너지원 \% 가격 변화율}} \tag{2.3}$$

만약 수요의 교차탄력성이 0보다 큰 경우 두 에너지원은 대체재 관계에 있게 된다. 석탄 가격의 상승이 천연가스의 수요를 증가시키는 경우가 여기에 해당된다. 만약 수요의 교차탄력성이 0보다 작으면 두 에너지원은 보완재 관계에 있게 된다. 전기차 가격의 상승이 전력 소비를 감소시키게 되는 경우이다.

(2) 에너지 수요의 결정 요인

에너지 수요의 결정 중 경제적 요인(E)은 에너지 가격 외에, 소득수준과 경제성장 등의 변수에 의하여 결정이 될 것이다. 소득수준은 에너지 수요에 큰 영향을 미친다. 소득이 상승할 경우 냉·난방 및 가전 제품 등 에너지 집약적인 재화와 서비스에 대한 수요가 증가하게 된다. 소득의 변동에 따른 에너지 수요의 민감도는 수요의 소득탄력성(income elasticity of demand: IED)에 의하여 계측될 수 있는데, 소득이 1 퍼센트가 변하였을 때 에너지 수요의 퍼센트 변동을 측정한다. 에너지 수요의 소득탄력성은 지역, 에너지원의 종류, 또는 에너지 효율 관련 기술 수준 등에 의하여 결정된다(Labandeira et al., 2017).

$$IED = \frac{\%수요변화}{\%소득변화} \tag{2.4}$$

경제가 성장함에 따라 산업 생산, 운송 및 상업 활동이 증가하면서 에너지 수요가 증가한다. 개발도상국의 경우 산업화와 도시화가 빠르게 진행이 되기 때문에 서비스 산업으로 경제구조가 전환이 되어 있는 선진국에 비하여 에너지 소비가 빠르게 증가하는 경향이 있다(Stern, 2011).

기술적 요인(T)은 에너지 효율성 향상과 기술 향상에 따른 에너지 소비 유형의 변화로 인해 에너지 수요에 큰 영향을 미칠 수 있다. 에너지 효율의 향상은 동일한 에너지 서비스를 유지하면서 에너지 소비를 감소시킬 수 있다. 보다 효율적인 자동차 엔진, 난방시스템은 더 낮은 에너지 투입으로 동일한 수준의 에너지 서비스를 제공한다. 에너지 효율성이 증가함에 따라 경제성장에도 불구하고 에너지 소비는 안정화 되거나 감소할 수 있다. 기술적 변화는 에너지 소비 유형을 변화시킨다. 태양광이나 풍력 등의 재생에너지 기술은 동일한 가격하에서 전통적인 화석연료의 소비를 감소시킨다. 새로운 기술의 채택여부는 비용경쟁력, 정부 인센티브, 그리고 인프라 이용 가능성 여부에 따라 달라질 수 있다(Gillingham et al., 2009).

인구통계학적 요인(D)은 인구 증가, 도시화, 그리고 가구 규모와 구성 등을 포함하는 것으로 에너지 소비를 변화시키는 데 중요한 역할을 하고 있다. 인구가 증가하면 에너지 소비자가 증가하기 때문에 모든 경제 부문에서 전반적으로 에너지 소비가 늘어난다. 에너지 소비는 특히 빠르게 성장하는 지역에서 높게 나타나는데 새로운 인프라 서비스에 대한 필요성이 증가하기 때문이다(Martinez & Ebenhack, 2008). 도시화는 전력, 교통 네트워크, 그리고 에너지 집약적인 서비스에 대한 수요 증가를 초래하며 이에 따라 전체 에너지 수요도 증가한다(Dodman, 2009). 가구 규모가 증가하였을 경우 냉·난방이나 가전도구의 수요가 증가하여 에너지 소비가 일반적으로 증가한다. 그러나 소규모 가구의 1인당 에너지 소비 규모가 더 큰 경우가 많은데 이는 냉·난방이나 조명 등은 일정한 규모로 고정되어 있어서 가족 구성원의 수에 비례해서 증가하는 것이 아니기 때문이다. 또한 1인가족 가구 및 노인 가구의 증가는 에너지 소비 패턴을 바꾸어 놓을 수 있다(Schipper et al., 1989).

정부 정책과 규제(G)는 에너지 가격의 변동, 에너지 효율성 기준의 강화 및 새로운 기술의 채택 등을 통해서 에너지 수요에 영향을 미치게 된다. 보조금 지급이나 세금 부과 등의 정부 정책은 에너지의 유효가격을 변화시킴으로써 에너지 수요에 영향을 미치게 된다. 화석연료에 대한 보조금 지급은 이들 연료에 대한 소비를 증가시킬 수 있으며 탄소세나 배출권거래제는 탄소집약적인 에너지원의 비용을 증가시켜 소비를 감소시키거나 대체에너지의 수요를 증가시킨다(Coady et al., 2015). 에너지 효율성 기준과 규제는 에너지 사용의 효율성을 증가시켜 에너지 소비를 감소시킬 수 있다. 자동차, 건물, 산업용 설비를 대상으로 한 에너지 효율 기준은 대표적인 정부의 효율성 규제 사례이다. 새로운 기술의 도입 사례로서 재생에너지원의 개발과 도입을 촉진시키기 위한 정부 정책을 들 수 있다. 정부는 발전차액지원제도(feed−in tariff: FIT)[2], 신재생에너지 공급의무화제도(renewable portfolio standard: RPS)[3] 그리고 세금 인센티브 등을 통해서 재생에너지 기술의 보급을 확대하려고 할 수 있다. 이러한 정책들은 재생에너지에 대한 수요 증가와 전통적인 에너지원에 대한 수요 감소를 초래할 것이다.

2) 신에너지와 재생에너지의 개발과 이용 그리고 보급을 촉진하기 위하여 법률에 의거하여 마련된 제도이다. 신·재생에너지 발전에 의하여 공급한 전기의 전력거래가격이 고시한 기준가격보다 낮은 경우에 당해 전기를 공급한 신·재생에너지 발전사업자에 대하여 발전차액, 곧 기준가격과 전력거래가격의 차액을 우선적으로 지원하도록 규정하고 있다. 이 차액은 전력산업기반기금에서 충당한다. 한국에서 이 제도는 2011년까지만 존속되었고, 이후 폐지되었다(구민교, 2013).

3) 대규모 발전 사업자에게 신재생에너지를 이용한 발전을 의무화한 제도로, 우리나라에서는 2012년부터 시행되고 있다. RPS 제도의 공급의무자 대상은 발전설비용량이 500MW 이상인 발전사업자로, 대상 기업은 매년 새롭게 선정돼 사전에 공지된다(이종영 외. 2013).

3 에너지 시장의 공급

(1) 에너지의 공급곡선

에너지 공급은 일반적인 상품 시장과 차별되는 몇 가지 특징을 가진다. 첫 번째는 공급의 비탄력성이다. 에너지 공급은 단기적으로 조정이 어렵다. 예를 들어, 원유 생산을 늘리려면 탐사 및 시추 과정을 거쳐야 하며, 발전소 건설에는 수년이 걸린다. 이러한 구조적 특성으로 인해 수요 변화가 가격 변동성으로 연결되는 경우가 많다. 또 하나의 특징은 공급망의 복잡성으로, 에너지 공급은 생산, 변환, 저장, 수송, 소비의 복잡한 과정으로 이루어진다. 특히, 원유 및 천연가스는 국제 해상 운송, 파이프라인, 저장 시설을 통해 이동하며, 전력은 실시간 균형을 맞춰야 하는 특성이 있다. 에너지는 국가 간 무역과 외교 정책에 중요한 역할을 하며, 공급망 교란이 발생할 경우 글로벌 경제에 큰 영향을 미친다. 예를 들어, 1970년대 오일 쇼크, 2022년 러시아-우크라이나 전쟁으로 인해 에너지 가격이 급등한 사례가 있다. 화석연료 기반 에너지 공급은 온실가스 배출과 밀접하게 관련되어 있으며, 이를 줄이기 위한 탄소중립 정책이 강화되고 있다. 이에 따라 친환경 에너지 전환이 에너지 공급 구조를 변화시키고 있다.

에너지의 가격, 경제적, 기술적, 정치적 그리고 자연·환경적 요인들을 고려하여, 에너지 공급은 다음과 같은 함수 형태로 나타낼 수 있다.

$$X^s = f(p_x, E, T, P, N) \tag{2.5}$$

여기서 X^s는 에너지원 X의 공급량을 나타내며, p_x는 시장가격, E는 경제적 요인, T는 기술적 요인, P는 정치적·정책적 요인, N은 자연·환경적 요인을 각각 나타낸다. 이러한 여러 에너지 공급 결정 요인의 존재의 불구하고 다른 변수들을 고정하고(Ceteris Paribus) 에너지 가격과 에너지 공급과의 관계를 나타낸 것을 에너지 공급곡선이라 한다. [그림 2-3]은 에너지의 공급곡선을 나타낸다.

그림 2-3 에너지의 공급곡선

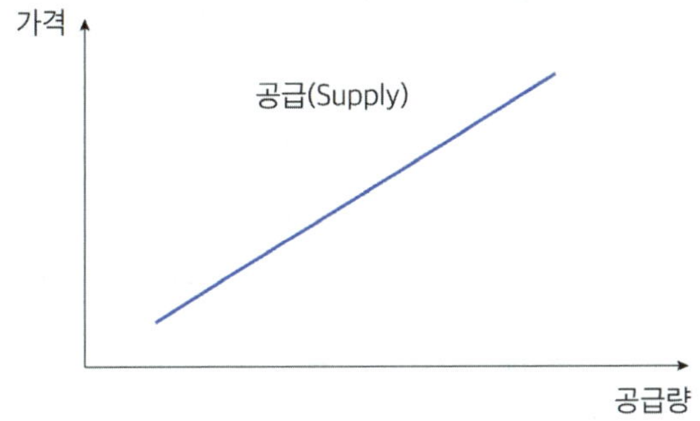

[그림 2-3]에서 보는 바와 같이 에너지 가격과 공급량은 정(+)의 관계를 나타내고 있는데 이를 공급의 법칙이라 한다. 에너지 시장 가격 변동에 대한 공급의 민감성은 에너지 공급탄력성에 의하여 계측될 수 있다. 높은 에너지 가격은 생산자들로 하여금 기존 생산설비 활용을 늘리거나 새로운 설비에 대한 투자를 확대하도록 인센티브를 제공하여 에너지 공급을 늘리게 된다. 반면 낮은 시장가격은 생산감소와 새로운 설비에 대한 투자 감소로 에너지 공급을 감소시키게 된다(Pindyck & Rubinfeld, 2013). 에너지 공급탄력성은 시장가격이 1 퍼센트 변화함에 따른 에너지 공급의 퍼센트 변화를 나타낸다. 에너지 공급탄력성은 에너지원에 따라 차이가 많다. 가령, 재생에너지원의 경우, 재생에너지 인프라에 대한 장기 투자로 인하여 단기적인 시장가격 변동에 공급이 덜 민감하게 반응할 수 있다(Gillingham, 2009).

(2) 에너지 공급의 결정 요인

에너지 공급 결정 요인 중 경제적 요인(E)의 대표적인 구성요소는 생산비용과 에너지 인프라에 대한 투자이다. 생산비용은 가장 중요한 에너지 공급의 결정 요인 중 하나이다. 에너지 생산 비용은 에너지원에 따라 크게 차이가 난다. 석유, 석탄과 천연가스 등의 화석연료는 채굴과 운반 그리고 정제 과정을 거쳐야 하기 때문에 이러한 각 과정들이 생산비용에 기여하게 된다. 반면, 태양광이나 풍력 등의 재생에너지는 초기 설치를 위한 자본비용이 높은 반면 운영비용은 낮게 형성된다. 낮은 생산비용으로 인하여 에너지 시장에서 경쟁적인 가격에 에너지를 제공할 수 있을 경우 에너지 공급은 늘어난다.

에너지 인프라에 대한 투자는 안정적이고 충분한 에너지 공급을 위한 필요조건이다. 화석연료의 경우 탐사와 시추 기술에 대한 투자는 새로운 매장량의 경제성을 높여 에너지 공급을 확대할 수 있다. 재생에너지의 경우, 전력그리드, 에너지 저장 기술, 그리고 스마트그리드에 대한 투자는 재생에너지의 에너지 시스템에 대한 통합을 용이하게 함으로써 에너지 공급을 늘릴 수 있다(Farell & Lund, 2006).

에너지 공급의 기술적 요인(T)은 기술진보와 가용 자원 및 탐사를 포함한다. 기술적 진보는 새로운 에너지 자원에 대한 활용을 확대하거나 에너지 생산 비용을 감소시켜 에너지 공급을 증가시킨다. 수평시추법이나 수압파쇄법 등의 시추기법은 천연가스와 석유의 공급을 급격하게 증가시켰다. 보다 효율적인 태양광 패널과 풍력터빈은 전통적 화석연료 대비 비용 경쟁력을 확보하게 함으로써 청정에너지의 공급을 증가시켰다(Jabobson & Delucchi, 2011). 심해시추기법은 연안 석유 매장량을 탐사할 수 있게 하였고 지구물리학적 영상기술의 발전은 자원 평가의 정확도를 향상시켜서 보다 더 효율적인 탐사와 시추를 가능하게 하였다.

정치적·정책적 요인(P)의 대표적인 사례는 정부의 규제정책과 지정학적 안정성이다. 정부의 에너지 정책은 규제, 보조금과 세금을 통해서 에너지 공급을 확대하거나 감소시킨다. 화석연료에 대한 보조금 지급은 석유, 석탄 및 천연가스의 생산을 경제적으로 만들어 이들 화석연료의 공급을 증가시킬 것이다. 반면 탄소세의 부과나 온실가스 배출 제한은 공급비용을 증가시키고 화석연료에 대한 투자를 감소시켜 공급을 제한한다(Coady et al., 2015). 반면, 발전차액지원제도나 신재생에너지 공급의무화제도 등의 재생에너지 확대 정책은 재생에너지 기술에 대한 투자 인센티브를 제공하여 청정에너지의 공급을 증가시킨다.

지정학적 안정성은 에너지 공급을 결정하는 데 중요한 요소이다. 정치적 불안정은 에너지 공급 사슬을 불안하게 하고 전 세계 에너지 시장에서 공급부족과 가격 변동을 초래한다. 예를 들어, 중동에서의 정치적 충돌은 석유공급에 차질을 초래하여 전 세계 에너지 가격에 영향을 미쳐왔다(Yergin, 2008). 또한 국제관계나 국제무역은 국경 간 에너지 흐름에 긍정적 또는 부정적 영향을 미쳤다.

에너지 공급의 자연·환경적 요인으로는 기후조건과 자연재해 및 환경 위협을 들 수 있다. 기후조건은 재생에너지 공급에 중요한 요소이다. 태양광 에너지나 풍력 에너지는 지리적 위치나 날씨 조건에 의하여 크게 영향을 받는다. 수력발전은 강수량이나 강의 흐름에 영향을 받은 물의 이용가능성에 의존한다(Gleick, 1992). 또한, 지진이나 허리케인 등의 자연 재해는 에너지 공급 설비, 교통 인프라 및 전력망을 파괴하여 에너지 공급 능력을 약화시킨다.

4 에너지 시장의 균형

경쟁적인 시장에서 에너지 시장의 수급 균형은 가격 조정을 통하여 이루어진다. 에너지 가격은 생산자와 소비자로 하여금 균형을 회복하도록 유도하는 신호 역할을 한다. [그림 2-4]에서 보는 바와 같이 에너지 가격은 시장에서 수요와 공급의 상호 작용에 의하여 결정된다.

그림 2-4 에너지 시장의 수급 균형

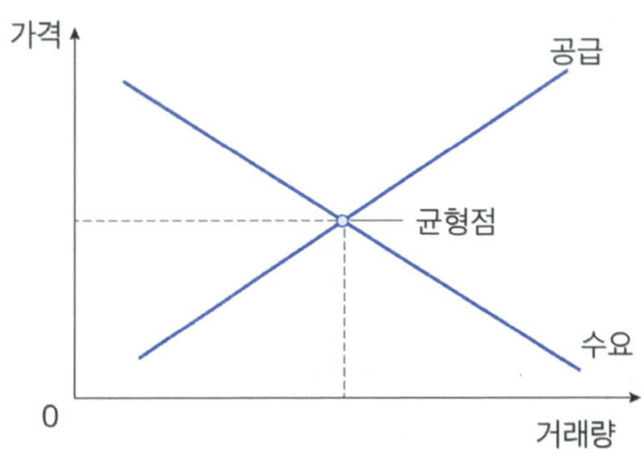

만약 에너지 수요가 공급을 초과할 경우 초과 수요가 발생하고 이에 따라 에너지 가격은 상승하여 균형가격으로 수렴하고, 공급이 수요를 초과하는 경우에는 가격이 하락하여 [그림 2-5]에서와 같이 균형을 회복하게 된다.

그림 2-5 **에너지 시장 불균형**

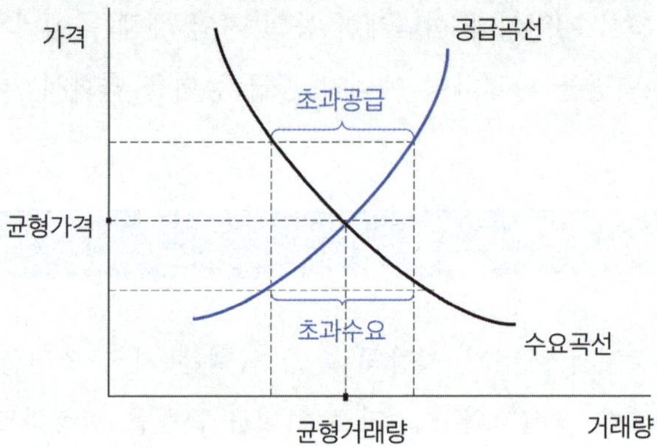

에너지 시장의 자기 조절 능력에도 불구하고 다양한 요소들이 에너지 수요와 공급에 지장을 초래하여 시장은 균형 상태로부터 이탈할 수 있다. 대표적인 사례는 공급 충격과 수요 충격이다. 공급 충격은 자연재해, 지정학적 갈등, 가용 자원의 변화 등에 의하여 발생하는 데, 이는 에너지 공급에 상당한 지장을 초래할 수 있다. 예를 들어, 멕시코 만의 허리케인은 석유와 가스 생산에 지장을 초래해서 공급 부족과 가격 상승을 초래하곤 한다. 또한 중동에서의 지정학적 갈등은 에너지 가격의 변동성을 확대한다(Yergin, 2008). 발전소나 송전망 인프라의 문제는 지역적 또는 전국적인 공급 부족을 초래해 에너지 시장의 안정성을 위협할 수 있다. 이러한 부정적인 공급 충격은 [그림 2-6]에서와 같이 공급곡선의 좌이동으로 나타낼 수 있으며 공급 부족으로 에너지 가격이 상승한다. 반면, 새로운 석유 매장량의 발견과 수압파쇄법과 같은 새로운 채굴 기술은 에너지 공급 곡선을 오른쪽으로 이동하게 하여 에너지 공급이 확대되고 가격이 하락하게 된다(Stevens, 2012).

그림 2-6 에너지 시장의 공급 충격

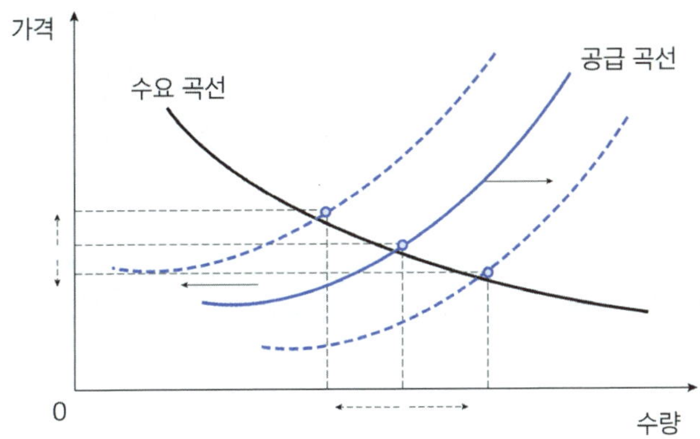

한편, 수요 충격 또한 단기적인 시장 불균형을 초래하는 역할을 한다. 수요 충격은 에너지 소비에 갑작스런 변화가 올 때 발생한다. 비정상적으로 춥거나 더운 날씨는 냉·난방에 대한 에너지 소비를 크게 증가시킨다. 2008년 글로벌 금융 위기 같은 경제 후퇴는 산업활동과 에너지 소비를 축소시켜 에너지 초과 공급과 가격하락의 압력을 초래할 것이다(Hamilton, 2009). 수요 충격에 의한 시장 불균형은 [그림 2-7]과 같이 수요 곡선의 이동으로 설명할 수 있다.

그림 2-7 에너지 시장의 수요 충격

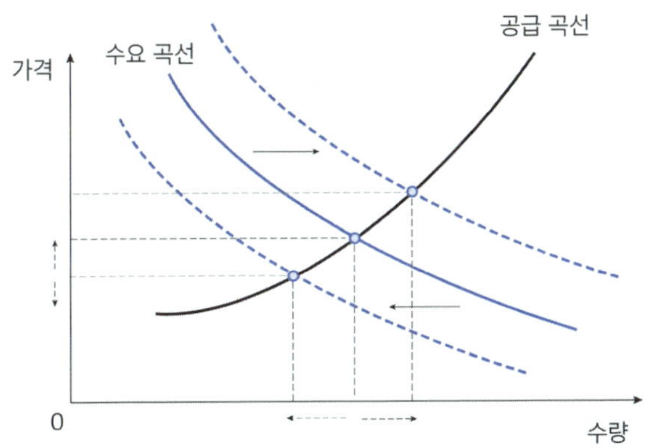

이러한 시장 불균형에 대응하기 위해서 정부는 전략적 비축제도나 수요관리 제도를 운영하기도 한다. 전략적 비축제도는 공급충격의 완충역할을 해서 공급 차질의 충격을 완화시켜 준다. 수요관리제도는 에너지 수요를 줄이기 위한 정책이나 프로그램을 말하며 전력시장에서 정점 수요를 감소시킴으로써 새로운 발전소 투자의 필요와 기존 인프라에 대한 부담을 완화하는 역할을 한다.

5 에너지 기업의 공급결정

(1) 에너지 기업의 비용 함수

앞절에서는 시장 수요와 공급곡선의 결정 요인에 대하여 살펴 보았다. 이절에서는 개별 에너지 기업의 입장에서, 어떻게 에너지 공급을 결정하는지 알아보고자 한다(Varian, 2020). 개별 기업의 공급곡선을 정의하기 위해서는 우선 비용함수에 대하여 정의하는 것이 필요하다. 총비용함수는 기업의 생산량과 총비용과의 관계를 나타내는 곡선이다. [그림 2−8]과 같이 총생산이 늘어날수록 총비용은 상승하게 된다.

그림 2-8 총비용함수

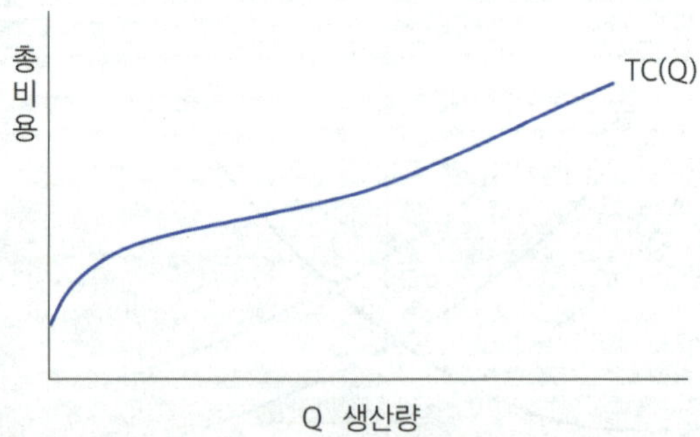

한편, 에너지 한 단위 생산에 필요한 비용을 평균비용이라 하며 이는 총비용

을 에너지 생산량으로 나누어 계산할 수 있다. 즉,

$$AC = \frac{TC}{Q} \tag{2.6}$$

평균비용 함수는 에너지 생산량과 평균비용의 관계를 나타내는 곡선을 의미하는데 일반적인 생산기술 조건 하에서 보통 U자 형태로 나타나게 된다.

그림 2-9 평균비용함수

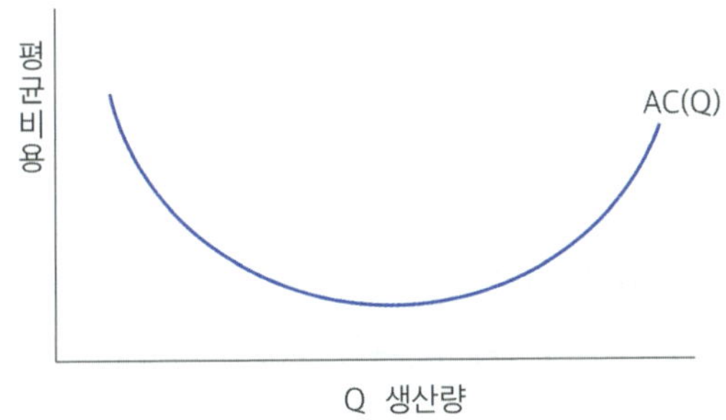

평균 비용곡선에는 생산량이 증가할수록 비용이 하락하는 구간이 나타나게 되는데 이러한 현상을 규모의 경제라 한다. 규모의 경제가 나타나는 구간에서는 에너지 생산량을 늘리는 것이 유리하다. 왜냐하면 생산량을 늘릴수록 단위비용이 감소하기 때문이다. 규모의 경제는 대량생산이 가능한 기존 에너지 기업이 대체로 규모가 작은 신규 진입 기업보다 비용 면에서 유리한 고지를 선점하는 원천이 된다. 평균비용은 영원히 하락하는 것이 아니며 일정한 수준을 유지하다가 생산이 더 늘어나면 상승하는 모습을 보이게 된다. 평균비용이 균등한 구간에서는 규모에 대한 수확 불변이 나타나며 평균비용이 상승하는 현상을 규모의 비경제라 한다. 또한 규모의 경제로 인하여 단위당 평균비용이 최소화되는 생산 규모를 최소효율규모(minimum efficient scale: MES)라 하며 이는 생산비용을 최소화하기 위한 가장 효율적인 생산 규모를 나타낸다. [그림 2-10]에서 Q'은 최소효율 규모를 나타낸다.

그림 2-10 **평균비용과 최소효율규모**

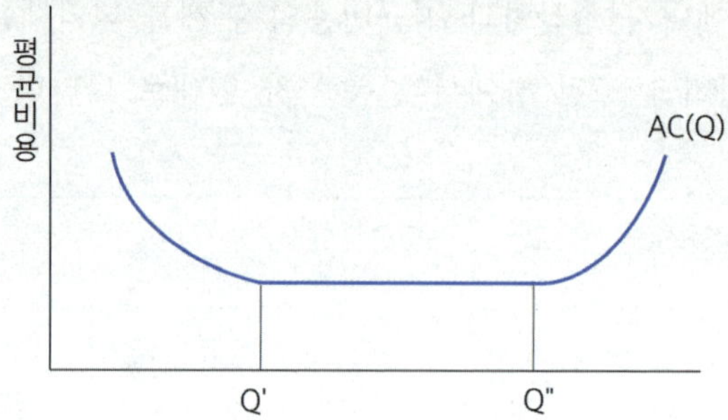

평균비용과 달리 한계비용(Marginal Cost: MC)은 에너지 생산 한 단위를 증가시킬 때 늘어나는 추가 비용을 의미한다. 다음식에서 $\triangle Q$는 생산량 한 단위 증가를 의미한다.

$$MC = \frac{TC(Q + \triangle Q)}{\triangle Q} \tag{2.7}$$

한계비용과 평균비용은 총생산비용으로부터 도출되었기 때문에 상호 간에 연관 관계가 있다. [그림 2-11]과 같이 평균비용이 하락할 때에는 한계비용은 평균비용보다 낮고 평균비용이 상승할 때에는 한계비용이 평균비용보다 높다. 그리고 한계비용과 평균비용은 평균비용의 최저점에서 만나게 된다. 이러한 관계는 평균비용과 한계비용의 개념으로부터 도출될 수 있다. 에너지 한 단위 생산에 추가되는 비용이 기존 평균비용보다 낮을 경우 새로운 평균비용은 당연히 기존 평균비용보다 낮게 된다. 반면 에너지 한 단위 추가 생산 비용이 기존 평균비용보다 큰 경우 새로운 평균비용은 더 높게 나타날 수 밖에 없다.

그림 2-11 평균비용과 한계비용

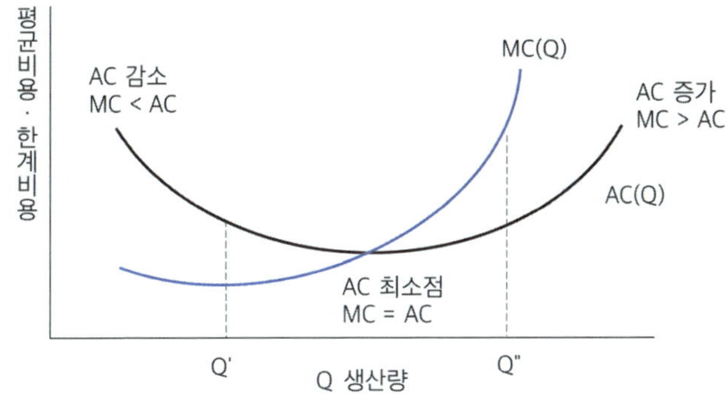

에너지 기업은 생산에 앞서 생산설비의 규모를 결정하게 된다. 생산설비는 노동자의 고용 조정과 달리 일단 규모가 결정되면 단기에 조정하기가 어렵다. 이렇게 생산요소의 일부가 고정되어 있는 상황을 단기(short-run)라 하며 아무런 제약 없이 노동이나 생산설비 등을 유연하게 조정할 수 있는 상황을 장기(long-run)라 한다. 비용함수 또한 장·단기로 나눌 수가 있는데 [그림 2-12]는 장·단기 평균비용 함수를 나타내고 있다. SAC_S, SAC_M 및 SAC_L은 기업 생산설비의 규모가 단기에 고정되어 있을 경우의 평균비용 함수이다. 설비 규모는 각각 작은 규모(S), 중간 규모(M), 큰 규모(L)로 구분한다고 가정하자. 그러면 어떤 규모의 에너지 생산설비가 적정한 것인가? 이는 특정 에너지 생산량을 가장 낮은 비용으로 생산하는 문제와 연관되어 있다. 가령, 에너지 생산량이 Q_1인 경우 작은 생산설비(S)의 단위당 평균비용이 가장 낮게 나타나고 있으므로 작은 규모의 생산설비를 보유하는 것이 유리하다. 반면, 생산량이 Q_4인 경우는 큰 생산설비를 보유해야 낮은 단위당 비용으로 생산할 수 있다. 즉, 적정 설비는 에너지 생산량에 따라 달라질 수 있는 것이다. 단기에는 생산설비가 고정되어 있지만 생산설비를 장기에 유연하게 조정할 수 있다면 생산량에 따라 단위당 비용을 최소화하면서 생산을 할 수 있는데 생산설비를 마음대로 조정하면서 단위당 생산비용을 최소화하는 비용을 장기 평균 비용이라 한다.

그림 2-12 장·단기 평균 비용함수

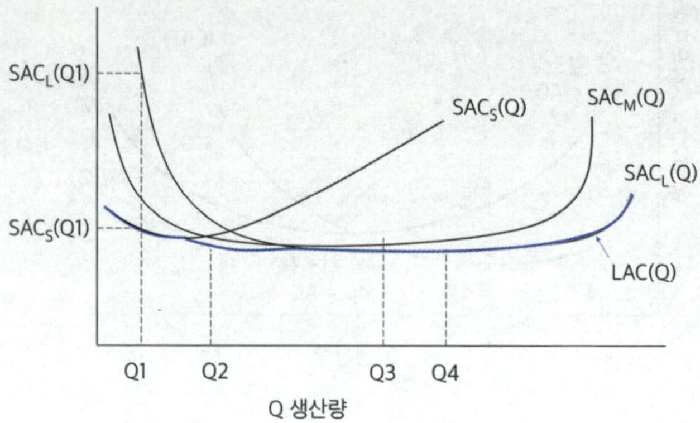

장기 평균 비용함수는 단기 평균 비용함수들을 감싸는 포락선(envelop curve) 형태를 가지게 된다. [그림 2−12]에서 굵은 선으로 나타낸 부분이 장기 평균 비용함수(LAC)이다.

(2) 에너지 기업의 생산량 결정

수요함수와 비용함수를 정의하였으므로 이제부터는 에너지 기업들이 생산량과 가격을 어떻게 결정하는지 알아보자. 기업이론은 기업의 목적이 이윤 극대화에 있다고 가정한다. 만약 기업의 경영자가 충분한 이윤을 창출하지 못할 경우에는 경쟁에 밀려 시장에서 퇴출을 당하든지 경영자가 교체될 수 밖에 없을 것이다.

에너지 기업이 현재 이윤 극대화를 하는 것을 확인하는 방법은 한 단위 추가적인 생산에 따른 수익과 비용, 즉, 한계수입과 한계비용이 일치하는지를 확인하는 것이다. 우선 한계수입은 생산량 한 단위 증가에 따른 총수입의 변동분으로 식 (2.8)과 같이 정의될 수 있다.

$$MR = \frac{TR(Q + \Delta Q)}{\Delta Q} \tag{2.8}$$

총수입은 가격에 수량을 곱하여 산정할 수 있다. 즉, $TR(Q) = p(q) \cdot q$이다. 반면, 한계수입은 판매량 한 단위 증가에 따르는 총수입의 증가이다. 즉, 한계수입과 가격은 다음과 같은 관계를 가지고 있다.[4)]

$$MR(Q) = p \cdot (1 + \frac{1}{\eta}) \quad (2.9)$$

여기서 η는 수요의 가격탄력성이다. 수요의 가격탄력성의 절대값이 1보다 큰 경우 한계수입은 양(+)이고 1보다 작을 경우 음(−)이 된다. 결국, 한계수입은 가격보다 낮은데 그 이유는 수입 파괴 효과(revenue destruction effect) 때문이다. 즉, 기업이 한 단위 더 판매하기 위해서는 가격을 낮추어야 한다. 한 단위 추가 판매를 하게 되면 새로운 가격이 추가적인 수입이 되는 반면 기존에 판매하던 수량에 대하여서는 예전보다 낮은 가격에 판매하여야 하므로 추가적인 순수입은 결국 새로운 가격보다 낮게 된다. [그림 2−13]은 한계수입곡선을 나타내고 있다.

그림 2-13 한계 수입곡선

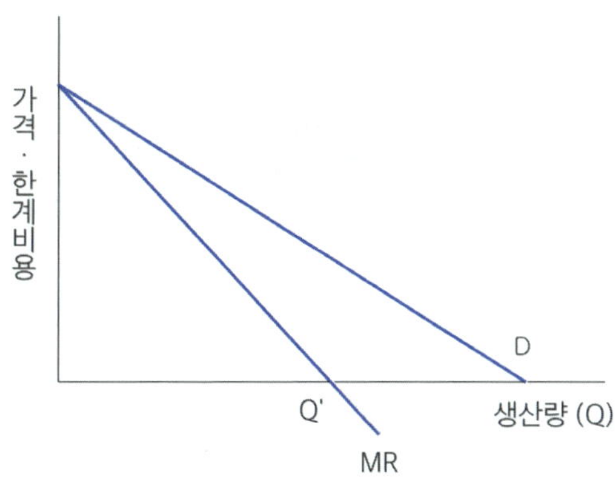

4) $TR = P(Q) \cdot Q$ 이므로 $MR = \frac{\Delta TR}{\Delta q} = p(q) + \frac{\Delta p}{\Delta q} \cdot q = p(1 + \frac{\Delta p / p}{\Delta q / q}) = p(1 + \frac{1}{\eta})$로 나타낼 수 있다.

식(2.10)은 에너지 기업의 이윤 극대화를 위한 생산량 결정 조건으로 한계 수입과 한계비용이 일치하는 생산량이 이윤 극대화 생산량임을 나타낸다.

$$MR(Q) = MC(Q) \tag{2.10}$$

MR이 MC보다 클 경우에는 생산량을 늘려서 이윤을 증가시킬 수 있다. 따라서 현재 이 기업은 이윤 극대화 생산량보다 적게 생산하고 있는 것이다. 반대로, MR이 MC보다 적은 경우에는 생산량을 감소시켜야 이윤이 증가하게 된다. 즉, MR＝MC인 경우 생산량을 변화시켜서 이윤을 증가시키거나 감소시킬 수 없으며 이윤 극대화를 위한 적정생산량을 생산하고 있다고 할 것이다.[5] [그림 2－14]는 한계수입과 한계비용이 일치하도록 이윤 극대화 생산량과 가격이 결정되는 모습을 보여주고 있다.

그림 2-14 이윤 극대화 조건

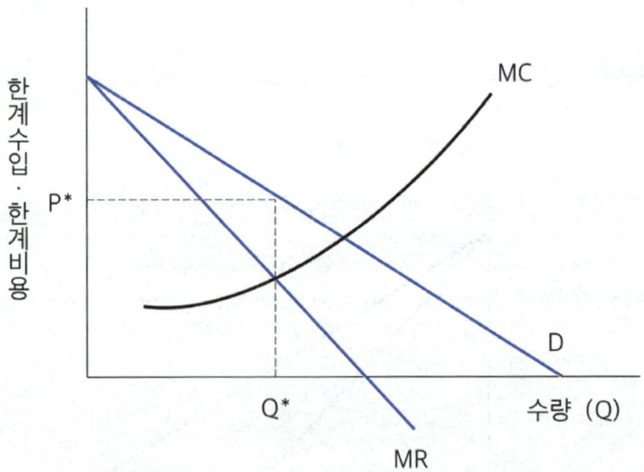

5) 에너지 기업의 이윤은 다음과 같이 정의 될 수 있다. $\pi = p(q) \cdot q - c(q)$. 이윤 극대화를 위한 1차 조건을 다음과 같다. $p(q) + q \cdot \frac{\Delta p}{\Delta q} - \frac{\Delta c}{\Delta q} = 0$, 즉, MR＝MC이다. 또한 이는 $\frac{p - MC}{p} = \frac{1}{\eta}$로 나타낼수 있다. η는 수요의 가격탄력성이다.

6 완전경쟁과 에너지 시장

(1) 완전경쟁시장의 균형

완전경쟁시장은 다양한 시장구조 비교의 기준이 되는 시장구조이다. 완전경쟁시장 구조 하에서 기업들은 동질적인 재화를 생산하고 동일한 가격을 부과하게 된다. 개별적인 기업들은 시장수요와 시장공급에 의하여 결정된 시장가격을 주어진 것으로 받아들이는 가격순응자이다. 즉, 가격결정력이 없고 주어진 가격 하에서 얼마만큼 공급할 것인지 결정하게 된다. 가격이 개별기업의 수요에 따라 변동하지 않기 때문에 완전경쟁 기업의 수요곡선은 수평이다.

그림 2-15 완전경쟁시장의 균형

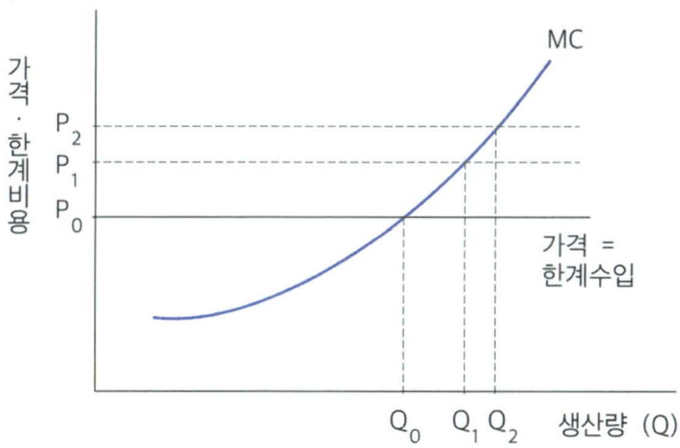

완전경쟁기업의 시장공급은 시장가격과 동일한 한계수입과 한계비용이 일치하도록 결정이 된다. 즉, 시장가격이 p_o인 경우 공급량은 Q_0이고 시장가격이 p_1로 상승하면 공급량은 Q_1이 된다. 따라서, 완전경쟁시장에서의 기업의 공급곡선은 한계비용곡선과 동일하다.

한편, 완전경쟁시장에서의 시장공급곡선은 개별 기업 공급의 수평 합으로 구할 수 있다. 가격이 10일 때 개별기업이 40만큼 공급한다면 시장에 1,000개의 기업이 있을 경우 시장공급은 40,000이 되는 것이다.

그림 2-16 기업 공급과 시장 공급

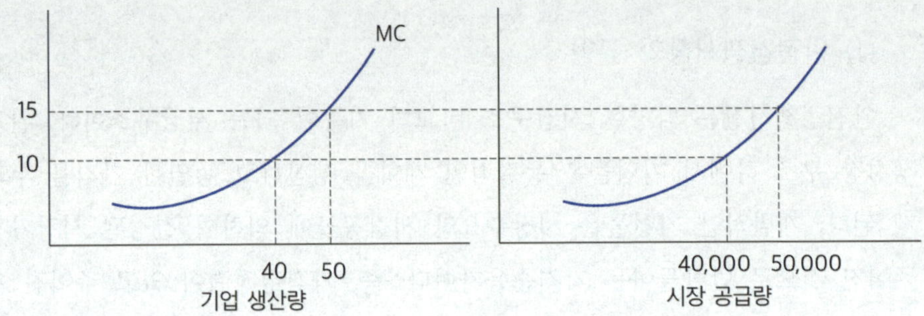

개별기업의 입장에서는 시장가격이 주어져 있기 때문에 기업이 일시적으로 초과이윤을 획득할 수 있다. [그림 2-17]은 시장균형 하에서 기업이 초과이윤을 얻은 상황을 보여주고 있다. 주어진 가격 p^*하에서 공급량은 한계비용과 한계수입이 일치하도록 결정이 되므로, 최적 공급량은 q^*이고 이때 가격이 평균비용보다 높기 때문에 초과이윤이 발생하게 된다.

그림 2-17 시장균형과 초과이윤

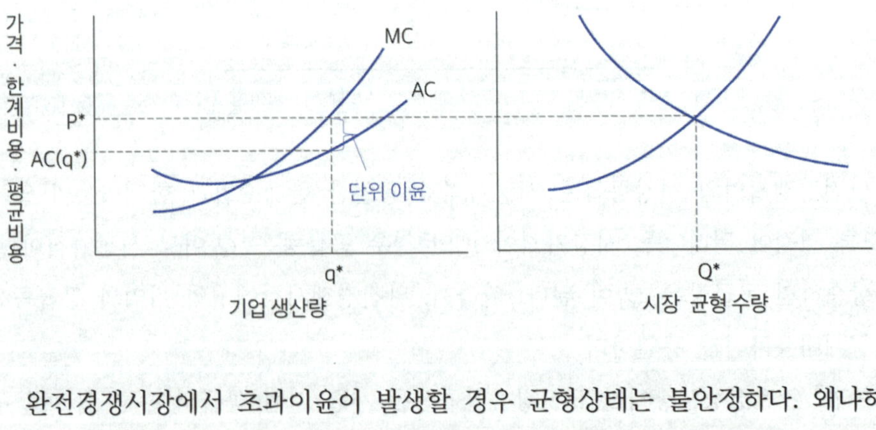

완전경쟁시장에서 초과이윤이 발생할 경우 균형상태는 불안정하다. 왜냐하면 아직 시장에 진입하지 않은 잠재적 경쟁자들이 이윤 기회를 발견하고 시장에 진입하기 때문이다. 새로운 기업들의 시장진입은 시장공급을 확대하여 시장공급곡선을 오른쪽으로 이동시키게 된다. 이에 따라 시장가격이 하락하게 되는데 시장 진입은 가격이 평균비용의 최저점에서 이르러 기업들이 더 이상 초과 이윤 기회가 없을 때까지 이루어 진다. 따라서, 완전경쟁시장의 장기균형 하에서 기업들은 최소효율규모에서 생산을 하게 되며 시장균형가격은 최소효율규모에서의 평균비용과 일치하게 된다. 결국 자유로운 진입에 의하여 초과 이윤의 기회가 사라지게 되며 기업들은 정상이윤만을 획득하게 된다. 기업들이 0의 경제적 이윤을 획득한다는 것은 투자자들의 기회비용을 만회할 수 있을 만큼만 보상을 한다는 것을 의미한다. 반면, 회계적 이윤이 0인 경우는 묵시적 기회비용을 보상해줄 수 없는 경우이다. [그림 2-18]은 완전경쟁시장의 장기균형을 보여주고 있다.

그림 2-18 완전경쟁시장의 장기균형

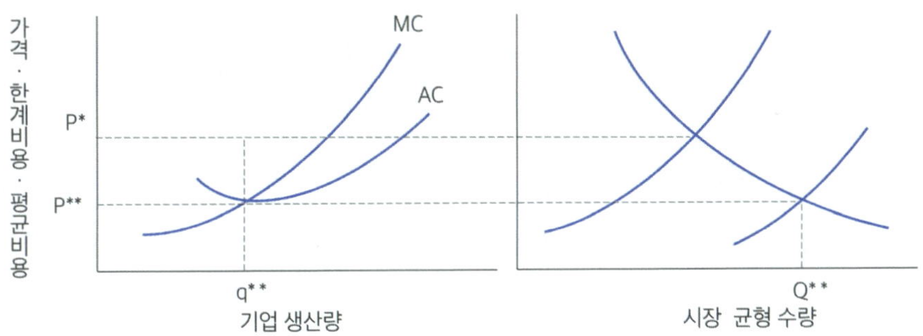

완전경쟁시장 균형의 결과는 동질적인 재화의 가정과 자유로운 시장진입에 의하여 도출되고 있다. 기업 전략적 면에서 함의는 경쟁력을 확보하기 위해서는 차별화된 기술을 확보하여야 한다는 것이다. 타 기업이 쉽게 복제할 수 없는 기술을 확보하여야만 차별화된 제품을 생산할 수 있고 시장진입에 따른 이윤 침식을 방지할 수 있다.

(2) 완전경쟁시장과 사회후생

완전경쟁시장의 균형은 시장수요와 공급이 일치하는 수량과 가격에서 결정된다. 시장수요와 공급이 일치하는 수량을 균형수량이라 하고 가격을 균형가격이라 한다. 한편, 에너지 수요곡선의 높이는 소비자가 각 에너지 단위에 대하여 지불할 의사가 있는 최대 지불용의 가격(maxium willingness to pay)을 나타낸다. 수요곡선의 높이와 시장가격과의 차이는 각 단위 에너지 소비로부터 얻을 수 있는 소비자의 혜택이라고 할 수 있으며 이들의 합을 소비자 잉여(consumer surplus)라 한다. [그림 2-19]에서 ABC는 소비자 잉여를 나타낸다.

그림 2-19 **소비자 잉여**

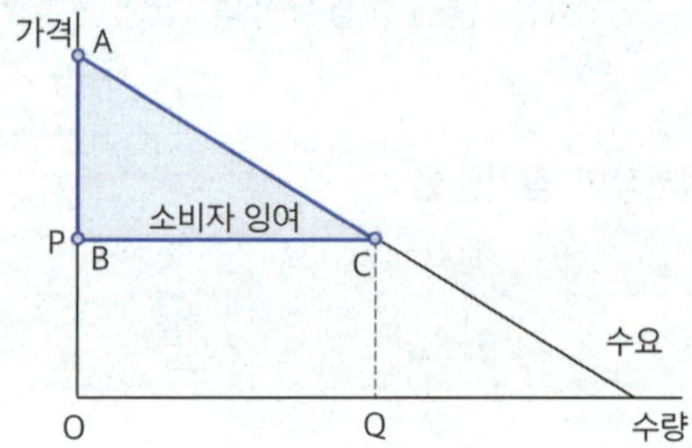

또한, 시장가격과 각 단위당 생산비용의 차이의 합을 생산자 잉여(producer surplus)라 하며 시장 교환에 참여함으로써 생산자에게 돌아가는 혜택이라 정의할 수 있다.

그림 2-20 **생산자 잉여**

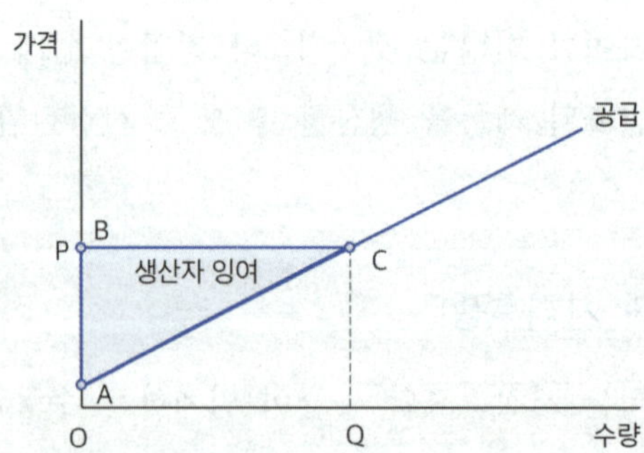

균형가격에서 소비자 잉여와 생산자 잉여의 합을 구하면 이를 사회적 후생(social surplus)이라 한다. 사회적 후생은 시장 효율성의 지표로 사용되며 완전경쟁 하에서 사회적 후생이 극대화됨을 보일 수 있다. 이는 정책담당자들이 완전경쟁을 지향하는 이유이다(Pindyck & Rubinfeld, 2013).

그림 2-21 사회후생의 극대화

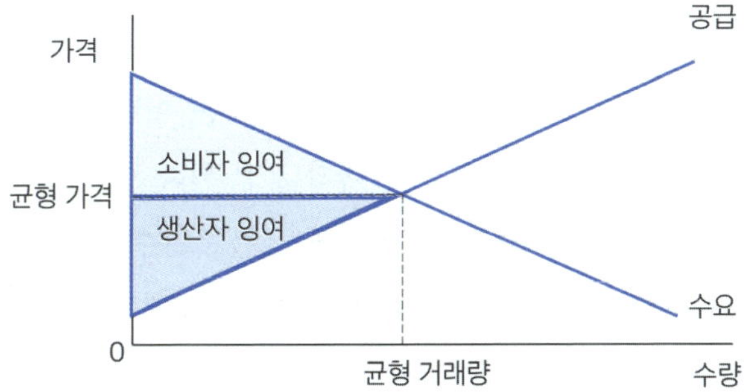

(3) 완전경쟁과 에너지 시장

에너지 시장에서는 높은 자본비용과 인프라 투자 및 규모의 경제로 인하여 완전경쟁이 현실적으로 잘 관찰되지 않는다. 완전경쟁시장은 소규모의 많은 기업들, 동질재, 자유로운 진입과 이탈 그리고 완전한 정보를 가정하고 있다. 그러나 일부 에너지 시장은 완전경쟁과 유사한 조건을 만족하고 있다.

규제가 잘 되어 있고 많은 공급자가 존재하는 일부 전력 도매시장은 완전경쟁과 유사한 구조를 나타내고 있다. 미국의 일부지역은 전력시장이 독립시스템 운영자(Independent systme operator: ISO) 또는 지역송전회사(Regional transmission organizations: RTO)에 의하여 운영되고 있고 많은 공급자들이 전력을 공급하기 위해서 입찰을 하게 되는데 전력가격은 수요와 공급에 의하여 결정되며 완전경쟁과 유사한 모습을 보인다(Cramton, 2003). 또한 재생에너지 인증서(Renewable Energy Certificates: RECs) 시장 또한 완전경쟁과 같은 원리로 운영이 된다. 재생에너지 인증서는 동질재이며 가격은 수요와 공급에 의하여 결정이 된다(Langniss & Praetorius, 2006). 천연가스와 석탄 등 일부 에너지의 현물시장(spot market)에서는 에너지의 거래가 완전경쟁과 유사하다. 동질적인 재화를 거래하고 가격이 수요와 공급에 의하여 결정된다.

7 에너지 시장의 효율성과 시장실패

앞절에서 완전경쟁시장은 사회적으로 가장 효율적인 자원 배분을 달성함으로써 사회 후생을 극대화함을 보였다. 에너지 시장에서는 이러한 시장성과를 달성하지 못하는 시장실패 현상이 광범위하게 나타나게 된다. 시장실패의 원인으로는 독점적 시장 지배력, 보조금 지급, 외부경제 등을 들 수 있다.[6] 이 절에서는 에너지 시장에서 이들 원인들에 의하여 시장실패가 어떻게 발생하는지 살펴보고자 한다.

(1) 독점시장(Monopoly)

독점시장에서는 단일 기업이 특정 재화와 서비스의 유일한 생산자이다. 이 기업은 시장지배력을 가지고 이윤 극대화를 위해서 가격을 설정할 수 있다. 시장 지배력은 어떤 특정 기업이 시장가격을 결정할 수 있는 상태를 이르는 말이다. [그림 2-22]에서 P_C는 경쟁균형에서의 가격을 나타낸다. 독점인 경우 이윤 극대화를 위해서 MR과 MC가 동등화되도록 생산량을 결정하기 때문에 독점 가격(P_M)은 경쟁가격보다 높게 형성된다.

6) 이 외에도 정보의 비대칭성(Information Asymmetry)과 시간 불일치 문제(Time Inconsistency)로 인하여 에너지 시장에서 시장실패가 일어날 수 있다. 소비자와 기업 간 정보의 불균형으로 인해 에너지효율적인 기술이 적절히 채택되지 않을 수 있다. 예를 들어, 에너지 효율이 높은 제품의 초기 비용이 높아 소비자가 선택을 꺼리는 경우가 이에 해당한다. 또한, 장기적으로 에너지 전환이 필요하지만, 단기적인 비용 부담으로 인해 정책이 제대로 시행되지 않는 문제가 있다. 특히, 정책의 지속성이 보장되지 않으면 시장 참여자들은 신재생에너지 개발에 대한 투자 결정을 내리기 어려워진다.

그림 2-22 독점적 균형과 사회후생

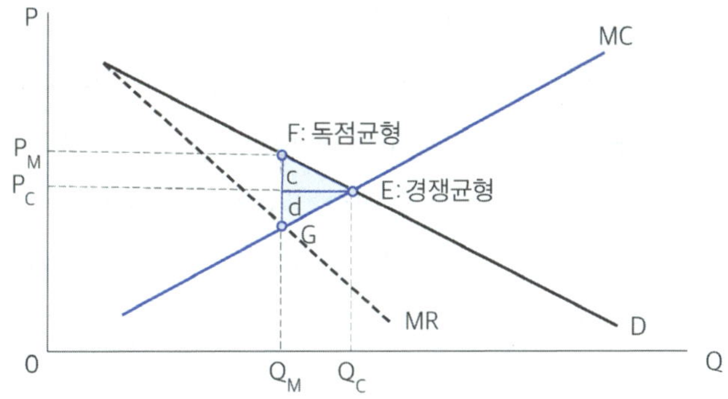

에너지 공급이 독점 기업에 의하여 이루어지게 되면 결국 소비자나 생산자에게 귀속되지 않는 사회적 후생 손실이 발생하게 되는데 이를 사중손실이라 한다. 이 경우 소비자 잉여와 생산자 잉여에 속하지 않는 사회적 낭비가 발생하게 되는데 그림에서는 FGE로 나타낼 수 있다. 그림에서 알 수 있듯이 독점적 균형에서는 독점 가격이 한계비용을 상회하기 때문에 정상이윤을 상회하는 초과이윤을 얻게 된다. 반면, 완전경쟁에서는 기업의 이탈과 진입과정을 통해서 가격은 장기 평균 비용의 최소점에서 형성되게 되어 기업은 정상이윤만을 획득하게 되며, 또한 가격은 한계비용과 일치하게 된다. 한계비용은 생산의 기회비용으로 해석되며 완전경쟁시장의 가격은 이 기회비용을 반영하여 결정이 되는 것이다. 여기서 기회비용이라 함은 차선책(second best alternative)의 가치로 평가된 자원의 가치를 의미한다.

특히, 에너지 산업에서는 독점적 생산이 경쟁기업에 의한 생산보다 기술적으로 효율적인 경우가 있다. 이는 생산에 있어서 규모의 경제가 작용하기 때문이다. 즉, 규모의 경제가 존재할 경우에는 기존 기업은 대규모 생산에 의하여 생산비용 우위를 확보하는 반면 신규 진입기업들은 대개 시장진입 당시 생산량이 작고 평균 생산비용이 높기 때문에 기존 기업과 경쟁할 수 없다. 결국 시장은 독점 상태로 남아 있게 되며 이러한 경우를 자연독점이라 한다. 기술적으로는 규모의 경제가 존재할 경우 장기 평균 비용이 하락하는 현상이 발생한다. 전력산업은 독점기업으로 산업이 형성되는 경우가 많았으나 최근에는 기술수준이 발달해서 규모의 경제가 적은 생산량에서 발생하기 때문에 독점보다는 소수의 기업에 의하여 전력 생산이 가능하게 되었다.

자연독점의 경우 가격과 한계비용이 일치하도록 규제하게 되면 평균비용이 한계비용보다 높기 때문에 독점기업의 손실이 발생하게 된다. 이러한 문제를 해결하기 위해서는 세금을 통해서 손실을 보전하거나 가격이 평균비용과 같도록 규제를 하여 생산비용을 회수할 수 있도록 규제하게 된다. 이 경우 한계비용을 기준으로 한 가격설정과 비교하면 [그림 2－23]에서와 같이 사중손실이 발생하게 된다.7)

그림 2-23 평균비용 가격설정과 사중손실

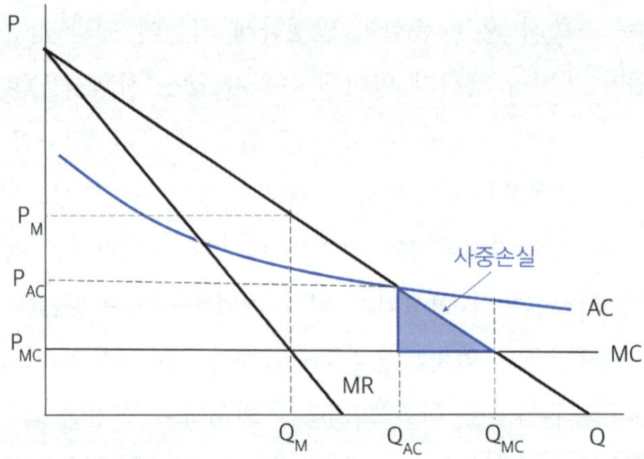

7) 한국의 공기업들은 독점적 성격의 재화와 서비스를 제공하는 기업들이 많으며 공공요금은 발생 원가를 보전해 주는 총괄 원가 보상 방식에 따라 결정된다. 기획재정부의 '공공요금 산정기준'에 따르면 총괄 원가는 성실과 동시에 능률적인 경영 아래 공공서비스를 공급하는 데 소요되는 적정 원가에다 공공사업에 공여하고 있는 진실하고 유효한 자산에 대한 적정 투자보수를 가산한 금액으로 정의하고 있다. 쉽게 말해서 총괄 원가는 전기, 도시가스, 상수도 등 공공서비스를 생산하는 데 소요되는 비용인 적정 원가에다 이들 서비스 생산에 필요한 자산에 대한 적정 투자보수를 합한 것이다. 경제학에서 총비용은 자본의 기회비용을 포함한 경제적 비용으로 총괄 원가 보상 방식은 평균비용 가격설정에 기반한 개념이라 할 수 있다(백옥선, 2022).

에너지 시장에서 독점은 인프라 구축을 위한 대규모 자본 투자와 한 기업에게만 독점권을 부여하는 정부규제에 의하여 발생할 수 있다(Carlton & Peroff, 2015). 에너지 시장의 독점은 전력 송배전 시장이나 천연가스 시장에서 많이 관찰이 되는데 이는 이러한 서비스를 제공하기 위한 인프라가 자연독점으로 여겨지기 때문이다. 자연독점으로 다수의 사업자가 경쟁하는 게 비효율적인 경우 정부는 독점기업의 시장지배력 행사를 막기 위해서 시장가격을 적정 범위 내에서 규제를 하게 된다.

어떤 기업의 독점적 위치를 평가하기 위해서는 시장의 범위를 먼저 설정해야 한다. 특정 지역에서 독점기업이라도 좀더 넓은 시장의 범위에서는 경쟁기업일 수가 있기 때문이다. 에너지 시장에서 국가적 차원에서 독점의 경우로 가장 잘 알려진 기업은 러시아의 가즈프롬(Gazprom)일 것이다(Stern, 2005). 가즈프롬은 국가소유의 에너지 기업으로 가장 큰 천연가스 생산 기업이며 러시아에서 천연가스 생산에 관한 독점권을 가지고 있고 생산과 운송 및 수송을 통제한다. 가즈프롬은 또한 가스 파이프라인과 인프라를 소유하고 있기 때문에 러시아뿐만 아니라 유럽의 천연가스 시장에서도 독점력을 가지고 있다. 또한 사우디아라비아의 아람코(Saudi Arabian Oil Company: Aramco) 또한 국가소유의 석유회사로 세계 최대의 석유 생산자이다. 전 세계에서 가장 큰 석유매장량을 소유하고 있으며 국내에서 탐사, 생산, 정제 및 수출의 독점권을 가지고 있다(Ramady, 2010).

한국의 경우 한국전력(KEPCO)은 전력 공기업으로 송·배전망을 소유하고 있고 전력 소매시장에서는 독점 판매자이다. 한국의 전력 소매시장에서는 정부가 소매가격을 통제하고 있어 전기요금이 전력 생산비용을 반영하지 못하는 경우가 발생한다. 미국 테네시주의 TVA(Tennessee Valley Authority)는 미국 연방 정부가 소유한 전력회사로, 테네시주를 포함한 남동부 여러 주에서 독점적인 전력 공급자로 활동하고 있다(Denton, 2002).

(2) 보조금 지급의 효과

위에서 완전경쟁시장 하에서 소비자 후생과 생산자 후생의 합인 사회적 후생이 극대화됨을 보였다. 만약, 에너지 시장에서 정부가 친환경 에너지원의 공급을 확대하기 위해서 보조금을 지급하면 어떠한 결과가 나타날까? 가령, 태양광 발전의 보급을 촉진시키기 위해서 태양과 패널 설치에 보조금을 지급한다고 가정하자. 이 경우, 태양광 사업자가 인식하는 공급 비용은 하락하게 되어 균형 공급이 증가하게 된다. [그림 2-24]에서 P_0, Q_0는 보조금 지급 이전의 시장균형 가격과 수량이다. 보조금을 단위당 S만큼 정부가 지급하면 사업자가 인식하는 생산비용은 S_1이기 때문에 이는 공급곡선이 S_0에서 S_1로 이동하는 효과를 가지게 되고 새로운 시장균형은 P_1과 Q_1에서 이루어지게 된다. 소비자들은 P_1을 지불하게 되지만 사업자들이 실질적으로 받는 가격은 보조금을 포함해서 P_2가 된다. 정부는 보조금을 Q_1*S만큼 지급하나 생산자 잉여는 P_0P_2ab만큼 증가하고 소비자 잉여는 P_1P_0ac 만큼 증가하게 된다. 최종적으로 abc만큼의 사회적 후생 손실이 발생한다.

그림 2-24 에너지보조금 지급과 사회후생

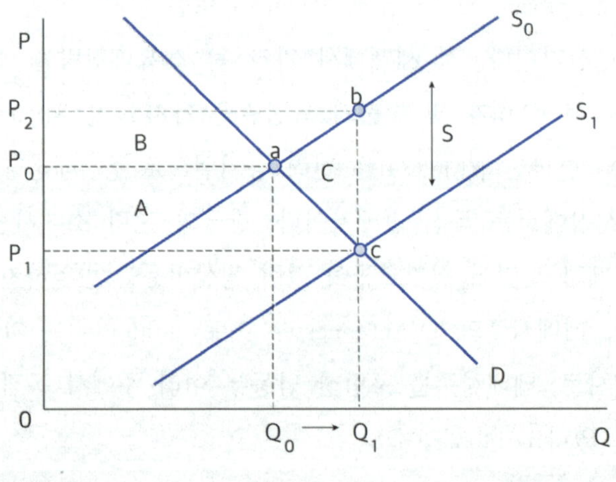

보조금 지급은 현 기술 수준 하에서 사회적으로 바람직한 생산량을 초과하는 생산과 사중손실을 발생시키는 역할을 한다. 결국 에너지 시장에서의 보조금 지급은 새로운 에너지원의 공급을 촉진하지만 사회후생을 감소시키는 역할을 한다.

그럼, 에너지 정책의 목표는 반드시 효율성에만 있지 않지만, 사회적 후생 손실을 초래하면서 친환경적인 에너지 보급을 촉진하는 것은 어떻게 정당화할 수 있는 것인가? 차선의 이론(Theory of Second-Best)이 이를 정당화하는 역할을 할 수 있을 것이다(Lipsey & Lancaster, 1956). 차선의 이론에 따르면 경제모형에서 한 조건이 최적 상태로부터 멀어져 있을 때 차선의 선택은 다른 변수를 최적 상태로부터 멀어지게 하는 것이다. 즉, 서로 연결된 시장에서 한 시장이 시장 왜곡 상태에 있으면 다른 시장이 최적 상태에 있는 것보다 오히려 다른 시장에 시장 왜곡이 존재함으로써 처음 시장의 시장 왜곡이 개선된다는 논리이다. 석탄발전으로 전력생산을 하는 시장에서 외부효과 등에 의하여 이미 시장 왜곡이 되어 있다면 태양광 패널을 이용한 전력 시장에서 가격이 한계비용과 일치하도록 생산이 이루어지는 것보다 시장 왜곡이 존재할 때 오히려 석탄발전 전력 시장의 시장 왜곡이 개선될 수 있는 것이다. 따라서 태양광 발전 등 신재생 에너지에 의한 전력생산은 단순히 친환경적인 전력공급의 문제일 뿐 아니라 기존 발전 시장의 효율성을 개선할 수 있는 개연성이 존재하는 것이다. 즉, 화석연료 시장에 시장왜곡이 발생할 경우에 최선의 방안은 외부효과를 내재화하는 것이지만 이것이 불가한 경우에는 재생에너지 시장에서 보조금을 지급하는 것이 공정한 경쟁을 촉진시킨다고 할 수 있다.

보조금 지급을 정당화할 수 있는 또 하나의 이유는 동태적 효율성의 문제이다. 우리가 여기서 다루는 문제는 정태적 측면에서의 효율성을 다루고 있는데 정태적 효율성은 주어진 시장에서의 자원 배분 문제이다. 반면 동태적 효율성은 새로운 기술이나 제품의 도입과 제품의 다양성으로 사회 후생을 변화시키는 측면을 가리킨다. 보조금 지급은 정태적 효율성을 희생하지만, 동태적 효율성을 높일 수 있는 도구로 활용될 수가 있는 것이다.

(3) 외부효과

외부효과란 어떤 개인이나 기업과 같은 경제주체의 행위가 수요·공급과 같은 가격 결정 과정을 통하지 않고 다른 개인이나 기업 등의 경제주체에 영향을 미치는 것을 말한다. 가령, 전력생산에 있어서 석탄발전을 하게 되면 기후변화에 악영향을 미치는 이산화탄소가 발생하게 되고 건강에 해로운 미세먼지가 발생하게 된다. 그러나, 규제가 없는 경쟁시장에서 개별기업은 이러한 외부효과를 생산비용에 반영하지 않고, 석탄발전의 사적비용만을 바탕으로 전력 생산량을 결정하게 된다. 이 경우, 사회적으로 효율적인 전력 생산량보다 많은 전력을 석탄발전을 통하여 생산하게 되고 사회적 후생 손실이 발생하게 된다. 사회적으로 바람직한 생산량은 사적비용과 외부비용을 합한 사회적 비용과 수요곡선이 만나는 점에서 결정이 된다. [그림 2-25]에서 사회적 비용을 고려한 균형점을 최적점으로 지칭하고 있으며 외부비용을 고려하지 않은 균형을 균형점으로 나타내고 있다. 외부효과에 의한 사회적 후생 손실은 삼각형 abc로 나타낼 수 있다. 사회적 최적 생산량을 초과하여 생산할 경우 사회적 비용이 혜택(수요)를 초과하게 되어 후생손실이 발생하게 되는 것이다.

그림 2-25 외부효과와 사회적 후생손실

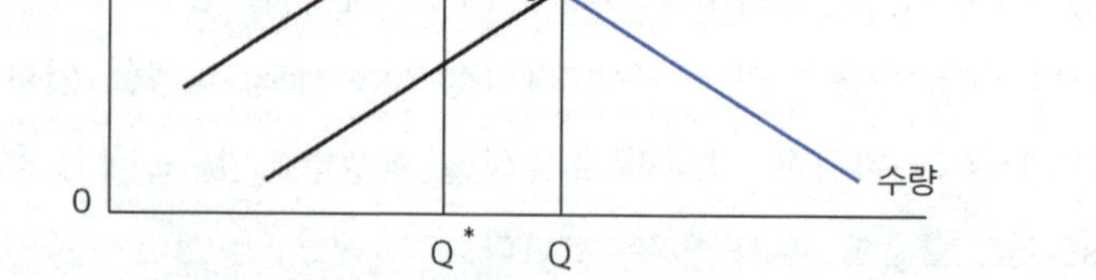

그러면, 외부효과에 의한 시장 왜곡은 어떻게 교정이 될 수 있는 것인가? 우선, 피구세(Pigouvian tax)를 생각할 수 있다(Pigou, 1920). 사회적 비용을 반영한 공급곡선에 의하여 에너지 자원이 공급되기 위해서는 규제당국은 외부비용에 해당하는 정도의 세금을 부과함으로써 사적비용과 사회적 비용이 일치하게 하고

생산의 효율성을 달성할 수 있다. 그러나 외부효과에 의한 사회적 비용을 화폐 단위로 산정하는 것은 사실상 쉬운 일이 아니다(Baumol, 1972).

한편, 코즈(Coase)는 정부의 규제에 의존하지 않고 관련 당사자들의 직접적인 협상을 통해서 효율적으로 외부효과 문제를 해결할 수 있음을 제시하였다(Coase, 1960). 가령 미세먼지 피해자들이 석탄 발전사들에 미세먼지 피해액보다 낮은 금액을 제공하고 발전사들은 이 금액을 이용하여 저감장치 등을 설치하여 미세먼지 배출량을 감소시킨다는 논리이다. 피구세의 관점에서 보면 오염물질을 배출하는 발전사들에게 세금을 부과하여야 하나 코즈의 관점에서 보면 사적인 거래를 통해서 더 낮은 비용으로 문제를 해결할 수 있다는 것이 핵심이다. 또한, 최초에 오염배출 권리가 발전사 또는 소비자들에게 주어져 있는 것이 문제가 되지 않는다. 소유권이 정확하게 정해져 있고 거래 비용이 없다면 사회적으로 효율적인 결과를 도출할 수 있다는 논리이다.

코즈정리의 사례로 다음의 예를 살펴보자. 한 공장에서 배출하는 오염물질로 인해 주변 주민들에게 건강상의 문제나 부동산 가격 등의 영향으로 8억 원의 피해가 발생한다고 하자. 공장은 5억 원의 저감장치 설치 비용으로 오염물질 배출을 0으로 만들 수 있다고 하자. 협상에 따르는 거래 비용은 없고 우선 친환경에 대한 소유권이 주민들에게 주어져 있다고 하자. 이 경우 주민들은 오염물질로부터 자유로울 수 있는 권리를 가지고 있으므로 공장은 오염물질 배출로 인한 피해를 보상해 주어야 하는 의무가 있다. 만약, 공장이 오염물질 배출을 줄이지 않고 계속 배출을 원한다면 8억 원을 주민들에게 보상해 주어야 한다. 하지만 공장의 입장에서 5억 원의 오염물질 배출 저감장치 투자를 통해서 오염을 0으로 줄일 수 있으므로 오염물질 배출을 줄이는 게 주민들에게 배출을 보상하는 것보다 효율적이다. 따라서 공장은 8억 원을 보상하는 것보다 배출저감 장치에 투자하여 3억 원을 절약하고 주민들의 피해는 0이 될 것이다. 오염 물질 배출을 해결하는 사회적 비용은 5억으로 이 해결방안은 총 비용을 최소화하므로 효율적인 결과라 할 수 있다. 이제, 공장이 오염물질 배출 권리를 가지고 있다고 하자. 만약 양자 간에 협상이 없다면 공장은 계속 오염물질을 배출할 것이고 주민들은 8억

원의 피해를 입을 것이다. 만약, 주민들이 공장에 최소 5억 원 이상을 지불한다면 오염저감 장치를 설치하여 오염을 줄일 수 있을 것이다. 5억 이하가 지불될 경우, 공장은 오염배출을 멈출 이유가 없고 주민들을 8억 원의 피해를 입을 수 밖에 없을 것이다. 이 경우 주민들은 사실 8억 원까지 공장에 지불할 용의가 있을 것이고 공장은 5억 원 이상의 보상이 있으면 보상에 대한 제안을 받아들일 수 있다. 즉, 보상이 5억에서 8억 원 사이에서 이루어질 수 있는 것이다. 만약, 공장이 5억 원의 배상액을 받아들인다면 주민들은 3억 원의 순이익이 발생하게 되고 공장은 순이익은 0이지만 저감시설을 설치하여 오염물질 배출량은 0이 될 것이다. 이에 따른 오염 문제 해결의 총사회적 비용은 5억 원으로 주민들이 친환경에 대한 소유권을 가지고 있을 경우와 같은 결과를 도출할 수 있다. 누가 보상을 해야 하는지는 누가 소유권을 가지고 있느냐에 따라 달라지지만 소유권이 명확하게 부여돼 있고 거래비용이 없다면 동일한 사회적으로 효율적인 성과가 달성될 수 있는 것이다.

코즈의 정리는 사적인 거래에 있어서 거래비용이 낮고 협상에 어려움이 없음을 전제로 하고 있으며 협상에 따른 재분배의 문제보다는 효율성에 초점을 맞추고 있다. 코즈의 정리는 소수의 당사자로 구성된 문제에 적합할 수 있으나 환경오염 문제와 같이 다수의 당사자가 관련되어 있고 지리적으로 광범위한 영역의 문제를 해결하기에는 현실성이 떨어진다 할 수 있다. 그러나 코즈정리의 방점은 외부경제의 문제를 사적인 거래를 통하여 해결할 수 있음을 시사한다는 것이다.

배출권거래제는 정부에 의한 배출규제(cap)와 시장에 의한 배출권거래(trade)를 결합하여 외부경제(온실가스)를 해결하는 혼합형 제도이며 코즈의 이론이 응용·적용된 경우라 할 수 있다. 정부는 총 이산화탄소 배출 기업에 할당량을 배정하고 온실가스를 배출할 수 있는 권리를 부여하게 된다. 배출권은 정부로부터 부여받거나 구매할 수 있으며 대상 기업 간에 거래할 수 있다. 시간에 따라 점진적으로 배출 총량(cap)을 감소시킴으로써 외부경제의 원인인 온실가스 배출을 감축시키도록 하고 있다.

(4) 에너지의 공공재적 성격과 시장실패

공공재는 경제학에서 비경합성(non-rivalry)과 비배제성(non-excludability)을 동시에 갖춘 재화나 서비스를 의미한다(Musgrave, 1959). 비경합성은 한 사람이 소비해도 다른 사람의 소비가 감소하지 않는 특성을 말하는 것으로 예를 들어, 국방 서비스는 한 사람이 보호받는다고 해서 다른 사람의 보호 수준이 낮아지지 않는다. 비배제성은 대가를 지불하지 않은 사람도 소비를 배제할 수 없는 특성으로, 가로등이나 공기 질 개선과 같은 서비스는 개인이 비용을 내지 않아도 혜택을 받는다. 대표적인 공공재의 예로는 국방, 치안, 공기, 공공도로(혼잡하지 않을 경우), 방재 시스템 등이 있다.

공공재는 대표적인 시장실패의 원인 중 하나로 무임승차 문제가 발생한다. 공공재는 비배제성의 속성을 갖고 있으므로, 개인이 비용을 지불하지 않고도 소비할 수 있다. 예를 들어, 한 국가가 국방을 제공하면 모든 국민이 보호를 받게 되므로 개별 국민이 자발적으로 국방비를 내려고 하지 않는다. 결과적으로 시장에서는 공공재가 충분히 공급되지 않거나, 아예 서비스가 제공되지 않는 문제가 발생한다.

공공재는 민간 기업이 생산하기 어렵다. 공공재가 시장에서 가격을 형성하지 않기 때문에, 기업이 공공재를 생산하더라도 충분한 수익을 얻기 어렵다. 따라서, 정부가 개입하여 공공재를 제공하는 역할을 하게 된다.

[그림 2-26]는 공공재의 수요와 공급곡선을 나타낸다. 사적 재화는 개별 소비자 수요곡선의 수평 합으로 시장 수요가 도출되지만, 공공재의 경우 주어진 수량에 대한 개별 소비자의 한계편익의 합으로 사회적 수요곡선이 도출된다. 소비자들은 동일한 수량의 공공재를 소비하지만 이에 대한 한계편익과 지불용의가 다르다. 적정 공공재의 공급은 이 사회적 수요곡선과 공급곡선 즉, 한계비용이 일치하는 지점에서 결정된다. [그림 2-26]에서 $D_1 = MB_1$과 $D_2 = MB_2$는 각각 개별 소비자의 한계편익 곡선을 나타내며 $D = MB_1 + MB_2$는 공공재의 사회적 수요곡선이다. 따라서 공공재의 가격은 P에서 결정되고 균형 공급수량은 Q가 된다. 린달가격(Lindahl pricing)은 공공재의 최적 공급 수준을 결정하기 위해 각 소비자가 자신의

한계편익에 따라 분담금을 내는 방식을 제시하고 있다(Musgrave, 1959). [그림 2-26]에서는 균형수량에서 소비자 1은 P_1을 지불하고 소비자 2는 P_2를 지불하는 방식이다.

그림 2-26　공공재의 수요와 공급

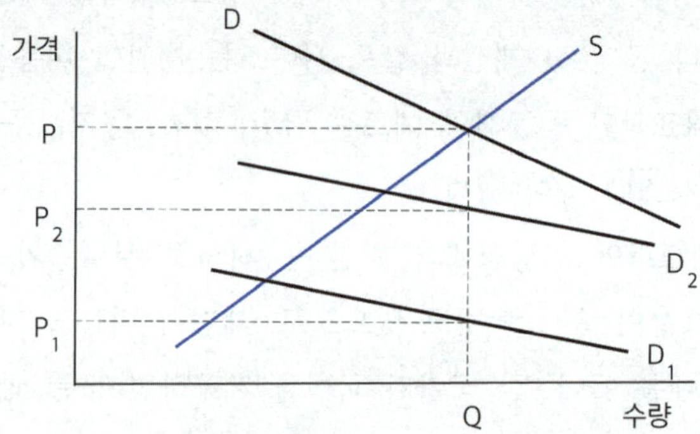

린달가격이론은 공공재의 최적 가격을 설정하는 이상적인 모델이지만, 현실적으로 적용하기에는 몇 가지 한계가 있다. 우선, 개인의 한계편익을 정확히 파악하기 어렵다. 따라서 개인이 자신의 한계편익을 과소 신고하여 무임승차 문제를 초래할 가능성이 있다. 그리고 행정적 비용 및 복잡성이 따른다. 개인별로 다른 가격을 책정하고 징수하는 과정이 비효율적일 수 있다. 따라서 실제 정책에서는 조세 제도가 이를 대신하고 있다. 정부는 공공재 제공 비용을 개별 가격 책정이 아닌 누진세 등의 세금 체계를 통해 조달하는 경우가 많다.

에너지 시장에서는 대부분의 에너지 상품(전기, 석유, 천연가스 등)이 시장에서 가격이 형성되는 사유재로 거래되지만, 일부는 공공재의 성격을 가진다. 전력망의 안정적인 운영(주파수 유지, 계통 안정화 등)은 모든 소비자가 이용할 수 있으며, 특정 소비자를 배제하기 어렵다. 한 지역의 전력망이 안정적으로 운영되면, 모든 소비자가 혜택을 받는다(비경합성). 그러나 누군가 전력망 안정화를 위해 비용을 지불하지 않아도 여전히 혜택을 받기 때문에 무임승차 문제(free-rider problem)가 발생할 수 있다. 이에 따라, 정부 또는 독립적인 계통 운영기관

(ISO/RTO)이 전력망 안정화 서비스를 관리한다.

에너지 공급망의 안정성과 국가 차원의 에너지 자원 확보(비축유, 전략적 석유 비축 등)는 모든 국민이 혜택을 받는 공공재적 성격을 가진다. 특정 개인이나 기업이 추가 비용을 지불하지 않아도 국가가 에너지를 안정적으로 확보하면 전체 사회가 혜택을 받는다. 국가 에너지 안보는 민간 시장에서 충분히 제공되지 않으므로 정부 개입이 필요하다. 온실가스 감축, 에너지 효율성 증진 정책 등은 공공재적 성격을 갖는다. 예를 들어, 탄소 감축을 통해 대기질이 개선되면 모든 국민이 혜택을 받을 수 있다(비배제성). 기업이 탄소 감축을 위한 투자를 해도 다른 기업이 비용을 부담하지 않고도 혜택을 볼 수 있어 무임승차 문제가 발생할 수 있다. 이를 해결하기 위해 정부는 탄소세, 배출권거래제(ETS) 등을 도입하여 시장을 조정한다.

제3장

에너지 자원의 시간에 걸친 동적 배분

1 서론

에너지는 현대 경제의 핵심 동력이며, 국가의 경제 성장과 산업 발전을 결정짓는 중요한 요소이다. 하지만 대부분의 에너지원은 유한한 자원으로, 시간이 지나면서 점차 고갈된다. 특히 화석연료(석유, 천연가스, 석탄)와 같은 비재생 가능 에너지원은 한정된 매장량을 가지고 있어, 이를 어떻게 효율적으로 배분하고 활용할 것인지가 중요한 경제적 과제가 된다. 따라서 에너지 자원의 동적 배분은 장기적인 경제 성장과 지속가능한 발전을 위해 필수적인 개념이다.

본 장에서는 에너지 자원의 동적 배분이란 무엇인지 정의하고, 이 과정에서 고려해야 할 핵심 요소들을 살펴본다. 특히, 시간에 따른 자원의 최적 사용 전략, 시장과 정책의 역할, 기술 변화와 대체 가능성 등을 종합적으로 논의할 것이다.

에너지 자원의 희소성은 단순한 공급의 부족 문제를 넘어서 경제 시스템 전체에 걸쳐 깊은 영향을 미친다. 자원이 제한되어 있을 때, 그 효율적 배분은 경제적 효율성과 환경적 지속가능성 모두에 영향을 미친다. 전통적인 경제학 이론에 따르면, 자원이 희소할수록 가격은 상승하고, 이는 소비자와 생산자에게 효율적인 소비 및 투자 결정을 유도하는 가격신호로 작용한다(Hotelling, 1931).

그러나 에너지 자원, 특히 석유와 같은 고갈성 자원의 경우에는 이러한 시장 메커니즘만으로 장기적인 최적 자원 배분을 보장하기 어렵다. 예컨대, 단기적으로 자원이 과소평가되어 가격이 낮게 형성되면, 현재 세대가 자원을 과도하게 소비할 유인이 생기며, 이는 미래 세대의 자원 접근 가능성을 약화시킨다(Dasgupta & Heal, 1979). 동시에, 시장이 단기 수익에 집중하는 경향이 있다면, 장기적 기술 개발과 대체에너지로의 전환이 지연될 수 있다(Krautkraemer, 1998).

이러한 한계로 인해, 시장실패를 보완하고 지속가능하고 세대 간 공정한 자원의 배분을 유도하기 위한 정부의 정책적 개입이 필요하다. 특히 사회적 할인율을 고려한 정책평가와 외부효과의 내부화는 핵심 정책 도구로 간주된다(Arrow et al., 1996).

2 고갈성 에너지 자원의 공급과 동태분석

에너지 자원은 크게 재생가능 에너지와 고갈성 에너지로 구분할 수 있다. 고갈성 에너지는 석탄, 석유, 천연가스와 같은 화석연료뿐 아니라 우라늄을 사용하는 원자력 에너지도 포함된다. 반면, 재생가능 에너지는 주로 태양광, 태양열, 풍력, 수력, 파력, 해양온도차, 바이오매스 등과 같이 자연적으로 재생되는 에너지 자원을 말한다. 이 중 태양광이나 풍력과 같은 비고갈성 재생에너지는 현재의 이용이 미래의 이용 가능성에 영향을 미치지 않으므로, 자원의 효율적 이용을 분석하는 데 있어 정태적 모형(static model)이 적절할 수 있다. 그러나 바이오매스처럼 재생 가능하지만 속도와 양에 따라 고갈될 수 있는 자원은 동태적 모형을 통해 시간에 따른 자원 축적과 이용을 함께 고려해야 한다(Krautkraemer, 1998).

본 절에서는 이러한 재생 가능한 고갈성 자원은 제외하고, 비재생 고갈성 자원인 석유, 천연가스, 석탄과 같은 화석연료에 초점을 맞춘 동태분석을 중심으로 논의하고자 한다. 동태분석이란 시간에 따른 자원의 효율적 이용 경로를 도출하는 분석 방식으로, 고갈성 자원의 경제학에서 핵심적인 분석 틀이다(Conrad, 1999).

경제학 이론의 기본 전제는 경제 주체들이 이윤이나 후생을 극대화하기 위해 합리적으로 의사결정을 한다는 것이다. 경쟁시장에서의 자원 공급자는 시장가격과 한계비용이 일치하는 지점에서 이윤 극대화를 실현하며 생산량을 결정한다.

이 원리는 고갈성 에너지 자원에도 동일하게 적용된다. 다만, 고갈성 자원의 경우에는 현재 생산이 미래 생산에 영향을 미치므로, 이윤은 단순히 현재 이윤이 아니라 장기적인 이윤의 현재가치를 기준으로 평가된다(Hotelling, 1931). 따라서 이들 자원의 공급 결정은 시간에 걸쳐 누적되는 이윤의 극대화를 목표로 하며, 이에 따라 호텔링의 정리(Hotelling's Rule)는 자원의 최적 생산 경로를 설명하는 기초 모형으로 자리잡았다.

이 장에서는 호텔링(1931)의 고전 모형을 중심으로, 고갈성 자원의 시간에 따른 최적 공급 경로와 이후 발전된 확장 모형들—예를 들어, 불확실성, 수요 변화, 대체재 존재 등을 반영한 모형들—에 대해 살펴보고자 한다(Dasgupta & Heal, 1979; Farzin, 1984).

3 호텔링(Hotelling) 모형

자원의 개발로부터 오는 이윤의 현재가치를 극대화하기 위하여 유한한 양의 에너지 자원이 시간에 걸쳐서 배분된다고 가정하자. 이 경우 생산자들은 각기 다른 시점에서의 자원 채굴로부터 오는 이윤의 현재가치를 극대화하기 위해서 의사결정을 할 것이며 예상되는 에너지 가격, 이용 가능한 기술과 지질학 정보를 고려한 채굴 비용을 종합적으로 고려할 것이다. 우선 단순 모형에서는 에너지 자원이 유한하다고 가정하고 시간에 걸쳐서 전부 채굴된다고 가정해 보자. $q(t)$는 t기에 채굴되는 생산량, $S(t)$는 t기 자원의 잔존량, S_0는 $t=0$기의 잔존량이라 하자. 그리고 $C=C(q(t))$는 채굴 비용, $p(t)$는 각 기간 자원의 가격, r은 할인율이라 하자. 완전경쟁시장에서 이윤 극대화를 위한 목적함수는 다음과 같이 나타낼 수 있다.

$$Max_{q(t)} \sum_{t=0}^{T} [\frac{1}{(1+r)^t}(p(t)q(t) - C(q(t)]$$

$$s.t \ S(0) = S_0, \ S(t) = S_T, \quad \frac{dS(t)}{dt} = S(t+1) - S(t) = -q(t) \qquad (3.1)$$

q_t에 대하여 최적 조건을 구하면 다음과 같이 나타낼 수 있다.[1)]

$$\frac{p(t) - C'(q(t))}{(1+r)^t} = \lambda \qquad (3.2)$$

즉, 다음과 같은 한계수익 균등의 원리가 성립된다.

$$p(0) - C'(q(0) = \frac{p(1) - C'(q(1))}{1+r} = \ldots \frac{p(t) - C'(q(t))}{(1+r)^t} = \ldots = \lambda \qquad (3.3)$$

이 원리는 에너지의 채굴과 판매로부터 오는 한계 순수익(marginal net return)의 현재가치가 시간에 걸쳐서 같아야 자원개발로부터의 이윤의 현재가치가 극대화된다는 의미이다. 만약 t기의 순 채굴수익이 $t+1$기의 순 채굴수익보다 크다면 $t+1$기의 채굴량을 한 단위 감소시키고 t기의 채굴량을 증가시킴으로써 자원개발의 현재가치를 증가시킬 수 있다. 따라서 한계 균등의 원리가 성립되지 않을 경우는 현재가치 이윤 극대화 상태라 할 수 없다. 만약 현재 채굴했을 때의 한계 순수익이 낮다면, 기업은 채굴을 미루고 미래에 판매하는 것이 더 합리적이다. 반대로, 현재 채굴했을 때의 한계 순수익이 높다면, 기업은 가능한 한 빨리 채굴하려 할 것이다. 여기서 λ는 한계 순이익의 현재가치를 나타낸다. 또한 λ는 자원 저장량의 잠재가격(shadow price)으로 해석이 될 수 있다. 이는 자원의 소유자가

1) 에너지 자원의 시간에 걸친 적정배분 조건에 대한 구체적인 분석은 부록에 수록하였다. 부록에서는 연속시간을 가정하여 최적제어(optimal control)기법으로 호텔링의 원칙(Hotelling's rule)을 도출하였으며 이산시간에 어떻게 적용되는지 추가적으로 설명하였다.

자원 저장량이 한 단위 증가할 때 누릴 수 있는 현재가치의 증가분을 나타낸다. 또한 자원 저장량의 고갈과 관련하여 사용자 비용(user cost) 또는 희소성 지대(scarcity rent)로 해석될 수 있으며 자원을 현재에 사용함으로써 미래에 사용하지 못하는 데서 발생하는 자원의 기회비용이라 할 수 있다(Dasgupta & Heal, 1979; Krautkraemer, 1998). 위의 식으로부터 각 시점 t에 다음과 같은 식이 도출될 수 있다.

$$p(t) = C'(q(t)) + (1+r)^t\lambda \qquad (3.4)$$

만약, 채굴의 한계비용이 0이면 위의 식은 가격의 시간에 걸친 상승률이 할인율과 같다는 것은 나타내고 있다.[2)]

$$p(t) = p(0)(1+r)^t \qquad (3.5)$$

또한 시간에 걸쳐 한계 순수익은 할인율 r 만큼씩 증가한다는 것을 보일 수 있다.

$$p(t) - C'(q(t)) = (1+r)[p(t-1) - C'\,(q(t-1)] \qquad (3.6)$$

또는, 다음과 같이 정리될 수 있다.

$$p(t-1) - C'\,(q(t-1) = \frac{p(t) - C'\,(q(t))}{1+r} \qquad (3.7)$$

2) 연속적인 시간을 가정한다면 가격 경로는 $p_t = p(0)e^{rt}$같이 나타낼 수 있다. 여기서 $p(0)$는 초기가격이고 r은 이자율은 나타낸다. 즉 자원가격이 매년 이자율 만큼 상승해야 한다는 의미이다. 이 방정식의 의미는 자원의 가격은 시장 이자율(r)만큼 증가해야 한다는 것이다. 이를 직관적으로 해석하면 자원을 현재 팔아서 은행에 저축할 경우, 자원의 판매 수익은 이자율만큼 증가하게 된다. 따라서 자원을 보유하는 것이나, 현재 판매하여 은행에 예치하는 것이나 동일한 수익을 가져와야 한다. 만약 가격이 이자율보다 낮게 증가하면, 생산자는 현재 자원을 팔아버리고 금융시장에 투자하는 것이 유리하므로 자원이 빠르게 고갈될 것이다. 반대로, 가격이 이자율보다 빠르게 증가하면, 생산자는 채굴을 미루고 미래에 더 높은 가격에 판매하려 할 것이다. 결국 균형에서는 자원의 가격 상승률이 시장 이자율과 동일하게 맞춰진다.

위의 식들은 호텔링 법칙(Hotelling's Rule)이라 불리고 있다. 식(3.4)는 각 시점에서 추가적인 자원 채굴로부터의 한계편익은 채굴의 총 기회비용과 같다는 것을 나타낸다. 이 기회비용은 통상적인 생산비용과 미래 자원 저장량 감소에 따른 미래 손실의 현재가치의 합이다. 이 기회비용 때문에 완전경쟁시장에서도 가격은 한계비용과 일치하지 않는다. 정태모형에서는 가격이 한계비용보다 클 때 시장지배력의 발현으로 간주하지만 동태분석에서는 채굴의 기회비용 때문에 완전경쟁시장에서도 가격이 항상 한계생산비용을 상회하게 되는 것이다 (Krautkraemer, 1998). 즉, 호텔링(Hotelling) 모형에서는 자원이 고갈되는 특성을 가지는 경우, 경쟁 시장에서도 가격은 단순히 한계비용과 같아지는 것이 아니라, 현재 자원을 판매함으로써 미래에 팔 기회를 잃는 데 따른 기회비용을 반영해야 한다. 자원 소유자는 현재 자원을 채굴하여 판매할 수도 있고, 또는 채굴하지 않고 미래에 판매할 수도 있다. 만약 오늘 자원을 채굴하여 판매하면, 그 자원은 더 이상 미래에 판매할 수 없으며, 미래의 가격 상승에 따른 추가적인 수익 기회를 상실하게 된다. 이때 상실된 미래의 잠재적 수익이 현재 자원을 채굴하는 기회비용이 된다. 시간이 지나면서 이러한 기회비용은 호텔링 법칙에 따라 증가한다.

호텔링 법칙에 따르면, 할인율 r이 높으면 기업들은 현재 채굴을 더 선호할 것이다. 왜냐하면, 미래의 한계 순수익을 현재 가치로 환산하면 더 낮아지므로, 기업들은 지금 자원을 채굴하여 수익을 극대화하려 할 것이다. 반대로, 할인율이 낮으면 미래 수익의 현재가치가 높아지므로, 기업들은 자원을 천천히 채굴하는 경향을 보인다. 즉, 할인율(r)이 높을수록 채굴 속도는 증가하고, 낮을수록 채굴 속도는 감소한다(Farzin, 1984).

사용자 비용 또는 남아 있는 에너지 매장량의 잠재가격(shadow price)은 미래의 채굴 비용과 가격 경로에 따라 결정될 것이다. 또한 이들은 에너지 생산 기술, 자원의 잔존 매장량의 크기, 대체자원의 존재 여부에 의하여 결정될 것이다. 에너지 자원의 미래 가격은 미래의 경제 활동에 의존하기 때문에 인구성장이나 경제성장률이 사용자 비용 또는 잠재가격의 중요한 결정 요인이 된다. 미래에 경제성장률이 증가하여 에너지 자원에 대한 수요가 증가할 것이 예상된다면 미래에 보다 많은 자원을 남겨두는 것이 합리적이다. 또한 기술 진보는 채굴 비용과 대체자원의 이용가능성, 잔존에너지 매장량의 크기에 영향을 미친다. 가령 수압파쇄법과 같은 새로운 채굴기술의 개발은 채굴 비용을 감소시키고 가 채굴 석유의 매장량을 증가시켰다. 계산능력의 향상은 탐사 활동으로부터의 정보를 활용하는 능력을 증가시켰고 새로운 유정을 발견하고 개발하는 비용을 감소시켰다(Bohi 1999).

호텔링 법칙의 기본 형태에서는, 자원의 한계 순편익, 즉 자원의 잠재가격(shadow price)이 시간에 따라 사회적 할인율(이자율) r에 비례하여 증가해야 자원의 사용이 최적화된다고 본다(Hotelling, 1931). 그러나 이러한 이상적인 조건은 한계 채굴비용이 일정하다는 가정에 기반한다. 현실에서는 자원이 고갈됨에 따라 점점 더 깊은 곳이나 지리적으로 접근이 어려운 지역에서 자원을 채굴해야 하며, 이에 따라 한계 채굴비용이 증가하는 경우가 많다(Krautkraemer, 1998). 이 경우, 순수익의 시간 경과에 따른 증가율은 단순히 이자율 r이 아니라, 이자율에서 채굴비용 증가율을 차감한 값으로 조정되어야 한다.

만약 채굴 비용이 빠르게 증가한다면, 자원의 잠재가격은 느리게 증가하거나 심지어 일정 수준에서 감소할 수도 있으며, 이는 자원 소유자의 채굴 유인을 조기에 강화시킬 수 있다. 반면, 기술 혁신이 채굴 비용을 낮추는 경우, 자원의 현재가치는 오히려 더 높은 수준으로 유지될 수 있으며, 자원의 적정 채굴 속도는 조정될 수 있다(Farzin, 1984).

직관적으로 설득력 있는 것처럼 보이지만, 호텔링(Hotelling) 모형은 매우 단순한 가정에 기반하고 있다. 첫째, 이 모형은 자원의 매장량이 고정되어 있으며, 채굴 기술이 시간에 따라 변하지 않는다고 전제한다. 그러나 현실에서는 자원 매장량이 고정되어 있지 않으며, 새로운 매장량의 탐사와 기존 매장량의 개발이 지속적으로 이루어진다. 실제로 화석연료 자원의 경우, 많은 시기에서 소비보다 더 많은 매장량이 새롭게 발견되거나 재평가되고 있다(Adelman, 1990).

자원 매장량이 고정되어 있지 않다는 점에서, 호텔링 규칙은 자원 공급의 실제 행태를 충분히 설명하지 못한다. 호텔링 모형에 따르면 자원의 가격은 시간이 지남에 따라 한계 채굴 비용과 희소성 지대를 반영하여 지속적으로 상승할 것으로 예상된다. 그러나 [그림 3-1], [그림 3-2], [그림 3-3]에서 보는 바와 같이, 원유, 천연가스, 석탄 등 비재생 자원의 가격은 일정한 상승 경로를 따르기보다는 수요와 공급 충격, 기술 변화, 지정학적 요인 등에 따라 변동성이 큰 경향을 보인다(Livernois, 2009).

또한, 호텔링(Hotelling) 모형은 완전경쟁시장을 전제하지만, 현실에서는 OPEC과 같은 시장 지배적 행위자가 존재하며, 이들은 자원의 공급량을 제한해 현재 가격을 상승시키고 미래 공급을 보전하는 전략을 취한다. 이는 "독점은 보전론자의 가장 친한 친구"라는 표현처럼, 자원 보존이라는 측면에서 보면 독점이 역설적으로 긍정적 효과를 가질 수 있다(Solow & Wan, 1976).

한편, 자원 가격의 상승은 새로운 기술 혁신을 촉진하는 인센티브가 되어 공급 확대와 가격 억제 효과를 불러온다. 수평시추와 수압파쇄 기술의 발전은 미국 내 셰일가스 혁명을 촉진시켰고, 이는 전 세계적으로 에너지 공급을 확대하며 가격 하락을 유도한 주요 요인이 되었다(Jacoby et al., 2011).

그림 3-1 원유가격의 역사적 변동(달러/배럴, 2023년 기준 실질가격)

자료: Energy Institute(2024)

그림 3-2 천연가스 가격의 변동(달러/백만Btu, 헨리허브기준)

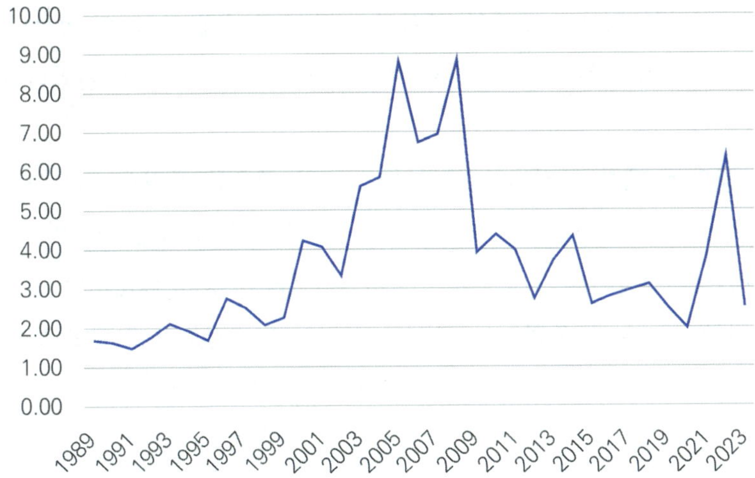

자료: Energy Institute(2024)

그림 3-3 석탄가격의 변동(달러/톤)

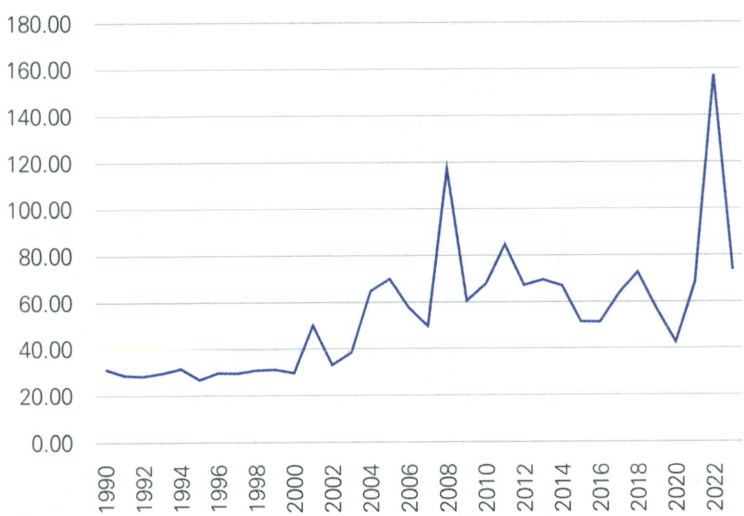

자료: Energy Institute(2024)

반면, 시간이 지남에 따라 자원의 품질이 저하되거나 채굴이 어려워지는 퇴화 효과가 발생할 수 있으며, 이는 채굴 비용의 상승과 자원 가격 상승을 야기할 수 있다. 이러한 효과는 호텔링 모델의 결과와 유사해 보일 수 있으나, 모델 자체에 내재된 메커니즘은 아니기 때문에 단순히 모델의 예측이 옳았다고 보기는 어렵다.

호텔링 모델에 대한 도전에도 불구하고, 가장 중요한 통찰은 시장이 비재생 자원의 경우에도 효율적인 자원 배분 결과를 제공할 수 있다는 점이며, 이는 자원이 필연적으로 고갈된다고 강조하는 물리학자들의 주장과 대비된다.[3] 다음 절에서는 이러한 사항들을 고려하여 고갈성 자원의 가격경로가 호텔링 법칙과 다르게 나타날 수 있는 구체적인 원인들에 대해서 살펴보고자 한다.

4 호텔링(Hotelling) 모형의 확장

앞서 살펴본 호텔링 모형은 비재생 자원의 최적 채굴 경로를 단순화된 조건 하에서 도출하는 이론적 기반을 제공하지만, 실제 자원 시장의 복잡한 특성을 충분히 반영하지 못한다. 본 절에서는 이 모형을 보다 일반화하여 에너지 자원 공급의 정형화된 특성을 고려하고자 한다.

우선, 현실의 자원은 동질적이지 않으며, 품질과 지리적 접근성의 차이로 인해

3) 미국의 지질학자 M. King Hubbert는 1956년에 미국 석유 생산이 일정 시점 이후 정점을 찍고 감소할 것이라는 "Hubbert 피크 이론"을 제시했다. 그는 석유와 같은 비재생 자원의 생산량은 시간이 지나면서 종 모양의 곡선을 그릴 것이라 예측했다. 초기에는 새로운 유전이 발견되면서 생산량이 증가한다. 중기에는 생산량이 최고점(Peak)에 도달한다. 후기에는 유전 고갈로 인해 생산량이 감소하며 이 곡선은 대체로 정규분포 형태(bell-shaped curve)를 따른다. Hubbert는 미국 본토(48개 주)의 석유 생산이 1970년경에 정점을 찍을 것이라고 예측했는데, 이 예측은 그 당시에는 정확하게 맞는 것 같은 모습을 보인다. 이 이론은 이후 세계 석유 생산에도 적용되어, 전 세계 석유 생산량도 언젠가는 정점을 찍고 감소할 것이라는 이론으로 발전했다. 특히 2000년대 중반에 "Peak Oil" 논쟁이 활발했으며, 석유 고갈과 경제적 충격에 대한 우려가 컸다. 그러나 기술 발전, 특히 셰일 오일 혁명 이후, 미국의 석유 생산은 다시 증가하면서 Hubbert 모델이 너무 단순하다는 비판이 나왔다(Jacoby et al., 2011; Livernois, 2009).

채굴 단가가 자원마다 상이하다. 특히 매장량이 고갈될수록 한계 채굴 비용이 점차 증가하는 경향이 있으며, 이는 채굴 경로에 중대한 영향을 미친다(Pindyck, 1978).

둘째, 자원은 고정된 것이 아니라, 탐사와 기술 발전을 통해 새로운 매장량이 발견되거나 기존 매장량의 경제적인 개발이 가능해질 수 있다(Cairns & Lasserre, 1991). 이러한 동태적 변화는 자원의 공급 함수를 변화시켜 호텔링 규칙의 단순한 예측과는 다른 자원 가격 경로를 유도할 수 있다.

셋째, 자원 채굴 산업은 일반적으로 자본집약적인 산업 구조를 가지며, 대규모 초기 투자와 긴 개발 기간이 요구된다. 이에 따라 생산능력이 단기적으로 고정되거나, 확장에 시간이 걸리는 특성이 있으며, 이는 단기 및 중기에서의 자원 공급 제약으로 작용한다(Conrad, 1999).

이러한 요인들을 종합적으로 반영하면, 호텔링 모형의 단순 가정–예컨대 완전경쟁, 고정된 매장량, 일정한 한계비용—은 자원의 실제 동태적 변화를 설명하는 데 한계가 있으며, 이를 보완한 확장모형이 정책 분석과 시장 예측에 더욱 적합하다고 할 수 있다.

(1) 채굴의 저량 효과

호텔링(1931)의 고전적 모형은 자원이 균질하며(homogeneous), 단위당 채굴 비용이 일정하다고 가정한다. 이러한 단순화는 이론적 명료성을 제공하지만, 현실의 자원은 품질, 접근성, 채굴 조건 등에서 이질적이며, 이러한 특성은 자원 고갈 시 비용 구조에 영향을 미친다(Pindyck, 1978).

본 절에서는 호텔링 모형을 자원의 이질성과 잔존 저량(stock) 의존적 채굴 비용을 고려하여 일반화한다. 구체적으로, 자원의 채굴비용은 단지 채굴량의 함수가 아니라, 아직 고갈되지 않은 자원의 잔존 매장량 $S(t)$에 의해 영향을 받는다고 가정하자. 이러한 저량 의존성은 자원이 고갈될수록 점차 비용이 증가하는 현실을 반영하는 중요한 메커니즘이다. 이 경우 채굴 비용 함수는 다음과 같이 표현할 수 있다.

$$C(q_t, S_t),\ \frac{\partial C}{\partial S_t} < 0 \qquad (3.8)$$

여기서 q_t는 채굴량, S_t는 잔존 자원량이며, 자원이 줄어들수록 한계 채굴 비용이 증가함을 의미한다. 이는 자원의 이질성－즉 일부는 저비용, 일부는 고비용의 자원이 존재함－을 단순하게 모델에 도입하는 방법이다. 만약 하나의 유전 내에서도 자원이 고갈됨에 따라 점차 채굴이 어려워지고 비용이 증가한다면, 모든 자원을 물리적으로 다 캐내는 것이 항상 경제적으로 타당하지 않을 수 있다. 또한 여러 유전이 존재하는 경우, 가격 대비 비용이 너무 높은 자원은 경제적 이유로 개발 대상에서 제외될 수 있다. 이는 자원의 "물리적 고갈"이 아닌 경제적 고갈이라는 개념을 의미한다. 이러한 자원의 이질성과 경제적 소모를 고려하면, 전통적인 호텔링 모형의 한계균등 조건은 다음과 같이 수정되어야 한다.

자원의 이질성과 불완전한 자원고갈을 가정하면 단순한 호텔링 모형은 수정이 되어야 하며 한계 균등 원리는 다음과 같이 수정되어야 할 것이다.

$$p(t) - C'(q(t)) = (1+r)[p(t-1) - C'(q(t-1)] + C'(S(t)) \qquad (3.9)$$

위의 식은 잔존 매장량 채굴 비용을 낮추면 ($C'(S(t)) < 0$), 잠재가격이 할인율에 비례해서 상승하지 않음을 나타내고 있다. 즉, 자원의 보존량이 감소하면 점점 더 비효율적인 곳에서 자원은 캐야 하므로 이질적 자원을 순차적으로 개발해야 함을 나타내며 단순한 호텔링 모형보다 더 복잡한 현실적 가격경로와 공급 행태를 설명하는 데 유용하다.

(2) 자원 탐사와 개발

자원 탐사와 새로운 매장지 개발의 가능성을 고려하면, 고갈성 에너지 자원의 가격 경로에 대한 예측은 기존 호텔링 모형에서 제시되는 결과와 크게 달라질 수 있다. 호텔링(1931)의 고전적 모형은 자원이 고정된 양으로 주어지며, 새로운 매장량의 발견은 불가능하다는 가정을 전제로 한다. 그러나 현실에서는 기술 발전과 투자 유인을 바탕으로 탐사와 개발을 통해 자원의 유효 공급량이 내생적으로 변화할 수 있으며, 이는 에너지 가격에 중대한 영향을 미친다(Cairns & Lasserre, 1991).

새로운 매장량이 발견되면 전체 공급 가능량이 증가하고, 이는 자원의 희소성을 완화시켜 가격 상승 압력을 낮추는 효과를 가진다. 탐사 활동이 활발할수록 미래에 자원이 풍부할 것이라는 기대가 형성되며, 이는 현재 자원의 잠재가격(shadow price), 즉 기회비용을 낮추어 가격의 상승 속도를 둔화시키거나 경우에 따라 하락시키기도 한다(Slade, 1982).

기술 진보는 탐사의 성공 확률을 높이고, 더 많은 자원을 경제적으로 회수할 수 있게 함으로써 에너지 가격의 상승을 억제하는 요인이 된다. 예컨대, 수평시추 및 수압파쇄 기술은 셰일 자원의 경제적 채굴을 가능하게 하며, 미국과 세계의 석유 및 천연가스 공급을 확대시켰다.

자원의 개발은 이미 발견된 자원을 상업적으로 추출 가능한 상태로 전환하는 과정이며, 개발 속도가 빨라질수록 단기 공급이 증가하여 가격 안정 또는 하락에 기여한다. 반대로 개발이 지연되면 단기 공급에 제약이 발생해 가격 상승 요인으로 작용할 수 있다.

자원 탐사의 경제적 적정 수준은 다른 생산 활동과 마찬가지로 탐사의 한계편익과 한계 비용에 의해 결정된다. 탐사에 드는 비용은 현재의 순이익을 감소시키지만, 미래에 더 저렴한 조건의 유정을 발견하여 장기적으로 수익을 높일 수 있는 가능성을 제공한다. 탐사의 한계편익은 현재의 채굴 비용보다 낮은 채굴 비용으로 이용 가능한 유정을 확보하는 데 있다. 반면, 탐사는 미래 탐사 기회를 줄이는 기회비용도 발생시킨다(Livernois, 2009).

종합적으로, 자원의 채굴, 탐사, 개발에 따르는 모든 기회비용을 고려한다면, 고갈성 자원의 가격은 현재의 한계 채굴비용, 새로운 매장지를 찾는 데 드는 한계 탐사비용 그리고 개발 속도와 장기 공급 전망 변화에 따른 기회비용들의 상호작용으로 결정될 것이다.

자원 매장량이 기술적 또는 경제적 조건에 따라 내생적으로 결정된다면, 호텔링 모형에서 예측되는 단조로운 가격 상승 경로를 반드시 따를 필요는 없다. 예컨대, 채굴 비용의 상승이 예상되더라도, 탐사와 기술 혁신의 속도에 따라 실질 공급능력의 확대가 가능하며, 이는 장기적으로 가격 상승 압력을 상쇄하거나 안정시킬 수 있다.

(3) 자본 투자와 이자율 변동

앞서 논의한 고갈성 자원의 기본 모형은 자원의 채굴이 자본 집약적인 산업이라는 점을 충분히 반영하지 못한다. 실제로 화석연료 산업은 탐사, 유정 개발, 정제소 건설, 파이프라인 구축 등에 대규모 자본 투자를 필요로 하며, 이와 같은 자본은 대체로 초기 일시불 투자 또는 고정비의 형태로 발생한다. 따라서 자본비용은 채굴의 진입 장벽으로 작용하며, 자원이 존재하더라도 기대 수익이 충분히 크지 않으면 채굴이 지연될 수 있다(Cairns & Lasserre, 1991). 이 경우 단기적인 자원 공급은 제한되며, 가격은 상승 압력을 받게 된다. 자본비용이 클수록 자원이 채굴되기 위한 최소 가격이 높아져, 가격은 일정 수준 이상의 하한을 가지게 된다.

자원의 미래 가격이 하락할 것으로 예상되거나, 잔존 자원의 품질 저하로 인해 채굴 비용이 상승할 것으로 예상된다면, 기업은 채굴 능력 확대에 대한 자본 투자를 점차 축소할 유인을 갖는다. 특히, 채굴 산업에서의 자본은 일단 투입되면 회수하기 어렵고 다른 부문으로 이전되기 힘든 매몰 자본의 성격을 가지므로, 기업은 이러한 불가역성을 고려하여 초기 투자 규모를 신중하게 결정한다.

일단 채굴 설비에 대한 초기 투자가 이루어지면, 채굴 속도는 물리적 설비 제약을 받게 되며, 단기간 내에 이를 확대하는 것도 높은 추가 비용이 수반되어 쉽지 않다. 이로 인해 단기 자원 공급은 가격에 비해 비탄력적으로 반응하게 되며, 시장 수요의 변동은 수량이 아닌 가격 조정으로 나타나는 경우가 많다. 따라서 에너지 시장의 단기 가격은 상대적으로 큰 변동성을 보일 수 있다.

이자율의 변화 또한 자원 채굴에 중요한 영향을 미친다. 앞서 논의한 동태모형에서 이자율 상승은 미래의 자원 가치를 할인시켜 현재 채굴을 유도하고, 자원 고갈을 가속화하는 방향으로 작용한다. 그러나 만약 자원 채굴에 대규모의 선행 자본 투자가 필요하다면, 이자율 상승은 이러한 자본 비용을 증가시켜 투자 유인을 약화시키고, 결과적으로 초기 채굴을 억제할 수 있다. 즉, 이자율 상승이 자본비용에 미치는 영향이 자원의 기회비용 변화보다 클 경우, 현재의 채굴량은 오히려 줄어들 수 있다(Farzin, 1984).

이처럼 이자율 변화는 자원의 시간 간 배분에 있어 상반된 영향을 미칠 수 있으며, 그 방향은 자본 투자에 대한 민감도와 채굴의 기회비용 구조에 따라 달라진다. 또한, 이자율 상승은 대체자원이나 후방기술(backstop technology)에 대한 투자 비용도 증가시키므로, 장기적으로는 대체에너지의 상용화를 지연시키고, 고갈성 자원의 채굴 속도를 낮추는 요인이 될 수 있다.

(4) 시장 불완전성과 고갈성 에너지 자원공급

고갈성 자원의 공급은 단순한 시장 메커니즘만으로 설명되기 어려우며, 특히 시장실패와 시장 왜곡이 존재할 경우 자원의 시간적 배분 경로는 더욱 복잡하게 나타난다. 이러한 시장의 불완전성은 자원의 희소성 지대, 채굴의 기회비용, 그리고 동태적 자원고갈 속도에 중요한 영향을 미친다.

대표적인 사례로, 독점적 시장 구조에서는 기업이 생산량을 제한하고 가격을 인위적으로 높이는 전략을 통해 이윤을 극대화하려는 유인이 존재한다. 이 경우 독점기업은 현재의 채굴을 의도적으로 지연시켜 미래에 더 높은 가격으로 판매할 수 있는 기회를 확보하며, 이는 자원의 고갈 속도를 늦추는 방향으로 작용한다. 이윤 극대화를 추구하는 독점자는 한계수입과 한계비용이 일치하도록 수요곡선상에서 가격을 설정하므로, 경쟁기업에 비해 높은 가격, 느린 채굴, 완만한 가격 상승 경로를 형성한다.

자원의 이질성과 저량효과가 없는 단순한 환경을 가정할 경우, Stiglitz(1976)는 수요탄력성이 고정되어 있을 때 독점적 기업과 경쟁적 기업의 시간에 따른 채굴 경로가 동일할 수 있음을 보여주었다. 즉, 시장구조만으로는 채굴 전략이 달라지지 않을 수 있음을 보인 것이다. 그러나 수요의 탄력성이 시간에 따라 변화할 경우, 독점기업은 경쟁기업보다 더 자원보존적인 행동을 보일 수 있다.

수요가 비탄력적인 경우, 가격이 상승하더라도 수요가 크게 줄지 않기 때문에, 독점기업은 적은 양의 자원 채굴만으로도 높은 수익을 얻을 수 있다. 이는 채굴 유인을 약화시키고, 자원의 보존 속도를 높이며, 가격 상승 경로를 완만하게 만든다. 반면 수요가 탄력적일 경우, 가격이 조금만 상승해도 수요가 크게 감소하므로, 기업은 가격을 크게 올릴 수 없고, 가능한 빠르게 자원을 채굴해 판매하려는 유인을 갖게 된다. 이로 인해 가격은 낮게 유지되지만 가격 상승률은 상대적으로 빠르게 나타난다.

경쟁시장에서는 수요의 탄력성이 높은 상황에서 자원의 현재 가치가 상대적으로 더 높게 평가되므로, 기업들은 자원을 장기 보유하기보다는 빠르게 추출하려는 경향을 보인다. 이와는 대조적으로, 독점기업은 수요의 가격탄력성 구조에 따라 더 보존 지향적인 채굴 전략을 선택하게 된다. 결과적으로 자원의 가격 경로는 경쟁시장에 비해 느리게 상승하고, 고갈 속도도 완만하게 나타난다 (Devarajan & Fisher, 1981).

이러한 분석은 자원 공급에 대한 정책 수립 시 단순한 경쟁모형만으로는 충분하지 않으며, 시장 구조와 수요 특성을 동시에 고려해야 함을 시사한다. 자원시장에서의 독점은 전통적으로 비효율로 인식되어 왔지만, 자원 보존이라는 관점에서는 일정한 역할을 수행할 수 있다는 점에서 복합적 해석이 필요하다.

정부의 시장 개입, 특히 과세정책은 고갈성 자원의 채굴 경로에 유의미한 영향을 미칠 수 있다. Deacon(1993)은 고갈성 자원에 대한 세금이 시간에 따른 채굴 결정뿐만 아니라 자원 탐사와 개발 투자에도 영향을 미칠 수 있음을 보여주었다. 자원이 희소하고 고갈 가능성이 있는 경우, 특히, 화석연료와 같은 비재생자원에 대해 세금을 부과하려는 정책적 논리는 해당 자원이 국가의 공동 자산이며, 이를 통해 발생하는 경제적 이익이 사적 소유자가 아닌 사회 전체에 귀속되어야 한다는 분배적 정의에 기반하고 있다.

그림 3-4 시장 구조와 고갈성 자원의 채굴경로

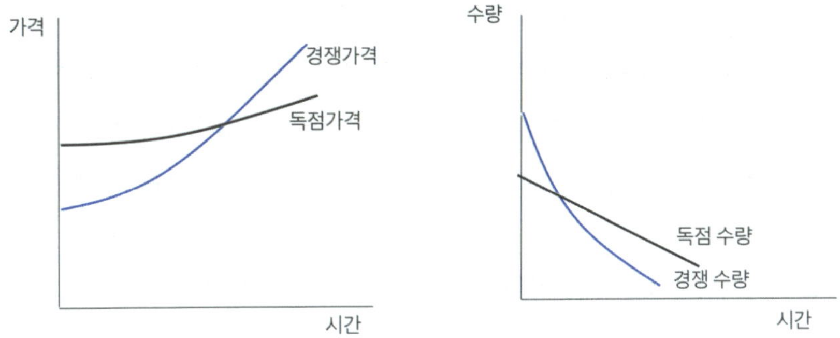

자원세가 자원의 시간적 배분에 미치는 영향은 세금 구조와 그 현재가치의 시간 경로에 따라 달라진다. 예를 들어, 단위 채굴세가 부과되었을 때 그 세금의 현재가치가 시간이 지남에 따라 감소한다면, 기업은 현재보다 미래로 채굴을 유예할 유인이 존재한다. 세금의 현재가치가 시간이 지남에 따라 증가하거나 유지된다면, 자원의 채굴을 현재로 앞당기려 할 것이다.

또한, 채굴세는 단순히 현재의 채굴 결정에만 영향을 미치는 것이 아니라, 자원의 기대 수익률에 영향을 줌으로써 새로운 매장지 탐사, 개발 프로젝트 투자, 채굴설비의 확충 여부에도 파급 효과를 미친다. 이로 인해 기업은 고정자산에 대한 투자 여부를 신중히 판단하게 되며, 이는 장기적인 자원 공급능력과 가격 경로를 변화시킬 수 있다.

결과적으로, 정부의 시장 개입은 자원 배분의 시간적 경로를 수정하게 만들며, 시장 기반 자원 이용 경로와 비교하여 상이한 채굴 경로를 초래할 수 있다. 따라서 자원세 설계는 단기 재정 수입뿐만 아니라, 장기적인 자원 고갈, 기술 투자 유인, 가격 안정성 등에 미치는 영향을 종합적으로 고려하여 이루어져야 한다.

환경적 외부효과는 고갈성 자원의 소비와 채굴 경로에 중요한 영향을 미친다. 이러한 외부효과는 그 성격에 따라 자원의 시간적 배분 방식에 서로 다른 결과를 초래하며, 일반적으로 외부효과는 유량 외부효과와 저량 외부효과로 구분할 수 있다. 유량 외부효과란 오염 또는 환경 피해가 자원의 사용 속도, 즉 현

재 시점의 채굴 또는 소비량에 비례하는 경우를 말한다. 예컨대, 자동차의 배기가스는 사용량에 따라 오염물질이 배출되며, 이에 따른 환경 피해가 발생한다. 이 경우 외부효과의 크기는 시간에 따라 변화하는 한계 외부피해(marginal external damage)의 경로에 따라 자원 채굴 결정에 영향을 준다. 만약 한계 외부피해가 시간이 지남에 따라 증가한다면, 미래에 채굴할 경우 더 큰 환경 비용이 발생하므로 자원을 앞당겨 채굴하려는 유인이 강해진다. 반대로, 한계 외부피해가 시간이 지남에 따라 감소한다면, 자원을 미래로 유보하는 것이 사회적으로 더 유리할 수 있다. 이러한 분석은 외부효과가 내부화된다는 전제하에서만 유효하다.

한편, 저량 외부효과는 자원의 누적 사용량이 환경에 미치는 지속적 피해를 의미한다. 대표적인 예로 이산화탄소의 누적 배출이 기후변화에 미치는 영향이 있으며, 이는 단기적 소비보다는 장기적 축적의 결과로 발생하는 구조적 피해이다. 이 경우, 자원의 지속적 사용은 환경의 복원력 저하, 오염의 축적, 지속가능성의 악화를 유발하며, 이러한 누적 효과는 사회적으로 점증하는 비용으로 해석될 수 있다. 이는 기술적으로 한계 채굴비용이 시간이 지남에 따라 증가하는 것과 동일한 경제적 효과를 유발한다.

따라서 자원의 사회적 한계비용은 시간이 지남에 따라 증가하게 되며, 이를 고려하는 사회계획자는 자원의 채굴 속도를 점차 늦추는 방향으로 전략을 조정하게 된다. 그 결과, 사회적 최적 경로에서는 채굴 속도가 느려지고 총 채굴량이 줄어드는 특징이 나타난다. Krautkraemer & Toman(2003)은 이러한 저량 외부효과가 시장에서 형성되는 자원 이용 경로보다 더 보존지향적인 채굴 전략을 유도한다고 분석하였다.

그러나 현실의 시장에서는 외부효과가 가격에 반영되지 않기 때문에, 자원은 사회적으로 바람직한 경로보다 빠르게 고갈되는 경향이 있다. 이는 시장실패의 전형적인 사례이며, 자원의 지속가능한 이용을 위해 환경세, 배출권거래제 등 정책적 개입이 요구되는 근거를 제공한다.

(5) 불확실성과 고갈 에너지 자원의 공급

자원 채굴에 영향을 미치는 대부분의 경제 변수들은 본질적으로 미래에 대한 불확실성을 내포한다. 이는 자원 가격, 채굴 비용, 유효 매장량, 탐사 및 개발 성공률, 기술 발전의 속도, 그리고 대체 기술의 시장 진입 가능성 등에 이르기까지 광범위한 영역에 걸쳐 있다(Pindyck, 1980; Farzin, 1992). 이러한 불확실성은 자원의 시간적 배분과 가격 경로를 왜곡시키며, 다양한 형태의 전략적 행태를 유발한다.

예를 들어, 미래 수요에 대한 예측 가능성이 낮아질 경우, 기업은 불확실성 회피를 위해 자원을 조기에 채굴하려는 유인을 가질 수 있다. 반대로, 미래의 채굴 수익이 상승할 것으로 예상되면 자원의 현재 가치를 희생하고 채굴을 유보하려는 유인이 발생할 수 있다. 특히 새로운 정보가 시장에 유입되면 기대 가격과 비용 구조에 대한 판단이 바뀌어 채굴 및 투자 전략에 직접적인 영향을 미치게 된다(Arrow & Fisher, 1974).

일반적으로 불확실성이 클수록 기업은 보다 보수적인 자원 관리 전략을 채택하게 되며, 이는 자원의 고갈 속도를 늦추는 결과를 초래할 수 있다. 하지만 반대로, 불확실성이 자원 가격의 급격한 상승 가능성에 대한 기대를 불러일으킬 경우, 단기 이익을 추구하려는 동기로 인해 채굴이 오히려 가속될 수 있다(Pindyck, 1980).

불확실성은 자원 탐사 및 개발 투자에도 부정적인 영향을 미친다. 탐사 활동에 대한 수익의 분산이 커질수록 자본 회수 불확실성이 커지며, 이는 장기적으로 새로운 매장량 발견 확률을 감소시켜 전체 자원 공급 능력을 제한한다. 기술 개발 또한 불확실한 미래 수익 구조 하에서는 투자 유인이 낮아져, 채굴 기술의 혁신 속도가 느려질 수 있다.

한편, 불확실성은 시장의 수요·공급 예측을 어렵게 만들어 자원 가격의 변동성을 증가시킨다. 이는 투기적 거래를 확대시키며 가격의 급등락을 유발한다. 장기적으로 탐사와 개발 투자가 위축되어 공급 제약이 발생할 경우, 가격 상승 압력이 더욱 가중된다. 또한, 환경 규제의 강도 및 시행 시점에 대한 불확실성은 채굴 비용의 예측 가능성을 낮추며, 자원 가격에 상승 요인으로 작용할 수 있다(Livernois, 2009).

이러한 맥락에서 장기 계약은 불확실성 하에서의 안정 장치로 작용할 수 있다. 장기 계약은 자원 수급 양 당사자 간에 가격 예측 가능성을 높이고, 가격 변동성에 따른 리스크를 완화시켜 자원 개발과 공급에 보다 안정적인 투자 환경을 제공한다.

요컨대, 불확실성은 자원 채굴의 시기, 속도, 기술 선택, 시장 구조, 가격 안정성 등 거의 모든 측면에서 복합적이고 상충적인 영향을 미치며, 이로 인해 자원의 최적 공급 경로는 확률론적 기대와 전략적 판단을 종합적으로 반영하는 동태적 구조로 이해되어야 한다.

5 사회적 할인율과 지속가능성

자원의 동태적 배분을 논의할 때, 사회적 할인율(Social Discount Rate, SDR)은 현재 세대와 미래 세대 간 자원 사용의 가치를 비교하는 핵심 지표로 기능한다. 사회적 할인율은 미래의 비용과 편익을 현재 가치로 환산하는 비율로서, 특히 기후 변화 대응, 환경 규제, 공공 프로젝트 투자 평가에서 중심적인 기준이 된다(Arrow et al., 2013). 사회적 할인율의 이론적 기초는 램지 공식(Ramsey formula)에 의해 정식화된다. 이 공식은 다음과 같다(Ramsey, 1928):

$$SDR = \rho + \eta \cdot g \tag{3.10}$$

여기서 ρ는 순수 시간 선호율(pure rate of time preference), η는 소비의 한계효용 체감률(elasticity of marginal utility of consumption), g는 1인당 소비의 장기 성장률이다. 이 공식은 SDR이 단순한 금융 할인율이 아닌, 윤리적 판단과 경제 성장에 대한 기대를 반영한 사회적 지표임을 보여준다.

할인율이 높을수록 현재 소비가 우선시되며, 미래 세대의 복지 가치는 상대적으로 낮게 평가된다. 반대로, 낮은 할인율은 세대 간 형평성과 지속가능성을 중시하는 정책에 부합한다. 이와 같이 SDR은 환경 정책이나 탄소중립 계획의 기초 가정으로서의 역할을 수행하며, 장기적 자원 배분에서 필수적으로 고려되어야 한다.

호텔링 모형에서의 경쟁적 결과는 자원의 잠재가격이 사회적 할인율에 맞춰 일정한 비율로 증가할 때 효율적이며, 이자율이 사회적으로 최적일 경우에만 자원의 채굴 경로가 사회적으로 바람직하다고 평가된다(Dasgupta & Heal, 1979). 하지만 현실에서 기업이 사용하는 할인율은 보통 자본 비용을 반영하기 때문에, 사회적 할인율보다 높은 경우가 많다.

이처럼 민간 부문의 할인율이 사회적 할인율보다 높을 경우, 자원의 미래 가치는 과소평가되며, 자원의 조기 채굴과 과잉 소비가 발생할 수 있다. 이는 결과적으로 미래 세대가 사용할 수 있는 자원의 양을 감소시키며, 장기적인 지속가능성을 저해하는 결과를 초래한다. 따라서 자원 정책 설계 시에는 사회적 할인율과 시장 할인율 간의 괴리를 해소하고, 사회 전체의 장기적 후생을 고려한 정책적 판단이 요구된다.

경쟁 시장 체제는 일반적으로 강한 지속가능성(strong sustainability)의 기준을 충족시키기 어렵다. 강한 지속가능성은 현재 세대가 특정 자원(예 석유, 생물다양성 등)의 물리적 보존을 유지하면서 미래 세대에 동일한 자산을 물려줘야 한다는 입장이며, 이러한 기준에서는 미래를 할인하는 것 자체가 정당화될 수 없다(Neumayer, 2003). 즉, 강한 지속가능성의 관점은 본질적으로 0%의 사회적 할인율을 암묵적으로 요구한다.

반면, 약한 지속가능성(weak sustainability)은 자연 자본이 인적·물적 자본으로 대체 가능하다는 전제를 기반으로 하며, 이를 통해 전체 자본의 총량만 유지되면 지속가능성이 성립된다고 본다(Hartwick, 1977). 예를 들어, 현재 세대가 석유를 더 많이 소비하면 미래에 사용할 석유는 줄어들겠지만, 바이오연료와 같은 대체 기술(backstop technology)이 상용화되면 미래 세대는 동일한 수준의 석유 등가 에너지(oil-equivalent energy)를 사용할 수 있게 될 것이다. 이 경우에는 자연 자원의 직접 보존이 아니라, 에너지 서비스의 지속가능성이 달성되는 것으로 간주된다.

사회적 할인율이 낮을수록 우리는 미래 세대의 피해를 줄이기 위해 더 많은 현재의 자원을 지출할 준비가 되어 있으며, 반대로 할인율이 높을수록 미래 가치는 작게 평가된다. 예를 들어, 이자율이 0%일 경우에만 현재의 1,000원이 미래의 1,000원과 동등한 가치를 가진다. 이러한 점에서 강한 지속가능성의 지지자들은 미래 세대를 평가절하하지 말아야 한다는 윤리적 입장에서 미래를 전혀 할인하지 않는 정책($\rho=0$)을 지지한다.

그러나 많은 경제학자들은 자원에 대한 기술적 대체 가능성이 존재하고, 미래 세대는 더 높은 기술 수준과 경제적 자원을 보유할 수 있다는 점을 고려할 때, 강한 지속가능성은 비현실적이며 지나치게 제한적인 제약이라고 비판한다. 더욱이, 자원의 사용 속도를 인위적으로 늦추는 경우 경제 성장률이 낮아질 수 있으며, 이는 오히려 미래 세대의 총체적 복지를 제한할 수도 있다.

결국, 사회적 할인율의 선택은 현재와 미래 세대 간의 가치 배분 구조를 결정하며, 이는 자원 고갈 속도, 기술 개발 유인, 그리고 지속가능성 개념의 적용 방식에 중대한 영향을 미친다. 지속가능한 자원 정책은 이처럼 경제 성장률, 대체 가능성, 자원의 한계 효용, 미래 세대의 권리 등 복합적인 요소를 균형 있게 고려하여 설계되어야 한다.

6 에너지 자원의 동적 배분과 지속가능성

제3장에서는 에너지 자원의 동적 배분에 관한 이론적 기반과 정책적 함의를 살펴보았다. 지속가능한 자원 배분은 단순한 자원의 절약을 넘어, 경제적 효율성, 세대 간 형평성, 환경 보호, 기술적 대체 가능성이라는 다양한 요소를 종합적으로 고려할 때 비로소 실현될 수 있다.

(1) 경제적 접근

경제적 접근은 자원의 희소성과 시장실패를 경제학적 분석 도구를 통해 식별하고, 이를 바탕으로 현재와 미래 세대 모두에게 효율적이고 공정한 자원 배분을 가능하게 하는 정책을 설계하는 것이다.

첫째, 가격 메커니즘을 통한 희소성 반영이 핵심이다. 자원의 상대적 희소성이 높아질수록 가격이 상승하고, 이는 소비자에게는 절약적 사용을, 생산자에게는 자원의 신중한 채굴을 유도한다. 호텔링 모형에 따르면, 자원의 한계 순편익, 즉 자원지대(resource rent)는 이자율에 따라 증가해야 최적 배분이 성립하며, 이는 자원이 점차 절약적으로 사용되도록 유도한다(Hotelling, 1931).

둘째, 시장의 왜곡된 가격 신호를 교정하기 위한 정책 개입이 필요하다. 이는 자원 보조금의 제거, 시장 기반 가격 책정의 유도, 그리고 외부효과의 내부화를 포함한다. 환경 오염, 기후 변화, 생물다양성 손실 등은 자원 사용의 부정적 외부효과이지만, 시장 가격에 반영되지 않으면 과잉 소비를 초래한다. 이를 해결하기 위해 환경세(Pigouvian Tax) 부과나 배출권거래제(Cap and Trade)를 통해 오염 비용을 시장 메커니즘에 반영할 수 있다.

셋째, 사회적 할인율(SDR)의 적정한 설정은 자원의 시간 간 배분을 결정짓는 핵심 변수이다. 할인율이 높으면 미래 가치가 과소평가되어 현재 자원 소비가 과도하게 증가할 수 있으며, 이는 장기적인 지속가능성을 저해한다. 반면, 낮은 할인율은 미래 세대의 복지를 보다 공정하게 고려하도록 유도한다. 이는 환경 보호와 경제 성장 간 균형을 설계하는 데 결정적인 역할을 한다.

넷째, 자본축적과 대체 가능성 개념을 반영한 정책 설계가 중요하다. 하트윅 법칙(Hartwick Rule)은 고갈성 자원으로부터 얻은 수익을 생산 자본으로 완전히 투자하면, 세대 간 소비수준이 일정하게 유지될 수 있다고 주장한다(Hartwick, 1977). 이는 자원의 물리적 지속가능성 대신 경제적 지속가능성 개념에 근거하며, 약한 지속가능성과 논리적으로 연결된다.

(2) 기술적 접근

지속가능한 자원 배분을 위한 기술적 접근은 고갈성 자원의 대체, 효율적 사용, 환경 영향 완화를 가능하게 하는 과학기술과 혁신에 기반을 둔다. 이는 경제적 및 정책적 접근과 상호보완적 관계에 있으며, 지속가능한 개발의 실질적인 기반을 제공한다(Grübler & Nakićenović, 1997).

기술적 접근의 핵심은 동일한 효용을 얻기 위해 자원을 더 적게 사용하거나, 고갈성 자원을 대체 가능한 기술로 전환하는 것이다. 자원 대체 기술은 환경 부담이 큰 자원을 태양광, 풍력, 수소 등 재생 가능하고 저탄소 에너지로 대체함으로써 자원 고갈, 에너지 안보, 환경 개선을 동시에 실현할 수 있다(Stern, 2007). 특히 에너지 저장장치(ESS)의 발전은 간헐적 재생에너지의 문제를 보완하여, 화석연료 중심의 에너지 체계를 구조적으로 전환시키는 역할을 하고 있다.

자원 효율화 기술은 동일한 산출을 위해 더 적은 자원을 사용하는 기술이다. 고효율 전기모터, LED 조명, 절전형 가전기기 등은 자원 소비를 줄이고 환경 영향을 낮추는 데 기여한다. 또한, 순환경제 및 재활용 기술은 제품 수명 종료 이후 자원을 회수·재사용함으로써 신규 채굴 자원 의존도를 줄이고 자원의 순환성을 높인다. 폐배터리 재활용 기술을 통해 리튬과 코발트를 회수하거나, 산업폐기물을 자원화하는 기술은 대표적인 사례다. 이는 자원의 효율적 활용뿐만 아니라 환경오염 저감에도 크게 기여한다.

오염 저감 및 복원 기술은 자원 사용에 따라 발생하는 환경 피해를 최소화하거나 회복하는 데 중점을 둔다. 탄소포집 및 저장(CCUS) 기술은 대기 중 온실가스를 줄이고, 오염된 토양이나 수자원을 복원하는 기술은 환경 회복력을 높이는 데 기여한다(Stern, 2007).

그러나 기술적 접근은 몇 가지 도전과제를 동반한다. 첫째, 많은 지속가능 기술은 초기 투자 비용이 높고 상용화까지 시간이 오래 걸린다. 둘째, 기술의 수용성은 국가 및 지역에 따라 다르며, 사회적·문화적 제약에 직면할 수 있다. 셋째, 세제 감면이나 보조금 등 정책적 지원 없이는 시장 확산이 제한적일 수 있다. 넷째, 기술 효율이 높아질수록 오히려 자원 사용이 증가하는 역설인 반등효과가 발생할 수 있다. 이 경우 효율성이 향상되어 단위 자원당 비용이 감소하면 총 자원 소비량이 증가할 수 있다(Alcott, 2005). 따라서 기술적 접근은 반드시 경제적 유인, 정보 제공, 규제 설계와 함께 고려되어야 지속가능한 효과를 실현할 수 있다.

(3) 정책적 접근

지속가능한 자원 배분을 위한 정책적 접근은 시장 메커니즘만으로는 해결할 수 없는 시장실패, 외부효과, 정보 비대칭, 세대 간 형평성 문제, 자원 분배의 불평등 등을 교정하고, 사회 전체의 장기적 복지와 형평성을 실현하기 위한 공공부문의 개입을 의미한다(Stiglitz, 1989).

시장은 자원의 희소성을 가격을 통해 반영할 수 있지만, 환경 오염, 기후 변화, 공공재 성격, 미래 세대에 대한 고려 등은 시장에서 충분히 내부화되지 않는다. 따라서 정부는 탄소세, 환경 보조금, 규제, 정보 공개, 공공 투자, 국제 협력 등을 통해 지속가능한 자원 사용을 유도하고 시장실패를 보완한다.

첫째, 시장 기반 정책 수단으로는 탄소세 부과나 배출권거래제가 있다. 이는 자원 소비 또는 오염 행위의 외부비용을 가격에 반영함으로써, 생산자와 소비자가 환경 비용을 고려한 의사결정을 하도록 유도한다(Pigou, 1920).

둘째, 재정적 유인 정책으로는 재생에너지, 고효율 설비, 친환경 기술에 대한 투자 보조금과 세제 감면이 있다. 이는 초기 수익성이 낮아 시장 진입이 어려운 기술에 민간 참여를 유도하고 기술 확산을 촉진한다.

셋째, 규제 수단으로는 자원 추출 또는 오염 배출에 대한 양적 제한이나 기술 기준 설정이 있다. 이는 강제성과 직접적인 효과는 크지만 유연성이 낮아, 시장 기반 수단과 병행하여 사용될 필요가 있다.

넷째, 공공투자 및 인프라 정책은 민간이 진입하기 어려운 분야에서 시장 형성 역할을 수행한다. 예를 들어, 전력망 현대화, 스마트그리드 구축, 수소 충전소 및 전기차 충전소 설치, 폐기물 자원화 설비는 공공투자를 통해 이뤄질 수 있다.

다섯째, 정보 제공 및 행동 유도 정책은 에너지 라벨링, 자원 소비 정보 공개, 탄소발자국 표시제, ESG 공시 의무화 등을 통해 소비자와 기업의 자발적 행동 변화를 유도하며, 사회적 규범 형성과 학습 효과도 동시에 추구할 수 있다(Thaler & Sunstein, 2008).

여섯째, 국제 협력과 글로벌 거버넌스는 자원과 환경이 국경을 초월하는 문제라는 점에서 필수적이다. 파리협정(Paris Agreement)은 국가 간 온실가스 감축 목표 공유, 정책 일관성 확보, 공동 감시 및 책임 분담의 틀을 제공한다. 이는 자원 배분 및 기후 변화 대응의 글로벌 규범을 형성하는 핵심 수단이다(UNFCCC, 2015).

이와 같이 정책적 접근은 단기 시장 조정의 한계를 넘어, 장기적 사회 후생 극대화, 세대 간 형평성 확보, 그리고 생태계 회복력 증진을 목표로 자원 배분의 시간적·공간적 균형을 실현하는 데 필수적인 역할을 한다.

<부록> 시간에 걸친 자원의 적정 배분과 호텔링(Hotelling, 1931)의 원칙

연속적인 시간을 가정하고 최적제어(optimal control) 기법을 이용해서 자원의 시간에 걸친 배분 문제를 살펴보고자 한다. 고갈성 자원의 소유자는 미래 자원 이용으로부터의 이윤의 현재가치를 극대화하기 위해서 의사결정을 할 것이다. 이자율(할인율)을 r, t기의 가격을 $p(t)$, 채굴량을 $q(t)$라 하자.

$$\max_{q(t)} = \int_0^T e^{-rt}[p(t)q(t) - C(q(t))]dt \qquad \text{(A3-1)}$$

제약조건으로 다음과 같이 자원보전 조건이 필요하다. 초기에 자원의 스톡(stock)은 S_0로 주어져 있고 T기의 양, S_T는 0보다 크거나 같다는 조건과 t기의 자원 개발에 의하여 자원스톡은 $q(t)$만큼 감소한다는 조건이다.

$$\frac{dS}{dt} = -q(t),\ S(0) = S_0,\ S_T \geq 0 \qquad \text{(A3-2)}$$

추가적으로 자원 이용에 있어 비음의 조건(non-negative condition)이 주어 진다.

$$q(t) \geq 0,\ S(t) \geq 0,\ \forall t \qquad \text{(A3-3)}$$

최적 제어(Optimal Control) 문제를 풀기 위해 해밀토니언(Hamiltonian)을 정의하면 다음과 같다.

$$H = p(t)q(t) - C(q(t)) + \lambda(t)(-(q(t)) \qquad \text{(A3-4)}$$

여기서 $\lambda(t)$는 자원의 잠재가격(shadow price)이다. 위의 내용을 바탕으로 최적 조건(first-order conditions)을 구하면 다음과 같다. 우선, 채굴량 $q(t)$에 대하여 해밀토니언을 미분하면 다음과 같다.

$$\frac{\partial H}{\partial q(t)} = p(t) - C'(q(t)) - \lambda(t) = 0 \qquad \text{(A3-5)}$$

즉, $p(t) - C'(q(t)) = \lambda(t)$이다. 이는 한계 순이윤이 잠재가격(shadow price)에 의하여 결정된다는 것을 의미한다. 다음은 상태변수 $S(t)$에 대한 공역방정식(co-state equation)을 구하면 다음과 같다.

$$\frac{\partial \lambda(t)}{\partial t} = r\lambda(t) \qquad \text{(A3-6)}$$

이는 한계순이익의 시간에 걸친 변동이 이자율만큼 이루어진다는 표현이다. 이는 또한 미분방적식을 이용하면 다음과 같이 나타낼 수 있다.

$$\lambda(t) = \lambda(0)e^{rt} \qquad \text{(A3-7)}$$

이는 자원의 잠재가격(한계가치)이 시간에 걸쳐서 이자율만큼 증가한다는 수식이다. 위의 내용을 종합하면 다음과 같은 결과를 나타낼 수 있다.

$\frac{\partial \lambda(t)}{\partial t} = r\lambda(t)$로부터 $\frac{\partial [p(t) - C'(q(t)]}{\partial t} = r[p(t) - C'(q(t))]$가 도출된다.

미분방정식을 이용하면 호텔링의 원리(Hotelling's rule)를 다음과 같이 도출할 수 있다. 즉, 한계 순이익이 시간에 걸쳐 이자율 만큼 증가한다는 것이다.

$$p(t) - C'(q(t)) = e^{rt}[p(0) - C'(q(0)] \qquad \text{(A3-8)}$$

만약 한계비용, $C'(q(t))$가 0인 경우에는 결국 가격이 이자율에 따라 지수적으로 상승하는 것을 보일 수 있다. 자원의 가격이 매년 이자율 만큼 상승해야 한다는 것이다.

$$p(t) = e^{rt}p(0) \qquad \text{(A3-9)}$$

위의 결과는 이산시간(discrete time)을 가정하였을 경우 t기와 $t+1$기의 한계 순이익이 다음과 같은 관계가 있음을 의미한다.

$$[p(t) - C'(q(t))(1+r)] = [p(t+1) - C'(q(t+1))] \qquad \text{(A3-10)}$$

또는

$$p(t) - C'(q(t)] = \frac{p(t+1) - C'(q(t+1))}{1+r} \qquad \text{(A3-11)}$$

이를 시간 연속적으로 적용하면 본문에 나와 있는 바와 같이 시간에 걸친 한계순이익 균등화 원리가 도출된다.

$$p(0) - C'(q(0)) = \frac{p(1) - C'(q(1))}{1+r} = \frac{p(2) - C'(q(2))}{(1+r)^2} = ... = \lambda(0) \quad \text{(A3-12)}$$

제4장

시장구조와 에너지 시장

1 서론

에너지 산업은 오랫동안 자연독점적 특성과 공공재적 성격으로 인해 정부가 직접 공급하거나 엄격한 규제를 받는 방식으로 운영되어 왔다. 그러나 1990년대 이후, 전 세계적으로 에너지 부문, 특히 전력과 가스 산업에 경쟁 원리를 도입하려는 움직임이 본격화되었다. 이러한 시장화 과정은 탈규제와 구조개혁의 형태로 추진되었으며, 그 핵심은 효율성과 혁신을 제고하기 위해 경쟁을 도입하자는 데 있었다(Joskow, 2008).

그러나 오늘날 현실의 에너지 시장은 과연 경쟁적인가? 이 질문은 단순한 이론적 호기심을 넘어서 정책 설계와 시장 분석의 출발점이 된다. 전통적인 경제학에서 완전경쟁시장은 수많은 기업들이 동질적인 상품을 생산하며, 개별 기업이 시장가격에 영향을 미치지 못하고, 진입과 퇴출이 자유로운 구조를 의미한다. 그러나 전력이나 가스와 같은 에너지 시장은 이러한 조건과는 거리가 멀다. 발전설비나 송전망과 같은 주요 인프라는 막대한 초기 투자를 필요로 하며, 기술적 제약과 운영상의 복잡성이 크고, 수요는 단기적으로 비탄력적이다(Kirschen & Strbac, 2018).

이러한 특성으로 인해 실제 시장에서는 소수의 대형 기업이 시장을 지배하거나, 공급의 전략적 조절을 통해 가격을 형성하는 과점적 구조가 일반적이다. 예를 들어, 전력시장에서는 발전회사들이 매일 특정 시점에 맞춰 입찰을 통해 생산량을 제안하고, 시장운영기관은 이들 입찰을 종합해 시장가격을 결정한다. 이 과정에서 개별 기업의 입찰 전략은 시장가격에 영향을 미칠 수 있으며, 특히 시장에 소수의 주요 발전사가 존재할 경우 그 영향력은 상당히 커진다(Borenstein & Bushnell, 2015).

또한, 공급자가 반복적으로 시장에 참여하면서 경쟁자와의 상호작용을 고려해 전략을 조정하는 구조는 단순한 경쟁이 아니라 전형적인 전략적 경쟁에 해당한다(Tirole, 1988). 더불어 신재생에너지의 확대, 분산형 전원의 증가, 에너지저장장치(ESS) 및 수요자원(DR)의 활성화 등으로 인해 에너지 시장은 점점 더 복잡해지고 있으며, 새로운 형태의 경쟁과 전략이 등장하고 있다. 예컨대, 전기차 충전 시장에서는 가격뿐 아니라 위치, 대기 시간, 브랜드, 플랫폼 호환성과 같은 요소들이 복합적으로 작용하여, 단순한 수요공급 분석만으로는 설명하기 어려운 경쟁이 전개되고 있다.

이러한 맥락에서 에너지 시장에서의 경쟁을 이해하기 위해서는 단순한 이론적 모델이 아니라, 기업 수, 진입장벽, 제품 차별화, 정보 비대칭, 전략적 행위 등 다양한 요인을 고려한 현실적인 시장구조(market structure)에 대한 이해가 필수적이다. 에너지 시장은 완전경쟁도, 순수한 독점도 아닌 중간 형태의 불완전경쟁 시장으로 이해되어야 한다.

이 장에서는 에너지 시장에서 나타나는 과점적 구조, 독점적 경쟁, 자연독점적 특성, 그리고 이에 수반되는 전략적 기업 행위를 이론적으로 분석하고, 현실 사례를 통해 구체화하고자 한다. 특히 게임이론의 도구를 활용하여 경쟁의 양상과 그 경제적 효과, 그리고 이에 대응하기 위한 정책적 고려사항을 체계적으로 살펴볼 것이다(Stoft, 2002; Tirole, 1988).

2 에너지 시장에서의 과점 구조와 행태

에너지 산업, 특히 발전 부문은 여러 국가에서 과점적 시장 구조를 갖는 경우가 많다. 이는 단순히 참여 기업 수가 적다는 점뿐 아니라, 각 기업이 시장에서의 가격 형성에 직접적인 영향력을 행사할 수 있는 구조라는 점에서 중요하다(Joskow, 2008). 일반적인 제조업 시장과 달리, 전력이나 가스와 같은 에너지 상품은 저장이 어렵고 실시간 균형을 요하며, 네트워크를 통한 공급이 필수적인 특성을 지닌다(Stoft, 2002). 이러한 물리적 제약과 고정비용 중심의 생산 구조는 경쟁적 시장 형성을 어렵게 만들며, 결과적으로 시장은 소수의 주요 사업자에 의해 지배되는 경향을 띤다(Kirschen & Strbac, 2018).

(1) 과점 시장의 정의와 특징

경제학에서 과점(oligopoly)은 소수의 공급자들이 시장을 지배하고 있으며, 각 기업이 다른 기업의 전략을 고려해 자신의 행동을 결정하는 시장을 의미한다(Tirole, 1988). 이는 완전경쟁과 독점의 중간 형태로, 불완전 경쟁 시장의 대표적인 구조다. 과점 시장의 주요 특징은 다음과 같다. 첫째, 전략적 상호의존성이다. 한 기업의 가격 또는 생산 결정이 다른 기업의 수익에 영향을 미치며, 이로 인해 기업 간 상호작용이 발생한다(Cabral, 2017). 둘째, 시장 진입장벽의 존재이다. 규모의 경제, 자본 집약성, 기술 특허, 규제 요건 등이 진입을 제한하여 기존 기업의 시장지배력을 유지시킨다. 셋째, 시장지배력(Market Power)이 행사될 수 있다. 이는 기업이 경쟁적 수준보다 높은 가격을 설정할 수 있는 능력을 의미한다. 넷째, 제품 차별화 또는 동질성이다. 제품은 동질적일 수도 있고(예 전력, LNG), 경우에 따라 차별화된 요소를 가질 수도 있다(예 전기차 충전 서비스, 에너지 브랜드).

(2) 과점 기업의 전략적 행태

에너지 시장에서 과점 기업들은 일반적인 경쟁 기업들과는 달리 다음과 같은 전략적 행태를 보일 수 있다. 첫째, 생산량 조절(Cournot 행태)이다. 이는 기업이 시장 수요와 경쟁사의 반응을 고려하여 자사의 공급량을 전략적으로 조절함으로써 시장가격에 유리한 영향을 미치려는 행위이다(Tirole, 1988). 둘째, 입찰 전략의 조정이다. 전력시장에서는 발전사들이 시간대별로 반복적으로 입찰을 제출하므로, 일정한 가격 패턴을 조정하거나 신호(signaling)를 통해 간접적인 담합(implicit collusion)을 유도할 수 있다(Klemperer, 2004; Stoft, 2002). 셋째, 정보 이용 및 시장 예측 전략이다. 수요 예측, 기상 정보, 경쟁사의 패턴 등 다양한 정보를 활용하여 선도 전략(first-mover strategy)을 구사하는 것이 가능하다. 넷째, 반복 게임을 통한 협조 유지이다. 시장 참여가 반복되기 때문에 기업들은 경쟁사와의 암묵적 협조를 통해 시장가격을 안정화시키려는 유인을 가지며, 이는 반복 게임 이론에서 설명되는 협조적 균형의 전형적 사례이다(Tirole, 1988).

3 과점 시장(Oligopoly market) 모형

(1) 버트란드 모형

버트란드(Bertrand, 1883) 모형에서 기업들은 가격을 전략적 수단으로 설정하여 경쟁하며 각 기업이 다른 경쟁자들의 가격을 주어진 것으로 가정하고, 자신의 제품 가격을 설정한다고 본다(Tirole, 1988). 또한, 이 모형은 기업들이 동질적인 재화를 판매한다고 가정한다. 동질재에 대한 가격 경쟁이므로, 결국 시장 가격은 한계비용까지 하락하게 된다. 이는 어떤 기업이 한계비용보다 높은 가격을 설정하면, 다른 기업이 더 낮은 가격을 제시하여 시장을 장악하려 하기 때문이다. 이러한 가격 인하 경쟁은 시장가격이 한계비용과 일치할 때까지 지속되며, 균형에서는 기업들이 초과이윤을 얻지 못하고 완전경쟁의 결과와 유사한 결과를 낳는다. 하지만 제품이 차별화되어 있는 경우에는 가격 경쟁이 발생하더라도 기업들은 자사 제품에 대해 일정한 시장지배력을 보유하게 되며, 이로 인해 초과이윤을 획득할 수 있다(Tirole, 1988: Church & Ware, 2000)

에너지 시장에서 버트란드 가격 경쟁모형과 유사한 사례는 영국의 전력시장 자유화에서 찾아볼 수 있다. 이 시장에서는 대부분의 규제가 철폐되어 다수의 공급자들이 소비자를 대상으로 가격 경쟁을 하게 되었다(Littlechild, 2000). 전력은 동질재로 간주되며, 공급자들은 가격 중심의 경쟁을 펼쳤다. 이러한 경쟁 과정은 공급자의 마진을 축소시켰고, 이에 따라 기업들은 차별화된 서비스 제공을 통해 고객을 확보하고 수익성을 유지하는 전략을 채택하게 되었다.

(2) 쿠르노 모형(Cournot Model)

쿠르노 모형은 기업들이 경쟁기업의 생산량이 주어졌다고 가정하고 생산량을 결정하는 수량 경쟁 모형이다(Tirole, 1988). 시장가격은 모든 기업에 의하여 생산된 총 수량에 의하여 결정된다. 각 기업의 적정 수량은 경쟁기업의 수량에 따라 달라진다. 반응함수(reaction function)는 다른 기업의 생산량의 주어진 상태에서 한 기업의 적정 생산량을 나타내는 함수이다. 쿠르노 모형에서 시장 균형은 각 기업의 생산량이 다른 기업 생산량의 최적 반응(best response)일 때 결정된다. 예를 들어, 시장에 두 기업 i와 j가 있다고 가정하자. 수요함수는 $P(Q)=1-Q=1-q_i-q_j$, $Q=q_i+q_j$로 주어져 있다. 두 기업의 비용함수는 $C_i(q_i)=c_iq_i$로 나타내어 진다. 이 경우 이윤 극대화 1차 조건을 만족하는 각 기업의 생산량을 $q_i=R(q_j)$로 표시할 수 있으며 이를 i기업의 반응곡선이라 한다. 즉, $q_i=R(q_j)=(1-q_j-c_i)/2$이다. 두 기업이 대칭적이므로 j기업의 반응곡선은 $q_j=R(q_i)=(1-q_i-c_j)/2$로 나타낼 수 있다. 시장 균형 생산량은 두 기업의 반응곡선이 교차하는 점에서 결정되며 이 균형생산량은 두 기업 상호 간에 최적 반응 생산량이기 때문에 내쉬 균형(Nash equilibrium)을 구성한다. i기업의 균형 생산량과 이윤은 다음과 같이 나타낼 수 있다.

$$q_i^*=\frac{1-2c_i+c_j}{3} \quad \pi_i^*=\frac{(1-2c_i+c_j)^2}{9} \qquad (4.1)$$

결국 균형상태에서는 상호 간에 최적 수량을 생산하게 되어 생산량을 변경함으로써 이윤을 증가시킬 유인이 존재하지 않는다. 쿠르노 균형상태에서 기업들은 초과이윤을 획득한다. 그러나 시장에서 기업의 수가 증가할 경우 경쟁 압력으로 균형가격은 완전경쟁 수준으로 하락할 수 있음을 보일 수가 있다.

[그림 4-1]은 기업 1과 기업 2가 있을 경우의 반응함수와 쿠르노-내쉬 균형을 나타낸다. 두 기업의 반응함수는 우하향하는 모습을 보이고 있는데, 다른 기업이 생산량을 늘릴 경우 최적반응은 생산량을 줄이는 것이기 때문이다. 이는 수량이 전략적 대체재(strategic substitute)이기 때문이다(Tirole, 1988). 상대방 기업과 동일한 전략적 행동을 하는 것이 이윤 극대화를 위한 최적 행동일 경우 그 행동을 전략적 보완재(strategic complement)라 하고 정 반대의 방향으로 행동하는 것이 이윤 극대화를 위한 최적 행동일 경우 이 행동을 전략적 대체재(strategic substitute)라 한다. 전략적 행동이 가격 설정일 경우 상대방이 가격을 올릴 때 따라서 올리는 것이 이윤을 증가시키는 전략이다. 즉, 가격은 전략적 보완재이다. 그러나 수량은 상대방이 늘리면 줄이는 것이 이윤을 늘리는 방법이다. 즉, 수량은 전략적 대체재이다. 상대방이 수량을 늘릴 때 따라서 늘리면 시장공급이 늘어나 가격이 하락 하고 결국 기업의 이윤도 떨어지기 때문이다. 두 기업이 동일한 생산비용을 가지고 있을 경우 균형에서 동일한 수량을 생산할 것이다.

그림 4-1 쿠르노-내쉬 균형

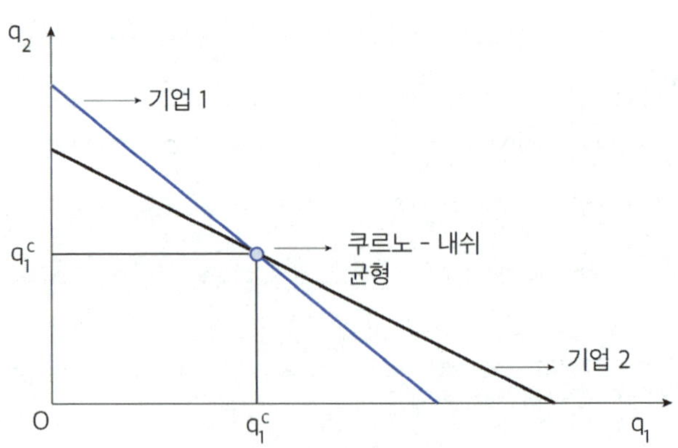

에너지 시장에서 쿠르노 경쟁의 대표적인 사례는 OPEC(Organization of the Petroleum Exporting Countries)의 행태이다(Wirl, 2008; Cremer & Weitzman, 1976). OPEC은 카르텔로서 생산량에 합의하지만 다른 국가들의 생산량을 고려해서 실질적인 생산량을 결정한다. 결국 OPEC의 맥락에서 균형은 다른 구성원들의 생산량을 고려해서 자국의 이익을 극대화하는 수량을 생산할 때 도달할 수 있을 것이다. 각 국가가 생산량을 변경할 유인이 없을 경우 쿠르노-내쉬 균형에 있다고 평가할 수 있다.

(3) 선발자-후발자 모형(Stakelberg model)

선발자-후발자 모형(Stackelberg model)은 과점모형의 하나로 기업들이 수량경쟁을 한다고 가정한다(Cabral, 2017). 그러나 쿠르노 모형과는 달리 이 모형에서는 수량선택에 있어서 선발자(leader)와 후발자(follower)가 있다. 선발자가 먼저 생산량을 결정하고 후발자는 선발자의 생산량을 관찰한 다음 자신의 생산량을 결정한다. 생산량을 동시에 결정하는 쿠르노 모형과는 달리 의사결정이 순차적으로 이루어 진다. 선발자는 생산량을 결정할 때 후발자의 반응을 고려해서 생산량을 고려한다. 이 모형은 선발자가 시장지배력을 가지고 있고 후발자에 앞서서 전략적인 행동을 취할 수 있을 때 적용할 수 있는 모형이다. 선발자는 후발자에 비해 더 많이 생산하고 높은 이윤을 확보할 수 있는데 이를 선발자의 우위(first-mover's advantage)라 한다. 두 모형의 비교를 위하여 쿠르노 모형에서와 같은 수요와 비용함수를 가정하자. 기업 2를 후발자라고 가정하면 후발자는 선발자 기업 1의 생산량이 주어진 상태에서 이윤 극대화를 하게 된다. 후발자 2의 이윤함수는 $\pi = Pq_2 - cq_2 = (1 - q_1 - q_2)q_2 - cq_2$이다. 이에 대한 이윤 극대화 조건을 구하면 후발자의 반응함수 $q_2 = R(q_1) = (1 - c - q_1)/2$를 구할 수 있다. 따라서 선발자 1은 후발자 2의 반응함수를 고려하여 자신의 이윤을 극대화하는 생산량을 구하게 된다. 이 경우 기업 1의 이윤함수 $\pi = Pq_1 - cq_1 = (1 - q_1 - q_2)q_1 - cq_1$에 $q_2 = R(q_1) = (1 - c - q_1)/2$을 대입하면 선발자의 이윤함수는 $\pi = Pq_1 - cq_1 = (1 - q_1 - q_2)q_1 - cq_1 = 1/2*(1 - c - q_1)q_1$이 된다. 이를 극대화하는 생산량을 구하면 $q_1^* = (1-c)/2$가 되며 이에 따라 후발자 2의 생산량은 $q_2^* = (1-c)/4$가 된다. 선발자가 2배의 생산을 하게 되는 것이다. 이에 따른 선발자 1과 2의 이윤은 각각 $\pi^*_1 = (1-c)^2/8$과 $\pi^*_1 = (1-c)^2/16$이 된다.

그림 4-2 선발자-후발자 모형(Stackelberg Model)

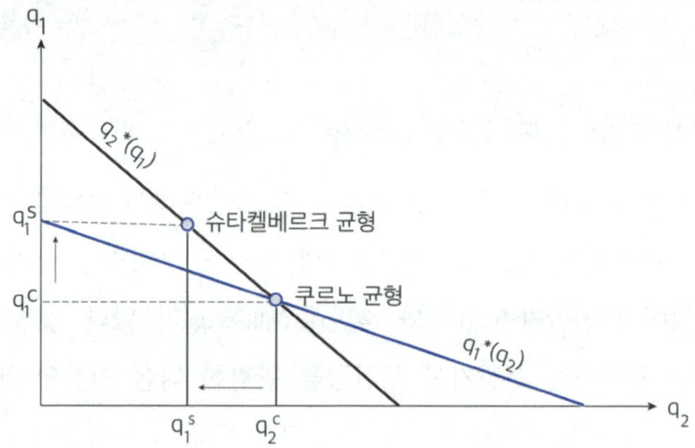

[그림 4-2]는 선발자-후발자 균형을 쿠르노 균형과 비교하고 있다. 선발자-후발자 모형에서 전체적인 수량은 쿠르노 균형에서 보다 크고 시장가격은 쿠르노 균형에서 보다 낮다(정갑영 외., 2025). 비용이 동일한 두 개의 기업이 있을 때 기업 1은 선발자로서 더 많은 수량을 생산하고 있고 후발자 기업 2보다 높은 이윤을 얻을 수 있다. 반면, 쿠르노 모형에서는 두 기업이 동일한 수량을 생산하고 동일한 이윤을 얻게 된다.

에너지 시장에서 선발자-후발자 모형을 적용한 사례는 유럽 천연가스 시장에서 가즈프롬(Gazprom)의 역할이다(Golombek et al., 1995). 유럽 천연가스 시장에서 상당한 시장점유율을 보유하고 있는 가즈프롬은 이러한 지위를 이용하여 선발자 역할을 하고 노르웨이의 에퀴노(Equinor) 또는 다른 소규모 공급자들은 후발자 역할을 할 수 있으며 후발자들은 가즈프롬의 생산량 결정을 관찰한 후 자신들의 생산량을 조절한다는 것이다.

4 독점적 경쟁과 에너지 제품의 차별화 전략

에너지 시장은 전통적으로 전력이나 가스 등 동질적 재화를 중심으로 형성되어 왔으나, 최근에는 기술 진보와 소비자 요구의 다양화에 따라 차별화된 에너지 제품과 서비스가 빠르게 확산되고 있다. 전기차 충전 인프라, 태양광 패널, 에너지저장장치(ESS), 스마트 홈 서비스, 친환경 연료 등은 단순히 에너지 공급량만이 아니라 브랜드, 품질, 접근성, 보증, 디자인 등 다양한 요소로 차별화되고 있으며, 기업들은 이를 통해 시장 내 일정한 가격결정권을 확보하려 한다(Tirole, 1988; Chuch & Ware, 2000).

이러한 시장은 전통적인 독점적 경쟁 구조로 해석될 수 있다. 이 구조는 다수의 기업이 존재하되, 각 기업은 차별화된 제품을 판매함으로써 일정한 수요자 기반을 확보하고 있으며, 장기적으로는 자유로운 진입과 퇴출이 가능하다는 점에서 완전경쟁과 독점의 중간 형태이다(Perloff, 2020).

(1) 독점적 경쟁시장의 균형

독점적 경쟁시장은 완전경쟁시장과 독점시장이 성격을 동시에 보유하고 있다. 시장에 많은 기업이 경쟁한다는 점에서 완전경쟁과 유사하나 완전경쟁시장과는 달리 각 기업은 차별화된 제품을 판매한다. 이에 따라 각 기업은 제품에 대하여 독점시장에서와 같이 가격설정자로서 시장지배력을 행사하게 된다. 완전경쟁시장에서 기업은 수평의 수요곡선을 마주하게 되나 독점적 경쟁시장에서는 우하향하는 수요곡선을 가지고 있다. 이는 판매량을 늘리기 위해서는 가격을 인하해야 한다는 의미이다. [그림 4-3]은 독점적 경쟁시장의 단기균형을 나타낸다. 각 기업은 이윤을 극대화하기 위해서 한계수입(MR)과 한계비용(MC)이 일치하도록 생산량을 결정하고 이에 따라 시장가격이 결정된다. 그림에서는 적정생산량 하에서 시장가격이 평균비용(AC)을 상회함에 따라 단기적으로 초과이윤이 존재하고 있는 상황이 나타난다.

그림 4-3 독점적 경쟁시장의 단기균형

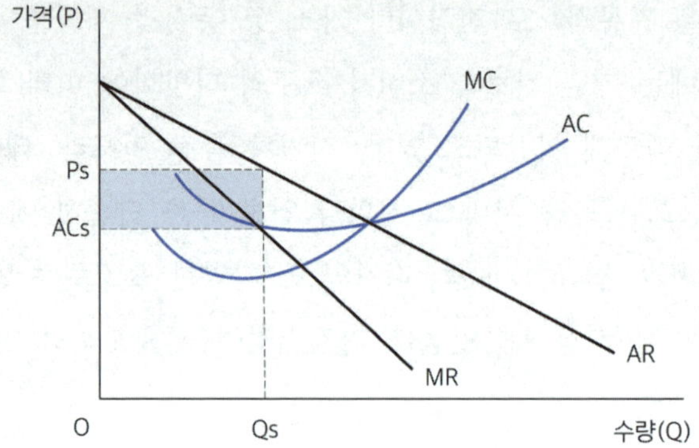

독점적 경쟁시장의 특징은 진입과 이탈이 자유롭다는 것이다. 이는 완전경쟁시장과 공유하는 특징이기도 하다. 단기적으로 초과이윤이 존재하면 잠재적 진입자는 시장으로 진입을 하게 된다. 또한 단기적으로 손실이 발생할 경우에는 시장으로부터 이탈이 발생할 것이다. 이러한 조정과정은 결국 초과이윤이 0이 될 때까지 진행이 된다. 따라서 독점적 경쟁시장의 장기균형은 개별 기업의 수요가 감소하여 적정가격이 평균비용과 같아지는 수준에서 결정된다. [그림 4-4]은 독점적 경쟁시장의 장기균형을 나타낸다.

그림 4-4 독점적 경쟁시장의 장기균형

(2) 독점적 경쟁과 에너지 시장

에너지 시장은 과점적 또는 독점적인 경우가 많지만 특정 시장에서는 독점적 경쟁 성격이 나타난다(Gillingham et al., 2009). 예를 들어, 에너지 효율성 제품과 서비스 시장을 들 수 있다. 이들 제품과 서비스는 고효율 LED 등이나 에너지 절감 가전제품 및 에너지 관리 컨설팅 서비스를 들 수 있다. 이 시장에서는 다수의 기업이 유사하지만 기술, 브랜드, 서비스 질 측면에서 차별화된 제품을 판매하여 소비자가 자기 선호에 맞는 제품과 서비스를 선택하게 한다. 또 하나의 사례로는 태양광이나 풍력 등의 소규모 재생에너지 생산자로 구성된 시장을 들 수 있다(Hvelplund, 2006). 지역화된 재생에너지 공급 시장에서는 많은 기업들이 경쟁을 하고 독특한 지역적 특성과 기술력 및 가격전략으로 독점적 경쟁의 속성을 보여 준다(Giulietti et al., 2005). 어떤 국가에서는 에너지 소매 시장이 자유화되어 있어서 소비자들이 전력이나 가스 공급자들을 선택할 수 있다. 이러한 시장구조는 다수의 공급자들이 제품과 서비스를 제공할 수 있도록 하고 소비자는 서비스 질이나 가격 또는 계약 조건에 따라 선택을 할 수 있어서 독점적 경쟁과 유사한 속성을 가지고 있다. 예를 들면, 영국의 에너지 시장에서는 소비자가 다수의 전력과 가스 공급자로부터 소비자의 선호에 적합한 공급자를 선택하도록 하고 있다.

에너지 시장은 더 이상 동질적 재화만이 거래되는 단순한 구조가 아니다. 기업들은 브랜드, 품질, 서비스, 친환경성 등 다양한 요소를 기반으로 차별화된 제품을 공급하고 있으며, 이러한 행위는 이론적으로 독점적 경쟁 시장의 속성으로 해석될 수 있다. 차별화 전략은 기업에게 가격결정력을 부여하고, 소비자에게 선택의 다양성을 제공하지만, 과도한 시장세분화나 브랜드 프리미엄은 후생 손실로 이어질 수 있다. 따라서 정책 설계자는 경쟁 촉진과 정보 투명성 확보, 그리고 소비자 보호를 균형 있게 고려할 필요가 있다. 또한, 향후 플랫폼 기반 에너지 거래가 확대됨에 따라 네트워크 효과와 차별화가 결합된 시장구조에 대한 심층 분석이 필요할 것이다.

5 반복게임(repeated game)과 에너지 시장에서의 담합적 행동

에너지 시장, 특히 전력 및 가스 시장은 기업 간의 반복적 상호작용이 구조적으로 내재된 환경이다. 발전사업자들은 매일, 혹은 시간대별로 반복적으로 시장에 입찰하고, 수요자원(DR) 사업자나 에너지 거래 플랫폼들도 반복적으로 고객과 시장에 참여한다. 이러한 반복적인 시장 참여는 단기적 전략뿐 아니라 장기적 이익을 고려한 전략적 선택을 가능하게 하며, 그 결과 암묵적 담합(implicit collusion)의 가능성이 열리게 된다(Tirole, 1988).

반복 게임(repeated game)은 이러한 상황을 분석하기 위한 핵심적인 게임이론적 도구이며, 담합의 유지 조건과 파괴 조건을 분석할 수 있는 강력한 틀을 제공한다. 특히 시장 참여자들이 미래의 상호작용을 고려해 처벌 전략을 도입할 경우, 정보가 불완전하더라도 담합이 지속될 수 있는 균형이 존재할 수 있다(Green & Porter, 1984).

(1) 반복 게임의 기본 구조

반복 게임은 동일한 정적 게임이 일정한 횟수 또는 무한히 반복되는 형태를 띠며, 기업들은 각 시점에서 과거의 전략과 결과를 바탕으로 미래의 전략을 조정할 수 있다. 이러한 상호작용 구조는 단일 게임에서 나타나지 않는 신뢰 구축, 보복 위협, 장기적 협력과 같은 전략적 행동을 가능하게 만든다(Tirole, 1988). 에너지 시장과 같은 반복적인 상호작용이 내재된 산업에서는 특히 중요한 분석 틀이다.

기업들이 시장에 무한히 참여할 것으로 기대되는 무한 반복 게임(infinitely repeated game)의 경우, 현재의 전략은 미래의 이익에 중대한 영향을 미친다. 이때 각 기업은 미래 이익에 대해 일정 비율만큼 가치를 부여하는 데, 이를 할인율(discount factor, δ)이라 한다. 할인율이 높을수록 기업은 미래 이익을 더욱 중요시하며, 이는 협조적 행동의 유인을 강화하게 된다.

반복 게임에서 협조적 행동을 유인하는 전략 중 하나는 방아쇠 전략(trigger

strategy)이다. 이는 상대방이 협조할 경우 자신도 협조하지만, 일단 상대방이 협조를 어기면 이후에는 영구히 보복 전략, 즉, 경쟁적인 행동을 택하는 방식이다(Green & Porter, 1984). 이러한 방아쇠 전략은 담합이 깨졌을 경우 강력한 보복이 발생할 것이라는 신호를 줌으로써, 담합이 장기적으로 유지될 수 있도록 유도하는 기제가 된다.

결과적으로, 반복 게임의 구조는 기업들 간의 장기적인 관계를 분석하는 데 유용하며, 특히 에너지 시장과 같이 반복적 입찰이 이루어지는 환경에서 담합 가능성과 그 안정성을 이해하는 데 중요한 이론적 틀을 제공한다.

(2) 암묵적 담합모형

두 기업 i, j가 동일한 제품(예 전력)을 생산한다고 가정하자. 각 기업은 수량경쟁을 한다고 가정하고 시장수요 곡선은 다음과 같이 주어져 있다.

$$P(Q) = a - bQ, \quad Q = q_i + q_j \tag{4.2}$$

기업의 한계비용은 c로 주어져 있다고 가정하자. 각 기업의 이윤 함수는 다음과 같이 주어져 있다.

$$\pi_i(q_{i,}q_j) = (P(Q) - c) \cdot q_i = (a - b(q_i + q_j) - c) \cdot q_i \tag{4.3}$$

이 게임은 무한 반복적으로 진행되며 각 기업의 이윤은 시간에 걸쳐 할인율 $\delta \in (0,1)$을 적용하여 할인된다고 가정하자.

① 내쉬균형

각 기업이 담합적 행동을 취하지 않을 경우 시장 균형은 앞절에서 논의한 쿠르노 내쉬 균형으로 수렴할 것이다. 이 경우 각 기업이 내쉬균형을 따라 행동할 경우 생산량과 이윤은 다음과 같이 나타낼 수 있다. 두 기업이 대칭적이므로 생산량은 다음과 같다.

$$q_i^N = \frac{a-c}{3b} \tag{4.4}$$

그리고 시장 생산량은 $Q^N = 2q_i^N = 2(a-c)/3b$이다. 이에 따른 가격은 $P^N = a-b \cdot Q^N = a-2(a-c)/3 = (a+2c)/3$이다. 따라서, 각 기업의 이윤은 다음과 같이 나타낼 수 있다.

$$\pi^N = (P^N - c)q_i^N = ((a+2c)/3 - c) \cdot (a-c)/3b = (a-c)^2/9b \tag{4.5}$$

② 담합전략

만약 두 기업이 독점기업 같이 행동하여 이윤을 나눌 경우, 각 기업의 이윤은 다음과 같이 계산할 수 있다. 주어진 시장 수요와 비용 조건하에서 독점 생산량은 $Q^M = (a-c)/2b$이다. 이 경우 시장을 반으로 나누면 각 기업의 생산량은 $q_i^c = Q^M/2 = (a-c)/4b$가 되고 이때 시장 가격은 $P^M = a - bQ^M = (a+c)/2$이다. 그리고 각 기업의 이윤은 다음과 같이 나타낼 수 있다.

$$\pi^c = (P^M - c) \cdot q_i^c = ((a+c)/2 - c) \cdot (a-c)/4b = (a-c)^2/(8b) \tag{4.6}$$

담합전략 하에서의 이윤 (4.6)은 내쉬균형하에서의 이윤보다 더 높은 것을 알 수 있다. 담합이 유지된다면 매기마다 두 기업은 (4.6)의 이윤을 획득할 수 있을 것이다.

③ 배신자(deviator)의 일회성 이윤

이제 기업 i가 담합에서부터 벗어나 이윤을 극대화한다고 가정하자. 상대기업 j는 이 사실을 모르고 기존의 담합적 수량을 유지하고 있을 것이다. 기업 i는 기업 j의 담합 수량이 주어져 있다고 가정하고 이윤 극대화를 위하여 생산량을 조정할 것이다. 즉, $q_j = (a-c)/4b$로 고정된 상태에서 다음과 같은 문제를 풀어야 한다.

$$\max_{q_i} \pi_i = (a - b(q_i + q_j) - c) \cdot q_i \tag{4.7}$$

위의 이윤을 극대화하는 수량은 $q_i^D = 3(a-c)/(8b)$ 임을 보일 수 있으며 담합으로부터 벗어났을 경우 배신자의 일회성 이윤은 다음과 같다.

$$\pi^D = (P^D - c) \cdot q_i^D = (a - b(\frac{3(a-c)}{8b} + \frac{a-c}{4b}) - c) \cdot \frac{3(a-c)}{8b} = \frac{9(a-c)^2}{64b} \tag{4.8}$$

④ 반복게임의 현재가치 비교

두 기업이 담합을 유지할 것인지 아니면 담합으로부터 벗어날 것인지는 두 상태의 시간에 걸쳐 할인된 이윤의 현재가치에 달려 있을 것이다. 담합 유지 전략의 현재가치는 다음과 같다.

$$V^C = \sum_{t=0}^{\infty} \delta^t \pi^C = \frac{\pi^C}{1-\delta} = \frac{(a-c)^2}{8b(1-\delta)} \tag{4.9}$$

반면, 담합으로부터 벗어난 후 쿠르노 경쟁으로 복귀하였을 경우의 이윤은 다음과 같다.

$$V^D = \pi^D + \sum_{t=1}^{\infty} \delta^t \pi^N = \frac{9(a-c)^2}{64b} + \frac{(a-c)^2 \delta}{9b(1-\delta)} \tag{4.10}$$

담합이 유지되기 위해서는 (4.9)가 (4.10)보다 커야 하므로 다음과 같은 조건이 성립되어야 한다.

$$1 \geq \frac{9(1-\delta)}{8} + \frac{8\delta}{9} \tag{4.11}$$

앞의 식으로부터 담합을 유지하기 위한 최소할인율을 구할 수 있으며, $\delta \approx 0.53$ 이상인 경우 미래의 이익을 충분히 고려하는 기업이라면 담합을 유지하는 것이 유리하며 암묵적 담합이 유지될 수 있다.

(3) 담합이 유지되는 조건

에너지 시장에서 담합이 유지되기 위해서는 몇 가지 경제이론적으로 중요한 조건이 충족되어야 한다. 첫째, 높은 할인율(discount factor, δ)이 유지되어야 한다. 이는 기업이 현재의 이익보다 미래의 이익에 더 큰 가치를 부여함을 의미하며, δ가 1에 가까울수록 협조적 행동이 유지되기 용이하다. 이는 무한 반복 게임에서 담합이 내쉬 균형으로 성립될 수 있는 핵심 전제 조건이다(Tirole, 1988; Green & Porter, 1984). 둘째, 감시 가능성(observability)이다. 기업들이 서로의 전략, 예컨대 입찰 가격이나 생산량 등을 명확히 관찰할 수 있어야 담합을 위반하는 기업을 식별하고 보복할 수 있다. 전력시장에서는 입찰 결과와 거래 가격, 공급량이 시장운영기관을 통해 실시간 혹은 사후에 공개되기 때문에 이러한 감시 가능성이 제도적으로 보장되는 경우가 많다(Fabra et al., 2006). 셋째, 담합의 이익이 충분히 커야 한다. 경쟁할 경우보다 담합을 통해 얻게 되는 이윤이 충분히 클 때 기업은 담합을 유지할 유인을 갖는다. 이는 수요탄력성, 여유생산력, 그리고 시장집중도에 따라 달라질 수 있다. 넷째, 시장 안정성이다. 수요의 변동성이 크거나 시장 진입·퇴출이 잦은 경우에는 담합 유지가 어렵다. 반면, 수요가 예측 가능하고 주요 사업자가 고정된 전력 시장이나 장기 공급계약이 일반화된 가스 시장 등에서는 담합 가능성이 더 높아질 수 있다(Levenstein & Suslow, 2006).

에너지 시장은 반복적인 거래구조를 기반으로 하며, 특히 발전사업자들은 전력시장에 매일 입찰하면서 반복게임의 조건을 충족한다. 이 과정에서 기업 간의 협조가 자연스럽게 유도될 수 있으며, 특정 시간대나 계절에 입찰가격을 높이거나 공급량을 제한하는 식의 암묵적 담합이 발생할 가능성이 존재한다(Sweeting, 2007; Hortaçsu, & Puller, 2008). 예를 들어, A사가 오전 피크시간에 높은 가격을 제시하고, B사는 오후 피크에 높은 가격을 제시하는 방식의 묵시적 역할 분담은 실제로 전력시장에서 관찰된 바 있다(Fabra, 2003). 시장운영기관(Market Operator, MO)은 이러한 비대칭적 입찰 행태를 시장지배력의 남용 또는 담합적 신호로 해석하며, 실제로 다수의 규제기관이 이를 감시하기 위한 지표와 제도를 운용 중이다.

이러한 담합 가능성을 억제하기 위해서는 정교한 시장설계가 필요하다. 전력시장에서는 입찰을 시간대별로 무작위로 배정하거나, 입찰 결과를 일부 비공개 처리하는 방식이 협조전략의 설계를 어렵게 만든다. 담합이 탐지될 경우에는 입찰 자격 정지, 과징금 부과, 형사처벌 등 강력한 제재를 통해 유인을 억제할 수 있으며, 반복적인 담합 구조를 깨기 위해 시장에 신규 사업자 유입을 장려하는 정책도 효과적인 대응책으로 평가된다.

또한 담합적 행동을 직접적으로 나타내지는 않지만 잔여공급지수(Residual Supply Index: RSI)나 핵심공급자지수(Pivotal Supplier Index: PSI)를 통해 특정 기업이 시장에서 결정적인 역할을 수행할 수 있는지를 분석함으로써 담합 가능성을 사전에 진단할 수 있다(Leautier, 2001; Wolak, 2003). 잔여공급지수는 특정 공급자를 제외한 나머지 공급자가 시장 수요를 충족할 수 있는지를 나타내는 지표로, 지수가 1보다 작으면 해당 공급자는 시장지배력을 가질 가능성이 있다(Sheffrin, 2002; Wolak, 2003). 반면 핵심공급자지수는 특정 시간대에 한 공급자가 없을 경우 수요 충족이 불가능한지를 판단하는 지표이며, 반복적으로 핵심공급 상태가 되는 공급자는 시장가격에 영향을 미칠 수 있다(PJM Market Monitoring Unit. 2021).

II

전통 에너지 자원과 재생에너지

제5장

석유 시장

1 서론

석유는 현대 세계 에너지 시스템의 중추적인 역할을 해 왔다. 산업혁명 이후 급격한 기술 발전과 더불어 석유는 교통, 산업, 난방 등 다양한 부문의 주요 에너지원으로 자리 잡았으며, 오늘날에도 세계 1차 에너지 소비에서 가장 큰 비중을 차지하고 있다. 석유는 단순한 연료 이상의 의미를 가지며, 국가 간 외교, 경제 성장, 안보 전략 등 다양한 분야에서 핵심 자원으로 기능해 왔다.

석유시장은 그 구조와 작동 방식에 있어 다른 에너지 자원과 구별되는 특성을 지닌다. 첫째, 석유는 전 지구적으로 매장되어 있으나 지역적으로 불균형하게 분포되어 있어 자원 보유국과 수입국 간 상호의존성을 초래한다. 둘째, 석유 공급은 OPEC과 같은 산유국 협의체의 전략적 결정에 크게 좌우되어 시장이 종종 과점적 구조를 보인다. 셋째, 석유시장은 공급 충격, 지정학적 리스크, 투기적 자본 유입 등 다양한 외생 변수에 의해 가격 변동성이 크며, 이는 세계 경제에 중대한 파급효과를 미친다(Hamilton, 2009).

현재 석유산업은 중요한 전환기에 놓여 있다. 한편으로는 기술혁신과 비축시설 확대로 산업의 가능성이 확대되고 있으며, 새로운 매장량의 발견도 이어지고 있다. 다른 한편으로는 지구온난화와 기후변화에 대한 우려로 저탄소 에너지로의 전환 요구가 커지고 있다. 석유는 전통적인 열과 전력 생산 등에서 대체 에너지로 점차 대체되고 있으며, 전기차 시장 확대는 장기적으로 석유 수요 감소를 가속화할 것으로 전망된다.

IPCC(2018)는 파리협정 목표 달성을 위해 두 가지 시나리오를 제시하였다. 하나는 산업화 이전 대비 지구 평균기온 상승을 2°C 이내로 제한하는 것이며, 다른 하나는 1.5°C 이내로 억제하는 것이다. 이들 시나리오는 에너지 소비 구조에서 석유의 비중을 줄이고 재생에너지 사용을 확대하는 방향으로의 전환을 의미한다. 특히 기온 상승을 2°C 이내로 억제하기 위해서는 2050년까지 약 33%의 석유 매장량이 채굴되지 않고 땅속에 남겨져야 할 것으로 추정된다(McGlade & Ekins, 2015).

본 장에서는 석유의 경제적 및 정책적 중요성을 중심으로, 석유산업의 구조, 가격 결정 메커니즘, 수급 조정 과정, 그리고 국제 시장의 주요 동향을 살펴본다. 또한 에너지 전환 시대에 석유가 직면한 도전과 그 경제적 함의에 대해서도 논의함으로써, 석유를 둘러싼 복합적인 경제 메커니즘과 세계 경제 및 에너지 정책에 미치는 영향을 살펴 볼 것이다.

2 석유산업의 역사

(1) 석유의 발견

석유는 고대부터 자연적으로 지표에 흘러나오는 형태로 인간에게 알려져 있었으며, 다양한 문화권에서 실용적으로 활용되었다. 메소포타미아 지역에서는 아스팔트 형태의 천연 타르가 건축용 모르타르나 방수재로 사용되었고, 이집트에서는 미라 제작 시 방부 처리용으로 석유 성분이 함유된 물질이 활용되었다(Speight, 2014). 또한 고대 중국에서는 대나무 파이프를 통해 석유 및 천연가스를 채집하고 연료로 사용했다는 기록도 존재한다(Needham, 1964).

그러나 현대적 의미의 석유산업은 19세기 중반에 이르러서야 본격적으로 출현하였다. 1859년, 미국 펜실베이니아주 타이터스빌(Titusville)에서 에드윈 드레이크(Edwin L. Drake)는 최초로 성공적인 유정 시추에 성공하였다. 이는 깊이 약 21미터(69피트)에서 석유를 발견한 사건으로, 우물 수준의 얕은 채굴이나 자연누출에 의존했던 기존의 방식과는 차별화되는 기술적 진보였다. 비록 초기 드레이크의 시추 기술은 증기 엔진이 아닌 수동 펌프를 기반으로 한 조잡한 방식이었지만, 그의 시도는 상업적 석유 채굴의 가능성을 입증하며 이후 석유 채굴과 정제 기술의 비약적인 발전을 촉진했다.

이 사건은 이른바 ‘드레이크의 성공(Drake’s Success)’이라 불리며, 전 세계적으로 석유 탐사와 개발에 대한 관심을 폭발적으로 증가시키는 계기가 되었다. 특히, 이후 미국 내에서 오일 붐(oil boom)이 확산되며 석유는 산업혁명의 연료이자 20세기 에너지 패러다임의 중심 자원으로 부상하게 된다. 드레이크 유정은 현대 석유산업의 상징적 출발점으로 간주되며, 오늘날까지도 석유 기술과 시장의 기원으로서 중요한 역사적 의미를 갖는다.

(2) 석유 러쉬(Oil Rush) 기간

19세기 후반부터 20세기 초반에 걸쳐, 미국을 중심으로 이른바 ‘석유 러쉬(Oil Rush)’라 불리는 대규모 유전 탐사 붐이 일어났다. 이는 이전의 금광 열풍(Gold Rush)과 유사한 형태로, 석유가 산업화의 핵심 에너지원으로 부상하던 시기와 맞물려 폭발적인 자원개발 열기를 낳았다. 석유는 석탄을 대체하며 철강, 운송, 기계 산업에서 필수적인 연료로 자리잡기 시작했고, 이에 따라 석유 탐사는 단순한 채굴 행위를 넘어 산업 자본주의의 핵심 동력 확보 수단으로 인식되었다.

1901년 텍사스 스핀들탑(Spindletop) 유전의 대규모 발견은 이 흐름의 전환점이었다. 하루 약 10만 배럴이 분출된 이 사건은 미국 석유산업의 공급 패러다임을 변화시켰고, 석유 가격 하락과 시장 확대를 촉진하며 대중적 석유 소비의 시대를 열었다(Yergin, 2008). 이후 오클라호마, 캘리포니아, 루이지애나 등지로 유전 탐사가 확산되었고, 도시의 급속한 성장과 지역 기반 산업의 확대를 이끌어냈다.

이 시기의 상징적 인물은 ‘와일드캐터(wildcatter)’라 불리는 민간 탐사자들이었다. 이들은 정부나 대형 자본의 지원 없이 자력으로 시추 장비를 갖추고 미지의 지역에 도전하였으며, 이들 중 일부는 성공을 통해 거대한 부를 축적하거나 향후 석유 대기업으로 성장하는 기반을 마련했다. 그러나 시추 실패는 곧바로 파산을 의미했기 때문에, 석유 러쉬는 극단적인 고위험·고수익 구조를 반영하는 산업의 원형으로 평가된다.

기술적으로도 이 시기는 드릴링, 정제, 저장 및 운송 기술의 비약적 발전이 이루어진 시기였다. 드릴링 장비의 기계화, 송유관 인프라의 발전, 크래킹(cracking) 기술의 도입은 석유 생산·유통의 경제성을 획기적으로 높였으며, 이는 기업의 수직적 통합 구조 형성의 기반이 되었다. 실제로 이 시기 수많은 중소 석유기업들이 탐사·채굴뿐 아니라 정제·유통까지 진출하였고, 이는 훗날 스탠더드 오일과 같은 거대 수직계열화 기업의 전신을 형성하는 토대가 되었다.

석유 러쉬는 미국에만 국한되지 않았다. 같은 시기 러시아 제국의 바쿠(Baku)에서도 대규모 유전이 개발되었고, 노벨 형제와 로스차일드 가문이 대규모 투자를 단행하면서 바쿠는 세계 최대 석유 생산지 중 하나로 부상하였다(Smil, 2017). 이러한 국제적 확산은 석유의 전략적 중요성을 전 세계에 인식시키는 계기가 되었고, 제1차 세계대전에서는 전쟁 수행에 필수적인 군수 연료로서 석유의 가치가 결정적으로 입증되었다.

결국 석유 러쉬는 탐사와 채굴의 경제적 열풍을 넘어, 기술혁신, 자본축적, 산업조직의 재편, 지정학적 위상 강화 등 다층적 변화를 유발한 역사적 시기였다. 이후 수직계열화를 통해 독점적 산업구조가 강화되면서, 석유산업은 세계 에너지 시장의 구조를 결정짓는 핵심 축으로 자리매김하게 된다.

(3) 스탠다드 오일의 지배 기간

19세기 말, 록펠러(John D. Rockefeller)에 의해 설립된 스탠다드 오일 컴퍼니(Standard Oil Company)는 석유 정제 부문에서 출발하여 미국 석유산업 전반을 아우르는 역사상 가장 영향력 있는 민간 독점기업 중 하나로 성장하였다. 1870년 오하이오주에서 설립된 이 기업은 정제, 운송, 저장, 유통, 소매에 이르는 전 과정의 수직 통합(vertical integration)을 통해 원가를 절감하고 시장에서의 경쟁우위를 확보했다(Chandler, 1977). 록펠러는 석유를 단순한 자원이 아닌 관리 가능한 산업 시스템의 일부로 전환시키며, 규모의 경제와 체계적 조직 운영을 통해 경쟁자들을 압도하는 효율성을 구현하였다.

스탠다드 오일은 1870년대 사이 미국 정유산업의 95%를 지배하며 독보적 위상에 올랐고(Hovenkamp, 1988), 이 과정에서 수백 개의 소규모 정유업체를 인수하거나 시장에서 퇴출시켰다. 특히 록펠러는 철도회사와의 비밀 리베이트 계약을 통해 운송비를 대폭 낮추었으며, 지역별 가격 차별화, 공급 제한, 전략적 인수합병 등의 수단을 통해 경쟁자들의 생존을 어렵게 만들었다. 그 결과 스탠다드 오일은 단순한 시장 점유율을 넘어 석유 가격을 실질적으로 조절하는 가격 결정자로 기능하였다.

이러한 시장 지배력은 점차 사회적 반발과 정치적 규제 압력에 직면하게 되었고, 미국 정부는 1890년 셔먼 반독점법(Sherman Antitrust Act)을 제정하여 독점기업에 대한 규제 근거를 마련했다. 1911년 미국 대법원은 스탠다드 오일이 독점적 지위를 남용하고 자유 경쟁을 제한했다는 이유로 이를 34개의 독립된 기업으로 분할하라는 명령을 내렸다(U.S. v. Standard Oil Co., 1911). 법원은 특히 약탈적 가격 전략(predatory pricing)을 문제 삼았으며, 이는 이후 미국 반독점 정책의 기준 판례로 자리잡게 되었다.

그러나 이에 대한 경제학적 해석은 분분했다. 대표적으로 존 맥기(John S. McGee)는 1958년 논문에서, 스탠다드 오일이 실제로 약탈적 가격을 사용한 증거는 부족하며, 설령 실행했더라도 경제적으로 비합리적인 전략이라고 지적하였다. 그는 경쟁자를 퇴출시킨 뒤 가격을 인상해 손실을 회복하는 것은 새로운 진입자에 의해 어렵게 된다는 점을 들어, 스탠다드 오일의 성공은 오히려 조직적 효율성과 내부 경영 혁신에 기초한 것이라는 해석을 제시했다(McGee, 1958). 이 주장은 이후 반독점 정책이 구조적 독점 여부보다 실제 소비자 피해와 비효율성 여부에 초점을 맞추는 방향으로 전환되는 데 결정적 영향을 미쳤다(Kovacic & Shapiro, 2000).

스탠다드 오일의 해체 이후에도 그 영향력은 사라지지 않았다. 분할된 기업들은 이후 엑슨(Exxon), 모빌(Mobil), 셰브론(Chevron), 아모코(Amoco), 소히오(Sohio) 등 오늘날까지 이어지는 글로벌 석유 메이저의 전신이 되었고, 이들은 독립적 경영을 통해 경쟁을 통한 기술 개발, 서비스 개선, 국제시장 확장에 주력하게 되었다. 이는 석유산업의 다핵화(decentralization)와 글로벌화(globalization)를 촉진하는 계기가 되었으며, 산업 내 경쟁 질서를 회복하는 동시에 반독점 규제와 산업 성장 간 균형의 필요성을 환기시켰다.

스탠다드 오일의 분할은 단순한 기업 해체 이상의 의미를 지닌다. 이는 현대 자본주의 경제에서 시장의 자유와 공정 경쟁이라는 원칙이 강력한 산업조직에도 적용될 수 있음을 입증한 역사적 사건이며, 이후 전 세계 자원 산업 및 대형 플랫폼 기업에 대한 규제 논의의 기초를 제공하였다. 석유산업뿐 아니라 기업집중과 시장권력에 대한 경제학적 이해, 법제도, 정책 철학에까지 영향을 미친 스탠다드 오일 사례는 에너지 역사에서 가장 중대한 분수령 중 하나로 평가된다.

(4) 석유산업의 국제화와 7공주의 상승기

20세기 초반부터 중반까지 석유산업은 미국을 넘어 본격적으로 국제적 차원으로 확산되었으며, 이는 단순한 자원개발의 범주를 넘어 세계 경제와 국제 정치질서의 구조적 전환을 초래하였다. 이 시기 석유는 석탄을 대체하며 세계 경제의 주된 에너지원으로 부상하였고, 연료로서의 기능을 넘어 군사, 외교, 산업 정책의 핵심 수단으로 자리 잡았다. 특히 내연기관의 발전과 포드자동차의 대량 생산 체제는 자동차 보급을 급속히 확대시켰고, 이에 따라 휘발유에 대한 수요가 폭발적으로 증가하였다(Smil, 2017). 제1차 세계대전은 석유가 전쟁 수행에 필수적인 전략물자임을 입증한 사건으로, 이후 산업화된 주요 국가들은 석유 자원의 확보를 국가안보와 직결된 문제로 인식하게 되었다.

영국 정부는 이러한 흐름에 대응해 1909년 앵글로-페르시아 석유회사(Anglo-Persian Oil Company)의 지분을 인수하였고, 이를 통해 국영 자원통제 전략을 구체화하였다. 해당 기업은 훗날 브리티시 페트롤리엄(British Petroleum, BP)으로 개명되며 세계 석유시장의 핵심 주체로 성장하였다. 한편, 제1차 세계대전 이후 석유에 대한 수요는 지속적으로 증가하였고, 동시에 자원의 고갈 가능성에 대한 우려도 커지면서 주요 기업과 국가들은 새로운 유전 탐사와 생산

투자에 박차를 가하게 되었다. 그러나 1920년대 후반에 이르러 미국과 중동 지역에서의 유전 개발이 급격히 확대되면서 공급이 과잉되는 현상이 나타났고, 1928년에는 국제 석유 가격이 급격히 하락하는 사태가 발생하였다(Adelman, 1995). 이 사건은 자원개발이 시장 조정 없이 진행될 경우 가격의 변동성과 시장 불안정을 초래할 수 있음을 보여주는 사례였다.

이 시기를 전후하여 중동은 세계 석유산업의 전략적 중심지로 떠올랐다. 페르시아만 일대와 이라크, 사우디아라비아 등지에서 잇따라 대규모 유전이 발견되었고, 이 지역은 곧 전 세계 석유 공급의 핵심 거점으로 자리잡았다. 이러한 개발 과정에서 미국과 유럽의 대형 석유기업들이 주도권을 확보하였으며, 이들 기업은 후일 '7공주(Seven Sisters)'로 불리게 된다. 이 기업들에는 스탠다드 오일의 후신들인 엑슨(Exxon), 모빌(Mobil), 셰브론(Chevron)뿐만 아니라, 로열더치셸(Royal Dutch Shell), 브리티시 페트롤리엄(BP), 걸프 오일(Gulf Oil), 텍사코(Texaco) 등이 포함되었다. 이들은 1940년대부터 1970년대 초반까지 전 세계 석유 탐사, 생산, 정제, 유통 전 과정에 걸쳐 사실상 과점 체제를 형성하며 국제 석유시장을 주도하였다(Sampson, 1975).

이들 다국적 석유기업은 중동, 아프리카, 남미 등 자원부국 정부와의 계약을 통해 탐사권과 생산권을 확보하고, 인프라 구축 및 기술 지원과 같은 투자를 통해 자원 개발을 독점적으로 진행하였다. 그러나 계약 구조는 대부분 해당 국가의 이익보다는 기업의 수익 극대화에 초점이 맞춰져 있었고, 생산국은 수익의 상당 부분을 다국적 기업에 의존하는 구조에 놓이게 되었다. 이들 기업은 석유 생산량과 수출 가격을 조정하며 카르텔적 역할을 수행하였고, 이에 따라 석유 자원을 둘러싼 정치경제적 갈등이 본격화되기 시작했다. 특히 개도국의 입장에서는 자국 자원이 외국 자본과 기술에 의해 통제되고 있다는 점에서 주권 침해의 문제의식이 확대되었고, 이는 점차 자원민족주의의 확산으로 이어지는 기초가 되었다.

결국 20세기 초중반의 석유산업 국제화는 단순한 연료 공급 확대를 넘어, 세계 자본주의 질서의 재편성과 국제관계의 주요 변수로 작용하게 되었다. 다국적 석유기업의 확산은 에너지의 흐름과 자본의 이동, 정책 주권과 산업통제력 사이의 긴장을 만들어냈으며, 이러한 역사적 맥락은 이후 OPEC의 등장과 자원민족주의 운동의 확산을 이해하는 데 필수적인 배경이 된다.

(5) OPEC 기간

석유수출국기구(OPEC, Organization of the Petroleum Exporting Countries)는 1960년 이란, 이라크, 쿠웨이트, 사우디아라비아, 베네수엘라 등 주요 석유 수출국 5개국에 의해 바그다드에서 설립되었다. 이 기구의 설립은 당시 국제 석유시장을 지배하던 서구의 대형 석유기업, 이른바 '7공주(Seven Sisters)'의 가격 결정권과 공급 통제에 대한 대응 차원에서 추진된 것으로, 개발도상국들의 자원에 대한 주권을 회복하고 석유 수출을 통해 안정적인 재정수입을 확보하려는 자원민족주의 흐름의 제도적 표현이었다. 이후 OPEC은 인도네시아(1962), 리비아(1962), 아랍에미리트(1967), 알제리(1969), 나이지리아(1971), 에콰도르(1973), 가봉(1975), 앙골라(2007), 적도기니(2017), 콩고(2018) 등 여러 국가들이 가입하면서 최대 14개국 이상으로 확대되었으며, 카타르는 2019년에 탈퇴하였다.

OPEC의 창립은 1960년대 중동과 베네수엘라 등지에서 석유 생산 능력이 빠르게 증가하고, 이에 따른 공급 과잉과 가격 하락이 심화되던 시점에서 이루어졌다. 석유산업은 자본집약적 산업으로, 규모의 경제를 실현하기 위해 기업들은 생산설비를 최대한 활용하려는 경향이 강했으며, 이는 시장의 구조적 공급과잉과 가격 하락을 반복적으로 초래하였다(Adelman, 1995). OPEC은 이에 대응하여 회원국 간 협조를 통해 생산량을 조절하고 가격을 안정화하는 방식으로 국제 석유시장에서 생산국 간 협상의 역할을 강화하였다(Fattouh, 2007).

OPEC의 초기 활동은 다국적 석유기업의 지배력에 대한 정책적 대응에 집중되었다. 1960년대 중반까지는 외국 석유회사가 독점하던 유전 운영에 대해 조세 감면 축소 및 수익 배분 조정을 통해 산유국의 몫을 확대하는 정책이 추진되었다. 1965년에는 생산량 조절을 시도하였으나, 실효성 부족으로 1967년에 중단되었고, 그 대신 1968년에는 '자원에 대한 영구적 주권(permanent sovereignty over natural resources)'을 명시한 선언을 채택하였다. 이 선언은 1962년 유엔 총회 결의(UNGA Resolution 1803)와도 맥락을 같이하며, 이후 국영 석유회사의 설립과 자원 국유화 추진의 국제적 정당성을 제공하였다(Mitchell, 2011).

OPEC의 국제적 위상은 1973년 욤키푸르 전쟁 이후 급격히 상승하였다. OPEC 내 아랍 회원국들, 특히 OAPEC(Arab members of OPEC)은 이스라엘을 지지한 미국과 네덜란드 등 서방 국가에 대해 석유 금수 조치를 단행하였으며, 동시에 전체적인 생산량 축소를 통해 국제 원유 공급을 제한하였다. 이로 인해 석유 가격은 배럴당 약 3달러에서 1974년에는 12달러 이상으로 급등하였고, 제1차 석유파동(oil shock)이 발생하였다(Hamilton, 2009). 이 사건은 석유가 단순한 에너지원이 아니라 전략적 자산임을 전 세계에 인식시키는 계기가 되었으며, 선진국들은 에너지 효율 제고, 석탄 회귀, 원자력 확대, 재생에너지 개발 등 다각적인 에너지 안보 대응 전략을 추진하게 되었다.

1979년 이란 혁명과 이란-이라크 전쟁의 발발은 다시 한 번 국제 석유 공급에 충격을 주었으며, 유가는 1979년 배럴당 24달러에서 1980년 32달러, 1981년에는 36달러까지 상승하였다(Kilian, 2008). 제2차 석유파동이 본격화되면서, 실제 시장가격은 OPEC의 공식가격을 상회하였고, 석유 거래의 25% 이상이 현물시장(spot market)에서 이루어지게 되었다. 일부 OPEC 회원국은 장기계약을 파기하고 고가에 판매할 수 있는 단기 현물거래에 나섰으며, 이는 OPEC의 내부결속 약화와 생산 통제력 상실로 이어졌다(Fattouh, 2007). 현물시장은 투기적 거래와 가격 변동성이 심해, OPEC의 정책 조율 기능을 약화시키는 주요 원인이 되었다.

1980년대 초부터는 북해, 멕시코, 중국 등 비OPEC 국가들의 생산 확대가 두드러졌으며, 선진국 소비자들은 에너지 절약과 연료 다변화에 나섰다. 이에 따라 OPEC의 시장 점유율이 감소하자, OPEC은 가격 방어 전략을 포기하고 생산을 확대하여 점유율을 확보하려 하였고, 특히 사우디아라비아는 스윙 프로듀서로서의 역할을 중단하고 시장 점유율 확보를 위해 생산을 크게 늘렸다. 이러한 정책 전환은 1986년 국제 유가가 절반 이하로 폭락하는 결과를 낳았고, 이를 흔히 제

3차 석유충격 또는 역충격(counter-shock)으로 부른다. 이 시기를 기점으로 세계 에너지 수요에서 석유의 비중은 처음으로 40% 이하로 감소하였다(Smil, 2017).

1990년대에는 구조적인 초과 공급과 수요 둔화로 인해 저유가 시대가 지속되었다. 세계적으로 자유시장주의와 규제 완화가 확산되면서 석유 산업에 대한 투자 매력도는 하락하였고, 국제 석유기업들은 비전통적 에너지나 금융자산으로 자본을 이전하기도 하였다. 1990년 이라크의 쿠웨이트 침공은 중동 지역 석유 기반시설에 큰 위협을 가하였으나, 사우디아라비아의 즉각적인 생산 확대로 국제시장은 비교적 빠르게 안정되었다(Yergin, 2008). 그러나 1997년 아시아 금융위기로 아시아 지역의 수요가 급감하자, 국제 유가는 배럴당 10달러대까지 하락하였다. 이에 대응하여 OPEC은 감산 합의를 통해 유가를 15~20달러 수준으로 회복시키는 데는 성공하였으나, 많은 회원국들이 재정 수입 확보를 위해 할당된 생산량을 초과하여 생산하였고, 이로 인해 OPEC의 정책 신뢰성과 집행력은 점차 약화되었다(Kilian & Murphy, 2014).

OPEC의 역사는 자원 주권과 생산자 협조를 통한 시장 안정이라는 이상과, 회원국 간 이해 상충, 시장 다극화, 글로벌 수급 변화라는 현실 간 긴장의 연속이었다. 그럼에도 불구하고 OPEC은 20세기 후반 국제 석유 질서 형성에 있어 가장 중요한 행위자 중 하나로, 향후 OPEC+ 체제 및 에너지 전환기 속에서의 역할 변화 논의에 있어서도 중요한 전거로 작용한다.

(6) 2000년대 이후 기간

2000년대 초반부터 중반까지, 세계 경제의 성장과 함께 석유 수요가 급증하면서 석유 가격이 급격히 상승했다. 이 시기에는 배럴당 100달러를 넘는 고유가가 지속되었으며, 이는 여러 산업과 국가 경제에 큰 영향을 미쳤다(Hamilton, 2009). 특히, 중국과 인도의 급속한 산업화는 석유 수요의 주요 증가 요인이 되었으며, 2000년대 중반 이후 세계 석유 수요의 증가분 대부분을 이들 국가가 차지하였다.

고유가 시기는 대체 에너지와 에너지 효율 기술에 관한 관심을 높이는 계기가 되었다. 많은 국가들이 신재생 에너지, 전기차, 에너지 효율성 향상 등을 통해 석유 의존도를 줄이기 위한 노력을 기울였으며, EU와 미국, 일본 등은 정책적으로 에너지 다변화를 촉진하였다.

셰일 오일의 채굴 기술인 수평 시추와 수압파쇄의 발전은 이전에는 비경제적이던 셰일층에서 대량의 석유를 추출 가능하게 만들었다.[1)2)] 수평시추는 지표에서 수직으로 시작하여 목표 지층에 도달한 후 수평 방향으로 수 km 이상 뚫는 기술로, 비전통 자원의 회수를 크게 높이는 효과를 가졌다. 수압파쇄 기술은 고압의 물, 모래, 화학물질로 암반을 깨트려 석유와 가스가 흐를 수 있도록 하는 방식이며, 이는 낮은 투과성의 셰일층에서 효과적으로 자원을 생산할 수 있게 한다.

미국은 셰일 오일 생산의 확대로 에너지 자립도를 대폭 향상시켰으며, 수입 의존도를 현저히 줄이게 되었다. 이 과정은 또한 국제 석유 시장 가격 형성에 영향을 미쳤다. 미국의 공급 증가는 글로벌 공급 과잉을 야기하였고, 2014년부터 2016년 사이 유가는 배럴당 100달러에서 30달러 이하로 급락하였다(Kilian & Zhou, 2018). 이에 따라 OPEC은 생산 조정에 나서게 되었으며, 기존의 전략 변화가 불가피해졌다.

OPEC은 전통적으로 가격 방어를 위해 생산량을 조절했으나, 2014년 이후에

---

1) 수평시추(Horizontal drilling)는 석유 및 천연가스 산업에서 널리 사용되는 첨단 시추 기술로, 특히 비전통적인 에너지 자원 추출에 매우 효과적이다. 이 기술은 지표에서 수직으로 시작하여 일정 깊이에 도달한 후 지층을 따라 수평으로 시추하는 방식으로 진행된다. 먼저 전통적인 수직 시추를 통해 원하는 지층의 위쪽까지 시추한다. 일정 깊이에 도달하면 시추 방향을 점차 변경하여 수평으로 전환한다. 이 과정은 특수 설계된 시추 장비와 방향 제어 시스템을 사용하여 정밀하게 수행된다(김현태 외, 2014).

2) 수압파쇄(Hydraulic Fracturing 또는 프랙킹)는 비전통적인 유전이나 가스전에서 석유나 천연가스를 추출하기 위해 사용되는 기술이다. 이 기술은 특히 천연가스가 풍부한 셰일(shale)층이나 다른 저투과성(물질이 잘 통과하지 않는) 암석 층에서 사용된다. 먼저, 수직으로 깊은 구멍을 뚫은 다음, 원하는 암석 층에 도달하면 수평으로 시추를 진행한다. 시추한 구멍에 높은 압력의 액체(파쇄 유체)를 주입한다. 이 유체는 대부분 물과 모래, 그리고 화학 첨가제로 구성된다. 높은 압력으로 유체를 주입하면 암석 층에 작은 균열이 생긴다. 유체의 압력으로 인해 생성된 균열은 모래나 기타 물질들(프로판트)에 의해 열려있게 된다. 이 모래는 균열을 열린 상태로 유지하면서 천연가스나 석유가 균열을 통해 쉽게 이동할 수 있도록 돕는다. 균열을 통해 석유나 가스가 자유롭게 흐를 수 있게 되면, 이를 통해 석유나 천연가스를 추출하게 된다(장일식 외, 2013).

는 미국의 셰일 생산자들을 시장에서 축출하기 위해 생산을 유지하거나 늘리는 전략을 선택하였다. 그러나 미국의 셰일 기업들은 기술혁신과 비용 절감으로 이 전략을 견뎌냈고, 결과적으로 OPEC은 2016년 말 비OPEC 국가들과의 협력(OPEC+)을 통해 감산 협약에 도달하였다.

2017년 이후에는 OPEC과 비OPEC 국가들의 협력을 통해 공급이 조절되었고, 유가는 점진적으로 회복세를 보였다. 2018년에는 배럴당 70달러 수준까지 상승하였으며, 이는 산유국 재정에도 긍정적인 영향을 주었다. 그러나 2020년 초 COVID-19 팬데믹으로 세계 경제가 급격히 위축되면서 석유 수요도 일일 약 30% 감소하였다. 2020년 4월에는 유가가 일시적으로 마이너스를 기록하는 사상 초유의 사태가 발생하였다(Baumeister & Kilian, 2023). 이에 대응해 OPEC+는 대규모 감산에 합의하였고, 이는 시장 안정화에 기여하였다.

2021년과 2022년에는 백신 접종 확대와 경제 활동 재개로 석유 수요가 회복되었고, 유가는 다시 상승세로 전환되었다. 그러나 동시에 전기차 확산, 재생에너지 투자 증가 등 에너지 전환이 가속화되면서 중장기적으로 석유 수요의 정점에 대한 논의가 확산되었다.

3 석유의 수직적 가치사슬

석유 산업은 원유의 탐사부터 최종 소비에 이르기까지 다양한 공정과 활동을 포함하는 고도로 조직화된 가치사슬을 형성하고 있으며, 일반적으로 상류(Upstream), 중류(Midstream), 하류(Downstream)의 세 부문으로 구분된다(Tordo et al., 2011). 이와 같은 수직적 구조는 석유의 공급 안정성과 기업의 리스크 관리, 그리고 시장 대응력 강화를 위한 전략적 선택으로 자리잡아 왔다. 특히 20세기 중반 이후 형성된 글로벌 슈퍼메이저들은 각 부문을 수직적으로 통합함으로써 원유 가격 변동성, 지정학적 충격, 수요 변화 등 외부 리스크를 내부화하려는 경영 전략을 구사해 왔다(Vasudeva et al., 2012).

가장 상류에 해당하는 부문은 석유 자원의 탐사 및 개발, 즉 E&P(Exploration

& Production) 단계로 구성되며, 지질학적 조사, 시추(drilling), 유정 건설 등 고난이도의 기술과 자본이 요구된다. 이 단계는 진입 장벽이 매우 높고, 자원의 존재 여부와 상업성에 대한 불확실성이 크기 때문에 '고위험·고수익(high risk-high return)' 산업의 대표 사례로 언급된다(Johnston, 2008). 또한 이 부문은 국제 유가에 직접적인 영향을 받으며, 유가가 상승할수록 탐사 및 생산 활동이 활성화되는 특성이 있다. 최근에는 해양심층, 북극권, 비전통 자원(예 셰일오일)에 대한 탐사도 활발히 이루어지며 기술 리스크와 환경 리스크가 더욱 복합화되고 있다.

중류(Midstream) 부문은 상류에서 생산된 원유와 가스를 정유시설 또는 수출항만으로 수송하고 저장하는 기능을 담당한다. 주요 운송수단으로는 송유관(pipeline), 유조선(tanker), 철도, 트럭 등이 있으며, 여기에 전략 비축기지나 상업적 저장시설이 포함된다(Tordo et al., 2011). 중류 부문은 기술적으로는 안정적이나, 수송 경로의 지정학적 민감성이 매우 크다. 예컨대 호르무즈 해협, 말라카 해협, 수에즈 운하 등 해상 초크포인트는 원유공급 중단 시 세계 석유 공급에 직접적인 영향을 미치므로, 중류 부문은 에너지 안보 정책의 핵심 고려 대상이 된다. 또한 이 부문은 파생상품 시장과 밀접하게 연결되어 있어, 실제 물류와 금융시장의 리스크가 동시에 작동하는 특수한 구조를 가진다.

하류(Downstream) 부문은 원유를 정제하여 휘발유, 디젤, 항공유, 나프타, 아스팔트 등 다양한 석유제품으로 전환하고, 이를 산업, 운송, 가정, 발전 등 최종 수요처에 공급하는 과정을 포함한다. 하류는 소비자 시장과 직접 연결되어 있어 수요의 계절성, 가격탄력성, 세금 정책, 환경 규제 등에 민감하게 반응하며, 브랜드 경쟁과 유통망 확보가 주요 전략 요소로 작용한다. 특히 최근에는 이 부문이 탈탄소 압력과 ESG(환경·사회·지배구조) 요구에 가장 먼저 노출되고 있으며, 제품의 친환경성, 정제 공정의 에너지 효율, 탄소배출 저감 기술 도입 등이 핵심 과제로 부상하고 있다.

이러한 상류-중류-하류 세 부문은 독립적으로 운영되기도 하지만, 대부분의 대형 석유기업은 수직적으로 통합된 구조를 통해 전체 가치사슬을 내부적으로 조정하고, 가격과 수익성의 변동에 따른 리스크를 흡수할 수 있는 체계를 구축하고자 한다. 특히 정유 마진이 낮아지거나 수요가 급감하는 경우에도, 자사 생산 원유를 안정적으로 판매할 수 있는 구조는 기업의 생존력과 수익성을 유지하는 데 중요한 역할을 한다. 반대로, 독립적인 상류기업이나 정제기업은 시장 상황에 민감하게 반응해야 하며, 외부 조달 및 판매 계약의 리스크에 더 크게 노출된다.

석유 가치사슬의 각 단계는 기술 구조, 리스크 요인, 투자 특성, 부가가치 창출 방식이 상이하며, 국제 유가 변동, 지정학적 불안정성, 기술 발전, 환경 규제, 세제 정책 등 외부 요인에 따라 상대적 중요성이 지속적으로 변화한다. 예컨대 고유가 시기에는 상류 부문 투자와 탐사가 확대되며, 저유가·저탄소 시기에는 하류 부문의 효율화 또는 신재생 에너지와의 연계 전략이 부각된다. 또한 전통적인 수직 가치사슬은 최근 에너지 시스템의 분산화와 탈탄소화 기조 속에서 새로운 형태의 연계 구조, 예컨대 정유회사와 수소 생산, 전기차 충전 네트워크 간의 통합 등으로 진화하고 있다.

결국 석유산업의 구조와 동향을 분석하고 정책을 설계하기 위해서는 이러한 가치사슬에 대한 입체적 이해가 필수적이다. 수직적 가치사슬은 에너지 안보, 환경 전략, 산업 정책, 국제 교역 구조 등 다양한 영역에서 분석의 기본 단위로 작용하며, 이는 에너지 전환기에도 여전히 유효한 핵심 분석 틀이다.

4 석유의 생산과 소비

원유는 그 성분과 추출 위치에 따라 다양하게 분류될 수 있다. 일반적으로 원유는 주로 황 함량과 API 중력도에 따라 분류되며, 이는 원유의 밀도와 정제 품질을 나타내는 중요한 지표이다.[3] 우선 원유는 경질유(Light Crude Oil)와 중질

3) API 중력도(API Gravity)는 석유와 같은 석유류의 밀도를 측정하는 데 사용되는 지표이다. 이는 American Petroleum Institute(API)에 의해 정의되며, 원유의 밀도가 물의 밀도에 비해 얼마나 무겁거나 가벼운지를 나타내는 지수이다. API 중력도는 다음 공식을 사용하여 계산된다. $API\ Gravity = \left(\frac{141.5}{Specific\ Gravity\ at\ 60^0\ F}\right) - 131.5$

유(Heavy Crude Oil)로 구분이 가능하다(Inkpen & Moffett, 2011). 경질류는 API 중력도가 높고 황 함량이 낮다. 이는 원유가 가볍고 단맛이 나며, 정제 시 고가의 연료와 제품을 더 많이 생산할 수 있음을 의미한다. 예로는 서아프리카의 본니 경질유, 사우디 아라비아의 아라비안 라이트 등이 있다. 중질유는 API 중력도가 낮고 황 함량이 높다. 이는 원유가 무거워 정제 과정이 더 복잡하며, 보통 더 많은 잔사와 아스팔트를 생성한다는 것을 의미한다. 베네수엘라의 오리노코 벨트나 캐나다의 오일샌드에서 추출되는 원유가 이에 속한다.

또한 원유는 단맛의 원유(Sweet Crude)와 쓴맛의 원유(Sour Crude)로 구분될 수 있다. 단맛의 원유는 황 함량이 낮아 환경적 규제를 만족시키기 쉽고 정제 비용도 낮다. 대표적으로 서부 텍사스 중질유(WTI)와 북해의 브렌트 원유가 이에 해당한다. 쓴맛의 원유는 황 함량이 높아 정제 시 더 많은 비용이 들고, 황산화물 배출이 많아 환경 규제 이슈가 있다. 예를 들어, 중동의 두바이 원유나 멕시코의 마야 중질유가 이에 해당된다.

벤치마크 원유(Benchmark Crude)는 각 지역의 대표적인 원유로서 국제 거래에서 가격 기준점으로 사용된다. 주요 벤치마크 원유로는 북해의 브렌트 원유, 미국의 서부 텍사스 중질유(WTI), 그리고 아시아의 두바이 원유가 있다. 이러한 분류는 원유의 가격, 거래, 정제 방법 및 사용 가능한 최종 제품의 유형을 결정하는 데 중요한 역할을 한다. 각 유형의 원유는 특정 요구와 환경 기준에 맞추어 선택되고 사용된다.

석유 거래 시장에서는 주로 현물시장과 선물시장이 활발히 이용된다(Kaufmann & Ullman, 2009). 각각의 시장은 석유의 구매, 판매, 가격 결정 메커니즘이 다르게 작동한다. 현물시장에서는 석유가 즉시 또는 매우 짧은 기간 내에 거래되고 인도

여기서, 특정 중력(Specific Gravity)은 주어진 온도에서의 물질의 밀도를 물의 밀도로 나눈 값이다. API 중력도가 높을수록 원유는 더 가볍다. 반대로 API 중력도가 낮을수록 원유는 더 무겁다. API 중력도의 범위 및 분류는 40 이상이면 매우 가벼운 원유로, 고가의 연료와 화학 제품을 많이 생산할 수 있다. 30－40이면 가벼운 원유로, 효율적인 정제 과정을 거쳐 고품질의 가솔린과 디젤을 생산할 수 있다. 20－30이면 중등도의 원유로, 무거운 연료유와 일부 가벼운 제품을 생산할 수 있다. 20 이하이면 무거운 원유로, 아스팔트와 같은 무거운 제품을 주로 생산한다(Gary et.al, 2007).

된다. 이 시장에서의 가격은 실시간으로 변동하며, 그 가격은 현재의 공급과 수요에 의해 결정된다. 현물시장에서 거래되는 석유는 주로 긴급한 공급 필요, 재고 보충, 또는 직접적인 소비자 요구에 의해 구매된다. 전 세계 주요 거래 지점에서 활발히 이루어지며, 예를 들면 런던의 브렌트, 뉴욕의 서부 텍사스 중질유(WTI) 등이 현물시장에서 거래되는 대표적인 석유 종류이다.

선물시장에서는 정해진 미래의 날짜에 석유를 인도할 것을 약속하면서 그에 대한 계약을 체결한다. 선물 계약은 표준화된 계약이며, 거래소에서 거래된다. 이 시장의 주요 기능은 가격 변동 위험을 헤지하는 것이다. 즉, 생산자, 정제업체, 그리고 기타 시장 참여자들이 미래 가격 변동으로부터 보호받을 수 있도록 설계되어 있다. 예를 들어, 뉴욕상업거래소(NYMEX)와 런던석유거래소(ICE)는 세계적으로 유명한 석유 선물 거래소이다.

스왑 시장은 파생 금융 상품의 일종으로, 두 당사자가 미래에 발생할 현금흐름을 교환하는 계약을 체결한다. 석유 시장에서는 주로 가격 변동 위험을 관리하는 데 사용된다. 예를 들어, 가격이 상승할 것을 예상하는 기업과 하락할 것을 예상하는 기업이 리스크를 교환할 수 있다.

옵션 시장에서는 석유의 구매 또는 판매를 미리 정해진 가격으로 미래의 특정 시점에 행사할 수 있는 권리를 거래한다. 옵션 계약은 선물 계약과 비슷하지만, 계약을 이행할 의무는 없으며, 권리만 가지고 있다. 이는 시장 참여자가 가격 변동으로부터 자신을 보호하면서도 시장 기회를 활용할 수 있게 해 준다.

전통적으로 석유시장은 실물 공급과 수요에 의해 가격이 결정되는 원자재 시장으로 인식되어 왔다. 그러나 2000년대 이후부터 석유는 점차 금융시장과 밀접하게 연결되기 시작하였고, '금융화'라는 개념이 본격적으로 적용되기 시작했다(Fattouh et al., 2013). 이는 석유가 단순한 실물자산을 넘어 하나의 투자자산으로 자리 잡았음을 의미한다. 특히 원유 선물시장에 대한 금융 투자자들의 참여가 확대되면서, 석유 가격은 실물 수급 요인뿐 아니라 자본 흐름, 기대심리, 거시경제 지표 등 금융 요인에 의해 더욱 크게 영향을 받게 되었다.

(1) 석유매장량

석유 시장은 지난 30년 동안 탐사기술의 발전과 활동으로 확인 매장량(proved reserves)을 확대하면서 발전해 왔다(BP, 2021). 전 세계 석유 매장량은 2000년 1,300.9조 배럴에서 2020년 1,732.4조 배럴로 증가하였다. 지역적으로는 중동과 남·중앙아프리카 지역에서 매장량이 크게 늘어났다. OPEC 매장량 비중은 2010년 64.0%에서 2020년 70.1%로 상승하였다. 국가별로는 2020년 기준 베네수엘라(17.5%), 사우디아라비아(17.2%), 캐나다(9.7%), 이란(9.1%), 이라크(8.4%), 러시아(6.2%), 쿠웨이트(5.9%), 미국(4.0%) 순으로 나타난다(BP, 2021). 한편, 중동 지역의 매장량 비중은 2000년 53.6%에서 2020년 46.3%로 감소하였지만, 여전히 다른 지역에 비해 현저히 높은 수준을 유지하고 있어, 석유 공급 안보 측면에서 중동 의존도를 높이는 요인이 되고 있다.

표 5-1 석유매장량(단위: 1조 배럴)

지역	2000년	2010년	2020년	(매장량/ 생산량) 비율
북미	236.5 (18.2%)	220.3 (13.5%)	242.9 (14.0%)	28.2
중 · 남미	96.0 (7.4%)	320.1 (19.6%)	323.4 (18.7%)	151.3
유럽	21.0 (1.6%)	13.6 (0.8%)	13.6 (0.8%)	10.4
CIS 국가들	120.1 (9.2%)	144.2 (8.8%)	146.2 (8.4%)	29.6
중동	696.7 (53.6%)	765.9 (46.8%)	835.9 (46.3%)	82.6
아프리카	92.9 (7.1%)	124.9 (7.6%)	125.1 (7.2%)	49.8
아시아태평양	37.7 (2.9%)	47.8 (2.9%)	45.2 (2.6%)	16.6
세계 전체	1,300.9 (100.0%)	1636.9 (100.0%)	1,732.4 (100.0%)	53.5

지역	2000년	2010년	2020년	(매장량/ 생산량) 비율
OECD	262.7 (20.2%)	238.5 (14.6%)	260.0 (15.0%)	25.2
비OECD	1038.2 (79.8%)	1398.3 (85.4%)	1472.4 (85.0%)	66.9
OPEC	833.0 (64.0%)	1137.7 (69.5%)	1214.7 (70.1%)	108.3
비OPEC	468.0 (26.0%)	499.1 (30.5%)	517.7 (29.9%)	24.5

자료: BP(2021), Statistical Review of World Energy

(2) 석유 생산

세계 석유 생산은 지리적으로 매우 불균등하게 분포되어 있으며, 각 지역은 매장량, 생산 기술, 제도적 환경, 정치적 안정성 등 다양한 특성을 지닌다. 이러한 지역별 차이는 석유 시장의 가격 형성과 공급 안보에 중요한 영향을 미친다.

중동 지역은 세계 확인 매장량의 약 절반을 보유하고 있으며, 저비용·고생산 구조를 특징으로 한다. 사우디아라비아, 이란, 이라크, 쿠웨이트, 아랍에미리트 등 주요 산유국들은 국영 석유회사를 통해 생산을 통제하며, 석유 수출이 국가 재정의 핵심 기반이 되고 있다. 그러나 종파 갈등, 내전, 국제 제재 등 정치적 불안정성은 이 지역 석유 공급의 주요 리스크로 작용하고 있다(Mitchell, 2011).

북미, 특히 미국과 캐나다는 기술 혁신을 통한 석유 생산 확대의 대표적 사례이다. 미국은 수압파쇄와 수평시추 기술을 활용하여 2018년 이후 세계 최대 석유 생산국으로 부상했다. 이 지역은 민간기업 주도의 경쟁적 시장 구조를 갖추고 있으며, 선물시장(NYMEX)과 파생상품 시장이 발달해 글로벌 가격 변동성과 밀접하게 연결되어 있다.

러시아와 카자흐스탄, 아제르바이잔 등 유라시아 국가들도 풍부한 석유자원을 보유하고 있다. 특히 러시아는 OPEC+의 핵심 비회원국으로서, 시베리아와 북극권 유전 개발을 통해 세계 석유 수급에 중대한 역할을 하고 있다. 그러나 서방의 경제 제재와 정치적 불확실성은 러시아 석유산업의 중장기 리스크 요인으로 지적된다.

아프리카 지역에서는 나이지리아, 앙골라, 리비아, 알제리 등이 주요 생산국으로, 해상 유전 개발과 국제 석유기업들의 활발한 투자가 이루어지고 있다. 그러나 이들 국가는 정치 불안정, 인프라 부족, 부패 등의 구조적 문제로 인해 생산 안정성이 낮은 편이다.

남미에서는 베네수엘라가 세계 최대의 확인 매장량을 보유하고 있으나, 정치·경제적 혼란과 미국의 제재, 생산 설비의 노후화로 생산량은 급감한 상태이다. 반면 브라질은 심해(pre-salt) 유전을 중심으로 첨단 기술을 활용한 생산 확대에 성공하고 있으며, 국제 석유기업과의 협력도 활발하다.

아시아-태평양 지역은 전반적으로 석유 순수입국이 많지만, 중국, 인도네시아, 말레이시아 등 일부 국가는 상당한 수준의 석유 생산을 유지하고 있다. 특히 중국은 국영기업 주도의 생산체계를 유지하면서도 수입 의존도가 꾸준히 증가하고 있다.

유럽은 노르웨이와 영국의 북해 유전을 중심으로 석유를 생산해왔으나, 매장량 감소와 생산 정점기의 도래로 점진적 감소세를 보이고 있다(BP, 2023). 유럽은 재생에너지 확대와 탄소중립 목표에 맞춰 석유 생산보다는 수입 다변화와 감축에 중점을 두고 있다.

[그림 5-2]에 따르면, 세계 석유 생산은 2013년 4,126백만 톤에서 2023년 4,514.1백만 톤으로 증가하였다(Energy Institute, 2024). 연평균 증가율은 0.9%이며, OPEC 지역은 -0.4%, 비OPEC 지역은 1.7%의 증가율을 기록하였다. 2023년 기준으로 중동(31.3%)과 북미(26.8%)가 전체 생산량에서 가장 큰 비중을 차지하고 있다.

2023년 현재, 세계 석유 생산 비중은 OPEC이 35.4%, 비OPEC이 64.6%를 차지하고 있다. 이는 OPEC의 생산규제에 따른 결과이며, 특히 OECD 국가들은 낮은 매장량에도 불구하고 전체 생산의 31.3%를 차지하고 있다. 이러한 현상은 미래 공급 능력에 대한 불안정성을 시사한다.

한편, 석유 매장량 대비 생산 비율이 높은 OECD 국가들과 달리, OPEC 및 비OECD 국가는 상대적으로 높은 매장량 대비 낮은 생산비율을 유지하고 있다. 이는 에너지 전환이 본격화될 경우 좌초자산(stranded assets) 리스크를 키울 가능성이 있다(Caldecott, 2018). 좌초자산은 환경 규제 강화, 기술 발전, 수요 감소 등 외부 요인에 의해 에너지 자산의 가치가 급락하거나 무가치화되는 현상을 의미한다.

[표 5-2]에 따르면, 2023년 국가별 석유 생산 비중은 미국(18.3%), 러시아(12.0%), 사우디아라비아(11.8%), 캐나다(6.2%), 이란(4.7%), 이라크(4.7%) 순으로 나타난다.

그림 5-1 석유 생산(백만 톤)

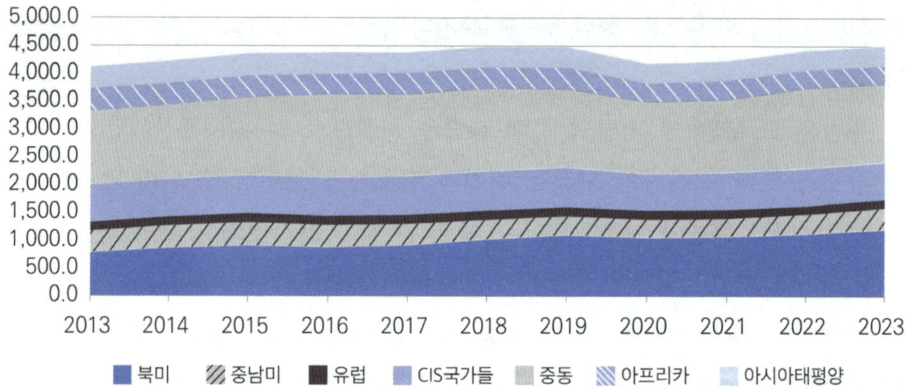

자료: Energy Institute(2024)

표 5-2 석유 생산 증가율과 세계 전체 생산에서 차지하는 비중

지역	2023년 생산량 (백만 톤)	2013-2023 평균 증가율	2023년 세계 전체 생산에서 차지하는 비중
북미	1,207.5	4.4%	26.8%
미국	827.1	6.3%	18.3%
캐나다	277.9	3.6%	6.2%
중 · 남미	378.1	0.0%	8.4%

지역	2023년 생산량 (백만 톤)	2013-2023 평균 증가율	2023년 세계 전체 생산에서 차지하는 비중
유럽	152.1	-0.5%	3.4%
CIS 국가들	675.2	0.0%	15.0%
러시아	541.7	0.2%	12.0%
중동	1,413.9	0.7%	31.3%
이란	214.3	2.4%	4.7%
이라크	213.0	3.4%	4.7%
사우디아라비아	531.7	-0.1%	11.8%
아프리카	341.5	-1.8%	7.6%
아시아태평양	345.7	-1.3%	7.7%
세계 전체	4,514,1	0.9%	100.0%
OECD	1,411.2	3.4%	31.3%
비OECD	3,102.5	0.0%	68.7%
OPEC	1,597.8	-0.4%	35.4%
비OPEC	2,916.3	1.7%	64.6%

자료: Energy Institute(2024)

(3) 석유 소비

세계 석유 소비는 지역별로 경제 발전 수준, 에너지 정책, 기술 수용도, 사회 구조 등에 따라 뚜렷한 차이를 보인다. 일부 지역은 여전히 산업 및 수송 부문 중심의 석유 의존도가 높지만, 다른 지역은 에너지 효율화, 전기차(EV) 확산, 에너지 전환 정책 강화로 수요가 정체하거나 감소하고 있다(Energy Institute, 2024).

북미 지역, 특히 미국과 캐나다는 여전히 세계 최대 석유 소비 지역 중 하나이며, 주로 수송 부문, 특히 개인용 차량과 항공 부문에서 높은 석유 수요를 나타낸다(EIA, 2022a). 이 지역은 교통수단에 대한 의존도가 크고, 대중교통보다는 자동차 기반의 이동이 주를 이룬다.

유럽연합(EU)은 기후변화 대응 정책을 적극 추진하며 석유 수요 감소를 주도하고 있다. 연료세 및 탄소세 강화, 전기차 보급 확대, 대중교통 인프라 확충, 도심 내 내연기관 차량 제한 등 다양한 정책 수단을 통해 석유 소비를 억제하고 있다(Eurostat, 2023).

중국은 지난 20여 년간 세계 석유 수요 증가의 중심지였다. 급격한 산업화, 도시화, 자동차 보급 확대, 물류 네트워크 확장 등이 주요 원인이다. 중국의 석유 소비는 운송, 산업, 석유화학 부문에 집중되어 있으며, 특히 디젤 연료와 화학제품 원료 수요가 높다(IEA, 2022f). 다만 최근에는 경제성장률 둔화, 전기차 확산, 에너지 전환 정책 강화로 수요 증가세가 점진적으로 둔화되고 있다.

중동 지역은 전통적으로 석유 수출국으로 알려져 있으나, 자국 내 석유 소비도 지속적으로 증가해 왔다. 고온 기후로 인한 냉방 수요, 산업화, 에너지 보조금이 주요 요인이었으나, 최근에는 보조금 축소, 에너지 효율 향상, 천연가스 및 재생에너지로의 전환이 추진되고 있다(IEA, 2022f). 사우디아라비아는 생산량의 약 25%를 자국 내에서 소비하고 있다.

아프리카와 중남미 지역은 현재 석유 소비 수준은 낮지만, 인구 증가와 경제 성장 잠재력으로 인해 미래 수요 확대가 기대된다. 아프리카는 교통 인프라 부족과 낮은 전기 접근성으로 인해 석유 기반 소규모 발전소가 여전히 널리 사용되고 있으며, 국제 유가 변동에 대한 민감성도 크다(World Bank, 2020a).

전통적으로 OECD 국가들은 세계 석유 수요를 주도했지만, 2013년 이후 비OECD 국가들의 수요가 OECD를 초과했다(Energy Institute, 2024). 2023년 기준, 세계 석유 소비 비중은 OECD 44.6%, 비OECD 55.4%로 나타난다. 주요 국가별 소비 비중은 미국 18.9%, 중국 16.5%, 인도 5.4%, 사우디아라비아 4.0%, 러시아 3.6%, 일본 3.4%, 한국 2.8%이다.

OECD 국가들은 이미 석유 수요 정점을 지난 것으로 평가된다. 2013년부터 2023년 사이, OECD 지역의 석유 소비는 연평균 -0.1% 감소한 반면, 비OECD 지역은 연평균 2.1% 증가하였다. 같은 기간 중국은 연평균 4.6%의 수요 증가율을 기록했지만 최근 둔화되고 있으며, 한국은 1.3%의 증가율을 보였다.

이러한 지역별 소비 구조 변화는 향후 석유 시장의 수급 전망뿐만 아니라, 에너지 전환 전략, 탄소중립 목표 설정 등에도 중요한 함의를 제공한다.

그림 5-2 석유 소비(단위: 1,000배럴/일)

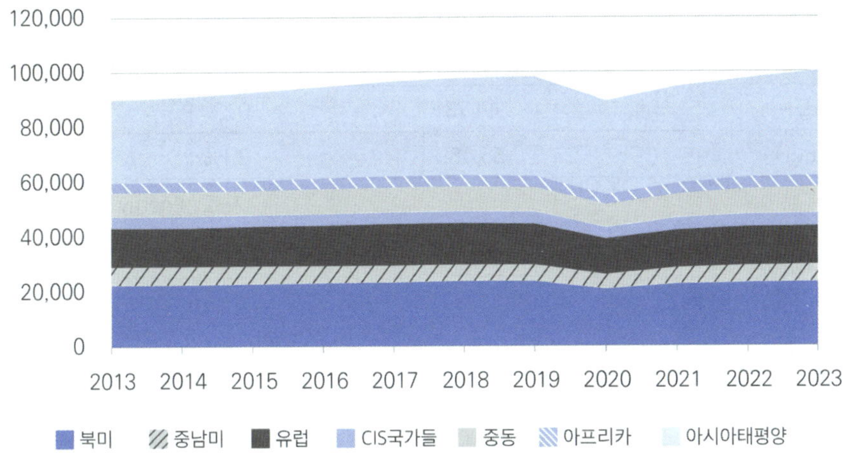

자료: Energy Institute(2024)

표 5-3 지역 및 국가별 석유 소비 비중과 연평균 증가율

지역	2023 석유 소비 (1,000배럴/일)	2013-2023 평균 증가율	세계 비중 (2023년)
북미	23,296	0.3%	23.2%
미국	18,984	0.5%	18.9%
중 · 남미	6,445	-0.2%	6.4%
유럽	13,904	-0.2%	13.9%
CIS 국가들	4,636	1.3%	4.6%
러시아	3,635	1.2%	3.6%
중동	9,646	1.0%	9.6%
사우디아라비아	4,052	1.6%	4.0%
아프리카	4,233	1.2%	4.2%
아시아태평양	38,061	2.3%	38.0%
중국	16,577	4.6%	16.5%
인도	5,446	3.8%	5.4%
일본	3,366	-3.1%	3.4%

지역	2023 석유 소비 (1,000배럴/일)	2013-2023 평균 증가율	세계 비중 (2023년)
한국	2,797	1.3%	2.8%
세계 전체	100,221	1.1%	100.0%
OECD	44,731	-0.1%	44.6%
비OECD	55,489	2.1%	55.4%

자료: Energy Institute(2024)

(4) 석유 수출입

석유는 생산지와 소비지가 일치하지 않는 대표적인 자원으로, 전 세계적으로 활발한 수출입이 이루어진다. 이러한 무역 구조는 자원의 지역적 편중, 소비국의 에너지 수급 전략, 정제 능력, 운송 인프라, 지정학적 요인 등에 의해 결정된다. 석유 수출입은 국제 원유 시장의 물리적 흐름뿐만 아니라 각국의 경제 및 에너지 안보 전략과도 밀접하게 연결되어 있다(Baumeister & Kilian, 2016).

글로벌 석유 수출입의 핵심 특징은 생산과 소비의 지리적 불균형이다. 사우디아라비아, 러시아, 이라크, 아랍에미리트, 쿠웨이트 등은 원유 생산량이 많지만 내수 수요는 적은 반면, 미국, 중국, 인도, 유럽연합(EU) 등은 소비가 많아 수입 의존도가 높다(IEA, 2023g). 이에 따라 대규모 해상 운송이 필수적이며, 원유 및 석유제품을 위한 고도화된 운송·저장 인프라가 구축되어 있다.

세계 최대 수출국은 사우디아라비아로, 하루 약 720만 배럴을 수출하며 주요 시장은 아시아이다. 러시아는 과거 유럽 중심이던 수출구조를 2022년 이후 아시아 시장으로 전환하고 있다(Energy Institute, 2024).

수입국 측면에서는 중국이 세계 최대 원유 수입국으로, 하루 평균 약 1,110만 배럴을 수입하며 인도, EU, 일본, 한국 등이 뒤를 잇는다. 이들은 수입선 다변화, 전략 비축 확대, 정제 능력 강화 등을 통해 에너지 안보를 강화하고 있다.

석유 무역은 주로 초대형 유조선(VLCC)을 통한 해상 운송에 의존하며, 호르무즈 해협, 수에즈 운하, 말라카 해협, 파나마 운하 등이 주요 초크포인트로 지정학적 리스크를 동반한다(Kemp, 2023).

또한, 원유(crude oil)와 석유제품(refined products)의 수출입이 구분된다. 싱가포르, 네덜란드, 한국 등은 원유를 수입해 정제 후 재수출하는 허브 역할을 하고 있으며, 반대로 나이지리아, 리비아 등은 원유는 생산하지만 정제 능력이 부족해 석유제품을 수입한다(OPEC, 2023a).

최근 몇 년간 세계 석유 무역 구조는 크게 변화하고 있다. 미국은 셰일 혁명을 통해 2010년대 중반 이후 순수출국으로 전환하였고, 러시아–우크라이나 전쟁 이후 유럽은 러시아산 원유 수입을 급감시키며 미국, 중동, 서아프리카 등지로부터 수입을 확대하고 있다(Kilian & Zhou, 2023).

에너지 전환이 본격화되면서, 선진국은 석유 수요 감소로 수입량을 줄이는 반면, 인도와 아세안 국가들은 수요 증가로 석유 수입 의존도를 확대하고 있다. 이에 따라 미래의 석유 무역 구조는 경제성뿐 아니라 기후 정책과 지정학적 안정성까지 고려하는 방향으로 재편될 가능성이 높다(Yergin, 2020).

현재 중국, 인도, 일본은 전 세계 석유 수입의 각각 20.1%, 8.5%, 4.9%를 차지하고 있으며, 특히 중국은 미국과 유럽을 넘어 가장 큰 수입국으로 부상하였다(Energy Institute, 2024). 수출 측면에서는 미국의 셰일오일 증가, 러시아 공급 변화, 중동 수출 성장 등으로 비OPEC 수출국의 중요성이 확대되고 있다.

그림 5-3 석유 수입(단위: 1,000배럴/일)

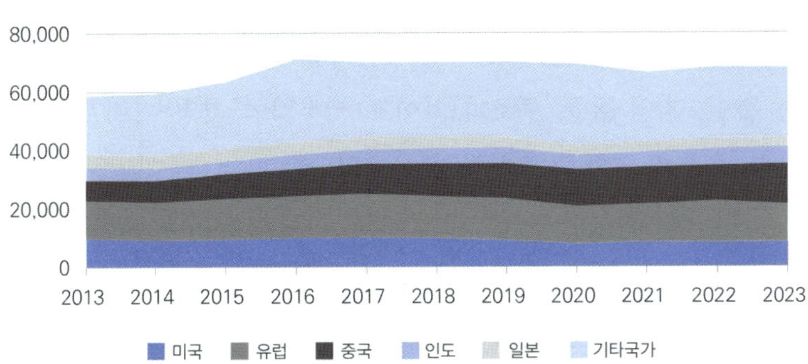

자료: Energy Institute(2024)

그림 5-4　석유 수출(단위: 1,000배럴/일)

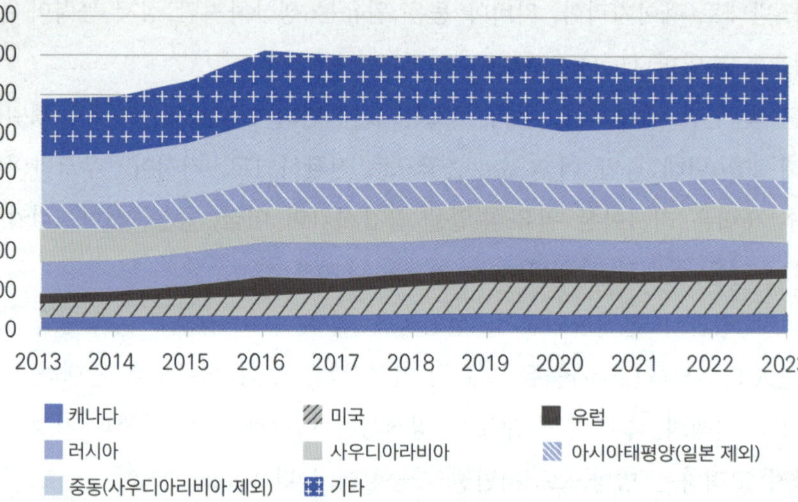

자료: Energy Institute(2024)

5 석유 가격의 변동

1972년 이후 두바이유(Dubai Crude), 브렌트유(Brent), 서부텍사스중질유(WTI) 등 주요 유종의 가격은 국제 정치, 경제 상황, 기술 발전에 따라 큰 변동을 겪어왔다(Energy Institute, 2024). 특히 중동 지역의 지정학적 긴장과 미국의 셰일오일 생산 증가는 가격 변동의 주요 요인으로 작용하였다(Kilian, 2009). 주요 벤치마크 유종 간에는 품질, 지역 유통 구조의 차이로 세부적인 가격 차이가 존재했지만, 전반적인 가격 흐름은 대체로 유사하게 움직였다.

1973년 제1차 석유파동은 아랍–이스라엘 전쟁(욤 키푸르 전쟁)과 OAPEC의 석유 금수 조치로 촉발되었으며, WTI 가격은 배럴당 약 $3에서 $12로 급등하였다(Hamilton, 1983). 이 사건은 글로벌 인플레이션과 스태그플레이션을 유발했다. 1979년 제2차 석유파동은 이란 혁명과 이란–이라크 전쟁 발발에 따른 공급 축소로 WTI 가격이 약 $14에서 $39로 상승하며 세계 경제에 또 다른 충격을 주었다(Barsky & Kilian, 2004).

1980년대 초반까지 높은 가격 수준이 유지되었으나, 1985~1986년 OPEC 쿼터제 무력화, 사우디아라비아의 공급 확대 전략 전환, 비OPEC국가들의 생산 증가로 공급 과잉이 심화되면서 WTI 가격은 $27에서 $10 이하로 급락하였다(Kilian & Murphy, 2014).

1990년 걸프 전쟁은 일시적으로 가격을 배럴당 $40 이상으로 끌어올렸지만, 전쟁이 단기간에 종료되면서 배럴당 가격은 빠르게 안정되었다(Baumeister & Peersman, 2013). 1997년 아시아 금융위기는 수요 감소로 이어져 WTI 가격을 $20 이하로 하락시켰으나, 이후 세계 경제가 회복되면서 가격도 반등하였다(Fattouh, 2007).

2000년대 초반에는 중국과 인도의 고속 경제성장이 석유 수요를 견인하여 2008년 WTI 가격이 사상 최고치인 배럴당 $147에 도달하였다. 그러나 글로벌 금융위기로 수요가 급감하면서 가격은 절반 이하로 급락하였다(Kilian & Hicks, 2013).

2010년대 초반은 아랍의 봄, 리비아 내전, 이란 제재 등의 지정학적 긴장이 공급 차질을 초래하며 가격이 약 $100 근방에서 유지되었다(Baumeister & Kilian, 2016). 그러나 2014년 이후 미국의 셰일오일 생산 급증으로 공급이 확대되면서, WTI 가격은 $100 수준에서 $50 이하로 급락하였다(Fattouh et al., 2016). 이에 따라 OPEC은 2016년 말 러시아 등 비OPEC국과 함께 감산 합의(OPEC+)에 도달하였다.

2020년 COVID-19 팬데믹은 세계 경제 전반에 전례 없는 수요 충격을 야기했다. 특히 2020년 4월 WTI 선물 가격은 일시적으로 -$37.63을 기록하며 사상 최초로 마이너스 가격을 기록하였다(Baumeister & Kilian, 2023). 이후 OPEC+의 대규모 감산과 세계 경제의 점진적 회복으로 유가는 $70 이상 수준으로 회복되었다.

2021년과 2022년에는 COVID-19 회복과 러시아-우크라이나 전쟁이라는 이중 요인이 작용하면서 가격 상승 압력이 재차 강해졌다(Energy Institute, 2024). 이 기간 동안 WTI, 브렌트, 두바이유 모두 유사한 변동 패턴을 보였지만, 지역 특성에 따라 가격 차이는 지속되었다. 브렌트유는 국제 거래의 대표 벤치마크로, WTI는 미국 내 공급 상황에 민감하게 반응하며, 두바이유는 아시아 시장에서 기준 유종으로 기능하고 있다.

그림 5-5 **원유가격의 변동(달러/배럴)**

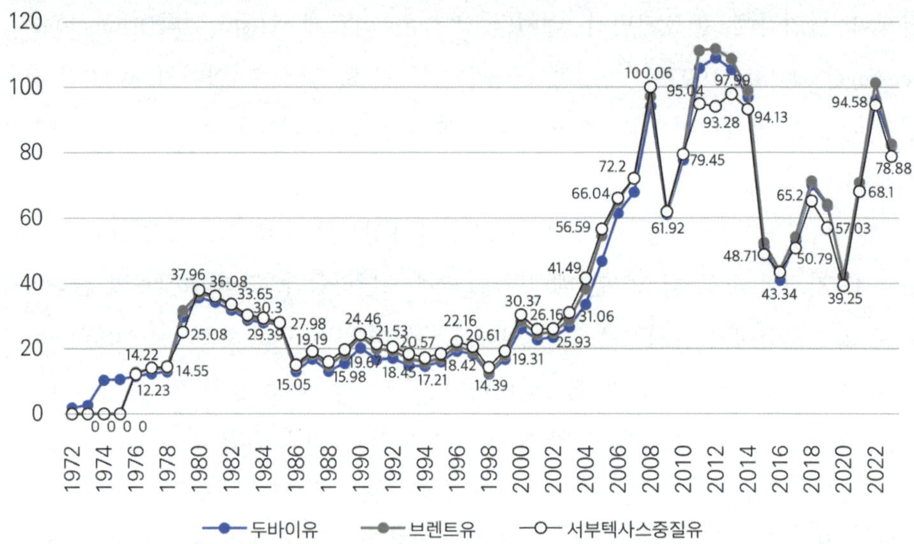

자료: Energy Institute(2024)

6 석유 시장의 행태분석

위에서 살펴본 바와 같이 석유시장의 가격은 상당한 변동성을 가지고 있다는 것을 알 수 있다. 이러한 변동성을 보이는 이유에는 여러 가지 이유가 있을 수 있지만, 수요곡선과 공급곡선의 특성과 시장에서 공급자들의 행태에 의하여 영향을 받고 있다. 우선 석유 가격 변동성을 높게 하는 수요와 공급곡선의 특성에 대해서 이해하는 것이 필요하다. Stevens(1995)에 따르면 석유 수요곡선과 공급곡선은 모두 비탄력적인 형태를 띠고 있는 것을 보이고 있다. 석유 수요곡선의 경우 아주 높은 가격과 낮은 가격에 대응하는 수요를 제외한 구간에서는 수요가 매우 비탄력적이다. 이는 석유 수요가 자본 집약적인 산업에서 파생되기 때문에 가격변동에 대응하여 단기적으로 조정이 신축적으로 일어나지 못하기 때문이다. 가격이 매우 높은 구간에서는 석유를 대체하기 위한 다른 에너지원으로의 수요 변동이 일어나고 가격이 매우 낮은 구간에서는 다른 에너지원으로부터 석유로 대체 수요가 발생하기 때문에 상대적으로 탄력적인 수요를 나타내고 있다. 공급곡선 또한 비탄력적인데 생산제약이 없는 구간에서는 생산비용을 반영하여 평평한 공급 형태를 보이다가 생산제약을 받게 되면 한계비용이 상승함에 따라 수직 형태의 모습을 보이게 된다. 이러한 수요와 공급의 패턴은 수요와 공급 충격에 따라 가격변동이 급격하게 일어날 수 있음을 보이고 있다. 이 절에서는 이러한 수요와 공급의 행태와 더불어 석유 시장에서 기업들의 전략적 행태에 대해서 살펴보고자 한다.

(1) 카르텔 모형

카르텔 모형은 시장에서 여러 기업이 비밀리에 또는 공개적으로 협력하여 가격을 인위적으로 조정하고, 생산량을 제한함으로써 독점적 이익을 추구하는 경제 이론을 설명한다(정갑영 외., 2025). 이 모형은 일반적으로 시장에서 경쟁을 제한하고 가격을 인위적으로 높게 유지하려는 기업들의 행위를 분석하는 데 사용된다. 카르텔 모형은 주로 OPEC 회원국들의 행태에 관한 많은 연구가 진행되었으나 OPEC 행태에 대하여 일치된 견해는 없다. 이는 OPEC의 행태가 시점에 따라 다른 전략을 채택하여 가격과 생산량 수준을 결정하였기 때문이다(Fattouh, 2007). 예를 들면, 1973년부터 1985년까지 OPEC은 가격을 미리 결정하고 수요가 생산량을 결정하도록 하였다. 그러나 1986년부터 사우디아라비아는 생산량 제한의 부담을 지려 하지 않았으며 이는 OPEC 행태에 변화를 가져왔다. 생산량 할당제도는 시장에 안정을 가져오는 역할을 하였으며 2014년 비전통오일 공급에 대응하기 위해서 가격전쟁을 벌일 때까지 유지가 되었다(Alkhathlan et.al., 2014).

카르텔은 다수의 기업이 가격을 고정하거나 생산량 할당 등을 통하여 생산량을 제약하기 위해서 담합을 하였을 경우 생겨난다. 카르텔의 목표는 집단으로 독점기업과 같이 행동하여 경쟁을 제약하고 집단 이윤을 극대화하는 것을 목표로 한다. [그림 5-6]에서 D는 석유시장에서의 수요곡선을 S는 개별 기업의 공급곡선인 한계비용 곡선(MC_i)의 수평 합으로 시장공급곡선을 나타낸다. 카르텔 구성원 간의 합의가 없는 경우 시장수요와 공급곡선이 일치하는 점에서 균형이 이루어지고 경쟁가격은 P^C이고 생산량은 Q^C에서 유지될 것이다. 이 경우 개별 기업은 q^c만큼 공급하게 되며 가격이 평균비용의 저점에서 형성됨에 따라 정상 이윤만을 획득하게 된다.

그러나 카르텔 회원들은 합의에 의하여 독점기업과 같이 행동하면 이윤을 확대할 수 있다는 것을 알고 있다. 이 경우 생산량 결정은 한계수익과 한계비용이 일치하도록 Q^*에서 생산량이 결정되고 P^*가 독점가격이 될 것이다. 카르텔 균형에서 카르텔은 생산량 Q^*을 개별기업에게 할당하게 된다. n개의 카르텔 회원들에게 동일하게 할당될 경우 개별 기업의 생산량은 $q^* = Q^*/n$이 될 것이다. 실제의 경우 카르텔은 독점이윤을 내부의 할당 방식에 따라 구성원들에게 분배하게 될 것이며 각 구성원에 돌아가는 독점이윤이 경쟁적 균형상태에서의 이윤보다 크면 카르텔 유지의 조건이 만족될 것이다. 그러나, 카르텔의 문제점은 배반의 유혹이 크기 때문에 안정적으로 유지되기 어렵다는 것이다. 카르텔 균형상태에서는 가격이 P^*에 고정되어 있으므로 개별 기업의 입장에서는 P^*이 생산량 변동에 따른 한계수입이 된다. 이 경우 독점가격과 개별 기업의 한계비용(MC)이 일치하도록 생산량을 q^{**}까지 증가시키면 개별 기업의 이윤을 극대화할 수 있게 된다. 그러나 한 기업이 생산량을 증가시키면 다른 기업들도 보복적으로 따라 하기 때문에 결국에 시장 공급이 증가하여 결국에는 경쟁적 균형으로 시장가격이 하락하게 된다. 이것이 카르텔을 유지하기 힘든 구조적 요인이다. OPEC의 입장에서 유리한 점은 개별 국가 내에서 기업들의 가격이나 생산량에 대한 담합적 행동은 처벌을 받게 되어 있으나 OPEC과 같은 조직은 국가 간의 조직이어서 이러한 적용을 받지 아니한다는 점이다. 그러나 OPEC이 실제로 카르텔로서의 역할을 하였는지도 논쟁의 여지가 많다.

그림 5-6 카르텔 모형

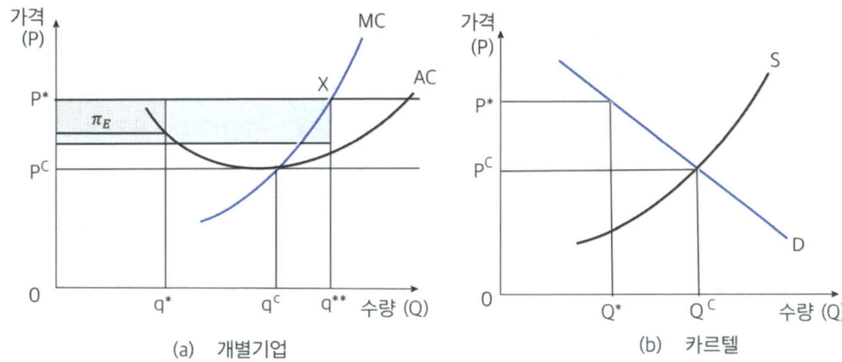

(2) 선도기업 모형

위에서 살펴본 바와 같이 카르텔은 구성원의 배반에 취약한 문제점을 가지고 있다. 따라서 카르텔을 통해서 시장지배력을 유지하기 위해서는 구성원의 배반에도 불구하고 이를 유지할 수 있는 추가적인 장치가 필요하다. 선도기업모형은 카르텔 내 선도기업의 역할을 통해서 시장지배력을 유지할 수 있음을 보여 준다. 선도기업모형은 경제학에서 시장 내에서 지배적인 위치를 차지하는 기업과 경쟁 기업 간의 상호작용을 설명하는 이론적 모델이다(Stigler, 1947).

이 모형은 일반적으로 한 기업이 시장에서 상당한 시장 점유율을 가지고 있으며, 가격 설정에 있어 결정적인 영향을 미칠 수 있는 상황을 다룬다. 선도기업은 시장에서 가격을 결정하며, 나머지 기업들은 이 가격을 수용하고 자신들의 수량을 조정하는 가격 수용자의 역할을 한다. 선도기업은 시장의 잔여 수요(총 시장 수요에서 경쟁 기업들의 공급을 뺀 수요)에 대해 최적의 생산 수량을 결정하게 된다. 이 선도기업은 시장점유율이 높고 생산설비를 유연하게 조정할 수 있는 능력이 있어야 한다.

[그림 5-7]에서 선도기업은 시장수요 D_T에 대한 정보를 가지고 있으며 자신을 제외한 다른 카르텔 구성원들의 공급곡선이 S_0로 주어진 것을 인지하고 있

다고 가정하자. MC_i는 다른 개별기업의 한계비용을 나타내며 MC_d는 선도기업의 한계비용을 나타낸다. 이 경우 선도기업은 자신의 잔여 수요곡선이 $D_L = D_T - S_0$임을 알 수 있다. 만약 시장가격이 P_2보다 높을 경우에는 잔여 수요는 영이 되고 시장가격이 P_1 이하일 경우에는 선도기업이 시장수요를 전부 차지할 수 있음을 알 수 있다. 이러한 상황에서 이윤 극대화를 위한 선도기업의 전략은 예상되는 한계수입(MRd)과 한계비용(MCd)이 일치하도록 생산량과 가격을 결정하는 것이다. 이에 따라 선도기업의 생산량은 Q_d이 될 것이고 가격은 P_d가 될 것이다. 다른 카르텔 회원들은 선도기업이 정한 가격을 주어진 것으로 받아들이고 나머지 시장수요인 $Q^* - Q_d$을 공급할 것이다. 선도기업의 잔여 수요곡선의 탄력성은 시장가격 결정에 절대적인 영향을 미치는 것을 알 수 있다. OPEC 회원 중에서는 사우디아라비아가 이러한 선도기업 역할을 수행하고 있는 것으로 평가된다. Golombeck et al.(2018)은 선도기업 모형이 OPEC의 시장지배력 유지를 잘 설명하는 것으로 평가하고 있다.

그림 5-7 선도기업 모형

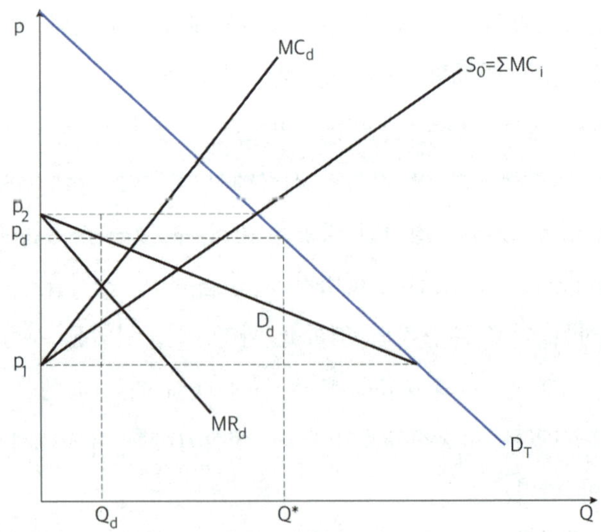

사우디아라비아는 석유시장에서 조정생산자(swing producer)의 역할을 하는 것으로 평가되는데 석유시장에서 조정생산자(Swing Producer)와 선도기업 모형에서의 선도기업은 유사한 역할을 할 수 있지만, 그들의 역할과 시장에서의 행위는 다소 차이가 있다는 것을 인식할 필요가 있다. 조정생산자는 특정 국가나 기업이 국제 석유 가격과 시장의 공급 균형을 조절할 수 있는 능력을 갖추었을 때 이를 지칭한다. 이 역할을 수행하는 국가나 기업은 자신의 생산량을 조정하여 석유의 공급과 가격에 유의미한 영향을 미칠 수 있다. 주로 OPEC 내에서 사우디아라비아가 이 역할을 하고 있으며, 석유 시장에서 가격이 너무 높거나 낮아질 때 조절하는 데 중요한 역할을 한다. 반면 선도기업 모형에서의 선도기업은 특정 산업 내에서 시장 점유율이 높고 시장에 큰 영향력을 미치는 기업을 말한다. 이 기업은 가격 설정에 있어 결정적인 역할을 하며, 다른 경쟁 기업들은 선도기업이 결정한 가격을 따라야 한다. 선도기업은 자신의 가격 결정을 통해 시장 내 경쟁 기업들의 행동과 시장 진입 여부에 영향을 줄 수 있다. 즉, 조정생산자는 주로 시장의 공급을 조절하여 가격 안정을 도모하는 데 초점을 맞춘 반면 선도기업은 가격 설정을 통해 시장 내 경쟁 구조와 동태를 조정하는 것에 더 중점을 두고 있다.

(3) 진입저지 모형(limit Pricing Model)

진입저지 모형은 시장에서 지배적인 기업이 잠재적인 경쟁자의 시장 진입을 저지하기 위해 가격을 인위적으로 낮게 설정하는 전략을 설명한다(Al-Qahtani, 2008). 진입저지 전략은 경쟁을 제한하고 시장 지배력을 유지하기 위한 전략으로서, 시장의 진입 장벽을 형성하는 데 중요한 역할을 한다. 진입저지 모형은 카르텔 회원이 아닌 생산자의 경쟁으로부터 카르텔이 어떻게 전략적으로 반응하는가를 잘 나타내는 모형이다. 최근 셰일오일 등 비전통적 석유 생산의 증대 효과를 잘 분석할 수 있는 모형이라 할 수 있다.

선도기업모형을 이용하여 진입저지 전략의 효과를 살펴보기로 하자. 우선, 석유 시장에서 OPEC이 선도기업으로서 행동한다고 가정하자. [그림 5-8]에서에서 Sf를 비OPEC 생산자의 공급곡선이고 MCd는 OPEC의 공급곡선이라 하자. 만약 시장가격이 P1이면 비OPEC 생산자의 생산비용이 높으므로 시장수요는 전부 OPEC에 의하여 충족되게 된다. 가격이 P1이하인 경우 선도기업의 잔여수요곡선과 시장수요곡선은 일치하게 된다. 선도기업으로서 OPEC의 잔여 수요는 전체 시장수요에서 비OPEC의 공급곡선을 제하여서 도출되게 된다. OPEC은 한계수익(MRd)과 한계비용(MCd)이 일치하도록 Q_d에서 이윤 극대화 생산량을 결정하게 되고 가격은 P3에서 결정하게 될 것이다. 그리고 비OPEC 생산자는 $Q_3 - Q_d = Q_f$만큼 공급하게 된다.

이 선도기업 모형을 이용하여 OPEC이 전략적으로 새로운 생산자의 진입을 저지하거나 수용하는 전략적 분석이 가능해진다. 우선, OPEC이 새로운 생산자의 시장진입을 저지하기 위해서 진입저지가격(limit Pricing)을 설정하는 경우를 보자. OPEC은 비용 측면에서 비OPEC 생산자보다 우위에 있어서 OPEC이 가격인하를 통하여 진입한 생산자를 몰아내거나 새로운 생산자의 시장진입을 저지하는 전략을 구사할 수 있다. 그림에서, OPEC이 가격을 P3에서 P2로 인하하는 경우 비OPEC 생산자의 생산량은 OPEC 생산량으로 대체가 될 것이다. 이 가격에서 시장수요는 Q2로 확대되지만 비OPEC 생산자의 공급은 Q_*로 축소되게 되면 OPEC 생산자의 공급은 Q1으로 확대될 것이다. 최근 사우디아라비아가 비전통적 석유 생산자에 대응하여 이러한 전략을 구사하였다.

진입 저지 가격이 오랫동안 설정이 되면 고비용 생산자들은 시장을 떠날 수밖에 없을 것이다. 이러한 진입 저지 가격 설정이 카르텔에 미치는 영향도 회원들의 상황에 따라 달라질 수밖에 없다. 재정적으로 건실한 생산자들은 이러한 낮은 가격의 여파를 오래 견딜 수 있지만 그렇지 못한 경우 어려운 상황에 직면할 수밖에 없을 것이다.

그림 5-8 진입저지 모형

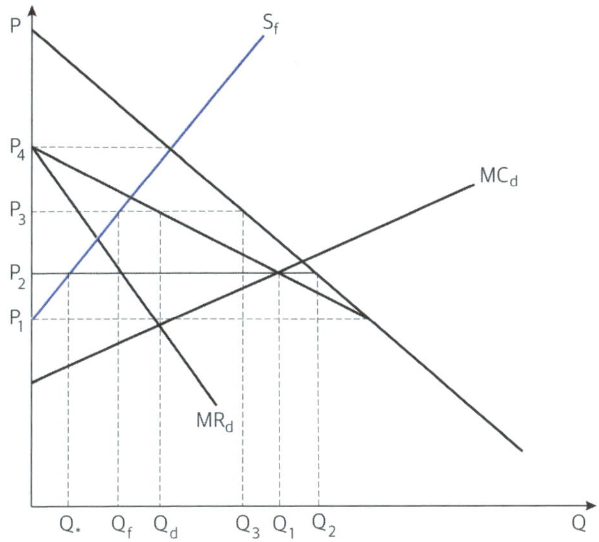

7 석유의 미래와 에너지 전환

이 장에서는 석유의 자원적 특성과 역사적 전개, 산업의 수직적 가치사슬 구조, 그리고 생산과 소비의 현황에 대해 종합적으로 고찰하였다. 이러한 맥락에서 21세기에 접어든 석유 산업은 기후변화 대응과 지속가능한 성장이라는 세계적 요구에 직면하여 근본적인 전환의 압력을 받고 있다. 석유를 포함한 화석연료에 대한 의존도는 점차 축소되고 있으며, 이에 따라 석유의 미래는 '수요의 지속가능성'과 '시장 구조의 재편'이라는 두 축을 중심으로 재조명되고 있다.

우선 석유 수요 구조는 점진적으로 변화하고 있다. 전통적으로 석유는 수송, 산업, 전력 부문에서 광범위하게 소비되어 왔지만, 전기차(EV)의 보급 확대, 내연기관의 효율 개선, 도시 교통 인프라의 변화 등으로 인해 특히 수송 부문에서 석유 의존도가 점차 감소하고 있다. 국제에너지기구(IEA, 2023g)의 분석에 따르면, 전기차가 전체 신차 판매의 20% 이상을 차지하는 국가에서는 이미 휘발유 수요의 정체 또는 감소가 시작되었으며, 유럽연합과 중국, 미국에서는 석유 수요의 정점(demand peak)이 2020년대 중후반에 도달할 것이라는 전망도 제기되고 있다. 이러한 추세는 석유의 주요 용도가 연료(fuel)에서 비연료(non-combustion), 특히 석유화학 원료(petrochemical feedstock)로 이동하는 구조적 변화를 수반하고 있다. 비료, 플라스틱, 합성섬유 등의 산업에서 석유 기반 제품에 대한 수요는 여전히 견조하며, 향후 석유 수요의 상당 부분을 차지할 가능성이 있다(OPEC, 2023b).

국제사회의 기후정책 역시 석유의 미래 수요에 결정적 영향을 미치고 있다. 2015년 파리협정(UNFCCC, 2015) 이후, 각국은 온실가스 감축 목표(NDC)를 수립하고, 탄소세, 배출권거래제(ETS), 재생에너지의무화(RPS) 등 다양한 시장기반 제도를 도입하였다. 특히 유럽연합이 추진하는 탄소국경조정제도(CBAM)는 철강, 알루미늄, 비료뿐 아니라 정유·석유화학 제품까지 적용될 가능성이 있으며, 석유 수출국 및 관련 기업의 가격경쟁력과 무역 흐름에 중대한 영향을 미칠 것으로 예상된다(European Commission, 2021b). 이에 따라 석유소비 감축은 단지 기술·경제적 문제가 아니라 무역, 산업 정책, 외교 전략과 결합된 다차원적 사안으로 전환되고 있다.

석유기업들 또한 이러한 변화에 적응하고자 구조적 전환을 시도하고 있다. BP, Shell, TotalEnergies 등 주요 국제 석유기업(IOC)은 더 이상 스스로를 단순한 석유회사(oil company)가 아닌 '종합 에너지 기업(integrated energy company)'으로 규정하며, 재생에너지(태양광, 풍력), 수소경제, 전기차 충전 인프라, 탄소포집 및 저장(CCUS), 에너지 디지털화 분야로 사업 포트폴리오를 확대하고 있다(OPEC, 2023b; Fattouh et al., 2019). 이는 에너지 전환의 리스크를 분산하고, 지속가능한 수익 모델을 구축하기 위한 전략적 조치로 해석될 수 있다. 특히 ESG(환경·사회·지배구조) 기준에 따른 투자자 압력이 강화됨에 따라, 석유기업의 경영 방식은 전통적인 자원 기반에서 기후금융과 규제 대응 중심으로 빠르게 전환되고 있다.

석유 수요의 중장기적 전망은 불확실성이 매우 크다. 주요 국제기구의 시나리오에 따르면, 선진국에서는 이미 수요 피크를 지나 감소 국면에 진입했거나, 가까운 시일 내에 정점을 맞이할 것으로 예상된다. 반면, 인도, 동남아시아, 중동 및 아프리카 일부 국가는 경제 성장과 도시화에 따라 석유 수요가 향후 수십 년간 지속적으로 증가할 것으로 전망된다. 이러한 이중 구조는 글로벌 수요에서 '지리적 분절(geographic divergence)'을 초래하고 있으며, 이는 OPEC과 주요 수출국의 전략, 수급 조절, 정유시설 투자 방향에도 복합적인 영향을 미치고 있다.

석유의 미래는 단일한 궤적을 따르기보다는 다양한 경로의 불확실성 속에서 전개되고 있다. 수요와 공급 요인의 상호작용, 국제 정책 환경, 기술 혁신의 속도, 지정학적 변수 등이 복합적으로 작용하는 가운데, 석유경제에 대한 분석 역시 과거의 정태적 수급 분석을 넘어서 보다 동태적이고 시나리오 기반의 접근이 요구된다. 에너지 전환은 석유의 종말을 의미하는 것이 아니라, 석유가 어떤 방식으로 새로운 에너지 체계 속에 '재위치(reposition)'되는가를 묻는 과정이다. 이러한 맥락에서 석유는 여전히 글로벌 에너지 시스템의 중요한 구성요소로 남아 있으며, 석유의 수요 구조, 정책 압력, 산업 전략이 상호작용하는 접점에서 향후 전개 양상을 면밀히 관찰할 필요가 있다.

제6장

천연가스 시장

1 서론

천연가스는 주로 메탄(CH_4)으로 구성되어 있으며, 이는 하나의 탄소 원자를 중심으로 네 개의 수소 원자가 결합된 간단한 화학구조를 가진 탄화수소이다. 메탄은 다른 탄화수소 연료에 비해 연소 시 이산화탄소, 일산화탄소, 황산화물, 질소산화물 등의 오염물질 배출량이 상대적으로 적어, 화석연료 중에서도 가장 청정한 연료로 평가된다. 이러한 특성은 천연가스를 기후변화 대응과 에너지 전환 과정에서 '교량 연료(bridge fuel)'로 주목받게 하며, 특히 재생에너지의 간헐성을 보완하는 유연한 발전원으로 활용 가능하게 만든다.

천연가스의 이용은 고대까지 거슬러 올라간다. 기원전 1,000년경 중국에서는 대나무 파이프를 사용하여 천연가스를 지표로부터 추출하고, 이를 이용해 소금물을 끓이는 방식으로 활용하였다(Smil, 2015). 고대 그리스 및 페르시아에서도 천연가스의 자연 누출로 발생하는 '영원한 불'은 신성한 존재로 인식되며 종교적 의례에 사용되었다. 그러나 이 시기의 천연가스 이용은 상징적·제의적 차원에 머물렀으며, 에너지원으로서의 본격적인 활용은 이루어지지 않았다(Yergin, 2011).

19세기 들어 산업화가 진전되면서 천연가스의 상업적 활용이 시작되었다. 1821년 미국 뉴욕주 프레도니아(Fredonia)에서 세계 최초의 천연가스 우물이 시추되었고, 이를 통해 가스를 채취하고 배관을 통해 공급하는 기술이 실용화되기 시작하였다. 이후 1850년대 중반부터는 도시의 가로등 점등이나 가정의 난방용으로 천연가스가 사용되기 시작하였다. 특히 1859년 펜실베이니아주 타이터스빌에서 이뤄진 최초의 상업적 석유 시추는 석유뿐만 아니라 천연가스 산업 발전에도 기폭제 역할을 하였다(Yergin, 2011).

20세기 초반에는 파이프라인 기술의 획기적인 발전과 함께 천연가스의 대규모 수송이 가능해지며, 산업적 활용이 크게 확대되었다. 1920년대에는 장거리 천연가스 파이프라인이 건설되기 시작하였고, 1927년에는 인디애나주와 시카고를 잇는 미국 최초의 장거리 파이프라인이 가동되었다. 이로써 천연가스는 지역적 에너지원에서 국가적 차원의 에너지 인프라로 자리매김하였다.

1950~60년대는 흔히 천연가스 산업의 황금기라고 불리며, 가정용과 산업용 에너지원으로서 천연가스의 수요가 폭발적으로 증가한 시기이다. 전력 생산 부문에서는 석탄과 함께 주요 기저발전원으로 자리 잡았으며, 특히 청정성과 연소효율성으로 인해 도시지역의 대기질 개선에도 기여하였다(Smil, 2015). 이 시기 미국과 구소련, 중동 지역에서는 대규모 가스전이 연이어 발견되었고, 이는 향후 글로벌 천연가스 공급의 기반이 되었다.

1980년대와 1990년대는 천연가스의 국제 무역이 본격화된 시기로, 액화천연가스(LNG: Liquefied Natural Gas) 기술의 발달이 중요한 전환점을 제공하였다. LNG 기술은 가스를 영하 162도까지 냉각하여 액화한 후 해상으로 수송하는 방식을 가능케 하여, 파이프라인이 미치지 못하는 지역에도 천연가스를 공급할 수 있게 만들었다. 1964년 알제리에서 영국으로 LNG 수출이 최초로 이루어진 이후, LNG는 세계 천연가스 시장에서 중요한 수송 수단으로 자리 잡았다(Hirschhausen et al., 2010).

21세기에 들어서면서 천연가스 산업은 새로운 혁신의 전기를 맞이하였다. 특히 미국의 셰일가스 혁명은 천연가스 공급 구조에 지대한 변화를 초래하였다. 수압파쇄법(hydraulic fracturing)과 수평시추(horizontal drilling) 기술의 결합은 경제성이 낮았던 비전통적 자원에서의 가스 생산을 가능케 하였으며, 이에 따라 미국은 세계 최대의 천연가스 생산국으로 부상하였다(EIA, 2022b). 이로 인해 국제 천연가스 시장의 공급 안정성이 향상되었고, 기존 산유국 중심의 시장 지형에도 변화가 생기게 되었다.

한편, 기후변화와 지속가능한 발전에 대한 국제적 요구가 확대되면서, 천연가스는 탄소 배출이 많은 석탄과 석유를 대체할 수 있는 과도기적 청정연료로서 주목받고 있다. 특히 재생에너지와 결합하여 전력 시스템의 안정성과 유연성을 제고할 수 있는 점에서 그 역할이 더욱 부각된다. 향후 천연가스산업은 기술혁신과 환경적 고려를 통해 저탄소 에너지체제 구축에 중요한 위치를 차지할 것이다.

이 장에서는 우선 천연가스의 물리적·화학적 특성과 연소 특성, 그리고 환경적 측면에서의 장단점을 살펴볼 것이다. 이어서 전 세계적인 매장량과 주요 생산국 및 수요국의 동향, 공급 인프라와 유통 구조를 고찰할 것이다. 또한 천연가스 시장의 구조와 가격 결정 메커니즘, 주요 기업의 시장 지배력 문제를 분석하며, 마지막으로 에너지 전환 시대에 천연가스가 가지는 전략적 의미와 그 지속가능성에 대하여 논의할 것이다.

2 천연가스의 특징과 분류

(1) 천연가스의 특징

천연가스는 고열효율, 상대적으로 낮은 환경오염, 수송 유연성 등 여러 가지 측면에서 장점을 지닌 청정 에너지원으로 평가받고 있다. 특히 발전용 연료로서의 천연가스는 경제성과 환경성을 동시에 충족시킬 수 있는 에너지로 주목받고 있으며, 이는 기후변화 대응과 에너지 전환 전략의 과도기적 단계에서 핵심적인 역할을 한다.

우선, 천연가스는 고효율 연료로서 복합화력발전소(Combined Cycle Gas Turbine, CCGT)에서 활용될 경우 최대 60% 이상의 열효율을 달성할 수 있다. 이는 기존 석탄화력의 평균 효율인 35~45%를 크게 상회하는 수준으로, 동일한 전력을 생산하기 위한 연료 투입량이 줄어드는 만큼 에너지 비용 절감 효과가 크다. 특히 복합화력발전은 가스터빈의 배기열을 다시 이용해 증기터빈을 돌리는 구조이기 때문에 열 손실이 적고, 효율 향상을 통해 연료비 부담뿐만 아니라 탄소배출량까지 줄일 수 있는 대표적인 고효율 기술로 꼽힌다(Chiesa et al., 2005).

환경 측면에서도 천연가스는 타 화석연료에 비해 우수한 성능을 보인다. 연소 시 이산화탄소(CO_2) 배출량은 석탄 대비 약 50%, 석유 대비 약 25% 낮으며, 황산화물(SOx), 질소산화물(NOx), 미세먼지(PM) 등의 유해 대기오염물질의 배출 수준도 현저히 낮다(Speight, 2014). 이러한 특성은 천연가스를 이른바 '과도기 연료(bridge fuel)'로 부상시키는 근거가 되며, 특히 석탄 중심의 전원믹스를 저탄소 에너지 체제로 전환하는 과정에서 핵심적인 전환 수단으로 간주되고 있다(EIA, 2022b).

천연가스는 물리적 상태 변화에도 강점을 지닌다. 기체 상태의 천연가스를 섭씨 -162도까지 냉각하면 액화천연가스(Liquefied Natural Gas, LNG)로 전환되며, 이 과정에서 부피는 약 1/600 수준으로 감소한다. 이는 천연가스를 장거리, 대륙 간 수송에 적합한 형태로 만들어주며, 파이프라인이 연결되지 않은 지역 간에도 상업적 거래가 가능하게 한다. 그러나 액화, 저장, 운송, 재기화에 이르는 LNG 공급망은 고도의 기술력과 막대한 초기 투자비용을 필요로 하며, 안전한 운용을 위한 정밀한 온도관리 및 인프라 구축이 필수적이다(Saulsbury & Gage, 2020).

안전성 측면에서, 천연가스는 공기보다 가볍기 때문에 누출 시 개방된 공간에서는 빠르게 확산되어 연소 및 폭발 위험이 낮아지는 반면, 밀폐된 공간에서는 가스가 축적되어 폭발 위험이 커질 수 있다. 특히 천연가스는 무색무취의 성질을 지니므로, 대부분의 국가는 가스 누출을 감지할 수 있도록 부취제를 첨가하여 안전성을 확보하고 있다(Speight, 2018).

또한 지리적 측면에서 천연가스는 석유보다 상대적으로 더 넓은 지역에 매장되어 있어 공급 다변화에 유리하다. 중동 및 독립국가연합(CIS) 지역이 주요 생산지이긴 하나, 북미, 유럽, 아시아, 아프리카 등에서도 천연가스 생산이 활발하게 이루어지고 있다. 이러한 지리적 분산성은 특정 지역의 정치·경제적 불안정성이 전체 공급망에 미치는 영향을 완화하고, 국제 천연가스 시장의 구조적 안정성 확보에도 기여한다(IEA, 2023g).

결국 천연가스는 고효율·저오염·유연한 수송구조·지리적 분산성 등의 특성을 바탕으로, 에너지 전환기 시대의 핵심 에너지원으로 기능하고 있다. 다만, 공급 인프라 구축 과정에서의 경제적 부담, 메탄 누출로 인한 환경영향, 그리고 장기적인 탈탄소 목표와의 정합성 확보 등은 향후 천연가스의 지속가능성을 결정짓는 주요 쟁점으로 남아 있다.

(2) 천연가스의 분류

천연가스는 주로 메탄(CH_4)으로 구성된 청정 연료로서, 그 화학적 조성과 물리적 성질에 따라 다양한 방식으로 분류된다. 이러한 분류는 단순한 과학적 구분을 넘어, 생산 방식, 정제 과정, 수송 인프라 구축, 최종 수요시장 선택 등 가치사슬 전반에 걸쳐 천연가스의 경제적·환경적 특성과 활용 방식을 결정짓는 중요한 기준으로 작용한다(Speight, 2018).

가장 일반적인 분류는 메탄 순도와 고급 탄화수소 성분의 포함 여부에 따른 '드라이 가스(dry gas)'와 '웻 가스(wet gas)'의 구분이다. 드라이 가스는 메탄 비중이 약 90% 이상으로, 기타 탄화수소 성분(에탄, 프로판, 부탄 등)이 거의 포함되어 있지 않아 정제가 단순하며, 연료용으로 곧바로 사용되기에 적합하다. 이 유형은 주로 도시가스, 발전용 연료 등 직접 연소형 시장에 적합하며, 파이프라인을 통한 장거리 수송에도 효율적이다. 이에 비해 웻 가스는 에탄(C_2H_6), 프로판(C_3H_8), 부탄(C_4H_{10}) 등 중간 탄화수소가 다량 포함되어 있으며, 이 성분들을 추출해 부가가치가 높은 액화석유가스(LPG)나 석유화학 원료(NGLs)로 활용할 수 있다. 그러나 웻 가스는 가스 처리 공정을 거쳐야 하며, 냉각·압축·탈탄소화 설비 등 고가의 인프라가 요구되므로, 초기 투자비용과 운송비용이 상대적으로 크다는 한계가 있다(Speight, 2018).

또 다른 구분 방식은 천연가스 내에 포함된 불순물의 함량에 기반한 분류이다. 황화수소(H_2S) 또는 이산화탄소(CO_2)와 같은 산성 가스를 상당량 포함한 경우 '사워 가스(sour gas)'로 분류되며, 그렇지 않은 가스는 '스위트 가스(sweet gas)'로 구분된다. 사워 가스는 인체에 유해하고, 공정 설비의 부식을 유발하며, 운송과 저장 시 높은 위험성을 수반하기 때문에 정제를 통해 불순물을 제거하는 '스위트닝(sweetening)' 공정을 필요로 한다. 대표적으로 아민 흡수탑, 막 분리 기술, 크라이오제닉 냉각 등의 정제 기술이 사용되며, 이로 인한 처리비용 상승은 전체 프로젝트의 수익성과 직결된다. 반면 스위트 가스는 상대적으로 정제 비용이 적고, 탄소배출 측면에서도 유리하여 정책적·환경적 선호도가 높다(Speight, 2018).

매장 형태에 따른 분류도 천연가스의 특성과 상업적 전략을 이해하는 데 중요하다. '어소시에이티드 가스(associated gas)'는 석유와 함께 동일한 지층에 공존하며, 원유 생산 과정에서 부산물로 발생하는 가스를 의미한다. 과거에는 기술 부족, 경제성 미비, 수요처 부재 등의 이유로 이 가스는 대부분 연소(플레어링)되거나 지하에 재주입되었으나, 최근에는 플레어링 금지 정책과 자원 효율성 강화 움직임에 따라 회수 및 이용이 증가하고 있다(World Bank, 2023b). 반면 '넌어소시에이티드 가스(non-associated gas)'는 독립적인 가스전에서 생산되며, 가스를 주요 자원으로 상정한 개발 프로젝트에서 생산된다. 이 유형은 상대적으로 품질이 균일하고, 생산 계획 및 가격 책정이 독립적으로 가능하기 때문에 LNG 수출, 도시가스 공급 등 고부가가치 시장을 겨냥한 전략적 활용이 용이하다.

이러한 분류는 기술적 차원에 머무르지 않고 천연가스의 가치사슬 전반에 걸쳐 실질적인 경제성과 환경성에 영향을 미친다. 드라이 가스는 파이프라인 인프라와 결합되어 에너지 효율성이 높은 공급망 구축에 적합하며, 웻 가스는 분리 및 처리 과정을 통해 석유화학 산업과의 연계를 강화할 수 있다. 사워 가스는 공정 설계와 환경규제 대응에서 높은 수준의 기술력과 자본을 요구하므로, 투자 타당성 분석에서 핵심 변수로 작용한다. 어소시에이티드 가스는 석유 가격과 생산량에 따라 동반 변동성이 존재하므로, 천연가스 수급 안정성을 확보하기 위해서는 별도의 저장 및 활용 전략이 필요하다.

천연가스의 분류는 단순한 기술적 정의를 넘어 자원개발, 인프라 구축, 수요 대응, 정책 설계 등 천연가스 경제의 모든 측면에서 기본적인 분석 프레임워크를 제공한다. 각 유형별 특성에 대한 이해는 글로벌 에너지 전환 과정에서 천연가스의 전략적 활용 가능성과 한계를 평가하는 데 필수적인 요소라 할 수 있다.

(3) 천연가스 공급사슬

천연가스 산업의 공급사슬은 탐사에서 최종 소비자에게 이르는 전 과정을 포함하는 복합적이고 다단계적인 구조를 형성하고 있으며, 각 단계는 상이한 기술, 자본, 정책 환경 속에서 운영된다(Hartley et al., 2008). 이 공급사슬은 자원의 위치와 특성, 수송 인프라의 제약, 시장 구조, 가격 체계 등과 밀접하게 연관되어 있으며, 글로벌 에너지 시장의 안정성과 지속가능성 확보에 핵심적 역할을 수행한다.

공급사슬의 출발점은 탐사 및 생산(exploration and production) 단계로, 이 과정에서는 지질학적 모델링, 지진파 탐사(seismic survey), 중력 및 자기탐사(gravity and magnetic methods) 등의 기술을 활용해 지하에 매장된 천연가스 자원을 탐색한다(Speight, 2018). 이 단계는 자본집약적이며 지질학적 불확실성이 높아 고위험(high-risk), 고수익(high-return) 성격을 지니며, 자원 개발 가능성을 평가하기 위한 탐사 확률 분석, 내부수익률(IRR) 시뮬레이션, 손익분기 가격 분석 등이 병행된다.

시추(drilling) 기술의 발달은 특히 비전통 천연가스 자원 개발의 전환점을 마련하였다. 수평시추(horizontal drilling)와 수압파쇄(hydraulic fracturing) 기술은 전통적 수직시추로는 회수할 수 없었던 셰일가스(shale gas)나 타이트가스(tight gas) 자원의 상업적 생산을 가능하게 하였으며, 이는 2000년대 미국에서 이른바 '셰일 혁명(shale revolution)'을 촉발하였다. 이러한 기술 진보는 전통적 가스 수출국의 시장지배력 약화, 북미 지역의 에너지 자립도 향상, 글로벌 LNG 시장의 유동성 증가라는 구조적 변화를 이끌었다.

생산된 원가스(raw gas)는 메탄 외에도 이산화탄소(CO_2), 황화수소(H_2S), 질소(N_2), 액화석유가스(LPG), 천연가스 액체류(NGLs) 등 다양한 불순물을 포함하고 있으며, 가공 및 정제 처리(processing) 단계를 통해 '스위트 가스(sweet gas)'로 전환된다. 이 과정에는 산성가스 제거, 수분 제거, NGL 분리 등의 공정이 포함되며, 최종적으로 수송 가능한 사양의 고순도 메탄 가스를 확보하게 된다(Speight, 2018). 이러한 가공단계는 환경 규제와 연결되어 있을 뿐만 아니라 제품 다양화 및 부가가치 창출의 기초가 된다.

정제된 가스는 수송 단계(transportation)로 넘어가며, 가장 일반적인 방식은 파이프라인(pipeline)을 통한 육상 수송이다. 대륙 간 수송이 어려운 경우에는 천연가스를 -162℃로 냉각시켜 액화(LNG) 형태로 만들어 특수 선박(LNG carrier)을 이용해 해상 수송하고, 도착지에서는 재기화(regasification)를 통해 기체 상태로 전환하여 지역 파이프라인망으로 공급된다(Hartley et al., 2008). 파이프라인 수송은 통상적으로 생산지-소비지 간에 장기계약(long-term contract)과 함께 구축되며, 천연가스 인프라의 장기적인 고정비 투자와 관련된 자산특화(asset specificity)가 높은 특징을 지닌다. LNG는 수출입이 가능한 유연성을 제공하지만, 초기 설비투자가 막대하고, 정제 및 냉각, 저장, 운송, 재기화 등 다단계 인프라가 필요하다는 점에서 비용 부담이 크다.

수송 설비에는 규모의 경제가 작용하며, 파이프라인의 지름이 클수록, LNG 탱커의 용량이 클수록 단위 수송비는 감소한다(Cookenboo, 1955; Yepez, 2008). 하지만 파이프라인은 일반적으로 자연독점적 특성을 띠므로, 시장 경쟁보다는 공공 규제 하에서의 독점 운영이 효율적인 것으로 간주된다. 특히 국경을 넘는 파이프라인은 에너지 안보, 외교 관계, 계약 조정 등 다층적 국가 간 조율이 필요하여 국제적 협상과 규제 체계가 필수적이다(Stern, 2012).

천연가스는 공급과 수요의 시간차가 존재하기 때문에 저장(storage) 설비가 필수적이다. 저장소는 일반적으로 지하 염동굴(salt cavern), 고갈된 가스전, 수조형 탱크로 구분되며, 계절 수요 변동이 큰 북반구 지역에서는 겨울철 난방 수요 급등에 대비한 계절조절(seasonal balancing) 수단으로 필수적이다(Hartley et al., 2008). 최근에는 수요 예측 기반의 스마트 저장시스템, 가격 변동에 따른 수익 극대화를 위한 전략적 저장 운영 등이 주목받고 있다.

공급사슬의 마지막 단계는 분배(distribution)이며, 이는 고압 송수관에서 저압의 지역 공급망으로 천연가스를 전달하는 과정이다. 이 과정에서는 가정용, 상업용, 산업용 수요자의 안전성과 편의성을 고려하여 압력 조절, 계량기 설치, 품질 보증 등의 절차가 수반된다(Stern, 2012). 천연가스는 주거용 난방 및 취사, 산업 열원, 전력 발전, 화학제품 원료로 다양하게 활용되며, 최근에는 교통용 연료로도 각광받고 있다. 압축천연가스(CNG)는 도시버스나 승용차에, 액화천연가스(LNG)는 트럭, 선박, 철도 등 장거리·대형 운송수단에 적용되며, 탈탄소 운송체계 구축에 기여하고 있다.

천연가스 공급사슬은 기술, 경제성, 환경성, 국제정치가 복합적으로 얽힌 구조로서, 각 단계는 단순한 생산과 수송 이상의 전략적 의미를 지닌다. 특히 에너지 안보, 에너지 전환, 탄소중립 목표가 중요한 시대적 과제로 떠오른 현재, 천연가스 공급사슬의 효율성과 탄력성은 국가 및 글로벌 차원의 정책 설계와 시장 전략에서 핵심 요소로 작용하고 있다.

3 천연가스 시장의 현황

(1) 천연가스 매장량

2020년 기준 전 세계 천연가스 확인 매장량은 188.1조 입방미터(cubic meters)에 달하며, 이는 2000년에 비해 약 50조 입방미터 증가한 수치이다(Energy Institute, 2024). 이와 같은 증가 추세는 주로 비전통 가스전의 개발, 시추기술의 발전, 그리고 신규 매장지의 발견 등에 기인한다.

지역별로 보면, 중동 지역이 전체의 40.3%를 차지하며, 이란(17.1%)과 카타르(13.1%)가 핵심 국가로 부상하고 있다. 국가별로는 러시아가 19.9%의 비중을 차지하며 가장 많은 매장량을 보유하고 있고, 이를 포함한 CIS(독립국가연합) 국가들의 비중은 30.1%에 이른다(Energy Institute, 2024).

그 외에 아시아·태평양 지역은 8.8%, 북미는 8.1%, 아프리카는 약 6.9%, 중·남미는 약 4.2%를 차지하고 있으며, 지역적 다양성이 뚜렷하다. OECD 국가들의 총합 비중은 10.8%, 비OECD 국가는 89.2%로, 비OECD 국가가 전 세계 천연가스 매장량의 절대다수를 차지하고 있다.

한편, 매장량 대비 생산의 경우에는 지역 간 뚜렷한 차이를 보인다. 북미와 유럽은 상대적으로 매장량이 적지만 기술력과 시장 구조로 인해 생산 비율이 매우 높은 편이다. 특히 미국은 셰일가스 개발의 확대로 인해 전체 확인 매장량의 약 6.9%를 보유하고 있으며, 2000년 이후 가장 큰 증가폭을 기록한 국가로 평가된다(EIA, 2022b). 이와 대조적으로 중동과 CIS 국가들(예 러시아)은 매장량은 많지만 생산 비율은 상대적으로 낮은 경향을 보인다. 이는 장기계약 기반의 수출 구조, 정치적 요인, 또는 인프라 제약 등에 기인한다(Stern, 2012).

표 6-1 천연가스 매장량(단위: 조 입방미터)

지역	2000년	2010년	2020년	매장량/생산량 비율
북미	7.3 (5.3%)	10.5 (5.8%)	15.2 (8.1%)	13.7
중·남미	6.8 (4.9%)	8.1 (4.5%)	7.9 (4.2%)	51.7
유럽	5.4 (3.9%)	4.7 (2.6%)	3.2 (1.7%)	14.5
CIS 국가들	38.6 (27.8%)	51.3 (28.5%)	56.6 (30.1%)	70.5
중동	58.3 (42.2%)	77.8 (43.2%)	75.8 (40.3%)	110.4
아프리카	11.9 (8.6%)	14.0 (7.8%)	12.9 (6.9%)	55.7
아시아태평양	9.8 (7.1%)	13.5 (7.5%)	16.6 (8.8%)	25.4
전 세계	138.0 (100.0%)	179.9 (100.0%)	188.1 (100.0%)	48.8
OECD	13.6 (9.9%)	17.6 (9.8%)	20.3 (10.8%)	13.7
비OECD	124.4 (90.1%)	162.4 (90.3%)	167.8 (89.2%)	70.6
EU	2.5 (1.8%)	1.6 (0.9%)	0.4 (0.2%)	9.2

자료: Energy Institute(2024)

(2) 천연가스 생산과 공급

글로벌 천연가스 공급 구조는 지질학적 분포, 기술 발전, 수송 인프라 확장, 지정학적 요인에 의해 복합적으로 형성된다. 천연가스는 매장지가 상대적으로 넓게 분포되어 있지만, 기체 상태라는 특성으로 인해 여전히 수송 제약과 시장 분절성을 지닌다(Stern, 2007).

미국, 러시아, 이란, 카타르, 캐나다, 호주 등이 주요 생산국이며, 아프리카, 동남아시아, 동지중해에서도 신규 개발이 활발하다(Energy Institute, 2024). 특히 LNG의 발전은 글로벌 공급의 유연성을 높이고, 천연가스를 석유처럼 국제적 상품으로 변화시키고 있다.

최근 러시아-우크라이나 전쟁은 유럽 천연가스 수급구조를 급격히 전환시켰으며, 이는 LNG 수입 확대와 공급선 다변화로 이어졌다. 이러한 변화는 글로벌 LNG 시장에도 큰 영향을 미치고 있다(Energy Institute, 2024).

천연가스 생산은 최근 미국을 중심으로 한 북미 지역을 중심으로 확대되고 있다. 전 세계 천연가스 생산량은 4059.2(10억 입방미터) 였으며 2013-2023년 기간 동안 연평균 1.9%의 생산 증가율은 나타내었다(Energy Institute, 2024). 2023년 기준 지역별 생산량은 북미 지역이 31.1%, CIS 국가들이 19.1%, 중동이 17.6%를 차지하고 있다. 아시아·태평양 지역은 17.0%의 비중을 나타내었다. 국가별로는 2023년 미국의 생산비중이 전 세계 생산의 25.5%를 차지하고 있고, 러시아(14.4%), 이란(6.2%), 중국(5.8%), 카타르(4.5%) 순으로 나타나고 있다. 2013년-2023년 기간 동안 생산량 연평균 증가율이 높은 국가는 미국(4.7%), 이란(4.8%), 호주(9.6%), 중국(6.8%)을 포함한다. OECD 국가들의 생산은 전 세계 소비의 40.2%를 차지하고 비OECD 국가들은 59.8%를 나타내었다. 2013-2023년 OECD 지역의 연평균 생산증가율은 3.1%였으며 비OECD 지역의 연평균 증가율은 1.1%였다.

그림 6-1 지역별 천연가스 생산(10억 입방미터)

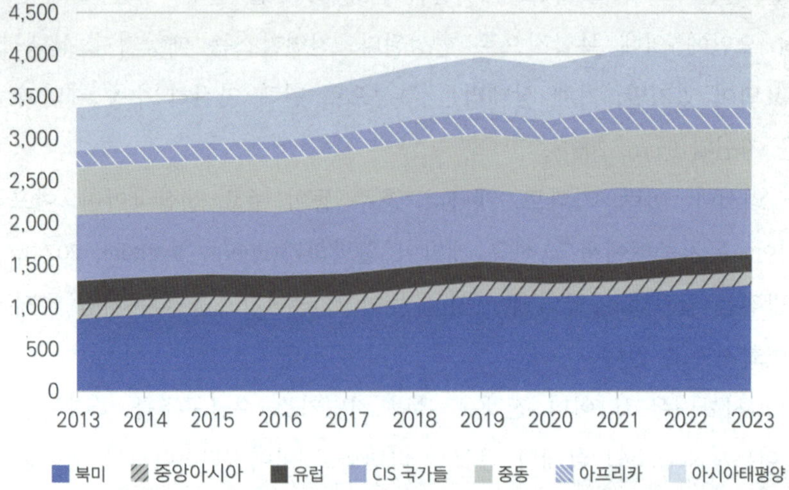

자료: Energy Institute(2024)

표 6-2 2023년 지역별 & 국가별 천연가스 생산량과 비중(10억 입방미터, %)

지역	2023년 생산량	2013-23	2023년 비중
북미	1,261.1	3.9%	31.1%
미국	1,035.3	4.7%	25.5%
중·남미	162.0	-0.7%	4.0%
유럽	204.3	-3.1%	5.0%
노르웨이	116.6	0.7%	2.9%
CIS 국가들	773.6	-0.1%	19.1%
러시아	586.4	-0.5%	14.4%
중동	712.7	2.4%	17.6%
이란	251.7	4.8%	6.2%
카타르	181.0	0.8%	4.5%
사우디아라비아	114.1	1.8%	2.8%
아프리카	253.6	2.5%	6.2%

지역	2023년 생산량	2013-23	2023년 비중
알제리아	101.5	2.5%	2.5%
아시아태평양	691.8	3.0%	17.0%
호주	151.7	9.6%	3.7%
중국	234.3	6.8%	5.8%
전 세계	4,059.2	1.9%	100.0%
OECD	1,632.5	3.1%	40.2%
비OECD	2,426.8	1.1%	59.8%

자료: Energy Institute(2024)

(3) 천연가스 소비

글로벌 천연가스 소비는 국가별 산업구조, 에너지 정책 방향, 환경 규제 강도 등에 따라 지역별·부문별로 상이한 양상을 보인다(IEA, 2024g). 천연가스는 전력 생산, 산업 공정, 주거 및 상업용 에너지, 교통 연료 등 다양한 부문에서 소비되며, 이 중 전력 생산 부문이 전체 소비에서 가장 높은 비중을 차지하고 있다(EIA, 2024).

지역별로 살펴보면, 북미와 유럽은 천연가스 인프라가 조기에 구축되어 다양한 최종수요 부문에 걸쳐 소비가 확산되어 왔으며, 특히 유럽은 강화된 환경 규제와 탈탄소화 정책 기조 하에서 천연가스를 전환 연료로 적극 활용하고 있다(Stern, 2023). 이에 반해, 중국, 인도, 동남아시아 등 신흥 경제권에서는 급속한 도시화, 산업화, 그리고 대기질 개선을 위한 환경정책 강화에 힘입어 천연가스 수요가 최근 급증하고 있으며, 중국은 이미 세계 최대 LNG 수입국으로 부상하였다.

부문별로는, 산업 부문에서 천연가스는 비료, 수소, 메탄올 생산의 핵심 원료로서 활용되고 있으며, 주거 및 상업 부문에서는 난방 및 취사용 연료로 폭넓게 사용되고 있다(IEA, 2023g). 아울러 교통 부문에서는 압축천연가스(CNG) 및 액화천연가스(LNG) 형태로 도로 운송 및 해상 운송 연료로서의 수요가 확대되고 있으며, 특히 국제해사기구(IMO)의 환경규제 강화 이후 선박 연료로서 LNG 채택이 가속화되고 있다.

최근에는 LNG 기술의 발전으로 글로벌 해상 운송이 보편화되면서, 천연가스 소비가 국내 중심 구조에서 국제 무역 기반 구조로 전환되고 있다. 이에 따라 천연가스는 석유와 유사한 글로벌 상품으로서의 성격을 강화하고 있으며, 지역별 가격 차이도 점차 축소되고 있다(Energy Institute, 2024).

[그림 6-2]는 지역별 천연가스 소비의 흐름을 나타내는데 천연가스 소비는 북미 지역과 아시아태평양 지역을 중심으로 2013-2023년 기간에 증가하는 추세를 보이고 있다. 중동의 소비도 지속적으로 증가하고 있으며 유럽과 CIS 국가들을 포함한 다른 지역도 동 기간 동안 비슷한 수준을 유지하고 있다.

그림 6-2 천연가스 소비(10억 입방미터)

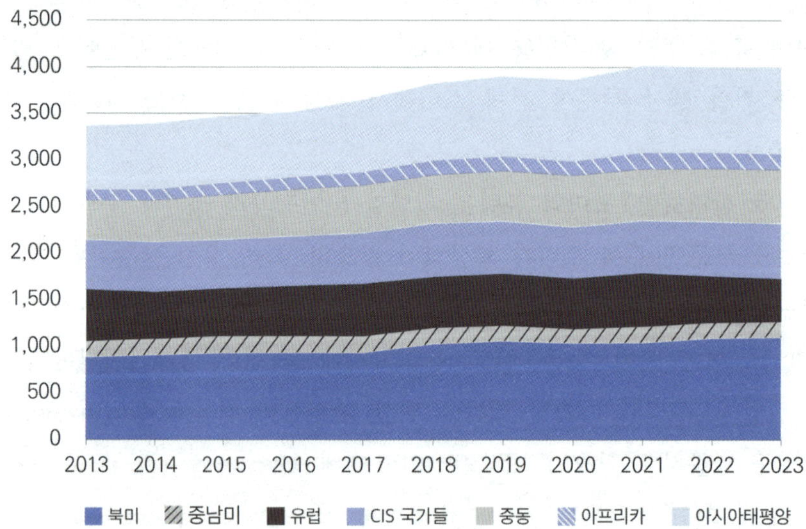

자료: Energy Institute(2024)

표 6-3 지역별 국가별 천연가스 소비와 국가별 비중(10억 입방미터, %)

	2023	2013-23	2023
북미	1,104.8	2.2%	27.5%
캐나다	120.7	1.4%	3.0%
멕시코	97.6	2.3%	2.4%
미국	886.5	2.3%	22.1%
중·남미	161.7	-0.3%	4.0%
유럽	463.4	-1.8%	11.6%
CIS 국가들	596.0	1.1%	14.9%
러시아	453.4	0.7%	11.3%
중동	577.7	3.2%	14.4%
이란	245.6	4.8%	6.1%
사우디아라비아	114.1	1.8%	2.8%
아프리카	171.2	3.9%	4.3%
아시아태평양	935.4	3.2%	23.3%
중국	404.8	8.9%	10.1%
일본	92.4	-2.9%	2.3%
한국	60.1	0.9%	1.5%
전 세계	4,010.2	1.7%	100.0%
OECD	1,757.0	0.8%	43.8%
비OECD	2,253.2	2.5%	56.2%

자료: Energy Institute(2024)

2023년 전 세계 천연가스 소비는 4010.2(10억 입방미터)였으며 2013–2023년 기간 동안 1.7%의 성장률을 나타내었다. 지역별 천연가스 소비 비중은 북미(27.5%), 아시아태평양(23.3%), CIS국가들(14.9%), 중동(14.4%) 순으로 분포를 나타내었다. 아시아태평양, 아프리카, 중동, 북미 지역이 빠른 소비증가율을 나타낸 반면 유럽과 중·남미는 성장률이 감소하였다. 국가별 소비로는 미국(22.1%), 러시아(11.3%), 중국(10.1%), 이란(6.1%)의 순으로 전 세계에서 차지하는 비중이 높게 나타났으며 한국의 경우 비중은 1.5%의 비중을 나타내었다. OECD 국가들의 비중은 43.8%를 나타내었으며 비OECD국가들의 비중은 56.2%를 나타내었다.

글로벌 액화천연가스(LNG) 수입은 지난 수십 년간 에너지 시장에서 가장 빠르게 성장한 분야 중 하나로 부상하였으며, 공급망 유연성 증대와 에너지 안보 강화에 핵심적 역할을 해 왔다(IEA, 2023g). LNG는 기존 파이프라인 수송 방식에 비해 거리 및 지정학적 제약으로부터 상대적으로 자유롭기 때문에, 천연가스 국제무역을 가능하게 하는 핵심 기술적 수단으로 자리잡았다(Stern, 2019). 이러한 특성 덕분에 LNG는 단일 지역 중심의 시장 구조를 넘어 글로벌 에너지 시장의 점진적 통합을 촉진하고 있다.

무엇보다도, LNG 수입은 지역 간 에너지 수급 불균형을 조정하는 데 핵심적인 기능을 수행하고 있다. 천연가스 자원이 풍부한 북미, 중동, 러시아 등의 지역에서 생산된 가스가, 수요가 집중된 동아시아, 유럽, 남아시아 지역으로 이전됨으로써, 천연가스는 점차 석유 시장과 유사한 통합성과 유연성을 갖춘 글로벌 상품으로 진화하고 있다.

수입국 측면에서 아시아는 글로벌 LNG 수요의 중심지로 부상하였다. 일본은 오랜 기간 세계 최대 LNG 수입국의 지위를 유지해왔으며, 2011년 후쿠시마 원전 사고 이후 원전 의존도를 대폭 축소하고 LNG 수입을 대체 에너지원으로 급격히 확대하였다. 최근에는 중국이 에너지 수요 급증과 대기질 개선 목표에 따라 LNG 수입을 대폭 늘려, 2021년 처음으로 일본을 제치고 세계 최대 LNG 수입국에 등극하였다(IEA, 2023g). 인도와 한국 또한 수입량을 지속적으로 확대하고 있으며, 아시아 전체는 현재 글로벌 LNG 수입의 약 70% 이상을 차지하고 있다.

유럽 역시 LNG 수입 시장에서 중요한 변화를 보이고 있다. 과거 유럽은 러시아산 파이프라인 가스에 대한 높은 의존도를 보여왔으나, 2022년 러시아-우크라이나 전쟁 발발 이후 에너지 안보에 대한 우려가 급증함에 따라 LNG 수입을 전략적으로 확대하는 방향으로 정책을 선회하였다(European Commission, 2023). 독일, 폴란드, 핀란드 등은 기존에 부재하던 LNG 터미널을 신속히 구축하거나 기존 시설을 확장하였고, 미국 및 카타르 등으로부터의 장기 수입계약 체결을 통해 공급선 다변화를 적극 추진하고 있다. 결과적으로 2022~2023년 사이 유럽의 LNG 수입량은 전년 대비 약 60% 증가하였으며, 이는 글로벌 LNG 수급 및 가격에 상당한 파급효과를 미쳤다.

글로벌 LNG 시장은 또한 계약 구조 측면에서도 중요한 변화를 경험하고 있다. 과거에는 20년 이상의 장기 고정가격 계약이 시장의 표준이었으나, 최근에는 현물 시장 및 단기 계약의 비중이 빠르게 증가하고 있다. 이는 수요의 변동성 증가, 시장 가격에 대한 민감성 강화, 공급국 간 경쟁 심화 등과 같은 요인에 기인하며, 결과적으로 LNG 거래의 유연성과 시장 반응성을 높이는 방향으로 시장이 진화하고 있음을 시사한다.

한편, LNG 수입 확대는 인프라 구축과 밀접하게 연계되어 있으며, 이에 따라 수입국의 정책적 의지, 제도적 환경, 기술 역량 등에 따라 확대 속도와 범위에 상당한 차이가 나타나고 있다. 아시아 및 유럽의 선진국들은 재기화터미널, 저장 설비, 전용 운반선 확보 등에서 상대적으로 우위에 있으나, 일부 개발도상국은 재정적·기술적 제약으로 인해 LNG 수입 확대에 구조적 어려움을 겪고 있다(IEEFA, 2022a). 이러한 한계를 극복하기 위해 부상한 대안이 부유식 저장 및 재기화 설비(FSRU: Floating Storage and Regasification Unit)이며, 초기 투자비용을 절감하고 신속한 배치가 가능하다는 점에서 특히 신흥국 시장에서 광범위하게 채택되고 있다.

주요 천연가스(LNG) 수입 국가들의 천연가스 수입량의 흐름은 [그림 6-3]에 나타나 있다. 천연가스 주요 수입국은 중국, 인도, 일본, 한국, 프랑스 및 대만 등이다. 천연가스 수입은 2013년-2023년 기간에 증가하는 모습을 보이고 있으며 중국, 한국, 인도를 중심으로 증가하고 있다. 특히 중국은 동 기간에 수입량이 25.2(10억 입방미터)에서 97.8(10억 입방미터)로 증가하였으며 연평균 14.6% 증가세를 보였다.

그림 6-3 주요 천연가스(LNG) 수입국가들의 수입량(단위: 10억 입방미터)

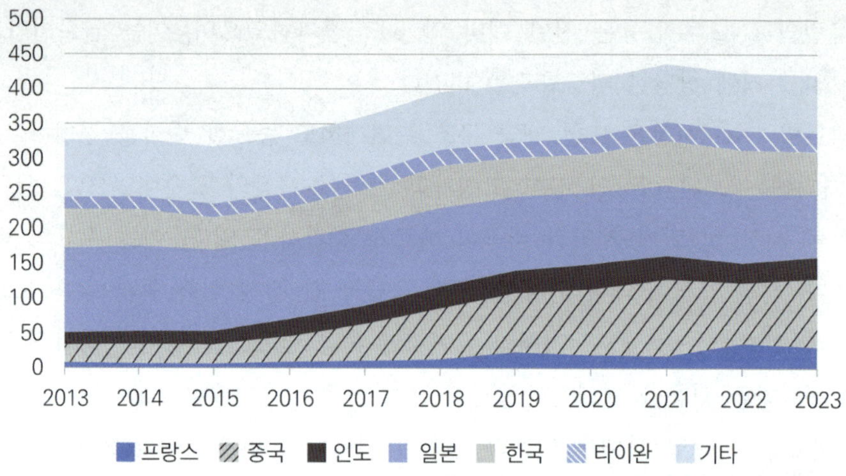

자료: Energy Institute(2024)

글로벌 액화천연가스(LNG) 수출 시장은 과거 몇몇 중동 및 동남아시아 국가에 집중되어 있었으나, 최근 수십 년간 기술 혁신과 투자 확대를 통해 공급국의 지리적 다양성이 급격히 확대되고 있다(IEA, 2023g). 이러한 변화는 천연가스 시장의 유연성을 높이고, 특정 지역에 대한 의존도를 완화함으로써 글로벌 에너지 공급망의 지정학적 위험을 분산시키는 데 중요한 역할을 하고 있다.

전통적으로 카타르, 말레이시아, 인도네시아 등은 세계 액화천연가스 수출량의 대부분을 차지해 왔으며, 특히 카타르는 풍부한 천연가스 자원과 조기 인프라 투자, 장기 공급계약 전략을 기반으로 2010년대 초반까지 세계 최대 수출국 지위를 유지하였다(IGU, 2024). 그러나 최근에는 미국과 호주가 주요 수출국으로 급부상하면서 글로벌 수출 구조에 중대한 변화를 가져왔다. 미국은 셰일가스 생산량의 급증과 함께 사빈 패스(Sabine Pass), 캐머런(Cameron), 프리포트(Freeport) 등 주요 액화설비에 대한 공격적인 투자를 통해 2016년 이후 본격적인 수출국으로 부상하였으며, 2023년에는 세계 최대 액화천연가스 수출국이 되었다(Energy Institute, 2024; EIA, 2023). 호주 또한 고르곤(Gorgon), 휘트스톤(Wheatstone), 이치 시스(Ichthys), 프렐류드(Prelude) 등 대형 프로젝트를 완공하며 카타르와 함께 2020년대 초반까지 세계 1~2위를 다투는 위치에 올랐다.

이와 같은 수출국 다변화는 천연가스 시장의 지역 편중을 완화하고 국제 무역의 유연성을 증대시키며, 액화천연가스를 석유에 이어 두 번째로 높은 통합성을 지닌 글로벌 에너지원으로 성장시키는 데 핵심적 기여를 하고 있다. 특히 미국, 호주, 카타르 간 경쟁 심화는 기존의 장기 고정계약 구조에도 변화를 야기하여, 액화천연가스 시장을 보다 시장지향적이고 역동적인 구조로 재편하는 데 기여하고 있다(IEA, 2023g).

글로벌 액화천연가스(LNG) 수출은 계약 구조 및 수출 전략 측면에서 두 가지 상이한 경향을 보인다. 일부 국가는 여전히 장기 고정계약(long-term contracts)에 의존하고 있으며, 이는 수입국의 수요 안정성과 수출국의 수익 예측 가능성을 동시에 보장한다. 카타르와 러시아가 대표적인 사례로, 이들은 장기 공급계약을 통해 동아시아 및 유럽의 주요 수입국들과 안정적인 무역 관계를 유지하고 있다(IEEFA, 2022c).

반면, 미국은 대부분의 LNG 수출을 헨리 허브(Henry Hub) 가격을 기반으로 하는 유연한 계약구조로 운영하며, 수출업자와 수입국 모두 시장 가격 변화에 민감하게 반응하는 구조를 채택하고 있다. 이러한 미국식 계약 모델은 글로벌 LNG 현물시장(spot market)의 성장과 가격 신호의 국제적 확산에 기여하고 있으며, 시장 유연성과 경쟁성을 동시에 제고하는 데 중요한 역할을 하고 있다(IGU, 2023; IEEFA, 2022c).

또한 최근에는 아프리카 및 남미 지역의 신규 LNG 수출국들이 주목받고 있다. 모잠비크는 로부마 액화 프로젝트(Rovuma LNG) 및 코랄 사우스 프로젝트(Coral South)를 통해, 세네갈은 그레이터 토르투 아메잉 프로젝트(Greater Tortue Ahmeyim)를 통해 수출 기반을 확장하고 있으며, 나이지리아도 기존 보니 아일랜드(Bonny Island) 플랜트에 추가 확장을 추진하고 있다(EIA, 2024). 이들 국가는 향후 LNG 수출의 지리적 분산과 글로벌 공급 안정성 제고에 크게 기여할 것으로 기대되며, 수출 경쟁의 심화와 함께 글로벌 가격 형성에도 복합적인 영향을 미칠 것으로 전망된다.

LNG 수출의 또 다른 특징은 액화 인프라의 장기 투자성과 높은 프로젝트 리스크이다. 액화 플랜트 건설에는 수십억 달러 규모의 자본 투자가 소요되며, 완공까지 수년이 걸리고, 프로젝트 성공 여부는 자원 매장량, 정치적 안정성, 투자제도, 수요 전망 등 다양한 요인에 의해 좌우된다(IEEFA, 2022b). 따라서 LNG 수출 부문은 단기적 시장 상황보다는 장기적 전략과 정책적 일관성에 훨씬 더 큰 영향을 받는 것으로 평가된다.

[그림 6-4]는 주요 천연가스(LNG) 수출 국가들의 수출물량을 나타내고 있다. 미국, 카타르, 호주, 러시아가 4대 천연가스 수출국이며 2023년 전 세계 수출물량의 68.8%를 차지하고 있다(Energy Institute, 2024). 미국, 카타르, 호주, 러시아의 비중은 각각 20.8%, 19.7%, 19.6%, 7.8%를 나타내었다. 최근에는 미국과 호주의 비중이 점차 증가하고 있음을 알 수 있다.

그림 6-4 주요 천연가스 수출(LNG) 국가들의 수출량(10억 입방미터)

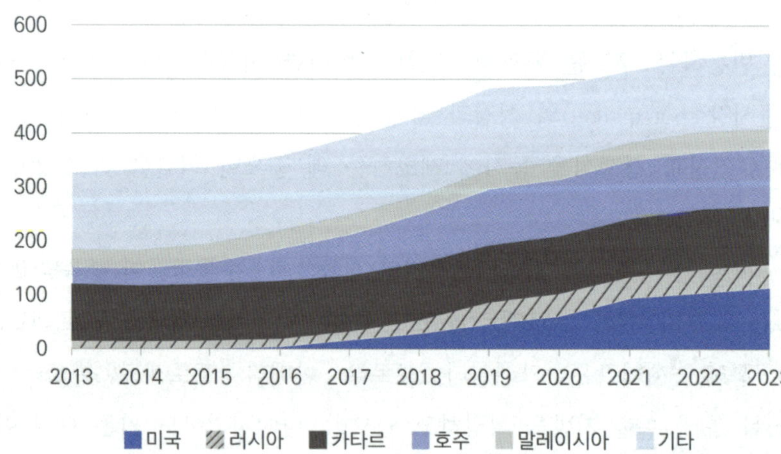

자료: Energy Institute(2024)

미국의 주요 LNG 수출은 프랑스, 영국, 이태리, 스페인을 중심으로 한 유럽 지역이 67%를 차지하고 있고 일본, 중국, 한국을 포함한 아시아 지역으로의 수출이 26%를 차지하고 있다(Energy Institute, 2024). 그리고 중남미 지역이 6.5%, 중동과 아프리카가 1%를 각각 차지하고 있다. 러시아는 중국과 일본을 중심으로 아시아태평양 지역에 전체의 54.1%를 수출하고 있으며 유럽의 비중은 스페인과 프랑스를 포함해서 45.5%를 차지하고 있다. 카타르의 경우는 중국, 인도, 한국을 포함한 아시아 지역으로의 수출이 전체 수출물량의 75%를 나타내고 있으며 이태리, 벨기에를 포함한 유럽 지역에 19.2%의 수출을 하고 있다. 호주의 경우 거의 수출 전량이 아시아 지역으로 향하고 있으며 호주로부터 수입이 가장 많은 국가는 일본, 중국, 그리고 한국 순이다.

그림 6-5 미국의 주요 LNG 수출국(단위: 10억 입방미터)

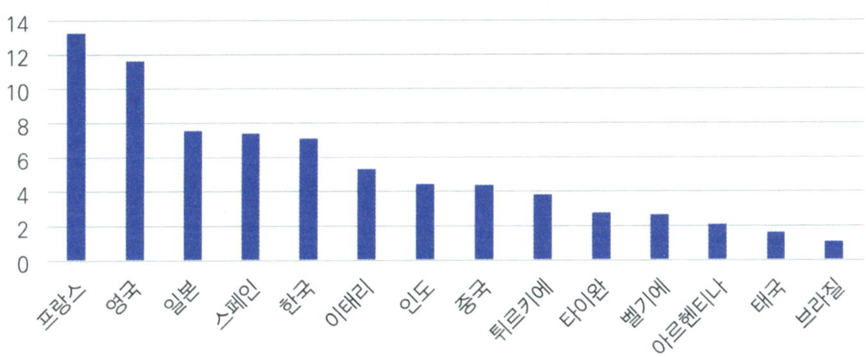

자료: Energy Institute(2024)

그림 6-6 러시아의 주요 LNG 수출국(단위: 10억 입방미터)

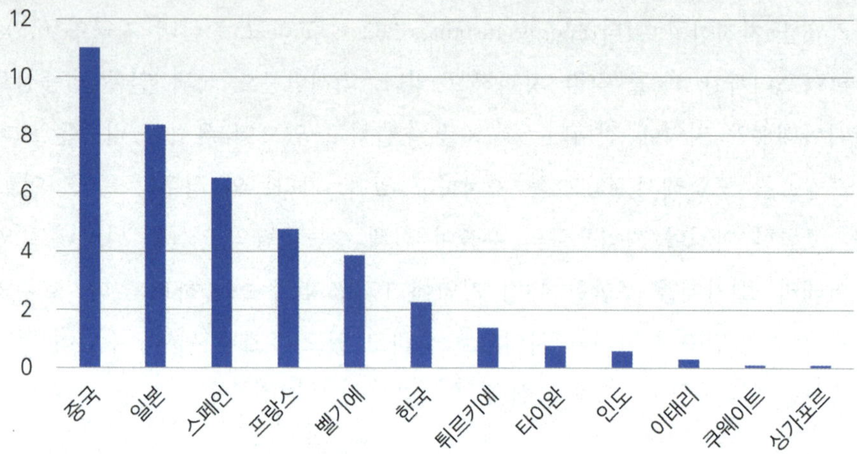

자료: Energy Institute(2024)

그림 6-7 카타르의 주요 LNG 수출국(단위: 10억 입방미터)

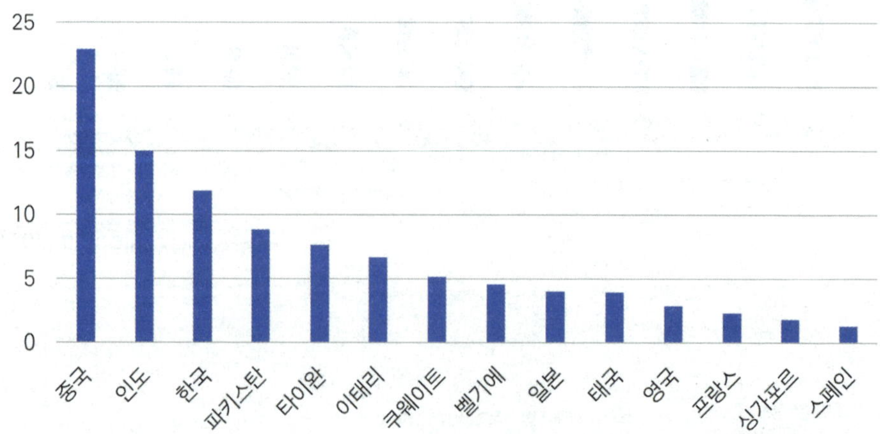

자료: Energy Institute(2024)

그림 6-8 호주의 주요 LNG 수출국(단위: 10억 입방미터)

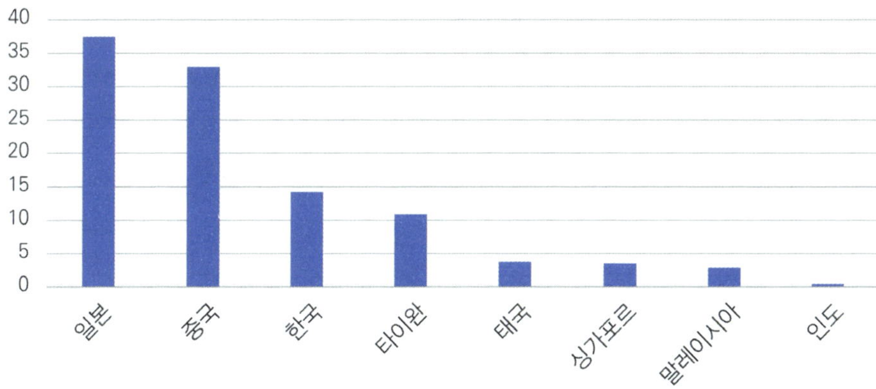

자료: Energy Institute(2024)

글로벌 파이프라인 천연가스(PNG) 수출은 지리적 인접성과 장기적 상호 의존성을 기반으로 형성된 에너지 공급 형태로, 액화천연가스(LNG)와 달리 고정된 수송 경로와 이로 인한 지정학적 민감성이 특징이다. 파이프라인을 통한 천연가스 수출은 일반적으로 생산국과 소비국 간의 지리적 근접성, 역사적 에너지 관계, 정치적 협력 수준에 크게 좌우되며, 이는 거래 구조의 안정성과 동시에 특정 위험 요소를 내포하는 특성으로 작용한다(IEA, 2023g).

PNG 수출은 전통적으로 유라시아 대륙을 중심으로 집중적으로 이루어져 왔다. 대표적으로 러시아(Russia)는 유럽과 아시아를 잇는 파이프라인 네트워크를 통해 세계 최대의 PNG 수출국으로 자리잡아 왔으며, 러시아산 가스는 독일, 이탈리아, 프랑스 등 주요 유럽 국가에 대규모로 공급되었다. 2021년 기준, 유럽 천연가스 수입량의 약 40%가 러시아 파이프라인을 통해 이루어졌다. 그러나 2022년 러시아–우크라이나 전쟁 이후 유럽의 수입구조는 급격히 변화하였고, PNG 수출은 정치적 리스크에 매우 취약한 구조임이 재확인되었다(European Commission, 2023).

기술적·경제적 특성상 PNG 수출은 특정 생산국이 특정 수입국에 장기적으로 가스를 공급하는 고정적 이원 거래구조를 형성하는 경향이 있다. 이는 LNG 시장에서 나타나는 현물 거래 및 계약 유연성 확대와 대비된다. 대표적으로 러시아–독일 간 노르드스트림(Nord Stream), 알제리–이탈리아 간 트랜스메드(TransMed), 노르웨이–영국 간 랭가스(Langeled)와 같은 대형 파이프라인은 막대한 인프라 투자와 수십 년 단위 장기 계약을 바탕으로 운영된다(IGU, 2023).

지역적으로 보면, PNG 수출은 유럽, 북미, 아시아를 중심으로 지역별 클러스터를 형성하고 있다. 유럽은 러시아, 노르웨이(Norway), 알제리(Algeria) 등의 공급국과 광범위한 파이프라인 네트워크를 공유하고 있으며, 북미에서는 미국과 캐나다 간, 그리고 멕시코로 이어지는 PNG 수출이 활발하다. 아시아에서는 투르크메니스탄, 카자흐스탄, 우즈베키스탄 등 중앙아시아 국가들이 중국으로 천연가스를 수출하는 파이프라인 체계를 갖추고 있으며, 대표적으로 중국–중앙아시아 파이프라인이 2009년 이후 중국의 천연가스 수급 안정성에 기여하고 있다.

한편, PNG 수출은 인프라 건설에 장시간이 소요되고, 정치적·환경적 인허가 요건이 까다롭기 때문에 확장성과 유연성 측면에서 LNG에 비해 제약이 크다. 특히 대륙 간 수송은 사실상 불가능하며, 해저 구간이 길어질 경우 건설비용이 급격히 증가한다. 이에 따라 PNG 수출국들은 지역 내 안정적인 수요처를 기반으로 보수적인 수출 전략을 채택하는 경향을 보인다.

그럼에도 불구하고, PNG는 운송비용이 낮고 대량 수송에 적합하다는 장점이 있어, 생산국과 수입국 간에 신뢰관계가 구축된 경우에는 매우 효율적인 에너지 공급 방식으로 평가된다. 특히 수요가 장기적으로 안정적인 산업 중심 국가에서는 PNG 공급이 경제성과 예측 가능성 측면에서 유리하게 작용할 수 있다(IEEFA, 2022b).

2023년 기준 파이프라인 천연가스(PNG) 수출량은 약 6,770억 입방미터(bcm)로 집계되었으며, 이는 같은 해 LNG 수출량인 5,492억 입방미터를 상회하였다(Energy Institute, 2024). [그림 6–9]는 노르웨이, 러시아, 미국, 캐나다 등 주요 PNG 수출국들의 수출 물량을 보여주고 있다.

그림 6-9 주요국의 PNG 수출(10억 입방미터)

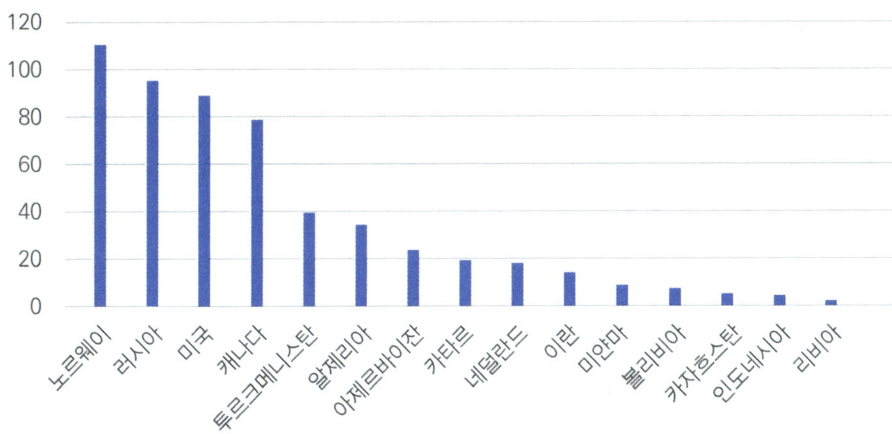

자료: Energy Institute(2024)

4 천연가스 시장의 구조와 시장지배력

천연가스 시장은 본질적으로 탐사, 생산, 수송, 가공, 분배 등 여러 단계에 걸쳐 높은 자본집약성과 자산특수성을 특징으로 하며, 이로 인해 각 단계별로 독점적 또는 과점적 시장구조가 형성되는 경향이 있다. 특히 수송 및 가공 부문은 초기 투자비용이 막대하고 대체가 어려운 특성으로 인해 자연독점적 성격을 강화하며, 이는 시장 진입장벽을 높이고 경쟁을 제한하는 주요 요인이 된다(Stern, 2012). 이러한 구조적 특성은 천연가스 가격 형성과 공급 안정성, 그리고 소비자 후생에 중대한 영향을 미친다.

시장 집중도가 높은 경우, 주요 공급자는 가격을 인위적으로 조정하거나 공급량을 통제함으로써 소비자에게 과도한 비용을 전가할 수 있으며, 이는 시장의 불확실성을 증대시키고 장기적으로 경쟁을 저해하여 혁신 유인을 약화시킬 수 있다. 따라서 천연가스 산업에서는 경쟁 촉진과 시장 감시를 통한 규제의 중요성이 지속적으로 강조되고 있다.

천연가스 공급망의 각 단계에서는 시장 집중도와 경쟁 수준이 상이하게 나타난다. 탐사와 생산 단계에서는 다양한 사업자가 참여할 여지가 상대적으로 크지만, 수송과 가공 단계에서는 일부 대형 기업이 시장을 지배하는 경향이 뚜렷하다(Jaffe & Soligo, 2007). 최종 분배 단계에서도 국가별 정책과 규제환경에 따라 경쟁 구도가 달라지나, 여전히 독점 또는 과점 구조가 우세한 경우가 많다.

세계 천연가스 시장에서 주요 생산국인 러시아, 미국, 카타르는 각국의 에너지 정책과 공급망 전략을 통해 글로벌 공급 및 가격 결정에 큰 영향을 미치고 있다(Victor et al., 2006). 특히 러시아의 국영기업인 가즈프롬(Gazprom)은 천연가스 생산과 수출을 사실상 독점하며, 파이프라인 네트워크를 통한 유럽 시장 지배력을 바탕으로 강력한 시장지배력을 행사하고 있다. 이러한 전략적 행위는 특정 지역의 에너지 안보를 위협하는 동시에, 천연가스 시장의 국제정치적 긴장을 심화시키는 요인이 되고 있다.

천연가스의 수송 및 가공 단계에서는 파이프라인 인프라가 매우 자본집약적이기 때문에 신규 공급자의 진입이 어렵고, 자연스럽게 독점적 구조가 형성될 가능성이 크다. 파이프라인은 건설 이후 한계비용이 낮지만 초기 고정투자비용이 매우 높아 진입장벽이 된다. 운송 인프라를 통제하는 기업들은 파이프라인 접근을 제한하거나 운송비용을 높여 시장지배력을 행사할 수 있다. 천연가스 가공 과정에서도 대규모 처리시설 보유 기업들이 비용구조를 통제함으로써 경쟁을 제한하고 높은 처리비용을 강제할 수 있다(Huppmann & Holz, 2012).

최종 분배 단계에서는 지역 유틸리티 회사들이 특정 지역에서 가스를 독점적으로 공급하는 경우가 흔하며, 이는 가격 결정 과정에 공급자의 영향력을 강화하고 시장 경쟁을 저해하는 요인이 된다(Juris, 1998).

또한 천연가스 공급자들은 생산, 운송, 가공, 유통 과정을 수직적으로 통합하여 시장지배력을 강화하기도 한다. 수직적 통합은 필수 설비에 대한 접근을 제한하거나 과도한 비용을 부과하는 방식으로 경쟁자들을 배제하고 시장 가격을 상승시킬 수 있다. 대표적으로 Gazprom은 천연가스 탐사, 생산, 수송, 그리고 유럽 시장 수출까지 일관되게 관리하여 공급망 전반에 걸친 지배력을 유지하고 있다(Yafimava, 2011).

천연가스 공급과정에서의 시장지배력 행사를 완화하기 위해 정부와 규제기관은 파이프라인에 대한 제3자 접근(Third-Party Access) 보장, 가격 규제, 경쟁 촉진 정책 등을 도입하고 있다(Heather, 2012). 그러나 규제의 효과는 국가별 시장 구조와 규제 체계에 따라 달라질 수 있다.

한편, 천연가스 시장에서는 장기계약이 공급자들의 시장지배력 행사에 중요한 수단으로 작용한다. 장기계약은 공급자와 수요자 간 안정성을 제공하지만, 구매자의 에너지원 전환 가능성을 제약하여 경쟁을 제한할 수 있다(Söderholm, 2008). 장기계약 비중이 높으면 신규 공급자의 시장 진입이 방해되고, 가격 경쟁이 감소하여 소비자 가격이 상승할 수 있다.

5 천연가스 시장의 탈규제와 구조개편

글로벌 천연가스 시장에서의 탈규제(deregulation)와 구조개편(restructuring)은 기존의 국가 독점 또는 규제된 통합 구조를 경쟁 중심의 시장 지향 구조로 전환하기 위한 정책적 변화들을 의미한다. 이러한 변화는 1980년대 미국과 영국을 중심으로 본격화되었으며, 천연가스의 가격 결정 방식, 투자 유인, 인프라 운영, 국제 무역 등에 큰 영향을 미쳐왔다(Joskow, 2005; Heather, 2015).

전통적으로 천연가스 산업은 생산, 수송, 유통을 하나의 기업 또는 공기업이 수직적으로 통합하여 운영해왔으며, 가격은 정부 또는 규제기관이 결정하였다. 이는 파이프라인이라는 기반시설이 본질적으로 자연독점적 성격을 갖고 있고, 장기적인 투자 안정성과 에너지 안보 확보라는 명분에 의해 정당화되었다. 그러나 시간이 지나면서 이러한 구조는 비효율적이며 시장 변화에 유연하게 대응하기 어렵다는 비판이 제기되었고, 이에 따라 각국은 점진적 또는 급진적인 탈규제와 구조개편을 추진하게 되었다.

탈규제(deregulation)는 가격, 시장 진입, 운영과 같은 부문에서 정부의 직접적인 통제를 완화하거나 제거하는 것을 의미한다(Joskow, 2008). 구조개편(restructuring)은 기존의 수직적으로 통합된 기업을 기능별로 분리(unbundling)하여, 경쟁이 가능한 부문(예 생산과 판매)과 자연독점적 성격을 가진 부문(예 송전과 수송)을 구분하는 과정을 말한다. 예를 들어, 에너지 산업에서는 생산과 판매 부문에 경쟁을 도입하고, 송전이나 파이프라인 수송 부문은 공공적 규제를 유지하는 방식이 대표적이다.

영국은 가장 먼저 천연가스 시장 자유화를 도입한 국가로, 1980년대 민영화를 시작으로 1998년에는 완전한 소매 경쟁 시장을 구축하였다. 이 과정에서 제3자 파이프라인 접근(Third-Party Access), 시장 기반 가격 체계, 자연독점 부문의 규제기관 감독 등의 제도들이 단계적으로 도입되었다(Helm, 2005).

유럽연합(EU)도 1990년대 말부터 '가스 지침(Directive)'을 통해 회원국들의 시장 개방을 유도하였다. 1998년, 2003년, 2009년의 세 차례 지침은 제3자 접근 보장, 송·배전과 판매 기능의 법적 분리, 독립 규제기관 설치 등을 요구하였고, 다수의 국가가 2004년까지 전면 시장 개방을 완료하였다(ACER, 2023). 다만 각국의 제도 도입과 실행 수준은 여전히 상이하며, 일부 국가는 여전히 구조적 통합성이 강하다.

미국은 연방 에너지 규제위원회(FERC)가 1980년대부터 탈규제를 본격 추진하였으며, FERC 명령 436(1985년)과 636(1992년)은 파이프라인 사업자에게 제3자 접근을 의무화하고, 소비자가 직접 생산자와 계약을 체결할 수 있도록 허용함으로써 경쟁적 도매시장을 형성하였다(FERC, 1992). 그 결과 미국은 현물 및 선물 시장이 활성화된 고유동성 시장을 구축하였으며, 헨리허브(Henry Hub)를 중심으로 글로벌 가격 신호 전파 기능을 수행하고 있다.

일본은 1990년대 후반부터 점진적인 천연가스 시장 자유화를 추진해왔으며, 2020년에는 소매 부문까지 완전 자유화를 달성하였다. 그러나 도쿄가스, 오사카가스 등 대형 지역가스회사가 여전히 시장을 주도하고 있어, 실질적인 경쟁은 제한적이라는 평가도 제기된다(IEEJ, 2021).

한국과 중국은 보다 점진적 접근을 취하고 있다. 한국은 한국가스공사

(KOGAS)를 중심으로 수입, 도매, 인프라 운영이 통합된 규제된 구조를 유지하고 있으며, 일부 발전용 및 산업용에 한해 시장화를 시도하고 있다. 중국은 2020년 국가 파이프라인공사(PipeChina)를 설립해 송·배전 인프라를 생산·판매 부문과 분리하는 구조조정을 착수하였으며, 이는 천연가스 산업의 효율성과 민간투자 유인을 강화하려는 시도의 일환이다(CNPC, 2021).

탈규제와 구조개편의 주요 목적은 시장 효율성 제고, 민간투자 촉진, 수입처 다변화, 가격 신호의 투명성 확보, 에너지 안보 제고 등이다. 최근 LNG 시장에서 장기 고정가격 계약이 허브 기반의 현물가격 계약으로 전환되는 추세도 이러한 시장 유연화와 규제 완화의 일환으로 해석된다.

요컨대 한국은 여전히 공공 중심의 안정성 지향 구조를 유지하고 있으나, 시장 유연성 확보, 가격 경쟁력 강화, 공급선 다변화 측면에서 점진적인 제도 개편의 필요성이 커지고 있다. 미국과 유럽의 자유화 경험은 이러한 제도 개혁을 추진할 때 유용한 벤치마크를 제공하며, 에너지 전환기와 글로벌 LNG 시장 재편기에 대응하는 정책 설계에 있어 중요한 시사점을 제공한다.

다만 탈규제의 효과는 국가마다 상이하게 나타난다. 경쟁성과 유동성은 일부 시장에서 향상되었지만, 지정학적 위기나 공급 차질 시 가격 변동성과 인프라 투자 지연 문제 등도 함께 나타났다. 러시아–우크라이나 전쟁은 자유화된 유럽 시장이 특정 공급국 의존에 얼마나 취약할 수 있는지를 보여주었으며, 이에 따라 전략적 규제와 시장 메커니즘 간 균형 설계의 중요성이 더욱 강조되고 있다(ACER, 2023).

6 천연가스 시장의 가격 결정

(1) 천연가스 주요 결정 요인들

천연가스 가격은 다양한 시장 요인들에 의하여 결정되며 전 세계적으로 균일한 가격이 형성되는 원유가격과 달리 천연가스는 지역의 수요와 공급, 수송비용과 시장구조에 영향을 받는다(Stern, 2012; Hartely et al., 2008). 가장 근원적인 가격 결정 요인은 수요와 공급이며 공급이 수요를 초과하면 가격이 하락하고 수요가 공급을 초과하면 가격이 상승한다. 탐사, 시추, 채굴 비용 등의 생산비용 또한 시장가격에 중요한 역할을 하며 심해시추기술이나 수압파쇄 기법 등 고비용의 생산 방식을 사용하는 경우 다른 지역에 비하여 시장가격이 높게 분포한다. 천연가스의 운송 비용 또한 최종 시장가격에 영향을 미치는데 LNG의 경우 장거리 운송은 액화, 선적 및 재기화 비용으로 인해 비용상승의 요인으로 작용한다.

천연가스의 가격 결정은 지역별 시장 구조, 대체 연료의 존재 여부, 계약 형태 등에 따라 다양한 방식을 따른다. 전통적으로 유럽과 아시아 시장에서는 석유 연동 가격제(oil-indexed pricing), 즉 가격연동제(parity pricing)가 주요한 가격 결정 메커니즘이었다. 이 방식에서 천연가스 가격은 중유, 경유 등 석유 제품의 가격과 일정한 비율로 연동되며, 주로 장기계약(long-term contracts)에서 활용되었다. 수식적으로 가격연동(parity pricing)은 다음과 같이 표현할 수 있다.

$$P_{gas} = \alpha \cdot P_{oil} + \beta \tag{6.1}$$

여기서 P_{gas}는 천연가스 가격, P_{oil}은 기준 석유제품 가격, α는 에너지 등가 기준 계수 그리고 β는 조정상수로서 운송비용, 시장조정 요소를 반영한다. 이러한 방식은 가격의 변동성을 유가에 연동시킴으로써 장기적인 안정성을 제공하지만, 시장의 수급 상황이나 천연가스 고유의 수요·공급 특성을 반영하는 데에는 한계가 있다.

한편, 글로벌 LNG 시장의 확대와 함께 점차 중요성이 증가하고 있는 방식은 순환수 가격방식(netback pricing)이다. 이는 수요지에서의 천연가스 판매 가격을 기준으로, 생산지 가격을 역산하는 방식으로, 다음과 같이 표현할 수 있다.

$$P_{netback} = P_{delivered} - C_{liquefaction} - C_{transport} - C_{regasification} \tag{6.2}$$

여기서 $P_{netback}$은 생산지(수출국)에서의 순환수 가격, $P_{delivered}$는 수요지(수입국)에서의 도착가격, $C_{liquefaction}$은 액화비용, $C_{transport}$는 운송비용, $C_{regasification}$은 재기화 비용을 나타낸다. Netback 방식은 가격 결정이 수요지의 시장 가격에 따라 유연하게 조정되므로, 시장 기반의 경쟁적 거래에 유리하다(Wood & Mokhatab, 2014). 이 방식은 특히 미국, 호주 등 자유화된 가스 생산국에서 LNG 수출 시 가격 책정의 핵심 도구로 활용되고 있다.

최근에는 유가 연동 방식과 시장 가격 연동 방식을 결합한 혼합가격방식(hybrid pricing)도 등장하고 있다. 이 방식은 다음과 같은 가중 평균 형태로 모델링되기도 한다.

$$P_{hybrid} = \omega_1 \cdot P_{oil-indexed} + \omega_2 \cdot P_{hub} \qquad (6.3)$$

여기서 $\omega_1 + \omega_2 = 1$, P_{hybrid}는 가격 가중 평균, $P_{oil-indexed}$는 석유연동가격, P_{hub}는 현물시장 기준가격, ω_1과 ω_2는 가중치를 나타낸다. 이러한 혼합방식 모델은 장기계약의 안정성과 시장 가격 반영의 유연성을 동시에 확보할 수 있는 방법으로 평가받고 있다(Stern, 2012).

요컨대, 천연가스 가격 결정 방식은 석유시장과의 연계성, 국제 거래 구조, 시장의 자유화 정도에 따라 상이하며, 최근에는 점차 수요지의 가격 신호를 반영하는 시장 기반 방식으로의 전환이 이루어지고 있다(Heather, 2020). 이러한 변화는 천연가스의 글로벌 통합과 에너지 전환이라는 거시적 흐름과 밀접한 관련이 있다.

(2) 지역적 가격 변동

천연가스는 전 세계적인 단일 가격 형성이 되지 않고 지역적으로 가격 차이가 발생한다. 북미의 경우, 천연가스 가격은 헨리허브 가격이 벤치마크 역할을 한다. 미국은 셰일가스붐으로 다른 지역에 비하여 낮은 가격을 유지하고 있다. 유럽은 영국의 NBP(National Balancing Point)와 네덜란드의 TTF(Title Transfer Facility)의 중심으로 가격이 형성된다. 유럽의 천연가스 가격은 수입비용과 시장 구조를 반영하여 미국에 비하여 높게 형성된다(Stern, 2012; Heather, 2020). 아시아 천연가스 가격은 주로 전통적으로 원유가격에 연동된 장기계약에 의하여 결정되는 경우가 많다. 주로 LNG 수입에 대한 의존과 장거리 운송으로 지역적으로 시장가격이 가장 높게 형성된다.

[그림 6-10]은 한국, 중국, 일본 3국 및 헨리허브, NPT 그리고 TTF 허브에서의 천연가스 가격을 나타내고 있다. 그림에서와 같이 천연가스 가격은 석유가격과 달리 지역별로 다르게 분포하고 있다는 것을 알 수 있다. 유럽과 미국의 천연가스 허브의 가격은 한국, 중국, 일본 아시아 지역의 가격보다 낮게 유지되었으나 2021년을 기점으로 NBP와 TTF 허브의 가격이 급격하게 상승하였다. 이는 2022년 2월에 시작된 러시아-우크라이나 전쟁으로 인해 러시아로부터의 천연가스 공급이 크게 줄어들었기 때문이다. 유럽은 오랫동안 러시아 천연가스에 크게 의존해 왔으며, 러시아의 공급 부족이 유럽 전역에서 에너지 가격을 급등시키는 결과를 초래했다. 러시아산 천연가스를 대신해 LNG 수입 등을 통해 이를 보완하려 했으나, 상당한 시간과 비용이 소요되었다. 아시아 국가들도 LNG 수입을 늘리면서, 글로벌 LNG 시장에서 수요가 증가하였고, 유럽시장에서 LNG를 확보하는 데 어려움을 겪었다. 또한 2021년 유럽의 천연가스 비축량이 예년보다 낮아 겨울철에 대한 우려가 있었으며 이는 가격 상승의 주요 요인으로 작용하였다. 미국은 자체적인 천연가스 생산량이 많아 헨리 허브 가격이 상대적으로 안정적인 반면, 유럽은 자국 내 생산이 적고, 주로 수입에 의존하고 있어 외부 충격에 취약했다. 그리고 미국의 천연가스 시장은 유럽에 비해 덜 분산되어 있어 수요와 공급이 비교적 안정적인 경향이 있으나 유럽은 여러 국가들이 서로 다른 방식으로 에너지를 수급하고 있어, 불안정성이 더 크게 나타났다.

그림 6-10 천연가스 가격(US달러/백만Btu)

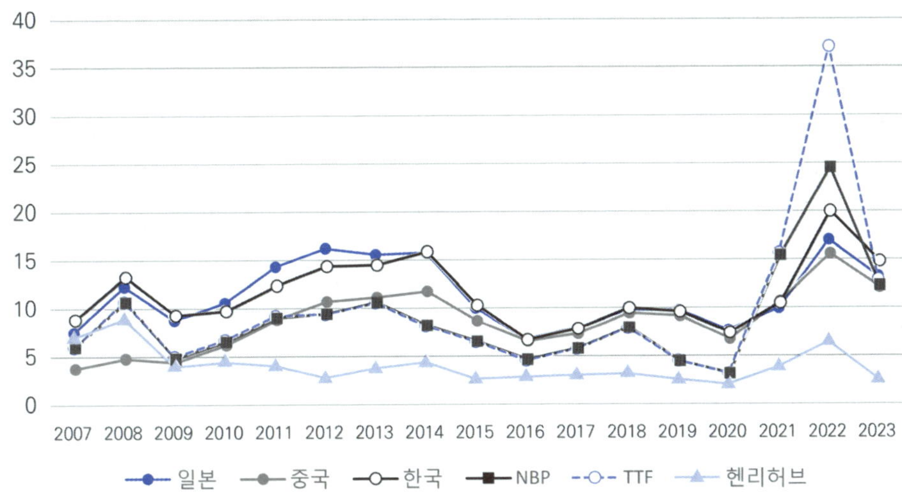

자료: Energy Institute(2024)

(3) 장기계약과 현물시장

천연가스 시장에서 거래 계약은 전통적으로 장기계약(long-term contracts)에 기반해 발전해 왔으며, 특히 LNG 시장에서는 장기계약이 공급 안정성과 투자 회수의 핵심 수단으로 기능해 왔다. 장기계약은 일반적으로 10년에서 25년 이상의 기간 동안 천연가스를 공급하는 구조로, 대규모 인프라 투자에 대한 금융 조달을 가능하게 하고, 공급자와 수요자 모두에게 일정한 수급 안정성을 제공한다. 이러한 계약은 보통 유가 연동 방식(oil-indexed pricing)을 통해 가격이 결정되며, 수요자는 정해진 물량을 구매하거나 인수하지 않더라도 대금을 지불해야 하는 '수령 또는 지불' 조항('take-or-pay' clause)을 수용해야 한다. 이는 수출국이나 프로젝트 개발자가 안정적인 수익을 확보할 수 있도록 보장하는 동시에, 수입국에는 에너지 안보를 제공하는 장점이 있다(Jensen, 2004).

최근에는 장기계약의 유연성을 높이기 위한 움직임이 나타나고 있다. 예를 들어, 일부 계약에서는 도착지 제한을 완화하거나 의무인수 조항을 조정하여 구매자의 부담을 줄이려는 노력이 이루어지고 있다. 또한, 셰일가스 생산 증가와 새로운 공급자의 등장으로 인해 장기계약의 가격 결정 방식과 조건에도 변화가 일어나고 있다.

2000년대 이후 천연가스 시장, 특히 LNG 시장의 유연화와 글로벌화가 빠르게 진전되면서 단기계약(short–term contracts)과 현물거래(spot trading)의 비중이 점차 증가하고 있다. 단기계약은 대개 1개월에서 수년 이내의 기간으로 이루어지며, 현물가격 또는 허브 가격(Henry Hub, TTF, JKM 등)에 연동되어 거래된다. 이러한 계약은 단기적인 수급 조정 수단으로서 유용하며, 수요 변동이나 긴급 상황에 신속하게 대응할 수 있는 유연성을 제공한다. 또한 가격 조항이 비교적 단순하고 수령 또는 지불(take–or–pay) 조건이 약하거나 없는 경우가 많아, 수요자에게는 비용 측면의 유리함을, 공급자에게는 시장가격을 반영한 수익 기회를 제공할 수 있다(Heather, 2012).

최근 국제 천연가스 시장에서는 장기계약과 단기계약이 서로 보완적으로 작용하는 구조가 일반화되고 있다. 장기계약은 기저 수요를 충당하고 인프라 투자를 가능하게 하는 역할을 지속적으로 수행하고 있는 반면, 단기계약은 예외적 수요나 시장 기회에 대응하는 기능을 수행한다. 이에 따라 많은 수입국들은 장기계약을 중심으로 기본 물량을 확보하고, 나머지 수요를 단기계약이나 현물 시장을 통해 보완하는 포트폴리오 전략을 채택하고 있다. 한국, 일본과 같은 주요 LNG 수입국들은 이러한 혼합 전략을 통해 가격 안정성과 수급 유연성을 동시에 추구하고 있으며, 일부 장기계약에서는 유가 연동과 허브 연동을 혼합한 복합 가격 구조(hybrid pricing)를 도입하는 사례도 점차 늘고 있다.

결국 천연가스 시장에서 장기계약과 단기계약은 각기 다른 기능과 목적을 가지며, 시장 환경과 수급 리스크에 따라 상호보완적인 역할을 수행한다. 장기계약은 여전히 에너지 인프라의 경제성을 담보하는 필수적인 제도적 장치인 반면, 단기계약은 시장 기반 거래 확대와 가격 경쟁력 확보를 위한 필수적인 유연성 도구로 자리 잡고 있다. 이러한 계약 구조의 이중성은 앞으로도 지속될 것으로 보이며, 국제 LNG 시장의 통합이 심화될수록 단기계약의 비중은 더욱 확대될 가능성이 높다.

7 에너지 전환과 천연가스의 미래

이 장에서는 천연가스의 물리적·화학적 특성, 자원 분류, 수직적 가치사슬 구조, 시장거래 방식과 산업 내 경쟁구조 등에 대해 살펴보았다. 특히 공급사슬의 각 단계에서 발생할 수 있는 시장지배력의 형태와 가격결정 방식, 그리고 수출입 구조와 지역 간 의존도에 기반한 거래 메커니즘을 고찰함으로써 천연가스 경제의 복합적 구조를 이해하고자 하였다.

21세기 들어 에너지 전환은 글로벌 에너지 체계의 핵심 어젠다로 자리 잡았다. 이는 단순한 연료 대체를 넘어, 탄소중립(net-zero)이라는 궁극적 목표 하에 에너지 시스템의 구조적 전환을 요구하는 것으로, 기존 화석연료 중심의 시스템에서 재생에너지와 저탄소 기술 중심의 체제로의 이행을 의미한다. 이러한 전환 과정에서 천연가스는 석탄 및 석유에 비해 상대적으로 탄소배출이 적고, 발전효율이 높은 연료라는 점에서 '전환 연료(transition fuel)'로서의 전략적 위상을 점유하고 있다.

천연가스는 특히 전력 부문에서 중요한 역할을 수행해 왔다. 복합화력발전소(CCGT)의 높은 열효율과 짧은 시운전 시간, 그리고 부분 부하에서도 신속한 대응이 가능하다는 점은 재생에너지의 간헐성 및 불확실성을 보완하는 조절 전원(flexibility resource)으로서의 기능을 부여한다. 이러한 기술적 특성은 풍력·태양광 중심의 전력계통에 안정성을 부여하고, 초기 재생에너지 확대 시기의 필수적 보완 수단으로 천연가스를 활용하도록 만든 배경이 되었다.

실제로 유럽연합, 일본, 한국 등 주요 국가들은 석탄화력발전의 점진적 퇴출을 천연가스 발전으로 대체하는 전략을 채택해 왔다. 유럽의 경우, 2010년대 중반 이후 '석탄 퇴출(coal phase-out)' 정책과 병행하여 천연가스 발전 비중을 일시적으로 확대하였으며, 이는 재생에너지가 계통에서 일정 수준 이상 확대되기 전까지의 과도기적 대응으로 평가된다. 이처럼 천연가스는 에너지 안보와 탄소감축이라는 복수 목표를 동시에 고려한 현실적 이행수단으로 기능해 왔다.

그러나 이러한 역할이 영구적인 것은 아니다. 국제에너지기구(IEA)가 제시한

'2050년 탄소중립 시나리오(Net-Zero by 2050)'에 따르면, 세계 천연가스 수요는 2020년대 중반 이후 정점을 찍고 하강할 것으로 예상된다. 이는 단순한 수요 감소를 넘어, 전체 에너지 시스템의 탈탄소화 경로에서 천연가스의 지속가능성이 '탄소 관리 기술'과의 결합 여부에 따라 달라질 수밖에 없다는 점을 시사한다. 즉, CCS(Carbon Capture and Storage), CCUS(Carbon Capture, Utilization and Storage) 등과의 기술적 연계 없이는 장기적으로 천연가스 기반 발전 및 산업 공정이 존속하기 어려운 구조로 진입하게 된다.

이와 관련하여 최근 주목받고 있는 대응 전략 중 하나는 천연가스를 '저탄소 가스'로 전환하거나 수소 생산의 전구체(feedstock)로 활용하는 방식이다. 예컨대, 천연가스에서 이산화탄소를 포집해 블루 수소를 생산하거나, 바이오가스 및 합성 메탄(Synthetic Methane)을 기존 천연가스와 혼합하여 활용하는 방식은 전통적 가스 시스템을 유지하면서도 탄소중립에 부합하는 새로운 방향으로 평가된다. 일부 국가는 이러한 전략을 염두에 두고 기존 천연가스 네트워크를 향후 수소 인프라(hydrogen-ready infrastructure)로 전환할 수 있도록 설계하고 있으며, 이는 기존 자산의 활용도를 높이고 투자 리스크를 완화하는 수단으로 주목받고 있다.

그러나 이러한 전환 전략은 기술적 상용화, 경제성 확보, 제도적 정합성이라는 세 가지 과제를 동시에 충족해야 한다. CCS나 수소 기반 전환 기술은 아직까지 상업화 단계에 도달하지 못하거나, 투자 비용과 단위 생산비가 과도하게 높아 시장 경쟁력이 부족한 상황이다. 이에 따라 명확한 정책 지원과 규제 프레임워크, 탄소가격제·보조금·R&D 투자 등의 수단이 필수적으로 병행되어야 한다. 또한, ESG(환경·사회·지배구조) 기준이 강화되고 투자자들의 탈탄소 요구가 확산되면서, 전통적인 천연가스 개발 프로젝트에 대한 금융조달 여건이 악화되고 있는 점 역시 천연가스 산업의 지속가능성에 구조적 제약을 가하고 있다(World Bank, 2022).

한국의 경우도 2050년 탄소중립 목표를 공식화함에 따라, 천연가스의 중장기적 위상 재정립이 불가피하다. 현재까지는 석탄 감축과 재생에너지 확대 사이의 브릿지 수단으로 천연가스 발전이 효과적으로 작동하고 있으나, 장기적으로는 수소 전환 인프라의 확충, CCS 기반의 청정연료 기술 확보 여부가 천연가스 발전의 존속 가능성을 결정짓는 핵심 변수가 될 것이다.

결론적으로, 천연가스는 에너지 전환 초기 국면에서 중요한 유연성과 실용성을 제공하였으며, 에너지 안보와 탄소 감축의 균형을 달성하는 데 핵심적 역할을 수행해 왔다. 그러나 탈탄소화가 전방위적으로 추진되는 중장기 전환기에는, 천연가스 역시 기존의 고탄소 에너지에서 벗어나 청정가스 체계로의 구조적 변화를 필요로 한다. 이를 위해서는 기술 혁신과 정책 일관성, 국제 협력, 투자 유치 메커니즘이 유기적으로 결합되어야 하며, 단기적 전력시장 수요에 대응하는 유연성과 장기적 지속가능성 확보 사이에서 전략적 균형을 도모하는 것이 향후 천연가스 산업의 진로를 좌우하게 될 것이다.

제7장

석탄 시장

1 서론

석탄 산업은 수세기 동안 산업화의 견인차로서 글로벌 에너지 체계의 형성과 진화에 중대한 역할을 수행해 왔다. 고대 중국과 로마 시대에도 석탄은 난방 및 금속 가공에 제한적으로 사용되었지만, 그 전략적 중요성이 본격적으로 부각된 시기는 18세기 후반부터 시작된 산업혁명기였다. 이 시기 석탄은 증기기관의 주요 연료로 사용되며 면직업, 제철업, 철도 운송 등 기계화된 산업 부문의 비약적 성장을 가능하게 하였고, 이는 영국, 독일, 미국 등 주요 산업국의 경제적 도약을 견인하였다(Allen, 2021).

19세기 후반부터 20세기 초반까지 석탄은 가정용 난방, 공장동력, 전력생산 등 광범위한 부문에서 주요 1차 에너지원으로 기능하며 에너지 소비의 중심축을 형성하였다. 이와 동시에 유럽과 북미 지역을 중심으로 대규모 광산 개발과 철도망 확충이 이루어지면서, 석탄은 산업화와 도시화를 가속화하는 기반 인프라로 작용하였다. 그러나 20세기 중반 이후 석유 및 천연가스와 같은 보다 높은 에너지 밀도와 유연성을 지닌 에너지원의 등장, 그리고 원자력 발전의 도입은 석탄의 상대적 위상을 점차 약화시키는 계기가 되었다.

더욱이, 석탄 채굴 및 연소 과정에서의 대기오염, 온실가스 배출, 광산 노동자의 건강 문제 등 부정적 외부효과는 석탄 산업에 대한 국제사회의 비판적 시각을 강화시켰으며, 환경 규제의 강화와 탈탄소화 전환을 촉진하는 요인으로 작용하였다(Burtraw & Woerman, 2013). 특히 기후변화 대응을 위한 글로벌 협약과 국가별 탄소중립 목표는 석탄화력발전의 단계적 축소와 관련 정책 도입을 가속화시키고 있다.

그럼에도 불구하고, 석탄은 여전히 세계 에너지 믹스의 약 25~30%를 차지하는 주요 자원으로 남아 있으며(IEA, 2023c), 전력 수급의 신뢰성과 가격경쟁력을 중시하는 개발도상국에서는 에너지 안보 확보와 경제성 측면에서 여전히 전략적인 에너지원으로 활용되고 있다.

현대의 석탄시장은 공급망 리스크, 지정학적 변수, 탈석탄 정책과의 충돌, 청정기술 도입, 국제 금융의 탈석탄화 흐름 등 복합적인 요소가 작용하는 불확실성과 전환의 장으로 특징지어진다(Kahle, 2023). 이와 같은 맥락에서 석탄 산업의 역사적 진화, 기술적·경제적 특성, 산업구조 및 시장동향에 대한 종합적인 이해는 현재 진행 중인 글로벌 에너지 전환 과정에서 석탄의 잔존적 역할과 전환 가능성을 평가하는 데 핵심적인 분석 틀을 제공한다.

본 장에서는 첫째, 석탄의 역사적 배경과 기술적 특성을 검토하고, 둘째, 석탄 산업의 수직적 가치사슬과 주요 산업주체를 분석하며, 셋째, 석탄시장에 영향을 미치는 글로벌 수요·공급 요인과 정책 환경의 변화를 고찰한다. 이를 통해 석탄 산업의 구조적 지속가능성, 전환 경로, 그리고 향후 글로벌 에너지 체계 내 위상 변화를 종합적으로 분석하고자 한다.

2 석탄 산업의 역사

석탄 산업의 역사는 산업혁명기 이후 산업생산과 다수 국가들의 경제발전과 밀접하게 연관되어 왔다. 석탄의 사용은 수천 년 전으로 거슬러 올라가지만, 본격적인 산업적 용도로의 활용은 근대 초기에 이르러서야 비로소 나타난다.

기록에 따르면 중국에서는 기원전 1000년경부터 석탄을 난방 연료로 사용하였으며, 로마 제국 시기인 서기 200년경에도 석탄 사용이 확인된다. 그러나 석탄이 산업적으로 광범위하게 사용되기 시작한 것은 13세기경 영국에서였으며, 당시에는 난방과 대장장이업에서 주로 사용되었다(Smil, 2017).

16세기 말부터 17세기 초에 이르러 인구 증가와 수공업의 확대에 따라 에너지 수요가 급증하면서, 석탄 채굴이 점차 산업화되기 시작했다. 특히 17세기 말까지 영국에서는 탄광이 경제의 핵심 부문으로 성장하게 되었으며, 석탄은 목재의 대체재로서 중요한 역할을 하기 시작하였다(Clark & Jacks, 2007).

18세기 말 산업혁명의 도래는 석탄의 역사에서 결정적인 전환점을 이룬다. 새로운 기술과 기계의 출현으로 에너지 수요가 급격히 증가하자, 석탄은 목재 및 숯을 대체하는 주요 에너지원이 되었고, 증기기관의 동력원으로서 섬유, 철도, 강철 산업 등의 기반이 되었다. 19세기 내내 석탄은 영국 경제의 중심이 되었으며, 유사한 경향이 독일과 미국에서도 나타났다(Allen, 2009).

20세기에는 석탄 생산이 정점을 맞이하였으며, 특히 제2차 세계대전 기간 동안 군수 산업과 전쟁 수행에 있어 필수적인 에너지원으로 기능하였다. 그러나 전후에는 석유, 천연가스, 원자력의 확산과 함께 석탄의 상대적 비중은 점차 하락하였다. 동시에 석탄 채굴과 연소로 인한 환경오염, 대기질 저하, 건강 피해 등의 문제가 사회적 이슈로 부상하며 석탄의 쇠퇴를 더욱 가속화하였다(Smil, 2017; Fouquet, 2014).

20세기 후반 이후 유럽과 북미의 많은 탄광이 폐쇄되고, 석탄 산업의 중심은 중국, 인도, 인도네시아 등 생산비용이 낮고 수요가 지속되는 지역으로 이동하였다. 이와 같은 쇠락에도 불구하고, 석탄은 여전히 많은 개발도상국에서 접근성과 경제성 측면에서 유리한 에너지원으로 남아 있다(World Bank, 2018b).

21세기에 들어서면서 석탄 산업은 전 세계적으로 복합적인 도전에 직면하고 있다. 탈탄소화를 위한 환경규제 강화, 재생에너지 기술의 확산, 금융기관의 석탄 투자 회피 등은 석탄 생산 및 소비에 지속적인 압력을 가하고 있다. 많은 선진국에서는 석탄이 청정에너지로 점차 대체되고 있으나, 중국, 인도, 아프리카 일부 국가에서는 여전히 석탄이 에너지믹스의 중추적인 역할을 하고 있다(IEA, 2023c).

석탄의 미래는 여전히 불확실하다. 탄소포집 · 저장기술(CCS)이나 고효율 저배출 석탄기술(HELE)의 도입이 석탄의 환경적 부작용을 완화할 수 있다는 주장과, 탄소중립을 달성하기 위해서는 석탄으로부터의 근본적 이탈이 필요하다는 주장이 병존한다. 현재의 글로벌 에너지 전환 흐름은 석탄의 비중을 지속적으로 축소시키고 있지만, 일부 지역에서는 중단기적으로 여전히 핵심 에너지원으로 유지될 가능성이 크다(IEA, 2023c).

3 석탄의 분류와 특징

석탄은 수세기 동안 주요 에너지원으로 활용되어 온 퇴적성 탄화물로, 주로 탄소(C)를 중심으로 수소(H), 산소(O), 질소(N), 황(S) 등의 원소로 구성되어 있다. 석탄의 물리적 및 화학적 특성은 석탄화(coalification) 과정에서 원 식물 유기물이 얼마나 완전히 탄화되었는지에 따라 결정된다. 이 석탄화 정도에 따라 석탄은 탄소 함량, 수분, 휘발성분(volatiles), 회분, 에너지 밀도 등의 특성이 달라지며, 일반적으로 갈탄(lignite), 아역청탄(sub-bituminous coal), 역청탄(bituminous coal), 무연탄(anthracite)으로 분류된다(Speight, 2013 & 2015).

갈탄은 석탄화 정도가 가장 낮은 저등급 석탄으로, 유기물이 열과 압력을 받아 석탄으로 전환되는 탄화(coalification) 과정이 충분히 진행되지 않아 탄소 함량이 약 25~35% 수준에 불과하다. 동시에 수분 함량은 평균적으로 매우 높은 편이며, 이로 인해 연소 효율이 낮고 저장 및 운송 과정에서도 여러 제약이 따른다. 외관상 흑갈색을 띠며, 구조는 부드럽고 쉽게 부서지는 성질을 가지고 있어 분쇄는 용이하나 취급 과정에서 손실이 발생하기 쉽다.

발열량은 약 10~20 MJ/kg(약 2,400~4,800 kcal/kg)으로, 역청탄이나 무연탄에 비해 낮은 수준이다. 이로 인해 갈탄은 주로 대규모 산업용보다는 발전소에서 전력 생산용 연료로 사용되며, 특히 장거리 수송 시 수분이 증발하면서 에너지 손실과 물류비용이 커지기 때문에 대부분 광산 인근에 위치한 이른바 광산밀착형 발전소(mine-mouth power plants)에서 직접 소비되는 경우가 일반적이다.

갈탄은 에너지 밀도가 낮은 데다, 연소 시 이산화탄소(CO_2), 질소산화물

(NOx), 황산화물(SOx) 등 다양한 오염물질을 다량 배출하기 때문에, 환경적 측면에서는 가장 부정적인 평가를 받는 석탄 유형이다. 이러한 환경 문제로 인해 많은 국가에서는 갈탄 기반 발전소의 신규 건설을 제한하거나 조기 퇴출을 검토하고 있으며, 반대로 갈탄 자원이 풍부한 국가들에서는 여전히 경제성과 자원 접근성 측면에서 중요한 역할을 담당하고 있다.

아역청탄은 석탄화 정도(coalification)가 갈탄보다 더 진행된 중간 단계의 저등급 석탄으로, 탄소 함량은 약 35~45% 수준에 이르며, 상대적으로 낮은 휘발분과 수분 함량을 가진다. 일반적으로 수분 함량은 갈탄보다는 낮지만 역청탄보다는 높은 편이다. 외관상 칙칙한 검은색 또는 어두운 회갈색을 띠며, 조직은 갈탄보다 치밀하고 견고하지만 여전히 무연탄이나 역청탄에 비해 부드러운 편이다.

아역청탄의 발열량은 약 18~24 MJ/kg(약 4,300~5,700 kcal/kg)으로, 갈탄에 비해 에너지 효율이 높아 전력 생산용으로 널리 활용된다. 특히 연소 특성이 안정적이며, 회분 함량이 낮고 연소 온도가 상대적으로 낮아 일부 발전소에서는 환경적 부작용을 줄일 수 있는 연료로 간주되기도 한다. 이러한 특성 덕분에 아역청탄은 석탄화력이 주요 전력 공급원으로 작용하는 국가에서 경제성과 실용성을 동시에 충족하는 대체 연료로 주목받고 있다.

아역청탄은 미국, 인도네시아, 러시아, 중국 등지에서 광범위하게 매장되어 있으며, 특히 미국 와이오밍(Wyoming) 주의 파우더리버 분지(Powder River Basin)는 세계에서 가장 큰 아역청탄 생산지 중 하나로 꼽힌다. 이 지역의 아역청탄은 채굴이 용이하고 품질이 균일해 미국 내 석탄 수급의 중추적인 역할을 담당하고 있다. 또한 인도네시아는 동남아시아 최대의 석탄 수출국으로, 아역청탄을 중심으로 아시아 시장에 대한 공급을 지속적으로 확대하고 있다.

환경적 측면에서는 아역청탄이 갈탄보다 온실가스 및 대기오염물질 배출량이 적은 것으로 평가되지만, 여전히 재생에너지나 천연가스에 비해서는 탄소 배출량이 높아 기후정책의 강화와 함께 중장기적으로는 활용도가 제한될 가능성도 제기되고 있다.

역청탄은 전 세계적으로 가장 널리 채굴되고 사용되는 중·고등급 석탄으로, 석탄화 정도가 갈탄이나 아역청탄보다 훨씬 높으며, 탄소 함량은 약 45~86%에 이른다. 수분과 휘발분 함량이 낮아 연료로서의 품질이 우수하며, 에너지 밀도가 높은 것이 주요 특징이다. 색상은 광택이 나는 흑색이며, 구조는 단단하고 치밀하여 기계적 강도도 높은 편이다.

역청탄의 발열량은 평균적으로 약 24~35 MJ/kg(약 5,700~8,300 kcal/kg)으로, 전력 생산을 위한 연료로 널리 활용되며, 산업 부문에서는 특히 철강 생산에 필수적인 원료로 사용된다. 역청탄 중에서도 코킹탄(coking coal)은 고온 처리 시 휘발분이 제거되고 탄화가 진행되며, 금속 제조에 사용되는 코크스(coke)로 전환된다. 이 코크스는 용광로에서 철광석을 환원시키고 고온을 유지하는 데 핵심적인 역할을 하며, 현대 제철 공정에서 필수적인 소재이다.

역청탄은 미국, 중국, 러시아, 인도, 호주 등지에서 대규모로 채굴되고 있으며, 국제 석탄 교역에서도 가장 활발히 거래되는 품종 중 하나다. 특히 고급 코킹탄은 품질, 점결력(plasticity), 휘발성(volatility) 등에 따라 가격이 차별화되어 거래되며, 철강 수요와 밀접한 연계를 보인다.

환경적 측면에서는 역청탄이 높은 에너지 효율을 지닌 반면, 황(S) 함량이 상대적으로 높아 연소 시 이산화황(SO_2) 배출이 많아질 수 있다는 문제가 있다. 이로 인해 산성비의 원인이 될 수 있으며, 환경 규제가 엄격한 국가에서는 황 제거 기술(예 탈황 설비, FGD: Flue Gas Desulfurization)의 도입이 필수적이다(Speight, 2013). 또한 석탄을 연소하는 발전소에서는 질소산화물(NOx), 미세먼지(PM), 수은(Hg) 등 다양한 유해물질에 대한 규제가 강화되고 있어, 역청탄 사용에는 점점 더 높은 수준의 환경관리 기술이 요구되고 있다.

무연탄은 석탄화 정도가 가장 진전된 고등급 석탄으로, 탄소 함량이 86% 이상에 달하며, 수분과 휘발성분은 매우 낮은 반면, 고체 탄소의 밀도는 가장 높은 수준을 보인다. 이러한 특성은 무연탄을 다른 석탄과 구분짓는 핵심 요소로, 구조는 단단하고 광택이 나는 흑색이며, 연소 시 연기가 거의 없고 불꽃도 적어 '청정 석탄(clean coal)'로 불리기도 한다.

발열량은 약 30~35 MJ/kg(7,200~8,400 kcal/kg)에 이르며, 높은 에너지 밀도와 안정된 연소 특성으로 인해 주거용 난방, 산업용 보일러, 금속 가공, 고온 공정 등 특수 용도에 주로 활용된다. 특히 가정용 연탄이나 산업용 열원으로 사용되는 경우가 많으며, 환경 영향을 고려할 때 석탄 중에서는 상대적으로 '깨끗한 연료'로 평가받는다.

무연탄은 지질학적으로 희소성이 높은 자원으로, 전 세계 석탄 매장량 중 차지하는 비중은 약 1% 내외에 불과하다. 주요 생산국으로는 중국, 러시아, 우크라이나 등이 있으며, 이들 국가의 일부 지역은 고품질 무연탄의 전략적 매장지로 평가된다. 대한민국도 한때 무연탄 생산국이었으며, 20세기 중반까지 가정용 난방에 널리 사용된 바 있다.

무연탄은 고정 탄소 함량이 높고 불완전 연소가 적어 이산화탄소(CO_2) 및 오염물질 배출이 비교적 적은 것으로 알려져 있다. 따라서 최근에는 환경규제가 강화되는 에너지 전환 과정 속에서 무연탄이 전통적인 석탄 대비 상대적으로 환경친화적인 대안으로 주목받기도 한다(IEA, 2022b). 다만, 전 세계적인 생산량이 제한적이고 채굴 비용이 높아, 가격경쟁력과 공급 안정성 측면에서는 한계가 있는 연료로 분류된다.

석탄은 연소 시 단위 에너지당 가장 많은 양의 이산화탄소(CO_2)를 배출하며, 동시에 황산화물(SO_2), 질소산화물(NOx), 중금속, 그리고 미세먼지(PM)를 다량 배출하여 대기오염, 산성비, 건강피해 등의 원인이 된다(McCollum et al., 2014; UNEP, 2021). 석탄은 전 세계적으로 가장 풍부한 화석연료 중 하나로, 미국, 중국, 인도, 호주, 러시아 등에 대규모 매장량이 존재한다. 매장량이 넓게 분포하고 기술적으로 비교적 쉽게 채굴할 수 있어 에너지 안보 측면에서 유리하다.

경제적 측면에서 석탄은 전통적으로 가장 저렴한 화석연료로 간주되어 왔으며, 석유나 천연가스에 비해 채굴·취급 비용이 낮다. 그러나 재생에너지의 비용이 지속적으로 하락하고, 환경규제와 탄소가격제도(예 ETS)가 강화되면서 석탄의 경제성은 점점 악화되고 있다.

4 석탄의 가치사슬

석탄의 가치사슬(coal value chain)은 석탄의 생산부터 최종 소비에 이르기까지 서로 연계된 일련의 과정을 포괄하며, 각 단계는 경제성, 환경성, 기술적 요인에 따라 중요한 특성을 지닌다. 주요 단계로는 탐사 및 채굴, 처리 및 세정, 수송과 물류, 전환 및 활용, 그리고 최종 판매로 구성된다(Speight, 2013).

(1) 탐사와 채굴

석탄 가치사슬의 첫 단계는 지질학적 탐사로, 이는 석탄 자원의 존재 여부와 경제적 채굴 가능성을 확인하기 위한 필수 절차이다. 이 단계에서는 위성영상이나 항공사진 분석, 지표 조사, 지구물리탐사와 같은 예비 조사(preliminary survey)에 이어, 시추(core drilling)와 탄질분석(sampling and testing)을 통해 실제 탄층의 위치, 두께, 품질(발열량, 회분, 황 함량 등) 및 연속성을 파악하게 된다. 이 과정에서 형성된 탐사자료는 향후 개발 타당성 평가와 채굴방식 선택의 근거가 된다.

석탄층이 확인되고 경제성이 확보되면 본격적인 채굴 단계로 진입한다. 채굴방식은 탄층의 깊이, 두께, 경사도, 피복층(overburden)의 조건, 지역 지형 및 환경 규제 등 다양한 요인에 따라 결정된다. 일반적으로 노천채굴(surface mining 또는 open-pit mining)은 지표면에서 가까운 얕은 탄층을 대상으로 하며, 광범위한 기계화가 가능하고 단위 생산비용이 낮다는 장점이 있다. 이 방식은 미국 서부, 호주, 인도네시아 등 광활한 도지가 확보된 지역에서 널리 활용된다.

반면, 지하채굴(underground mining)은 탄층이 깊거나 지형적 제약이 있는 지역에서 주로 선택되며, 갱도(shaft)나 경사갱(slope)을 통해 진입하고, 채굴된 석탄을 컨베이어나 승강 시스템으로 지표면으로 운반한다. 지하채굴은 상대적으로 고비용 구조이며, 환기 시스템, 붕괴 방지용 지보공(roof support), 채굴 후 복원 계획 등 안전 및 환경 요소에 대한 고려가 더욱 복잡하다. 특히 지하에서 발생할 수 있는 가스 폭발, 지반 침하, 탄가스 누출 등은 작업자의 안전에 큰 영향을 미치므로 고도의 관리와 규제가 요구된다.

채굴된 석탄은 지표면으로 운반된 후, 이물질 제거, 크기 분류, 수분 조절 등을 위한 세정(washing) 및 전처리 단계를 거쳐, 산업적 활용을 위한 다음 단계로 이동하게 된다. 이 전처리 과정은 연소 효율을 높이고 환경적 유해성을 줄이기 위한 중요한 공정으로 간주된다(Hartman & Mutmansky, 2002).

(2) 처리 및 세정

채굴된 원석탄(raw coal)은 토사, 바위, 점토, 황 화합물 등 다양한 불순물을 포함하고 있으며, 이러한 불순물은 석탄의 연소 효율을 저하시키고 대기오염을 유발하는 주요 원인이 된다. 따라서 연료 품질을 향상시키고 환경적 영향을 줄이기 위해 석탄은 채굴 직후 일정 수준의 정제 과정을 거쳐야 한다. 이 과정을 석탄세정(coal washing) 또는 석탄준비(coal preparation)라고 하며, 석탄 가치사슬에서 연료로서의 상품성을 결정짓는 중요한 단계로 간주된다.

석탄세정은 주로 물리적 방법을 통해 수행되며, 이는 석탄과 불순물 간의 밀도 차이를 활용하여 분리하는 방식이다. 대표적인 방법으로는 중력 분리(gravity separation), 사이클론(cyclone separation), 플로테이션(flotation) 공정 등이 있다. 여기에 더해 기계적 처리(mechanical processing)는 석탄을 일정한 크기로 분쇄하고, 크기별로 선별(screening)하는 과정을 포함한다. 일부 고황함유 석탄의 경우, 화학적 처리(chemical cleaning)를 통해 황을 제거하거나, 황산화물(SOx) 배출을 줄이기 위한 사전 조치가 이루어지기도 한다(Wills & Finch, 2016).

이러한 세정 과정을 통해 석탄의 발열량은 증가하고, 회분(ash content) 및 황(S) 함량은 감소함으로써 연소 과정에서 발생하는 이산화황(SO_2), 미세먼지(PM) 등의 오염물질 배출량을 줄일 수 있다. 이는 발전소의 연소 효율 제고뿐만 아니라, 환경 규제 대응 및 탄소중립 이행과도 직접적으로 연관된다.

세정이 완료된 석탄은 일반적으로 입자 크기별로 분류되며, 용도별로 등급화(classification)된다. 예컨대, 입자가 큰 석탄은 코크스용(coking coal)으로, 중간 입자는 전력 발전용(thermal coal)으로, 세립탄은 산업용 보일러 또는 가정용 난방용으로 공급된다. 산업별 수요 특성과 연료 특성의 정합성은 석탄 공급계약과 가격 결정에도 중요한 영향을 미친다.

최근에는 환경적 기준 강화와 고효율 연소 기술 도입에 따라, 석탄세정 공정의 자동화·고도화, 폐수 처리 및 슬러리 재활용 등 친환경 설비 투자도 중요 과제로 부각되고 있다.

(3) 수송과 물류

석탄은 고체 연료로서 단위 부피당 에너지 밀도가 낮고 무게가 무거우며, 일반적으로 생산지(광산)와 소비지(발전소, 항만, 제철소 등)가 지리적으로 멀리 떨어져 있기 때문에, 수송비용이 전체 공급비용에서 매우 높은 비중을 차지한다. 실제로 석탄의 단가 중 수송비가 30~50% 이상을 차지하는 경우도 있으며, 따라서 수송 효율성과 비용 최적화는 석탄 공급망의 핵심 요소로 간주된다.

석탄 수송에는 다양한 운송 수단이 활용되며, 선택은 거리, 지형, 물류 인프라, 최종 수요지의 위치 등에 따라 달라진다. 주요 수송 방식에는 철도(railway), 벨트컨베이어(belt conveyor), 트럭(truck transport), 내륙수운(바지선; barge), 그리고 해상운송(벌크선; bulk carrier)이 있다. 단거리 이송에는 트럭이나 컨베이어 벨트가 주로 활용되며, 장거리 또는 대량 이송에는 철도와 해상 수송이 일반적이다.

국가별로 수송 방식은 상이한 특성을 보인다. 예컨대, 미국에서는 철도 운송이 전체 석탄 수송의 70% 이상을 차지하며, 파우더리버 분지(Powder River Basin)에서 대형 발전소까지 장거리 이송을 위한 철도망이 정교하게 구축되어 있다. 반면, 인도네시아나 호주와 같은 주요 수출국은 해상 수출을 위한 대형 항만시설과 연결된 물류 인프라가 중심이 되며, 광산에서 항만까지의 연결성을 최적화하는 데 초점을 둔다.

수송 단계에서는 경제성뿐 아니라 연료의 품질 유지 및 손실 최소화도 중요한 고려 사항이다. 석탄은 수송 중 분진 발생, 열손실, 습기 흡수로 인한 발열량 저하, 심지어는 자발연(self-ignition) 위험도 있기 때문에, 이를 방지하기 위한 적재·피복·환기 전략이 병행되어야 한다. 특히 고온·다습한 기후에서는 품질 저하 문제가 더욱 심각하게 나타날 수 있다.

또한, 물류 단계에서의 계획 수립은 수요 예측, 적기 공급(just-in-time delivery), 재고관리, 계약단가 설정 등과 밀접하게 연계되며, 최근에는 디지털 물류 시스템, 위성추적, 예측기반 수송 모델 등의 활용도 확대되고 있다. 이와 함께, 수송 과정에서의 탄소배출, 소음, 미세먼지 확산 등 환경적 외부효과도 점점 더 중요한 정책적 고려 대상이 되고 있다(Bai et al., 2022).

(4) 전환과 활용

석탄의 주요 활용처는 전력 생산과 철강산업으로, 이 두 부문이 전체 석탄 수요의 대부분을 차지한다. 전력 부문에서는 석탄이 연소 과정을 통해 고온·고압의 증기를 생성하고, 이 증기로 증기터빈을 회전시켜 전기를 생산하는 방식이 일반적이다. 이를 석탄화력 발전(coal-fired power generation)이라 하며, 오늘날에도 세계 전력 생산의 약 36%를 차지하고 있다. 특히 중국, 인도, 인도네시아와 같은 개발도상국에서는 석탄 발전이 여전히 전력 공급의 주축을 이루고 있으며, 에너지 안보와 경제성 측면에서 중요한 위치를 점하고 있다(IEA, 2023c).

석탄은 또한 철강산업에서 필수적인 에너지원이자 환원제로 사용된다. 역청탄(bituminous coal)은 코킹(coking) 과정을 거쳐 코크스(coke)로 전환되며, 이는 용광로(고로; blast furnace)에서 철광석을 환원시켜 쇳물(선철)을 생산하는 데 핵심적인 역할을 한다. 이 과정에서 코크스는 단순한 열원 이상의 역할을 하며, 고온 유지, 가스 투과성 확보, 환원 반응 유도 등 다기능성 물질로 활용된다. 따라서 고로 기반 제철공정에서는 고품질 코크스 공급이 생산성과 직결된다.

이 외에도 석탄은 가스화(coal gasification) 및 액화(coal liquefaction) 등의 전환 기술을 통해 합성가스(syngas), 화학제품(예 메탄올, 암모니아), 액체연료(CTL: Coal-to-Liquids) 등으로도 활용될 수 있다. 석탄가스화는 산소와 수증기 하에서 석탄을 불완전 연소시켜 일산화탄소(CO)와 수소(H_2)를 생성하는 과정으로, 이 합성가스는 발전, 수소 생산, 화학 원료 등 다양한 용도로 사용될 수 있다. 석탄액화는 고온·고압 조건에서 석탄을 직접 또는 간접적으로 액체연료로 전환하는 기술이며, 액체연료 수입 의존도가 높은 국가에서 에너지 안보 수단으로 잠재력이 평가된 바 있다.

그러나 이들 전환기술은 고비용, 기술 복잡성, 에너지 소비량이 크며, 무엇보다도 이산화탄소(CO_2) 배출, 폐수 및 고형폐기물 발생 등의 환경문제로 인해 상업적 활용이 제한적이다(Speight, 2013; Bell, 2020). 특히 기후변화 대응이 국제적 의무로 자리 잡은 이후에는, 석탄 전환 기술의 상용화는 탄소포집·저장(CCS) 기술과의 연계 없이는 확장되기 어려운 상황이다.

(5) 판매

석탄 가치사슬의 마지막 단계는 시장 판매로, 이는 석탄이 최종 수요자에게 공급되어 경제적 가치를 실현하는 과정이다. 석탄의 주요 구매자는 전력 생산을 위한 화력발전소, 제철소, 시멘트 공장, 산업용 보일러 시설 등으로 구성되며, 판매는 일반적으로 직접 계약 또는 중개인을 통한 상업 거래 방식으로 이루어진다. 거래는 일정 물량을 장기간에 걸쳐 공급하는 장기계약 형태로 체결되기도 하며, 시장 가격 변동에 따라 수시로 조정되는 단기 현물거래를 병행하는 경우도 많다. 특히 단기 거래는 국제 시황에 민감하게 반응하며, 계절 수요, 해상 물류 상황, 환율 및 지정학적 변수의 영향을 크게 받는다.

석탄의 가격은 여러 요인을 반영하여 결정되는데, 가장 중요한 기준은 석탄의 발열량이다. 일반적으로 발열량이 높을수록 더 높은 가격을 형성하지만, 황과 회분 함량, 수분 함량, 입자 크기와 균일성 등도 중요한 가격 결정 변수로 작용한다. 예를 들어, 고황 석탄은 연소 시 이산화황 배출이 많아 환경규제 대응 비용이 크기 때문에 시장에서 할인되어 거래되며, 반대로 저황·고발열 석탄은 상대적으로 프리미엄이 붙는 경향이 있다. 수송 거리와 방식 또한 중요한 변수로, FOB(본선 인도) 조건에서 운송 비용은 구매자가 부담하며, CIF(운송·보험 포함) 조건에서는 판매자가 물류 부담을 지게 된다.

판매 단계에서는 단순한 가격 협상 외에도 품질 보증, 규격 인증, 환경규제 대응, 세관 신고 및 계약 이행 관리 등 다양한 기술적·행정적 요소가 함께 고려된다. 특히 최근에는 석탄 구매자가 공급자의 지속가능성 이행 수준, 환경관리

체계, 지역사회 영향 등에 주목하면서, ESG(Environmental, Social, and Governance) 기준이 석탄 거래에까지 점차 확장되고 있다. 일부 다국적 에너지 기업이나 공공기관은 석탄 공급 조건으로 지속가능한 채굴 관행, 탄소 배출 정보 공개, 지역사회 보호 조치 등을 요구하고 있으며, 이에 따라 생산자는 품질뿐 아니라 사회적 책임 이행 여부까지 포함해 거래 조건을 충족시켜야 한다.

5 석탄생산기술과 비용구조

석탄의 생산기술과 비용구조는 채굴방식, 광상 깊이, 지질조건, 기술수준, 에너지 및 노동비용, 환경규제, 운송 인프라 등 다양한 요인에 의해 결정된다. 이러한 요인들은 생산지의 지역적 특성과 산업발전 수준에 따라 다르게 작용하며, 결과적으로 석탄의 단위당 생산비용에 상당한 이질성을 초래한다.

석탄 채굴 방식은 일반적으로 노천채굴(surface mining)과 지하채굴(underground mining)로 구분된다. 노천채굴은 석탄층이 지표면 가까이에 위치한 경우 적용되며, 대형 기계장비를 활용한 자동화가 가능해 상대적으로 단위 생산비가 낮다. 반면, 지하채굴은 깊은 지층의 석탄을 채굴하기 위해 복잡한 환기, 안전, 배수 설비를 설치해야 하므로 인건비 및 설비비용이 크게 증가한다(Hartman & Mutmansky, 2002).

예를 들어, 미국 와이오밍주나 호주 퀸즐랜드주의 경우 지형이 평탄하고 광구가 넓어 노천채굴이 주를 이루며, 이로 인해 톤당 생산비용이 20~30달러 수준에 머무는 경우가 많다(EIA, 2023). 반면, 인도 자르칸드나 중국 산시성처럼 지질구조가 복잡하고 석탄이 깊은 지층에 매장된 지역은 지하채굴 비중이 높아 생산비용이 톤당 60~80달러 이상으로 상승하는 경향이 있다(IEA, 2022b).

생산기술의 자동화 및 기계화 수준도 비용구조에 결정적인 영향을 미친다. 선진국에서는 고효율 자동화 채굴시스템과 실시간 모니터링 기술을 통해 노동력 투입을 최소화하고, 단위 생산비를 절감하는 경향이 강하다. 예를 들어, 호주의 일부 광산에서는 드론 기반 측량과 자율주행 운반차량이 도입되어 생산성과 안전성이 크게 향상되었다.

반면, 개발도상국에서는 노동집약적 방식이 여전히 광범위하게 사용되며, 이로 인해 단위 생산성이 낮고, 광부의 안전사고 발생 가능성도 높다. 이러한 구조는 직접적인 인건비 증가뿐 아니라, 의료비용, 보험료, 생산 중단 리스크 등 간접비용의 상승으로 이어진다.

석탄 채굴은 대규모 전력 및 연료 사용이 필요한 산업으로, 에너지 가격 변동성에 매우 민감하다. 특히 대형 장비 운용, 환기 시스템, 지하수 배수 시설 등은 막대한 전력을 소모하며, 이로 인해 전력요금 또는 유가 상승은 곧바로 생산비 증가로 이어진다. 탄광 운영비용에서 에너지비용이 차지하는 비중은 15~40% 수준으로 보고되며, 전력 믹스의 변화나 유가 상승은 탄광 운영계획에 중대한 영향을 미친다(IEA, 2022b).

환경규제는 최근 석탄 생산비용에서 점차 가장 중요한 외생요인 중 하나로 부상하고 있다. 많은 국가에서는 광산개발 단계에서 환경영향평가, 복원계획, 배출 기준 준수, 지하수 보호, 미세먼지 관리 등을 요구하며, 이에 따른 복구비용 및 규제 대응비용이 생산비용을 증가시키고 있다(World Bank, 2018b).

예를 들어, 미국과 유럽에서는 광산 폐쇄 후 복구 복원비용을 포함한 부담금이 사전에 산정되어야 하며, 이는 프로젝트 수익성에 직접적인 영향을 미친다. 또한, ESG 기준 및 사회적 수용성도 기업의 운영비용과 투자비용 구조에 영향을 미치는 요소로 작용한다(IEA, 2022b).

석탄 생산비용에는 채굴 이후의 운송 및 물류 비용도 중요한 비중을 차지한다. 철도, 항만, 도로 등 수송 인프라의 접근성은 물류비용과 공급 안정성에 직결되며, 인프라가 미비한 지역에서는 생산된 석탄의 시장접근성이 떨어져 전체 경쟁력을 약화시킬 수 있다. 또한 석탄의 수분함량 및 분진 발생 특성상 운송 중 품질 저하와 손실 문제도 존재한다.

6 석탄채굴과정의 사회적·환경적 문제

석탄 채굴 과정은 에너지 자원 확보라는 경제적 이익에도 불구하고, 다양한 환경적·사회적 문제를 초래하여 지속가능성과 형평성 측면에서 심각한 도전을 제기한다. 특히 기후변화 대응, 생물다양성 손실, 지역 불평등, 노동권 침해 등의 이슈는 세계적 차원에서 점점 더 중요한 관심사로 부상하고 있다(World Bank, 2019).

석탄 채굴은 토지 훼손, 생태계 파괴, 수질 및 대기오염 등 다방면에서 환경에 심대한 영향을 미친다. 특히 노천채굴 방식은 대규모 산림 제거와 토양 침식, 경관 변화를 유발하여, 주변 생태계의 복원력과 생물다양성을 약화시키는 주요 요인으로 작용한다(UNEP, 2020).

또한 일부 지역에서는 탄광 개발이 습지, 강 하천, 경작지 등 환경적 가치가 높은 지역에 위치하여 지속가능한 토지 이용과 충돌을 일으키고 있으며, 이는 지역사회의 사회적·경제적 안정성에도 부정적 영향을 미치고 있다.

수질오염 역시 중요한 문제다. 석탄 채굴 과정에서 발생하는 산성광산배수(acid mine drainage)는 황화광물의 산화로 인해 생성되며, 중금속이 함유된 오염수가 하천 및 지하수로 유입되어 장기적으로 수자원 생태계와 인간 건강에 악영향을 미친다. 대표적인 사례로는 미국 웨스트버지니아와 인도 자르칸드 지역에서의 광산배수 오염사례가 있으며, 이는 지속적 수질 모니터링과 정화 비용 부담을 유발한다(UNEP, 2010).

또한, 채굴 현장에서 배출되는 분진 및 메탄가스는 지역 대기질을 저하시키고, 광부 및 인근 주민의 호흡기 건강을 위협하며, 메탄은 지구온난화지수(GWP)가 이산화탄소보다 84배 높은 강력한 온실가스로 기후변화에 영향을 미친다(Alvarez et al., 2018).

석탄 채굴은 사회경제적으로 취약한 지역에 집중되는 경우가 많으며, 이로 인해 광산 개발은 지역사회의 불균형과 장기적 의존성을 심화시킨다. 광산 주변 지역은 대체 산업 기반이 부족해 석탄 산업의 축소나 폐쇄 시 대규모 실업과 지역경제 붕괴로 이어질 수 있다.

개발도상국의 경우, 채굴 노동 환경이 비공식적이고 위험한 조건 하에서 이루어지는 사례가 많다. 아동 노동, 불안정 고용, 산업재해 등이 빈번하며, 특히 탄광 붕괴사고는 여전히 높은 치명률을 보인다. 예를 들어, 인도 및 콩고민주공화국의 소규모 석탄 광산에서는 법적 규제 밖에서 운영되는 비공식 채굴 활동이 사회적 이슈로 지속되고 있다.

또한, 대규모 광산 개발은 강제 이주 및 토지 수용과 같은 인권 문제를 동반한다. 개발 과정에서 주민의 재산권과 생계가 위협받을 수 있으며, 이주 보상 및 재정착 프로그램이 부실하거나 형식적인 경우 지역사회의 구조적 갈등으로 발전할 수 있다(World Bank, 2018). 특히 사회적 합의 없이 진행된 프로젝트는 장기적인 반대운동, 법적 소송, 국제 NGO의 개입 등 국제적 인권 이슈로 비화되기도 한다.

이와 같은 환경적·사회적 영향에도 불구하고, 석탄 산업은 여전히 많은 개발도상국에서 경제적 기반으로 유지되고 있다. 따라서 향후에는 보다 엄격한 환경규제, 사회적 보호장치, 지역사회 참여 기반의 채굴 정책이 병행되어야 한다.

7 석탄 산업의 구조와 경쟁

석탄 산업은 시장 수요, 규제 환경, 기술 진보, 지정학적 요인 등 다양한 구조적 조건과 외생변수들에 의해 형성된다. 이 산업은 국가별 시장 특성과 글로벌 무역망의 영향을 받으며, 경쟁의 양상은 지역, 산업의 가치사슬 단계, 그리고 시장 참여자 유형에 따라 상이하게 나타난다.

(1) 산업구조

석탄 산업의 구조는 일반적으로 상류(탐사 및 채굴), 중류(처리 및 수송), 하류(분배 및 소비)의 세 단계로 구분된다. 각 단계는 고유한 진입장벽과 산업구조를 가지며, 기업의 규모, 전략, 규제환경에 따라 경쟁의 역동성이 달라진다(Speight, 2013).

상류 부문에서는 중국, 호주, 미국, 러시아 등의 대형 자원기업들이 자본력과 기술력을 바탕으로 세계 시장을 주도하고 있으며, 일부 기업은 글로벌 석탄 공급량의 상당 비중을 차지함으로써 시장가격에 영향을 미칠 수 있는 가격 결정력을 확보하고 있다. 반면, 지역 기반의 중소기업들은 틈새시장 공략이나 지역 수요 대응 전략을 통해 생존하고 있다(IEA, 2021b).

중류 부문은 석탄의 세척, 가공, 운송을 포함하며, 채굴기업뿐 아니라 전문 물류기업과 인프라 운영기관이 참여한다. 철도 및 항만 인프라에 대한 접근성은 기업의 수송비용과 공급 안정성에 결정적인 영향을 미치며, 시장과의 거리, 물류비용 차이가 기업 간 수익성을 크게 좌우한다(IEA, 2021b).

하류 부문에서는 발전소, 철강 및 시멘트 산업 등 대규모 소비자가 주요 수요자로 존재한다. 일부 국가는 공기업이 석탄 유통을 독점하거나 주도하는 반면, 자유경쟁이 허용된 국가에서는 민간기업 간의 경쟁이 활발하게 이루어진다. 특히 전력산업의 구조와 규제 체계는 석탄 수요, 계약 구조, 공급 전략에 직접적인 영향을 미친다.

(2) 시장경쟁 요소

석탄 산업의 경쟁구조는 수요, 규제, 기술, 지정학적 요인의 상호작용에 따라 결정된다. 글로벌 수요 측면에서 석탄 소비는 중국과 인도 등 신흥경제국의 산업 성장과 전력 수요 확대에 따라 유지되고 있는 반면, 미국, 유럽, 한국 등 선진국에서는 탄소중립 목표와 재생에너지 보급 확대에 따라 석탄 수요가 지속적으로 감소하고 있다(Energy Institute 2024).

규제 환경도 경쟁력에 결정적인 영향을 미친다. 유럽연합(EU)은 강력한 탄소배출권거래제(EU ETS)와 환경기준을 도입해 석탄 기업의 규제 준수 비용을 증가시키고 있으며, 이에 따라 가격경쟁력이 약화되고 있다(OECD, 2022b). 반면, 환경규제가 느슨한 일부 국가에서는 상대적으로 낮은 생산비용으로 인해 수출 경쟁력이 유지되며, 이로 인해 규제 기반의 국제 경쟁 불균형(regulatory asymmetry)이 문제로 지적되고 있다.

기술 혁신 또한 석탄 산업의 경쟁요소 중 하나이다. 태양광, 풍력, 배터리 저장 기술의 급속한 발전은 석탄에 대한 구조적 대체 압력을 심화시키고 있으며, 이에 대응하기 위해 일부 석탄 기업들은 고효율 보일러 기술, 이산화탄소 포집·저장(CCS), 그리고 수소 및 재생에너지 분야로의 사업 다각화를 추진하고 있다(IEA, 2023c).

지정학적 요인도 글로벌 석탄 시장 경쟁에서 중요한 변수이다. 무역 분쟁, 수출입 규제, 에너지 안보 전략 등은 석탄 공급망 재편에 직접적인 영향을 미친다. 예를 들어, 미중 무역 갈등은 석탄의 수출입 경로와 가격 형성에 실질적 영향을 미쳤으며, 러시아–우크라이나 전쟁 이후 유럽의 수입 구조도 크게 변화하였다. 이러한 변화 속에서 석탄 기업 간의 경쟁은 단순한 가격 경쟁을 넘어, ESG 대응 역량, 기술경쟁력, 공급망 통제력 등 다차원적 요소를 중심으로 재편되고 있다.

8 석탄 시장의 거래 현황

(1) 석탄 매장량

글로벌 석탄 매장량은 석유나 천연가스에 비해 지리적으로 넓게 분포되어 있으나, 실제 확인 매장량(proven reserves)의 대부분은 소수의 국가에 집중되어 있다. 2023년 기준 전 세계 확인 매장량은 약 1.07조 톤으로 추정되며, 현재 소비 수준을 기준으로 약 130~135년간 채굴이 가능한 수준으로 평가된다(Energy Institute, 2024).

국가별 석탄 유형도 상이하게 분포되어 있다. 미국, 호주, 중국, 남아프리카 공화국 등은 고열량의 무연탄 및 역청탄이 풍부하며, 이는 발전용뿐만 아니라 철강 생산의 핵심 원료로도 활용된다. 반면, 독일, 인도네시아, 러시아, 인도 등에서는 수분 함량이 높고 발열량이 낮은 갈탄이 주로 매장되어 있으며, 이러한 저품질 석탄은 발전 효율이 낮고 환경오염 물질 배출이 많아 외부비용이 큰 자원으로 간주된다.

석탄 매장량은 일반적으로 석유나 천연가스에 비해 정치적 리스크가 낮은 지역에 분포되어 있어 전통적으로 에너지 안보의 안정적인 자원으로 간주되어 왔다. 특히 산업화 초기 단계의 국가에서는 국내 자급이 가능한 석탄을 주요 기초 에너지원으로 활용해 왔다(IEA, 2022b).

그러나 최근에는 기후변화 대응, 탄소중립 목표, 재생에너지 전환 정책 등이 본격화되면서 석탄의 경제적 가치는 점차 하락하고 있다. 다수 국가에서 탄소세와 배출권거래제(ETS) 등 탄소 가격 제도를 도입하거나 강화함에 따라, 일부 석탄 자산은 향후 수익 창출이 어려운 '좌초자산(stranded assets)'으로 전환될 위험에 직면해 있다. 이러한 경향은 특히 수송비용이 높은 내륙 광산이나 품질이 낮은 갈탄에 영향을 미치며, 기술 발전과 정책 변화에 따라 장부상 매장량 일부가 경제적 회수가 불가능한 자산 손실로 간주될 수 있다(IEA, 2022b).

[표 7－1]은 지역별 석탄매장량을 보여주고 있다. 2020년 기준 전 세계 석탄 매장량은 1,074,108(백만 톤)이었으며 무연탄과 역청탄 매장량 753,639(백만 톤)이 아역청탄과 갈탄의 매장량 320,469(백만 톤)의 두배를 상회하였다. 아시아태평양 지역이 459,750(백만 톤)으로 지역적으로 가장 많은 매장량을 가지고 있으며 전 세계 매장양의 42.8%를 차지하였다. 아시아 지역에서는 호주(14.0%), 중국(13.3%), 인도(13.3%)가 주요한 매장량을 보유하고 있다. 북미 지역은 전 세계 매장량의 23.9%를 나타내고 있는데 미국이 23.2%로 북미 매장량의 대부분을 차지하고 있다. 러시아는 전 세계 매장량의 15.1%를 차지하고 있으며 CIS 국가들은 전 세계 매장량의 17.8%를 나타내고 있다. 유럽은 전 세계 매장량의 12.8%를 차지하고 있으며 독일(3.3%), 우크라이나(3.2%)가 유럽 국가들 중에서는 매장량이 가장 큰 국가들이다. 지역적으로 중동과 아프리카는 석탄 매장량이 가장 적으며 비중이 전 세계 매장량의 1.5%에 불과하였다. 전체 매장량 중 OECD 국가의 비중은 47.3%이며 비OECD 국가의 비중은 52.7%를 나타내고 있다.

표 7-1 지역별 석탄 매장량(단위: 백만톤, 2020년 기준)

백만톤	무연탄 & 역청탄	아역청탄 & 갈탄	합계	비중	매장량/생산 비율
북미	224,444	32,290	256,734	23.9%	484
미국	218,938	30,003	248,941	23.2%	-
유럽	59,084	78,156	137,240	12.8%	299
독일	-	35,900	35,900	3.3%	-
우크라이나	32,039	2,336	34,375	3.2%	-
CIS 국가들	100,208	90,447	190,655	17.8%	367
러시아	71,719	90,447	162,166	15.1%	407
중동 & 아프리카	15,974	66	16,040	1.5%	60
아시아태평양	345,313	114,437	459,750	42.8%	78
호주	73,719	76,508	150,227	14.0%	315
중국	135,069	8,128	143,197	13.3%	37
인도	105,979	5,073	111,052	10.3%	147
인도네시아	23,141	11,728	34,869	3.2%	62
전 세계	753,639	320,469	1,074,108	100.0%	139
OECD	331,303	177,130	508,433	47.3%	363
비OECD	422,336	143,339	565,675	52.7%	90

자료: Energy Institute(2024)

(2) 석탄생산

글로벌 석탄 생산은 일부 국가들이 시장을 지배하는 고도로 집중화된 구조를 보이고 있다. 특히 중국은 급증하는 전력 수요와 산업용 석탄 수요의 구조적 고착성에 따라 석탄 생산량을 지속적으로 높은 수준으로 유지해 왔다. 2022년 중국 정부는 에너지 안보 확보와 석탄 가격 안정을 목적으로 신규 탄광 프로젝트를 대폭 승인하고, 정책적으로 석탄 비축량을 확대하였다(Andrews–Speed, 2023). 이로 인해 단기적으로 석탄 의존도를 줄이기 어려운 구조가 지속되고 있으며, 이는 중국의 기후정책과 에너지 전환 로드맵 이행에 제약 요인으로 작용하고 있다.

최근 글로벌 석탄 생산에서는 지역 간 분업화와 수출 특화 경향이 강화되고 있다. 호주와 인도네시아는 자국 내 소비보다 해외 수출을 주된 목적으로 석탄을 생산하고 있으며, 이는 아시아 태평양 지역의 석탄 무역 네트워크 형성에 중대한 영향을 미치고 있다. 특히 호주는 발전용 연료탄뿐만 아니라 제철용 코크스탄의 주요 수출국으로, 일본, 한국, 인도, 중국 등지의 산업 및 발전 부문에 핵심 공급자로 기능하고 있다(IEA, 2022b).

반면 인도는 세계 2위 석탄 생산국임에도 불구하고 급속한 산업화와 전력 수요 증가로 인해 국내 생산만으로는 수요를 충당하기 어려운 상황이다. 이에 따라 매년 수천만 톤의 석탄을 해외에서 수입하고 있으며, 이는 에너지 안보와 수급의 안정성을 동시에 추구하는 정책 선택으로 해석될 수 있다(Singh & Kumar, 2021).

국가 간 석탄 생산 방식에는 뚜렷한 기술 격차가 존재하며, 이는 생산 효율성과 노동 안전성에 중요한 영향을 미친다. 미국과 호주는 고도로 자동화된 채굴 장비와 디지털 모니터링 시스템, 자율주행 운송 기술 등을 적극적으로 도입하여 단위 노동당 생산성을 제고하고 있으며, 작업 중 사고율도 상대적으로 낮은 편이다(World Bank, 2020). 이에 비해 인도, 인도네시아, 남아공 등 개발도상국은 여전히 노동집약적 방식에 의존하고 있으며, 이에 따라 낮은 생산성과 높은 산업재해율 문제가 지속되고 있다.

전 세계 석탄 생산은 2013년 8,258.3(백만 톤)에서 2023년 9,095.6(백만 톤)으로 증가하였다. 유럽 지역과 북미 지역의 생산이 감소한 반면 중국과 인도를 중심으로 아시아 지역의 생산이 크게 증가한 것이 주요한 요인이다. 북미는 2013년 976.5(백만 톤)에서 2023년 580.6(백만 톤)으로 유럽 지역의 생산은 752.8(백만 톤)에서 440.1(백만 톤)으로 감소하였다. 반면, 아시아태평양 지역의 생산은 5,676.8(백만 톤)에서 7,181.6(백만 톤)으로 증가하였다. 그 외 지역의 경우 중·남미는 2013년 99.9(백만 톤)에서 2023년 62.5(백만 톤)으로, 아프리카는 267.7(백만 톤)에서 257.1(백만 톤)으로 감소하였다. 반면 CIS 국가들의 생산은 483.1(백만 톤)에서 563.4(백만 톤)으로 증가하였다. 중동의 경우 석유와 천연가스 생산에 비하여 석탄 생산은 매주 낮은 수준이나 2013년 1.5(백만 톤)에서 10.3(백만 톤)으로 증가하였다.

2023년 지역별 생산을 살펴보면 아시아 지역이 전 세계 생산의 79.0%를 차지하고 있다. 아시아 국가 중에서 중국의 비중이 전 세계 생산의 51%, 인도가 11.1%, 인도네시아가 8.5%를 차지하고 있다. 북미 지역이 미국(5.8%)을 중심으로 6.4%를 나타내고 있고 러시아가 전체 생산의 4.8%를 차지하고 있다. OECD 국가들의 생산비중은 15.6%, 연평균 생산증가율은 -3.9%인 반면 비OECD 국가의 비중은 84.4%를 차지하고 있으며 연평균 생산증가율도 2.3%를 나타내고 있다. 국가별 생산증가율이 높은 국가는 러시아(2.0%), 중국(1,7%), 인도(5.2%), 인도네시아(5.1%) 등이었다.

그림 7-1 지역별 석탄 생산(백만 톤)

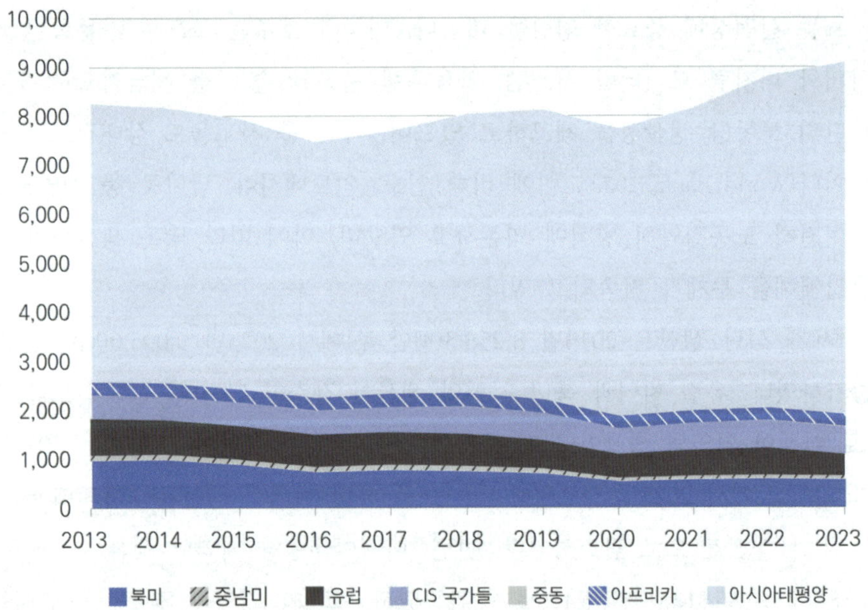

자료: Energy Institute(2024)

표 7-2 지역별 · 국가별 석탄 생산 및 비중(백만 톤, %)

	2023년	2013년-2023년 연평균 증가율	2023년
북미	580.6	-5.0%	6.4%
미국	526.5	-5.1%	5.8%
중 · 남미	62.5	-4.6%	0.7%
유럽	440.1	-5.2%	4.8%
CIS 국가들	563.4	1.6%	6.2%
러시아	432.5	2.0%	4.8%
중동	10.3	21.1%	0.1%
아프리카	257.1	-0.4%	2.8%
아시아 태평양	7,181.6	2.4%	79.0%
호주	455.8	-0.3%	5.0%
중국	4,710.0	1.7%	51.8%
인도	1,010.9	5.2%	11.1%
인도네시아	775.2	5.1%	8.5%
전 세계	9,095.6	1.0%	100.0%
OECD	1,418.0	-3.9%	15.6%
비OECD	7,677.6	2.3%	84.4%

자료: Energy Institute(2024)

(3) 석탄 소비

글로벌 석탄 소비는 석유나 천연가스에 비해 국가 간 불균형이 더 뚜렷하게 나타나며, 각국의 에너지 믹스 구조에 따라 석탄 의존도 또한 현저히 다르다. 2023년 기준, 전 세계 석탄 소비량의 절반 이상이 중국에서 발생하고 있으며, 인도, 미국, 일본, 러시아 등이 그 뒤를 잇고 있다(IEA, 2023c). 특히 중국과 인도는 산업화 가속과 전력 수요 증가로 인해 석탄 발전 비중이 여전히 높은 편이며, 에너지 시스템의 구조적 제약으로 인해 단기적 소비 축소는 어려운 실정이다. 반면, 미국, 유럽연합 등 OECD 국가들은 석탄 소비가 이미 정점을 지나 감소 국면에 접어들었다. 이 같은 감소는 미세먼지와 온실가스 배출에 대한 환경 규제 강화, 셰일가스의 확산, 그리고 재생에너지 중심의 에너지 전환 정책에 기인한다(Jewell et al., 2019).

석탄의 용도 측면에서는 여전히 전력 생산이 핵심이지만, 철강, 시멘트, 화학 산업 등 산업용 수요도 상당한 비중을 차지한다. 특히 제철 공정에서는 코크스를 활용한 철광석 환원 공정이 일반적이며, 현재까지 상용화된 완전한 대체 기술은 부재한 상황이다(IEA, 2023c). 이로 인해 산업용 석탄 수요는 구조적으로 유지될 가능성이 높으며, 이는 각국의 탈석탄 전략에 있어 제약 요인으로 작용하고 있다(Jewell et al., 2019).

향후 석탄 소비는 국제사회의 기후정책 강화, 재생에너지 보급 확대, 금융기관의 석탄 투자 회피 등 구조적 요인에 따라 전반적으로 감소할 것으로 전망된다. 그러나 중국, 인도, 인도네시아, 베트남 등 아시아 신흥국은 여전히 석탄 중심의 에너지 시스템을 유지하고 있어, 글로벌 석탄 소비의 하향 안정은 지역 간 속도 차이를 동반한 점진적 구조로 전개될 가능성이 크다(Jewell et al., 2019).

2013년부터 2023년 기간 동안 전 세계 석탄 소비는 160.95(엑사줄)에서 164.03(엑사줄)로 다소 증가하는 모습을 보였다. 다른 대륙들의 석탄 소비가 이 기간 동안 감소하였으나 아시아태평양 지역의 소비는 114.14(엑사줄)에서 135.70(엑사줄)로 증가하였다.

2023년 현재 아시아태평양 지역은 전 세계 석탄 소비의 82.7%를 나타내고 있으며 북미 5.4%, 유럽 5.1%를 기록하였다. 아시아태평양 지역에서도 중국은 전 세계 석탄 소비의 56.0%를 차지하고 있어 전 세계 석탄 소비를 주도하는 국가이며 뒤를 이어 인도가 13.4% 비중을 나타내고 있다. 석탄 소비가 큰 다른 국가는 미국(5.0%), 인도네시아(2.6%), 일본(2.8%) 등을 들 수 있으며 한국의 경우 전 세계 소비의 1.6%를 차지하고 있어 석탄 10대 소비국 중 하나이다.

그림 7-2 지역별 석탄 소비량(단위: 엑사줄(exajoules))

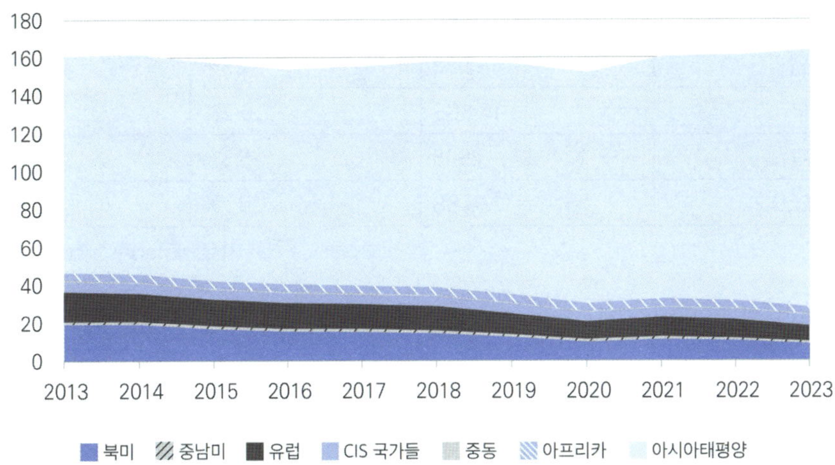

자료: Energy Institute(2024)

표 7-3 지역별 · 국가별 석탄 소비(단위: 엑사줄)

지역 &국가	2023년	2013-23년 연평균 증가율	2023년 비중
북미	8.83	-7.6%	5.4%
미국	8.20	-7.6%	5.0%
중남미	1.16	-2.0%	0.7%
유럽	8.39	-6.1%	5.1%
CIS 국가들	5.49	-	3.3%
중동	0.38	-1.5%	0.2%
아프리카	4.08	-	2.5%
아시아태평양	135.70	1.8%	82.7%
중국	91.94	1.1%	56.0%
인도	21.98	4.3%	13.4%
인도네시아	4.32	10.6%	2.6%
일본	4.54	-1.1%	2.8%

지역 &국가	2023년	2013-23년 연평균 증가율	2023년 비중
한국	2.69	-2.3%	1.6%
베트남	2.32	12.5%	1.4%
전 세계	164.03	0.2%	100.0%
OECD	25.15	-5.3%	15.3%
비OECD	138.88	1.7%	84.7%

자료: Energy Institute(2024)

(4) 석탄 수출입

글로벌 석탄 교역은 생산과 소비가 특정 국가에 집중된 구조를 명확히 반영하고 있다. 석탄 수출은 호주, 인도네시아, 러시아, 남아프리카공화국, 미국 등 소수의 주요 생산국에 의해 주도되며, 이들 국가는 자국 내 수요를 초과하는 막대한 양의 석탄을 수출함으로써 수출 지향적 에너지 구조를 유지하고 있다(IEA, 2023c). 특히 호주는 고품질 제철용 코크스탄의 세계 최대 수출국으로, 한국, 일본, 인도 등 주요 철강 생산국에 안정적으로 공급하고 있으며, 인도네시아는 저비용 저열량의 열탄을 중심으로 아시아 발전시장에 특화된 공급 구조를 형성하고 있다(World Bank, 2020b).

반면, 석탄 수입은 에너지 수요가 크고 자원 자립도가 낮은 국가를 중심으로 이뤄지며, 중국, 인도, 일본, 한국 등 아시아 국가들이 글로벌 수입 시장의 핵심축을 형성하고 있다. 특히 중국과 인도는 세계 최대 석탄 생산국임에도, 특정 품질의 석탄에 대한 내적 부족, 수급 불균형, 물류 비효율성 등의 이유로 여전히 상당량의 석탄을 수입하고 있다. 일본과 한국은 국내 석탄 자원이 거의 전무한 전형적인 순수입국으로, 국제 가격 변동성 및 지정학적 리스크에 민감하게 반응하며, 이에 따라 장기계약과 공급원 다변화 전략을 병행하고 있다(Jewell et al., 2019).

[그림 7-3]은 2013년부터 2023년 까지의 주요 석탄 수입국의 수입량 흐름을 나타낸다. 석탄을 가장 많이 수입하고 있는 주요 수입국은 중국, 인도, 일본, 한국 순이다.

그림 7-3 주요 석탄 수입국의 수입량 추이(단위: 엑사줄)

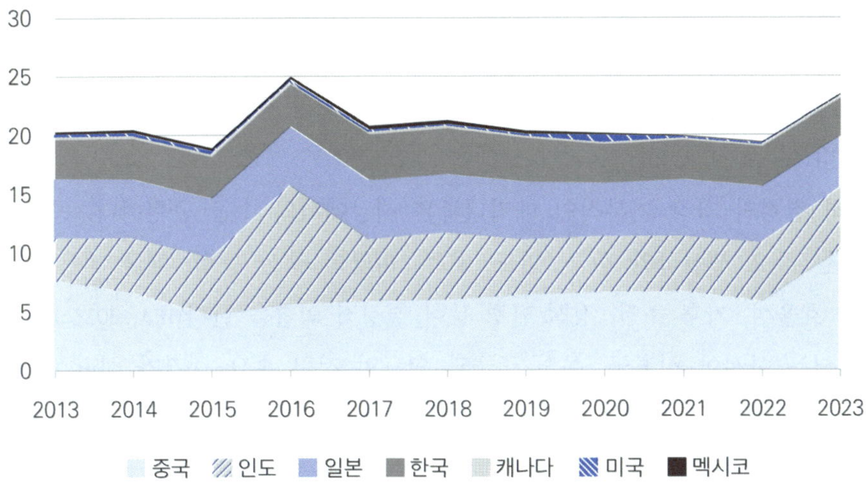

자료: Energy Institute(2024)

2023년 기준 석탄 수출이 많은 국가들은 인도네시아, 호주, 러시아, 미국, 몽골, 남아프리카 공화국, 콜롬비아, 캐나다, 중국 순이었다. 인도네시아의 석탄 수출은 2023년 10.0(엑사줄)을 기록하였다.

그림 7-4 주요 석탄 수출국의 수출량 추이(단위: 엑사줄)

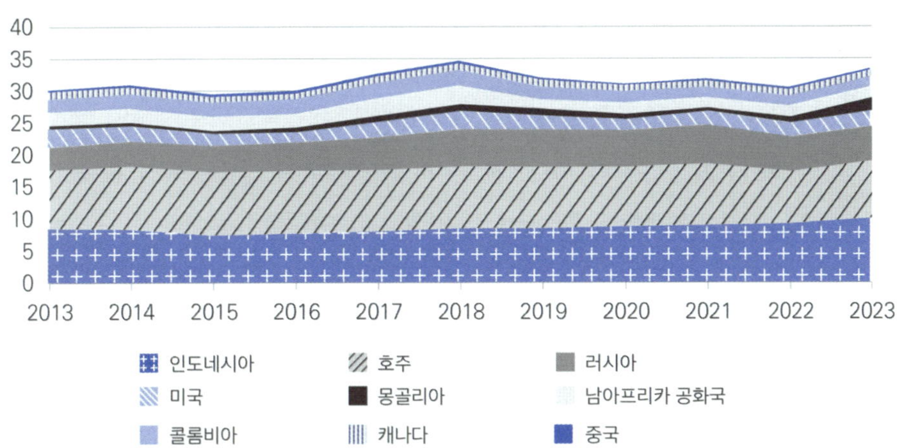

자료: Energy Institute(2024)

(5) 석탄 가격

[그림 7-5]는 미국, 북서유럽 및 남중국 지역에서의 대표적인 석탄 가격 동향을 보여준다. 국제 석탄 시장에서 가격은 단순한 수요-공급의 법칙뿐 아니라, 지정학적 요인, 규제 환경, 시장 구조, 운송 조건 등 복합적인 요인에 의해 결정된다(Fei et al., 2021).

가격 결정의 가장 기본적인 메커니즘은 시장에서의 수급 균형이다. 공급 측면에서는 주요 생산국인 중국, 인도, 호주, 미국의 생산 능력, 채굴 비용, 운송 인프라 효율성, 기후 조건, 정책 환경 등이 결정적 역할을 한다(IEA, 2023c). 수요 측면에서는 아시아 신흥국, 특히 중국과 인도의 전력 수요 증가가 석탄 소비를 견인하면서 가격 상승 압력을 가중시킨다(Zhang & Bauer, 2023).

그림 7-5 지역별 석탄 가격의 변동(달러/톤)

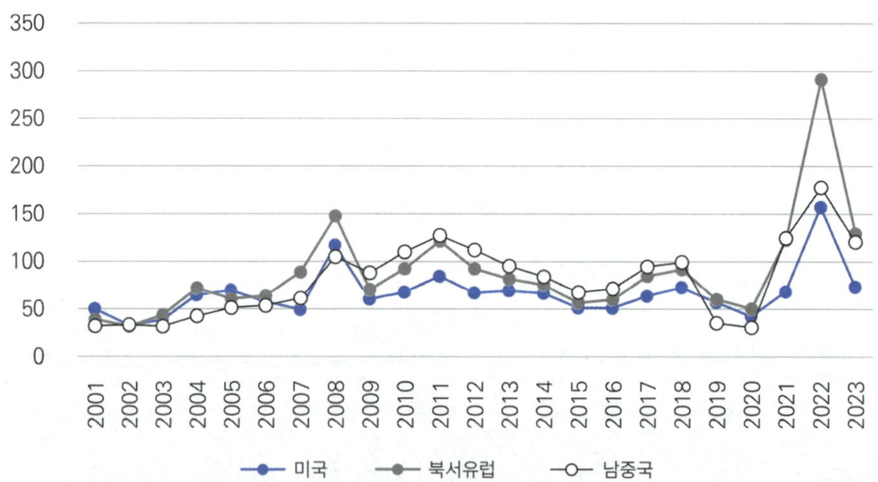

자료: Energy Institute(2024)

지정학적 갈등과 무역정책의 변화도 석탄 가격에 중대한 영향을 미친다. 수출입 제재, 수출 통제, 무역 분쟁 등은 글로벌 공급망에 혼란을 야기하고 공급 부족을 초래하여 가격 급등을 유발할 수 있다. 러시아-우크라이나 전쟁 이후 유럽의 러시아산 석탄 수입 중단은 이러한 영향을 여실히 보여주는 사례로, 비러시아산 석탄의 수입 수요가 증가하면서 가격이 크게 상승하였다.

환경 정책의 변화 또한 석탄 가격에 점차 중요한 영향을 미치고 있다. 유럽연합과 북미 지역은 강화된 탄소 규제를 통해 석탄 소비를 구조적으로 억제하고 있으며, 재생에너지 확대와 전력시장의 탈탄소화는 석탄 가격에 하방 압력을 작용시키는 요인이다(Zhang & Bauer, 2023). 반면, 환경규제가 느슨한 일부 개발도상국에서는 여전히 석탄이 주요 에너지원으로 유지되고 있으며, 이로 인해 글로벌 평균 가격 수준이 일정 수준 이상에서 유지되고 있다.

석탄 가격은 시장 구조에 따라서도 달라진다. 호주와 인도네시아처럼 소수의 대형 생산자가 우위를 점하고 있는 시장에서는 공급량의 전략적 조절로 인해 가격 안정성이 높아지는 경향이 있으며, 반대로 중소 생산자가 난립하는 시장에서는 경쟁 심화로 인해 가격 변동성이 크게 나타난다(Fei et al., 2021).

석탄 가격은 또한 용도별로 구분되는 시장 구조의 영향을 받는다. 발전용 석탄과 제철용 코크스탄은 각각 독립된 시장을 형성하고 있으며, 전자는 계절적 수요, 기온, LNG 가격 등에 민감하게 반응하고, 후자는 철강 수요와 글로벌 경기 흐름에 크게 의존한다(IEA, 2023c).

한편, 석탄 가격의 하한선은 주요 생산국의 총 생산비용—채굴비, 에너지비, 인건비, 환경규제 준수 비용 등—에 의해 결정되는 경우가 많다. 또한 석탄은 대부분 장거리 해상운송을 통해 거래되기 때문에 운송 비용, 특히 해상운임의 변화가 가격 형성에 중대한 영향을 준다. Baltic Dry Index(BDI)와 같은 해상운임 지수는 석탄 가격 변동성의 주요 보조지표로 활용된다(Fei et al., 2021).

국제 석탄 시장에서는 표준화된 가격지수가 거래의 기준 역할을 수행하며, 시장의 투명성과 효율성을 높인다. 대표적으로 호주 뉴캐슬(Newcastle) 가격지수는 아시아 지역의 발전용 석탄 가격을 반영하며, API2 지수는 유럽 내 석탄 수입가격의 벤치마크로 활용된다(IEA, 2023c). 이들 지수는 품질, 지역, 운송 조건 등을 반영한 가격 정보를 제공하며, 실물 계약과 선물 거래 모두에서 활용된다.

가격지수는 단순한 가격 신호를 넘어, 시장 참여자 간 정보 비대칭을 완화하고, 선물시장 기반의 가격 헤지 수단을 제공함으로써 전체 시장의 안정성과 예측가능성을 제고하는 데 중요한 기능을 수행한다(Jewell et al., 2019; IEA, 2023c).

9 석탄 산업의 혁신과 청정 석탄 기술

전통적인 석탄 연소에 따른 환경적 영향을 완화하고자 다양한 청정 석탄 기술이 개발되고 있으며, 그중에서도 초초임계압 발전(USC: Ultra-Supercritical), 석탄가스화 복합발전(IGCC: Integrated Gasification Combined Cycle), 그리고 탄소포집저장(CCS: Carbon Capture and Storage) 기술이 가장 널리 주목받고 있다(Saito, et al., 2020). 이러한 기술들은 석탄을 보다 효율적이고 친환경적으로 활용하기 위한 방안으로 제시되어 왔으며, 일부 국가는 이들을 실제 발전소에 적용하여 상용화하거나 실증단계에 진입한 사례도 존재한다(Jewell et al., 2019).

초초임계압 발전 기술은 물의 임계점인 374℃와 22.1MPa를 초과하는 고온·고압 조건에서 작동하여 증기터빈의 효율을 극대화함으로써 기존 석탄 발전 대비 열효율을 약 10~15%까지 향상시킬 수 있으며, 이에 따라 이산화탄소 배출량도 동일한 전력 생산 기준에서 상당 부분 저감될 수 있다(Saito et al., 2020). 한국과 일본, 독일 등의 국가에서는 이미 USC 기술을 상용화하여 발전소에 적용하고 있으며, 기술 성숙도도 비교적 높은 수준으로 평가받고 있다. 그러나 여전히 석탄을 주연료로 사용하는 기술이라는 점에서 탄소중립 목표 달성에는 구조적인 한계가 있으며, 장기적인 기후변화 대응 전략과는 거리가 있다는 지적도 병존한다(Jewell et al., 2019).

석탄가스화 복합발전(IGCC)은 석탄을 직접 연소하는 대신 고온에서 가스화하여 일산화탄소(CO)와 수소(H_2)로 구성된 합성가스를 생산한 뒤 이를 연소하여 터빈을 구동하는 방식으로 작동한다. 이 과정은 오염물질을 연소 이전의 가스화 단계에서 제거할 수 있기 때문에 환경적 측면에서 상대적으로 우수한 기술로 평가된다(Rochedo et al., 2016). 그러나 석탄가스화 복합발전은 설계 및 운전 시스템이 복잡하고, 초기 투자비용이 기존 발전소 대비 30~50% 이상 높으며, 운영의 안정성 확보가 쉽지 않다는 점에서 경제적 확장성이 낮다는 평가를 받고 있다(Schlag & Zangl, 2021).

탄소포집저장(CCS) 기술은 석탄 연소 과정에서 배출되는 이산화탄소를 포집하여 압축한 뒤 지하 지질 구조에 영구 저장함으로써 대기 중 배출을 차단하는 기술로, 이론적으로는 발전소에서 배출되는 CO_2의 90% 이상을 제거할 수 있는 고효율 기술이다(Rochedo et al., 2016). 그러나 CCS는 높은 설비비와 운영비, 포집된 CO_2의 운송 및 저장에 따르는 기술적·지질학적 리스크로 인해 경제성 확보에 큰 어려움을 겪고 있으며, 특히 전통 석탄화력에 적용할 경우 발전단가가 50% 이상 증가할 수 있는 것으로 분석된다(Zhang & Bauer, 2023).

이러한 기술들은 에너지 효율성 제고와 온실가스 감축이라는 측면에서 분명한 가능성을 보이고 있으나, 경제성과 사회적 수용성의 측면에서는 여전히 많은 도전 과제를 안고 있다. 초초임계압 발전은 고온·고압을 견딜 수 있는 특수 소재와 복잡한 운전 기술이 요구되기 때문에 건설 및 유지관리 비용이 높아, 천연가스 복합발전이나 태양광·풍력 등 재생에너지에 비해 상대적으로 낮은 시장 경쟁력을 보이고 있다(Saito et al., 2020). 석탄가스화 복합발전은 이론적으로 매우 이상적인 기술이나 실현에 있어서 공정 복잡성과 수익성 부족으로 상업화에 어려움을 겪고 있으며, 탄소포집저장은 정책적 지원 없이 채택되기 어려운 수준의 경제성과 기술적 제약을 지닌다(Schlag & Zangl, 2021; Rochedo et al., 2016).

더욱이 이러한 청정석탄 기술들은 기술적 성숙도 외에도 정책, 제도, 사회 인식 등의 환경에 따라 확산 속도가 좌우된다. 특히 ESG 기준의 강화, 금융기관들의 탈석탄 선언, 탄소중립을 명시한 국가 전략들이 확산되면서 석탄 기반 기술에 대한 신규 투자는 정치적·사회적으로도 부담이 되고 있는 상황이다. 이들 석탄 기술은 석탄 활용의 효율성을 높이고 오염물질 배출을 줄이는 기술적 수단으로 가능하지만, 이들의 지속가능성은 경제성과 기술 성숙도뿐 아니라 정부의 보조금, 연구개발 투자와 같은 지원과 함께, 국제 기후정책과 연계된 전략적 이행이 병행되어야 할 것이다(Jewell et al., 2019; Zhang & Bauer, 2023).

10 석탄시장의 구조변화와 좌초자산

석탄시장은 최근 세계적인 에너지 전환 흐름과 기후변화 대응을 위한 각국 정부의 정책 강화에 따라 근본적인 구조 변화를 겪고 있다. 특히 재생에너지와 천연가스 기술의 진보, 그리고 가격경쟁력의 향상으로 인해, 과거 석탄에 의존하던 국가들조차 석탄 소비를 점차 줄이는 추세를 보이고 있다(IEA, 2021b). 이러한 변화는 단순한 수요 감소를 넘어, 석탄 발전소, 탄광, 물류 인프라 등 석탄 관련 자산의 경제적 가치 하락을 초래하며, '좌초자산(stranded assets)' 문제를 심화시키고 있다(Semieniuk et al., 2022).

좌초자산은 기술, 시장, 규제 환경의 변화로 인해 자산이 기대되었던 경제적 수익을 실현하지 못하고 조기에 사용이 중단되는 자산을 의미한다. 특히 기후변화 대응 정책과 에너지 기술의 급격한 전환은 석유 및 석탄 산업 전반에 걸쳐 이러한 좌초 리스크를 가속화시키고 있으며, 석탄 산업은 그중에서도 가장 높은 좌초 가능성을 지닌 부문으로 지적되고 있다(Caldecott et al., 2013). 석탄 화력발전소는 일반적으로 30~40년의 경제적 수명을 전제로 설계되었으나, 주요 국가들의 탄소중립 선언과 재생에너지 전환 정책 강화에 따라, 실제 운용기간이 단축되고 조기 폐쇄되는 사례가 증가하고 있다(IEA, 2021b).

예를 들어, 독일은 2038년까지 모든 석탄발전소의 폐쇄를 목표로 하는 탈석탄 로드맵을 채택하였으며, 이로 인해 상당수 발전설비가 설계수명을 채우지 못한 채 조기 퇴출되어 좌초자산으로 전환되고 있다. 호주의 경우에도 풍부한 석탄 매장량에도 불구하고 글로벌 수요 둔화와 ESG 투자 기준의 강화, 국제 금융기관의 탈석탄 정책 확산으로 인해 신규 석탄 프로젝트에 대한 투자 유치가 어려워지고 있으며, 이에 따라 매장지 및 인프라의 좌초 리스크가 증가하고 있다(Caldecott et al., 2013). 미국에서는 셰일가스와 재생에너지의 급속한 확산으로 석탄 발전소의 경쟁력이 하락하면서, 조기 폐쇄와 설비 가동 중단이 급증하고 있다(EIA, 2023).

이러한 좌초자산 문제는 에너지 부문을 넘어 금융시장 전반에도 부정적인 파급효과를 가져오고 있다. 세계 주요 연기금과 민간 금융기관들은 기후리스크 대응의 일환으로 석탄 관련 자산에서 투자 철회를 확대하고 있으며, 그 결과 석탄 관련 기업의 주가 하락, 신용등급 저하, 자금조달 비용 상승 등 금융적 좌초 현상이 현실화되고 있다(Semieniuk et al., 2022). 이러한 변화는 단기적으로 기업 재무건전성 악화를 초래할 수 있으며, 장기적으로는 금융시장 안정성에까지 영향을 미칠 수 있는 구조적 리스크로 작용한다.

또한 좌초자산은 지역사회와 고용시장에도 심각한 사회경제적 충격을 야기할 수 있다. 석탄 산업이 지역경제의 중심을 이루는 국가나 지방정부의 경우, 석탄 자산의 조기 퇴출은 고용 감소, 세수 축소, 소비 위축 등으로 이어질 수 있으며, 이는 에너지 전환 과정에서 발생할 수 있는 정의롭지 못한 결과를 보여주는 사례가 된다. 특히 사회안전망이 취약한 개발도상국에서는 노동 전환이 어려워, 에너지 정의와 '공정 전환(just transition)' 실현을 위한 정책적 개입이 더욱 중요하다.

따라서 좌초자산 리스크는 단순한 회계상 손실을 넘어 산업구조, 노동시장, 국가 재정, 금융시장 등 다양한 차원에서 파급력을 가지는 문제로, 이에 대한 정책적 대응 전략의 수립이 시급하다. 구체적으로는 좌초위험 자산의 조기 식별과 평가 시스템 구축, 탈석탄 기업에 대한 보상 및 고용 전환 지원 프로그램 설계, 재교육 인프라 확충, 그리고 금융 규제에서의 기후리스크 반영 등이 병행되어야 할 것이다(Semieniuk et al., 2022).

제8장

원자력에너지

1 서론

원자력에너지는 20세기 중반 이후 화석연료 중심의 에너지 체계에 대한 전략적 대안으로 등장하였으며, 특히 자원이 부족한 국가들에게는 안정적이고 대규모의 전력 공급이 가능한 기술로 주목받아 왔다. 제2차 세계대전 이후 핵기술의 평화적 이용에 대한 국제적 공감대가 형성되면서, 원자력 발전은 '에너지의 미래'로 간주되었고, 1950년대 후반부터 상업용 원전이 본격적으로 가동되기 시작하였다. 이후 프랑스를 비롯한 여러 국가는 에너지 안보를 강화하고 수입 의존도를 줄이기 위한 방안으로 원자력 발전을 적극 확대하였다(Hecht, 2009). 특히 1970년대 두 차례의 석유위기는 에너지 자립과 공급 다변화의 중요성을 부각시켰으며, 이 시기 원자력은 많은 국가들의 에너지 정책에서 핵심 구성 요소로 자리매김하게 되었다.

원자력 발전은 연료 사용 효율이 높고, 발전 과정에서 온실가스를 거의 배출하지 않기 때문에, 에너지 공급과 기후변화 대응이라는 두 과제를 동시에 고려해야 하는 오늘날의 에너지 전환 환경에서 중요한 저탄소 기술로 간주된다. 국제에너지기구(IEA)는 2050년 탄소중립 시나리오(Net Zero by 2050)에서 원자력이 전체 저탄소 전력 공급의 약 10% 이상을 담당할 것으로 전망하고 있으며, 이는 재생에너지, 수소, 탄소포집기술 등과 병행하여 안정적인 에너지 믹스를 구성하는 전략적 자산으로 평가하고 있다(IEA, 2021e). 특히 원자력은 태양광·풍력 등 간헐성 재생에너지의 보완 수단으로, 기저부하(base-load) 전원을 안정적으로 공급할 수 있다는 점에서 전력망의 회복력(resilience)과 신뢰성(reliability)을 강화하는 데 기여할 수 있다.

최근 러시아-우크라이나 전쟁 이후 글로벌 에너지 공급망의 지정학적 불확실성이 심화됨에 따라, 원자력은 다시 한 번 에너지 안보의 핵심 수단으로 재조명되고 있다. 천연가스와 석유의 수입 의존도가 높은 유럽 국가들은 러시아산 에너지에 대한 탈동조화를 추진하는 과정에서 원자력을 재평가하고 있으며, 이를 통해 에너지 주권과 전력시장 안정성을 동시에 추구하고자 하는 움직임이 확산되고 있다(IEA, 2022e).

그러나 원자력 발전에 대한 사회적 인식은 여전히 분열되어 있다. 한편으로는 높은 발전 효율과 장기간 운전이 가능한 기저부하 전원으로서의 역할, 그리고 탄소중립 달성에의 기여 가능성이 강조되지만, 다른 한편으로는 대형사고의 잠재적 위험성, 고준위 방사성 폐기물의 장기 처리 문제, 높은 초기 투자비용과 긴 건설기간 등으로 인해 지속적인 사회적 논란이 존재한다. 특히 2011년 일본 후쿠시마 원전 사고는 원자력에 대한 대중의 신뢰를 크게 흔들었고, 그 여파로 독일, 벨기에, 스위스 등 여러 국가들이 탈원전 정책을 채택하거나 기존 원전 운영 계획을 축소·보류하는 등 전략적 방향 전환이 이루어졌다. 이는 원자력이 기술적·경제적 측면뿐 아니라 사회적 수용성과 정치적 정당성을 동시에 갖추어야만 지속가능한 에너지 체계의 일부로 기능할 수 있음을 보여준다(Sovacool et al., 2020).

오늘날 에너지 전환과 탈탄소화가 국가 정책의 핵심 아젠다로 부상하면서, 원자력에너지를 단지 기술적 시각에서만이 아니라, 경제성, 사회적 수용성, 규제 체계, 국제 정치, 에너지 정의 등의 다차원적 맥락 속에서 분석하는 일이 점점 더 중요해지고 있다. 원자력은 단순한 발전 기술을 넘어, 에너지 안보, 환경정책, 글로벌 기후 거버넌스, 원전 수출 및 핵비확산 체제와도 긴밀하게 연결된 복합적인 이슈이기 때문이다(Kuzemko et al., 2020). 따라서 본 장에서는 원자력 발전의 기술적 기반, 경제적 효율성, 규제 및 정책 환경, 환경적 영향, 그리고 향후

에너지체계 내 전략적 역할에 대해 종합적으로 검토함으로써, 에너지 경제학적 관점에서 원자력의 기능과 한계를 체계적으로 분석하고자 한다.

2 원자력에너지의 역사적 발전과 배경

원자력에너지의 기원은 19세기 말에서 20세기 초에 이르는 일련의 과학적 발견에 뿌리를 두고 있다. 1896년 앙리 베크렐(Henri Becquerel)이 자연 방사능을 처음 발견한 것을 시작으로, 마리 퀴리(Marie Curie)와 피에르 퀴리는 라듐과 폴로늄의 방사성 특성을 규명함으로써 원자 내부에 내재한 에너지에 대한 인류의 이해를 비약적으로 확장시켰다. 이들 연구는 원자의 구조가 단순히 불변의 물질 단위가 아니라, 내부에 거대한 에너지를 저장하고 있으며 이를 인위적으로 방출할 수 있다는 가능성을 시사하였다. 이후 어니스트 러더퍼드는 1917년 알파입자를 질소 원자에 충돌시켜 수소 원자핵, 즉 양성자를 방출하는 실험을 성공시켰고, 이를 통해 인류 최초의 인공 핵변환(artificial transmutation)을 달성하였다(Rutherford, 1919). 이러한 일련의 발견은 핵물리학의 기반을 정립하고, 원자력에너지의 기술적 토대를 마련한 중요한 이정표로 평가된다.

현대적인 의미에서의 원자력에너지는 1938년 오토 한(Otto Hahn)과 프리츠 스트라스만(Fritz Strassmann)이 우라늄 원자의 핵분열(nuclear fission)을 실험적으로 확인하면서 본격적으로 그 가능성이 열렸다. 리제 마이트너(Lise Meitner)와 오토 프리쉬(Otto Frisch)는 핵분열 현상을 이론적으로 설명하면서, 중성자를 통한 연쇄반응과 대규모 에너지 방출 메커니즘을 과학적으로 정립하였다(Meitner & Frisch, 1939). 핵분열은 그 자체로는 과학적 성취였지만, 제2차 세계대전이라는 전시 상황 속에서 군사기술로 급속히 전용되었고, 미국의 맨해튼 계획(Manhattan Project)을 통해 핵무기 개발로 이어졌다. 히로시마와 나가사키에 투하된 원자폭탄은 인류가 원자력의 파괴적 위력을 실감하게 만든 사건이었고, 동시에 핵기술의 통제와 평화적 이용에 대한 국제적 논의를 촉발시켰다(Rhodes, 1986).

전쟁 이후에는 "원자력의 평화적 이용(Atoms for Peace)"이라는 기치 아래, 핵기술의 민간 활용 가능성에 대한 관심이 급격히 확산되었다. 1956년 영국의 콜더 홀(Calder Hall) 원자력 발전소가 세계 최초로 상업 운전을 개시하면서, 원자력은 본격적인 에너지원으로서의 역할을 시작했다(WNA, 2022c). 이후 미국, 프랑스, 소련, 일본 등 주요 산업국들이 국가 주도의 원자력 개발 계획을 추진하면서, 원자력은 안정적이고 대규모 전력 생산이 가능한 기술로 각광받게 되었다. 특히 1970년대 두 차례의 석유위기 이후에는 화석연료에 대한 의존도를 줄이고 에너지 안보를 강화하기 위한 전략적 수단으로 원자력 발전이 급속히 확대되었으며, 이 과정에서 원자력은 수십 년 동안 여러 국가의 전력 믹스에서 핵심적인 위치를 차지하게 되었다.

원자력 발전은 발전 과정에서 이산화탄소와 같은 온실가스를 거의 배출하지 않기 때문에, 기후변화 대응이라는 글로벌 아젠다 속에서 중요한 저탄소 전원으로 재조명되고 있다. 국제에너지기구(IEA)와 국제원자력기구(IAEA) 등은 원자력이 재생에너지와 병행하여 탄소중립 목표 달성을 위한 핵심 기술 중 하나가 될 수 있음을 지속적으로 강조하고 있다. 일부 국가는 '그린 택소노미' 체계에서 원자력을 친환경 투자 대상으로 포함시키는 등, 환경 정책과의 연계를 확대하고자 하는 움직임도 나타나고 있다.

그러나 원자력에너지는 기술적·경제적·사회적 측면에서 복합적인 도전에 직면해 있다. 기술적으로는 고준위 방사성 폐기물의 장기 보관 및 처분, 높은 초기 자본비용과 장기 건설 기간, 연료주기 관리 등의 문제가 여전히 완전하게 해결되지 않은 채 남아 있다. 사회적으로는 1986년 체르노빌 사고와 2011년 후쿠시마 원전 사고 이후 원자력의 안전성에 대한 대중의 신뢰가 크게 흔들렸으며, 이는 일부 국가의 탈원전 결정이나 신규 투자 중단으로 이어졌다(Perrow, 1999). 정치적으로도 원자력은 시민사회의 저항, 지역 커뮤니티의 반대, 비핵확산 체제와의 연계 등 다양한 제약 요소와 마주하고 있다.

또한 태양광과 풍력 같은 재생에너지 기술이 빠른 속도로 발전하고 있고, 저장기술 및 분산형 에너지 시스템이 확산됨에 따라, 원자력의 경제성과 경쟁력에 대한 의문이 제기되고 있다. 최근의 연구들은 원자력이 고위험·고보상형 에너지원이라는 특성을 지니며, 그 수용성은 기술적 요인뿐 아니라 정치적 문화, 정책적 신뢰, 제도적 거버넌스 등에 크게 좌우된다는 점을 강조하고 있다(Sovacool et al., 2020). 특히 민주주의 체제에서의 원자력 추진은 공공참여, 정보공개, 투명한 의사결정과정 등 사회적 정당성을 필요로 하며, 이는 재생에너지 확산과 다른 차원의 정책 설계와 대응 전략을 요구한다.

결국 원자력에너지는 탄소중립 사회로의 전환이라는 시대적 과제 속에서 여전히 중요한 저탄소 기술로 간주되지만, 동시에 경제성, 안전성, 수용성이라는 다층적 쟁점을 동반하는 복합적 에너지원이다. 따라서 원자력의 미래는 단순히 기술적 효율성이나 비용 경쟁력만으로 결정되기보다는, 각국의 에너지 전략, 제도적 역량, 사회적 가치 판단에 따라 서로 다른 궤적을 그릴 수밖에 없으며, 이에 대한 통합적이고 균형 잡힌 분석이 요구된다.

3 원자력 발전의 기본 원리

(1) 핵분열과 핵융합

핵에너지의 방출은 원자핵 내부에 저장된 강한 핵력에 기인하며, 이는 두 가지 근본적인 과정, 즉 핵분열(nuclear fission)과 핵융합(nuclear fusion)을 통해 이루어진다. 이 두 과정은 서로 다른 물리적 원리에 따라 작동하며, 방출되는 에너지의 규모와 기술적 적용 가능성에서도 차이를 보인다.

핵분열은 우라늄-235나 플루토늄-239와 같은 무거운 원자핵이 중성자의 충격을 받아 두 개의 가벼운 핵분열 생성물로 분리되면서 에너지를 방출하는 과정이다(Glasstone & Sesonske, 1994). 예를 들어, 우라늄-235 핵이 중성자를 흡수하면 불안정해지고, 크립톤(Kr)과 바륨(Ba) 등의 분열 생성물로 나뉘며, 이 과정에서 여분의 중성자와 약 200 MeV(메가전자볼트)의 에너지가 방출된다(Lamarsh & Baratta, 2001). 방출된 중성자는 다른 우라늄 핵의 분열을 유도하여 연쇄반응(chain reaction)을 일으키며, 이는 원자로 운영의 기초가 된다. 이러한 연쇄반응은 제어봉(control rod)과 냉각재 시스템 등을 통해 안정적으로 조절되며, 전력

생산에 활용된다.

한편, 핵융합은 두 개의 가벼운 원자핵이 결합하여 더 무거운 원자핵을 형성하면서 에너지를 방출하는 과정이다. 에너지 생산을 위한 가장 일반적인 핵융합 반응은 중수소(^{2}H)와 삼중수소(^{3}H)의 결합으로, 이들이 충분한 운동 에너지를 가지고 충돌하면 헬륨-4(^{4}He) 핵과 중성자, 그리고 약 17.6 MeV의 에너지가 방출된다(Kikuchi, 2015). 이러한 핵융합 반응은 태양과 별의 중심에서 자연스럽게 발생하며, 거대한 압력과 수천만 도의 고온 환경이 원자핵 간의 전자기적 반발력을 극복하게 한다(Stacey, 2010).

지구상에서 이 같은 조건을 인공적으로 재현하기 위해서는 고온 플라즈마 상태를 유지하고 핵융합 반응이 지속될 수 있도록 자기 가둠(magnetic confinement) 방식(예 토카막, 스텔러레이터)이나 관성 가둠(inertial confinement) 방식(예 레이저 압축)이 활용된다. 그러나 이러한 기술은 아직 상업화 단계에 도달하지 못했으며, 핵융합은 여전히 실현 가능한 미래 에너지 기술로 평가되고 있다(Clery, 2014).

핵융합은 이론적으로 거의 무제한의 청정에너지 공급원이 될 수 있으며, 탄소 배출이 없고 방사성 폐기물이 상대적으로 적다는 점에서 환경적 장점이 크다. 반면, 핵분열은 이미 전 세계적으로 널리 상용화되어 원자력 발전소의 기반이 되고 있지만, 고준위 방사성 폐기물 처리 문제, 사고 위험성, 높은 초기 자본 비용 등 여러 도전에 직면해 있다.

결론적으로, 핵분열은 현재의 실용적 에너지원, 핵융합은 장기적인 미래 에너지원으로 각각 고유한 역할과 과제를 가지고 있으며, 에너지 시스템 전환의 맥락에서 이들의 상호보완적 가치가 주목되고 있다.

(2) 우라늄 및 플루토늄 연료 주기

우라늄과 플루토늄의 연료 주기는 핵연료 주기의 핵심 구성 요소로, 핵연료의 생산, 원자로 내 사용, 사용후 연료의 저장 및 재처리 또는 폐기까지 일련의 과정을 포함한다. 이 주기는 자원 활용 효율성과 방사성 폐기물의 관리, 핵확산 리스크 등 다양한 에너지·환경·안보 이슈와 직결되어 있다.

우라늄 연료 주기는 일반적으로 우라늄광석의 채굴과 제련으로 시작된다. 이 과정에서 생성된 옐로우케이크(U_3O_8)는 정제 및 화학적 변환 과정을 거쳐 육불화우라늄(UF_6) 형태로 전환된다(Lamarsh & Baratta, 2001). 이후 이 기체는 가스 원심분리법 등을 통해 자연 상태의 0.7% 우라늄-235를 3~5%로 농축하는 공정을 거친다(Glasstone & Sesonske, 1994). 농축된 UF_6는 다시 고체 이산화우라늄(UO_2) 분말로 전환되어, 고온에서 소결(sintering)된 연료 펠릿으로 가공되며, 이들은 지르코늄 합금관에 충전되어 연료봉을 구성하고, 다수의 연료봉이 집합체로 조립되어 원자로에 장전된다(WNA, 2022a).

원자로에서 가동 중, 우라늄-235 원자핵은 핵분열을 통해 에너지를 방출하며 전력 생산에 기여한다. 연료가 점차 소모되면서 핵분열성 물질의 농도가 감소하고 방사성 핵분열 생성물이 축적되어 연료 효율성이 저하되므로, 일정 주기마다 연료를 교체해야 한다. 이때 원자로로부터 인출된 사용후 연료(spent fuel)는 여전히 상당한 양의 우라늄, 플루토늄, 핵분열 생성물을 포함하고 있어 재처리되거나 최종 처분을 위해 저장된다.

플루토늄 연료 주기는 우라늄 주기와 밀접하게 연계된다. 원자로 내부에서 우라늄-238이 중성자를 흡수하면 일련의 핵변환 과정을 거쳐 플루토늄-239(Pu-239)로 전환된다. Pu-239는 고에너지 핵분열이 가능한 연료로, 재처리를 통해 회수되면 혼합산화물(MOX, Mixed Oxide) 연료로 재활용될 수 있다(Benedict et al., 1981). MOX 연료는 우라늄과 플루토늄 산화물을 혼합한 형태로, 일부 경수로 및 고속증식로에서 사용이 가능하며, 플루토늄의 재활용을 통해 고준위 폐기물의 양을 줄이는 효과를 가진다(WNA, 2022a).

재처리 과정은 화학적 분리와 정제, 연료 재제조 공정을 포함하며, 사용후 연료에 포함된 플루토늄과 우라늄의 회수율을 높임으로써 자원 효율성을 증진시킨다. 그러나 이 과정은 기술적으로 복잡하고, 핵무기 전용이 가능한 고순도 플루토늄의 획득 가능성이 있어 핵비확산(non-proliferation)의 관점에서 국제적인 감시와 규제가 요구된다(Mark et al., 2009).

마지막으로, 연료 주기에서 발생하는 방사성 폐기물, 특히 사용후 연료와 재처리 잔여물로 구성된 고준위 폐기물(HLW)의 처리는 가장 심각한 기술적·사회적 도전 중 하나로 남아 있다. 이들 폐기물은 수천 년 이상 높은 방사능을 유지하기 때문에, 지질학적 처분(geological disposal)과 같은 장기적이고 안전한 관리 전략이 필수적이다.

(3) 원자로의 구조

원자로는 지속적인 핵분열 연쇄반응을 유지하고 통제하기 위해 설계된 복잡한 시스템으로, 핵반응에서 생성되는 열에너지를 이용하여 전력을 생산한다. 일반적인 원자로는 노심(reactor core), 제어봉(control rods), 냉각 시스템, 압력용기(pressure vessel), 격납구조(containment structure) 등 주요 구성요소로 이루어져 있다.

노심은 원자로의 핵심 부위로서 핵분열 반응이 일어나는 곳이며, 다수의 연료봉이 집합체 형태로 배열되어 있다. 연료봉은 보통 이산화우라늄(UO_2) 또는 혼합산화물(MOX) 연료로 채워진 연료 펠릿으로 구성되며, 이 펠릿은 고체 상태의 원통형 덩어리로 고온에서 소결되어 제작된다. MOX 연료는 플루토늄과 우라늄 산화물을 혼합한 형태로 일부 원자로에서 재처리된 연료로 사용된다(WNA, 2022b). 노심 내에는 중성자 감속재인 물이나 흑연 등이 함께 채워져 있어, 빠른 중성자를 감속시켜 핵분열의 확률을 증가시킨다(Lamarsh & Baratta, 2001).

제어봉은 붕소(boron), 카드뮴(cadmium), 해플로이(hafnium) 등 중성자를 잘 흡수하는 물질로 제작되며, 원자로의 연쇄반응을 조절하기 위해 노심에 삽입되거나 제거된다. 제어봉이 삽입되면 중성자의 수가 감소하여 반응이 억제되고, 제거되면 반응이 다시 활성화된다. 긴급 정지(scram) 상황에서는 제어봉을 즉시 완전 삽입함으로써 원자로 출력을 빠르게 정지시킬 수 있다(Glasstone & Sesonske, 1994).

냉각시스템은 핵분열로부터 발생한 열을 제거하고 이를 발전에 활용할 수 있도록 전달하는 역할을 한다. 대부분의 상용 원자로는 물을 냉각제로 사용하며, 경우에 따라 액체 금속(예 나트륨)이나 가스(예 이산화탄소)를 사용하는 고속로도 존재한다. 가압경수로(PWR)의 경우, 냉각수가 고압 상태에서 끓지 않도록 유지되며, 열은 열교환기를 통해 2차 계통으로 전달되어 증기를 생성하고 터빈을 구동시켜 전력을 생산한다(Lamarsh & Baratta, 2001).

압력용기는 두꺼운 강철로 제작된 구조물로, 노심과 냉각제를 내부에 보관하고 고온·고압 상태를 견딜 수 있도록 설계되어 있다. 이 용기는 방사성 물질이 외부로 누출되지 않도록 1차적인 방호벽 역할을 수행한다.

격납구조는 원자로에서 사고나 이상 상황이 발생할 경우, 방사성 물질이 외부로 방출되지 않도록 하기 위한 최종 방호 장치다. 일반적으로 고강도 콘크리트와 강철로 구성되며, 지진, 폭발 등의 외부 충격을 견딜 수 있도록 설계된다. 격납구조는 다단계 방어 체계의 일환으로, 원자로와 주변 환경의 안전을 확보하는 핵심 요소로 작용한다(Lamarsh & Baratta, 2001).

(4) 원자로의 기본 작동 원리

원자로의 작동 원리는 핵분열을 통해 생성된 열에너지를 이용하여 전력을 생산하는 데 있으며, 그 핵심은 통제된 연쇄반응(controlled chain reaction)을 안정적으로 유지하는 것이다. 원자로의 중심부인 노심(core)에는 핵분열성 물질인 우라늄－235(^{235}U) 또는 플루토늄－239(^{239}Pu)가 연료봉 형태로 배열되어 있다. 노심에서 중성자(neutron)가 이러한 핵분열성 원자핵에 충돌하면, 원자핵은 둘 이상의 가벼운 핵종으로 분열하며, 이 과정에서 다량의 열에너지와 함께 2~3개의 새로운 중성자가 추가로 방출된다. 이 방출된 중성자들은 다시 주변의 다른 핵분열성 핵에 충돌함으로써 새로운 분열 반응을 유도하고, 이러한 반복적인 반응이 자기 유지적 연쇄반응(self－sustaining chain reaction)으로 이어진다.

이 과정에서 발생하는 열에너지는 원자로 내의 냉각제(coolant)를 통해 흡수되며, 일반적으로 경수(light water), 중수(heavy water), 또는 가압가스, 액체금속 등이 사용된다. 냉각제는 핵분열로 발생한 열을 열교환기(steam generator)로 전달하고, 여기에서 물(water)이 고온·고압의 증기(steam)로 변환된다. 이 증기는 터빈(turbine)을 회전시키며, 터빈의 회전력은 다시 발전기(generator)로 전달되어 전기가 생산된다. 이 일련의 과정은 전통적인 열기관과 유사하지만, 열원이 화석연료가 아닌 핵분열 반응이라는 점에서 본질적인 차이를 가진다(Glasstone & Sesonske, 1994).

연쇄반응의 속도와 원자로의 열 출력은 제어봉(control rods)을 통해 정밀하게 조절된다. 제어봉은 붕소(Boron), 카드뮴(Cadmium), 하프늄(Hafnium) 등 중성자를 흡수하는 물질로 구성되어 있으며, 노심 내에 삽입되는 깊이를 조절함으로써 노심 내 중성자의 밀도를 조절한다. 제어봉이 깊게 삽입되면 중성자의 수가 감소하여 연쇄반응이 억제되며, 반대로 제어봉이 인출되면 연쇄반응이 강화되어 출력이 증가한다. 이로써 원자로는 필요한 수준의 열 출력을 안정적으로 유지할 수 있다. 또한 냉각제의 유량(flow rate), 압력, 온도 등의 조절 역시 원자로 출력 제어의 주요 수단으로 작용한다.

운영 중 원자로는 수많은 자동화된 계측 및 감시 시스템에 의해 지속적으로 상태가 점검된다. 주요 감시 항목에는 노심 온도, 중성자 속도, 압력, 방사선 수준 등이 포함되며, 이러한 데이터는 실시간으로 제어실에 전달되어 운영자 또는 자동제어장치에 의해 판단된다. 만일 노심 내 이상 열 상승, 냉각제 유출, 중성자 밀도 급증 등 비정상적인 작동 조건이 감지되면, 제어봉이 자동으로 전면 삽입되어 연쇄반응이 즉각적으로 중단되고, 원자로는 정지 상태로 전환된다(Knief, 1992). 이 자동정지(scram) 시스템은 원자로 안전의 핵심 중 하나로, 사고 예방뿐 아니라 인명 보호와 환경 재해를 방지하는 데 필수적인 장치이다.

원자로는 핵분열 반응의 물리적 특성을 기반으로 하여, 정교한 출력 제어 기술과 복수의 안전 시스템, 그리고 고도의 운영 감시체계가 결합된 고도 복합기술이며, 이러한 기술적 설계는 원자력 발전의 고효율성과 안전성 확보를 동시에 추구하는 핵심 기반이라 할 수 있다.

4 원자력 발전소

원자력 발전소는 전력생산을 위해 핵분열로 생성된 에너지를 활용하기 위해서 설계된 매우 복잡한 설비이다. 원자력 발전소는 전 세계 에너지믹스에 통합되어서 신뢰할 수 있는 저탄소 전력을 제공하고 있다. 원자력 발전소의 운영은 다른 종류의 원자로, 발전소의 설계와 건설, 운영과 유지 보수 등 주요한 핵심 구성 요소와 과정을 포함한다.

(1) 주요 원자로 유형

원자력 발전소에서 사용되는 원자로는 설계 구조, 연료의 형태, 감속재와 냉각재의 종류, 연료 교체 방식, 중성자 활용 방식 등에 따라 여러 유형으로 구분되며, 각 원자로는 기술적 선택에 따라 특정한 운전 특성, 효율성, 안전성, 경제성을 지닌다. 현재 상용화된 원자로는 대부분 경수로형(light water reactor)이지만, 국가별 전략과 기술력에 따라 중수로, 가스냉각형, 고속로 등 다양한 설계가 존재한다.

가장 널리 보급된 원자로 유형은 가압수형 원자로(Pressurized Water Reactor, PWR)로, 전 세계 상업용 원자로의 약 60% 이상이 이 방식에 기반하고 있다. 이 원자로는 보통 물(경수)을 냉각재이자 감속재로 사용하며, 냉각수가 노심 내에서 비등하지 않도록 고압 상태(약 150기압)로 유지된다. 핵분열 반응으로 발생한 열은 고압의 냉각수를 가열하고, 이 열은 2차 계통의 증기발생기(steam generator)를 통해 별도의 증기 회로로 전달된다. 이로써 2차 계통의 물이 증기로 변하여 터빈을 회전시키고, 발전기를 통해 전력이 생산된다(Lamarsh & Baratta, 2001). 노심과 터빈 계통이 물리적으로 분리되어 있어 방사선 관리가 용이하고, 운전 안정성이 높으며 정비 경험이 축적되어 있다는 장점으로 인해 전 세계적으로 가장 널리 채택되고 있다.

비등수형 원자로(Boiling Water Reactor, BWR) 역시 경수를 냉각재와 감속재로 사용하지만, 냉각수가 노심에서 직접 비등하여 증기로 변환된다는 점에서 PWR과 구별된다. 생성된 증기는 중간 열교환기를 거치지 않고 곧바로 터빈으로 직접 공급되어 발전을 수행한다. 이러한 구조는 열효율을 높이는 동시에 설계 단순화를 가능하게 하지만, 노심에서 생성된 증기가 직접 터빈으로 유입되기 때문에 터빈 계통에도 방사성 물질이 포함될 가능성이 있으며, 이에 따라 방사선 차폐 및 유지관리 기준이 상대적으로 엄격하다(WNA, 2022c). 미국을 비롯한 일부 국가에서는 BWR이 상용 원전의 중요한 비중을 차지하고 있다.

가압중수로(Pressurized Heavy Water Reactor, PHWR)는 감속재와 냉각재 모두에 중수(D_2O, 중수소 산화물)를 사용하는 구조로, 중성자 손실이 적기 때문에 천연 우라늄(natural uranium)을 직접 연료로 사용할 수 있는 것이 큰 특징이다. 이로 인해 연료 농축 공정이 필요 없으며, 중성자 경제성(neutron economy)이 높아 효율적인 핵반응 유지가 가능하다. 대표적인 설계로는 캐나다의 CANDU형 원자로가 있으며, CANDU는 압력관 방식(pressure tube type)으로 구성되어 원자로를 정지하지 않고도 온라인 연료 교체(on－power refueling)가 가능하다는 점에서 운전 효율성이 높다.

고급 가스냉각형 원자로(Advanced Gas－cooled Reactor, AGR)는 주로 영국에서 사용되는 설계로, 흑연(graphite)을 감속재로, 이산화탄소(CO_2)를 냉각재로 사용하는 독특한 조합을 갖추고 있다. 연료로는 농축 우라늄 이산화물(UO_2)이 사용되며, 냉각재의 온도가 상대적으로 높아 열효율이 40% 이상으로 우수한 편이다. 다만 구조가 복잡하고, 고온에 견디는 내열 재료와 정교한 제어 시스템이 필요하기 때문에, 건설 비용과 유지관리 비용이 상대적으로 높다는 단점이 있다(WNA, 2022b). AGR은 영국 내에서만 상용화되어 있으며, 다른 국가에서는 널리 채택되지 않았다.

고속증식로(Fast Breeder Reactor, FBR)는 중성자를 감속하지 않고 고속 상태에서 그대로 이용하는 원자로로, 감속재를 사용하지 않으며, 플루토늄－239 또는 우라늄－238을 핵분열 또는 핵변환시켜 새로운 연료를 생성하는 기능을 갖춘다. 이 원자로는 연료를 단순히 소비하는 것을 넘어, 연소와 동시에 핵연료를 증식(breed)할 수 있어 핵자원의 활용도를 비약적으로 향상시킬 수 있는 기술로 평가된다. 주로 액체 소듐(liquid sodium)과 같은 금속 냉각재가 사용되며, 높은 열전도성과 낮은 중성자 흡수 단면적이 고속중성자 반응에 적합하다. 그러나 액체 금속은 공기 및 수분과 접촉 시 화학 반응성이 높아, 냉각재 관리 및 안전성 확보가 매우 까다롭다. 현재까지 고속증식로는 시범적 혹은 제한적 형태로 운영된 사례가 있으나, 상업적 실용화는 여전히 초기 단계에 머물러 있다.

결론적으로, 원자로 설계는 각국의 에너지 전략, 기술 역량, 자원 상황, 정책 우선순위에 따라 선택되며, 발전 효율, 안전성, 연료 경제성, 환경 영향, 사회적 수용성 등 다양한 요소들이 복합적으로 고려된다. 향후 원자력 발전의 지속가능성을 확보하기 위해서는 기술 간 균형적 평가와 함께, 사고 대응능력과 폐기물 관리, 탄소중립 이행과의 정합성까지 아우르는 포괄적 관점이 필요하다.

(2) 원자력 발전소의 설계와 건설 과정

원자력 발전소의 설계 및 건설은 일반적인 발전소에 비해 훨씬 더 장기적이고 복잡한 과정을 수반하며, 평균적으로 10년 이상의 시간, 수십억 달러의 투자 자금, 그리고 수많은 기술적·제도적 요건이 요구된다. 특히 방사선과 고온 고압 환경을 다루는 핵심 기반시설인 만큼, 이 과정은 국가별 규제체계와 국제 안전 기준에 따라 철저히 관리되며, 사회적 수용성과 정치적 안정성도 프로젝트의 성공에 결정적 영향을 미친다.

가장 초기 단계인 부지 선정은 지질학적 안정성, 인근 활성 단층의 유무, 해수나 담수와 같은 냉각수원의 접근성, 홍수·지진·해일 등의 자연재해 위험, 그리고 인구 밀집 지역과의 거리 등 복합적인 환경적·사회적 요인을 종합적으로 고려하여 결정된다. 또한, 부지 선정 단계에서는 사전 환경영향평가, 방사능 확산 모델링, 비상대응계획 수립 가능성 등이 포함되며, 결과는 규제기관의 심사를 거쳐야 한다. 국제원자력기구(IAEA, 2020c)의 지침에 따르면, 이러한 평가 과정은 단지 기술적 타당성에 그치지 않고 공공참여와 지역사회 의견 수렴 절차를 포함해야 한다.

부지 승인이 완료되면 설계 및 엔지니어링 단계가 본격적으로 시작된다. 이 과정에서는 원자로의 종류(PWR, BWR 등), 냉각 및 감속 시스템의 구성, 격납건물의 형태, 제어실 및 비상전원 시스템의 배치, 폐기물 관리 방식 등 세부 공학 설계가 이루어진다. 설계는 반드시 국제원자력기구(IAEA), 미국 원자력규제위원회(NRC), OECD－NEA 등의 국제 규범 및 국가별 안전 기준에 부합해야 하며,

특히 지진, 항공기 충돌, 내외부 폭발, 사이버 공격 등 다양한 사고 시나리오에 대한 내재적 회복력이 반영되어야 한다.

이후 건설 단계(construction phase)로 넘어가면, 원자로 본체, 격납건물, 증기 발생기, 터빈 계통, 냉각탑, 연료 저장 시설, 방사선 차폐 구조물 등 대규모 기반 시설의 시공이 진행된다. 원자력 건설은 고도의 기술과 정밀성이 요구되는 동시에, 작업자의 방사선 노출, 건설 장비의 고신뢰성 유지, 공정 간 오차 허용 범위 제한 등 매우 엄격한 품질관리 요건을 수반한다. 모든 공정은 해당 국가의 원자력 규제기관의 단계별 승인과 검사를 통과해야 하며, 시공 오류나 설계 변경 시 즉각 보고 및 수정 의무가 발생한다. 이러한 높은 규제 강도와 프로젝트 규모, 다수의 이해관계자 조정 문제 등으로 인해 공사 기간의 지연(schedule overrun)이나 예산 초과(cost overrun)는 매우 흔한 현상이며, 이는 원전 사업의 경제성을 저해하는 주요 리스크 중 하나로 꼽힌다(Schneider et al., 2021).

건설이 완료된 후에는 원전의 안전성과 기능적 적합성을 검증하기 위한 시운전 단계가 수행된다. 이 단계에서는 원자로에 핵연료를 장전하기 전의 '비핵시운전(non-nuclear testing)'과, 연료 장전 후에 수행되는 '핵시운전(nuclear testing)'이 포함된다. 주요 설비의 작동 여부, 냉각계통과 계측제어 계통의 반응 특성, 방호체계의 작동성을 시험한 후, 핵연료를 장전하고 연쇄반응을 개시(start-up)하여 점진적으로 출력을 상승시킨다. 모든 절차는 단계별 운전승인과 규제기관의 검사·감시 하에 이루어지며, 문제가 발견되면 즉시 수정 또는 운전 중단 조치가 취해진다. 이 과정을 통해 발전소의 전체 설비가 설계 사양대로 안전하고 안정적으로 작동하는지를 검증한 후에야 상업 운전에 돌입할 수 있다.

(3) 원자력 발전소의 운영과 유지·보수

원자력 발전소의 운영은 고도의 기술적 정밀성과 안전성이 요구되는 복합적인 과정으로, 핵 연쇄 반응을 안정적으로 유지하면서도 지속적인 전력 공급을 보장해야 한다. 원자로 내에서의 연쇄 반응은 제어봉(control rods)을 통해 중성자의 수를 조절함으로써 제어되며, 이를 통해 핵분열 속도와 출력을 안정적으로 유지한다. 제어봉은 붕소 또는 카드뮴과 같이 중성자를 흡수하는 물질로 만들어지며, 원자로 출력 조절뿐만 아니라 비상시 자동 정지 기능에도 활용된다(Lamarsh & Baratta, 2001).

발전소의 전반적인 운영은 중앙 제어실에서 수행되며, 냉각계, 터빈계통, 전기 계통, 압력 및 온도 상태 등을 포함한 주요 설비의 작동 상황이 실시간으로 감시된다. 운영자는 이상 징후를 조기에 감지하고 즉각적인 조치를 취할 수 있도록 정밀한 감시 시스템과 자동화된 계측장비를 활용한다. 또한, 방사선 관리와 인근 지역의 환경 모니터링도 병행되어, 방사성 물질의 누출이나 환경 영향이 발생하지 않도록 관리된다.

안전성 확보를 위한 다중 안전계통은 원자력 발전소 운영의 핵심 요소이다. 대표적인 설비로는 비상노심냉각계통(ECCS), 격납건물, 자동 정지 시스템, 여과배기 시스템 등이 있으며, 각 계통은 독립적으로 작동할 수 있도록 설계되어 사고 발생 시 피해를 최소화하도록 되어 있다(WNA, 2022c). 이러한 계통은 정기적으로 기능 시험과 유지보수를 거쳐 항상 정상 작동 상태를 유지한다.

원자력 발전소는 주기적인 유지·보수 계획에 따라 안정성과 신뢰성을 확보한다. 정비 활동에는 주요 기계 부품의 마모 상태 점검, 냉각수 화학 성분 분석, 배관 시스템의 이상 유무 확인 등이 포함되며, 이와 함께 약 12~24개월 주기로 연료 재장전(refueling)이 수행된다. 연료 재장전 기간에는 발전소를 일시적으로 정지시키고, 동시에 대규모 설비 정비 및 안전 점검이 집중적으로 이루어진다. 이러한 계획 정비는 전력 수요가 낮은 기간에 맞추어 실시되어 공급 안정성에도 영향을 주지 않도록 조율된다.

운영 후 단계에서는 원자로의 수명이 종료됨에 따라 폐로(decommissioning)가 수행된다. 폐로 과정은 원자로 정지, 사용후핵연료의 인출 및 안전 저장, 방사능에 오염된 장비와 구조물의 해체, 부지 복원 등을 포함하며, 수십 년에 걸쳐 단계적으로 이루어진다(Schneider et al., 2021). 이 과정은 환경적 안전성과 규제 준수가 필수적이며, 막대한 자원과 비용이 소요되는 만큼 발전소 전체 생애주기의 일부로 철저히 계획되어야 한다.

결과적으로 원자력 발전소의 운영과 유지·보수는 단순한 기술적 운용을 넘어, 지속가능한 에너지 공급, 사회적 수용성, 규제기관의 신뢰 확보 등 다차원적 목표를 충족해야 하는 복합적 활동이다. 이는 원자력에너지의 안정성과 정책 지속가능성을 뒷받침하는 핵심 기반이라고 할 수 있다.

5 원자력에너지의 경제성

(1) 원자력 발전의 비용 구조

원자력 발전소의 비용구조는 매우 복합적이며, 각 비용 요소는 전력 생산의 전체 경제성을 결정하는 핵심 요인이다. 일반적으로 원자력 발전 비용은 자본비용, 운영 및 유지보수비용, 연료비용, 폐쇄비용으로 구분되며, 각각의 요소는 발전소의 설계, 건설, 운영 및 해체 전 과정에 걸쳐 다양한 재정적 부담을 수반한다(OECD－NEA & IEA, 2020).

자본비용은 전체 비용 중 가장 큰 비중을 차지한다. 여기에는 원자로 설계, 부지 선정과 준비, 인허가 획득, 기자재 설치, 건설, 시운전과 관련된 일체의 비용이 포함된다. 원자력 발전소는 높은 수준의 안전성과 규제요건을 충족해야 하므로 건설 기간이 평균적으로 8년에서 12년에 이르며, 이로 인해 금융비용도 크게 발생한다. 특히 장기간에 걸친 건설 과정에서 이자율이 높을 경우 자본비용은 더욱 증가하게 된다(Schneider et al., 2021). 현대식 대형 경수로를 기준으로 할 때 자본비용은 설치용량 당 석탄이나 천연가스 발전소보다 2배에서 3배 이상 높은 수준이다(WNA, 2022c). 이러한 높은 초기 투자비용은 원자력 발전소의 전체 운영 수명에 걸쳐 점진적으로 회수된다.[1)]

운영 및 유지보수비용은 발전소의 수명 동안 지속적으로 발생하는 비용으로,

1) 발전기별 비용은 국가와 발전기 유형별로 다르기 때문에 일반화 하기 어렵다. OECD－NEA&IEA(2020)에 따르면 한국의 경우 원자력 발전소(AWLR 1377MW)의 자본 비용은 MWh당 25.04달러로 석탄발전소(Ultra－Supercritical 954MW)의 12.9달러에 비해 두 배정도 달하는 것으로 추정된다. 또한 복합가스터빈발전기(GGCT 491MW)의 자본비용도 석탄발전소와 비슷한 12.91달러로 추정되었다.

인력 운영, 정기 점검, 설비 교체, 보안, 보험, 규제 대응 등에 따른 지출이 포함된다. 자본비용과 달리 운영비는 매년 비교적 안정적으로 예측 가능하며, 발전소의 효율성과 안정적 운영을 보장하기 위한 핵심적 항목이다. 원자력 발전소는 고도로 훈련된 전문 인력과 엄격한 안전기준을 요구하기 때문에 이러한 비용은 일반적인 화석연료 발전소보다 높은 경향이 있다.

연료비용은 우라늄을 채굴, 정련, 변환, 농축하여 연료 집합체로 가공하는 과정에서 발생하며, 전체 발전비용 중에서는 비교적 낮은 비중을 차지한다. 우라늄 가격은 국제시장에서 일정한 변동성을 보이지만, 원자력 발전의 특성상 연료비가 전체 발전단가에 미치는 영향은 석탄이나 천연가스보다 작다. 이는 연료 교체 주기가 일반적으로 18개월에서 24개월로 길고, 단위 전력 생산에 필요한 연료량이 적기 때문이다(Lamarsh & Baratta, 2001). 사용후연료의 저장, 운송, 폐기 등 후속 관리비용도 전체 연료비용의 일부를 구성하며, 방사성 물질의 특수한 처리 필요성으로 인해 별도의 안전성과 비용 부담이 요구된다(OECD－NEA, 2019).

폐쇄비용은 원자력 발전소의 운영이 종료된 이후 발생하는 해체 및 사후관리 비용을 의미한다. 여기에는 방사성 물질의 제거와 처분, 발전소 부지의 오염 제거, 폐기물의 장기 저장과 안전한 처리가 포함된다. 폐쇄 과정은 기술적으로 매우 복잡하고 수십 년에 걸쳐 이루어질 수 있으며, 비용 또한 상당하다. 일반적으로 폐쇄비용은 초기 자본비용의 약 10퍼센트에서 15퍼센트 수준으로 추정된다(OECD－NEA, 2016). 많은 국가는 이러한 비용을 사전에 확보하기 위해 발전소가 운영되는 동안 별도의 기금을 적립하도록 법적 제도를 마련하고 있다. 폐쇄비용은 원자력 발전의 경제성을 평가할 때 반드시 고려되어야 할 요소이다.

원자력 발전의 중요한 장점 중 하나는 발전 과정에서 이산화탄소(CO_2) 배출이 거의 없다는 점이다. 이는 특히 석탄이나 천연가스 등 화석연료 기반 발전에 비해 두드러지며, 국제적으로 온실가스 배출을 감축하려는 정책 목표와 부합하는 에너지원으로 평가받고 있다(IPCC, 2014a). 이러한 특성 덕분에 원자력 발전은 탄소중립 목표를 달성하는 데 있어 유망한 저탄소 기술로 간주되고 있으며, 일부 국가들은 이를 기후변화 대응 전략에 포함시키고 있다.

그러나 원자력 발전은 방사성 폐기물의 장기적인 관리 문제와 원전 사고의 잠재적 위험이라는 중대한 외부비용을 동반한다. 후쿠시마와 체르노빌 사례에서 보듯이, 사고 발생 시 사회적, 환경적, 경제적 피해는 수십 년 이상 장기화될 수 있으며, 이는 원자력 발전의 경제성 평가에서 반드시 고려되어야 하는 요소이다(Schneider et al., 2021).

이와 유사하게 풍력과 태양광과 같은 재생에너지원도 전력 생산 과정에서 탄소 배출이 매우 낮고, 장기적인 유해 폐기물을 거의 발생시키지 않는다는 점에서 환경적으로 우수한 에너지원으로 평가된다. 그러나 이들 에너지원은 일사량이나 풍속 등 자연 조건에 따라 출력이 변동되는 간헐성(intermittency) 문제를 안고 있으며, 이를 보완하기 위한 에너지 저장 시스템과 계통 안정화를 위한 투자 필요성이 존재한다. 이러한 시스템 비용은 직접적인 발전비용 외에 추가적인 사회적 비용을 초래할 수 있다.

에너지원 간 경제성을 비교하기 위한 대표적 지표로는 균등화 발전비용(Levelized Cost of Electricity, LCOE)이 널리 사용된다. LCOE는 특정 에너지원이 생산하는 전력 1메가와트시(MWh)당 평균 비용을 의미하며, 건설비용, 연료비, 운영비, 유지보수비, 금융비용 등을 모두 반영한 후, 발전설비의 수명 기간 동안 할인된 전력 생산량으로 나누어 계산한다. 즉, 단일 수치로 다양한 발전 기술의 경제성을 비교할 수 있도록 해 주는 지표이다(OECD-NEA & IEA, 2020).

(2) 원자력 발전의 장기적인 경제적 영향

원자력 발전의 장기적인 영향은 단순한 발전소 운영의 지속성을 넘어 에너지 시스템, 경제 구조, 환경 및 사회적 수용성에 이르는 다면적 이슈들을 포함한다. 특히 원자력 발전은 에너지 가격 안정성, 폐쇄 비용, 에너지 안보, 지역 및 국가 경제에 대한 효과, 환경적·사회적 비용, 그리고 장기 인프라 투자 측면에서 중요한 논의 지점을 제공한다.

첫째, 원자력 발전은 장기적인 에너지 가격의 안정성에 기여한다. 이는 연료 비용이 전체 발전 비용에서 차지하는 비중이 낮고, 우라늄 가격이 화석연료에 비해 상대적으로 안정적이기 때문이다. 이러한 특성은 수십 년간의 운영 기간 동안 전력 공급 비용의 예측 가능성을 높이며, 국제 연료시장 가격 급등락으로부터 일정 부분 독립적인 가격구조를 가능하게 한다(Lamarsh & Baratta, 2001; OECD-NEA & IEA, 2020).

둘째, 원자력 발전소의 폐쇄는 장기적인 재정적 도전 과제를 수반한다. 발전소 폐쇄는 운영 중단, 원자로 해체, 방사성 물질 처리 및 폐기 등 기술적 복잡성과 고비용 구조를 지니며, 초기 자본 비용의 약 10~15%에 해당하는 막대한 지출을 필요로 한다. 이러한 비용은 일반적으로 발전소 운영 기간 중 별도의 기금으로 적립되며, 장기적 재무 계획의 일환으로 통합 관리된다(OECD-NEA, 2016).

셋째, 원자력 발전은 국가의 에너지 안보 강화에 기여한다. 수입 화석연료에 대한 의존도를 낮추고, 안정적이고 예측 가능한 기저부하 전원을 제공함으로써, 국제 에너지 시장의 변동성에 대한 국가의 노출을 줄이고 자급적인 에너지 시스템을 구축할 수 있다. 특히 에너지 자원이 제한적인 국가에게는 원자력이 에너지 믹스 다변화의 전략적 수단으로 작용할 수 있다(IEA, 2021e).

넷째, 원자력 발전소는 지역과 국가 경제에 장기적으로 긍정적인 영향을 미치는 대규모 인프라 프로젝트이다. 발전소 건설과 운영은 직접적인 고용을 창출하며, 관련 지역에서 기술 기반 산업과 공급망을 촉진하는 효과를 유발한다(Schneider et al., 2021). 특히 원자력 발전소는 연간 이용률(capacity factor)이 80~90%에 이르는 고정적 전력 공급을 제공하며, 이는 에너지 집약적 산업의 안정성과 성장 기반을 마련하는 데 기여한다.

다섯째, 이러한 경제적 이점에도 불구하고 원자력 발전은 장기적인 환경적 및 사회적 비용을 수반한다. 방사성 폐기물의 안전한 장기 처분 문제, 원전 사고의 낮지만 치명적인 위험, 생태계에 미치는 잠재적 영향 등은 중요한 외부비용으로 간주된다. 이로 인해 원자력 발전소는 엄격한 규제를 받으며, 사회적 수용성 부족으로 인해 추가 비용 발생 가능성도 존재한다(Schneider et al., 2021). 특히 사고 발생 시의 경제적 피해는 수십 년 이상 지속될 수 있으며, 이는 전통적인 비용-편익 분석을 넘어서는 잠재적 리스크로 간주된다.

마지막으로, 원자력 발전소는 40~60년의 기본 운영 수명을 갖고 있으며, 수명 연장 프로그램을 통해 최대 80년까지 연장이 가능하다. 이러한 장기 인프라 특성은 정부와 민간 투자자에게 안정적이고 예측 가능한 수익 구조를 제공할 수 있으며, 지속가능한 전력 공급을 보장할 수 있는 신뢰할 수 있는 에너지 인프라로 간주된다(WNA, 2022c). 특히 에너지 전환과 전력망 탈탄소화를 동시에 추구하는 환경에서, 원자력은 중장기 인프라 투자 대상으로서 정책적 고려의 대상이 되고 있다.

6 원자력 산업의 구조와 경쟁 구조

글로벌 원자력 산업은 상대적으로 소수의 기업들이 원자력에너지 가치사슬에서 활동하고 있는 규제산업이다. 원자력 산업은 우라늄 채굴, 연료 가공부터 원자로 건설, 운영과 폐쇄의 가치 사슬로 구성이 되어 있으며 국영기업과 다국적 기업들이 산업을 주도하고 있다.

(1) 산업구조

원자력 산업은 원자력 발전을 위한 연료와 설비를 공급하는 일련의 복합적인 가치사슬로 구성되어 있다. 산업의 첫 단계는 우라늄 광석을 채굴하고 이를 정련하여 농축 가능한 형태로 가공하는 과정이다. 이 과정은 소수의 주요 생산국에 집중되어 있으며, 일부 국가는 전 세계 우라늄 공급의 대부분을 담당하고 있다(WNA, 2022a). 채굴된 우라늄은 정련 및 농축 과정을 거쳐 핵연료로 가공되며, 이 역시 제한된 수의 전문 기업들이 기술적 역량을 바탕으로 주도하고 있다.

농축된 우라늄은 연료 집합체로 제작되며, 각국의 기술 기반에 따라 자체적으로 연료를 생산하거나 외국 기업으로부터 공급받는다. 일부 국가는 원자력 연료의 자급 체계를 구축하고 있으며, 국내외 원자로에 이를 공급하고 있다(IAEA, 2020a).

원자로의 설계와 건설은 고도의 기술과 자본을 요하는 분야로, 세계적으로 몇몇 다국적 기업들이 이 시장을 주도하고 있다. 다수의 원전 보유국에서는 원자로 설계 기술을 국가 전략산업으로 간주하고 있으며, 일부 국가는 자체적으로 개발한 원자로 모델을 해외에 수출하기도 한다. 예컨대, 한국이 개발한 고유 모델은 해외 원전 프로젝트에 성공적으로 적용된 바 있다(WNA, 2022b).

원자력 발전소의 운영은 대부분 국가에서 국영기업 또는 고도로 규제된 공익기업에 의해 이루어진다. 운영 주체는 국가에 따라 민간 혹은 공공부문일 수 있으나, 공통적으로는 높은 수준의 안전기준과 운영 효율성을 충족해야 한다. 일부 국가는 단일 공기업이 원자로 운영을 전담하는 구조를 갖추고 있으며, 이는 안정적인 전력 공급과 기술 축적을 위한 기반이 된다(IAEA, 2020b).

한편, 방사성 폐기물의 처리는 원자력 산업 전반에서 가장 민감하고 장기적인 과제로 간주된다. 특히 고준위 폐기물의 안전한 처분을 위한 지질학적 처분시설 확보는 기술적·정치적 난제를 수반한다. 일부 국가는 장기적 처분장 개발에 성공하여 국제적으로 모범 사례로 평가받고 있으며, 다른 국가들 역시 관련 기술 개발과 제도적 기반 확립을 위해 노력하고 있다(WNA, 2022b).

(2) 경쟁 구조

원자력 산업의 경쟁 구조는 기술 혁신, 정부 정책, 그리고 국제시장에서의 전략적 경쟁에 크게 영향을 받아 왔다. 특히 원자력에너지가 국가안보와 직결된 전략 산업이라는 점에서, 많은 국가들은 자국의 원자력 산업을 국영기업 또는 고도로 규제된 공기업 중심으로 운영하고 있다. 이러한 구조는 국제 원전 수출시장에서도 나타나며, 일부 국가는 국가 차원의 금융 지원과 외교적 협력을 결합한 종합 패키지를 통해 새로운 프로젝트 수주에 적극적으로 참여하고 있다.

최근 수년간 중동 지역에서 이루어진 원전 프로젝트는 정부의 제도적 지원과 산업의 기술력, 사업수행 역량이 결합된 사례로, 특정 국가가 글로벌 시장에서 경쟁력을 입증하는 데 중요한 이정표가 되었다(Schneider et al., 2021). 이와 같은 국제 수주 성공은 후속 시장에서의 입지 강화와 더불어, 원전 기술 수출국으로서의 신뢰도를 높이는 데 기여하였다.

기술 혁신의 측면에서는 소형모듈원자로(Small Modular Reactor, SMR)와 차세대 원자로 설계 개발이 가장 활발한 경쟁 분야로 부상하고 있다. 여러 국가에서는 소형모듈 기술이 기존 대형 원전의 안전성과 경제성 문제를 보완할 수 있는 차세대 기술로 주목되면서, 민간과 공공 부문이 협력하여 대규모 투자를 진행하고 있다(IAEA, 2020a). 이 기술은 특히 저탄소 전원 확대, 원전의 분산형 적용, 초기 투자비용 절감 등 다양한 정책 목표와 연계되어 시장의 주목을 받고 있다.

전 세계 원자로 공급 시장은 매우 경쟁적인 구조를 보이고 있으며, 다양한 국가의 공기업 및 민간 기업들이 기술력, 금융 패키지, 지역 협력 등의 수단을 통해 프로젝트 수주를 위한 치열한 경쟁을 벌이고 있다. 일부 기업은 설계, 건설, 연료 공급을 포함한 통합 솔루션을 제시하면서 시장에서의 점유율을 확대해 나가고 있다(WNA, 2022a). 이러한 경쟁 환경은 특히 중동, 동유럽, 아프리카와 같은 신규 시장에서 더욱 두드러지고 있다.

한국의 원자력 산업은 1970년대 이후 비약적인 성장을 이루어 왔으며, 원자로 설계, 운영, 기술 수출 등 다양한 부문에서 역량을 축적해 왔다. 국내 기술로 개발된 고유 모델은 국제 프로젝트에 성공적으로 적용되어 한국을 신뢰할 수 있는 기술 파트너로 자리매김하게 하였다. 특히 높은 수준의 안전 기준과 운영 효율성을 기반으로 한 기술력은, 기후변화 대응과 탈탄소 전환의 필요성이 커지고 있는 글로벌 에너지 전환의 흐름 속에서 원자력에너지를 전략적 수단으로 활용할 수 있는 중요한 경쟁 요소가 되고 있다(Schneider et al., 2021).

7 원자력 전력생산

원자력을 이용한 전 세계 전력 생산은 2013년 2,490.3TWh에서 2023년 2,737.7 TWh로 증가하였다(Energy Institute, 2024). 유럽의 경우 후쿠시마 사태 이후 탈원전의 영향으로 원자력 전력 생산이 986.2TWh에서 735.9TWh로 감소한 반면, 아시아태평양 지역은 중국과 인도의 원자력 전력 생산 증가에 힘입어 344.1TWh에서 781.1TWh로 증가하였다. 북미의 경우 2013년 945.1TWh에서 2023년 917.6TWh로 소폭 감소한 반면, 러시아를 중심으로 한 CIS 국가들은 같은 기간 동안

174.9TWh에서 231.8TWh로 전력 생산이 증가하였다. 중동의 경우 이란만이 원자력 발전을 하고 있으며, 2013년 4.3TWh에서 2023년 26.7TWh로 증가한 반면, 남아프리카 공화국을 중심으로 한 아프리카의 전력 생산은 14.1TWh에서 10.1TWh로 감소하였다.

그림 8-1 원자력을 이용한 전력생산(TWh)

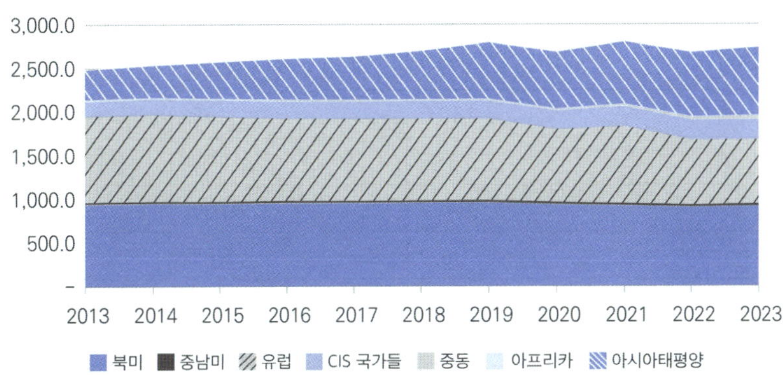

자료: Energy Institute(2024)

표 8-1 주요 원자력 발전국의 발전 비중과 발전증가율(TWh,%)

	2023년	2013-23년 증가율	2023년 비중
북미	917.6	-0.3%	33.5%
캐나다	89.0	-1.4%	3.3%
미국	816.2	-0.2%	29.8%
중남미	23.5	0.8%	0.9%
유럽	735.9	-2.9%	26.9%
프랑스	338.2	-2.2%	12.4%
스페인	56.8	-	2.1%
스웨덴	48.4	-3.1%	1.8%

	2023년	2013-23년 증가율	2023년 비중
CIS국가들	231.8	2.9%	8.5%
러시아	217.4	2.3%	7.9%
중동	38.9	24.8%	1.4%
아랍에미레이트	32.3	-	1.2%
아프리카	8.9	-4.5%	0.3%
아시아태평양	781.1	8.5%	28.5%
중국	434.7	14.6%	15.9%
일본	77.5	18.2%	2.8%
한국	180.5	2.7%	6.6%
전 세계	2,737.7	1.0%	100.0%
OECD	1,831.7	-0.8%	66.9%
비OECD	906.0	5.8%	49.5%

자료: Energy Institute(2024)

2023년 기준 원자력을 이용한 전력 생산 비중이 가장 큰 국가는 미국(29.8%), 중국(15.9%), 프랑스(12.4%), 러시아(7.9%), 한국(6.6%) 순이며, 그 외에 캐나다(3.3%), 일본(2.8%), 스페인(2.1%)이 뒤를 잇고 있다.

8 원자력의 미래

(1) 소형모듈원자로(SMRs)와 차세대 원자로 기술

소형모듈원자로(Small Modular Reactors, SMRs)와 4세대 원자로 기술은 기존 대형 원자력 발전소가 지닌 높은 초기 자본비용, 안전성 문제, 방사성 폐기물 처리 등 구조적 문제를 보완하며 원자력 발전의 미래 대안으로 부각되고 있다. 이들 기술은 보다 안전하고 유연하며, 분산형 전원으로서 탈탄소 에너지 체제의 신뢰할 수 있는 기저 전원으로 주목받고 있다(Locatelli et al., 2017).

소형모듈원자로는 일반적으로 출력 300MW 이하의 소형 원자로로 정의되며, 공장에서 모듈 형태로 제작되어 현장에서 조립함으로써 건설기간과 비용을 절감할 수 있다. 주요 장점으로는 첫째, 초기 투자비용이 낮아져 금융 리스크가 감소한다는 점이다(Ingersoll, 2011). 둘째, 확장 가능성(scalability)이 높아 에너지 수요에 따라 모듈을 단계적으로 추가 설치할 수 있다. 셋째, 수동적 안전 시스템(passive safety systems)을 통해 비상 상황에서도 외부 전력이나 인간 개입 없이 자연 대류나 중력을 이용해 노심 냉각이 가능하다(IAEA, 2020c). 넷째, 소형 설계 덕분에 기존 대형 원자로 설치가 어려운 고립 지역이나 산업 단지에도 배치가 가능하여 분산형 전원으로의 활용 가능성이 높다(Locatelli et al., 2017). 현재 미국의 NuScale Power, 영국의 Rolls-Royce 등이 SMR 상용화에 앞장서고 있으며, NuScale은 미국 원자력규제위원회(NRC)로부터 최초의 설계 인증을 받은 바 있다(WNA, 2022b).

4세대 원자로는 고속 중성자 기반의 설계를 통해 연료 효율성을 극대화하고, 사용후핵연료 재활용과 핵폐기물 저감을 통해 지속가능한 원자력 기술로 평가받고 있다. 주요 기술에는 가스냉각고속원자로(GFR), 소듐냉각고속원자로(SFR), 용융염원자로(MSR), 납냉각고속원자로(LFR) 등이 있다(Generation IV International Forum, 2020). GFR은 헬륨이나 이산화탄소를 냉각재로 사용하며, 고온 운전이 가능해 수소 생산 등 고온 공정에 적합하다. 이 원자로는 고속 중성자를 이용하여 장수명 방사성 폐기물의 양을 줄이고 자원 활용률을 높인다. SFR은 액체소듐을 냉각재로 사용하며, 사용후핵연료를 재처리하고 핵폐기물을 연료로 전환함으로써 폐쇄형 핵연료주기 설계가 가능하다. MSR은 연료가 용융염에 용해되어 있으며, 냉각재와 연료의 역할을 동시에 수행한다. 이 설계는 대기압에서 작동 가능해 안정성이 높고, 토륨(thorium)을 연료로 사용할 수 있어 자원 이용 측면에서도 이점이 크다(Kazimi, 2003). LFR은 납 또는 납-비스무스를 냉각재로 사용하여 높은 열전도성과 화학적 안정성을 가지며, 장수명 핵종의 연소가 가능하여 고준위 폐기물의 방사능 수명을 줄일 수 있다(Generation IV International Forum, 2020).

핵융합 원자로는 태양에서 발생하는 반응을 지상에서 구현함으로써 안전하고 사실상 무제한의 에너지를 제공하려는 기술이다. 가장 대표적인 프로젝트는 프랑스에서 다국적 협력으로 진행 중인 국제열핵융합실험로(ITER)로, EU, 미국, 중국, 일본, 한국 등이 참여하고 있다(WNA, 2022b). 핵융합 반응은 중수소(deuterium)와 삼중수소(tritium) 등 풍부한 수소 동위원소를 연료로 사용하며, 고준위 방사성 폐기물의 생성이 거의 없고, 반응 조건이 충족되지 않으면 즉시 중단되어 노심용해와 같은 사고 위험이 없다. 다만, 핵융합을 상업적으로 실현하기 위해서는 수억 도 이상의 고온 플라즈마를 안정적으로 유지해야 하는 과학적·공학적 도전이 여전히 존재한다.

(2) 원자력에너지와 재생가능에너지의 조화

기후변화 대응과 탈탄소화를 위한 세계 에너지 체제의 전환에 따라, 원자력에너지와 재생에너지는 상호보완적으로 저탄소 에너지 시스템을 구축하는 핵심적인 에너지원으로 평가되고 있다. 두 에너지원은 각기 다른 장점과 기술적 특성을 지니며, 이를 조화롭게 통합함으로써 에너지 안보, 신뢰성, 기후목표 달성 측면에서 시너지를 창출할 수 있다(IAEA, 2020c).

원자력과 태양광, 풍력, 수력 등의 재생에너지는 상호보완적이다. 원자력은 계절, 날씨, 시간대에 관계없이 연속적인 전력 공급이 가능하며 일반적으로 90% 이상의 높은 용량계수(capacity factor)를 유지한다는 점에서 안정적인 기저부하 전원으로 기능한다. 반면, 태양광과 풍력은 본질적으로 간헐성을 지니며 전력 생산량이 기후 조건에 따라 변동하지만, 최근 기술 발전과 생산비용 급감으로 경제성이 크게 향상되었고, 탄소배출이 없는 청정 에너지원이라는 점에서 기후 대응에 중요한 역할을 수행하고 있다. 원자력은 재생에너지의 간헐성을 보완할 수 있으며, 재생에너지는 원자력에 대한 연료 의존도를 줄이고 전체 시스템의 탈탄소화를 촉진한다.

재생에너지의 전력망 통합에서 가장 큰 도전은 간헐성과 예측 불가능성이다. 전력수요와 공급이 일치하지 않으면 계통의 주파수 안정성이나 전력 품질 문제가 발생할 수 있으며, 이를 해결하기 위해서는 백업 전원이나 에너지 저장기술이 필요하다. 원자력은 이러한 간헐적 변동을 보완할 수 있는 안정적인 전력을 제공함으로써 전력계통의 신뢰성 유지에 기여할 수 있다. 특히 출력 조절이 가능한 원자로 설계를 통해, 태양광이나 풍력발전량이 높은 시기에는 출력을 줄이고, 재생에너지 생산이 저조한 시기에는 출력을 늘려 계통을 안정화할 수 있다(Horowitz et al., 2022).

에너지 저장장치 역시 재생에너지의 변동성을 완화하는 데 핵심적이다. 배터리 저장 시스템, 양수발전(PHS), 열 저장, 수소 저장 등은 초과 전력을 저장한 후 수요 피크 시간에 공급함으로써 계통 유연성을 확보한다. 원자력과 재생에너지, 그리고 저장기술을 통합하면 계통 운영 안정성을 향상시키는 저탄소 에너지 믹스를 구성할 수 있으며, 특히 장기적으로는 원자력 발전소의 정기점검 기간 중에도 에너지 공급의 연속성을 보장할 수 있다(IAEA, 2020b).

원자력과 재생에너지는 모두 글로벌 에너지 시스템의 탈탄소화를 위한 핵심 수단으로, 국제 에너지기구 및 IPCC 등 다수의 전문가 집단은 이 두 기술의 병행 확대가 탄소중립 목표 달성에 필수적이라고 평가한다(IEA, 2022e). 2023년 기준, 전 세계 전력 생산의 약 61%는 여전히 화석연료에 의존하고 있으며, 원자력은 약 9%, 재생에너지는 약 30%의 비중을 차지한다(IEA, 2023g). 향후 화석연료의 의존도를 줄이고 기후 목표를 달성하기 위해서는 다양한 저탄소 기술을 포괄하는 포트폴리오 접근이 필요하다.

원자력과 재생에너지의 통합적 확산을 실현하기 위해서는 정부의 정책적 지원과 전력 인프라에 대한 투자 확대가 필수적이다. 정책 입안자들은 규제 체계를 정비하고, 원자력 연구개발(R&D)과 재생에너지 프로젝트에 대한 금융 인센티브를 제공하여 기술의 확산을 촉진해야 한다. 여기에는 세제 혜택, 보조금, 프로젝트 금융 등의 지원 수단이 포함될 수 있다. 아울러 송전망 현대화, 디지털 계통 관리, 에너지 저장장치에 대한 투자는 다양한 에너지원 간의 통합을 원활히 하고, 회복력 있고 유연한 에너지 시스템을 구축하는 데 중요한 기반이 된다.

9 에너지 전환과 원자력에너지

에너지 전환은 탄소중립을 달성하기 위한 핵심 경로로, 화석연료 중심의 에너지 시스템에서 저탄소 및 무탄소 에너지원으로의 구조적 전환을 의미한다. 이러한 전환은 경제성, 에너지 안보, 환경 지속가능성이라는 '에너지 삼중고(trilemma)' 간의 균형을 요구하며, 원자력은 이 세 가지 목표를 동시에 충족시킬 수 있는 유력한 수단으로 평가받고 있다(Jewell et al., 2019).

첫째, 원자력은 에너지 전환에서 기저부하 발전원으로서 전략적 가치를 가진다. 태양광과 풍력 등 재생에너지는 간헐성과 출력의 변동성을 동반하므로 계통 안정성 확보에 한계가 존재한다. 반면, 원자력은 높은 이용률과 예측 가능한 출력을 제공함으로써 재생에너지 확대에 따른 간헐성 문제를 보완할 수 있다(Zhang & Bauer, 2021). 이에 따라 국제에너지기구(IEA)는 「Net Zero by 2050」 보고서에서 기존 원전의 수명 연장과 신규 건설의 병행을 핵심 전략으로 제시하고 있다(IEA, 2021c).

둘째, 원자력은 에너지 안보 측면에서도 전략적 자산으로 기능한다. 우라늄은 연료밀도가 높고 공급국이 비교적 다양하며, 장기간 저장이 가능해 공급 중단의 지정학적 위험이 상대적으로 낮다. 특히 에너지 수입 의존도가 높은 국가에서는 원자력이 에너지 자립성과 공급 안정성을 강화하는 수단으로 재조명되고 있다(Kuzemko et al., 2020). 한국의 경우, LNG 가격 변동성과 수입선 다변화의 제약으로 인해 원자력의 전략적 중요성이 더욱 부각되고 있다.

셋째, 정치·사회적 수용성과 안전성에 대한 신뢰 확보 역시 핵심 과제이다. 후쿠시마 사고 이후 일부 국가에서는 탈원전 정책이 강화되었으나, 기후위기 대응과 전력수급 불안정에 대한 우려가 커지면서 원자력에 대한 재평가가 이루어지고 있다(Sovacool et al., 2020). 따라서 원자력 정책은 기술적·경제적 타당성 평가를 넘어, 리스크 커뮤니케이션, 투명한 규제체계, 지역사회와의 신뢰 형성을 포함한 통합적 거버넌스 접근이 요구된다.

마지막으로, 소형모듈원자로(Small Modular Reactors, SMRs)와 같은 차세대 원자로 기술의 상용화는 에너지 전환의 유연성을 제고할 수 있는 전략적 수단으로 부각된다. SMR은 전통적인 원전보다 투자비와 건설 기간이 짧고, 다양한 입지에 적용할 수 있으며, 단계적 용량 확장이 가능하다는 점에서 중장기적으로 원자력의 확산 가능성을 높이고 있다(Locatelli et al., 2017). 특히 전력 인프라가 미비한 개발도상국이나 외딴 지역에서의 적용 가능성이 주목된다.

원자력은 에너지 전환 과정에서 재생에너지를 보완하고, 공급 안정성과 환경 지속가능성을 동시에 달성할 수 있는 전략적 수단으로 작용한다. 그러나 기술적 혁신, 경제성, 사회적 수용성을 아우르는 정책적 설계와 국제적 협력이 병행되어야 실질적 성과를 거둘 수 있다.

10 원자력의 미래 전략

에너지 전환의 핵심 과제는 탄소중립을 달성하는 동시에 경제성과 공급 안정성을 확보하는 것이다. 이러한 맥락에서 원자력은 기저부하 전원으로서의 안정적 출력, 온실가스 배출 회피 효과, 에너지 안보 강화 등 다양한 전략적 가치를 지니며 에너지 포트폴리오의 중요한 축으로 간주된다(IEA, 2022e). 그러나 이러한 가능성이 현실화되기 위해서는 기술, 제도, 사회, 국제 협력을 포괄하는 다층적인 정책 설계가 요구된다.

무엇보다 탄소세나 배출권거래제와 같은 탄소 가격 메커니즘이 정교하게 작동하여 원자력의 저탄소 특성이 시장에서 제대로 평가받을 수 있어야 한다. 원자력 발전은 초기 고정비용이 크기 때문에, 단기 시장가격 신호에만 의존하는 시장 설계에서는 경제적 지속가능성이 확보되기 어렵다(Davis & Hausman, 2016). 따라서 장기 전력구매계약(PPA), 용량시장(capacity market), 공공-민간 파트너십(PPP) 등 장기적 수익 구조를 보장할 수 있는 제도적 장치의 병행이 필요하다(Glachant & Finon, 2021).

기술 혁신 역시 원자력의 미래를 좌우하는 핵심 요인이다. 소형모듈원자로(Small Modular Reactors, SMRs), 고온가스로(High-Temperature Gas-cooled Reactors), 핵융합 기술 등은 기존 대형 원전의 규모 제약, 안전성 우려, 건설기간의 불확실성 등의 문제를 상당 부분 완화할 수 있는 대안으로 주목받고 있다(Locatelli et al., 2017). 특히 SMR은 공장에서의 표준화된 제작이 가능하여 비용 절감과 건설 기간 단축, 다양한 입지 조건에 대한 유연성을 제공한다.

한편, 원자력 정책의 성공 여부는 기술적·경제적 요인뿐 아니라 사회적 수용성에 의해서도 크게 영향을 받는다. 후쿠시마 사고 이후 나타난 사회적 불신은 기술적 안전성과 별개로 정책 추진의 정당성에 큰 영향을 미쳤으며, 원자력 확대에 대한 저항으로 이어졌다(Sovacool et al., 2020). 이에 따라 정책의 일관성과 투명성 확보, 규제기관의 독립성 유지, 지역사회와의 신뢰 형성은 필수적인 조건으로 간주된다. 특히 시민 참여, 정보 공개, 사전 설명 등의 절차적 정당성을 제도화하는 민주적 거버넌스 설계가 강조된다(Kuzemko et al., 2020).

더불어, 핵연료주기, 사용후 핵연료의 저장·처리, 핵비확산 문제는 단일 국가의 역량만으로는 해결이 어려운 과제로, 국제적 협력과 신뢰를 바탕으로 한 다자적 규범 체계가 필요하다. 원전 수출국을 지향하는 국가일수록 기술 역량뿐 아니라 안전관리, 규범 준수에 있어서도 국제적 모범을 제시해야 한다(IEA, 2022e).

결국 원자력의 미래는 단순히 사용 여부의 문제가 아니라, 어떤 기술과 제도, 사회적 합의를 통해 그것을 설계하고 운용할 것인가에 달려 있다. 기술, 시장, 정책, 사회의 네 축이 정합적으로 연결될 때에만, 원자력은 에너지 전환의 지속가능한 축으로 기능할 수 있을 것이다.

제9장

재생에너지

1 서론

(1) 재생에너지의 정의와 범위

재생에너지란 자연적 과정에서 지속적으로 보충되는 자원으로부터 유래한 에너지를 의미하며, 일반적으로 고갈 가능성이 없고 환경에 대한 부정적 영향이 비교적 적은 에너지원을 지칭한다. 대표적으로 태양광, 풍력, 수력, 바이오에너지, 지열 등이 포함되며, 이들 에너지원은 대부분 온실가스를 거의 배출하지 않거나 낮은 수준에서 배출하는 특징을 지닌다. 국제에너지기구(IEA)는 재생에너지를 "자연적으로 보충되는 자원에서 파생된 에너지로, 태양, 바람, 물의 흐름, 지열, 생물 유기물 등을 포함한다"고 정의한다(IEA, 2023f).

재생에너지는 자원의 물리적 특성과 이용 방식에 따라 비고갈성(non-depletable) 자원과 조건부 고갈성(depletable) 자원으로 구분되기도 한다. 이는 태양복사, 대기 및 수자원의 순환, 생물의 광합성과 생장 등 반복적이고 지속가능한 물리·생물학적 현상에서 에너지가 유래된다는 점에 초점을 둔다. 이와 관련하여 비고갈성 자원은 태양광, 풍력, 해양에너지처럼 인간의 사용으로 인해 자원량이 줄어들지 않으며, 사실상 무한정 이용이 가능한 에너지원이다. 반면 조건부 고갈성 자원은 바이오에너지나 일부 수력처럼 자연적으로 재생되기는 하지만, 토지, 수자원, 생물자원 등 유한한 생태 기반에 대한 의존도가 높아 과도한 이용

시 지속가능성에 부정적인 영향을 미칠 수 있다. 이와 같은 구분은 재생에너지 간에도 지속가능성의 정도가 상이할 수 있음을 시사하며, 에너지 전환 정책 수립 시 자원 경쟁 및 생태적 부담을 평가하는 데 유용한 기준이 된다.

최근 들어 재생에너지는 단순한 에너지 공급원을 넘어, 탄소중립 실현과 지속가능발전목표의 달성을 위한 핵심 수단으로 인식되고 있다. 이에 따라 국제사회는 재생에너지 보급 확대를 위한 정책적·재정적 지원을 강화하고 있으며, 기술혁신과 생산비용의 하락이 이러한 흐름을 더욱 가속화하고 있다(IRENA, 2022).

(2) 전통적 에너지원과의 비교

재생에너지는 석탄, 석유, 천연가스 등 전통적 화석연료 기반 에너지원과 여러 측면에서 뚜렷한 차이를 보인다. 첫째, 자원 고갈성의 여부에서 큰 차이가 나타난다. 화석연료는 수억 년에 걸쳐 지질학적 과정으로 형성된 유한한 자원이므로, 지속적인 소비는 필연적으로 고갈을 초래한다. 반면, 재생에너지는 태양 복사, 바람의 움직임, 물의 순환 등 자연적인 흐름에 기반하므로 인위적 고갈의 우려가 없다는 점에서 지속가능성이 높다(IEA, 2023f).

둘째, 환경적 영향의 측면에서도 중요한 차별점이 있다. 화석연료의 연소는 대기 중으로 이산화탄소(CO_2), 질소산화물(NOx), 황산화물(SOx) 등 다양한 오염물질을 방출하며, 이는 기후변화의 주된 원인으로 지목된다(IPCC, 2021b). 이에 반해, 태양광이나 풍력과 같은 재생에너지원은 전력 생산 과정에서 온실가스를 거의 배출하지 않으며, 그 자체로는 대기오염물질을 생성하지 않는다. 따라서 재생에너지는 환경 외부효과 측면에서 매우 우수한 특성을 지닌다.

셋째, 비용 구조에서도 두 에너지원은 뚜렷한 차이를 보인다. 전통적인 발전 방식은 비교적 낮은 초기 투자비용과 높은 연료비용 구조를 가지는 반면, 재생에너지는 초기 고정투자비용은 크지만 이후의 한계비용이 거의 '제로'에 가까운 구조를 갖는다(Joskow, 2011). 특히 최근 들어 태양광과 풍력의 기술 진보로 인해 단위 발전당 비용이 급격히 하락하고 있어, 일부 지역에서는 신규 화석연료 발전보다 재생에너지가 경제성 측면에서도 경쟁 우위를 점하고 있다(Lazard, 2023).

넷째, 에너지 안보 측면에서도 두 자원은 상반된 특성을 보인다. 전통적인 화석연료는 대부분 특정 지역에 집중되어 있으며, 수입 의존도가 높은 국가에서는 가격 변동성과 공급 차단의 위험에 노출되어 있다. 반면, 재생에너지는 자국 내에서 생산이 가능하고 분산형으로 개발될 수 있어 에너지 자립도와 안보 측면에서 유리하다(Sovacool, 2009).

다섯째, 시스템 통합성과 간헐성 문제는 재생에너지의 한계로 자주 지적된다. 태양광과 풍력은 자원의 가용성이 자연조건에 의존하기 때문에 전력 수요와 실시간 공급의 일치를 요구하는 전력 시스템 내에서는 유연성 확보와 보완적 기술(예 에너지 저장, 스마트 그리드)이 필요하다(Denholm et al., 2010). 반면, 화석연료 발전은 출력 조절이 가능하다는 점에서 안정적인 기저 부하 전력을 공급하는 데 상대적으로 적합하다.

이처럼 재생에너지와 전통적 에너지원은 자원 특성, 환경 영향, 비용 구조, 안보성, 시스템 통합성 등 다양한 차원에서 서로 다른 장단점을 지니며, 이들 간의 균형 있는 조합이 향후 에너지 전환 전략에서 중요한 과제가 되고 있다.

(3) 재생에너지의 확산 배경

재생에너지가 세계 에너지 시스템에서 주목받기 시작한 배경은 다층적인 요인에 기인한다. 가장 중요한 요인은 기후변화에 대한 대응 필요성이다. 화석연료의 연소는 지구 온난화의 주된 원인인 이산화탄소를 비롯한 온실가스를 대량 배출하며, 이에 따라 지구 평균기온 상승, 해수면 상승, 이상기후 등 다양한 부정적 외부효과가 심화되고 있다(IPCC, 2021a). 국제사회는 이러한 기후위기에 대응하기 위해 2015년 파리협정을 채택하고, 산업화 이전 대비 지구 평균기온 상승폭을 1.5도 이하로 제한하기 위한 전 지구적 탈탄소화 경로를 모색하고 있다(UNFCCC, 2015). 이 과정에서 재생에너지는 가장 유력한 저탄소 에너지원으로 부각되었다.

두 번째 배경은 에너지 안보에 대한 우려이다. 화석연료는 지역적으로 편재되어 있어 특정 국가에 공급이 집중되는 경향이 있으며, 이로 인해 수입국들은 가격 변동성, 지정학적 리스크, 공급 중단 등의 위험에 노출되어 왔다. 특히 1970년대의 석유파동은 에너지 자립의 중요성을 세계 각국에 각인시켰으며, 최근 러시아-우크라이나 전쟁 역시 유럽의 천연가스 수입 구조에 대한 근본적 재검토를 야기했다. 재생에너지는 지역 분산형으로 개발 가능하며, 각국이 자국 내 자원을 기반으로 생산할 수 있어 에너지 안보를 강화하는 대안으로 간주되고 있다(Sovacool, 2009).

세번째로, 기술 발전과 비용 하락은 재생에너지 확산을 가능케 한 결정적 요인이었다. 지난 10여 년간 태양광과 풍력 기술은 괄목할 만한 발전을 이루었으며, 이에 따른 발전 단가의 급격한 하락이 전통적인 경제성 우려를 해소하는 데 기여하였다. 예컨대 태양광의 균등화 발전비용(LCOE)은 2010년 대비 약 90% 가까이 하락하였고, 풍력 역시 60% 이상 하락하였다(IRENA, 2023c). 이는 정책 보조 없이도 시장 경쟁력이 있는 재생에너지 프로젝트의 확산을 가능하게 하고 있다.

또한, 정책적 지원과 국제적 협력도 중요한 촉진 요인으로 작용했다. 많은 국가들이 재생에너지 확대를 위한 보조금, 공급의무제도(RPS), 발전차액지원제도(FIT) 등을 도입하여 시장 진입 초기의 위험을 완화시켰고, 국제기구와 다자협력체도 기술 이전과 금융 지원을 통해 재생에너지 전환을 지원하고 있다.

마지막으로, 사회적 인식 변화와 지속가능성에 대한 관심 증대도 재생에너지 확산의 중요한 기반이 되었다. 환경 문제에 대한 대중의 관심 증대와 함께, 지속가능발전목표(SDGs)와 ESG 경영이 확산되면서 기업과 정부 모두가 청정에너지로의 전환을 중요한 전략적 목표로 설정하고 있다.

이처럼 재생에너지는 환경적, 경제적, 기술적, 정책적, 사회적 요인이 복합적으로 작용하면서 빠르게 에너지 시스템 내에서 그 비중을 확대하고 있다.

2 주요 재생에너지의 종류와 특성

(1) 태양광(Solar Photovoltaic)

태양광 발전(solar photovoltaic, PV)은 태양빛을 직접 전기로 변환하는 기술로, 가장 빠른 속도로 성장하고 있는 재생에너지 형태 중 하나이다. 태양전지는 반도체 소재(주로 실리콘)를 이용하여 광에너지를 전기에너지로 전환하는데, 이 과정은 외부 연료나 물리적 연소 없이 진행되므로 온실가스 배출이 거의 없다(IEA, 2023f). 기술적으로는 고정식 패널에서부터 추적식(tracking) 시스템, 분산형 건물 일체형 PV(Building-Integrated Photovoltaics)까지 다양한 형태로 구현이 가능하며, 소규모 주택부터 대규모 발전소까지 다양한 규모에서 적용될 수 있다는 점에서 높은 유연성을 가진다.

태양광의 가장 큰 장점 중 하나는 한계비용(marginal cost)이 거의 '제로'에 수렴한다는 점이다. 일단 설치가 완료되면 발전에 필요한 연료가 무료이며, 운전과 유지비용도 상대적으로 낮다. 이에 따라 장기적으로는 전력 생산의 단가가 현저히 낮아질 수 있다(Lazard, 2023). 특히 최근 10년간 태양광 기술의 진보는 발전 효율의 향상뿐만 아니라 제조 및 설치비용의 급격한 하락을 이끌었다.

그러나 태양광 발전에는 간헐성(intermittency)이라는 구조적 한계가 존재한다. 태양광은 일조량에 따라 발전량이 달라지므로 야간이나 흐린 날에는 발전이 어렵다. 이러한 공급의 변동성은 전력 시스템의 안정성 유지에 부담을 줄 수 있으며, 이에 따라 에너지 저장장치나 보완 발전원이 필수적으로 요구된다(Denholm et al., 2010; IRENA, 2023c). 또한 태양광 패널의 수명(보통 25~30년)이 다한 후의 폐기물 처리 문제나, 대규모 태양광 단지 조성에 따른 토지 이용 이슈도 환경적·사회적 측면에서 고려되어야 한다(Fthenakis & Kim, 2011).

그럼에도 불구하고 태양광은 탈탄소화 전략의 핵심 수단으로 자리 잡고 있다. 기술적 혁신, 비용 절감, 정책적 지원이 맞물려 향후 수십 년간 가장 빠르게 성장할 에너지원으로 전망되며, 특히 분산형 에너지 자원으로서 지역경제 활성화에도 기여할 수 있다는 평가를 받고 있다(IRENA, 2023c).

(2) 풍력(Wind Power)

풍력 발전은 공기의 흐름, 즉 바람의 운동에너지를 기계적 회전력으로 전환하고 이를 다시 전기에너지로 변환하는 방식의 재생에너지 기술이다. 풍력 터빈은 일반적으로 날개(블레이드), 회전자(로터), 기어박스, 발전기 등으로 구성되며, 바람의 속도와 방향에 따라 발전량이 달라진다. 발전 원리는 비교적 단순하지만, 고도의 공학 기술과 기상 데이터, 정교한 설치 및 운영 시스템이 요구된다(IEA, 2023f).

풍력 발전은 태양광과 함께 지난 20년간 가장 빠르게 성장한 재생에너지 분야로 꼽힌다. 2000년대 초반만 해도 전체 전력 생산에서 차지하는 비중은 미미했으나, 2022년 기준으로 전 세계 전력의 약 7% 이상을 공급하고 있으며, 특히 유럽과 중국, 미국에서의 확대가 두드러진다(IRENA, 2023a). 기술 발전에 따라 풍력 터빈의 크기와 효율은 지속적으로 향상되어 왔으며, 해상풍력(offshore wind)의 경우 육상보다 더 높은 풍속과 넓은 공간을 활용할 수 있어 차세대 핵심 분야로 주목받고 있다(GWEC, 2023).

풍력 발전의 가장 큰 장점은 연료비가 전혀 들지 않으며, 이산화탄소 및 기타 대기오염물질을 배출하지 않는다는 점이다. 이에 따라 풍력은 기후변화 대응과 탄소중립 목표 달성에 기여하는 핵심 기술로 간주된다(IPCC, 2021b). 또한 태양광과 마찬가지로 한계비용이 매우 낮아, 장기적으로는 경제성에서도 경쟁력을 갖추고 있다. Lazard(2023)의 분석에 따르면, 풍력의 균등화 발전비용은 석탄 및 일부 천연가스 발전의 균등화 발전비용보다 낮은 수준으로 하락하였다.

하지만 풍력 발전 역시 간헐성과 불확실성이라는 구조적 제약을 가진다. 바람의 세기와 방향은 시간과 장소에 따라 크게 달라지기 때문에, 실시간 전력 수요와의 불일치 문제가 발생할 수 있다. 이에 따라 예측 정확도를 높이고, 보완 발전원 또는 에너지 저장장치와 연계하는 것이 필수적이다(Denholm et al., 2010). 또한 풍력 터빈의 회전 날개가 조류 충돌이나 소음 문제, 경관 훼손 등의 환경적·사회적 반발을 초래하기도 하며, 육상 풍력은 부지 확보와 주민 수용성 확보가 중요한 과제로 지적된다(Wolsink, 2007).

해상풍력은 이러한 일부 문제를 완화할 수 있는 대안으로 주목받고 있다. 해상은 바람이 더 강하고 일정하며, 주민 수용성 문제도 상대적으로 적기 때문이다. 다만, 해상풍력은 설치비용이 높고 유지보수가 어렵다는 단점도 함께 가지고 있다. 그럼에도 불구하고 북해(North Sea)나 동중국해와 같은 바람이 풍부한 연안 지역에서는 이미 상업적 타당성을 갖춘 대규모 프로젝트들이 추진되고 있다(GWEC, 2023).

(3) 수력(Hydropower)

수력 발전은 물의 위치에너지 또는 운동에너지를 이용하여 전기를 생산하는 방식으로, 가장 오래된 형태의 재생에너지이자 현재까지도 전 세계 재생에너지 전력 생산에서 가장 큰 비중을 차지하는 에너지원이다. 일반적으로 높은 곳에 저장된 물을 터빈을 통해 하강시키며 생기는 운동 에너지를 기계적 회전력으로 전환하고, 이를 발전기로 연결해 전기를 생산한다(IEA, 2023f). 수력 발전은 기술적으로 비교적 성숙하며, 대형 수력댐뿐만 아니라 소수력(small hydro)과 마이크로 수력 발전(micro hydro)까지 다양한 규모에서 활용이 가능하다.

수력 발전의 가장 큰 강점은 안정성과 조절 가능성이다. 다른 재생에너지원과 달리 수력은 저장된 물의 양과 시간대를 조절함으로써 출력 제어가 가능하다는 점에서, 기저 부하(base load)뿐만 아니라 피크 부하(peak load) 수요 대응에도 효과적이다. 또한 발전 효율이 90% 이상으로 매우 높고, 발전 중 온실가스 배출이 거의 없어 친환경적인 전력 생산 방식으로 평가된다. 경제성 측면에서도 초기 투자비용은 높지만, 운영 및 유지비용이 낮고 수명이 50년 이상으로 길어 장기적 관점에서는 매우 경쟁력이 있다(IRENA, 2021).

하지만 수력 발전은 몇 가지 중요한 제약 요인을 안고 있다. 첫째, 환경 생태계에 미치는 영향이다. 대규모 댐 건설은 강의 흐름을 변경하고, 하천 생태계와 어류 이동에 지장을 주며, 주변 생물다양성을 감소시킬 수 있다. 특히 열대지역에서는 수몰 지역에서 유기물이 분해되며 메탄(CH_4)과 같은 강력한 온실가스를 배출하는 경우도 있어, 탄소중립에 기여하는 정도에 대한 논란도 존재한다(Fearnside, 2005). 둘째, 사회적 갈등과 지역사회 영향이다. 대규모 수력댐 건설은 종종 대규모 이주를 동반하며, 이로 인한 사회적 갈등, 문화적 손실, 재산권 문제 등이 발생할 수 있다(World Commission on Dams, 2000).

기후변화 자체가 수력 발전에 미치는 역효과도 무시할 수 없다. 강우 패턴과 유량의 변동성이 증가하면서, 수력 발전량의 안정성이 장기적으로 위협받을 수 있다는 우려도 제기된다(Hamududu & Killingtveit, 2012). 이에 따라 최근에는 대형 수력 프로젝트보다는 소규모 수력 및 수자원 통합 관리가 가능한 친환경적 설계가 강조되고 있다.

(4) 바이오에너지(Bioenergy)

바이오에너지는 식물, 동물, 미생물 등의 생물 유기체에서 유래한 바이오매스(biomass)를 연료로 사용하여 열, 전기, 또는 연료 형태의 에너지를 생산하는 방식이다. 바이오매스는 목재, 작물 잔재, 음식물 쓰레기, 가축 분뇨, 도시 폐기물 등 다양한 유기성 자원을 포함하며, 이들을 연소하거나 생화학적·열화학적 과정을 통해 에너지원으로 전환한다. 에너지 형태로는 바이오가스, 바이오디젤, 바이오에탄올, 고형 연료 펠릿 등으로 다양하게 가공될 수 있다.

기술적으로 바이오에너지는 열병합 발전(CHP: Combined Heat and Power), 혐기성 소화(anaerobic digestion), 발효 및 에스테르화 반응 등을 통해 활용되며, 전력 생산뿐 아니라 난방, 수송 연료 등 다양한 용도에서 재생에너지 중 가장 폭넓게 적용된다. 특히 고체 바이오매스는 난방 및 소규모 발전용으로, 액체 바이오연료는 교통 부문에서 화석연료 대체재로 활용된다.

바이오에너지의 주요 강점은 기존 에너지 인프라와의 높은 호환성이다. 기존 내연기관이나 보일러 시스템과의 결합이 가능하므로, 전환 비용이 상대적으로 낮고 에너지 저장 및 수송도 용이하다. 또한, 일부 바이오에너지원은 폐기물 처리와 에너지 생산을 동시에 해결하는 자원순환형 에너지 시스템으로 기능할 수 있다. 예를 들어, 음식물 쓰레기나 축산 폐기물을 바이오가스로 전환함으로써 매립이나 방류로 인한 환경오염을 줄이고 에너지를 생산할 수 있다.

그러나 바이오에너지는 환경적 지속가능성 측면에서 논란의 여지가 있다. 가장 큰 쟁점은 간접적 토지이용 변화(ILUC: Indirect Land Use Change)와 식량-연료 경쟁 문제이다. 바이오연료 생산을 위해 경작지를 확대할 경우, 숲이나 초지를 전환하면서 탄소흡수원이 훼손되고, 생물다양성이 감소할 수 있다. 또한 곡물 기반의 바이오연료는 식량 가격 상승을 유발하고, 식량 안보에 부정적인 영향을 줄 수 있다는 우려도 제기된다(Searchinger et al., 2008).

바이오에너지가 탄소중립(carbon neutral)이라는 주장 역시 조건부이다. 이론적으로 바이오매스는 생장 과정에서 흡수한 탄소를 연소 시 배출하기 때문에 순배출이 '0'이라는 개념이지만, 실제로는 생산, 수확, 운송, 가공 과정에서 상당량의 온실가스가 추가로 발생하며, 특히 산림을 원료로 하는 경우 장기적인 탄소 배출 증가로 이어질 수 있다(Sterman et al., 2018).

이러한 한계를 극복하기 위해 최근에는 잔재물 기반의 바이오에너지나 2세대, 3세대 바이오연료 등 지속가능한 형태의 기술이 개발되고 있다. 예컨대 해조류(algae) 기반의 바이오연료는 토지 경쟁 없이도 생산이 가능하며, 담수 사용량이 적고 고효율이라는 장점이 있다.

(5) 지열에너지(Geothermal Energy)

지열에너지는 지구 내부에서 발생하는 열에너지를 활용하여 전력이나 열을 생산하는 재생에너지의 한 형태이다. 이 에너지는 주로 지구의 마그마 활동, 방사성 붕괴, 지각 운동에 의해 생성된 열로부터 비롯되며, 지표면 아래 저장된 고온의 증기나 온수를 이용해 터빈을 돌려 전기를 생산하거나, 저온의 지열을 직접 난방이나 산업용 열원으로 활용할 수 있다(IEA, 2023f). 지열에너지는 자연 상태에서 지열 자원이 표출되는 지역뿐만 아니라, 최근에는 인공 지열 시스템을 통해 더 넓은 지역에서도 활용 가능성이 모색되고 있다.

지열 발전은 전통적인 화석연료 발전이나 태양광·풍력과 비교해 출력이 안정적이고 예측 가능하다는 점에서 큰 장점을 가진다. 이는 간헐성과 기상 조건에 민감한 다른 재생에너지원과 달리, 연중 무휴로 일정한 전력 공급이 가능하다는 것을 의미한다. 이에 따라 지열은 전력망의 기저 부하를 담당할 수 있는 드문 재생에너지로 평가받는다. 또한 단위 면적당 에너지 밀도가 높고, 발전 효율도 비교적 우수하다. 설치 이후에는 운영 비용이 낮으며, 온실가스 및 기타 대기오염물질 배출이 극히 적다는 점에서도 환경적 이점이 크다(IRENA, 2021).

경제성 측면에서는 초기 탐사 및 시추 비용이 매우 높은 편이며, 지열 자원의 온도·압력 조건이 적합하지 않거나 예상과 다른 경우에는 프로젝트 실패 위험이 존재한다. 이러한 불확실성은 민간 투자 유인을 저하시킬 수 있으며, 정부의 초기 위험 분담이나 기술 지원이 중요한 역할을 한다(Lund & Boyd, 2016).

또한, 지열 발전은 지열 자원의 지역적 편재성이 강하다는 제약이 있다. 전통적으로 지열 발전은 화산대나 판 경계 인근의 고열지대에 집중되어 있으며, 이러한 조건을 갖춘 지역은 제한적이다. 그러나 최근에는 인공 저류층 기술(EGS)이나 지열 히트펌프 기술의 발전으로 인해 활용 가능 지역이 점차 확대되고 있다(MIT, 2006).

환경적 측면에서 지열 발전은 일반적으로 친환경적이지만, 특정 조건에서는 지반 침하, 소규모 지진 유발, 지하수 오염 등의 우려도 존재한다. 특히 개선형 지열 시스템(Enhanced Geothermal Systems, EGS) 기술을 적용할 경우 고압 주입이 지진활동을 유발할 가능성이 있어 사전 지질조사와 규제 설계가 필수적이다(Majer et al., 2007).

3 재생에너지의 경제적 특성

(1) 높은 초기 고정비와 낮은 한계비용

재생에너지원은 일반적으로 초기 고정비용이 매우 높은 반면, 한계비용은 거의 제로에 수렴하는 독특한 비용 구조를 가진다. 초기 고정비용이란 발전소 건설, 장비 구매, 설비 설치, 계통 연계 등에 필요한 일회성 투자 비용을 의미하며, 재생에너지의 경우 이 비중이 전체 비용의 대부분을 차지한다. 반면, 한계비용이란 추가적인 전력 단위(예 1MWh)를 생산하는 데 드는 비용을 의미하는 데, 재생에너지는 연료가 무료이고 가동에 따른 추가 비용이 거의 발생하지 않기 때문에

이 값이 매우 낮거나 0에 가까운 경우가 많다(Joskow, 2011). 예를 들어, 태양광 발전의 경우 패널과 인버터 설치, 계통 연계 등에 드는 초기 비용은 상당하지만, 이후 발전 과정에서는 태양빛을 연료로 사용하므로 연료비가 들지 않는다. 풍력 또한 터빈 설치와 관련 인프라 구축에 고정비가 집중되며, 운전 이후에는 추가적인 연료비 없이 바람의 운동에너지를 이용하여 전기를 생산한다(IRENA, 2023c).

이와 같은 비용 구조는 재생에너지의 규모의 경제와 학습곡선 효과를 통해 장기적으로 비용이 점점 하락하는 현상과 밀접하게 연결된다. 특히 태양광과 풍력의 경우, 기술 발전과 누적 설치 용량 증가에 따라 단위당 투자비용과 균등화 발전비용이 지속적으로 하락해 왔으며, 이는 초기 고정비가 크더라도 시장 경쟁력을 확보할 수 있는 기반이 되었다(IRENA, 2023c).

하지만 이와 같은 구조는 자본집약적이라는 특성도 함께 수반한다. 초기 투자비용이 크다는 것은 재생에너지 프로젝트가 높은 자본 접근성과 장기적인 투자 회수 기간을 필요로 함을 의미하며, 이는 자금조달 조건과 정책 지원 여부에 따라 프로젝트의 경제성이 크게 좌우될 수 있음을 뜻한다(Borenstein, 2012).

또한, 한계비용이 거의 제로에 수렴한다는 점은 전력시장 가격 형성에 구조적인 변화를 야기한다. 기존의 화석연료 발전은 연료비를 반영하여 전력가격이 결정되지만, 재생에너지는 추가 생산 비용이 낮기 때문에 시장 가격을 하방 압박하는 경향이 있으며, 이는 기존 발전사업자들의 수익성에 영향을 미칠 수 있다(Hirth, 2013).[1]

(2) 간헐성 및 비제어성의 경제적 함의

태양광과 풍력과 같은 주요 재생에너지원은 자연조건에 의존하기 때문에 간헐성(intermittency)과 비제어성(non–dispatchability)이라는 구조적 특성을 가진다. 간헐성이란 자원의 이용 가능성이 시간에 따라 불규칙하게 변한다는 의미이며, 비제어성은 발전량을 전력 수요에 맞추어 인위적으로 조절할 수 없다는 한계를

1) 현재 한국에는 재생에너지 가격입찰제도가 도입되지 않았으며 재생에너지에 의한 전력 생산 가격은 다른 전원들에 의해서 결정된 시장가격(SMP)과 재생에너지 공급인증서(REC) 가격을 더한 가격으로 보상을 받고 있다.

의미한다. 이러한 특성은 전력 시스템 운영과 시장 설계에 다양한 경제적 함의를 발생시킨다(Joskow, 2011; Hirth, 2013).

우선, 간헐성과 비제어성은 전력의 실시간 균형 유지에 부담을 준다. 전력은 수요와 공급이 실시간으로 일치해야 하며, 저장이 어렵기 때문에 공급의 예측 가능성과 조절 가능성이 매우 중요하다. 그러나 태양광은 일조량 변화에 따라, 풍력은 바람의 세기와 방향 변화에 따라 발전량이 크게 변동하므로, 예측 오차가 발생할 경우 시스템 불안정성과 정전 위험이 증가한다. 이를 보완하기 위해서는 유연성을 갖춘 발전원(예 가스발전), 에너지 저장장치, 수요 반응 등의 비용이 추가적으로 발생하게 된다(Denholm et al., 2010; IEA, 2023e).

이와 관련하여 재생에너지의 확대는 통합 비용을 증가시킨다. 이는 재생에너지를 전력 시스템에 안정적으로 통합하기 위해 필요한 보완적 조치의 비용으로, 예비력 확충, 계통 강화, 예측 시스템 개발, 저장 설비 구축 등이 포함된다. 이러한 통합 비용이 재생에너지의 비중이 낮을 때는 미미하지만, 전체 발전량의 20~30%를 넘어설 경우 기하급수적으로 증가할 수 있다고 지적되고 있다(Hirth, 2013). 이는 재생에너지의 사회적 한계비용이 기술 비용만으로는 설명되지 않음을 보여준다.

또한, 간헐성과 비제어성은 재생에너지의 시장 수익성과 가치에도 영향을 미친다. 전력시장에서 가격은 수요와 공급의 실시간 균형에 따라 결정되는데, 태양광과 풍력은 특정 시간대(예 정오 또는 강풍일)에 대량 공급되는 경향이 있어 전력가격이 급락하는 '가치 감소(value deflation)' 현상이 발생한다. 이로 인해 재생에너지의 단위 전력당 시장가치가 감소하며, 투자 수익성이 악화될 수 있다(Hirth, 2013; Borenstein, 2012).

결론적으로, 간헐성과 비제어성은 재생에너지의 물리적·기술적 특성으로부터 비롯되며, 이는 전력시장의 효율성과 안정성, 투자 유인, 정책 설계 등에 직간접적인 경제적 영향을 미친다. 따라서 재생에너지 확대를 위한 전략은 기술적 비용 절감뿐 아니라, 시스템 통합 비용과 시장가치 변동을 포함한 총사회적 비용 관점에서 접근할 필요가 있다.

(3) 규모의 경제와 학습곡선

재생에너지 기술, 특히 태양광과 풍력은 최근 수십 년간 급속한 비용 하락을 경험하였는데, 이 현상의 배경에는 규모의 경제와 학습곡선이라는 두 가지 경제학적 메커니즘이 핵심적으로 작용하였다. 이들은 모두 생산이 누적될수록 단위당 비용이 낮아지는 구조를 설명하지만, 그 작동 방식은 상이하다.

먼저 규모의 경제란 생산설비나 프로젝트의 규모가 커질수록 단위당 고정비용이 분산되어 생산비용이 감소하는 현상을 의미한다. 예컨대 대규모 태양광 발전소나 해상풍력 단지는 발전설비, 인프라, 운영 인력 등을 규모화함으로써 건설 및 운영 단가를 줄일 수 있다. 동일한 기술을 더 크게 적용할수록 자본 설비, 금융, 관리 등 다양한 측면에서 비용 효율성이 증가하는 것이다. 이러한 효과는 특히 발전설비뿐 아니라 관련 공급망 전체에서 발생하며, 이는 재생에너지 산업의 산업화·표준화와도 깊은 연관이 있다.

반면, 학습곡선은 누적 생산량이 증가함에 따라 생산성과 효율성이 향상되고, 이에 따라 단위당 비용이 체계적으로 하락하는 현상을 설명한다. 이는 단순한 규모의 확장과는 달리, 반복적인 생산과 운용을 통해 축적된 노하우, 기술 혁신, 공정 개선, 조직 역량 강화 등에 의해 달성된다. 태양광 모듈의 경우, 1970년대 이래로 누적 생산량이 두 배 증가할 때마다 단위당 가격이 약 20% 하락하는 '학습률'을 보여 왔으며, 이는 학습곡선 이론의 대표적 사례로 자주 인용된다(Nemet, 2006; IRENA, 2024).

이러한 두 가지 메커니즘은 종종 동시에 작용하며, 재생에너지 기술의 지속적 비용 하락과 시장 경쟁력 강화에 중대한 기여를 해 왔다. 특히 정부의 초기 시장 형성 정책, 예를 들어 보조금, 발전차액지원제도(FIT), 공공 조달, 국제 협력 등은 초기 수요를 창출함으로써 생산의 누적을 가속화하고, 학습 효과가 본격적으로 작동하도록 유도했다(Grubler, 2010). 이처럼 학습곡선은 기술혁신의 외부성을 내포하고 있어, 공공 부문의 선제적 투자가 정당화되는 이론적 근거를 제공한다.

그러나 이러한 비용 하락이 무한정 지속되는 것은 아니다. 기술이 성숙기에 접어들면 학습 효과가 점차 둔화되며, 특정 한계 비용 수준에 수렴하게 된다. 또한 원자재 가격 상승, 인력 부족, 공급망 병목 등 외생적 요인은 일정 시점 이후 비용 하락을 저해할 수 있다. 따라서 정책적 측면에서는 단순한 기술 보급에서 나아가, 혁신의 지속성과 새로운 세대 기술의 개발을 위한 장기적 기술 포트폴리오 관리가 중요해지고 있다.

(4) 외부효과 및 사회적 편익

재생에너지는 단순한 에너지원의 전환을 넘어, 사회 전반에 긍정적인 외부효과를 창출하는 기술로 평가받는다. 외부효과란 어떤 경제 주체의 행위가 시장 거래를 거치지 않고 제3자에게 영향을 미치는 효과를 말하며, 재생에너지는 발전 과정에서 온실가스 저감, 대기오염 감소, 에너지 안보 강화, 고용 창출, 기술 혁신 촉진 등의 광범위한 사회적 편익을 제공한다.

가장 대표적인 외부효과는 온실가스 감축에 따른 기후변화 대응 기여이다. 화석연료 기반 발전은 이산화탄소(CO_2), 메탄(CH_4), 아산화질소(N_2O) 등 주요 온실가스를 배출하지만, 태양광·풍력·지열 등은 발전 과정에서 온실가스 배출이 거의 없다. 이로 인해 재생에너지는 탄소 가격이 반영되지 않은 시장 상황에서 과소공급될 가능성이 높으며, 이는 정부 개입과 보조의 필요성을 정당화한다(Stern, 2007).

둘째, 재생에너지는 대기오염 저감과 건강 편익을 동시에 제공한다. 특히 석탄이나 중유 발전소는 이산화황(SO_2), 질소산화물(NOx), 미세먼지(PM2.5) 등을 배출하여 호흡기 질환, 조기사망률, 생산성 저하 등의 사회적 비용을 유발하는데, 재생에너지 전환은 이와 같은 비용을 실질적으로 줄일 수 있다. 미국 환경청(EPA, 2010)은 청정에너지 확대를 통해 얻어지는 대기오염 저감 효과가 수십억 달러 규모의 건강 편익으로 이어진다고 분석하였다.

셋째, 에너지 안보 강화와 수입 대체 효과도 중요한 사회적 편익이다. 재생에너지는 자국 내 자원을 활용할 수 있으므로, 화석연료 수입 의존도를 줄이고 에너지 가격의 국제적 변동성에 대한 노출을 완화시킨다. 이는 국가적 외부효과로 간주되며, 특히 수입 에너지 의존도가 높은 국가에서는 장기적 전략 자산으로 간주된다(Sovacool, 2009).

넷째, 지방경제 활성화와 고용 창출도 중요한 긍정적 외부효과이다. 재생에너지 산업은 지역 기반의 설치·운영·유지관리 인력을 필요로 하기 때문에, 농촌이나 저개발 지역의 경제 활동과 일자리 창출에 기여할 수 있다. IRENA(2023b)에 따르면 2022년 기준 전 세계 재생에너지 산업은 약 1,300만 개의 일자리를 창출하였으며, 특히 태양광과 바이오에너지가 고용 효과가 높은 분야로 나타났다.

이러한 외부효과는 대부분 시장 가격에 반영되지 않는 비화폐적 편익이기 때문에, 정책적·공공적 개입 없이는 시장 메커니즘만으로는 충분한 수준의 재생에너지 공급이 이루어지기 어렵다. 따라서 환경세, 탄소가격제, 보조금, 신재생에너지 의무공급제도, 발전차액제도 등 다양한 정책 수단이 이러한 양(+)의 외부효과를 내재화하는 방향으로 설계되어 왔다(Goulder & Parry, 2008).

4 재생에너지의 비용추이와 경쟁력

(1) 균등화 발전비용의 변화

균등화 발전비용(Levelized Cost of Electricity, LCOE)은 발전 설비의 수명 기간 동안 총 비용을 총 발전량으로 나눈 값으로, 서로 다른 발전 기술 간의 경제성을 비교하는 데 널리 사용되는 지표이다. 균등화 발전비용은 초기 투자비용, 운전 및 유지비용, 연료비, 자본조달 비용 등을 종합적으로 고려하여 단위 전력(MWh)당 생산비용을 계산하며, 특정 기술의 장기적 경쟁력을 평가하는 데 핵심적이다(IEA, 2020b; Lazard, 2023).

최근 10여 년 동안 재생에너지 기술의 발전과 대규모 보급 확산으로 인해 태양광과 풍력의 균등화 발전비용은 급격한 하락세를 보여 왔다. 국제재생에너지기구에 따르면, 2010년 대비 2022년 기준 태양광(PV)의 글로벌 평균 균등화 발전비용은 약 90% 하락하였고, 육상 풍력은 약 70% 감소하였다. 이러한 변화는 기술 효율의 향상, 생산 공정의 최적화, 공급망 확대, 금융 조건 개선 등 다양한 요인이 복합적으로 작용한 결과다(IRENA, 2024).

균등화 발전비용의 하락은 특히 태양광 분야에서 두드러지는데, 이는 모듈 가격의 하락과 설치 효율성 향상, 그리고 규모의 경제 및 학습곡선 효과에 기인한다. 풍력의 경우, 터빈 효율 개선과 더 높은 허브 높이, 더 긴 블레이드가 발전량 증가와 비용 절감을 동시에 가능케 하였다(IRENA, 2024). 이러한 균등화 발전비용의 하락은 재생에너지가 화석연료 기반 발전, 특히 석탄 및 일부 천연가스 발전을 경제성 측면에서 추월하게 되는 전환점을 가져왔다(Lazard, 2023).

다만 균등화 발전비용은 모든 비용을 단일 수치로 환산하는 특성상, 간헐성, 계통 통합 비용, 위치 기반 제약 등은 반영하지 못하는 한계도 있다. Hirth(2013)는 간헐성 재생에너지의 균등화 발전비용이 낮더라도, 전력 시스템 내에서의 실질 가치는 발전 시간대와 지역에 따라 달라질 수 있으며, 이를 고려하지 않으면 투자 왜곡이 발생할 수 있다고 지적한다.

그럼에도 불구하고, 균등화 발전비용은 재생에너지의 비용 구조 변화를 보여주는 가장 직관적이고 국제적으로 비교 가능한 지표로 자리매김하고 있으며, 기술과 시장의 발전에 따라 향후 지속적인 개선이 기대된다.

(2) 재생에너지 vs. 화석연료 발전의 경제성 비교

재생에너지와 화석연료 발전 간의 경제성 비교는 단순한 발전 단가 수준을 넘어서, 비용 구조의 차이, 연료 가격의 변동성, 환경 비용, 정책 지원 등 다양한 요소를 종합적으로 고려해야 한다. 과거에는 화석연료 발전이 전통적으로 낮은 발전단가를 바탕으로 경제성 면에서 우위를 점해 왔으나, 최근에는 기술 발전과 규모 확장에 따라 재생에너지가 비용 경쟁력 측면에서 급속히 격차를 좁혀 왔으며, 일부 경우에는 경제적 우위를 확보하기에 이르렀다(IEA, 2023f; Lazard, 2023).

첫째, 발전 단가 측면에서 보면, 재생에너지는 고정비 비중이 높고 한계비용이 거의 제로에 가까운 구조를 갖고 있는 반면, 화석연료 발전은 연료비 비중이 높아 운영 비용의 변동성이 크다. 국제재생에너지기구(IRENA, 2024)에 따르면, 2023년 기준 전 세계 신규 태양광 및 육상풍력 발전 프로젝트의 평균 균등화발전비용은 각각 MWh당 46달러 및 33달러로, 이는 화석연료들의 평균 균등화 발전비용에 비하여 각각 56% 및 67% 낮은 것으로 추정하고 있다. 특히 연료 가격 급등기에는 재생에너지가 비용 안정성 면에서도 유리한 선택지가 된다.

둘째, 외부비용의 고려 여부에 따라 경제성의 평가 결과는 크게 달라진다. 화석연료 발전은 대기오염, 온실가스 배출, 건강 피해, 생태계 파괴 등 다양한 부정적 외부효과를 유발하지만, 이러한 비용은 전력 가격에 충분히 반영되지 않는 경우가 많다. 반면, 재생에너지는 발전 과정에서 이산화탄소 및 유해물질의 배출이 거의 없어 사회적 총비용(social cost) 측면에서는 훨씬 우수한 결과를 보인다(Stern, 2007; Parry et al., 2014). 탄소세나 배출권거래제와 같은 환경비용 내재화 정책이 본격화될수록, 재생에너지의 상대적 경제성은 더욱 강화된다.

셋째, 가격 예측 가능성과 에너지 안보 측면에서도 차이가 존재한다. 화석연료는 국제 시장에서 거래되며 지정학적 리스크와 수급 불안정성에 노출되어 있다. 2022년 러시아–우크라이나 전쟁 이후 국제 천연가스 가격이 급등하고 공급망 불안정이 심화되면서, 많은 국가들이 재생에너지를 전략적 대안으로 적극 확대하게 된 배경에는 이러한 비용 불확실성이 자리잡고 있다. 반면, 재생에너지는 지역 자원을 활용할 수 있으며, 설치 이후 연료비가 들지 않아 장기적인 가격 안정성이 뛰어나다.

넷째, 설비 투자 유인과 금융 조건에서도 점차 재생에너지가 우위를 점하고 있다. 기술이 성숙함에 따라 재생에너지 프로젝트의 위험도가 감소하고, 이에 따라 자본비용도 하락하고 있다. 국제 민간 투자자들은 장기적으로 수익이 안정적인 재생에너지에 더 많은 자금을 투입하고 있으며, ESG(환경·사회·지배구조) 투자 확대도 이러한 흐름을 가속화하고 있다(Giglio et al., 2021).

다만, 재생에너지는 간헐성과 계통 통합 비용이라는 구조적 제약을 안고 있으며, 화석연료 발전이 여전히 출력 조절력과 기저 부하 제공 능력에서 강점을 가진다는 점은 경제성 비교에서 함께 고려되어야 한다(Hirth, 2013). 특히 재생에너지의 비중이 증가할수록 저장장치, 보완 발전, 송전 인프라 등 시스템 차원의 추가 비용이 발생할 수 있다.

5 시장 통합과 전력 시스템 내 재생에너지의 역할

(1) 전력망 통합문제

재생에너지의 확산은 에너지 시스템의 탈탄소화를 위한 필수 경로이지만, 동시에 기존의 전력망 운영 방식과 본질적으로 충돌하는 기술적·경제적 과제를 수반한다. 이른바 전력망 통합(grid integration) 문제란, 간헐적이고 비제어적인 재생에너지 발전원을 대규모로 전력망에 연계할 때 발생하는 주파수 안정성, 전압 관리, 실시간 수요-공급 균형 유지, 송전망 혼잡 등의 문제를 의미한다.

태양광과 풍력은 자원의 가용성이 기상 조건에 의존하기 때문에 발전량의 시간적 변동성이 크다. 특히 태양광은 주간에만 발전이 가능하며, 풍력은 바람의 세기와 방향 변화에 따라 실시간 출력이 달라진다. 이러한 예측 불가능성은 기존의 중앙 집중형 발전 시스템이 갖고 있는 고정성과 계획 중심의 운용 방식에 부담을 준다(Lund et al., 2015). 이로 인해 발전량이 급증하거나 급감할 경우, 시스템 전반의 주파수나 전압의 안정성이 흔들릴 수 있으며, 이는 정전이나 설비 고장의 위험으로 이어질 수 있다.

또한, 많은 재생에너지 설비가 수요 중심지가 아닌 지역에 분산적으로 설치된다는 점도 통합의 복잡성을 가중시킨다. 예컨대 해상풍력은 연안에, 태양광은 일조량이 풍부한 시골 지역에 집중되는 경우가 많아, 이로 인해 송전 인프라의 병목현상이 발생할 수 있다. 이러한 상황에서는 전력을 수요지까지 안정적으로 이송하기 위한 송배전망 확충과 계통 강화 투자가 필수적이다(IEA, 2023e).

전력망 통합문제는 기술적 문제에 그치지 않고, 시장 설계 및 규제 체계의 재조정을 필요로 한다. 기존의 발전 방식은 수요에 맞추어 발전량을 조절하는 '공급 조절형' 시스템이지만, 재생에너지 확대 이후에는 공급량에 따라 수요를 조절하거나 저장하는 '수요 반응형' 체제로의 전환이 요구된다. 이를 위해서는 에너지 저장장치, 수요관리, 유연한 보완 발전원의 확보 등이 병행되어야 하며, 이러한 요소들을 가격 신호를 통해 적절히 유도하는 시장 기반의 유연성 메커니즘이 중요하다(Hirth et al., 2015).

또한, 고비중 재생에너지의 전력망 연계에서는 순간적으로 출력이 급변하는 상황에서의 대응 능력 확보가 핵심이 된다. 이를 위해 일부 국가는 재생에너지의 출력 제한을 허용하거나, 재생에너지 발전 설비에도 주파수 응답 및 출력 조절 능력을 부여하는 기술적 기준을 강화하고 있다(Milligan et al., 2015).

결론적으로, 재생에너지의 전력망 통합 문제는 기술, 인프라, 제도, 시장 구조 전반에 걸쳐 다층적인 대응을 필요로 하며, 이와 같은 과제를 효과적으로 해결할 수 있어야만 재생에너지 중심의 전력시스템으로의 전환이 실현될 수 있다. 따라서 각국은 재생에너지 확대 목표와 병행하여 계통 운영의 유연성 확보와 스마트 그리드 투자를 적극적으로 추진하고 있다.

(2) 보완성과 저장기술의 중요성

태양광과 풍력 등 주요 재생에너지원은 자연 조건에 따라 발전량이 시시각각 변동하는 간헐성(intermittency)과 비제어성(non-dispatchability)을 내재하고 있으며, 이로 인해 안정적인 전력공급을 보장하기 위해서는 보완적 에너지 자원과 에너지 저장기술의 활용이 필수적이다. 이러한 기술들은 전력 시스템 내에서 재생에너지의 변동성을 흡수하고, 수요와 공급의 시차를 조정함으로써 전력망의 안정성과 경제성을 동시에 확보하는 데 핵심적인 역할을 수행한다(Denholm et al., 2010).

보완성(complementarity)이란 서로 다른 재생에너지원이 시간적·공간적으로 상호보완적 특성을 가질 때 나타나는 효과를 말한다. 예를 들어, 풍력은 일반적으로 야간이나 겨울철에 강한 반면, 태양광은 낮 시간대나 여름철에 출력이 집중된다. 이처럼 상이한 발전 패턴을 가진 자원을 함께 활용하면 출력의 변동성을 완화할 수 있으며, 보다 균등한 전력공급이 가능해진다. 지역 간 자원 특성의 차이를 활용한 공간적 보완성도 중요하며, 광역 계통 연계와 재생에너지 자원의 분산적 설치를 통해 효과를 극대화할 수 있다(Lund et al., 2015).

하지만 보완성만으로는 수요와 공급 간의 실시간 불일치를 완전히 해소할 수 없기 때문에, 에너지 저장기술이 결정적인 역할을 한다. 특히 배터리 저장 시스템(BESS: Battery Energy Storage Systems)은 발전량이 초과되는 시간대에 전력을 저장하고, 공급이 부족한 시간에 방전함으로써 출력 평준화(flattening), 주파수 조절, 피크 부하 대응 등의 다양한 기능을 수행한다(IRENA, 2020). 리튬이온 배터리는 현재 가장 널리 보급된 저장 기술이며, 가격 하락과 성능 개선이 빠르게 진행되고 있다.

이외에도 양수 저장(pumped hydro storage), 압축공기 저장(CAES), 수소 저장(power-to-gas) 등의 다양한 기술이 존재하며, 각기 다른 시간 범위와 용도에 맞게 설계될 수 있다. 예를 들어, 양수 저장은 대규모 장기 저장에, 배터리는 단기 부하 조절에, 수소는 계절 간 저장 및 부문 간 연계(sector coupling)에 적합하다(Schmidt et al., 2019).

경제적으로도 저장기술은 재생에너지의 가치를 높이는 데 기여한다. 간헐성 재생에너지는 특정 시간대에 과잉 공급으로 인해 전력 가격이 낮아지는 반면, 저장을 통해 공급 시점을 이동시킬 수 있다면 전력 가격이 높은 시간대에 판매할 수 있어 수익성을 개선할 수 있다. Hirth(2013)는 이러한 시간 이동(time-shifting) 기능이 재생에너지의 시장가치를 높이고, 통합 비용을 줄이는 데 기여한다고 분석하였다.

결론적으로, 보완성과 저장기술은 재생에너지의 변동성과 불확실성을 효과적으로 관리하고, 에너지 시스템의 안정성과 효율성을 제고하는 데 있어 필수불가결한 전략적 수단이다. 향후 재생에너지 비중이 높아질수록 이들의 중요성은 더욱 커질 것이며, 기술 혁신과 시장 설계의 정교함이 그 효과를 좌우할 것이다.

(3) 전력시장 구조와 재생에너지의 적응

전통적인 전력시장은 중앙집중형, 예측가능성 높은 화석연료 기반 발전원을 중심으로 설계되어 왔다. 이러한 시장 구조는 대규모 발전소가 수요를 충족시키고, 실시간 수급 균형을 유지하며, 발전비용에 기반해 가격이 결정되는 체계로 운영된다. 반면, 태양광과 풍력 등 재생에너지는 소규모·분산형, 간헐적, 비제어적(non-dispatchable) 특성을 갖고 있어 기존 시장 설계와 근본적인 불일치를 드러낸다(Hirth et al., 2015). 이러한 특성은 재생에너지의 전력시장 내 통합 및 수익성 확보에 구조적인 도전을 초래하며, 이에 따라 시장 설계의 조정과 제도적 개혁이 필요해지고 있다.

첫째, 재생에너지는 한계비용이 거의 제로에 가까운 발전원으로, 공급이 증가하면 전력시장 가격을 하락시키는 경향이 있다. 이는 가격 신호를 통해 효율적인 자원 배분을 유도하는 시장 설계 원리와 충돌하며, 특히 고정 가격 보조(FIT)를 받은 재생에너지가 시장 가격과 무관하게 우선적으로 공급될 경우, 시장 가격이 왜곡되고 기존 발전자원의 수익성 악화로 이어질 수 있다(Borenstein, 2012). 이른바 '가격 잠식(price cannibalization)' 현상은 재생에너지의 비중이 높아질수록 심화되며, 시장 기반의 재생에너지 투자 유인을 저해하는 요인이 된다(Hirth, 2013).

둘째, 재생에너지의 간헐성과 예측 불가능성은 시장 유연성 확보를 필수적으로 만든다. 이를 위해 단순한 에너지 거래 외에도 예비력, 주파수 조절, 부하 조정, 수요 반응 등 다양한 부가 서비스를 거래하는 시장이 필요하며, 일부 국가는 이미 이러한 보조서비스 시장을 재설계하거나 확대하고 있다. 또한 단기 시장의 정산주기를 더욱 촘촘하게 설정하거나, 실시간 시장을 강화하여 변동성에 대응하는 시스템 설계가 병행되고 있다.

셋째, 재생에너지 중심 전력 시스템에서는 용량 보장(capacity adequacy) 확보를 위한 새로운 시장 구조가 필요하다. 기존의 시장은 에너지 판매를 통해 수익을 확보하지만, 재생에너지 확대에 따라 가격이 낮아지고 수익이 불안정해지면서 장기적 투자 유인이 약화된다. 이를 보완하기 위해 영국, 미국 등에서는 용량시장(capacity market) 또는 용량보상(capacity payment) 제도를 도입하여, 공급 신뢰성을 유지하고 민간 투자를 유도하고 있다(Cramton & Stoft, 2006).

넷째, 재생에너지의 분산성과 지역성은 전통적인 중앙 집중형 송전망 기반의 시장 설계에 도전을 제기한다. 소규모 태양광 발전, 가정용 저장장치, 전기차 충전 등의 확산은 소비자이자 생산자(prosumer)의 등장을 촉진하며, 분산자원(DER: Distributed Energy Resources) 기반의 새로운 시장 참여 모델이 요구되고 있다

(Burger & Weinmann, 2014). 이에 따라 일부 국가는 지역 단위의 지역 전력시장, 소비자 간 전력거래, 가상발전소(VPP: Virtual Power Plant) 등의 실험적 제도를 도입하고 있다.

마지막으로, 이러한 제도 변화는 단순히 기술적 조정에 그치지 않고, 시장 지배구조, 정산 방식, 가격 시그널 설계, 정책 일관성 등의 측면에서 종합적인 개혁을 요구한다. 전력시장은 점차 정태적 효율성에서 동태적 효율성, 즉 지속가능한 에너지 전환을 유도하는 설계로 진화하고 있으며, 이에 따라 정책 설계자들은 가격 메커니즘, 리스크 분담, 사회적 수용성 등을 모두 고려한 복합적 시장 설계 전략을 요구받고 있다(Grubb et al., 2020).

6 재생에너지에 의한 전력생산

[표 9-1]은 재생에너지에 의한 전력생산량과 비중과 발전량 증가율을 나타내고 있다. 2023년 재생에너지에 의한 전력생산량은 8,988.4(TWh)였고 지역별로는 중국을 중심으로 한 아시아태평양지역이 46.1%를 차지하고 있으며 유럽 19.7%, 북미 16.4%, 중남미 11.7% 순으로 각각 나타나고 있다. 한편, 중동(0.8%), CIS국가들(1.5%), 아프리카(2.4%)의 비중은 상대적으로 낮게 나타나고 있다. 또한, 상대적으로 고소득 국가인 OECD 국가들의 비중은 40.9%, 비OECD 국가들의 비중은 59.1%이다.

개별 국가별로는 중국이 태양광, 풍력, 수력 등 모든 부문에서 압도적으로 높은 전력생산을 나타내고 있으며 전 세계 전력생산에서 차지하는 비중은 32.2%이다. 그 다음으로 미국(10.8%), 브라질(7.0%), 캐나다(4.7%), 인도(4.2%) 등 국가들이 뒤를 따르고 있다. 풍력발전량은 중국(885.9TWh), 미국(429.5TWh), 독일(141.1TWh) 순으로 나타내고 있으며 태양광 발전량은 중국(584.2TWh), 미국(240.5TWh), 인도(113.4TWh) 순이었다. 한편, 수력발전은 중국(1,2260.0TWh), 브라질(428.7TWh) 캐나다(364.2TWh), 미국(236.3TWh) 순이다.

표 9-1 재생에너지에 의한 전력생산(2023년 기준, TWh)

지역/국가	풍력	태양광	수력	기타	전체	비중(%)
북미	490.1	275.3	620.9	84.8	1,471.1	16.4
캐나다	38.9	7.6	364.2	10.4	421.2	4.7
미국	429.5	240.5	236.3	67.3	973.7	10.8
중남미	134.2	82.6	749.9	83.0	1,049.7	11.7
브라질	95.5	51.5	428.7	55.8	631.5	7.0
유럽	614.1	294.9	638.7	221.6	1,769.3	19.7
프랑스	52.3	22.2	55.5	9.7	139.8	1.6
독일	142.1	61.2	19.6	49.5	272.4	3.0
이태리	23.5	31.2	38.9	20.3	114.0	1.3
노르웨이	14.0	0.5	136.1	0.3	150.9	1.7
스페인	64.2	46.8	25.5	5.4	142.0	1.6
스웨덴	34.3	3.1	66.0	11.3	114.8	1.3
튀르키예	34.1	20.5	63.9	19.5	137.9	1.5
영국	82.0	13.8	5.2	34.0	135.0	1.5
CIS 국가들	8.8	6.0	253.0	1.5	269.3	3.0
러시아	4.7	2.6	200.9	0.8	209.1	2.3
중동	5.1	35.9	27.6	0.3	68.9	0.8
아프리카	27.8	19.2	161.6	9.7	218.4	2.4
동아프리카	2.6	1.9	82.1	8.5	95.2	1.1
아시아태평양	1,045.2	927.7	1,788.2	380.6	4,141.7	46.1
호주	31.9	45.0	15.3	3.1	95.2	1.1
중국	885.9	584.2	1,226.0	198.1	2,894.1	32.2
인도	82.1	113.4	149.2	37.3	382.0	4.2
일본	10.0	97.0	74.5	42.0	223.5	2.5
전 세계	2,325.3	1,641.6	4,240.0	781.5	8,988.4	100.0
OECD 국가	1,149.4	755.3	1,385.5	385.9	3,676.0	40.9
비OECD 국가	1,175.9	886.3	2,854.5	395.6	5,312.4	59.1

자료: Energy Institute(2024)

[표 9－2]는 전 세계 태양광 및 태양열 발전 용량을 비교하고 있다. 태양광 발전용량은 풍력발전에 비하여 빠르게 증가하고 있으며 2013－2023년 사이 연평균 25.9%의 성장률을 나타내었다. 중국의 전 세계 발전용량 비중은 43.0%에 달하고 있으며 연평균 증가율도 42.4%를 나타내고 있다. 미국의 태양광 발전용량 비중은 9.8%이며 연평균 증가율은 26.5%로 상대적으로 빠르게 증가하고 있음을 알 수 있다.

[표 9－3]은 전 세계 풍력발전 용량의 현황을 나타내고 있다. 풍력발전 용량이 가장 큰 국가는 중국으로, 중국의 비중은 2023년 현재 43.0%이며 최근 10년간 연간 19.1% 증가하였다. 그 다음으로는 미국(14.6%), 독일(6.8%)의 비중이 높았고 두 국가의 연평균 증가율은 각각 9.4%와 7.6%였다.

표 9-2 태양광&태양열 발전용량(단위: 메가와트, 2023년 기준)

지역/국가	발전용량	비중	2013-2023 연평균 증가율
북미	155,873	11.0%	26.7%
미국	139,205	9.8%	26.5%
중남미	53,603	3.8%	61.1%
브라질	37,449	2.6%	122.8%
유럽	299,200	21.1%	13.5%
독일	81,739	5.8%	8.3%
이태리	29,795	2.1%	5.1%
스페인	31,016	2.2%	16.1%
CIS 국가들	4,685	0.3%	104.0%
중동	18,543	1.3%	40.2%
아프리카	13,479	0.9%	34.9%
아시아태평양	873,586	61.6%	35.8%
호주	33,683	2.4%	22.1%
중국	609,921	43.0%	42.4%
인도	73,109	5.2%	46.5%

지역/국가	발전용량	비중	2013-2023 연평균 증가율
일본	87,068	6.1%	20.4%
한국	27,046	1.9%	33.1%
전 세계	1,418,969	100.0%	25.9%

자료: Energy Institute(2024)

표 9-3 풍력 발전용량(단위: 메가와트, 2023년 기준)

지역/국가	발전용량	비중	2013-2023 연평균 증가율
북미	172,327	16.9%	9.4%
캐나다	16,989	1.7%	8.1%
미국	148,020	14.6%	9.4%
중남미	42,018	4.1%	28.1%
브라질	29,135	2.9%	29.5%
유럽	268,708	26.4%	8.3%
프랑스	22,196	2.2%	10.5%
독일	69,459	6.8%	7.6%
스페인	31,028	3.1%	3.1%
영국	30,215	3.0%	10.4%
중동	1,871	0.2%	31.4%
아프리카	8,654	0.9%	17.4%
아시아태평양	520,912	51.2%	17.5%
중국	441,895	43.4%	19.1%
인도	44,736	4.4%	9.3%
전 세계	1,017,199	100.0%	13.0%

자료: Energy Institute(2024)

7 정책 도구와 정부의 역할

(1) 재생에너지 확대를 위한 정책도구

재생에너지 확대는 시장 자율에만 맡겨질 경우 외부효과의 과소반영, 초기 비용 부담, 시장실패 등으로 인해 충분한 공급이 이루어지기 어렵기 때문에, 다양한 정책적 개입이 필요하다. 대표적인 정책 수단으로는, 발전차액지원제도(FIT: Feed−in Tariff), 신재생에너지 공급의무제도(RPS: Renewable Portfolio Standard), 탄소세(carbon tax) 등이 있으며, 각 제도는 경제적 유인 제공 방식과 시장에 미치는 영향에서 차이를 보인다.

발전차액제도는 일정 기간 동안 재생에너지 발전 사업자에게 시장가격보다 높은 고정가격으로 전력 구매를 보장해주는 제도이다. 이는 투자 안정성과 예측 가능성을 제공하여 초기 시장 형성에 매우 효과적인 정책으로, 독일, 스페인, 일본 등에서 빠른 재생에너지 확산을 이끈 주된 제도로 평가된다(Held et al., 2006). 발전차액제도는 기술별로 차등가격을 설정함으로써 기술 다양성과 소규모 분산형 자원의 참여를 유도할 수 있다는 장점이 있다. 그러나, 가격 설정이 잘못되면 과잉보상 또는 재정 부담이 초래될 수 있으며, 시장 유연성을 저해할 수 있다는 비판도 존재한다(IEA, 2020).

신재생에너지 공급의무제도는 일정 규모 이상의 발전사업자가 전체 발전량 중 일정 비율 이상을 재생에너지로 공급하도록 법적으로 의무화하는 제도이다. 의무비율은 해마다 상향 조정될 수 있으며, 재생에너지 공급 증서를 거래하는 방식으로 유연성을 부여한다. 미국, 한국 등에서 널리 시행되고 있으며, 시장 기반의 경쟁 유도를 통해 재생에너지 단가 하락을 유인한다는 점에서 FIT와 대조된다(Delmas & Montes−Sancho, 2011). 그러나 의무비율이 과소하거나, 공급인증서 가격 변동성이 클 경우 투자 유인이 불충분할 수 있으며, 일부 기술에 편중될 우려도 있다.

탄소세는 온실가스를 배출하는 화석연료의 사용에 대해 세금을 부과함으로써 외부비용을 내재화하는 대표적인 가격 기반 정책이다. 탄소세는 재생에너지에 대한 직접적인 보조 대신, 화석연료의 상대적 가격을 상승시켜 시장 내에서 재생에너지의 경쟁력을 높이는 간접적 유인 구조를 갖는다(Parry et al., 2014). 스웨덴, 핀란드, 캐나다 등은 탄소세를 부과하고 있으며, 국제기구들도 탄소세의 확대를 권고하고 있다. 탄소세의 장점은 시장 왜곡이 적고 경제 전반에 균등한 신호를 제공한다는 점이지만, 적정 세율 설정, 산업 부담 조정, 사회적 수용성 확보 등의 과제가 존재한다.

이러한 정책 수단들은 상호보완적으로 운영되기도 하며, 각국의 제도 설계는 시장 성숙도, 기술 발전 수준, 정책 목적에 따라 다양하게 조합되고 있다. 예를 들어, 초기 시장 형성기에는 보조금과 발전차액제도가 효과적이고, 시장 경쟁력이 형성된 이후에는 RPS와 탄소세 중심의 시장기반 체계로 전환하는 것이 일반적인 정책 경로이다(IEA, 2020c).

(2) 정책 실패와 보조금의 효율성 문제

재생에너지 보급을 위한 보조금 정책은 시장실패를 보완하고 기술 혁신과 초기 확산을 촉진하는 유효한 정책 수단이지만, 그 자체가 정책 실패(policy failure)를 초래할 가능성도 존재한다. 즉, 정책 설계가 불완전하거나 실행이 왜곡될 경우, 비효율적인 자원 배분, 과도한 재정 지출, 기술 편중, 시장 왜곡 등의 문제가 발생할 수 있으며, 이는 오히려 장기적인 에너지 전환의 효율성과 지속가능성을 저해할 수 있다(Borenstein, 2012).

첫째, 보조금의 과잉지급은 시장 가격 신호를 왜곡하고 비효율적인 투자를 유도할 수 있다. 예컨대 발전차액지원제도(FIT)가 지나치게 높은 고정가격을 보장할 경우, 단기적으로는 설치가 급증하더라도, 장기적으로는 과잉설비와 전력망 혼잡(grid congestion), 보조금 재정 고갈 등의 부작용을 초래할 수 있다. 스페인과 체코 등은 2000년대 후반 FIT 보장 단가를 과도하게 설정한 결과, 정부 재정 부담이 급증하고 보조금 삭감으로 인해 투자자 신뢰가 붕괴되는 사례를 겪었다(del Río & Mir-Artigues, 2012).

둘째, 보조금은 기술 간 경쟁을 왜곡하거나 특정 산업에 대한 비효율적 편향을 유발할 수 있다. 특정 기술에만 높은 보조금이 집중될 경우, 실제로는 보다 효율적인 기술이 시장에서 밀려나고, 장기적으로는 기술 다양성과 혁신의 유인이 약화될 수 있다(Gillingham & Sweeney, 2012). 또한 보조금의 단기적 수익성만을 노린 투기적 진입이 증가할 경우, 실제 운영 효율성이 낮은 사업자들이 시장을 잠식할 위험도 존재한다.

셋째, 보조금의 지속성 및 정책 일관성 부족은 투자자 신뢰를 저하시켜 시장의 불확실성을 증대시킨다. 재생에너지 프로젝트는 일반적으로 장기적인 수익을 기반으로 투자 결정을 내리기 때문에, 보조금 체계가 자주 변경되거나 예측 가능성이 낮으면 민간 투자의 위축으로 이어질 수 있다(IEA, 2023f). 특히 개발도상국에서는 제도적 신뢰성이 낮은 경우, 보조금 삭감이나 정책 전환이 프로젝트 중단으로 연결되기 쉽다.

넷째, 보조금이 소득 역진적 효과를 낳을 수도 있다. 예컨대 고소득 가구가 태양광 패널 설치 등 재생에너지 보조를 더 많이 활용할 수 있는 반면, 저소득층은 고정 전력요금 상승만을 부담하는 경우 분배적 불평등이 확대될 수 있다(Sovacool et al., 2019). 이는 보조금 정책의 정치적 수용성과 공정성 문제를 동반하며, "정의로운 전환(Just Transition)"의 관점에서도 중요한 고려 사항이다.

따라서 보조금 정책은 자체가 목적이 되어서는 안 되며, 시장 경쟁력 확보를 위한 '이행 수단(transition instrument)'으로 작동해야 한다. 보조금이 점진적으로 축소되거나 성과 기반으로 전환되도록 설계하는 것이 중요하며, 탄소 가격제, 경쟁입찰제도(auction), 기술 중립적 인센티브 등과의 병행이 필요하다(Newbery, 2016).

결론적으로, 보조금은 재생에너지 확대에 있어 불가피한 정책 수단이지만, 설계의 정교함과 운영의 투명성, 목표 지향성이 확보되지 않으면 오히려 정책 실패를 초래할 수 있다. 따라서 경제적 효율성과 환경 목표를 동시에 달성하려면, 보조금 정책은 시장기반 기제와의 연계, 성과 모니터링 체계, 사회적 수용성 확보 등의 원칙에 기반해 운영되어야 한다.

8 재생에너지의 미래

(1) 재생에너지의 경제적 가능성과 한계

재생에너지는 과거에는 고비용·저효율의 한계적 에너지원으로 인식되었으나, 최근에는 기술 발전과 비용 하락, 그리고 기후정책의 강화에 힘입어 시장 기반의 경쟁력을 확보한 경제적 에너지원으로 자리잡고 있다. 그러나 동시에 간헐성과 통합 비용, 입지·자원 제약, 제도적 불확실성 등 다양한 경제적 제약요인도 여전히 존재하며, 이는 재생에너지의 지속적 확산을 위한 정책적 대응의 필요성을 제기한다(IEA, 2023e; Hirth, 2013).

첫째, 재생에너지의 가장 큰 경제적 가능성은 비용 경쟁력 확보이다. 국제재생에너지기구(IRENA, 2023c)에 따르면, 2010~2022년 사이 전 세계 태양광 발전의 균등화 발전비용(LCOE)은 약 89%, 풍력은 약 69% 감소하였다. 이는 태양광 모듈 효율 향상, 터빈 설계 개선, 공급망 확장, 규모의 경제 실현 등 다양한 요인이 결합된 결과이다(Nemet, 2006; Lazard, 2023). 일부 국가에서는 보조금 없이도 신규 재생에너지 프로젝트의 발전단가가 기존 화석연료 발전보다 낮아지는 '그리드 패리티(grid parity)'를 이미 달성하였다.

둘째, 한계비용이 거의 제로에 가까운 발전 구조는 장기적으로 매우 높은 경제성을 제공한다. 화석연료 발전은 연료 가격에 따라 발전단가가 크게 변동하지만, 태양광·풍력은 연료비가 없기 때문에 가격 안정성이 뛰어나며, 에너지 안보 측면에서도 유리하다(Joskow, 2011). 이는 연료 수입 의존도가 높은 국가에서는 외화 절감과 에너지 자립이라는 경제외적 편익도 함께 제공한다.

셋째, 재생에너지 산업은 고용 창출과 지역경제 활성화에도 기여할 수 있다. 재생에너지 프로젝트는 건설, 설치, 유지관리 등에서 노동집약적인 특성이 있으며, IRENA(2023b)는 재생에너지 산업이 2030년까지 약 3,800만 개, 2050년까지는 4,300만 개의 일자리를 창출할 것으로 전망하고 있다. 특히 분산형 에너지 시스템은 지역 단위의 자본과 노동을 활용함으로써 내생적 성장 경로를 형성할 수 있다(IRENA, 2021).

그러나 재생에너지는 여전히 여러 경제적 제약요인을 안고 있다. 가장 대표적인 것은 간헐성과 비제어성이다. 태양광과 풍력은 자원의 가용성이 기상 조건에 따라 달라지며, 발전량이 실시간 수요와 일치하지 않는 경우가 많다. 이는 전력망의 안정성을 위협하고, 추가적인 예비력, 저장설비, 계통 보강 비용 등을 발생시켜 시스템 전체의 총비용(system cost)을 증가시킨다(Hirth et al., 2015; Denholm et al., 2010).

둘째, 재생에너지의 입지 제약과 자원 편재성도 경제성을 제한할 수 있다. 태양광은 면적이 넓고 일조량이 많은 지역, 풍력은 풍속이 일정한 지역에서 경제성이 확보되며, 이로 인해 국지적으로는 보급 한계가 존재한다. 특히 도시화가 밀집된 지역이나 환경·주민 수용성이 낮은 지역에서는 님비(NIMBY) 현상 등 사회적 비용도 발생할 수 있다(Wolsink, 2007).

셋째, 기술 발전과 투자 확대를 위한 정책적 불확실성도 재생에너지 경제성에 장애 요인이 된다. 발전차액지원제도(FIT), 신재생에너지 공급의무화제도(RPS), 보조금 등 관련 정부 정책이 잦은 변경을 겪거나, 제도적 예측 가능성이 낮을 경우, 민간 투자가 위축되고 금융 비용이 상승한다. 이는 특히 개발도상국에서 재생에너지 프로젝트의 자본조달 비용을 높이는 주요 원인이다(Glemarec, 2012).

넷째, 재생에너지가 에너지 시장에 미치는 가격 왜곡 효과도 경제적 쟁점이다. 발전 단가가 낮고 한계비용이 제로에 가까운 재생에너지가 시장에서 우선 공급되면, 전체 전력시장 가격이 하락하고, 기존 발전자원의 수익성이 저하되는 '가격 잠식(price cannibalization)' 현상이 발생한다. 이는 재생에너지 자체의 수익성에도 부정적인 영향을 미치며, 보완적 시장설계가 필요한 이유이다(Hirth, 2013; Borenstein, 2012).

재생에너지는 기술 발전과 시장 확산에 따라 비용경쟁력 있는 에너지원으로 전환되었으며, 에너지 안보, 고용, 지역경제 등 다양한 분야에서 긍정적 외부효과를 창출하고 있다. 그러나 동시에 간헐성, 계통 통합 비용, 정책 불확실성, 시장 왜곡 등 복합적 경제적 한계도 존재하므로, 이들을 관리하기 위한 제도 설계, 기술 혁신, 시장 보완 정책이 병행되어야 한다. 특히 향후에는 단순한 발전단가 비교를 넘어, 시스템 차원의 총사회적 비용을 반영한 평가가 요구된다.

(2) 분산형 에너지와 지역경제

에너지 시스템이 중앙집중형에서 분산형(distributed)으로 전환됨에 따라, 지역 단위의 에너지 생산·소비·관리 모델이 부상하고 있으며, 이는 단순한 기술 구조의 변화에 그치지 않고 지역경제 활성화와 사회적 구조 전환을 동반하는 중요한 변곡점이 되고 있다. 분산형 에너지는 소규모 태양광, 풍력, 바이오에너지, 지열, 소수력 등 다양한 형태의 소규모 재생에너지 설비가 지역 내에 설치되어, 현지에서 소비되고 운영되는 구조를 의미한다(IEA, 2022f).

첫째, 분산형 에너지는 지역 내 투자 및 고용 창출 효과를 통해 지역경제를 활성화할 수 있다. 중앙 집중식 대규모 발전소는 대체로 설치·운영이 수도권 혹은 국가 단위의 대기업 중심으로 이루어지지만, 분산형 에너지 프로젝트는 지역의 중소기업, 자영업자, 기술 인력, 협동조합 등이 참여함으로써 지역 자본과 노동의 선순환 구조를 만든다(IRENA, 2021).

둘째, 분산형 에너지는 에너지 자립도 향상과 외부 의존성 감소를 통해 지역의 구조적 지속가능성을 높인다. 기존에는 전력 소비가 외부 공급망에 의존했지만, 분산형 에너지는 지역 내 자원을 기반으로 운영되므로, 송전 손실 감소, 계통 부담 완화, 에너지 공급의 안정성 제고 등의 효과를 가져온다(Burger & Weinmann, 2014). 이는 특히 도서 지역, 농촌, 산간 지역과 같이 기존 계통 접근성이 낮은 지역에서 에너지 접근성과 안보 강화의 효과가 크다.

셋째, 분산형 에너지 시스템은 시민 참여와 지역 거버넌스를 확대하는 기반이 된다. 시민이 직접 에너지 생산에 참여하는 생산소비자(prosumer) 모델, 에너지 협동조합, 지역 기반 전력회사(community power utility) 등이 도입되면, 에너지 전환은 단순한 기술 변화가 아닌 민주적 참여 확대와 지역 사회 역량 강화로 이어진다(Seyfang et al., 2013).

넷째, 분산형 에너지는 지역 맞춤형 에너지 전략과 산업 다각화의 계기를 제공한다. 예컨대 축산이 발달한 지역은 바이오가스 발전, 일조량이 높은 지역은 태양광, 수자원이 풍부한 지역은 소수력 등의 자원을 활용할 수 있으며, 이는 지역 특화형 산업 모델과도 결합될 수 있다. 또한 전기차 충전 인프라, 스마트계량기 설치, 지역 그리드 운영 등 신산업 창출과 기술혁신 확산의 기반이 된다.

다만, 분산형 에너지의 확산에는 제도적·기술적 장벽도 존재한다. 예컨대 송배전망에의 접속, 계통 안정성 확보, 요금 체계 개편, 인허가 간소화, 초기 투자자금 조달 등의 문제는 지역 단위에서 감당하기 어려운 부분이 많으며, 이를 해결하기 위해서는 국가 정책의 지원과 분권화된 제도 설계가 병행되어야 한다(World Bank, 2017).

결론적으로, 분산형 에너지는 지역경제의 회복력과 자립성, 주민 참여 기반의 거버넌스 형성, 산업 전환의 기회 제공 등 다차원적인 효과를 수반하며, 에너지 전환을 '지역의 문제'로 풀어내는 전략적 통로가 될 수 있다. 특히 향후에는 기술적 스마트화와 사회적 포용성이 결합된 지역 에너지 생태계(regional energy ecosystem) 구축이 주요 정책 방향으로 부상할 것이다.

III

전력시장

제10장

전력시장의 기초 이론

1 서론

전력시장은 경제학적으로나 기술적으로 매우 독특한 속성을 지닌 시장이다. 전력은 현대 경제와 사회의 필수재로서, 그 생산과 소비는 국가 경제의 전반적인 효율성과 지속가능성에 중대한 영향을 미친다. 또한 전력은 물리적·경제적 특성상 여타 상품과는 구별되는 독특한 속성을 지니며, 이에 따라 전력시장은 특수한 제도적 설계와 운영방식을 필요로 한다. 이러한 특성은 전력산업이 전통적으로 국가에 의해 규제되거나 공공독점 형태로 운영되어 온 역사적 이유이기도 하며, 오늘날 전력시장의 설계와 정책 결정에 핵심적 고려사항이 된다.

본 장의 목적은 전력시장의 특징과 운영원리를 체계적으로 이해하고, 다양한 전력시장의 구조와 전력생산 현황을 통합적으로 파악할 수 있도록 하는 데 있다. 이는 이후 장에서 다룰 전력시장 규제와 및 탈규제 그리고 구조개혁 정책 등의 논의를 위한 기초가 된다.

2 전력시장의 특징

(1) 실시간 균형의 필요성과 저장의 어려움

전력의 가장 핵심적인 특성은 실시간으로 수요와 공급의 균형이 유지되어야 한다는 점이다. 일반적인 상품시장에서는 공급자와 수요자 간의 거래가 이루어진 후, 상품은 재고로 저장되거나 유통될 수 있으나, 전력은 경제적으로 효율적인 저장이 매우 제한적이다. 따라서 매 순간 발전된 전력은 곧바로 수요자에게 전달되어야 하며, 수요와 공급이 실시간으로 일치하지 않으면 시스템 전체의 안정성에 심각한 영향을 초래할 수 있다(Stoft, 2002).

이러한 특성은 시장 가격이 단순히 수급 균형을 반영하는 수준을 넘어서 시스템 운영의 물리적 안정성과 직결된다는 점에서 매우 중요하다. 발전량이 수요를 초과하거나 부족할 경우 전력망의 주파수나 전압이 허용 범위를 벗어나게 되고, 이는 전체 계통의 정전이나 장비 손상으로 이어질 수 있다. 따라서 전력시장에서는 실시간 시장과 일전 시장(day-ahead market)이 존재하며, 계통 운영자(System Operator)는 수요 예측, 발전계획, 송전망 안정성 등을 모두 고려하여 실시간 균형을 유지한다(Joskow, 2008c).

(2) 기술적 복잡성과 중앙 운영의 필요성

전력은 단순히 생산되어 소비자에게 전달되는 것이 아니라, 복잡하게 얽힌 송배전망을 통해 고도로 통제된 방식으로 운송되어야 하는 재화이다. 전력망은 다양한 발전소, 변전소, 송전선로, 배전망 등으로 구성되어 있으며, 이들 간의 연계가 전력의 흐름과 품질에 결정적 영향을 미친다. 송전망은 키르히호프(Kirchhoff)의 법칙에 따라 전력이 자동적으로 흐르며, 이는 단순한 시장 메커니즘만으로는 제어하기 어렵다.

이러한 기술적 제약으로 인해 대부분의 전력시장에서는 중립적인 중앙 운영기관, 즉 독립계통운영자(ISO: Independent System Operator) 또는 지역계통운영자(RTO: Regional Transmission Organization)가 설치되어 있다. 이들은 발전기의 입찰 결과를 바탕으로 시스템의 전체 균형을 유지하고, 송전 혼잡을 해소하며, 안정적인 주파수와 전압을 유지하는 기능을 수행한다. 이는 전력시장이 단순히 분산된 거래로 구성되기 어려운 구조적 이유이다(Joskow & Tirole, 2007).

(3) 자연독점 구조와 수직통합

전력산업은 전통적으로 고정비용이 크고, 규모의 경제가 작용하는 산업으로 분류된다. 특히 송전과 배전 부문은 동일 지역 내에 중복된 시설을 구축하는 것이 비효율적이기 때문에 자연독점적 성격을 가진다. 이러한 특성 때문에 많은 국가에서 전력산업은 오랫동안 정부 혹은 공공기관에 의해 운영되어 왔으며, 발전–송전–배전–소매판매로 이어지는 수직통합 구조가 일반적이었다.

그러나 1990년대 이후 일부 국가에서는 전력산업의 효율성과 경쟁 촉진을 위해 수직통합 구조를 해체하고, 발전 및 판매 부문에 경쟁을 도입하는 구조개편(restructuring)이 진행되었다. 이와 같은 시장화 정책은 기술적 제약과 경제적 효율성 간의 균형을 모색하는 과정이기도 하다.

(4) 수요의 가격 비탄력성과 시간별 변동성

전력수요는 일반적으로 단기적으로 가격에 매우 비탄력적이다. 이는 소비자들이 실시간 가격 정보를 잘 인식하지 못하고, 소비 행태를 빠르게 조정하기 어렵기 때문이다. 예를 들어, 여름철 냉방기기의 사용은 가격과 무관하게 일정 수준 유지되며, 이는 첨두부하 시간대에 전력 수급 불균형과 가격 급등을 초래한다.

또한 전력수요는 시간대별, 계절별로 크게 변동한다. 낮과 밤, 주중과 주말, 여름과 겨울 사이의 수요 차이는 발전소 운영 계획에 큰 영향을 미치며, 발전기별로 기저부하(base–load), 중간부하(mid–load), 첨두부하(peak–load)로 나누어 운영되는 이유가 된다. 이러한 구조는 수요 반응 프로그램이나 실시간 요금제를 통해 소비자의 가격 민감도를 높이려는 정책의 필요성을 시사한다.

(5) 동질적 상품의 지역별 가격 차이

전력은 기술적으로 동질적인 재화지만, 물리적 송전망의 제약으로 인해 지역 간 가격 차이가 발생할 수 있다. 이는 송전 선로의 혼잡이나 전력 손실(losses) 때문이며, 일부 지역에서는 발전기 가동 순서(merit order)가 기술적으로 제한될 수 있다. 이러한 상황을 반영하기 위해 미국, 유럽 등 주요 전력시장에서는 지역별 한계가격(LMP: Locational Marginal Pricing) 체계를 도입하고 있다 (Bushnell, 2007).

지역별 한계가격은 각 위치에서 전력 공급의 한계비용을 반영한 가격으로, 송전망 혼잡을 경제적으로 신호화하고 효율적인 송전 투자 및 수요 조정을 유도한다. 이는 전력시장의 기술적 구조와 시장가격이 불가분하게 연결되어 있다는 점을 보여준다.

3 전력시장의 운영

(1) 전력시스템에 관한 기본 개념

전기는 전하의 흐름이나 전기장과 같은 물리적 현상을 의미하며, 전기에너지는 이러한 전기를 통해 전달되거나 변환되는 에너지를 의미한다. 이 두 개념은 기술적으로 구분되지만, 일상적으로는 종종 같은 의미로 사용된다. 발전기는 새로운 전하를 만들어내는 것이 아니라, 전하를 도체 내에서 이동시키는 방식으로 전류를 유도하며, 이 과정을 통해 전기에너지를 생산한다(Glover et al., 2012).

전기에서 사용되는 주요 물리량에는 전하, 전압, 전류, 전력, 에너지가 있다. 전하는 쿨롬(Coulomb)으로 측정되며, 전기에너지는 줄(Joule) 단위를 사용한다. 전력은 단위 시간당 전달되는 에너지의 양을 의미하며, 와트(Watt)로 표시된다. 즉, 1와트는 1초에 1줄의 에너지가 전달되는 것을 의미한다. 예를 들어, 100와트 전구를 1시간 동안 사용할 경우 100와트시(Watt-hour)의 전기에너지를 소비하게 된다(Glover et al., 2012).

전력 시스템에서 교류 발전기는 전하를 초당 60회, 즉 60Hz로 왕복 운동시키며, 이로 인해 전자기장이 형성되고 전선 주변을 따라 전력이 전달된다. 이러한 전력은 전기적 부하를 통해 다양한 형태의 에너지로 변환된다. 예를 들어, 모터는 전기에너지를 기계적 에너지로, 히터는 열에너지로, 전구는 광에너지로 전환한다. 전기에너지는 시간에 걸쳐 기능을 수행하는 전력의 누적된 결과로 이해할 수 있다(Grainger & Stevenson, 1994).

전력은 생산 직후 변압기를 통해 높은 전압으로 변환된 후 송전망을 따라 수요지로 이동한다. 송전된 전력의 양은 전압(V)과 전류(I)의 곱으로 계산되며, 전력은 와트(W), 전압은 볼트(V), 전류는 암페어(A) 단위를 사용한다. 송전 과정에서는 전류가 흐르는 도체의 저항에 의해 줄손실(Joule loss)이 발생하는데, 이는 I^2R 법칙에 따라 전류의 제곱과 저항의 곱으로 계산된다. 따라서 같은 양의 전력을 전송할 때, 높은 전압과 낮은 전류를 사용하는 것이 손실을 줄이는 데 효과적이다. 이로 인해 송전 시스템은 가능한 한 높은 전압을 유지하고, 수요지에 가까운 변전소에서 전압을 단계적으로 낮춘 후 배전망을 통해 최종 사용자에게 공급한다.

전력 시스템의 가장 큰 특징 중 하나는 전기를 대규모로 저장하기 어렵다는 점이다. 따라서 전기는 생산과 동시에 소비되어야 하며, 전력망에서는 실시간으로 수요와 공급의 균형을 맞추는 것이 중요하다. 소비자가 전기기기의 스위치를 켜는 순간 새로운 수요가 발생하며, 전체 시스템 수요는 모든 소비자의 개별 수요가 시간적으로 합산된 결과이다. 그러나 모든 소비자가 동시에 전기를 사용하는 것은 아니므로, 개별 최대 수요의 합과 시스템 전체의 최대 수요는 다를 수 있다. 이 차이를 나타내는 지표가 부등률(diversity factor)이며, 이는 개별 최대 수요의 총합을 시스템 최대 부하로 나눈 값이다. 부등률이 높을수록 수요는 시간적으로 분산되어 있어 시스템 효율성이 향상되고, 설비 투자가 절감된다. 이 부등률의 역수는 동시율(coincidence factor)이라고 하며, 동시에 전기를 사용하는 정도를 나타낸다(Kundur, 1994).

전력 수요는 시간대별, 요일별, 계절별로 크게 변동한다. 하루 24시간 동안의 시간대별 수요를 나타내는 곡선을 일별 부하곡선(daily load curve)이라 하며, 이를 통해 시간에 따른 수요의 흐름을 확인할 수 있다. 이 일별 부하곡선이 1년 동안 누적되면, 부하 수준별 발생 빈도를 파악할 수 있는데, 이를 부하지속곡선(load duration curve)이라고 한다(Grainger & Stevenson, 1994). 부하지속곡선은 부하를 높은 순서로 재배열한 후, 그 지속 시간을 나타내며, 이를 통해 시스템이 특정 부하 이상을 얼마나 오랫동안 유지했는지를 확인할 수 있다.

그림 10-1 **부하지속곡선**

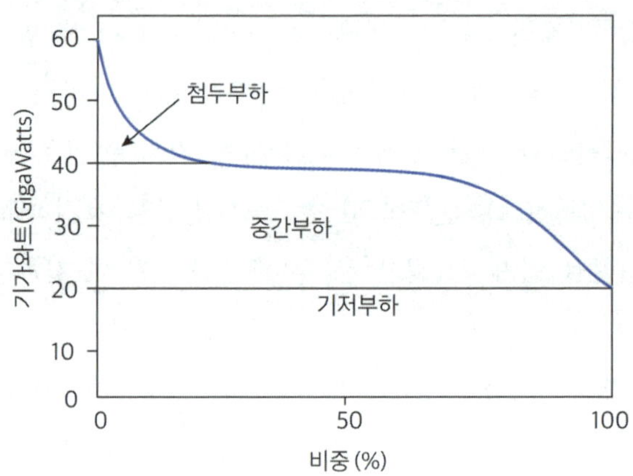

부하지속곡선은 전력 시스템 운영 및 발전기 계획에 중요한 정보를 제공한다. 부하의 형태에 따라 보통 세 가지로 구분되며, 가장 오랜 시간 동안 유지되는 낮은 수준의 수요를 기저부하(base load), 가장 짧은 시간 동안 나타나는 최대 수요를 첨두부하(peak load), 이 둘 사이에서 점진적으로 증가하는 수요를 중간부하(intermediate load)라고 한다.

전력 시스템에서는 이러한 다양한 수요 유형에 대응하기 위해 세 가지 유형의 발전기를 조합하여 운용한다. 첫째, 기저부하를 충당하는 발전기는 일반적으로 연중 대부분의 시간 동안 운전되며, 출력 조절 능력은 낮지만 운영비용이 저렴하다. 둘째, 중간부하에 대응하는 발전기는 수요에 따라 출력 조절이 가능하나, 반복적인 부하 추종으로 인해 마모와 효율 저하가 발생할 수 있다. 셋째, 첨두수요가 발생할 때만 가동되는 첨두부하 발전기는 자본비용이 낮고 운영비용이 높은 것이 일반적이다(Glover et al., 2012). 이처럼 각각의 발전기는 운영 특성과 비용 구조가 상이하며, 사용 목적에 따라 적합한 기술을 선택해야 한다.

발전기의 효율성을 평가하는 대표적인 지표 중 하나는 설비이용률(capacity factor)이다. 이는 발전기가 1년 동안 실제로 생산한 전력량(kWh)을, 이론적으로 최대 출력으로 1년 내내 운전했을 때 생산할 수 있는 전력량(설비용량 × 8760시간)으로 나눈 값으로 정의된다. 일반적으로 기저부하용 발전기는 지속적으로 운전되므로 설비이용률이 높고, 첨두부하용 발전기는 수요가 급증하는 시간에만 운전되므로 이용률이 낮다.

전력 시스템 전체의 부하 분포와 설비 활용의 효율성은 부하율(load factor)로 측정된다. 이는 연간 평균 부하를 최대 부하로 나눈 값이며, 또는 부하지속곡선(load duration curve) 아래의 면적을, 최대 부하에 해당하는 직사각형 면적으로 나눈 비율로도 계산된다. 부하율이 100%에 가까울수록 부하가 고르게 분포하며, 발전 설비가 효율적으로 운영되고 있다는 의미이다(Grainger & Stevenson, 1994; Joskow, 2006).

(2) 전력시스템의 운영과 균형 메커니즘

전력은 저장이 어려운 재화이기 때문에 전력시스템은 매 순간 수요와 공급의 균형(balance)을 실시간으로 유지해야 하는 고도의 운영 체계를 필요로 한다. 특히 전력의 흐름은 전자기학의 법칙에 따라 자연적으로 결정되며, 이는 경제적 신호만으로는 제어가 어려운 물리적 제약을 수반한다. 이 절에서는 전력계통의 실시간 운영 구조, 예비력의 역할, 송전망의 혼잡관리, 그리고 정산 체계에 대해 경제학적 관점에서 설명한다.

전력계통은 중립적인 운영기관(system operator)에 의해 실시간으로 관리된다. 미국에서는 ISO(Independent System Operator) 또는 RTO(Regional Transmission Organization), 유럽에서는 TSO(Transmission System Operator)가 이러한 역할을 수행하며, 한국에서는 전력거래소(KPX)가 유사한 기능을 수행하고 있다.

계통운영자의 기본 임무는 전력 수급의 실시간 균형을 유지하는 것이다. 이를 위해 운영자는 발전사업자들의 입찰 데이터를 활용하여 시장청산을 수행하고, 급전(dispatch) 명령을 통해 각 발전기의 가동 여부 및 출력량을 결정한다. 이 과정은 수요 예측, 송전망 제약, 발전기의 기술적 제약 등을 종합적으로 고려한 중앙집중형 최적화를 통해 이루어진다(Stoft, 2002).

전력은 저장이 어렵고, 송전망을 따라 물리적 제약 하에 흐르기 때문에, 송전망의 용량 제한은 전력계통 운영의 핵심 과제가 된다. 송전선로의 과부하를 방지하고, 각 지역의 전압 및 주파수를 안정적으로 유지하기 위해, 계통운영자는 혼잡 관리를 수행하며, 이는 시장가격에 반영된다.

혼잡비용은 일반적으로 지역별 한계가격을 통해 내재화되며, 이는 각 노드(node)에서의 전력 공급 한계비용에 송전혼잡비용과 손실비용을 더한 형태로 정의된다(Shirmohammadi et al., 1998). 지역별 한계가격은 송전망의 현실적인 제약을 가격에 반영함으로써, 효율적인 전력 거래를 유도하고 혼잡 지역에서의 발전 및 수요 반응을 유도하는 수단이다.

전력시장에서 하루 전 거래된 발전량과 실제 실시간 운전 간에는 항상 일정한 차이가 존재하며, 이 차이를 보정하기 위한 정산(settlement) 과정이 필수적이다. 대부분의 경쟁 전력시장에서는 하루 전 시장(day-ahead market)에서 확정된 거래량과 실시간 시장(real-time market)에서 실제 발전 또는 소비된 전력량 간의 차이에 따라 차액 정산이 이루어진다. 이때 적용되는 정산가격은 실시간 시장가격(real-time price)이며, 이는 실제 수급 상황과 계통 제약을 반영하여 산출된다. 이러한 정산체계의 정확성과 신뢰성은 시장 참가자들의 전략적 의사결정에 영향을 미치며, 결과적으로 시장의 유동성(liquidity)과 자원 배분의 효율성(efficiency)을 결정짓는 핵심 요인으로 작용한다(Joskow, 2008a).

또한 발전사업자는 실시간 급전 명령을 따르지 않거나, 예비력을 제공하지 않았을 경우 불이행 벌칙을 부과받을 수 있으며, 반대로 안정성 확보에 기여할 경우 보조서비스 수익을 얻을 수 있다. 이러한 제도는 시장참여자에게 정책 순응과 기술적 책임을 동시에 부과함으로써 시스템 전체의 효율성과 안정성을 유지한다.

최근에는 디지털 기술과 자동화 기술의 발전에 힘입어, 전력계통 운영도 점점 더 스마트화되고 있다. 스마트계량기, 고속 통신 인프라, 인공지능 기반 수요 예측 등의 도입은 실시간 운영의 정확성을 높이고 있으며, 소비자 측의 수요 반응이나 에너지 저장장치(ESS)도 균형 메커니즘의 일부로 통합되고 있다(Vázquez et al., 2002).

그러나 이러한 운영 시스템은 여전히 시장 설계와 기술 인프라 간의 정합성, 그리고 규제 및 제도적 신뢰성에 크게 의존한다. 특히 재생에너지 확대, 분산형 전원 증가, 기후변화로 인한 수급 불확실성 등은 전력시스템 운영에 새로운 도전과제를 제기하고 있다.

이처럼 전력시스템은 실시간 수급 균형, 예비력 확보, 혼잡 관리, 정산 메커니즘 등 복합적인 요소들이 통합적으로 작동하는 기술-경제적 복합 시스템이다. 따라서 효율성과 신뢰성이라는 두 목표를 동시에 달성하기 위해서는, 정교한 시장 설계와 기술 인프라, 그리고 제도적 조율이 필수적이다.

(3) 전력생산

전력생산은 다양한 에너지원과 기술을 바탕으로 이루어지며, 일반적으로 전통적 방식과 비전통적 방식으로 구분된다.

전통적인 방식은 주로 화석연료나 핵분열 반응을 이용한 발전 방식이다. 화력발전소는 석탄, 중유, 천연가스 등의 연료를 연소시켜 발생하는 열에너지로 고온·고압의 증기를 생산하고, 이 증기로 증기터빈 또는 가스터빈을 회전시켜 전기를 생산한다. 복합화력발전소는 열효율을 높이기 위해 1차로 가스터빈을 이용한 발전을 수행한 후, 가스터빈에서 나오는 고온의 배기가스로 다시 증기를 발생시켜 증기터빈을 구동하는 2차 발전을 수행한다.

원자력 발전은 우라늄 혹은 플루토늄의 핵분열 반응에서 방출되는 열에너지를 이용해 증기를 생산하고, 이를 통해 터빈을 돌려 전력을 생산한다. 원자력발전소는 기저부하용으로 주로 사용되며, 가동률과 설비이용률이 높은 편이다.

한편, 수력발전은 높은 위치에 저장된 물이 낙하하면서 갖는 위치에너지를 수차(water turbine)를 통해 기계에너지로 전환하고, 이로부터 발전기를 구동해 전기를 생산하는 방식이다. 수력은 재생 가능하고 응답속도가 빠르며, 피크부하 조정에도 유리한 특성을 갖는다.

비전통적인 발전 방식은 태양광, 풍력, 지열, 바이오매스와 같은 재생에너지원을 사용하는 방식으로 구성된다. 이들 기술은 전통적인 방식과 달리 연료를 연소하지 않으며, 대체로 온실가스 배출이 거의 없다. 특히 태양광과 풍력발전은 연료비가 없고 유지관리비도 낮으나, 자원의 가용성에 따라 출력이 변동하는 간헐성(intermittency)을 지닌다. 이에 따라, 전력계통에서는 이들 간헐성 자원이 공급될 때 다른 발전설비의 출력을 조정하는 수요추종(reserve following)이 필요하게 된다.

발전 기술별로 수명, 설비이용률, 효율, 운영 방식에서 차이가 존재한다. 예를 들어, 원자력 발전소는 보통 60년 이상의 수명을 가지는 반면, 디젤발전소는 약 15년 정도로 상대적으로 짧다. 설비이용률도 원자력은 90% 이상으로 높으나, 태양광은 15~25%에 불과하다(IEA, 2022f).

운영 측면에서도 중요한 차이가 존재한다. 예를 들어, 석탄화력이나 원자력 발전소는 시동 및 정지에 오랜 시간이 걸리므로 빠른 부하변동에 즉각 대응하기 어렵다. 반면 수력발전소는 빠른 기동과 정지가 가능하여 피크수요 시에 적합하다. 태양광이나 풍력발전은 에너지원이 존재할 때만 전기를 생산할 수 있기 때문에 공급의 불확실성을 내포하며, 이는 예비력 확보를 통한 계통 안정성 유지가 필요함을 의미한다.

또한, 모든 발전설비가 항상 사용 가능한 것은 아니다. 일부 발전기는 정기정비나 고장 등의 이유로 운전이 중단될 수 있으며, 따라서 전력계통 운영자는 수요와 공급의 실시간 균형을 유지하기 위해 예비력(reserve capacity)을 확보하고, 주파수 조정 및 부하추종 기능을 유지해야 한다. 만약 전력수급이 일정 수준을 벗어날 경우, 시스템 주파수 이상으로 인해 정전 또는 시스템 정지가 발생할 수 있다. 이러한 이유로 긴급 상황이나 수요 급증에 대비한 빠른 반응 설비 확보가 필수적이다(NERC, 2020).

(4) 발전예비력(Generation Capacity Reserve)

전력 시스템은 단순히 시간대별 수요를 맞추는 것에 그치지 않고, 예기치 못한 수요 급증, 발전기 고장, 재생에너지 출력의 급격한 변동 등 다양한 불확실성에 대응할 수 있는 구조를 갖추어야 한다. 이를 위해 전력계통은 수요 이상으로 일정 수준의 발전 용량을 사전에 확보해 두며, 이를 발전예비력(generation capacity reserve)이라 한다. 발전예비력은 전력계통의 안정성과 회복력을 유지하는 데 필수적인 제도적 장치이자, 전력 공급의 신뢰도를 뒷받침하는 핵심적 수단이다.

발전예비력은 대응 속도와 운전 상태에 따라 일반적으로 두 가지로 구분된다. 첫째는 운전예비력(spinning reserve)이다. 이는 이미 전력망에 연결되어 있으면서도 최대 출력보다 낮은 수준에서 운전 중인 발전기들로부터 확보할 수 있는 여유 출력이다. 예를 들어, 1,000MW의 최대 출력이 가능한 발전기가 현재 700MW로 운전 중일 경우, 나머지 300MW는 필요 시 즉각적으로 공급 가능한 운전예비력으로 간주된다. 이러한 예비력은 몇 초에서 수 분 이내의 빠른 시간 안에 동원될 수 있으며, 갑작스러운 수요 증가나 다른 발전기의 고장에 대해 신속히 대응할 수 있는 특성을 가진다. 수력발전소와 가스터빈은 응답 속도가 빠르기 때문에 일반적으로 높은 운전예비력을 제공하는 자원으로 활용된다. 예비력은 특정 발전기에 집중시키기보다는 여러 발전기에 분산하여 운용함으로써 계통 전체의 안정성과 복원력을 높이는 것이 바람직하다.

둘째는 순시예비력(quick-start reserve) 또는 비운전예비력(non-spinning reserve)으로, 현재는 전력망에 연결되어 있지 않지만 단시간 내에 기동하여 전력을 공급할 수 있는 설비로부터 확보되는 예비력을 의미한다. 예를 들어 일부 수력발전소는 수 초 이내에, 가스터빈 발전소는 수 분 이내에 운전을 시작할 수 있으며, 이러한 자원은 계통 내 급격한 불균형 상황에서 보완적인 역할을 수행한다. 다만, 운전예비력보다 기동 시간이 길고 기동 실패의 가능성도 존재하기 때문에,

일부 계통운영기관에서는 상대적으로 낮은 신뢰도를 부여한다. 그럼에도 불구하고, 순시예비력은 계통의 유연성을 강화하고 다양한 시나리오에 대한 대응 능력을 높이는 데 중요한 수단이 된다.

전력계통 운영자는 예비력 확보 수준을 제도적으로 설정하고, 이를 기반으로 실시간 주파수 조정 및 계통 보안을 유지한다. 예비력이 충분하지 않으면, 수요와 공급 사이의 균형이 깨지면서 주파수가 안정 범위를 벗어나고, 이는 시스템 전체에 연쇄적인 위기를 유발할 수 있다. 실제로 예비력이 부족한 상태에서 발전기의 갑작스러운 정지나 수요 급증이 발생하면, 주파수 하락 → 계통 차단 장치 작동 → 대규모 정전(blackout)이라는 순차적 위기로 이어질 수 있다. 미국 텍사스주에서 발생한 2021년 전력 위기는 기상 충격과 예비력 부족이 결합되어 나타난 대표적인 사례로, 예비력의 중요성을 다시금 환기시켰다.

이러한 발전예비력의 중요성은 재생에너지의 확대와 함께 더욱 커지고 있다. 태양광과 풍력은 출력이 기상 조건에 따라 급격히 변화하기 때문에 예측 오차가 크고, 그로 인해 계통의 실시간 수급 균형을 유지하는 데 추가적인 유연성이 요구된다. 이에 따라 기존의 화력 발전소 중심의 예비력 자원 외에도, 배터리 에너지 저장장치(ESS), 수요반응(DR), 유연한 부하 자원 등이 새로운 예비력 수단으로 부상하고 있다. 이러한 자원은 신속한 응답 능력과 함께, 계통의 탈탄소화 및 분산화 추세와도 부합하는 특징을 갖고 있다.

한편, 예비력의 확보는 기술적 조정만으로는 충분하지 않으며, 경제적 유인을 제공하기 위한 제도적 장치도 함께 마련되어야 한다. 이를 위해 많은 국가에서는 예비력에 대한 별도의 보상을 제공하거나, 용량시장(capacity market)을 통해 장기적으로 예비력을 확보할 수 있는 환경을 조성하고 있다. 예를 들어, 미국 PJM 시장에서는 예비력 확보에 참여한 발전소에 정산 보상을 제공하며, 유럽 일부 국가는 예비력 입찰 시장을 통해 자원의 경제성을 확보하고 있다.

발전예비력은 전력 수급의 일시적 불균형뿐만 아니라, 장기적 시스템 신뢰성과 지속가능성을 유지하기 위한 핵심 자원이다. 전통적인 발전소와 더불어, 재생에너지 확대에 따른 계통 유연성 확보, 비상 대응력 강화, 시장 기반의 효율적 보상체계 구축 등 다차원적 접근이 함께 이루어져야 하며, 이를 통해 전력 시스템은 더욱 안정적이고 회복력 있는 방향으로 진화할 수 있다.

(5) 급전(Dispatch)

급전(dispatch)은 전력 시스템의 운용에서 가장 핵심적인 결정 과정 중 하나로, 일정 시간대에 어떤 발전기에서 얼마만큼의 전력을 생산할지를 결정하는 것이다. 그 목적은 제한된 발전 자원을 효율적으로 활용하여 전체 전력 생산의 운영비용을 최소화하고, 동시에 수요와 공급의 실시간 균형을 유지하는 데 있다. 특히 발전설비가 다원화되고 복잡해진 현대의 전력시스템에서는 급전 전략이 시스템의 경제성과 기술적 안정성을 동시에 좌우하는 핵심 요소로 간주된다(Glover et al., 2012).

전통적으로 전력 시스템의 운용 방식에는 두 가지 기본적 접근 방식이 존재해 왔다. 첫 번째는 가능한 모든 발전기를 항상 운전하여 전체 부하와 에너지 수요를 충족시키는 방식이다. 이 방식은 단순하고 신뢰성 측면에서는 유리할 수 있으나, 모든 발전기를 저부하 상태로 운전할 경우 효율성이 떨어지고 전체 연료 소비량과 운영비용이 증가하는 문제가 발생한다. 두 번째는 필요에 따라 발전기를 선택적으로 운전하는 방식으로, 이를 통해 열효율이 높은 발전기부터 순차적으로 선택함으로써 전체 시스템의 연료비용을 절감할 수 있다(Kundur, 1994). 이러한 전략은 '경제급전(economic dispatch)'의 개념으로 구체화되며, 발전 자원의 최적 조합을 결정하기 위한 다양한 알고리즘과 수학적 모델이 개발되어 왔다.

가장 널리 사용되는 급전 방식은 급전우선순위 방식(merit order dispatch)이다. 이는 발전기별 단위 발전비용(예 연료비 또는 가변운영비)을 기준으로 발전기를 순위화한 뒤, 가장 저렴한 발전기부터 순차적으로 발전 출력을 배정하는 방식이다. 예컨대 세 개의 발전기가 각각 kWh당 30, 50, 80원의 연료비를 가진다면, 가장 낮은 비용의 발전기부터 부하를 충당하고, 필요한 총 발전량이 충족될 때까지 순차적으로 다음 발전기를 기동하게 된다(Grainger & Stevenson, 1994). 이 방식은 발전기의 단위비용이 일정하다는 가정하에 작동하며, 송전망의 혼잡도나 출력 제약, 온도나 정비상태 등 기타 물리적 제약조건은 고려하지 않는 이상화된 경제적 모델이라는 한계도 존재한다.

현실의 전력계통에서는 이러한 단순 급전 모델 외에도, 송전 제약(transmission constraints), 전압 안정성 요구, 발전기의 최소 출력·기동시간·정지시간 등 기술적 제약, 환경 제한 조건 등이 함께 고려되어야 한다. 따라서 실제 급전 결정은 선형계획법, 이차계획법, 혼합정수계획법 등 수학적 최적화 기법을 활용하여 이루어지며, 이는 발전기의 기술적 운전범위, 연료 특성, 계통 신뢰성 기준을 모두 반영한 복합적인 과정이다.

급전 결정은 전력시장에서 단기 한계비용(short-run marginal cost)을 산정하는 데에도 직접적인 영향을 미친다. 특정 시점에서 실제로 전력을 공급한 발전기 중 가장 높은 단위비용을 가진 발전기의 비용이 해당 시점의 한계가격(system marginal price 또는 spot price)으로 설정되며, 이는 시장 내 전력거래의 기준가격으로 사용된다(Kirschen & Strbac, 2004). 이러한 방식은 가격 신호를 통해 시장 참여자에게 자원 배분 효율성을 유도하고, 장기적으로는 새로운 발전설비 투자의 유인을 제공하는 기능을 수행한다.

최근에는 재생에너지의 비중이 빠르게 증가함에 따라, 급전 전략도 구조적 변화를 겪고 있다. 태양광과 풍력은 가변성과 예측 불확실성이 크고, 연료비가 거의 '0'에 가깝기 때문에 단기적으로는 가장 우선 순위의 급전자원으로 선택된다. 그러나 이들 자원의 비중이 높아질수록, 낮 동안의 과잉 생산 및 저녁 피크 시간대의 부족 현상(예 캘리포니아의 'Duck Curve')이 심화되어, 기존의 급전우선 순위 체계가 계통 유연성 확보 및 출력 조정 능력을 중심으로 재설계되어야 할 필요성이 제기되고 있다.

급전은 발전설비의 단기 운용을 최적화하는 기술경제적 결정일 뿐 아니라, 전력시장의 가격 형성과 계통의 물리적 안정성을 연결하는 중추적 메커니즘이다. 급전의 설계와 운용은 단기적인 비용 최소화만이 아니라, 장기적 투자 신호 제공, 재생에너지 통합, 유연성 확보, 송전망 제약 완화 등 지속가능한 전력시스템 구축의 핵심 요소와도 밀접하게 연결되어 있으며, 이에 따라 급전 전략은 미래 에너지 체제의 설계 방향을 결정짓는 중요한 정책적 수단으로 진화하고 있다.

(6) 발전기 기동 계획(Unit Commitment)

전력 시스템에서의 급전(dispatch)은 각 시간대의 수요에 대응하여 현재 운전 가능한 발전기 중 어떤 설비를 얼마나 출력해야 하는지를 결정하는 실시간 운영의 핵심 과정이다. 그러나 급전은 통상적으로 단기적인 연료비와 현재 운전 중인 설비의 한계운영비용만을 고려하며, 발전기의 기동·정지 여부, 최소운전시간, 기동비용 등 시간에 따른 운전 상태의 변화를 반영하지는 않는다(Glover et al., 2012). 이러한 이산적인 운전 상태 및 시간적 연계를 함께 고려하는 문제를 다루는 것이 바로 발전기 기동 계획(unit commitment)이다.

기동 계획은 하루 또는 일주일과 같은 계획 기간 동안 어떤 발전기가 언제부터 언제까지 운전되어야 하는지를 결정하는 것이 목적이다. 이는 단순한 출력 최적화가 아니라, 이산적 결정(binary ON/OFF)과 연속적 출력결정이 혼합된 복잡한 최적화 문제이다. 발전기의 운전에는 다양한 기술적 제약이 수반된다. 각 발전기는 최대 출력 이상으로 운전할 수 없고, 일정 수준 이하로도 안정적인 운전이 어려우며, 한 번 운전을 개시하면 최소운전시간(minimum up-time)을 만족해야 한다. 마찬가지로 한 번 정지한 이후에는 일정 시간 동안 재기동이 불가능한 최소정지시간(minimum down-time) 조건이 존재한다(Kundur, 1994). 또한 시간 단위 출력변화 속도(ramp rate) 역시 제한되어 있기 때문에, 급격한 수요 변화에 대해 발전기가 즉시 반응하지 못하는 기술적 한계도 함께 고려되어야 한다.

이러한 발전기별 제약 외에도, 전력계통 전체의 제약 조건도 기동 계획에 반영되어야 한다. 가장 기본적인 제약은 모든 시간대에서 수요(load)를 반드시 충족시켜야 한다는 것이다. 더불어, 비상 상황에 대비하기 위한 예비력(reserve)을 시간대별로 별도 확보해야 하며, 이는 단순한 전력공급이 아니라 계통의 신뢰성과 회복력을 유지하기 위한 구조적 요건이다(Kirschen & Strbac, 2004). 또한 송전망의 물리적 제약—예컨대 송전선 용량, 전력 흐름의 방향성과 혼잡도

(congestion)—도 고려되어야 하며, 이는 특정 발전기가 경제적으로 가장 저렴하더라도 송전망 제약으로 인해 실제 투입이 불가능할 수 있음을 의미한다.

환경적 제약 또한 무시할 수 없는 요소다. 일부 지역이나 시간대에서는 환경규제에 따라 이산화탄소(CO_2), 질소산화물(NOx), 황산화물(SOx), 또는 미세먼지(PM) 배출에 대한 상한이 설정되어 있으며, 이러한 규제를 충족시키기 위해 발전기 운전을 제한하거나 특정 기술을 우선 배제하는 조정이 필요하다. 예를 들어, 석탄화력의 경우 특정 계절 또는 미세먼지 경보 기간 동안 운전 자체가 제한될 수 있다.

최근에는 기동 계획에 재생에너지의 출력 불확실성을 반영하는 것이 중요한 과제로 부상하고 있다. 태양광이나 풍력은 시시각각 변화하는 기상 조건에 따라 출력이 급변하며, 이러한 불확실성을 반영한 확률론적 유닛 커밋먼트(stochastic UC), 강건 최적화 기반 유닛 커밋먼트(robust UC) 등의 고도화된 접근이 확산되고 있다. 또한 배터리 저장장치(ESS), 수요반응(DR) 자원, 유연부하 등이 새로운 형태의 기동 자원으로 인식되며, 이들을 포함한 통합 유닛 커밋먼트 모델(integrated UC)이 개발되고 있다.

기동 계획은 이러한 다양한 제약 조건과 비용 요소를 종합적으로 반영하여 전체 계획기간 동안의 총 운영비용을 최소화하는 것을 목표로 하며, 일반적으로 혼합정수계획(Mixed Integer Programming, MIP) 문제로 수식화된다. 문제의 복잡도는 매우 높기 때문에, 이를 해결하기 위한 다양한 고급 최적화 기법들이 병행 활용되고 있다(Wood et al., 2013).

발전기 기동 계획은 단순한 기술적 계획을 넘어, 전력시장 운영과 직접적으로 연계되는 상업적 의사결정의 성격을 갖는다. 많은 전력시장에서 계통운영자(ISO 또는 시장운영자)는 중앙급전(centralized dispatch) 체계를 통해 UC를 수행하고, 그 결과를 기반으로 전력거래와 정산이 이루어진다. 이에 따라 UC는 시장의 효율성과 신뢰성, 장기 투자 신호 제공이라는 측면에서도 중요한 제도적 역할을 담당한다.

(7) 보조서비스(Ancillary Services)

보조서비스는 전력 시스템의 안정성과 전력 품질을 유지하기 위해 필수적인 다양한 지원 기능을 의미한다. 특히 보조서비스는 전력 수요와 공급 간의 실시간 균형을 유지하고, 주파수 및 전압을 안정적으로 제어하며, 긴급 상황 발생 시 전력망 전체를 복구할 수 있도록 하는 기능을 포함한다(Kirschen & Strbac, 2004). 보조서비스는 일반적으로 전력공급의 연속성을 보장하기 위해 짧은 시간 내, 보통 1일 이내에 수행되는 전력망 관련 활동을 지칭한다.

전력시장에서 보조서비스는 크게 세 가지 기능으로 구분된다. 첫째는 주파수 조정(frequency control), 둘째는 전압 조정(voltage control), 셋째는 예비력 확보(reserve provision)이다. 각 기능은 전력시스템의 실시간 안정성 유지를 위한 핵심 요소로 작용한다.

전력망은 수요와 공급이 실시간으로 일치할 때만 시스템 주파수가 안정적으로 유지된다. 수요가 공급보다 커지면 주파수가 떨어지고, 공급이 수요를 초과하면 주파수가 상승한다. 주파수 조정은 이러한 수요·공급 불균형으로 인한 주파수 변동을 억제하거나 회복하는 기능으로, 통상적으로 1차(Primary), 2차(Secondary), 3차(Tertiary) 조정으로 구분된다(Kundur, 1994).

1차 주파수 조정은 발전기 조속기(governor)의 작동을 통해 자동적으로 수행되며, 수초 내에 주파수 편차를 억제하는 역할을 한다. 2차 조정은 자동주파수제어장치(AGC) 또는 에너지관리시스템(EMS)에 의해 수분 내에 목표 주파수로 복구하는 기능을 수행한다. 3차 조정은 수분에서 수십 분에 걸쳐, 예비력 자원을 동원해 주파수를 안정화시키는 활동으로, 계획된 방식으로 이루어진다(Wood et al., 2013).

이 외에도 긴급 조정(emergency control)은 발전기 고장, 송전선 단절 등 예기치 않은 사건 발생 시 수행되며, 자동 혹은 수동으로 부하 차단(load shedding)을 통해 시스템 전체 붕괴를 방지한다. 최근에는 블랙스타트(Black Start)와 같이 전력망 전체가 정전되었을 때 외부 전력에 의존하지 않고 일부 발전소를 이용해 시스템을 재기동하는 기능이 중요해지고 있으며, 빠른 주파수 응답(FFR: Fast

Frequency Response)은 신재생에너지 비중이 높은 계통에서 주파수 급변에 대한 즉각적 대응을 가능하게 한다(AEMO, 2020).

전력시스템에서 전압 안정성은 무효전력(reactive power)의 적절한 공급에 의해 유지된다. 무효전력은 실제 일을 하지는 않지만, 전압 유지를 통해 유효전력(active power)이 효율적으로 전달되도록 돕는 역할을 하며, 단위는 볼트암페어리액티브(VAR)이다(Kundur, 1994). 반면 유효전력은 전기기기의 작동에 직접 사용되는 전력으로, 와트(W) 단위로 측정된다.

발전기는 송전선로 또는 부하 측에서 무효전력을 공급하거나 흡수함으로써 시스템 전압을 안정된 범위로 유지시킨다. 전압 조정 서비스는 이러한 무효전력 흐름을 제어함으로써 송전계통의 전류 흐름이 전선의 물리적 한계를 초과하지 않도록 조정한다. 이는 송전계통의 안정성과 송전 손실의 최소화를 동시에 달성하는 데 기여한다(Grainger & Stevenson, 1994).

예비력(reserve power)은 수요 급증, 발전기 고장 등 돌발적인 상황에 대비해 확보되는 추가적인 발전용량을 말한다. 예비력은 운전 예비력(spinning reserve)과 비운전 예비력(non-spinning reserve)으로 나뉜다. 운전 예비력은 이미 계통에 연결된 발전기의 여유출력을 의미하며, 즉시 반응이 가능하다. 반면, 비운전 예비력은 발전기는 연결되어 있지 않지만, 빠른 시일 내에 계통에 투입될 수 있는 자원을 말한다(Wood et al., 2013).

추가적으로 출력감축 능력(backdown capacity)은 부하 감소를 통해 수요에 대응할 수 있는 역방향 예비력을 의미하며, 대체 예비력(replacement reserve)은 장기적인 고장이나 예측 오차에 대응하기 위한 대기 발전 자원이다. 이러한 예비력들은 시스템 붕괴 예방 및 신속한 복구에 있어 핵심적인 수단으로 작동한다.

전통적인 수직 통합형 전력 시스템에서는 발전과 송전, 배전이 하나의 조직에 의해 통합적으로 관리되었기 때문에 보조서비스도 자연스럽게 시스템 운영자의 제어 하에 이루어졌다. 그러나 전력시장이 자유화되고 생산과 운영 주체가 분리된 환경에서는, 보조서비스가 별도의 시장 메커니즘에 의해 조달되어야 한다(Kirsch & Singh, 1995). 자유화된 시장에서는 시스템 운영자(ISO 또는 TSO)가

보조서비스를 조달하고 정산하는 기능을 수행하며, 특히 주파수 서비스는 여러 공급자 간의 경쟁을 통해 효율적으로 조달될 수 있다. 그러나 무효전력이나 블랙스타트 등 일부 서비스는 지역적 제약과 기술적 특수성으로 인해 경쟁 도입이 어려운 경우가 많다(NESCOE, 2017).

(8) 전원개발계획과 심사곡선(Generation Planning and Screening Curve)

전력시스템의 안정성과 지속가능성을 확보하기 위해서는 장기적인 시계에서의 전원 설비 계획이 필수적이다. 전원개발계획은 향후의 수요 증가, 노후 설비의 폐지, 기술 발전, 정책 목표 등을 종합적으로 고려하여 어떤 발전원을 언제, 얼마만큼 도입할지를 사전에 결정하는 전략적 수단이다. 특히 발전소의 착공에서 상업운전까지 수 년이 소요되는 석탄화력, 원자력, 대규모 수력 발전소는 계획 초기 단계에서의 판단 오류가 중대한 사회적·경제적 비용을 초래할 수 있다.

전원개발계획은 단순히 경제성만을 기준으로 삼을 수 없으며, 에너지 안보, 환경 규제, 탄소중립 목표, 계통 유연성 확보 등 다양한 정책적 기준과 제약 조건을 반영해야 한다. 그럼에도 불구하고, 발전기술 간의 상대적 경제성을 비교하는 것은 여전히 핵심적인 분석 도구로 활용되며, 이때 가장 기본적인 지표가 균등화 발전비용(Levelized Cost of Electricity, LCOE)이다.

LCOE는 발전설비의 생애주기 동안 발생하는 총 비용(투자비용, 운영유지비, 연료비 등)의 현재가치를 총 발전량의 현재가치로 나누어 산출한 단위발전당 평균비용으로, 다양한 기술 간 비교를 가능하게 해 준다(World Bank, 2021). 그러나 LCOE는 간헐성(intermittency), 송전망 연결 비용, 계통 보완 비용(system integration cost), 탄소 외부비용 등은 반영하지 않기 때문에, 제한된 지표로 간주되며 정책적 해석에는 보완이 필요하다.

이러한 한계를 보완하고, 다양한 발전기술의 운전특성과 경제성을 함께 고려하기 위해 고안된 것이 심사곡선(Screening Curve) 방법이다. 이 방법은 각 발전기술의 고정비용(fixed cost)과 변동비용(variable cost)을 기준으로 연간 이용률(capacity factor) 또는 연간 운전시간을 축으로 설정해, 기술별 총비용의 구조를 시각적으로 비교하는 방식이다(Stoft, 2002). 수직축은 단위용량당 연간 총비용, 수평축은 연간 설비이용률(%) 또는 시간을 두고, 각 발전기술의 비용 구조를 직선으로 표현한다.

심사곡선에서 각 직선의 절편은 해당 발전기술의 고정비용(예 자본비, 고정운영비)을, 기울기는 연료비 및 변동운영비를 나타낸다. 예를 들어, 원자력이나 석탄화력은 고정비용은 크지만 연료비는 낮아 기울기가 완만한 반면, 가스터빈이나 디젤발전은 고정비는 작지만 연료비가 높아 기울기가 가파르다. 두 직선이 교차하는 지점을 기준으로, 이용률이 낮은 구간에서는 고정비용이 낮은 발전원이, 이용률이 높은 구간에서는 변동비용이 낮은 발전원이 상대적으로 유리하다는 판단을 도출할 수 있다.

이러한 비교를 통해 부하곡선(load curve)의 특정 구간별로 가장 경제적인 발전원을 식별할 수 있으며, 이에 따라 기저부하(base load), 중간부하(mid–merit), 첨두부하(peak load)를 담당할 발전원 믹스를 구성하게 된다. 예를 들어, 기저부하에는 원자력·석탄화력, 중간부하에는 복합가스화력, 첨두부하에는 LNG 단주기 발전기나 배터리 저장장치가 할당되는 방식이다.

심사곡선은 또한 정책 변수의 변화에 따른 경제성 전환 시점을 시각화하는데도 유용하다. 예컨대 탄소세가 도입되거나 상승하면 석탄화력의 변동비가 높아지며 기울기가 가파르게 변하고, 이에 따라 상대적으로 탄소배출이 적은 가스복합화력이나 재생에너지가 더 낮은 총비용 구간으로 이동하게 된다. 이는 정책도구가 투자 결정과 발전믹스에 미치는 영향을 정량적으로 평가할 수 있게 해준다(Kirschen & Strbac, 2004).

그림 10-2 전원개발계획과 심사곡선법

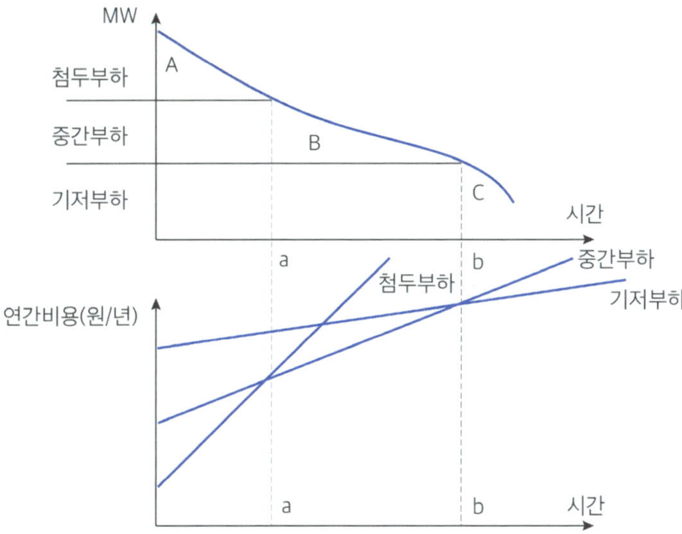

심사곡선은 부하지속곡선(load duration curve)과 결합되어 더욱 효과적으로 활용된다. 부하지속곡선은 연간 전력 수요를 높은 순서로 정렬하여 시간별 부하 수준을 나타낸 것으로, 심사곡선의 경계 지점과 부하 지속 시간의 교차를 통해 각 기술이 어느 시간대에 얼마만큼 가동되어야 하는지를 알 수 있다. 이는 발전기별 평균 이용률뿐만 아니라, 어떤 기술이 어느 시간 동안 운영되어야 전체 연간 발전비용이 최소화되는지를 직관적으로 보여준다(Stoft, 2002). 이와 같은 분석을 통해 바람직한 발전믹스(optimal generation mix)가 도출된다.

예를 들어 세 발전기의 kW 당 고정비용은 F_i라고 하고 변동 비용을 V_i라 하자. 그리고 세 발전기의 고정비용 및 변동비용에 대해서 $F_{i+1} > F_i > F_{i-1}$ 그리고 $V_{i+1} < V_i < V_{i-1}$라 가정하자. 이 경우 1kW 발전설비를 h 기간(duration) 사용하는 데 따른 비용은 $y = F_i + V_i \cdot h$이다. 비용특성이 주어진 상황에서 두 종류의 발전소 이용 비용이 일치하는 지점이 존재하는데, 가령 $F_1 + V_1 \cdot h = F_2 + V_2 \cdot h$, $h^* = (F_2 - F_1)/(V_1 - V_2)$이다. 여기서 h^*는 높은 가변비용을 가진 발전소가 운영되는 시간을 나타낸다. 따라서 심사곡선과 부하지속곡선을 결합함으로써 전

력시스템의 바람직한 발전믹스를 결정할 수 있다. [그림 10-2]에서 첨두부하를 담당하는 발전기는 a시간 동안, 중간부하를 담당하는 발전기는 b시간 동안, 그리고 기저부하를 담당하는 발전기는 1년 전체 기간 동안 운영이 된다. 예를 들어, 첨두부하 발전기는 2,000시간, 중간부하 발전기는 7,000시간 그리고 기저 부하 발전기는 8,760시간을 운행하게 된다.

심사곡선법(Screening Curve Method)은 발전기 선택과 전원믹스 설계 초기 단계에서 각 기술의 경제적 특성을 시각적으로 비교할 수 있게 해주는 강력한 분석 도구이다. 이 기법은 발전기의 연간 단위용량당 총비용을 설비이용률(capacity factor) 또는 연간 운전시간의 함수로 표현함으로써, 고정비용(capital cost)과 변동비용(variable operating cost) 간의 상충관계를 직관적으로 드러낸다. 이에 따라 정책입안자, 전력시장운영자, 투자자 등은 다양한 기술 간 비용구조의 차이를 시각적으로 이해하고, 장기 투자계획의 방향성을 설정하는 데 활용할 수 있다.

그러나 이와 같은 유용성에도 불구하고, 심사곡선법은 발전기술 간의 정태적이고 단순한 경제성 비교에 중점을 두고 있기 때문에, 현대 전력시스템의 복잡성과 동적 특성을 충분히 반영하지 못하는 여러 한계점을 지닌다.

우선, 이 기법은 각 발전기술이 갖는 기술적 제약-예컨대 최소출력, 기동시간, 정지시간, 출력변동 속도(ramp rate)-을 반영하지 않는다. 또한 계통보조서비스(주파수 조정, 무효전력 공급 등) 제공 능력이나 동적 안정성(frequency response, inertia provision) 측면의 기여도도 고려 대상에서 제외되어 있다. 이러한 요소들은 계통 안정성과 회복력(resilience)에 직접적인 영향을 미치는 핵심 변수들로, 실질적인 시스템 운영 및 설계에서는 반드시 고려되어야 한다.

특히, 간헐성 재생에너지에 대해서는 보다 구조적인 제약이 존재한다. 심사곡선은 특정 설비이용률을 전제로 경제성을 비교하지만, 태양광과 풍력은 출력이 기상 조건에 따라 시시각각 변화하며, 설비이용률 자체가 확률분포를 따르는 비확정적 변수이기 때문에, 일정한 이용률을 가정하는 기존 심사곡선의 적용이 곤란하다. 더구나 재생에너지는 발전비용은 낮지만, 출력의 예측오차와 시간불일치로 인해 예비력 확보 비용, 저장설비 연계 비용, 송전망 확장 비용 등 계통 통합(system integration)에 따른 추가 비용이 발생한다. 이들 비용은 심사곡선의 비교 기준에는 반영되지 않기 때문에, 단순 비용 비교만으로는 기술 간의 실질적 경제성을 왜곡할 가능성이 있다(Bataille et al., 2021).

이와 같은 한계로 인해, 심사곡선법은 보완적·예비적 도구로 활용하는 것이 바람직하다. 실제 전력계획과 투자의사결정에서는 시계열 기반의 전력망 시뮬레이션, 확률론적 수요 및 공급 예측, 탄소가격 반영, 통합자원계획(IRP), 전력시장 시나리오 분석 등 보다 정교한 방법론이 함께 동원되어야 한다.

4 전력시장의 구조

전통적인 전력산업은 대개 국가 소유의 독점기업에 의해 운영되었으며, 발전, 송전, 배전이 하나의 조직에 통합된 수직통합 구조를 가지고 있었다. 그러나 지난 30년 동안 전력공급 산업은 전통적인 규제 산업에서 경쟁 원리가 도입된 시장 기반 산업으로 점진적으로 전환되었다. 규제 완화와 구조개편을 통해 기존의 독점사업자가 수행하던 전력산업 기능들이 분리되고, 발전, 송전, 소매공급 등 각 부문에 시장이 형성되었다.

이러한 과정에서 발전 부문은 송전 부문과 분리되었으며, 전력 거래는 경쟁적인 시장 메커니즘에 따라 조직되어 도매시장에 경쟁이 도입되었다. 송전 부문은 여전히 자연독점 영역으로 간주되어 규제 하에 유지되었다. 소매공급 부문에도 경쟁이 도입되면서 소비자들은 전력 공급자를 선택할 수 있는 권리를 갖게 되었고, 공급자들은 고객을 유치하기 위해 경쟁하게 되었다(Joskow, 2008c).

도매시장은 발전소 간 전력거래, 송전 인프라 활용, 보조서비스 조달 등 고압 전력의 거래와 시스템 운영을 중심으로 구성되며, 소매시장은 저압 전력의 판매와 최종 소비자에게 전기를 공급하는 기능을 수행한다. 이러한 시장화 과정은 경쟁적인 전력시장을 형성하는 데 기여하였지만, 각국의 제도적 여건과 정책적 선택에 따라 그 전개 양상은 상이하였다.

(1) 수직독점 모형(Vertically Integrated Monopoly Model)

전통적인 전력산업은 하나의 기업이 발전, 송전, 배전 전 과정을 일괄적으로 운영하는 수직통합 독점(vertically integrated monopoly) 구조를 기본으로 하였다. 초기에는 민간 자본에 기반한 소규모 전력회사가 지역 단위로 서비스를 제공하였으며, 이러한 기업들은 각 지역의 전력 수요를 충족시키는 데 집중하였다(Joskow & Schmalensee, 1983). 그러나 기술의 발전과 전력 수요의 급증은 규모의 경제 실현을 위한 기업 간 합병을 촉진시켰고, 많은 국가에서는 민간 전력회사를 국유화함으로써 전국적 전력공급체계가 수직적으로 통합되었다.

이러한 구조는 전력공급 산업이 본질적으로 자연독점(natural monopoly)적인 특성을 지니고 있다는 인식에 기반하고 있다. 특히 송전과 배전은 막대한 고정비용과 물리적 네트워크 특성으로 인해 하나의 공급자가 전체 수요를 담당하는 것이 더 효율적인 것으로 간주되었다. 수직통합 구조 하에서는 소비자가 전력공급자를 선택할 수 없으며, 단일 공급자가 발전에서부터 최종 소비자에 이르기까지의 모든 과정을 일괄적으로 운영하였다.

자연독점 산업에서 한계비용에 기반한 가격 설정은 평균비용보다 낮은 가격을 초래하게 되므로, 기업은 재정적 손실을 입을 수 있다. 이로 인해 정부는 전력회사의 손실을 보전하기 위해 보조금을 지급하거나, 요금 규제를 통해 일정 수준 이상의 수익을 보장하는 방식을 채택하였다(Joskow & Schmalensee, 1983). 공공소유(public ownership)가 정당화되는 주요 논거로는 전력 프로젝트의 장기 투자 필요성, 초기 수요 부족에 따른 상업적 생존 가능성의 취약성, 그리고 전력사업의 자본집약성 등이 제시된다.

수직독점 구조를 옹호하는 이론적 배경으로는 Williamson(1985)이 제시한 거래비용 이론을 들 수 있다. 발전과 송전 사이의 물리적 조정은 실시간으로 복잡하게 이루어지기 때문에, 이를 별도의 조직이 수행할 경우 거래비용이 크게 증가하게 된다. 따라서 시스템 운영자가 발전기의 기동과 정지를 통합적으로 지시할 수 있는 통제 권한을 갖는 수직통합 구조는 조정 효율성을 높이고, 시장에서 발생할 수 있는 정보 비대칭과 계약 실패 문제를 줄이는 데 기여한다.

수직통합은 장기간에 걸친 안정적인 전력공급과 산업 성장에 크게 기여하였다. 발전, 송전, 배전 등 각 단계의 활동과 투자 및 운영계획을 단일 조직이 통합적으로 조율할 수 있었으며, 이로 인해 큰 갈등 없이 시스템이 안정적으로 유지되었다. 규제 하에 운영되는 단일 기업은 소비자에게 비교적 예측 가능한 가격으로 전력을 공급할 수 있었고, 농어촌 전기화, 에너지 접근성 확대, 연료 및 기술 선택 등의 국가 정책을 집행하기에도 유리하였다. 그러나 이러한 공공적 역할을 수행하면서도, 전력회사는 종종 그에 상응하는 재정적 보상을 받지 못하였고, 이로 인해 많은 개발도상국에서는 경영 비효율과 재정 악화가 발생하였다.

전력회사가 정부의 재정지원에 의존하게 되면 비용 효율성을 제고할 유인이 약화된다. 특히 자본에 대한 수익률을 보장하는 규제체계하에서는 자본투자를 과도하게 유도하여 비효율적인 설비투자가 발생할 수 있으며, 이는 이른바 Averch-Johnson 효과로 설명된다(Averch & Johnson, 1962). 전력요금 역시 정부의 간섭 하에 원가보다 낮게 책정되거나, 특정 집단에 대한 보조금 및 교차보조금(cross-subsidy)이 제도적으로 설계되는 경우가 많아, 시장가격과 생산비용 간의 괴리를 야기하였다.

그럼에도 불구하고 수직통합 구조는 조정비용을 줄이고 의사결정을 신속히 할 수 있는 장점이 있다. 동일한 조직 내에서 발전과 송전, 배전의 의사결정이 이뤄지기 때문에 중복투자가 줄고, 인프라의 효율적 운영이 가능하다. 예컨대, 발전과 송전 간의 물리적 연계와 운전계획이 긴밀하게 연결될 수 있어 전력계통의 효율성이 향상된다. 또한, 독점적 지위를 활용하여 전력가격의 변동성을 줄이고 소비자에게 안정적인 가격을 제공할 수 있는 장점도 존재한다(Kirschen & Strbac, 2004).

특히 대규모 인프라 투자가 필요한 전력부문에서는 장기적 시계에서 안정적인 재무계획과 일관성 있는 정책 이행이 가능하며, 이는 전력 시스템의 신뢰성과 지속가능성을 유지하는 데 긍정적인 역할을 해 왔다.

반면, 수직통합 독점 구조는 경쟁을 억제하여 기술혁신의 유인을 저하시킬 수 있으며, 서비스 품질 개선이 지연되는 등 비효율을 초래할 가능성도 있다. 소비자가 공급자를 선택할 수 없는 상황에서는 서비스 선택권이 제한되며, 이에 따라 소비자 만족도가 낮아질 수 있다(Wilson, 2000). 또한, 독점기업은 비효율적인 운영 비용을 소비자에게 전가하거나, 정부와의 관계를 통해 가격 왜곡, 자원 배분의 비효율성, 심지어 정치적 간섭과 부패의 문제까지 유발할 수 있다(Crew & Kleindorfer, 1986; Joskow & Schmalensee, 1983).

그림 10-3 수직통합 독점 전력회사 모형

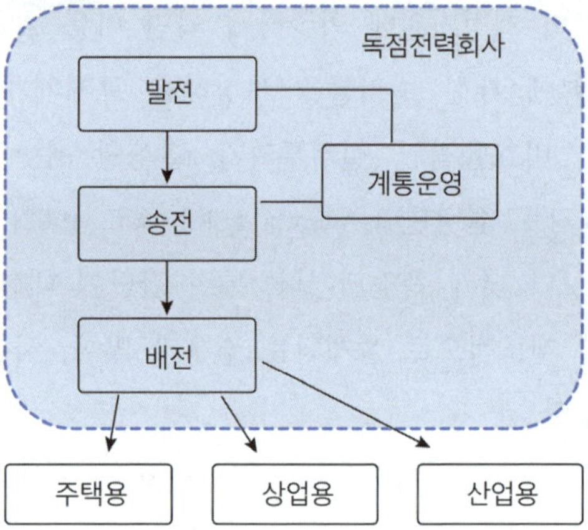

(2) 독립발전사업자 모형(Independent Power Producer Model, IPP)

독립발전사업자(Independent Power Producers, IPPs) 모형은 전통적인 수직통합형 전력공급자가 아닌 민간 기업이 독립적으로 발전 설비를 보유하고 전력을 생산하여 도매시장이나 계약을 통해 판매하는 구조를 의미한다(Kirschen & Strbac, 2004; Joskow, 2006). 독립발전사업자는 송전이나 배전망을 직접 소유하거나 운영하지 않으며, 발전 설비만을 보유한 채 시장에 참여하거나 특정 수요자와의 장기계약을 통해 수익을 창출한다.

이러한 독립발전사업자는 다양한 연료원과 기술을 활용할 수 있으며, 석탄, 천연가스 같은 전통적인 화석연료는 물론 태양광, 풍력, 수력 등 재생 가능 에너지원을 활용한 발전도 가능하다. 기술 및 운영 측면에서 공공부문보다 효율적이고 혁신적인 방식을 도입할 수 있다는 점에서, 전력시장 내의 기술적 다양성과 혁신을 촉진하는 역할을 한다.

독립발전사업자는 일반적으로 전력 구매자와 장기 전력구매계약(PPA: Power Purchase Agreement)을 체결하고, 계약을 통해 공급 조건과 가격, 계약 기간 등을 명시함으로써 안정적인 수익 기반을 확보한다. 이러한 계약 구조는 발전소의 초기 투자금 조달과 금융 안정성 확보에 핵심적 역할을 한다(Crew & Kleindorfer, 1986).

전력시장에서 독립발전사업자는 경쟁을 도입하는 데 기여하며, 이는 전체 시스템의 비용 효율성을 높이고 전력가격을 하향 안정화하는 효과를 가져올 수 있다(Kirschen & Strbac, 2004; Wilson, 2000). 소비자에게는 가격경쟁을 통해 보다 낮은 전력요금과 개선된 서비스 제공이라는 혜택이 돌아갈 수 있으며, 독립발전사업자가 재생에너지 기반의 설비를 적극 도입할 경우 환경적 지속가능성도 함께 강화된다. 더불어, 민간자본의 유입을 통해 공공재정에 대한 부담을 줄이고 인프라 투자를 가속화하는 긍정적 효과도 기대된다.

독립발전사업자는 전력시장의 유연성 측면에도 기여할 수 있다. 다양한 에너지원과 기술을 활용하는 독립발전사업자는 계통 내 자원의 다양성을 높이며, 이는 공급 안정성과 수요 대응력의 제고로 이어진다. 특히 간헐성을 갖는 재생에너지 설비의 보급이 확대될수록, 다양한 사업자들의 참여는 계통의 안정적 운용에 긍정적인 기여를 할 수 있다.

그러나 독립발전사업자 모형에는 몇 가지 제약이 존재한다. 가장 먼저, 정부정책 및 규제환경의 변화에 민감하게 반응할 수 있다는 점이 있다. 전력시장에 대한 규제 변화나 보조금 정책의 변경은 투자 회수에 불확실성을 초래하며, 이로 인해 민간투자의 유입이 위축될 수 있다. 또한 도매시장의 구조나 고정된 인프라 특성으로 인해 신규 독립발전사업자가 시장에 진입하는 데 장벽이 존재하며, 장기계약이 체결되지 않을 경우 수익 예측이 어려워 금융 리스크가 커질 수 있다.

특히 초기 투자비가 높은 발전 프로젝트의 경우, 발전단가가 도매시상 가격

보다 높게 형성되면 채산성이 악화되어 투자 손실로 이어질 수 있으며, 이로 인해 발전 설비의 지속가능성이 제약받을 수 있다. 아울러 일부 독립발전사업자가 화석연료 기반 발전소를 운영할 경우, 이는 온실가스 배출 증가와 지역 환경 악화로 이어질 수 있으며, 사회적 반대 및 규제 강화를 유발할 가능성도 존재한다. 이러한 환경적 부담은 독립발전사업자에 대한 사회적 수용성과 지속가능성을 저하시킬 수 있다.

요약하면, 독립발전사업자 모형은 전력산업의 민영화, 시장화, 기술혁신이라는 흐름 속에서 중요한 역할을 해왔으며, 시장 경쟁, 에너지 전환, 재정 부담 완화에 기여해 왔다. 그러나 동시에 정책 안정성, 장기계약 확보, 환경 책임이라는 측면에서 여러 도전 과제를 안고 있는 모형이다.

그림 10-4 독립발전사업자 모델

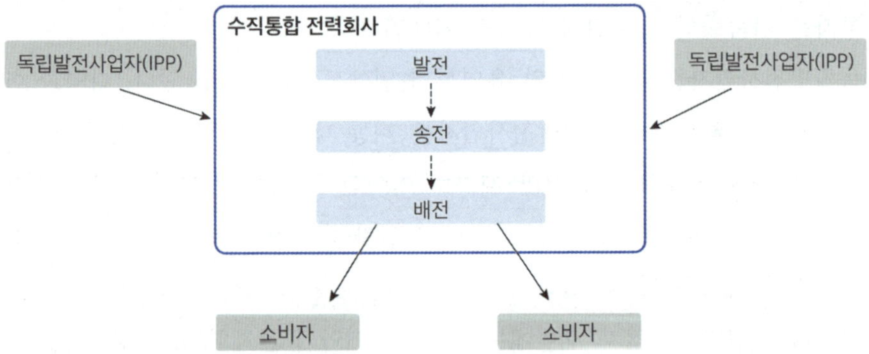

(3) 단일 구매자 모형(Single Buyer Model)

단일 구매자 모형(Single Buyer Model)은 전력시장 구조에서 하나의 중앙 구매자가 다양한 발전사업자로부터 전력을 구매하고, 이를 배전사업자 또는 최종 소비자에게 판매하는 체계를 의미한다. 이 모델에서 전력생산은 다수의 발전사업자에 의해 이루어지지만, 이들이 생산한 전력은 단일 구매자에게 판매되며, 해당 구매자가 전력계통 운영과 최종 공급을 담당하게 된다(Newbery, 2002).

단일 구매자 모형은 일반적으로 전력시장 경쟁이 충분히 성숙하지 않은 개발도상국이나 체제 전환국가에서 도입되며, 완전한 시장 자유화 이전의 중간 단계 모델로 활용된다. 대부분의 경우, 단일 구매자는 정부 또는 정부가 지정한 공공기관으로 구성되며, 발전사업자와 배전사업자 사이에서 수급 조정과 가격 협상을 담당하는 역할을 수행한다. 이러한 중앙집중적 구조는 전력계획의 일관성, 장기 투자계획의 실행, 전력망의 안정적 운영 등에 기여할 수 있다는 점에서 정책적 유연성을 확보하는 데 장점이 있다.

이 모델은 단일 구매자가 다수의 발전사업자와의 거래를 통합함으로써 규모의 경제를 실현할 수 있고, 장기계약을 통해 안정적인 전력구매가 가능하다는 점에서 전력가격의 안정성과 자원 배분의 효율성을 확보하는 데 유리하다 (Joskow, 2008c). 특히 발전사와의 장기 전력구매계약(Power Purchase Agreements: PPAs)은 발전사 입장에서 투자 회수의 불확실성을 줄이고 자본조달을 용이하게 만들기 때문에, 대규모 발전설비 확충에 긍정적인 영향을 미친다.

또한 단일 구매자는 규제기관 및 시장운영자와의 관계에서 거래 구조를 단순화시킬 수 있으며, 발전사 입장에서도 복수의 전력회사와 거래하는 대신 단일 계약 상대와 협상함으로써 행정적 비용을 줄이고 계약관리의 효율성을 높일 수 있다. 따라서 이 모델은 복잡한 경쟁시장 체계가 아직 구축되지 않은 환경에서 실무적 유용성이 크며, 전력망의 계획적 운영과 공급 안정성 측면에서 정책 당국이 선호하는 구조이기도 하다.

그러나 단일 구매자 모형은 경쟁 제한성과 비효율성 문제를 동반할 수 있다. 발전사업자는 단일 구매자와의 계약이 없으면 시장에 진입할 수 없기 때문에, 신규 진입자에게는 진입 장벽이 높고, 이는 혁신과 효율성 향상에 부정적인 영향을 미칠 수 있다(Newbery, 2002). 단일 구매자는 시장 내 유일한 수요자로서 계약조건 결정에서 상대적으로 우월한 지위를 가지게 되며, 이에 따라 공급자의 수익성과 투자유인이 약화될 가능성도 존재한다.

또한 단일 구매자가 정부 소유 기관인 경우, 정책 목적에 따라 비경제적 결정을 내릴 유인이 존재한다. 예를 들어, 특정 기술을 우대하거나 지역적 정치 논리에 따라 자원 배분을 왜곡할 수 있으며, 이는 시장의 투명성과 중립성을 저해할 수 있다. 정치적 간섭이 심화될 경우 전력요금이 원가 이하로 책정되거나 교차보조금 구조가 고착되어, 재정 부담과 시장 왜곡의 위험성이 커지게 된다.

요약하면, 단일 구매자 모형은 시장 초기 단계에서 공급 안정성, 계획 일관성, 투자 촉진 등의 측면에서 효과적인 수단이 될 수 있다. 그러나 장기적으로는 경쟁 유인과 효율성 제고, 시장 투명성 확보를 위해 적절한 제도적 전환이 병행되어야 하며, 규제 독립성과 정책의 일관성이 동반되어야 모형의 장점을 유지할 수 있다.

그림 10-5 단일 구매자 발전 모형

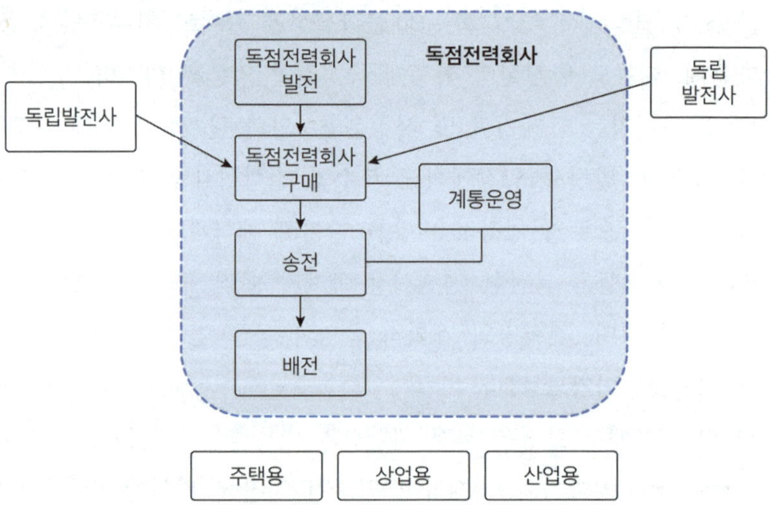

(4) 도매시장 모형

전력 도매시장은 전력이라는 재화의 거래 방식과 시장운영자의 개입 정도에 따라 크게 중앙집중형 전력시장(Centralized Wholesale Market)과 분산형 전력시장(Decentralized Wholesale Market)으로 구분할 수 있다. 이 구분은 단순한 기술적 구조의 차이를 넘어, 전력시장 설계의 근본적인 철학—즉, 시장 효율성, 수급 안정성, 정보 공개성, 계약 자유도에 대한 국가별 선택과 밀접한 관련이 있다(Joskow, 2008c).

중앙집중형 전력시장은 발전사업자와 수요자가 중앙시장(전력거래소 또는 독립계통운영자)에 참가하여 입찰(offer)과 응찰(bid)을 통해 전력을 거래하는 구조이다. 시장운영자는 모든 입찰 정보를 바탕으로 수요-공급 균형을 맞추고, 이에 따라 시스템 한계가격(System Marginal Price, SMP) 또는 지역 한계가격(Locational Marginal Price, LMP)을 산정하여 정산한다. 이 구조는 강제풀(gross pool) 또는 자발적 풀(net pool) 모형 모두를 포함하며, 강제풀은 모든 거래가 중앙시장에서 이루어져야 하는 구조인 반면, 자발적 풀은 시장 참가자가 중앙시장 외에도 양자계약 등 직접거래를 선택할 수 있는 유연한 구조를 의미한다. 두 모델 모두 실시간 수급 조정, 예비력 운영, 정산 등 다양한 기능이 중앙에서 통합적으로 수행된다(Borenstein & Bushnell, 2015).

이러한 중앙집중형 구조는 거래의 투명성과 일관성, 시장 감시의 용이성, 그리고 실시간 수급 안정성 측면에서 강점을 가진다. 가격은 수요와 공급의 실제 조건을 반영한 공개된 시장 메커니즘을 통해 형성되며, 이는 새로운 발전설비에 대한 투자 유인을 제공하고 수요자에게는 예측 가능한 가격 신호를 전달한다. 다만, 제도 설계가 복잡하고 운영비용이 높으며, 모든 거래가 중앙시장을 거쳐야 한다는 점에서 유연성이 제한될 수 있다(Newbery, 2005).

대표적인 중앙집중형 시장으로는 미국의 PJM(Pennsylvania-New Jersey-Maryland Interconnection)과 CAISO(California ISO)가 있다. 이들 시장은 발전사업자의 입찰을 기반으로 일전시장과 실시간시장을 운영하며, 지역별 한계가격 체계를 통해 위치별 가격 신호를 제공한다.

분산형 전력시장은 전력의 거래가 발전사업자와 수요자 간의 쌍무계약(bilateral contracts)을 통해 개별적으로 체결되는 구조로, 중앙시장의 개입은 최소화된다. 이때 거래조건-가격, 물량, 기간-은 계약 당사자 간 협상에 의해 결정되며, 시장운영자는 송전망의 안정적 운영과 실시간 물리적 수급 조정에 국한된 역할만 수행한다. 이러한 구조는 계약 기반의 비공개 거래가 시장을 구성하는 특징을 갖는다.

분산형 시장은 참여자 간의 계약 유연성, 맞춤형 거래 구조, 위험 회피(hedging)의 용이성이라는 장점을 지닌다. 특히 중장기 수요를 예측 가능한 가격에 고정하고자 하는 수요자에게는 매우 유리한 거래 방식이다. 그러나, 시장 전체의 가격 신호가 불분명해지고, 계약조건이 비공개로 유지되기 때문에 투명성 저하, 정보 비대칭, 시장감시의 어려움이라는 구조적 한계를 안고 있다(Joskow, 2008c).

대표적인 사례는 미국 ERCOT(Electric Reliability Council of Texas) 시장이다. ERCOT은 전면적 쌍무계약 거래 구조를 갖고 있으며, 중앙시장은 실시간 수급 불균형을 조정하는 균형시장(balancing market)만 존재한다. 영국 역시 1990년대에는 전력풀(Power Pool)이라는 강제풀 구조를 채택했으나, 2001년 NETA(New Electricity Trading Arrangements) 도입 이후 분산형, 계약 기반 거래 시스템으로 전환하였다(Newbery, 2005). 이 구조 하에서는 발전사업자가 자가급전(self-scheduling)을 통해 자신의 계약을 이행하고, 중앙시장은 보조적 기능만 수행한다.

중앙집중형 시장은 거래의 표준화와 가격 형성의 투명성을 제공함으로써, 특히 신뢰 가능한 수급 조절과 시장 감시에 유리한 반면, 분산형 시장은 거래 유연성과 계약의 다양성 측면에서 장점을 지닌다. 따라서 각국은 시장의 성숙도, 인프라 수준, 정책 목표에 따라 양자의 장점을 절충하는 혼합형 구조(hybrid design)를 택하고 있다.

예컨대, 미국의 ISO 시장(PJM, CAISO 등)은 쌍무계약과 중앙시장 참여를 모두 허용하는 자발적 풀(net pool) 구조로 진화하였으며, 이는 분산성과 중앙집중의 장점을 균형 있게 통합한 형태로 평가된다(Borenstein & Bushnell, 2015).

한국의 전력 도매시장은 2001년 전력산업 구조개편을 계기로 경쟁을 일부 도입하는 방식으로 설계되었다. 기존에는 한국전력공사(KEPCO)가 전력의 생산, 송전, 배전, 소매까지 모든 과정을 독점적으로 운영하고 있었으나, 구조개편을 통해 발전 부문을 계열사 형태로 분할하고 경쟁체제를 도입하였다.

전력거래소(KPX)는 발전사업자와 구매자 간의 중개기관으로, 발전량 입찰과 수요예측을 바탕으로 시장가격을 산정하며, 실시간 계통 운영도 담당하고 있다

(전력거래소, 2022). 발전사는 자신이 보유한 발전기에서 생산할 전력을 전력거래소에 입찰하며, 전력거래소는 이를 수요 예측과 연계하여 경제급전 원칙에 따라 공급계획을 수립한다. 다만 송전, 배전, 소매는 여전히 KEPCO가 독점하고 있어 전력시장의 완전한 경쟁은 제한된 상태이다.

한국의 전력 도매시장은 단일 구매자(Single Buyer) 구조를 기반으로 하고 있으며, 발전사업자들이 생산한 전력을 한국전력공사가 일괄 구매한 뒤, 이를 소매단에서 최종 소비자에게 판매하는 구조이다. 대규모 수용가에 대해서는 예외적으로 직접 PPA(Power Purchase Agreement)를 통해 발전사로부터 전력을 구매할 수 있도록 허용되어 있다(산업통상자원부, 2021).

가격결정 메커니즘으로는 비용기반풀(Cost-Based Pool, CBP) 제도가 운영되고 있다. CBP는 발전사가 전력을 생산하는 데 소요되는 연료비, 운영·정비비용 등을 전력거래소에 제출하고, 전력거래소가 이 비용정보를 바탕으로 발전기를 비용 순으로 정렬하여 경제급전을 수행한다(전력거래소, 2022). 이 과정에서 가장 높은 단가의 발전기가 결정하는 가격이 시스템한계가격(System Marginal Price, SMP) 으로 결정되며, 시장에 낙찰된 모든 발전기는 동일한 SMP를 적용받는다.

이러한 방식은 낮은 비용의 발전기를 우선적으로 이용함으로써 전체 시장 효율성을 높이는 동시에 발전사의 시장지배력을 억제할 수 있다는 장점이 있다. 그러나 경쟁입찰이 아닌 비용입찰 방식이기 때문에 발전사 간 가격경쟁 유인이 낮고, 자본회수가 어려운 구조로 인해 신규 투자의 유인이 낮아질 수 있다는 구조적 한계도 지적되고 있다.

송전과 배전망은 KEPCO가 독점적으로 보유 및 운영하고 있으며, 소비자에 대한 소매판매 역시 대부분 KEPCO가 수행하고 있다. 이러한 구조는 시장의 수직적 통합 구조가 여전히 유지되고 있음을 의미하며, 전력 소매시장 경쟁 도입이 지연되고 있는 원인이기도 하다. 그럼에도 불구하고 정부는 재생에너지 발전사업자, 대규모 수용가 등에 대한 직거래(PPA) 허용을 확대하고 있다(산업통상자원부, 2022).

(5) 소매시장 경쟁 모형

소매시장 경쟁 모형은 소비자가 다양한 전력 공급자 중에서 자유롭게 선택할 수 있는 권한을 가지는 전력시장 구조를 의미하며, 공급자 간 가격·서비스 경쟁을 통해 소비자 후생과 시장 효율성을 동시에 제고하는 것을 목표로 한다. 이 모형은 전력시장 구조개혁의 최종 단계로 간주되며, 발전·도매공급에 이어 소매공급 단계에서까지 경쟁을 도입함으로써 전력산업의 전주기적 효율화를 추구한다.

소매시장 경쟁은 산업용·상업용 대규모 수요자에서 시작하여 가정용 소매소비자에게 점차 확대되는 방식으로 도입되는 것이 일반적이다(Borenstein & Bushnell, 2015). 미국, 영국, 일부 유럽 국가들은 전체 소비자를 대상으로 소매경쟁을 허용한 반면, 일부 국가에서는 대규모 소비자에게만 선택권을 부여하고, 가정용 소비자에 대해서는 규제요금을 유지하는 부분경쟁(partial competition) 모델을 채택하고 있다.

이러한 경쟁이 성공적으로 작동하기 위해서는 발전, 도매공급, 소매공급 부문이 송전 및 배전망 운영자와 명확히 분리되어야 하며, 모든 소매공급자가 공정하게 전력망에 접근할 수 있는 비차별적 전력망 이용권(non-discriminatory access)이 보장되어야 한다. 이러한 제도적 전제가 선행되지 않으면, 시장의 구조개혁 효과는 제한될 수 있다.

소매경쟁이 활성화되면, 공급자 간 가격 경쟁이 촉진되고, 다양한 요금제, 결제 옵션, 에너지 효율성 프로그램, 신재생에너지 연계 서비스 등 소비자 중심의 다양한 서비스가 도입될 수 있다(Cramton & Stoft, 2007). 더 나아가, 수요반응 프로그램(demand response)의 활성화를 통해 소비자가 실시간 전력가격 변화에 민감하게 반응하게 되면, 전체 전력시장의 운영 효율성도 향상될 수 있다.

하지만 소매시장 경쟁은 제도적으로 복잡하며, 소비자 보호 및 공정 경쟁 유지를 위한 정교한 규제가 필요하다. 경쟁이 치열해질수록 일부 공급자는 과도한 마케팅 전략이나 복잡한 요금제 구조를 활용해 소비자를 혼란스럽게 할 수 있으며, 전력시장에 대한 정보 접근성과 이해 수준이 낮은 소비자일수록 선택에 따른 편익을 충분히 누리지 못할 가능성이 있다.

또한 시장지배력이 높은 공급자가 존재할 경우, 특정 지역이나 계층에 대한 요금차별, 시장가격 조작, 진입장벽 강화 등으로 시장 왜곡이 발생할 수 있으며, 이는 소비자 후생을 저하시킬 수 있다. 따라서 효과적인 시장 감시와 소비자 보호 장치는 소매시장 경쟁의 전제 조건이라 할 수 있다.

그림 10-6 소매시장 경쟁모형

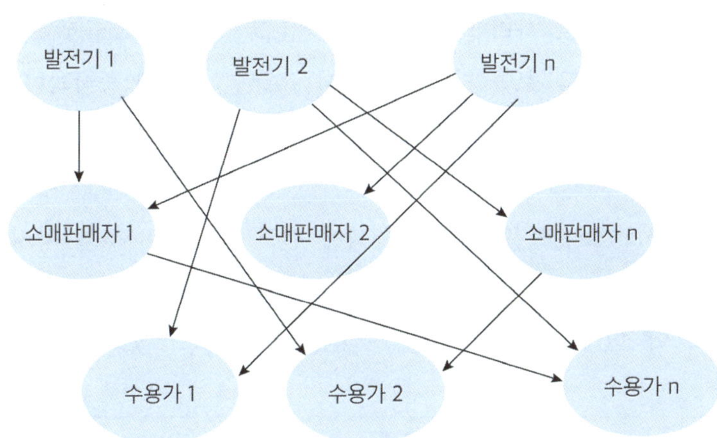

5 전 세계 전력생산 현황

2023년 전 세계 전력 생산량은 29,924.8 테라와트시(TWh)로, 2013년의 23,469.4 TWh에 비해 6,455.3 TWh 증가하였다(Energy Institute, 2024). 이러한 증가세는 중국을 중심으로 한 아시아·태평양 지역의 전력생산 증가가 주요 원인으로 작용하였다. 아시아·태평양 지역의 전력생산은 2013년 5,816.4 TWh에서 2023년에는 15,280.0 TWh로 증가하였으며, 이는 동 기간 전체 증가분의 약 70% 이상을 차지하는 수준이다.

지역별로 살펴보면, 북미의 전력생산은 2013년 5,283.1 TWh에서 2023년

5,482.0 TWh로 소폭 증가하였으며, 중남미는 1,270.9 TWh에서 1,463.5 TWh로 확대되었다. 반면, 유럽은 같은 기간 4,021.5 TWh에서 3,805.1 TWh로 감소하였다. CIS 국가에서는 주로 러시아를 중심으로 전력생산이 1,323.7 TWh에서 1,525.8 TWh로 증가하였으며, 중동은 1,008.4 TWh에서 1,463.4 TWh로 크게 증가하였다. 아프리카는 전력생산량이 가장 낮은 지역으로, 745.5 TWh에서 902.9 TWh로 증가하였다.

2023년 기준, 아시아·태평양 지역은 전 세계 전력생산의 51%를 차지하며 가장 큰 전력 생산 지역이 되었다. 특히 중국은 전체의 31.6%를 차지하여 세계 최대의 전력생산국으로 자리매김하고 있으며, 그 외에 인도 6.5%, 일본 3.4%, 한국 2.1% 등의 비중을 보였다. 2013년에서 2023년 사이에 중국과 인도는 전력생산이 가장 빠르게 증가한 국가였으며, 한국의 연평균 전력생산 증가율은 약 1.4%로 나타났다.

북미는 미국(15.0%)을 중심으로 전 세계 전력생산의 18.3%를 차지하고 있으며, 유럽은 프랑스, 독일 등을 포함하여 12.7%의 비중을 보이고 있다. 러시아와 중동은 각각 약 5.0%, 아프리카는 3.0% 수준을 기록하고 있다.

그림 10-7 전 세계 전력생산(2013-2023, 단위: TWh)

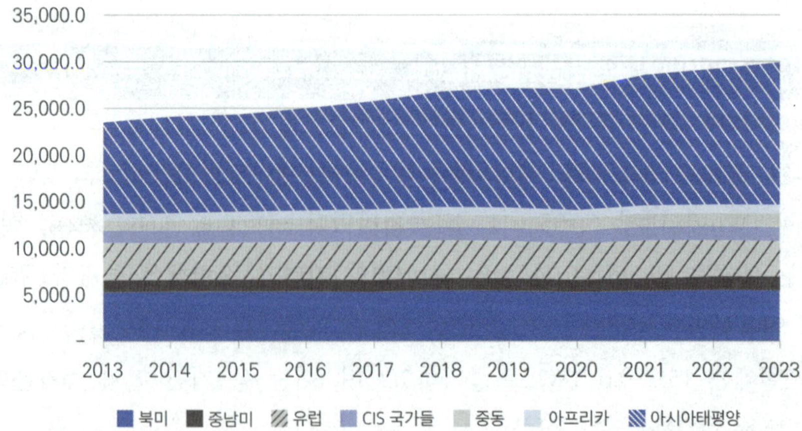

자료: Energy Institute(2024)

표 10-1 2023년 지역별 국가별 전력생산 비중(단위: TWh, %)

지역 및 국가	2023	2013-23	2023년 비중
북미	5,482.0	0.4%	18.3%
캐나다	633.2	-0.3%	2.1%
미국	4,494.0	0.4%	15.0%
중남미	1,464.5	1.4%	4.9%
브라질	710.0	2.2%	2.4%
유럽	3,805.1	-0.6%	12.7%
프랑스	519.7	-1.0%	1.7%
독일	513.7	-2.1%	1.7%
CIS 국가들	1,524.8	1.4%	5.1%
러시아	1,178.2	1.1%	3.9%
중동	1,463.4	3.8%	4.9%
아프리카	902.9	1.9%	3.0%
아시아태평양	15,282.0	4.5%	51.1%
중국	9,456.4	5.7%	31.6%
인도	1,958.2	5.5%	6.5%
일본	1,013.3	-0.7%	3.4%
한국	617.9	1.4%	2.1%
전 세계	29,924.8	2.5%	100.0%

자료: Energy Institute(2024)

[표 10－2]는 2023년 기준으로 지역별 전력생산의 에너지원 구성이 매우 다양하게 나타나고 있음을 보여준다. 전 세계적으로는 석탄 발전이 56.4%로 가장 높은 비중을 차지하며, 천연가스 9.1%, 석유 0.7%를 포함한 화석연료의 총 비중은 66.4%에 이른다. 반면, 수력과 기타 재생에너지의 합계는 27.1%, 원자력은 5.1%로 나타났다(Energy Institute, 2024).

지역별로 보면, 북미는 천연가스 발전 비중이 가장 높은 지역이며, 중남미는 재생에너지 중심의 전력생산 구조를 보인다. 유럽 역시 재생에너지의 비중이 가장 높고, 원자력 발전 비중도 상대적으로 높은 편이다. CIS 국가들(예 러시아, 카자흐스탄 등)은 천연가스와 석탄에 대한 의존도가 높으며, 중동 지역은 천연가스와 석유 중심의 발전 구조를 유지하고 있다(Energy Institute, 2024)

[표 10-3]는 주요 전력 생산국의 전원 믹스에 큰 차이가 있음을 보여준다. 예를 들어, 천연가스 자원이 풍부한 미국과 러시아는 전력생산에서 천연가스가 각각 43.1%, 44.8%를 차지하고 있다. 반면, 중국과 인도는 석탄발전의 비중이 매우 높아 각각 60.8%, 75.1%에 달한다. 수력자원이 풍부한 캐나다와 브라질은 재생에너지 비중이 각각 66.5%, 89.0%로 매우 높으며, 프랑스는 원자력이 65.1%, 재생에너지가 26.9%를 차지하고 있다. 탈원전을 추진 중인 독일은 재생에너지 53.0%, 석탄 24.9%로 구성된 전원 믹스를 보이며, 후쿠시마 사고 이후 원자력 비중을 크게 줄인 일본은 천연가스 31.7%, 석탄 30.0%, 재생에너지 22.1%로 구성되어 있다. 한국은 천연가스 27.0%, 석탄 32.8%, 원자력 29.2%로 세 가지 주력 에너지원이 균형을 이루고 있으며, 재생에너지는 9.0%로 주요국 중 가장 낮은 수준을 보이고 있다(Energy Insitute, 2024).

표 10-2 에너지원별 전력생산 비중(2023년 기준)

	석유	천연가스	석탄	원자력	수력	기타 재생에너지	기타	전체
북미	1.0%	40.7%	14.4%	16.7%	11.3%	15.5%	0.3%	100.0%
중남미	6.4%	16.5%	3.7%	1.6%	51.2%	20.5%	0.2%	100.0%
유럽	1.4%	16.7%	13.9%	19.3%	16.8%	29.7%	2.1%	100.0%
CIS국가들	0.7%	47.4%	18.6%	15.2%	16.6%	1.1%	0.4%	100.0%
중동	21.1%	70.3%	1.3%	2.7%	1.9%	2.8%	0.0%	100.0%
아프리카	6.9%	42.5%	24.9%	1.0%	17.9%	6.3%	0.6%	100.0%
아시아 태평양	0.7%	9.8%	56.4%	5.1%	11.7%	15.4%	0.9%	100.0%
전 세계	0.7%	9.8%	56.4%	5.1%	11.7%	15.4%	0.9%	100.0%
OECD	1.3%	31.0%	17.0%	16.4%	12.4%	20.5%	1.4%	100.0%
비OECD	2.9%	17.5%	45.9%	4.8%	15.2%	13.1%	0.5%	100.0%

자료: Energy Institute(2024)

표 10-3 주요국의 전원믹스

	석유	천연가스	석탄	원자력	수력	기타 재생에너지	기타	전체
미국	0.4%	43.1%	16.4%	18.2%	5.3%	16.4%	0.2%	100.0%
프랑스	0.4%	6.2%	0.2%	65.1%	10.7%	16.2%	1.3%	100.0%
독일	1.0%	15.1%	24.9%	1.4%	3.8%	49.2%	4.6%	100.0%
캐나다	0.8%	14.2%	3.7%	14.1%	57.5%	9.0%	0.7%	100.0%
브라질	1.4%	5.3%	2.0%	2.0%	60.4%	28.6%	0.3%	100.0%
러시아	0.6%	44.8%	17.9%	18.4%	17.0%	0.7%	0.5%	100.0%
중국	0.1%	3.1%	60.8%	4.6%	13.0%	17.6%	0.7%	100.0%
인도	0.1%	2.7%	75.1%	2.5%	7.6%	11.9%	0.1%	100.0%
일본	3.3%	31.7%	30.0%	7.6%	7.4%	14.7%	5.3%	100.0%
한국	1.2%	27.0%	32.8%	29.2%	0.6%	8.4%	0.7%	100.0%

자료: Energy Institute(2024)

6 결론

본 장에서는 전력시장의 기본적인 경제 이론과 제도적 구조를 살펴보았다. 전력은 단순한 상품이 아니라 실시간 수요와 공급의 정확한 일치가 요구되는 물리적 재화로서, 여타 재화와는 다른 고유한 특성을 지닌다. 대표적으로 저장이 제한되고, 전송망이라는 자연독점적 기반시설 위에서 거래되며, 수요 변동에 따른 즉각적 대응이 필수적이라는 점에서, 전력시장은 매우 정교하고 복잡한 설계를 필요로 한다.

이러한 특성은 전력의 가격 형성과 거래 방식, 시장참가자(발전, 송전, 배전, 소비자)의 전략적 행위에 결정적인 영향을 미치며, 시장 운영과 제도 설계에서 고려해야 할 변수들을 복합적으로 증가시킨다. 특히 단기적으로는 급전(dispatch)과 정산(settlement)이, 중장기적으로는 설비 투자와 자원 배분이 전력시장의 구조와 성과를 좌우한다.

전력시장은 전통적으로 중앙정부나 공기업 중심의 독점적 공급체계를 통해 운영되어 왔으며, 이는 공급 안정성과 보편적 서비스 제공이라는 공공재적 성격에 부합하는 제도적 선택이었다. 그러나 1990년대 이후 영국, 미국, 북유럽 등을 중심으로 전력산업의 자유화와 경쟁도입이 확산되었으며, 이에 따라 다양한 형태의 시장모형이 등장하게 되었다.

이러한 제도적 변화는 전력시장의 효율성 제고, 가격 신호의 개선, 기술혁신 촉진, 소비자 선택권 확대 등 긍정적 효과를 추구했으나, 동시에 시장지배력 행사, 가격 급등과 변동성, 장기투자 유인의 부족, 공급 신뢰도 저하 등의 부작용도 함께 야기하였다. 특히 재생에너지의 확산과 기후변화 대응이라는 새로운 과제가 부상하면서, 시장 설계의 방향성과 정책 목표 간의 조정 문제가 한층 더 복잡해지고 있다.

이러한 배경을 바탕으로, 다음 제11장에서는 전력시장의 규제 방식과 그 경제적 논거에 대해 살펴본다. 여기에는 비용보상 규제(cost-of-service regulation), 성과기반 인센티브 규제(performance-based regulation), 총요금상한제(revenue cap) 및 요금구조 설계(tariff design) 등이 포함된다. 또한 소매요금의 형평성과 효율성 간의 균형, 고정비 회수 문제, 전기요금의 사회적 정당성 등도 분석 대상이 된다.

이어지는 제12장에서는 전력산업의 탈규제 및 구조개편 사례를 중심으로, 경쟁도입이 실제로 어떤 성과를 가져왔는지, 그리고 제도 설계의 실패나 보완 필요성이 어떤 방식으로 나타났는지를 구체적인 국가 사례를 통해 살펴본다. 여기에는 영국, 미국(PJM, ERCOT), 한국 등 다양한 제도 유형을 포괄하며, 각국의 역사적 맥락과 제도 설계의 차이가 시장 성과에 어떤 영향을 주었는지를 비교 평가한다.

결론적으로, 본 장은 전력시장의 경제 이론과 제도적 구성요소를 이해하기 위한 기초를 제공하며, 다층적 제도설계와 정책목표 간 정합성 확보의 중요성을 강조한다. 이를 바탕으로 후속 장에서는 규제와 시장, 공공성과 경쟁성 간의 상호작용, 그리고 미래 전력시장 설계에 대한 정책적 시사점을 종합적으로 조망할 수 있을 것이다.

제11장

전력산업의 규제

1 서론: 전력산업에서의 규제의 의미와 필요성

전력산업은 국민경제의 핵심 기반 인프라로서, 생산·운송·소비 전 과정에 걸쳐 기술적·경제적 제약이 복합적으로 작용하는 고유한 산업이다. 전력은 저장이 어렵고 실시간으로 수요와 공급이 일치해야 하며, 공급망이 네트워크 구조로 얽혀 있어 시장에만 의존할 수 없는 공공적 특성을 지닌다. 이러한 특수성은 전력산업에 대해 정부가 일정한 규제를 수행할 필요성을 뒷받침하는 중요한 논거가 된다.

경제학적으로 전력산업의 규제는 시장실패에 대응하기 위한 제도적 장치로서 이해된다. 전력의 송전과 배전 부문은 높은 고정비용과 규모의 경제로 인해 자연독점의 성격을 지니며, 이로 인해 경쟁이 작동하기 어렵고 효율적 시장가격이 형성되지 않을 수 있다(Crew & Kleindorfer, 1986). 이러한 상황에서 정부가 가격, 진입, 투자 등을 통제하지 않을 경우, 독점사업자가 자의적으로 가격을 설정하거나 서비스 품질을 저하시킬 수 있다.

또한 전력산업은 필수재 성격을 지니고 있다. 전력공급은 단순한 민간재의 소비를 넘어서, 산업활동의 지속과 국민생활의 기본권 보장을 위한 필수 인프라이다. 특히 에너지빈곤층, 농어촌 지역, 전력 접근성이 낮은 계층에 대한 보편적 서비스(universal service)를 실현하기 위해서는 민간기업의 이윤 극대화 논리만으로는 한계가 존재하며, 정부의 규제를 통해 형평성과 접근성을 제도적으로 보장할 필요가 있다.

더 나아가 전력은 외부효과의 문제도 수반한다. 예를 들어 석탄화력발전의 경우 온실가스 및 대기오염 물질을 배출하지만, 이로 인한 환경적 피해는 시장가격에 제대로 반영되지 않는다. 이는 시장실패의 고전적인 사례로, 환경규제, 재생에너지 보조제도, 탄소가격제와 같은 정책적 수단이 규제체계와 결합하여 작동해야 함을 시사한다.

전력산업의 규제는 또한 정보 비대칭과 감시 불가능성에 대한 대응으로도 정당화된다. 소비자는 공급자의 비용구조, 설비상태, 수익률 등에 대한 정보를 알기 어렵고, 이에 따라 비효율적인 투자나 과도한 비용 전가가 발생할 수 있다. 이러한 상황에서는 규제기관이 일정한 투명성 확보와 감시 기능을 수행해야 하며, 이는 규제경제학의 핵심 논리 중 하나로 자리 잡고 있다.

전력산업 규제의 목적은 궁극적으로 효율성, 형평성, 안정성이라는 세 가지 목표의 균형을 달성하는 데 있다. 규제는 자원 배분의 효율성을 저해하지 않으면서도, 사회적 약자의 보호, 공급의 연속성 확보, 장기적 설비투자의 유인을 제공해야 한다. 이러한 복합적 목표 하에서 규제는 단일 수단이 아니라, 요금규제, 진입장벽 관리, 정보공개, 성과기반 제도 등 다양한 방식으로 설계되고 운용되어야 한다(Vogelsang, 2002).

마지막으로, 전력산업의 규제는 시장화 이후에도 여전히 중요한 역할을 수행한다. 탈규제가 발전과 소매판매 부문에서 경쟁을 도입하였지만, 송전·배전과 같은 독점적 요소는 여전히 규제의 대상이며, 시장 운영의 공정성 확보와 소비자 보호, 재생에너지 확대 등의 과제를 수행하기 위해 규제는 오히려 더 복잡하고 정교한 형태로 진화하고 있다(Joskow, 2019).

요컨대, 전력산업의 규제는 단지 시장을 통제하는 수단이 아니라, 시장의 한계를 보완하고 사회적 가치를 실현하기 위한 제도적 틀로 작동한다. 이후 절들에서는 전력산업 규제의 이론적 기반, 실제 운영 방식, 요금 설계, 규제기관의 역할, 그리고 새로운 환경 변화에 대응하는 규제정책의 전환 등을 구체적으로 살펴보고자 한다.

2 규제경제학의 이론적 배경

규제경제학은 시장실패를 교정하기 위한 정부 개입의 이론적 정당성과 정책 도구를 설명하는 분야로, 전력산업처럼 공공성과 경제성이 복합적으로 작용하는 산업에서 매우 중요한 분석 틀을 제공한다. 특히 자연독점, 외부성, 정보 비대칭 등 시장의 구조적 한계를 다루는 규제경제학의 논의는 전력산업 규제의 이론적 기반을 형성해 왔다(Viscusi et al., 2005).

(1) 규제의 목적과 정당성

규제는 시장실패를 교정하고, 공공의 이익을 실현하며, 특정 산업 또는 부문이 사회 전체의 목표와 조화를 이루도록 조정하는 제도적 수단이다. 특히 전력산업과 같은 필수재 공급 부문에서 규제는 단지 기술적·경제적 조정 기제를 넘어, 사회적 정당성과 지속가능성을 확보하기 위한 핵심 장치로 작용한다. 전력은 소비자가 선택적으로 구매를 조정하기 어렵고, 공급 중단 시 사회 전체에 심각한 영향을 미칠 수 있는 재화이기 때문에, 이 부문에서의 규제는 시장의 자율성만으로는 달성할 수 없는 다양한 사회적 목표를 제도적으로 구현하기 위한 수단으로 정당화된다.

가장 기본적인 규제의 목적은 시장실패의 교정이다. 이는 공공재의 성격, 외부효과, 불완전경쟁, 정보 비대칭 등으로 인해 시장이 자발적으로 효율적 자원배분을 실현하지 못할 경우, 정부가 제도적 개입을 통해 이를 보완하는 것이다. 전력산업에서는 송배전망의 자연독점성, 발전부문의 규모의 경제, 수요의 비탄력성 등이 이러한 실패의 대표적인 예다. 이러한 구조 하에서는 경쟁을 통한 가격조정 메커니즘이 작동하지 않으며, 민간사업자에게 맡길 경우 과잉 요금 청구, 서비스 저하, 투자 부족 등의 문제가 발생할 수 있다. 이에 따라 규제는 적정 수익 보장과 소비자 보호, 그리고 장기적 인프라 투자 유인을 동시에 달성해야 하는 과제를 수행하게 된다. Stigler(1971)는 규제를 “시장실패에 대응하는 경제정책의 연장선”으로 규정하면서, 그 정당성은 결국 시장 구조와 행태의 한계를 보완하는 데서 비롯된다고 주장하였다.

둘째, 규제는 사회적 가치 실현과 형평성 확보라는 공공정책의 도구로서 기능한다. 전력은 모든 계층과 지역의 국민이 안정적으로 접근할 수 있어야 하는 기본 서비스이므로, 단지 수익 극대화를 목적으로 운영될 수는 없다. 규제를 통해 저소득층, 농어촌 지역, 취약계층에 대한 보편적 서비스가 보장되며, 사회 전체의 연대성과 공공성이 제도적으로 실현된다. 이러한 측면에서 전력산업의 규제는 단순한 효율성의 문제가 아니라, 공정성과 정의의 문제이기도 하다.

셋째, 규제는 장기적 안정성과 지속가능성 확보라는 전략적 목표를 내포한다. 시장은 단기 수익에 기반한 행동을 유도하는 경향이 있기 때문에, 미래 세대를 위한 에너지 전환, 재생에너지 통합, 환경 보호와 같은 장기적 과제를 스스로 반영하기 어렵다. 이에 따라 규제는 일정한 계획성과 지속가능성의 원칙을 반영하여, 투자 위험을 분산시키고, 장기적 인센티브를 설계하며, 전략적 인프라가 축적될 수 있도록 유도한다. 시장만으로는 에너지 안보와 탈탄소화와 같은 공공재적 목표를 실현할 수 없으며, 규제가 이를 위한 필수적인 중간기제로 작동해야 한다는 지적이 제시된 바 있다(Helm, 2004).

넷째, 규제는 기술 변화와 시장 구조의 진화를 제도적으로 반영함으로써, 혁신을 유도하고, 새로운 경쟁질서를 조정하는 기능도 수행한다. 특히 분산형 에너지 자원, 디지털 기술, 전기차 등으로 전력시장의 구조가 다층화되고 있는 현실에서는, 규제의 설계가 혁신을 제약하는 장애물이 아니라, 혁신의 방향성과 공정한 경쟁 환경을 제공하는 ‘시장 인프라’로 작동해야 한다. 규제가 단지 시장에 개입하는 ‘장벽’이 아니라, 시장을 가능하게 하는 ‘제도적 조건’으로 설계될 수 있어야 한다는 점이 강조되고 있다(Baldwin et al., 2012).

결국 규제의 정당성은 그것이 단지 국가의 개입이기 때문이 아니라, 시장으로는 달성할 수 없는 사회적 목적을 제도적으로 가능하게 만든다는 점에서 확보된다. 이는 시장을 대체하거나 억압하는 방식이 아니라, 시장이 공공성과 효율성을 동시에 달성할 수 있도록 조정하는 정합적 구조로서의 규제가 필요함을 시사한다. 따라서 규제는 지속적으로 변화하는 기술, 시장, 정책 환경에 대응할 수 있는 유연성과, 정당성을 확보할 수 있는 참여성과 투명성을 동시에 갖춘 제도로 설계되어야 하며, 이는 규제가 장기적 신뢰를 확보하고 사회 전체의 복지를 증진시키는 방향으로 기능할 수 있게 하는 핵심 조건이다.

(2) 자연독점과 고전적 규제이론

전통적인 규제이론의 출발점은 자연독점의 존재에서 비롯된다. 자연독점은 산업의 기술적 특성상 하나의 사업자가 시장 전체를 담당하는 것이 사회적으로 가장 효율적인 구조일 때 성립한다. 특히 전력산업의 송배전 부문은 높은 고정비와 낮은 한계비용, 그리고 네트워크의 비가분성(non-divisibility)이라는 기술적 특성 때문에 규모의 경제가 크게 작용하며, 복수의 사업자가 경쟁적으로 운영하는 것이 오히려 비효율을 초래하게 된다. 이러한 조건에서 경쟁을 도입하면 중복투자와 단위당 비용 상승, 네트워크 통합의 실패 등 심각한 사회적 비용이 발생할 수 있다. Baumol(1977)은 자연독점의 본질을 "하나의 사업자가 독점할 때 전체 비용이 최소화되는 시장"으로 정의하며, 이러한 경우에는 규제에 의한 단일 사업자의 통제가 바람직하다고 주장하였다.

전력산업에서 이러한 자연독점은 주로 송전망, 배전망 등 물리적 인프라 부문에서 나타나며, 이는 규제가 존재하지 않을 경우 독점사업자가 과도한 가격을 부과하거나 서비스 질을 낮추는 등 소비자 후생을 저해할 수 있음을 의미한다. 따라서 고전적 규제이론은 이러한 자연독점적 산업에 대해 정부가 가격과 수익률을 직접 통제함으로써 독점의 폐해를 억제하고, 사회 전체의 자원 배분 효율성과 소비자 보호를 동시에 달성하려는 목적을 가진다. 이는 흔히 수익률 규제 또는 공익요금 규제로 불리며, 규제기관은 사업자의 총비용과 자본투자를 평가한 후 일정한 수익률을 허용하는 방식으로 요금을 결정한다. Bonbright(1961)는 이러한 요금 규제 방식이 공공서비스 제공의 안정성과 투자 유인을 보장하는 데 가장 합리적인 제도적 장치라고 보았다.

수익률규제에 따른 총수입은 수익률 기저에 수익률을 곱한다음 영업비용을 더해서 계산할 수 있다. 수익률 기저는 순투자로서 총투자에서 누적감가상각액을 제외한 금액이다. 총투자는 발전, 송전과 배전 자산을 포함하여 건물, 차량 등을 포함한다. 누적감가상각액은 초기 투자액에서 가치의 총 감소분을 나타낸다.

수익률의 벤치마크는 경제적 이윤이 영인 상태에서 결정되는 수익률이다. 경제적 이윤이 영일 경우 경쟁시장에서 기업이 얻을 수 있는 정상 수익을 얻게 된다. 이 수익은 주주들에게 돌아가는 주식에 대한 수익과 채권자들에게 돌아가는 부채에 대한 수익을 포함한다. 자본비용과 적정 수익률 외에 운영 및 관리비용을 회복해야 한다. 장기적으로 변동하는 자본비용과 달리 운영비용과 관리비용은 단기에 변동한다. 단기 운영비용과 관리비용은 노동과 연료 비용 및 반복적으로 발생하는 관리서비스 비용을 포함한다. 규제당국은 정기적으로 청문회를 통하여 전력회사의 비용항목이 요금기저에 포함되는 것이 적합한지 검토를 하게 된다. 어떤 운영관리비용은 자동적으로 소비자요금에 전가된다. 연료비조정은 전력회사로 하여금 기대하지 못한 변동에 대해서 자동적으로 비용을 조정하게 한다(Joskow, 1974). 연료비연동 조항은 전력회사가 통제하지 못하는 요소에 대해서 전력회사를 불이익을 주지 않는 장점이 있는 반면 단점은 이러한 비용을 낮추려는 인센티브가 없다는 것이다. 변동성이 큰 연료비용을 직접적으로 소비자에게 전가할 수 있는 전력회사는 선물거래나 옵션 등을 통해서 헤지를 할 인센티브가 약해진다.

[그림 11－1]은 일반적인 전력회사의 규제 방식인 수익률 규제(rate return regulation)를 나타낸다. 자연독점 기업의 장기 평균곡선이 규모의 경제에 의하여 전력생산량이 늘어남에 따라 하락하는 모습을 보이고 있다. 독점기업으로서 전력회사는 한계수익과 한계비용이 일치하는 수량(Q_M)과 독점가격(P_M)에서 이윤을 극대화 할 것이다. 이 경우 독점의 사회적 비용으로 사중손실(deadweight loss)이 발생한다. 경제적 효율성을 위해서는 한계비용과 가격이 일치하도록 규제를 할 유인이 존재한다. 그러나 이 경우 생산량은 Q_{MC}가 되어 독점기업에 손실이 발생하게 된다. 규제 기관은 손실을 보조금을 주어 보상하던지 아니면 평

균비용에 의하여 가격을 설정하도록 규제할 수 있다. 평균비용 가격하에서 독점 기업은 영업비용 등의 가변비용 뿐만 아니라 자본에 대한 적정 수익률을 회수할 수가 있다. 자기자본에 대한 배당수익률과 부채에 대한 이자를 지급할 수 있도록 수입을 확보하게 되는 것이다. 결국 수익률 규제는 총판매 수익으로 총비용을 지불할 수 있도록 규제하는 방식이라 할 수 있다. 그러나 이 방식은 그림에서 보는 바와 같이 가격이 한계비용보다 높게 책정이 되기 때문에 빗금 친 부분만큼의 사중손실이 발생하는 문제점이 있다.

그림 11-1 평균비용 가격설정에 따른 사회적 비용

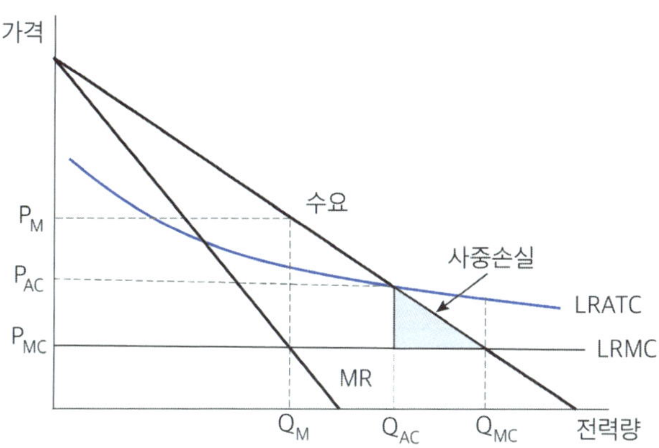

수익률 규제는 정보 비대칭 상황에서 사업자가 비효율적 지출이나 과잉투자를 통해 비용을 부풀릴 유인을 제공한다는 점에서 비판받아 왔다. 특히 Averch & Johnson은 이러한 방식이 자본집약적인 산업에서 '자본 기반을 확장할수록 더 많은 수익을 보장받는다'는 유인을 제공한다는 점을 지적하며, 이를 '애버취-존슨 효과'로 설명하였다(Averch & John, 1962)[1]. 이러한 결과는 자본 효율성을

1) 규제당국이 자본수익률을 규제할 때 자본수익률은 $\tau = \frac{(p(Q) \cdot Q - wL)}{K}$로 나타낼 수 있다. 수익률 상한 τ^*은 통상적으로 경쟁적인 자본시장의 자본비용 r보다 높다. 왜냐하면 $r < \tau^*$ 인 경우 규제기업이 손실을 입기 때문이다. 이러한 조건하에서 이윤 극대화를 추구하는 규제기업은 K를 증대시켜 자본 노동비율을 적정수준보다 높게 유지하게 되는데 이를 애버취-존슨효과라 한다. 정갑영 외(2025) 498쪽 참조.

저해하고, 장기적으로는 소비자 요금 부담 증가로 이어질 수 있다.

애버취-존슨효과는 두가지 측면에서 사회적 비용을 확대시키고 있다. 평균비용이 상승함에 따라 사중손실이 증가하고 있고 $EHGP_{AC'}$ 만큼 생산비용이 증가하고 있다. 규제포획도 비슷한 비효율을 초래한다(Stigler, 1971). 애버취-존슨효과와 규제포획이 있으면 평균비용이 상승하고 사중손실이 증가하며 생산비용이 증가할 것이다.

그림 11-2 **애버취-존슨 효과에 따른 비효율**

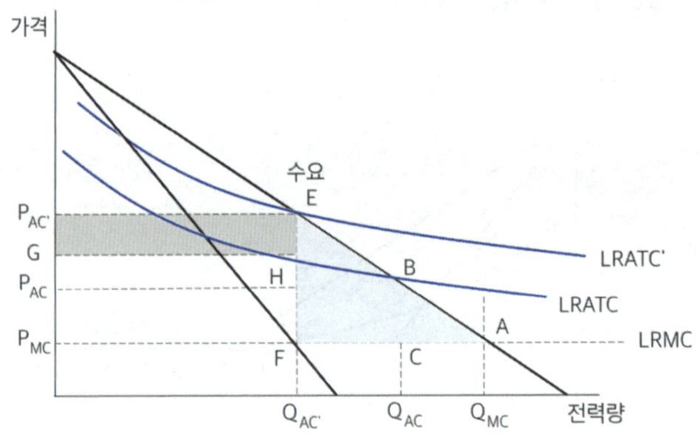

그럼에도 불구하고 고전적 규제이론은 여전히 전력산업 규제의 기본적 철학과 구조적 토대를 제공한다. 경쟁이 기술적으로 가능하지 않은 부문에 대해서는 여전히 규제가 필요하며, 특히 보편적 서비스와 공공성, 장기적 투자 안정성 확보라는 목표를 달성하기 위해서는 일정한 형태의 공공통제가 불가피하다. Crew & Kleindorfer(1986)는 규제의 핵심은 단지 가격통제를 넘어, 장기적 관점에서 산업의 안정성과 지속가능성을 확보하는 데 있다고 강조하였다.

결국 자연독점과 고전적 규제이론은 전력산업의 특정 부문, 특히 송배전망과 같은 인프라 부문에서 여전히 유효한 이론적 근거를 제공하며, 이러한 구조적 특성을 이해하는 것은 오늘날 규제의 진화 과정과 유인기반 규제, 인센티브 설계 등 후속 이론으로의 발전을 이해하는 데 필수적인 출발점이라 할 수 있다.

(3) 정보 비대칭과 유인기반 규제

전통적인 수익률 규제는 공공 필수재의 안정적 공급과 독점사업자의 과도한 이윤 추구 억제를 목적으로 정교하게 설계되었지만, 규제기관과 사업자 사이에 존재하는 정보 비대칭 문제로 인해 근본적인 한계를 노출하게 되었다. 규제기관은 사업자의 비용 구조, 기술 효율성, 투자 리스크, 서비스 품질 등에 대해 완전한 정보를 갖기 어렵기 때문에, 요금 승인이나 수익률 설정 과정에서 사업자의 주장을 과도하게 반영하거나, 반대로 효율적인 행동을 억제하는 결과를 초래할 수 있다. Laffont & Tirole(1993)은 이러한 상황에서 단순한 명령과 통제 방식의 규제는 비효율을 낳을 가능성이 높다고 지적하며, 유인(incentive)을 기반으로 한 새로운 규제 패러다임의 필요성을 제시하였다.

유인기반 규제는 사업자가 자발적으로 효율성을 추구하도록 설계된 제도적 장치다. 이 방식은 규제기관이 모든 정보를 수집·처리하기보다, 일정한 성과 기준 또는 비교평가 기준에 따라 사업자의 행위를 간접적으로 유도함으로써 효율성과 혁신을 동시에 추구한다. 대표적인 형태로는 가격상한 규제(price-cap regulation), 총요금상한 방식, 벤치마킹 규제 등이 있으며, 이는 규제기관이 사업자에게 일정한 '성과 기대치'를 설정하고, 이 기준보다 높은 성과를 달성할 경우 일정 수준의 이윤을 허용하는 방식으로 운영된다. Vogelsang(2002)은 이러한 유인기반 규제가 사업자의 정보 우위를 인정하면서도, 장기적인 비용 절감과 서비스 개선을 유도하는 데 효과적이라고 평가하였다. 다음은 유인기반 규제의 종류와 내용에 대하여 살펴보고자 한다.

① 가격상한규제(price cap regulation)

전력시장에서의 가격상한규제(price cap regulation)는 공공 유틸리티, 특히 전력 공급 기업이 소비자에게 과도한 요금 인상을 부과하지 못하도록 제한하는 규제 방식이다. 공공 유틸리티가 자연독점의 지위를 가지는 경우, 이러한 규제는 소비자 보호와 효율성 제고라는 목적을 동시에 추구한다(Joskow, 2008b).

가격상한규제는 일반적으로 인플레이션 조정 지수(RPI)에서 효율성 향상 계수(X)를 차감하는 방식으로 가격상한을 설정하는 RPI-X 방식으로 운용된다.

$$P_t = P_{t-1}(1 + RPI - X) \quad (11.1)$$

P_t는 t시점의 가격 상한, RPI는 물가상승률, X는 기대되는 효율성 향상을 반영한다. 이 규제는 전력 회사가 비용 절감을 통해 규제된 가격 이하로 운영하면 그 차익을 이익으로 유지할 수 있도록 함으로써 효율성 향상의 유인을 제공한다.

반면, 비용이 급등하거나 X계수가 과도하게 설정되었을 경우, 전력회사는 수익성 악화를 감수해야 하므로 이는 과소투자나 서비스 질 저하로 이어질 위험이 있다(Crew & Kleindorfer, 1996). 또한 적절한 가격상한과 X계수를 설정하기 위한 정보의 비대칭성 문제는 규제 실패 가능성도 동반한다(Joskow, 2008).

② 총요금상한제(Revenue Cap Regulation)

총요금상한제(Revenue Cap Regulation)는 공공 유틸리티, 특히 전력망 운영과 같은 자연독점 분야에서 기업이 특정 기간 동안 소비자로부터 거둘 수 있는 총수입(total allowed revenue)에 상한을 설정하는 방식의 인센티브 규제이다. 이는 기존의 가격상한제(price cap regulation)와 달리 단위요금(price per unit)이 아니라 총매출액(revenue) 자체를 규제 대상으로 삼는다는 점에서 구별된다(Joskow, 2008b).

총요금상한제의 핵심은 일정한 총수입한도(R)를 설정하고, 이를 기준으로 해당 기간의 전력 수요(Q)를 예측하여 단위 요금을 산정하는 것이다. 이는 다음과 같은 방식으로 표현된다.

$$P = \frac{R}{Q} \quad (11.2)$$

P는 전력단가, R은 규제기관이 설정한 총요금상한, Q는 예측된 총 판매량이다. 이 구조에서는 수요가 감소하면 단가가 올라가고, 수요가 증가하면 단가가 내려가는 조정 메커니즘이 작동한다. 따라서 유틸리티 기업은 수익을 늘리기 위해 판매량을 과도하게 늘릴 유인을 갖지 않게 되며, 이는 에너지 절약과 수요관리 정책에 부합하는 방향이다(Bauknecht, 2011). 총요금상한제는 특히 에너지 전

환 및 탈탄소화가 중요한 이슈로 부상하는 상황에서, 수요 증가보다 효율적 소비를 유도하려는 정책 목표에 적합한 규제 방식으로 평가받는다.

이 제도의 장점은 유틸리티 기업의 과도한 판매 유인을 억제하고, 수요 예측과 요금 조정의 유연성을 확보할 수 있다는 점이다. 또한 비용 절감 유인을 유지하면서도 사회적 수요관리 목표를 함께 달성할 수 있는 제도적 틀을 제공한다. 그러나 단점으로는 수요 예측이 부정확할 경우 요금 변동성이 커질 수 있으며, 판매량 급증 또는 급감 시 기업의 수익성과 소비자 요금 안정성 간의 균형을 유지하기 어려울 수 있다는 점이 지적된다(Joskow, 2006).

③ 수익공유규제(Reveue Sharing Regulation)

전력 시장에서의 수익공유규제는 전력 공급 회사가 효율성 개선이나 비용 절감을 통해 획득한 초과 수익(excess profit)의 일부를 소비자와 공유하도록 하는 규제 메커니즘이다. 이는 일반적으로 규제기관이 정한 기준수익률(benchmark return)을 초과하는 수익이 발생할 경우, 그 초과분을 사전에 설정된 공유 비율(sharing ratio)에 따라 소비자에게 환원하도록 하는 방식으로 운영된다(Lowry & Kaufmann, 2002).

이러한 수익 공유는 요금 인하, 전기요금 할인, 서비스 품질 개선, 에너지 효율화 프로그램 등의 형태로 이루어질 수 있다. 기업은 일정 수준 이하의 수익까지는 전적으로 보유할 수 있으며, 초과 수익은 공유해야 한다는 점에서, 기업의 비용 절감과 운영 효율화 유인을 동시에 제공한다(Crew & Kleindorfer, 1996). 효율성 향상은 대개 기술 혁신, 운영 최적화, 자원 배분 개선 등을 통해 달성되며, 이로 인한 성과 일부를 공공과 공유함으로써 시장의 신뢰성과 정당성을 높인다(Joskow, 2008b).

수익공유규제의 장점은 유틸리티 기업에게 비용 절감과 효율성 향상을 위한 강력한 인센티브를 제공함과 동시에 소비자에게 직접적인 혜택이 돌아가도록 한다는 데 있다. 특히 이는 가격상한규제(price-cap regulation)의 경직성을 보완할 수 있는 보다 유연한 제도로 평가된다(Lowry & Kaufmann, 2002).

그러나 단점도 존재한다. 적절한 수익 공유 기준과 공유 비율을 설정하는 과정은 복잡하며, 이익 계산을 위한 회계 기준 설정 및 정보 비대칭성 문제 등으로 인해 규제 설계가 어렵다. 또한 과도한 단기 성과 유인이 유틸리티 기업의 장기적 투자나 지속가능성에 부정적인 영향을 줄 수 있다는 비판도 제기된다.

④ 탄력적 수익 조정 규제(sliding scale regulation)

탄력적 수익조정 규제는 전력 유틸리티 산업에서 사용되는 인센티브 기반 규제 방식의 하나로, 기업의 실제 수익이 사전에 설정된 목표 수익률 또는 성과 기준과 비교되어, 요금 또는 수익률이 자동적으로 조정되는 메커니즘이다. 이 규제 방식은 기본적으로 성과에 따라 수익을 늘리거나 줄일 수 있도록 허용하되, 극단적인 수익의 편차를 방지하여 소비자와 기업 모두에게 안정성과 유인을 제공한다.

이 제도 하에서는 전력회사의 수익이 목표치를 초과할 경우, 그 초과 수익의 일부 또는 전부를 소비자에게 환원해야 하며, 보통 요금 인하, 할인, 리베이트 등의 형태로 구현된다. 반대로 수익이 기준 이하로 떨어질 경우, 규제된 요금을 인상하여 일정 수준의 수익 회복을 허용함으로써 기업의 재정적 안정성을 확보하도록 설계된다(Lowry & Kaufmann, 2002). 이러한 방식은 고정된 가격 상한 또는 전통적 수익률 규제보다 자동성과 유연성이 크며, 규제기관의 빈번한 개입 없이도 성과 조정이 가능하다는 장점이 있다(Joskow, 2008).

탄력적 규제는 특히 전력 배전 및 송전 부문과 같이 자연독점적 성격이 강한 분야에서 적용되며, 기업에게는 효율성 향상과 비용 절감의 유인을 제공하고, 소비자에게는 불필요한 요금 인상을 방지할 수 있는 보호장치를 제공한다. 또한 이 제도는 수익 공유와 가격 조정 기능을 결합함으로써 성과 조정의 연속성과 자동성을 확보하고, 성과 중심의 규제 전환을 실현하는 중요한 규제 도구로 평가된다.

다만, 탄력적 수익조정 규제를 효과적으로 설계하려면 성과 기준, 수익률 허용 범위, 소비자 환원 방식 등을 정밀하게 설정해야 하며, 기업과 소비자 간 이익 분배의 공정성 확보가 중요한 과제로 남는다.

⑤ 성과기반 규제(Performance-Based Regulation, PBR)

성과기반 규제 또한 전통적인 수익률 기반 규제의 비효율성을 극복하고, 전력회사의 효율성, 혁신, 서비스 질을 제고하기 위해 고안된 인센티브 규제 방식이다. 성과기반 규제 하에서는 전력회사의 수익이 단순히 투자 자본 규모나 비용에 연동되지 않고, 사전에 설정된 성과 지표(예 송배전 신뢰성, 고객 만족도, 에너지 효율성 지표, 설비 가동률 등)의 달성 수준에 따라 조정된다(Joskow, 2008b).

전력회사가 운영 효율성을 높이거나 서비스 품질을 개선할 경우, 비용 절감분의 일부를 기업 수익으로 인정받거나 추가 인센티브를 획득할 수 있다. 반대로, 성과가 기준 이하로 하락할 경우에는 금전적 페널티나 요금 삭감 등의 제재를 받게 된다(Lowry & Kaufmann, 2002). 이와 같은 설계는 기업이 단기적 비용 최소화뿐 아니라 장기적 서비스 향상과 고객 만족이라는 다중 목표를 달성하도록 유도한다.

성과기반 규제는 특히 전통적 수익률 규제에서 나타나는 자본 과잉투자 유인, 즉 애버취-존슨 효과를 줄일 수 있는 대안으로 평가된다. 수익률 규제는 허용 수익률이 자본 비용보다 높게 설정될 경우, 기업이 수익을 극대화하기 위해 불필요하게 설비투자를 확대하는 왜곡을 초래할 수 있다. 반면, 성과기반 규제는 투자 규모보다는 성과에 연계된 수익 보상 구조를 제공함으로써 보다 효율적인 자원 배분과 기술 혁신을 장려한다(Sappington et al., 2001).

이러한 규제 방식의 장점은 전력회사에 강력한 효율성 개선 인센티브를 제공한다는 점이다. 또한 소비자 서비스의 질을 높이고, 장기적으로는 요금 안정성과 에너지 효율성 향상으로 이어질 수 있다. 그러나 단점으로는 적절하고 정량화 가능한 성과지표 설정이 어렵고, 기업이 단기적인 성과 목표 달성에만 집중할 경우 장기적 투자 및 지속가능성 목표가 희생될 수 있는 위험이 존재한다(Joskow, 2008).

⑥ 비교잣대 경쟁(Yardstick competition)

비교잣대 경쟁(Yardstick competition)은 특히 자연 독점적 특성이 강한 전력산업이나 공공 서비스 분야에서 널리 사용되는 성과 비교 기반의 규제 방식이다. 이 방식은 서로 유사한 조건에서 서비스를 제공하는 여러 기업의 운영 성과와 비용 구조를 비교하고, 상대적으로 우수한 사업자를 기준점(yardstick)으로 설정하여 다른 기업의 성과를 평가하고 규제 기준을 설정한다(Shleifer, 1985).

예를 들어, 여러 지역의 송배전 사업자가 동일한 서비스 기준을 충족해야 할 때, 가장 효율적인 운영을 달성한 사업자의 비용 수준을 잣대로 삼아 다른 사업자의 허용 비용이나 수익률을 결정하게 된다. 효율적으로 운영한 사업자는 비용 절감분 중 일부를 이익으로 보유할 수 있으며, 비효율적인 사업자는 허용 수익이 감소하는 구조다. 이는 기업 간 직접적인 시장 경쟁이 어려운 상황에서도 유사한 준경쟁적(quasi-competitive) 압력을 부여함으로써, 전력 회사들이 비용 절감과 효율성 향상을 추구하게 만든다(Joskow, 2008b).

비교잣대 경쟁의 핵심은 벤치마킹이며, 이는 다양한 성과 지표—예컨대 단위당 운영비용, 정전 시간, 고객 만족도 등—를 사용하여 이루어진다. 상대적 성과에 따라 우수 기업에게는 인센티브를 제공하고, 저조한 성과의 기업에게는 성과 개선을 유도하는 제도적 압력을 가함으로써, 고객 서비스의 질을 높이고 요금의 경제성을 제고할 수 있다. 이 방식은 성과에 따른 수익 조정 메커니즘으로 작동하며, 과도한 비용의 소비자 전가를 방지하고 규제의 투명성과 신뢰성을 강화하는 역할을 한다.

그러나 비교잣대 경쟁이 효과적으로 작동하기 위해서는 비교군의 선정이 매우 중요하다. 성과 비교 대상 기업 간에 지리적 조건, 수요 특성, 규제 환경 등 서비스 제공 여건이 유사해야 하며, 정확하고 비교 가능한 데이터 확보가 전제되어야 한다. 이 과정에서 정보 비대칭 문제나 데이터 품질 이슈가 발생할 수 있으며, 규제기관은 공정하고 객관적인 비교 기준 설정을 위해 고도의 전문성과 자원을 요구받는다.

위에서 살펴본 바와 같이 유인기반 규제의 핵심은 사업자가 규제기관보다 자사 정보를 더 잘 알고 있다는 현실(정보 비대칭성)을 인정하는 데 있다. 규제는 이러한 정보 비대칭을 제거하려 하기보다 제도 설계를 통해 이를 내부화하고 활용하는 방식으로 발전해 왔다.

또한 유인기반 규제는 단기적인 비용 효율성 제고뿐만 아니라, 장기적인 기술 혁신과 설비 투자를 유도할 수 있다는 점에서 특히 중요하다. 규제기관이 일정한 수익률을 보장하기보다는, 일정 기간 동안 성과에 따른 수익 변화를 허용할 경우, 사업자는 자발적으로 효율성 제고와 품질 개선을 도모하게 된다. 다만 이러한 구조는 기업이 단기 이익에 치중하여 서비스 품질을 희생하거나, 필수 투자를 회피할 위험도 동반하기 때문에, 성과지표, 품질관리, 소비자 보호 제도와의 연계가 반드시 필요하다(Joskow, 2006).

결과적으로, 유인기반 규제는 '감시와 통제'에서 '설계와 유도'로 규제 패러다임의 전환을 의미하며, 특히 전력 산업과 같은 기술 복잡성과 고정비 중심 구조를 가진 분야에서 점점 더 중요성이 부각되고 있다.

(4) 규제실패와 규제개혁의 필요성

규제는 시장실패를 보완하고 공공의 이익을 실현하기 위한 제도적 수단이지만, 현실에서 항상 기대한 성과를 달성하는 것은 아니다. 오히려 규제가 비효율을 초래하거나 본래의 정책 의도와 다른 방향으로 작동하여 사회적 비용을 증가시키는 경우도 자주 발생한다. 이러한 현상은 일반적으로 '규제실패'로 지칭되며, 규제의 한계를 보여주는 경험적·이론적 사례로 누적되어 왔다. 규제실패는 정보 부족, 제도 설계의 오류, 정치적 개입, 규제 포획(regulatory capture) 등 다양한 원인에 기인하며, 이는 규제 제도 전반에 대한 재검토와 개혁의 필요성을 제기한다(Baldwin et al., 2012).

대표적인 규제실패 사례는 정보 비대칭과 규제기관의 역량 부족으로 인해 발생하는 비효율적 의사결정이다. 규제기관이 사업자의 비용 구조나 기술 조건에 대한 충분한 정보를 확보하지 못할 경우, 요금 규제나 인허가 기준이 왜곡되어 과잉투자 또는 투자 기피, 비용 과다계상, 낮은 생산성 등으로 이어질 수 있으며, 그 결과 소비자 부담 증가와 서비스 질 저하로 귀결될 수 있다(Laffont & Tirole, 1993).

또한 규제는 기존 대규모 사업자에게 유리한 방향으로 작동하여 공공성을 저해할 수 있다. 특히 산업과 규제기관 간의 지나친 밀착, 또는 산업 출신 인사의 규제기관 유입은 규제를 시장 진입 억제와 경쟁 제한의 수단으로 변질시킬 수 있다. 이는 규제가 산업의 이해를 보호하는 도구로 활용되는 '규제 포획'의 전형적인 사례이다(Stigler, 1971).

정치적 영향력도 규제 실패의 중요한 요인이다. 정부는 단기적 민심을 관리하거나 특정 집단의 지지를 확보하기 위해 규제를 활용할 수 있으며, 이로 인해 장기적 효율성과 일관성이 훼손될 수 있다. 예컨대 요금 동결이나 과도한 보조금 정책은 단기적으로 소비자 보호 효과를 가져올 수 있으나, 장기적으로는 시장 왜곡, 투자 위축, 재정 부담으로 이어질 수 있다(Tullock, 1967).

이와 같은 규제실패는 단순한 규제 철폐나 완화가 아니라, 규제의 목적·방식·운영 구조 전반을 재구성하는 방향의 규제개혁을 요구한다. 규제개혁은 투명성, 유연성, 정보 기반, 성과 중심, 이해관계자 참여의 원칙을 강화하는 방향으로 추진되어야 하며, 기술적 조정을 넘어 제도적 거버넌스 전환이라는 관점에서 접근될 필요가 있다(Baldwin et al., 2012).

특히 전력산업과 같이 기술과 시장이 급변하는 분야에서는 기존 규제 방식이 현실과 괴리되거나, 새로운 문제를 해결하지 못하는 경우가 빈번하다. 이에 따라 규제개혁은 규칙 변경에 그치지 않고, 규제기관의 조직 역량, 데이터 활용 능력, 협력적 정책 조정체계, 소비자와의 소통 메커니즘 등을 포함한 구조적 개선을 필요로 한다(OECD, 2021).

결과적으로 규제는 그 한계와 실패 가능성을 인식하는 데서 출발하여, 스스로를 갱신하고 개선해 나가는 제도적 역량을 갖추어야 한다. 이는 단지 제도나 방식의 문제가 아니라, 규제를 둘러싼 정치·경제·사회적 환경과의 상호작용 속에서 규제의 역할을 재정의하는 작업이며, 궁극적으로는 공공정책 전반의 정당성과 효율성을 제고하기 위한 핵심 조건이다(OECD, 2021).

3 전력산업의 규제 대상과 방식

전력산업은 발전, 송전, 배전, 소매판매의 네 가지 주요 부문으로 구성되며, 각 부문은 경제적·기술적 특성에 따라 규제의 대상과 범위가 상이하다. 발전은 일정 조건 하에서 경쟁이 가능한 반면, 송전과 배전은 본질적으로 자연독점의 특성을 지니며, 소매판매는 소비자 보호와 형평성 확보라는 공공적 목적에서 규제의 필요성이 제기된다(Newbery, 1995). 따라서 전력산업의 규제는 기능별로 차등화된 방식으로 접근해야 하며, 전통적인 가격 규제뿐 아니라 최근에는 성과기반과 인센티브 중심의 방식으로 진화하고 있다(Joskow, 2008b).

(1) 발전부문: 경쟁 가능성과 환경규제

전력산업의 발전부문은 기술적·경제적 특성상 송·배전 부문과 달리 비교적 경쟁이 가능한 영역으로 간주되어 왔다(Newbery, 1995). 발전설비는 규모의 경제가 존재하긴 하지만, 다양한 크기와 기술 유형의 설비가 존재할 수 있고, 동일 계통 내에서 생산된 전력이 자유롭게 송전될 수 있다면, 다수의 발전사업자가 시장에 참여하여 가격 신호를 기반으로 경쟁할 수 있는 구조가 형성된다. 특히 발전기 간 기술적 대체 가능성이 확보되고, 입찰 기반의 시장 설계가 효과적으로 작동할 경우, 자원의 효율적 배분이 가능해지며, 이는 전력시장 자유화의 이론적 토대를 제공한다(Joskow & Schmalensee, 1983).

이러한 경쟁 가능성은 1990년대 이후 구조개편과 민영화 정책의 핵심 논거가 되었으며, 영국, 미국, 독일 등 많은 국가들이 발전부문에 경쟁을 도입하는 방향으로 전력산업 개혁을 추진해 왔다. 그러나 경쟁의 실현은 단순히 시장에 다수의 사업자가 존재하는 것만으로는 보장되지 않으며, 송전 인프라의 물리적 제약, 발전기 운영 특성의 이질성, 정보 비대칭 및 시장 규칙의 설계 등 다양한 제도적 조건이 함께 충족되어야 한다.

실제로 발전설비 간 연료유형, 효율, 기동속도, 최소출력 등 운전 특성의 차이는 시장 참여 기회의 비대칭을 초래할 수 있으며, 계통의 병목(bottleneck)이나 특정 지역의 송전망 제약은 물리적으로 경쟁을 제한하고, 특정 사업자의 시장지배력을 강화시키는 요인으로 작용할 수 있다. 특히 피크수요기에는 한정된 수의 발전기만이 실질적인 공급자가 되면서, 이들이 공급을 인위적으로 제한하거나 전략적 입찰을 통해 가격을 상승시키는 '시장지배력 행사'의 위험이 존재한다(Joskow & Kahn, 2002). 따라서 전력시장에서의 경쟁은 단순한 시장 개방이 아니라, 정교한 시장 감시체계, 투명한 정보 공개, 효율적인 송전망 확충 등 복합적 조건의 충족을 필요로 한다.

이와 동시에, 발전부문은 최근 기후변화 대응이라는 글로벌 의제 속에서 환경규제라는 새로운 제약조건에 직면하고 있다. 탈탄소화를 핵심 목표로 하는 에너지 전환 정책은 발전부문의 에너지 믹스를 근본적으로 변화시키고 있으며, 석탄과 석유 기반 발전의 단계적 축소, 재생에너지의 급속한 보급, 가스발전의 전환적 역할 등이 주요 흐름으로 자리잡고 있다(Fischer & Newell, 2008). 이러한 구조적 전환은 발전기술 간 경쟁의 구도, 투자 유인, 설비 운영 전략, 그리고 시장 가격의 결정 메커니즘 전반에 중대한 영향을 미치고 있다.

환경규제는 단순한 직접 규제에서부터 시장 기반의 유인 정책까지 폭넓은 수단을 포함한다. 예컨대, 탄소세, 배출권거래제(ETS), 재생에너지 의무할당제(RPS), 배출기준 강화, 그리고 청정에너지에 대한 세제 인센티브 등이 이에 해당한다. 이러한 정책들은 발전사업자의 기술 선택, 설비 운영 전략, 장기적 투자 의사결정에 구조적인 영향을 미치며, 경쟁정책도 이제는 단순한 비용 효율성 확보에 머무르지 않고, 환경적 지속가능성과의 정합성을 달성하는 방향으로 설계되어야 한다(Joskow, 2019). 즉, 경제적 경쟁과 환경적 책임이 조화롭게 병행될 수 있는 규제 설계가 요구된다.

한편, 태양광과 풍력을 중심으로 한 재생에너지의 보급 확대는 발전시장의 구조 자체를 변화시키고 있다. 재생에너지는 연료비가 없고 단위 비용이 매우 낮은 반면, 간헐성과 비예측성이라는 고유한 제약을 갖고 있어 전통적인 전력시장 설계에 도전한다. 시간대별 가격 신호에 의존하는 기존의 입찰시장 구조는 재생에너지의 무변동비 성격과 잘 부합하지 않으며, 이로 인해 전력시장의 균형 메커니즘과 가격 신호의 신뢰성에 대한 재설계가 요구되고 있다(Cramton et al., 2013). 이러한 상황에서 계통운영자는 출력 제어(curtailement), 단기 예측 정확도 향상, 정산 보상 메커니즘 보완 등의 정책 도구를 통해 시장의 안정성과 기술의 확장성을 동시에 확보해야 한다.

결론적으로, 발전부문은 이론적으로 경쟁이 가능한 영역이지만, 현실에서는 복잡한 제도적, 기술적, 환경적 조건이 중첩되어 작동하기 때문에 실질적인 경쟁의 효과를 확보하기 위해서는 정합적인 정책 설계가 필수적이다. 특히 탈탄소화라는 거시적 전환의 최전선에 위치한 발전부문에서는, 경쟁정책과 환경규제가 상호보완적 방식으로 작동할 수 있도록 하는 제도적 통합이 필요하며, 이는 향후 규제정책의 핵심 과제로 부상하고 있다(Joskow, 2019).

(2) 송전부문: 자연독점과 중립적 운영

전력산업의 송전부문은 기술적·경제적 특성상 대표적인 자연독점(natural monopoly) 구조를 지니는 분야로, 구조개편 이후에도 경쟁 도입보다는 공정하고 중립적인 운영체계를 확립하는 것이 규제의 중심 원칙으로 자리 잡고 있다. 송전망은 고정자본 집약적이며 대규모 설비 투자가 요구되는 인프라로, 동일한 지리적 범위 내에 복수의 송전망을 중복 설치하는 것은 막대한 사회적 비용과 환경적 부담을 초래하므로 경제적 비효율을 야기한다. 따라서 경쟁이 실질적으로 불가능하며, 자연독점의 전형적 사례로 간주된다.

이러한 구조적 제약 하에서 송전부문의 규제 목표는 가격경쟁 유도가 아니라, 망 운영의 비차별성(non-discrimination), 접근 공정성(fair access), 그리고 기술적 중립성(technological neutrality)을 확보하는 데 있다. 송전망은 발전사업자와 수요자 간의 거래를 연결하고, 다양한 전력시장 거래가 물리적으로 성립될 수 있도록 하는 핵심 기반시설로 기능하기 때문에, 그 운영의 신뢰성, 예측 가능성, 투명성은 시장 전체의 효율성과 공정성을 뒷받침하는 제도적 전제조건이다(Joskow, 2005b). 어떤 시장 참여자도 송전망 운영자로부터 차별받지 않고 동일한 기준과 절차에 따라 계통에 접근할 수 있어야 하며, 이는 전력시장 설계의 핵심 원칙이다.

이러한 원칙을 구현하기 위해 많은 국가들은 송전망 운영을 수직통합형 전력회사로부터 분리하여 독립된 운영주체에 위임하고 있다. 독립계통운영자(ISO, Independent System Operator) 또는 지역송전기구(RTO, Regional Transmission Organization)는 송전망의 실시간 운영뿐만 아니라 도매시장 설계 및 운영, 혼잡관리(congestion management), 정산(settlement), 수요반응 프로그램 실행, 보조서비스(ancillary services) 운용 등을 담당한다. 이들은 특정 사업자나 정부로부터의 영향에서 자유로운 독립적 거버넌스를 갖추고 있어야 하며, 이해충돌을 방지하고 기술적 판단에 기반한 중립적 결정을 내릴 수 있는 제도적 기반이 요구된다(Glachant & Pérez-Arriaga, 2008).

송전망의 중립성은 망접속 규칙, 이용요금 체계, 투자계획 수립 및 집행 과정 전반에 걸쳐 체계적으로 반영되어야 한다. 신규 사업자나 소규모 발전자(SPPs)가 불리한 접속 조건이나 과도한 비용 부담에 직면한다면, 이는 시장 진입장벽을 높이고 자원의 효율적 배분을 왜곡하게 된다. 이에 따라 규제기관은 접속 우선순위, 혼잡비용 할당, 비용 회수 방식 등의 운영 규칙을 명시적이고 예측 가능한 방식으로 설계하여야 하며, 송전요금은 비용반영성과 효율성, 신호 제공 기능을 균형 있게 반영해야 한다(Hogan, 2002).

또한 송전부문은 기술 변화와 정책 환경의 변화에 따라 점차 정적(static) 운영에서 동적(dynamic) 계획 중심의 거버넌스 영역으로 이동하고 있다. 특히 재생에너지의 확산과 분산형 에너지 자원(DERs)의 증가, 전기차 충전 수요 확대, 에너지 저장장치(ESS)의 보급 등은 기존 송전망의 구조적 한계를 노출시키고 있다. 이에 따라 장기적 관점에서 송전망의 재설계와 투자 결정이 필요해지고 있으며, 이는 단순히 기술적 고려를 넘어 사회적 수용성, 환경영향, 기후정책 정합성 등 다양한 요인을 통합적으로 반영하는 다기준 의사결정체계를 요구한다(Pérez-Arriaga, 2013). 송전 투자에 대한 공공의 지지, 지역사회 참여, 환경규제 적합성 등도 새로운 규제 이슈로 부상하고 있다.

결론적으로, 송전부문에 대한 규제는 단순한 요금 산정이나 설비 유지 차원의 기술 규제를 넘어서, 전력시장 전반의 공정성과 지속가능성, 정책 일관성(policy coherence)을 달성하기 위한 제도적 장치로 진화하고 있다. 자연독점 구조 하에서 송전망의 중립적 운영은 전력시장 참여자의 신뢰를 확보하고, 장기적으로는 재생에너지 통합과 에너지 전환 목표 달성의 핵심 기반이 된다. 따라서 송전규제는 기술적 중립성과 경제적 효율성, 그리고 정책 목표 간의 균형을 정교하게 설계해야 하는 고도의 거버넌스 과제로 자리매김하고 있다(Glachant & Pérez-Arriaga, 2008).

(3) 배전부문: 비용규제와 품질관리

배전부문은 전력산업의 최종 소비자와 직접 연결되는 마지막 물리적 전달 경로로서, 기술적 구조와 경제적 성격 면에서 송전과 유사하게 자연독점의 특성을 지니고 있다. 배전망은 특정 지역 내에 복수의 인프라를 중복 설치하는 것이 비효율적이기 때문에 경쟁이 사실상 불가능하며, 단일 사업자가 해당 지역을 독점적으로 운영하는 구조가 일반적이다. 이러한 특성으로 인해, 배전부문에 대한 규제는 여전히 핵심적인 정책수단으로 작용하고 있으며, 특히 요금 수준과 서비스 품질이라는 두 가지 축을 중심으로 정교한 규제 설계가 요구된다. 배전사업자의 독점적 지위가 소비자 후생을 저해할 수 있기 때문에, 규제는 비용과 품질의 균형을 확보하는 방향으로 작동해야 한다고 강조된다(Crew & Kleindorfer, 1986).

배전요금은 일반적으로 규제기관에 의해 승인되는 구조를 갖고 있으며, 이는 사업자의 총비용을 평가하고, 적정 수익률을 반영하여 책정된다. 초기에는 비용보상(cost-of-service) 방식이 주류를 이루었으나, 정보 비대칭 문제와 비효율 유인을 줄이기 위해 최근에는 성과기반 규제 또는 가격상한 규제 방식이 주로 도입되고 있다. 이러한 방식은 사업자가 일정한 효율성 기준을 초과하는 비용 절감이나 서비스 개선을 달성할 경우, 일정 부분을 이윤으로 인정함으로써 비용 절감 인센티브를 유도하는 구조이다. 배전규제의 발전은 단순한 통제에서 유인 기반의 설계로 진화하고 있으며, 이는 장기적인 효율성과 투자 안정성을 동시에 제고할 수 있는 경로로 분석된다(Vogelsang, 2002).

하지만 비용 규제만으로는 소비자 편익이 충분히 보장되지 않는다는 점에서, 서비스 품질에 대한 규제도 점차 강화되는 추세다. 배전은 정전 빈도, 복구 속도, 전압 안정성, 고객 서비스 응대 등 다양한 품질 요소와 직결되며, 이는 요금 수준과는 별개로 소비자 만족도와 직결되는 중요한 요소다. 이에 따라 많은 국가에서는 품질지표를 설정하고, 사업자의 성과를 정량적으로 평가하는 방식을 채택하고 있으며, 일정 기준 이하일 경우 벌금을 부과하거나, 초과 달성 시 인센티브를 제공하는 방식의 성과지표 연동제도를 운영하고 있다. 영국의 배전사업자에 대한 품질 규제가 요금 규제와 병행되어 시행된 이후, 정전 빈도와 고객 만족도가 유의미하게 개선되었다는 실증 결과도 제시되었다(Jamasb & Pollitt, 2005).

또한 배전부문은 기술 변화와 소비자 기대의 변화에 가장 민감하게 반응하는 영역이기도 하다. 스마트미터, 전기차 충전 인프라, 분산형 에너지 자원(DERs), 에너지저장장치(ESS) 등이 배전망 수준에서 확산됨에 따라, 전통적인 설비 중심의 규제에서 벗어나, 플랫폼 기반의 서비스 제공자로서 배전사업자의 역할을 재정의하려는 움직임이 나타나고 있다. 이는 단순히 비용 회수와 품질 관리의 차원을 넘어, 혁신 유도, 기술 투자, 고객 맞춤형 서비스 등 다양한 정책 목표가 규제 설계에 포함되어야 함을 의미한다. 배전망이 향후 에너지시장과 소비자를 연결하는 다기능 플랫폼으로 진화함에 따라, 배전 규제는 기술중립성과 혁신친화성이라는 새로운 기준을 반영해야 한다는 제안이 제시되고 있다(Pérez-Arriaga, et al., 2016).

결국 배전부문에 대한 규제는 독점적 공급자의 비용을 통제하면서도, 소비자의 권익을 보호하고, 기술 혁신을 촉진할 수 있는 정합적인 설계가 필요하다. 이를 위해서는 단기적인 효율성 기준뿐 아니라, 장기적인 품질 개선과 미래 대응력을 고려한 다기준 성과기반 규제체계가 요구되며, 규제기관은 이러한 제도적 정교화를 통해 지속가능한 배전서비스 생태계를 조성해 나가야 할 것이다.

(4) 소매판매: 소비자 보호와 공공성 확보

전력산업의 소매판매 부문은 전기의 최종 수요자에게 직접 서비스를 제공하는 단계로, 국민의 일상생활과 산업활동에 가장 밀접하게 연관된 영역이다. 시장 개방 이후 많은 국가에서는 발전과 도매부문에 이어 소매부문에서도 경쟁을 도입하였으며, 소비자가 전력공급자를 선택할 수 있는 권한을 갖게 되었다. 그러나 소매시장은 정보의 비대칭, 전환비용, 가격 민감도 등의 제약으로 인해 완전한 경쟁이 구현되기 어려운 구조적 한계를 지닌다. 특히 가정용 소비자나 중소상공인은 시장 정보에 대한 접근성이 낮고, 공급자 변경 과정에서 불확실성과 위험을 감수하기 어려운 상황에 놓이기 때문에, 규제당국의 제도적 개입은 여전히 필수적이다(Joskow, 2008c).

소매판매 부문에 대한 규제는 전력의 보편적 접근성과 소비자 권익 보호를 실현하기 위한 주요 정책수단으로 기능한다. 이를 위해 다수 국가들은 '기본공급자(default provider)' 제도를 운영하고 있다. 이 제도는 소비자가 공급자를 선택하지 않았거나 기존 계약이 종료된 경우에도 전력공급이 중단되지 않도록 최소한의 서비스를 보장하는 안전망 역할을 수행한다. 공급시장의 혼란이나 사업자의 철수, 또는 소비자의 계약 해지와 같은 상황에서도 기본공급자는 합리적인 요금 수준으로 공급을 유지할 법적 의무를 지니며, 이를 통해 전기를 생존 필수재로 간주하는 공공정책적 원칙이 제도화된다(Simshauser, 2014).

요금규제 역시 소매시장 내에서 소비자를 보호하기 위한 핵심 정책수단이다. 시장 자유화 이후 다수 국가에서는 요금규제를 완화하거나 폐지하였지만, 여전히 특정 계층에 대해서는 공공요금 체계가 유지되고 있다. 저소득층, 고령자, 장애인 등 에너지취약계층은 사회요금제 또는 에너지 바우처 제도를 통해 일정 수준의 지원을 받는다(Boardman, 2010). 또한, 요금 급등 시기에는 가격상한제 또는 표준요금제와 같은 제도를 통해 과도한 가격 상승으로부터 소비자를 보호한다. 소비자의 선택권 강화를 위해 고지서 양식 표준화, 전기요금 비교 플랫폼의 운영, 계약 조건의 투명성 제고 등 정보접근성 향상 방안도 함께 추진되고 있다.

에너지 형평성과 접근성은 현대 전력규제의 중요한 가치로 부상하고 있다.

전기는 인간다운 삶을 영위하기 위한 필수재이며, 시장 메커니즘에만 의존할 경우 일부 계층은 충분한 전기 서비스를 이용하지 못할 위험에 처하게 된다. 이에 따라 여러 나라에서는 에너지빈곤층(energy poor)을 정책 대상으로 정의하고, 공공기금 또는 요금 조정기금을 통해 이들의 최소한의 전력 수요를 보장하고 있다. 예를 들어 영국, 프랑스, 독일 등은 요금 체납 가구에 대한 단전 유예제도를 법제화하여, 생계와 직결된 기본적 전력 사용을 보장하고 있다(Simshauser, 2014; Boardman, 2010).

최근 들어 소매시장에서의 규제는 '보호'에서 '참여'로 정책 패러다임이 확장되고 있다. 스마트미터와 고급 계량기 보급은 소비자가 실시간 요금 정보를 바탕으로 자신의 전력사용 행태를 능동적으로 조절할 수 있는 여건을 조성하였다. 나아가 태양광, 에너지 저장장치(ESS), 전기차 등 분산형 에너지 자원을 보유한 소비자는 잉여 전력을 판매하는 프로슈머(prosumer)로서 새로운 역할을 수행하고 있으며, 이러한 변화는 소매시장 구조 자체의 전환을 요구하고 있다. 이에 따라 규제기관은 소비자의 권익을 보호하는 기존 기능뿐 아니라, 이들이 능동적으로 시장에 참여하고, 에너지 전환에 기여할 수 있도록 제도적 여건을 설계하는 정책기획자의 역할을 동시에 수행해야 한다(Burger et al., 2019).

결론적으로, 소매판매 부문에 대한 규제는 단순한 가격 통제를 넘어, 에너지 서비스의 접근성과 형평성을 보장하고, 에너지 시장의 신뢰성과 지속가능성을 제고하는 제도적 기반이다. 자유화 이후에도 소매시장은 여전히 규제의 영역으로 남아 있으며, 전력의 공공성과 소비자의 에너지권을 보장하는 중요한 수단으로서, 향후 디지털화, 에너지 전환, 사회적 수요 변화에 대응하는 유연하고 통합적인 규제체계로 지속 발전해 나가야 할 것이다.

4 요금 규제(Tariff Regulation)

전력산업에서 요금은 단순한 수익 회수 수단을 넘어, 자원 배분의 신호, 소비자 행동의 유인, 그리고 사회정책의 수단으로서 중요한 역할을 수행한다. 따라서 요금 결정은 시장 메커니즘과 정부 규제 간의 접점에 위치하며, 가격 설계에 내재된 경제적 함의는 매우 복잡하다. 특히 전력산업은 공급자가 독점적 지위를 가지는 경우가 많기 때문에, 규제기관은 요금이 공정하고 효율적이며 형평성 있게 책정되도록 관리할 필요가 있다.

(1) 요금 규제의 목적

전력요금 규제는 전력산업 내 공공성과 시장의 효율성을 동시에 달성하기 위한 핵심 제도적 수단이다. 요금은 전력시장에서 단순한 거래 가격 이상의 의미를 갖는다. 그것은 자원 배분을 유도하는 신호이자, 소비자의 수요 조절을 유인하는 수단이며, 동시에 공급자의 투자회수와 재무적 지속가능성을 보장하는 기능을 수행한다. 따라서 요금규제의 목적은 이와 같은 복합적 역할들을 균형 있게 조율하는 데 있다.

우선, 요금규제는 전력회사의 정당한 비용 회수와 안정적인 투자 유인을 보장하기 위한 기초적인 역할을 수행한다. 전력산업은 자본집약적 구조를 가지고 있으며, 송배전 설비를 포함한 인프라 구축에는 장기적인 투자와 안정적인 수익이 필수적이다. 이와 같은 구조 하에서 수익이 불확실하거나 과도하게 제약될 경우, 신규 투자가 지연되거나 설비 유지보수가 소홀해질 위험이 존재한다. 따라서 규제는 사업자가 사회적으로 필요한 설비를 지속적으로 공급하고 운용할 수 있도록, 합리적인 수준의 수익을 확보할 수 있는 요금 구조를 제도적으로 뒷받침해야 한다(Crew & Kleindorfer, 1986).

다음으로, 전력요금은 소비자에게 자원의 희소성과 비용 구조를 전달하는 가격 신호로 작동해야 한다. 경제이론상, 가격은 한계비용을 반영하여 소비자가 자원의 이용을 최적화하도록 유도해야 한다. 그러나 전력산업에서는 독점적 사업자가 가격을 결정할 경우, 이러한 가격 신호가 왜곡될 가능성이 크기 때문에, 규제기관은 효율적인 소비 유도를 위한 요금 수준과 구조를 설정할 필요가 있다. 공공요금이 잘못 설계될 경우 소비자 후생 손실뿐 아니라 장기적 자원 배분에도 부정적인 영향을 미칠 수 있다(Joskow, 1974).

또한, 전력요금 규제는 소비자 보호와 형평성 실현이라는 사회정책적 목표도 함께 고려해야 한다. 특히 저소득층, 농어촌 거주자, 에너지취약계층 등 시장 접근성이 낮은 집단은 자유시장 가격에 의해 불이익을 받을 수 있기 때문에, 규제는 사회적 약자의 기본적인 에너지 접근권을 보장하고, 불합리한 요금차별이나 서비스 배제를 방지하는 역할을 수행해야 한다. 이러한 규제는 단순한 시장개입이 아니라 공공가치 실현을 위한 제도적 장치로 보아야 한다는 분석도 제시된 바 있다(Baldwin et al., 2012).

이처럼 전력요금 규제는 비용 회수와 투자 안정성, 자원 배분의 효율성, 그리고 소비자 보호와 형평성이라는 상이한 목적들을 동시에 달성해야 하는 다층적 과제를 안고 있다. 이러한 복합성과 긴장 관계 속에서, 요금규제의 설계는 단순한 숫자 조정이 아니라, 공공성과 시장원리 사이의 정교한 균형 조정 과정으로 이해되어야 한다.

(2) 요금설계의 기본 원칙

전력요금의 설계는 단순히 요금 수준을 결정하는 것을 넘어서, 요금구조 전반을 어떻게 설계하느냐에 따라 자원 배분, 소비자 행태, 사업자 수익 구조, 사회적 형평성에 이르기까지 다양한 경제적·사회적 결과를 초래할 수 있다. 따라서 전력요금 설계는 전력산업의 기술적 특성과 비용구조, 그리고 정책적 목적을 종합적으로 반영해야 하며, 특정 원칙에 따라 정교하게 구성될 필요가 있다.

가장 기본적인 원칙은 요금이 실제 공급비용을 반영해야 한다는 점이다. 비용반영성(cost reflectivity)은 전력요금이 발전, 송전, 배전, 판매 등 전력 공급 전 과정의 비용구조와 일치해야 함을 의미한다. 특히 단기적으로는 한계비용을, 장기적으로는 평균비용을 반영하는 설계가 중요하다. 요금이 공급자에게 정당한 수익을 제공함과 동시에, 소비자에게는 자원의 희소성을 정확히 전달하는 기능을 해야 한다(Bonbright, 1961). 한계비용 기반 가격은 자원 배분의 효율성을 극대화하는 동시에, 소비자의 전력 사용 결정에 실질적인 신호를 제공한다.

이와 함께, 요금설계는 사회적 형평성을 고려해야 한다. 요금구조가 저소득층에게 과도한 부담을 지우거나, 특정 지역 또는 소비자군에 불합리한 차별을 초래할 경우, 시장 효율성과 무관하게 사회적 수용성을 저해할 수 있다. 따라서 요금체계는 동일한 조건에 있는 소비자에게 동일한 요금을 적용하고, 경제적 여건에 따라 차등적 보호를 제공하는 등의 방식을 통해 형평성을 달성해야 한다. 에너지빈곤 문제를 해결하기 위한 요금설계 방식의 중요성이 강조되며, 형식적 평등이 아닌 실질적 접근권 보장이 핵심이라는 분석이 제시된 바 있다(Simshauser, 2014).

요금설계는 또한 간결성과 예측 가능성을 갖추어야 한다. 전력요금은 다양한 소비자가 이해하고 예측할 수 있어야 하며, 지나치게 복잡하거나 급격한 변화는 소비자의 혼란과 불만을 초래할 수 있다. 특히 가정용이나 소규모 상업용 소비자는 요금 구조의 논리를 이해하기 어렵기 때문에, 규제기관은 가격 결정의 기준과 산정 방법을 명확히 공지하고, 고지서 정보의 표준화를 통해 소비자의 요금 이해력을 제고해야 한다. 공공요금이 복잡할수록 규제기관에 대한 신뢰와 제도의 정당성이 약화될 수 있음이 지적된 바 있다(Joskow, 1974).

또한, 요금설계는 장기적 관점에서 기술 변화와 정책 목표를 반영할 수 있는 유연성을 가져야 한다. 재생에너지 확대, 분산형 자원의 등장, 수요반응 프로그램 등은 기존의 요금구조를 수정하도록 요구하고 있으며, 이에 따라 고정요금과 변동요금의 구성, 시간대별 요금제, 계절별 요금제 등의 도입이 확대되고 있다. 요금 설계의 유연성은 기술 진보와 시장환경 변화에 대응하는 중요한 조건이다(Vogelsang, 2002).

결과적으로, 전력요금의 설계는 비용과 효율성, 형평성과 사회적 수용성, 정보 투명성과 기술 적응성이라는 복합적인 기준들을 통합적으로 고려하는 과제이다. 따라서 규제기관은 단기적 요금 안정성과 장기적 정책목표를 조화롭게 반영하는 설계를 통해, 공공성과 지속가능성을 동시에 확보해야 할 것이다.

(3) 요금구조의 유형

전력요금의 구조는 단지 가격 수준을 결정하는 데 그치지 않고, 전력소비자의 행태, 사업자의 수익 안정성, 전력망의 효율성, 사회정책의 실현 등에까지 직접적인 영향을 미친다. 따라서 요금구조의 유형은 해당 국가의 전력산업 구조, 정책목표, 기술적 제약, 그리고 소비자 특성을 반영하여 다양하게 설계되어야 하며, 규제기관은 이러한 요소를 종합적으로 고려한 구조적 틀을 마련해야 한다.

가장 단순한 형태는 정률요금제(flat rate)이다. 이는 소비량과 관계없이 단일한 단가를 적용하는 방식으로, 소비자가 이해하기 쉽고 예측 가능한 구조라는 장점이 있다. 그러나 이 방식은 사용량 증가에 따른 한계비용을 반영하지 않기 때문에, 소비자의 효율적 사용을 유도하지 못하고 에너지 낭비를 조장할 수 있다는 점에서 한계가 지적되어 왔다. 단순성과 이해가능성은 중요한 설계 기준이지만, 경제적 신호로서의 기능까지 포기해서는 안 된다는 지적이 제기된 바 있다(Bonbright, 1961).

보다 정교한 방식으로는 이중요금제(two-part tariff)가 있다. 이 구조는 기본요금과 사용량에 따라 달라지는 변동요금으로 구성된다. 기본요금은 송배전망 유지 및 고정비 회수를 위한 수단으로 기능하고, 변동요금은 실제 사용량에 기반하여 소비자의 수요 조절을 유도한다. 이중요금제는 수익 안정성과 효율적 자원 배분 간의 균형을 확보하는 데 효과적인 도구라는 분석이 제시된 바 있다.

또한 전력의 수요와 공급은 시간에 따라 큰 차이를 보이므로, 시간대별 요금제(time-of-use pricing)가 설계될 필요가 있다. 이 요금제는 피크시간대에 높은 요금을 부과하고, 야간이나 수요가 적은 시간대에는 낮은 요금을 적용함으로써, 소비자에게 수요 분산을 유도하고 전력계통의 효율성을 높인다. 가령, [그림 11-3]에서 첨두부하 시간대와 경부하 시간대와 동일한 가격 p_f를 부과하는 것에 비하여 첨부부하 시간대에 높은 가격인 p_1을 부과하는 경우 전력소비가 Q_1'에서 Q_1으로 감소하면서 사회후생이 증가한다. 또한 경부하 시간대에 가격을 p_2로 인하하면 전력소비가 Q_2'에서 Q_2로 증가하면서 빗금 친 부분만큼 사회후생이 증가한다.

그림 11-3 시간대별 요금과 사회 후생

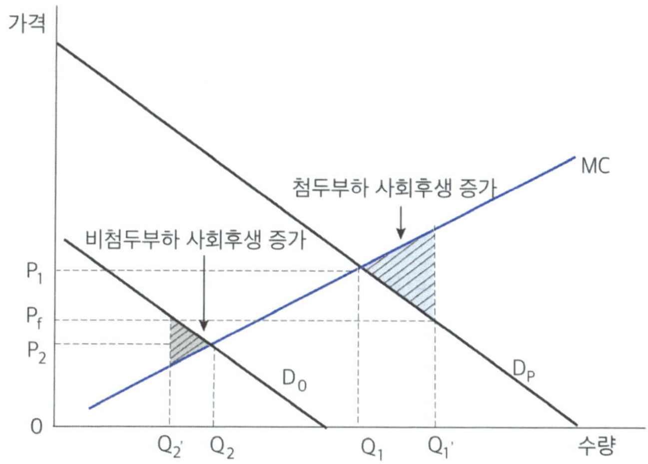

최근에는 스마트미터 확산과 디지털 기술 발전에 힘입어, 실시간 요금제 등의 동적 요금제와 같이 더욱 정밀한 시간 기반 가격 신호도 가능해지고 있다. 실시간 가격 정보는 소비자의 전력 소비 조절 능력을 강화하고, 전력계통의 균형 유지에도 기여할 수 있다는 분석이 제시된 바 있다(Borenstein, 2005).

계절별 요금제(seasonal pricing)도 한 예이다. 이는 계절에 따른 수요 및 공급 조건의 변화를 반영하여, 여름철 혹은 겨울철의 전력 소비를 유도하거나 억제하는 역할을 한다. 특히 냉방과 난방 수요가 집중되는 계절에는 시스템 부담이 증가하므로, 가격을 통해 피크 수요를 조정하는 기능이 중요하다.

또 하나 주목할 만한 구조는 블록요금제(block tariff)이다. 이 방식은 사용량 구간에 따라 단가를 차등적으로 적용하는 것으로, 누진형 요금제(progressive tariff)와 역누진형 요금제(declining block tariff)로 나뉜다. 전자는 일정 수준 이상을 사용하는 소비자에게 더 높은 단가를 부과함으로써 에너지 절약을 유도하고, 후자는 대규모 산업용 수요자에게 단가를 낮게 설정하여 규모의 경제를 반영하는 방식이다. 누진형 요금제는 가정용 전기요금에서 보편적으로 사용되며, 이 구조는 에너지빈곤층 보호와 에너지 절약 유도라는 이중 목적을 달성할 수 있는 제도적 도구로 평가된다(Simshauser, 2014).

최근에는 선택요금제 옵션, 소비자 맞춤형 요금제, 재생에너지 연계형 요금제(Green Tariffs) 등도 확산되고 있으며, 이는 단순히 비용 회수나 소비 조절을 넘어서, 소비자의 에너지 소비 가치관과 정책참여를 반영하는 새로운 요금 구조로 진화하고 있다. 이러한 새로운 요금제는 소비자 중심 시장 설계의 핵심 구성요소로 자리잡고 있다는 평가가 있다(Burger et al., 2019).

이처럼 전력요금의 구조는 가격 수준보다 더 중요한 제도적 변수로 작동하며, 이를 어떻게 설계하느냐에 따라 시장의 작동방식, 소비자의 선택 행동, 사회적 형평성, 기술 도입 속도 등 다양한 요소가 영향을 받는다. 따라서 규제기관은 단순한 비용 기반 접근에서 나아가, 요금구조가 포괄적 정책목표와 정합성을 이루도록 세심한 설계를 수행해야 한다.

(4) 전력요금과 정책목표의 조화

전력요금은 단지 비용 회수의 수단이나 시장가격의 결과물에 머무르지 않는다. 그것은 동시에 다양한 공공정책 목표—에너지 절약, 재생에너지 보급, 탄소중립, 에너지 형평성, 소비자 보호—를 실현하기 위한 핵심 도구로 작동한다. 따라서 현대 전력요금 설계는 경제적 효율성과 더불어 사회적·환경적 목표를 포괄적으로 달성할 수 있도록 정교하게 설계되어야 하며, 이 과정에서 요금의 경제학적 역할과 정책적 수단으로서의 기능 간의 조화를 이뤄야 한다.

가장 두드러진 예는 에너지 절약과 수요관리를 위한 요금설계이다. 고정 요금 중심의 요금체계는 소비자의 전기 사용 행태에 영향을 미치기 어렵기 때문에, 시간대별 요금, 계절별 요금, 실시간 요금 등 보다 세분화된 요금제들이 도입되고 있다. 이러한 요금구조는 전력 수요를 피크 시간에서 분산시키고, 에너지 소비자에게 효율적인 선택을 유도함으로써 전력망의 부담을 완화한다. 실시간 요금제는 효율적 자원 배분을 가능하게 할 뿐 아니라, 전력 공급의 총 비용 절감에도 기여할 수 있다는 분석이 제시된 바 있다(Borenstein, 2005).

또한 탄소중립이나 재생에너지 확대 같은 환경정책과의 연계도 점점 중요해지고 있다. 전통적인 전력요금은 발전원 간의 외부효과 차이를 반영하지 못하기 때문에, 재생에너지의 확산을 촉진하려면 요금체계에도 일정한 개입이 필요하다. 일부 국가에서는 '녹색요금제(green tariff)'를 도입하여, 재생에너지로 생산된 전력을 선택한 소비자에게 차별화된 요금구조를 적용하고 있다.

전력요금은 또한 에너지 형평성과 사회적 보호를 실현하는 도구로 기능할 수 있다. 에너지빈곤층은 시장가격에 기반한 요금체계만으로는 충분한 서비스 접근이 어렵기 때문에, 사회요금제(social tariff), 에너지 바우처, 기본공급요금 설정 등을 통해 형평성 있는 분배가 이루어져야 한다. 공정한 요금구조는 단지 저소득층을 보호하는 목적을 넘어서, 에너지 시스템 전체의 사회적 정당성과 수용성을 높이는 데 기여할 수 있다(Simshauser, 2014).

이처럼 전력요금은 시장가격 이상의 다기능 정책 도구로 작동하며, 요금체계를 설계하는 과정은 단순한 기술적 계산이 아닌 정책적 결정이다. 요금이 효율성을 확보하는 동시에, 사회적 형평성과 환경 목표, 공급 안정성까지 함께 달성할 수 있도록 설계되어야 하며, 이러한 균형을 어떻게 조율하느냐가 규제기관과 정책결정자의 중요한 과제가 된다. 전력요금의 이상적 설계는 비용 회수, 효율 유인, 공정성, 예측 가능성, 정책 목표 정합성이라는 다섯 가지 기준의 조화를 필요로 한다는 지적도 있다(Bonbright, 1961).

따라서 전력요금은 더 이상 독립적인 경제 변수로 다루어질 수 없으며, 다양한 정책 영역과 상호작용하는 복합적 수단으로 이해되어야 한다. 규제기관은 단기적인 요금 안정성에 매몰되지 않고, 전력시장의 지속가능성과 공공정책 목표를 함께 달성하는 요금체계를 지향해야 할 것이다.

(5) 요금 규제의 도전과제

전력요금 규제는 오랜 기간 동안 전력산업의 안정적인 운영과 소비자 보호를 위한 핵심 정책수단으로 기능해 왔지만, 최근에는 기술, 시장, 정책 환경의 급격한 변화에 따라 그 유효성과 설계 논리가 새로운 도전에 직면하고 있다. 디지털 기술의 발전, 재생에너지의 급속한 확대, 분산형 자원의 등장, 그리고 사회적 기대의 변화는 전통적인 요금규제 모델이 안고 있는 구조적 한계를 노출시키고 있다.

우선, 요금체계가 기존의 중앙집중형 전력시스템에 맞춰 설계되어 있다는 점은 분산형 에너지자원의 확산에 대응하는 데 한계를 보여준다. 태양광, 에너지 저장장치, 전기차 등은 소비자에게 전력 생산자의 역할까지 부여하고 있지만, 현재의 요금구조는 이러한 새로운 행위자들을 제도적으로 포용하지 못하거나, 오히려 기존 소비자와의 비용 분담 불균형을 초래할 수 있다. 자가발전 소비자가 송배전망 사용에 대한 요금 부담 없이 전력을 소비하거나 피크 시 전력계통을 사용하는 경우, 비자가발전 소비자가 상대적으로 더 많은 비용을 부담할 수 있다는 지적이 제기된 바 있다(Picciariello et al., 2015).

둘째, 요금의 구조와 수준이 전력시장 가격 신호를 충분히 반영하지 못할 경우, 효율적인 자원 배분이 어려워지고, 장기적 투자 유인도 약화된다. 예컨대, 실제 시장 가격이 발전원별 한계비용이나 공급 여건을 반영하고 있음에도, 요금이 정치적 이유로 인위적으로 낮게 책정되거나 동결되는 경우, 이는 수요와 공급의 균형을 왜곡하고 장기적으로 설비 부족 문제를 야기할 수 있다. 규제 실패로 인한 비효율이 누적되면, 전력시장의 신뢰성과 지속가능성이 훼손될 수 있다(Jamasb & Pollitt, 2001).

셋째, 기술의 발전은 요금설계를 더욱 정교하게 만들 수 있는 가능성을 열어주고 있지만, 동시에 소비자 간 정보 격차와 형평성 문제를 악화시킬 수도 있다. 스마트미터와 시간대별 요금제는 이론상 소비자의 효율적 행동을 유도할 수 있으나, 실제로는 고령자, 저소득층 등 디지털 적응력이 낮은 계층에게 불리하게 작용할 수 있다. 이는 단순히 기술 인프라의 문제를 넘어, 에너지 소비의 민주성과 포용성이라는 규범적 가치와도 연결된다. 요금설계가 효율성뿐 아니라 사회적 형평성을 반영하지 않을 경우, 제도의 정당성 자체가 흔들릴 수 있다는 우려도 제기된다(Simshauser, 2014).

넷째, 정책 목표의 다층화 역시 요금규제의 복잡성을 증대시키고 있다. 전통적으로 요금은 비용회수와 수요조절이라는 기능을 수행했지만, 현재는 탄소중립, 재생에너지 보급, 에너지복지, 지역균형발전 등 다양한 정책 목표가 동시에 요구되고 있다. 이러한 목표는 종종 상충되기도 하며, 요금설계 과정에서 균형 있게 반영되지 않으면 왜곡된 신호를 유발하거나 사업자·소비자 모두에게 불확실성을 가중시킬 수 있다. 요금규제가 단일목표를 기준으로 설계될 수 없으며, 통합적 정책 조정과 동적 제도 설계를 통해 복합목표를 실현할 수 있어야 한다는 제언이 제시된 바 있다(Newbery, 2021).

마지막으로, 규제기관의 역량과 거버넌스 문제도 여전히 중요한 과제로 남아 있다. 요금설계는 고도의 기술적 전문성과 정책적 판단이 동시에 요구되는 영역이기 때문에, 규제기관이 정치적 압력이나 산업계 로비로부터 독립되어 실질적인 설계 권한을 행사할 수 있어야 한다. 동시에 이해관계자 의견을 수렴하고, 소비자와의 소통을 강화하는 참여적 거버넌스 체계도 필수적이다. 전력요금의 정당성과 수용성 확보를 위해 규제의 투명성, 예측 가능성, 책임성을 제도적으로 보장해야 한다는 권고도 제시된 바 있다(OECD, 2021a).

결국 요금규제는 더 이상 고정된 규칙에 따라 단선적으로 설계될 수 없으며, 기술 변화, 정책 목표, 사회적 가치가 끊임없이 상호작용하는 복합적 장치로서 재정의될 필요가 있다. 규제기관은 안정성과 형평성, 효율성과 지속가능성이라는 상충적 목표 간의 균형을 끊임없이 조정해 나가야 하며, 이를 위해 규제 방식의 유연성과 제도적 적응력을 지속적으로 강화해 나가야 할 것이다.

5 규제기관의 역할과 제도

전력산업의 규제는 단순한 정책 지침의 제정만으로는 이루어질 수 없으며, 이를 실질적으로 실행하고 감시하는 규제기관의 존재가 필수적이다. 규제기관은 공공의 이익을 대표하여 사업자의 행위를 감시하고, 가격, 품질, 시장접근 등의 제도를 설계·운영하며, 소비자의 권익을 보호하는 핵심 주체로 작동한다. 특히 전력처럼 공공성과 경제성이 동시에 중요한 산업에서는 규제기관의 제도적 설계와 집행역량이 규제정책의 실효성을 좌우한다(Baldwin et al., 2012).

(1) 규제기관의 핵심 기능

전력산업에서 규제기관은 단순한 감시자가 아니라, 전력시장과 공공서비스의 효율적 운영을 조율하는 제도적 중추로 기능한다. 규제기관은 법률적 권한에 기반하여 요금 승인, 시장 구조 설계, 소비자 보호, 장기적 투자 유도 등 다양한 책무를 수행하며, 이러한 기능들은 전력산업의 경제적 특성과 사회적 가치 실현이라는 이중 목표를 제도적으로 구현하는 데 필수적이다.

우선 규제기관은 전력공급자의 요금 수준과 구조를 심의하고 승인하는 역할을 수행한다. 이는 전력회사가 비용을 회수하고 적정한 수익을 확보할 수 있도록 보장하면서도, 소비자에게는 합리적이고 예측 가능한 가격을 제시하도록 하는 기능이다. 공공요금 규제의 핵심은 수익 안정성과 소비자 보호 간의 균형을 유지하는 것이라는 점이 강조되어 왔다(Bonbright, 1961).

그뿐만 아니라, 규제기관은 전력망에 대한 공정하고 비차별적인 접근을 보장하기 위한 접속 규칙과 운용 기준을 설정하고 감시한다. 이는 특히 송배전망과 같은 자연독점 설비에 대해 신규 사업자나 소규모 자원의 참여를 가능하게 하는 핵심 제도로, 전력시장의 경쟁 활성화와 효율성 향상에 기여한다. 이러한 네트워크 접근 규제는 전력거래의 물리적 제약을 극복하고, 시장기능의 작동을 가능하게 하는 필수적 기반으로 평가된다(Hogan, 1992).

또한 규제기관은 전력시장 내에서 경쟁이 공정하게 이루어지도록 감시하고, 시장지배력 남용이나 담합 등 반경쟁적 행위를 제어하는 기능을 수행한다. 도매시장에서는 공급자 집중도가 높거나 계통 혼잡이 빈번한 경우, 특정 사업자가 가격을 조작하거나 공급량을 의도적으로 조절할 가능성이 존재한다. 이를 방지하기 위해 시장감시 및 시장력 평가 등의 기능이 요구되며, 이러한 역할은 규제기관의 신뢰성과 시장 참여자 간의 공정한 경쟁 조건 확보에 핵심적이다(Joskow, 2008c).

소비자 보호 역시 규제기관의 중심 기능이다. 계약조건, 고지서 정보, 불만처리 절차, 취약계층 보호 등은 규제기관이 소비자의 권익을 보호하기 위해 적극적으로 개입해야 하는 영역이다. 특히 에너지빈곤층이나 정보 접근이 어려운 소비자에게는 정책적 배려가 요구된다.

마지막으로, 규제기관은 장기적 관점에서 전력산업의 지속가능성과 공급 안정성을 확보하기 위한 투자 유인 설계와 제도적 예측 가능성을 제공해야 한다. 이는 송배전 인프라의 확충, 신재생에너지 통합, 전기차 충전망 구축 등 다양한 정책 과제를 뒷받침하는 역할을 포함한다. 기술 변화 속에서도 전력시장이 안정적으로 작동하기 위해서는 규제기관이 단기 가격 신호에만 의존하지 않고, 구조적 장기 인센티브를 설계해야 한다는 제언도 있다(Cramton, 2017).

결국 규제기관은 요금 승인과 시장 감시를 넘어, 전력산업의 제도 설계자이자 정책 조정자, 소비자 보호자, 그리고 기술변화에 대응하는 거버넌스 중심축으로 기능해야 하며, 이를 위한 법적 권한, 독립성, 전문성, 그리고 사회적 신뢰가 제도적으로 확보되어야 한다.

(2) 독립규제기관의 중요성

전력산업은 높은 고정비 구조, 장기적 투자, 그리고 필수재 공급이라는 특성상, 정부 개입과 규제가 불가피한 부문이다. 하지만 규제가 실효성 있게 작동하기 위해서는, 규제기관이 외부의 정치적 압력이나 산업계의 이해관계로부터 자율성을 확보하고, 전문성에 기반한 합리적 판단을 독립적으로 내릴 수 있어야 한다. 이러한 맥락에서 독립규제기관의 제도적 존재는 단순한 형식적 요건을 넘어, 전력산업 전반의 신뢰성과 정책 일관성을 뒷받침하는 핵심 요소로 간주된다.

규제기관이 독립성을 확보하지 못할 경우, 단기적 정치 이해관계나 산업 로비에 따라 요금 결정, 시장 설계, 투자 승인 등의 정책이 왜곡될 위험이 크다. 이는 장기적인 투자 유인을 약화시키고, 가격신호의 신뢰도를 훼손하며, 나아가 규제기관 자체에 대한 사회적 신뢰를 붕괴시킬 수 있다. 전력시장 자유화 이후에도 규제의 필요성이 여전히 강하게 남아 있으며, 규제기관이 독립성과 전문성을 갖추지 않으면 시장의 잠재적 이익이 현실화되기 어렵다는 지적이 제기된 바 있다(Joskow, 2008c).

독립성은 규제기관이 시장과 정부 양측 모두로부터 일정한 거리를 유지함으로써, 정책 목표와 시장 기능 사이의 중립적 조정자로 작동할 수 있게 한다. 규제기관이 정치권력에 종속되거나, 산업 이해관계에 편승할 경우, 규제는 자원의 배분 효율성도, 공공의 정당성도 달성할 수 없다는 비판이 제기되어 왔다(Baldwin et al., 2012). 따라서 독립성은 단순히 형식적인 제도 요소가 아니라, 규제기관이 그 고유의 역할을 수행하기 위한 실질적 전제조건이다.

전력산업에서는 특히 요금 승인, 송배전망 이용 규칙 설정, 장기계약 평가, 시장지배력 감시 등의 기능이 규제기관에 집중되어 있다. 이들 기능은 모두 시장 참여자 간 이해충돌이 빈번한 영역이며, 기술적으로도 고도의 전문성이 요구된다. 따라서 규제기관은 단기적인 정치 압력에서 자유로울 뿐 아니라, 특정 산업집단에 의한 '포획(regulatory capture)'으로부터도 독립되어야 한다. 규제기관이 독립성과 제도적 명확성을 확보한 이후, 규제의 예측 가능성과 정책 일관성이 크게 향상되었다는 평가도 있다(Helm, 2004).

더 나아가, 독립성은 국내외 투자자에게 제도적 신뢰를 제공하는 역할도 수행한다. 전력산업의 인프라 투자는 회수 기간이 수십 년에 이르기 때문에, 투자자는 제도 환경의 안정성과 규제방향의 일관성을 중시할 수밖에 없다. 규제기관이 정치 상황에 따라 요금 수준이나 사업 조건을 자의적으로 바꿀 수 있다면, 이는 투자 회수 가능성에 대한 불확실성을 증대시키고, 결과적으로 민간투자를 위축시킬 수 있다. 에너지 규제기관의 독립성이 국가의 투자 매력도와 밀접히 연관되어 있으며, 제도적 독립성을 보장하는 법적·재정적 장치 마련이 국제적으로 권장된다는 분석이 제시되어 있다(OECD, 2021a).

또한, 규제기관이 독립적으로 기능할 수 있을 때, 소비자 보호도 보다 효과적으로 이루어진다. 정치 권력과 밀접한 관계를 갖는 경우, 규제기관은 요금 인상 또는 공급자의 책임을 회피하려는 방향으로 의사결정을 왜곡할 수 있다. 반면, 독립적인 지위를 갖는 기관은 소비자 단체, 시민사회, 기술 전문가 등 다양한 이해관계자의 목소리를 절차적으로 수렴하고, 보다 투명하고 책임 있는 규제를 수행할 수 있다.

결국, 전력산업 규제의 성패는 규제기관이 독립적인 의사결정을 통해 효율성과 공공성을 동시에 확보할 수 있는 능력에 달려 있다. 이는 조직 구조와 법률적 근거, 예산 구조, 인사 시스템, 운영 절차 전반에 걸쳐 독립성과 자율성을 제도적으로 보장해야 함을 의미한다. 독립성은 규제기관이 공공의 이익을 대표하고, 시장과 정부 사이에서 정책적 신뢰를 중재하는 핵심적 기능을 수행할 수 있도록 하는 기반이며, 이는 지속가능하고 책임 있는 에너지 거버넌스를 위한 필요조건이라 할 수 있다.

(3) 시장감시와 경쟁규제의 역할

전력시장은 물리적 제약, 높은 진입장벽, 정보 비대칭, 수요의 비탄력성 등으로 인해 완전경쟁이 구현되기 어려운 구조적 한계를 지닌다. 특히 도매시장에서는 소수의 대규모 발전사업자가 시장지배력을 행사하거나, 송전망의 혼잡도가 높은 특정 시간대에 가격을 인위적으로 조정하려는 유인이 존재한다. 이러한 시장왜곡을 방지하고, 시장참여자 간 공정한 경쟁 조건을 보장하기 위해서는 지속적인 시장감시와 경쟁규제 기능이 필수적이다.

시장감시는 전력시장이 설계된 원칙에 따라 작동하고 있는지를 실시간으로 관찰하고 분석하는 기능으로, 일반적으로 규제기관 또는 독립된 시장운영기관이 담당한다. 이 기능은 단순히 가격을 모니터링하는 것을 넘어, 특정 사업자의 전략적 행위—예를 들어 허위 수요 제출, 과도한 가격 입찰, 허위 고장 신고 등—를 탐지하고, 그에 대한 조치를 취하는 것을 포함한다. 사전적 시장감시와 사후적 제재조치가 미흡할 경우, 가격 폭등과 신뢰 붕괴로 이어질 수 있다(Joskow & Kahn, 2002).

이러한 감시 기능은 단기적인 시장 안정성뿐 아니라, 장기적으로는 시장 참여자 간 신뢰 형성과 제도적 지속가능성을 확보하는 데 기여한다. 규제기관은 주기적인 보고서 발간, 데이터 분석, 시장지배력 지표의 산출 등을 통해 투명성을 제고하고, 문제가 발견된 경우에는 시정명령, 벌금 부과, 또는 경쟁당국과의 공조를 통한 법적 조치 등을 수행한다. 도매전력시장 내에서 시장감시의 독립성과 전문성이 확보되지 않으면, 시장 참여자들의 전략적 행동을 억제할 수 없다(Newbery, 2005).

한편, 경쟁규제는 전력산업 구조개편 이후 새로운 경쟁사업자가 등장하는 과정에서 기존 사업자의 진입장벽 설정, 교차보조, 담합행위 등을 제어하는 역할을 한다. 특히 수직통합이 해체되지 않은 구조에서는 발전과 송전, 소매사업 간의 이해상충이 존재할 수 있으며, 시장운영규칙이나 요금구조가 이러한 구조적 불균형을 조장할 수 있다. 규제기관은 이러한 가능성을 사전에 차단하고, 필요할 경우 사업자의 구조조정이나 운영방식 변경을 명령할 권한을 갖는다.

시장감시와 경쟁규제는 궁극적으로 신뢰할 수 있는 시장 환경 조성을 통해 장기적 투자 유인을 제공하고, 소비자 후생을 보호하는 데 목적이 있다. 단기적으로는 가격 폭등, 공급 차질, 시장지배력 남용 등을 방지하는 수단이지만, 장기적으로는 정책 목표(탄소중립, 재생에너지 통합, 분산형 자원 확대 등)가 시장 메커니즘을 통해 실현되도록 만드는 정합적 조건을 조성하는 기능으로도 이해할 수 있다. 전력시장 설계의 핵심은 가격 신호만이 아니라, 신뢰할 수 있는 감시 체계와 경쟁 환경의 유지이다.

결국 시장감시와 경쟁규제는 전력시장 운영의 기술적 요소가 아니라, 시장 기능을 가능하게 하고, 공정성을 확보하며, 정책 목표의 시장 내 내재화를 실현하는 제도적 기반 인프라라고 할 수 있다. 규제기관은 이 기능을 단발적인 사후 점검이 아닌, 제도적으로 내장된 지속적 감시체계로 설계하고, 시장 참여자에게는 예측 가능성과 투명성을 제공해야 한다. 이를 위해서는 규제기관의 독립성, 정보 접근권, 분석 역량, 법적 권한 등이 모두 갖추어져야 한다.

(4) 규제기관과 시장운영기관 간의 역할 분담

전력시장이 구조적으로 분화됨에 따라, 규제기관과 시장운영기관 간의 역할 분담은 전력산업 거버넌스에서 매우 중요한 주제로 부상하고 있다. 전통적인 수직통합 모델에서는 동일한 공기업이 정책 집행, 시장 운영, 공급자 역할을 모두 수행하였지만, 구조개편 이후에는 규제 기능과 시장운영 기능의 분리가 제도적으로 명문화되었다. 이러한 분리는 이해상충을 방지하고, 각 기능이 본래의 목적에 따라 투명하고 효율적으로 작동하도록 하는 데 그 목적이 있다. 전력산업의 탈통합은 단순한 조직 변화가 아니라, 시장 기능과 공공이익 간의 균형을 재조정하는 제도적 기반을 마련하는 과정이다(Joskow, 2006).

규제기관은 법률적 권한에 기반하여 요금 승인, 접속 조건, 시장규칙 승인, 장기투자계획의 검토, 소비자 보호 등의 기능을 수행한다. 이들은 시장구조와 거래조건의 설계자로서, 전력시장이 공공성과 경쟁이라는 두 축 사이에서 균형 있게 작동하도록 제도적 방향을 제시한다. 이와 달리 시장운영기관은 규제기관이 설정한 제도적 틀 안에서, 전력거래의 일상적 운영을 담당하는 기능적 행위자이다. 이들은 도매시장의 입찰·정산, 송전망의 실시간 운영, 계통보안 유지, 수요예측 및 잔여용량 관리 등을 책임지며, 기술적 안정성과 거래의 효율성을 최우선으로 고려한다. 시장운영기관은 '기술－경제적 운영자'로서, 중립성과 전문성이 요구되는 고유한 역할을 수행한다는 평가가 있다(Pérez－Arriaga, 2013).

양자의 기능 분리는 곧 역할의 상호보완성과 긴장 관계를 내포한다. 규제기관은 시장운영기관의 운영규칙, 가격결정 방식, 비상시 개입 프로토콜 등을 사전 승인하고 감독할 권한을 갖지만, 일상적인 시장운영에는 직접 개입하지 않는다. 이처럼 규제기관은 거시적 정책 설계자이자 제도적 감시자이며, 시장운영기관은 미시적 실행자이자 운영 전문가로 기능하는 것이 일반적이다. 그러나 양자 간의 역할이 명확하지 않거나, 제도적 조율이 미흡할 경우, 중복된 책임과 정책 집행의 지체가 발생할 수 있다.

일부 국가에서는 시장운영기관이 정부 산하의 공기업으로 운영되는 반면, 다른 국가에서는 독립된 비영리 법인으로 운영되며, 그 법적 성격에 따라 규제기관과의 관계도 다양하게 형성된다. 예컨대 미국의 RTO/ISO는 연방에너지규제위원회(FERC)의 직접 감시를 받으며, 시장규칙의 변경이나 새로운 상품 설계에 대해 사전 승인을 받아야 한다. 반면 유럽의 일부 국가에서는 TSO(Transmission System Operator)가 시장운영과 송전계통 운영을 동시에 수행하지만, 이에 대한 감독은 별도의 국가규제기관이 담당한다. 이러한 제도적 다양성에도 불구하고, 핵심은 규제기관과 시장운영기관 간의 역할 구분이 명확하고, 상호조정 메커니즘이 제도화되어 있어야 한다는 점이다.

또한 양 기관 간의 효과적인 협력과 정보 공유는 정책 목표와 시장운영 간의 정합성을 높이는 데 결정적인 역할을 한다. 규제기관은 장기적 정책 방향에 따라 투자 계획, 요금체계, 인허가 기준 등을 조정하며, 시장운영기관은 실시간 데이터를 바탕으로 단기적 시장안정성과 기술적 효율성을 추구한다. 이 과정에서 양 기관 간의 정보 비대칭이 발생하거나, 의사결정 절차가 병렬적으로 작동할 경우, 정책과 시장운영 사이에 괴리가 발생할 수 있다.

따라서 규제기관과 시장운영기관 간의 역할 분담은 단순한 권한 배분을 넘어, 시장 기능의 효율성과 정책목표의 실현 가능성을 조율하는 거버넌스의 핵심 요소라 할 수 있다. 각 기관은 독립성과 전문성을 바탕으로 상호 존중과 조율 체계를 유지해야 하며, 이를 위해 명확한 법적 지위, 의사소통 메커니즘, 공동기획 체계, 상호평가 제도 등이 제도화되어야 한다. 전력산업의 복잡성이 증가하고 기술 변화가 가속화되는 오늘날, 이러한 역할 분담의 정교화는 전력시장 안정성과 제도 신뢰성 확보를 위한 필수 요건으로 부상하고 있다.

(5) 국제적 규제기관의 비교

전력산업의 규제체계는 국가마다 제도적 유산, 법률 구조, 정치체제, 시장 발전 단계에 따라 다양한 형태로 발전해 왔다. 그럼에도 불구하고 규제기관의 독립성, 기능 범위, 시장과의 관계 설정 방식 등은 공통적으로 전력시장의 효율성과 공공성 사이의 균형을 유지하는 데 핵심적인 역할을 수행하고 있다. 국제적인 비교를 통해 각국 규제기관의 제도적 설계와 기능적 특성을 살펴보는 것은, 자국 제도의 평가와 향후 개혁 방향을 설정하는 데 유의미한 통찰을 제공한다.

미국의 경우, 전력규제는 연방과 주 정부 차원에서 이원적으로 구성되어 있으며, 연방 차원에서는 연방에너지규제위원회(FERC)가 중심적인 역할을 수행한다. FERC는 주로 도매전력시장, 장거리 송전, RTO/ISO 승인 및 감시 기능을 맡고 있으며, 강력한 법적 권한과 벌칙 부과 능력을 보유하고 있다. 규제위원은 대통령이 임명하고 상원의 인준을 거쳐 임기 동안 정치적 독립성을 보장받으며, 자체 예산과 기술 전문성을 바탕으로 비교적 자율적인 정책결정을 내릴 수 있다. FERC는 전력시장 설계, 경쟁 촉진, 시장력 감시에 있어 가장 제도적으로 정교하게 구축된 규제기관 중 하나로 평가된다(Joskow, 2005).

영국에서는 1990년대 전면적인 민영화와 함께 전력과 가스 시장의 통합 규제기관인 OFGEM(Office of Gas and Electricity Markets)이 출범하였다. OFGEM은 완전한 독립성을 가진 정부 외부기구로서, 요금 승인, 성과기반 규제, 소비자 보호, 지속가능성 제고 등 다층적 정책 목표를 통합적으로 수행한다. 특히 가격상한 방식의 인센티브 규제와 정보공개를 통한 비교평가(benchmarking) 도입은 세계적으로 벤치마크가 되었다. OFGEM은 단순한 기술규제기관이 아니라, 에너지 정책의 사회적 정당성과 시장 효율성 간의 긴장을 조율하는 거버넌스 주체로 기능하고 있다는 평가가 있다(Baldwin et al., 2012).

유럽연합(EU) 차원에서는 회원국 간 전력시장 통합과 국경 간 거래 규칙의 일관성을 확보하기 위해 ACER(Agency for the Cooperation of Energy Regulators)가 설립되었다. ACER는 국가 규제기관 간의 조정을 통해 전력시장 통합을 지원하고, 국경 간 송전망 투자, 전력시장 연계, 데이터 공유 및 규칙 표준화 등을 추진한다. 다만 ACER 자체는 법적 구속력이 있는 결정권을 보유하지 않으며, 권고와 모니터링 기능에 주력한다. ACER는 유럽 단일전력시장 형성에 핵심적인 제도적 플랫폼으로 작용하지만, 여전히 국가별 규제권한의 비대칭성과 정치적 이해관계가 통합에 장애 요인으로 작용하고 있음이 지적된 바 있다(Jamasb & Pollitt, 2005).

한국의 경우, 에너지 규제기능이 부처 및 공공기관에 분산되어 있는 형태로 운영되고 있으며, 독립적인 규제기관이 존재하지 않는다는 점에서 선진국들과는 뚜렷한 차이를 보인다. 산업통상자원부가 정책 수립과 요금 승인 권한을, 전력거래소가 시장 운영을, 기획재정부가 공공요금 조정과 관련된 재정적 승인을 담당하고 있다. 이러한 구조는 행정부 중심의 일원화된 정책 집행에는 유리하나, 정책 독립성과 시장 감시 기능, 이해관계자 조정에 있어 구조적 한계를 노출한다. 한국의 전력규제 체계는 시장 자유화 이후에도 여전히 정부 통제 중심의 구조에서 벗어나지 못하고 있으며, 중립적이고 전문화된 단일 규제기관의 필요성이 지속적으로 제기되고 있다(Lee & Ahn, 2006).

이러한 국제적 비교는 규제기관의 기능이 단지 요금 조정이나 인허가 승인에 그치지 않고, 시장감시, 투자 유도, 소비자 보호, 정책 조정, 국제협력까지 아우르는 복합적 거버넌스 역할로 확장되고 있음을 보여준다. 특히 독립성, 전문성, 투명성, 책임성은 국제적으로 규제기관 설계의 핵심 원칙으로 자리잡고 있으며, 이러한 기준에 따라 규제제도의 신뢰성과 효과가 평가되고 있다. 전력산업의 구조적 복잡성과 정책 환경의 다층성을 고려할 때, 규제기관은 단순한 기술적 기구가 아니라, 정책목표를 제도화하고 조정하는 '정책 제어장치(policy controller)'로 기능해야 한다는 점이 강조된다(OECD, 2021a).

(6) 규제정책의 최근 동향과 도전과제

전력산업 규제정책은 20세기 후반까지 주로 독점 구조 하에서의 요금통제와 서비스 기준 관리에 초점을 맞추었지만, 1990년대 이후 시장화와 구조개편이 본격화되면서 규제의 대상과 방식, 철학 모두에 근본적인 변화가 일어났다. 오늘날의 전력 규제는 단순히 공기업을 감시하고 가격을 통제하는 것이 아니라, 민간 주체가 참여하는 복합시장 구조 안에서 경쟁의 질을 유지하고, 재생에너지 전환, 디지털 기술, 소비자 권익, 기후정책 등 다양한 정책목표를 통합적으로 실현하는 정책조정 메커니즘으로 재정의되고 있다.

가장 뚜렷한 변화는 규제의 대상이 요금과 비용 중심에서 시장구조와 행태 중심으로 확대되고 있다는 점이다. 규제기관은 더 이상 단순히 '얼마를 청구할 수 있는가'를 판단하는 기관이 아니라, '어떤 방식으로 시장이 작동해야 하는가'를 설계하고 조정하는 제도 설계자로 기능하게 되었다. 오늘날의 규제는 가격통제보다 시장감시, 진입보장, 공정경쟁 촉진과 같은 규칙 중심의 유인 조정으로 진화하고 있다(Joskow, 2008c).

또한, 에너지 전환과 탈탄소화는 규제정책의 우선순위를 근본적으로 변화시키고 있다. 신재생에너지는 기술 특성상 변동성과 지역분산성을 내포하고 있으며, 이는 기존의 중앙집중형 규제 틀과 충돌한다. 규제기관은 이러한 변화에 대응하기 위해 계통 연계 기준, 보상 메커니즘, 시간별 요금제 등 새로운 제도를 도입하고 있으며, 특히 재생에너지의 계통접속 우선권과 출력제어 기준 등에 대한 판단은 기술과 정책, 사회적 수용성이 복합적으로 작용하는 영역으로 부상하고 있다. 재생에너지 확대에 따라 시장가격만으로는 충분한 유인을 제공할 수 없으며, 규제기관이 보완적 설계를 통해 장기 투자 유인을 창출해야 한다는 주장도 제기된다(Cramton, 2017).

디지털 전환 역시 전력 규제에 중요한 영향을 미치고 있다. 스마트미터, 분산형 자원, 전기차, 에너지 저장장치의 확산은 실시간 데이터의 활용, 수요반응 프로그램, 소비자 선택권 확대 등 규제의 실시간성을 요구하고 있다. 이러한 기술 변화는 규제기관의 기능을 더욱 정밀하고 민감하게 변화시키며, 전통적 감시 중심의 규제에서 데이터 기반의 예측적 규제로의 전환을 촉진한다는 분석이 제시되고 있다(Burger et al., 2019).

이와 함께, 소비자 중심 규제라는 패러다임도 강화되고 있다. 과거에는 규제가 사업자 중심의 효율성 확보에 초점을 두었다면, 이제는 소비자의 권리 보호, 정보 접근성, 선택권, 에너지 형평성과 같은 사회적 가치를 규제의 핵심 목표로 포괄하고 있다. 영국은 전력 규제를 단순한 시장감시기관이 아닌 '소비자 대표기관'으로 재정의하며, 소비자 의견 반영 메커니즘, 민원 대응 시스템, 접근성 기준 등을 제도화한 사례도 있다(OFGEM, 2022).

그러나 이러한 진화 속에서도 규제정책은 여전히 여러 가지 도전과제에 직면해 있다. 우선, 정책 목표의 다층성과 충돌 가능성이다. 예컨대, 요금 인상을 억제하면서 동시에 재생에너지 투자와 망 확충을 유도하는 것은 자칫하면 모순적인 정책으로 작용할 수 있다. 이와 같은 충돌을 조정하기 위해서는 규제기관이 정책 결정 과정에 실질적으로 참여하고, 다부처 간 협력 체계를 구축하는 통합 정책거버넌스가 요구된다.

또한, 규제기관의 제도적 역량과 신뢰 확보도 중요한 과제이다. 규제기관은 독립성과 전문성을 바탕으로 복잡한 정책환경에 대응해야 하지만, 예산 부족, 인력 미충원, 정치적 간섭 등 현실적 제약으로 인해 제 역할을 수행하지 못하는 경우가 적지 않다. 규제의 질을 높이기 위해서는 제도적 설계뿐 아니라, 조직 운영 역량, 데이터 활용 능력, 참여적 의사결정 구조 등이 함께 강화되어야 한다는 점이 강조되고 있다(OECD, 2021a).

결국, 오늘날의 전력산업 규제는 단순한 기술-경제적 장치가 아니라, 복합적인 사회적 기능을 수행하는 정책적 거버넌스의 일환으로 자리 잡고 있다. 전력 규제정책은 효율성과 형평성, 지속가능성과 기술적 안정성, 단기성과 장기성이라는 상충된 목표들 사이에서 조화로운 해법을 모색해야 하며, 이를 위해서는 규제철학의 진화, 제도적 유연성, 사회적 수용성이라는 세 가지 축이 함께 작동할 수 있도록 규제의 방식과 구조를 지속적으로 개선해 나가야 할 것이다.

6 결론: 전력산업 규제의 재정립

전력산업은 지난 수십 년간 구조개편과 경쟁도입이라는 거대한 정책 변화의 흐름을 경험해 왔지만, 이러한 시장화의 진행이 규제의 역할을 축소시키기보다는 오히려 규제의 범위와 성격을 재정의하는 계기가 되었음은 분명하다. 시장메커니즘은 가격 신호를 통한 자원 배분의 효율성을 제공하지만, 전력이라는 재화가 지닌 기술적 특성과 사회적 가치, 그리고 공공적 속성은 여전히 규제가 시장의 설계자이자 균형자로서 기능해야 할 이유를 명확히 제시한다. 경쟁 도입 이후의 전력산업에서도 규제는 '시장 조건을 형성하고 유지하는 제도적 장치'로서 더욱 정교해질 필요가 있다는 점이 강조되고 있다(Joskow, 2008c).

오늘날 전력 규제는 단순히 가격 통제나 인허가 승인에 머무르지 않는다. 디지털 기술의 발전, 재생에너지 전환, 소비자 역할의 변화, 에너지 빈곤 해소와 같은 다양한 사회적 변화에 따라, 규제의 대상과 방식, 목표가 모두 확장되고 있다. 디지털화된 시장에서는 규제의 실시간성, 예측 가능성, 알고리즘 감시 능력이 중요해졌고, 플랫폼 기반 시장의 부상은 규제를 기술설계와 제도설계가 결합된 형태로 진화시키고 있다. 디지털 시대의 전력 규제는 단지 법적 장치가 아니라, 기술과 데이터 위에 설계된 '동적 제도 인프라(dynamic institutional infrastructure)'가 되어야 한다(Glachant et al., 2021).

이와 동시에, 전력 규제는 복수의 정책 목표를 동시에 수행해야 하는 복합적 거버넌스로서 작동하고 있다. 탄소중립과 에너지 전환, 소비자 보호, 형평성, 공급 안정성, 투자 유도, 시장 경쟁 촉진 등은 각각 독립된 목표이면서도 서로 긴밀히 얽혀 있으며, 이들 간의 정합성과 조정은 규제 설계의 핵심과제로 부상하고 있다. 이러한 다층적 목표 하에서의 규제는 단일 기준의 경제모형이 아니라, 사회적 타협과 기술적 실행가능성을 동시에 고려한 '정합적 설계(integrated design)'로 이루어져야 한다(Pérez-Arriaga, 2013).

이러한 복합성과 불확실성 속에서 규제의 정당성과 신뢰를 확보하기 위해서는, 규제기관의 독립성과 전문성뿐 아니라, 절차의 투명성, 이해관계자 참여, 설명 가능성 등의 거버넌스 조건이 충족되어야 한다. 규제의 품질은 단지 정책 효과로 평가되는 것이 아니라, 사회적 수용성과 제도적 정당성에 의해 지속가능성이 결정된다는 분석도 제시된 바 있다(Baldwin et al., 2012). 따라서 규제는 더 이상 기술관료적 행정이 아니라, 사회적 조정과 정책적 조율의 중심축으로 기능해야 하며, 이는 규제기관의 제도적 위상과 행위방식의 근본적 전환을 요구한다.

결국 전력산업의 규제는 과거의 통제 중심 방식에서 벗어나, 유인과 조정, 기술과 제도, 경쟁과 형평성, 단기성과 장기성이라는 다면적 요소를 통합하는 지능형 규제(intelligent regulation)로 재정립되어야 한다. 이러한 재정립은 규제의 '종말'이 아닌 '진화'를 의미하며, 규제가 전력시장과 사회 전체의 지속가능성과 회복력을 설계하는 핵심 정책수단으로서 기능할 수 있도록 이론적 정당성, 정책적 실효성, 그리고 제도적 수용성을 갖춘 체계로 정비되어야 할 것이다.

제12장

전력시장의 탈규제와 구조개편

1 서론: 전력산업 구조개편의 배경과 의의

전력산업은 오랜 기간 동안 수직적으로 통합된 규제 독점 체제를 기반으로 운영되어 왔다. 발전, 송전, 배전, 그리고 소매판매에 이르는 전 과정이 단일 기업 혹은 국가 기관에 의해 통합적으로 관리되었으며, 이는 전력이라는 재화가 갖는 기술적·경제적 특성–고정비 중심의 비용구조, 실시간 수급의 필요성, 그리고 송전망의 네트워크 외부성–으로부터 자연스럽게 도출된 산업 구조였다. 이러한 체제는 일정 기간 동안 전력공급의 안정성, 장기 투자 유인의 확보, 통제 가능한 요금체계의 유지라는 장점을 제공하였다.

그러나 1980년대 후반 이후, 다양한 국가에서 기존 체제의 비효율성과 경직성, 그리고 기술 발전에 따른 대응력 부족에 대한 문제의식이 제기되기 시작했다(Joskow, 1996). 이로 인해 전력산업 구조에 대한 근본적인 재검토가 요구되었으며, 이는 결국 구조개편(restructuring) 혹은 자유화(liberalization)로 이어졌다.

전력산업 구조개편의 배경은 크게 세 가지로 요약될 수 있다. 첫째, 기술적 진보이다. 발전기술의 발전, 특히 가스터빈 기술과 복합화력발전(CGT)의 상용화는 발전설비의 소형화와 분산화를 가능하게 하였으며, 이는 발전 부문에서의 경쟁 도입을 가능하게 하는 기술적 기반을 제공하였다(Joskow & Schmalensee, 1983). 여기에 정보통신기술(IT)의 발달은 실시간 계량과 거래 정산을 가능하게 하여 소매 부문에서의 경쟁 기반도 확대되었다.

둘째, 경제학적 이론의 변화이다. 전통적인 요금 규제(rate-of-return regulation)는 비효율적 투자를 유도하고 기업의 비용 통제를 약화시킨다는 X-비효율 이론(Leibenstein, 1966)과 더불어, 시장기제에 기반한 인센티브 규제 및 경쟁 도입의 필요성이 강조되었다. 이는 1970~80년대에 미국의 항공, 통신, 철도 등 주요 인프라 산업에서 나타난 규제완화(deregulation)의 흐름과도 궤를 같이한다.

셋째, 정책 및 제도적 변화이다. 1990년 영국의 전력시장 개편은 구조개편의 대표적 사례로, 발전·송전·배전의 기능별 분리와 경쟁도입을 제도화하였다(Newbery, 2002). 칠레와 노르웨이, 그리고 미국의 PJM(펜실베이니아-뉴저지-메릴랜드 전력시장)과 CAISO(캘리포니아 독립계통운영기구)와 같은 지역 계통운영자 체제의 도입, EU의 전력시장 단일화 지침은 전력산업 구조개편이 세계적인 정책 흐름 속에서 확산되었음을 보여준다(Joskow, 2008c).

이러한 구조개편은 단순한 규제완화에 그치지 않고, 전력산업의 기능별 분리(functional unbundling)를 전제로 한 복합적인 시장 설계의 재구축을 의미한다. 구체적으로는 발전 및 소매 부문에서의 경쟁 도입, 송·배전 부문의 공정하고 중립적인 운영 확보, 계통운영자(ISO 또는 RTO)의 독립성 확보, 도매시장 및 실시간 정산 체계의 정비 등 제도 전반의 전환이 포함된다(Hogan, 2002).

전력산업 구조개편의 핵심적인 의의는 크게 두 가지로 정리할 수 있다. 첫째는 경제적 효율성의 제고이다. 경쟁을 통해 비효율적 설비 운용을 줄이고, 과잉비용을 제거하며, 소비자에게 선택권을 제공함으로써 사회적 후생이 증대될 수 있다는 기대가 존재한다(Joskow, 2000). 둘째는 시장 기반의 유연한 대응 체계 마련이다. 전통적인 규제 체계는 고정적 요금과 공급계약에 의존하는 반면, 시장 기반 체계는 수요 변동성, 재생에너지의 간헐성, 연료가격의 불확실성 등 새로운 환경 변화에 보다 민첩하게 대응할 수 있는 구조를 가능하게 한다(Glachant & Perez, 2011).

다만, 구조개편은 그 자체가 목적이 아니라, 전력산업의 지속가능성과 효율성을 동시에 달성하기 위한 하나의 수단이다. 따라서 구조개편은 제도 설계의 정합성과 규제 방식의 진화라는 더 큰 틀 속에서 이해되어야 한다. 다음 절에서는 이러한 구조개편의 이론적 배경, 제도 설계의 핵심 구성요소, 주요 국가의 개혁 경험 및 그 성과와 한계를 보다 구체적으로 검토하고자 한다.

2 탈규제(Deregulation)의 경제적 논거

전력산업에서의 탈규제(deregulation)는 단순한 규제 완화를 넘어, 시장기제를 도입하고 구조적으로 산업을 재편하여 경쟁을 유도하고 효율성을 제고하려는 경제정책적 시도였다. 1980년대 이후 미국, 영국을 비롯한 여러 국가에서 시작된 탈규제의 흐름은 전통적인 규제방식이 갖는 구조적 한계를 극복하고, 보다 동태적인 자원 배분 메커니즘을 도입하려는 정책적 전환이었다. 이 절에서는 탈규제가 전력산업에 도입된 주요 경제적 논거들을 체계적으로 검토한다.

(1) 효율성 향상과 X-비효율 제거

전력산업 탈규제의 가장 근본적인 경제적 논거는 효율성의 제고, 특히 X－비효율성(X－inefficiency)의 제거에 있다. 전통적인 요율기반 규제(rate－of－return regulation)는 기업의 수익률을 일정 수준 보장하는 구조이기 때문에, 비용 절감이나 생산성 향상에 대한 유인이 상대적으로 약해진다. 이러한 상황에서는 경영진이 자원을 비효율적으로 운영할 가능성이 높아지며, 조직 내부의 비효율이 누적될 수 있다.

Leibenstein(1966)은 경쟁이 결여된 환경에서는 기업 내부의 긴장과 감시가 약화되어 자원의 활용이 생산 가능곡선 내부에서 이루어지며, 이로 인해 X－비효율이 발생한다고 분석하였다. 즉, 기술적으로 가능한 수준 이하의 성과에 머무르게 되는 구조적 비효율이 존재한다는 것이다.

탈규제를 통해 경쟁이 도입되면, 기업은 시장 생존을 위해 비용을 절감하고 운영 효율성을 향상시켜야 하며, 이는 결과적으로 기술적 효율성(technical efficiency)과 자원 배분의 효율성(allocative efficiency) 모두를 개선하는 효과를 가져온다. 경쟁 환경에서는 비효율적인 조직 운영, 과잉 인력, 연료 낭비 등의 요소가 시장에서 도태의 원인이 되기 때문에, 기업은 내부 관리 개선과 비용 구조 최적화를 강하게 추진하게 된다.

실제로 항공, 통신, 운송 등 여러 규제산업에서 탈규제 이후 생산성 증가와 비용 절감 효과가 실증적으로 확인되었으며(Joskow & Schmalensee, 1983), 전력산업에서도 특히 발전 부문은 이러한 경쟁 유인이 효과적으로 작용할 수 있는 영역으로 간주된다. 다양한 기술 간 대체 가능성이 존재하고, 송전망이 물리적으로 연결되어 있다면, 발전사업자 간 가격 경쟁을 통해 운영 효율이 향상될 수 있다.

요약하자면, 경쟁은 단순히 가격 인하를 유도하는 것에 그치지 않고, 내부 운영의 효율성 제고와 조직적 긴장감 유지를 가능하게 하여 전력산업 전반의 구조적 개선을 촉진하는 중요한 제도적 메커니즘으로 작동한다.

(2) 진입장벽 완화와 기술혁신 촉진

탈규제의 또 다른 중요한 논거는 진입장벽의 완화와 기술혁신의 유인 제공이다. 전통적으로 전력산업은 대규모 중앙집중형 설비를 중심으로 운영되었으며, 발전 설비의 건설에는 막대한 초기 투자와 장기간의 회수 기간이 요구되었다. 이로 인해 최소효율규모(minimum efficient scale)가 높았고, 소규모 사업자의 시장 진입은 현실적으로 어렵다는 점에서 자연독점의 성격이 강했다.

그러나 기술의 발전은 이러한 구조를 변화시킬 수 있는 가능성을 열어주었다. 복합화력발전(CCGT), 고효율 가스터빈, 소형 분산형 발전원 등은 상대적으로 낮은 설치비용과 높은 효율, 짧은 투자 회수 기간을 특징으로 하며, 이로 인해 발전 부문의 진입장벽을 실질적으로 낮출 수 있다는 기대가 제기되었다. 이러한 기술적 변화는 다양한 규모의 사업자들이 시장에 참여할 수 있는 여지를 확대시키고, 결과적으로 경쟁 기반의 시장구조 형성을 가능하게 하는 요인으로 작용한다.

또한, 경쟁은 기술혁신에 대한 유인을 제공하는 제도적 환경을 조성한다. 규제된 독점 체제에서는 기존 설비에 대한 경로의존성(path dependence)과 조직적 보수성이 존재하여, 새로운 기술의 도입이나 설비 개선이 지연될 가능성이 크다.

반면, 경쟁이 존재하는 시장에서는 사업자가 비용 절감, 효율성 향상, 차별화된 서비스 제공을 통해 시장에서 우위를 점하려는 유인을 가지게 되며, 이는 자연스럽게 신기술의 도입과 운영방식의 개선으로 이어질 수 있다.

따라서 탈규제는 단순히 구조개편에 국한되지 않고, 시장 진입 유인을 제공하고 기술 선택의 다양성을 확대함으로써, 장기적으로 기술 혁신을 촉진할 수 있는 제도적 기반으로 작용할 수 있다는 점에서 정책적 정당성을 갖는다.

(3) 가격 신호의 왜곡과 소비자 선택권의 제약

전통적인 규제체제 하에서는 전기요금이 종종 정치적 판단, 사회적 형평성 고려, 물가 안정 목표 등에 따라 결정되어 왔다. 이러한 방식은 일정한 공공성을 유지하는 데 기여하였으나, 동시에 전기요금이 실제 공급 비용이나 수급 여건을 반영하지 못하는 구조적 한계를 내포한다. 결과적으로 가격이 자원 배분의 효율적 신호로서 기능하지 못하며, 생산자와 소비자 모두에게 왜곡된 경제적 유인을 제공하게 된다.

공급자 입장에서는 실제 비용이 요금에 제대로 반영되지 않기 때문에, 운영 효율성을 높이거나 기술 혁신을 추진할 유인이 부족하며, 투자 시기나 설비 선택이 비효율적으로 결정될 가능성이 크다. 한편 소비자 역시 전력 소비의 시기나 방식에 따른 비용 차이를 인식하지 못하게 되며, 이는 불필요한 전력 낭비와 피크 수요 집중이라는 문제로 이어진다. 특히 모든 소비자에게 동일한 단일요금이 적용되는 구조에서는 수요 반응(demand response)의 유인이 사라지게 되며, 이는 계통 부담 증가와 비용 상승을 초래할 수 있다.

또한 규제 체제 하에서는 소비자가 요금제나 서비스 제공자를 선택할 수 있는 권한이 원천적으로 제한되어 있다. 대부분의 경우 단일 공기업이 전력 판매를 독점하며, 소비자는 차별화된 요금제나 부가서비스를 선택할 수 없는 수동적 수용자에 머물게 된다. 이는 소비자 후생의 측면에서도 비효율을 초래하며, 공급자 간 서비스 경쟁이나 고객 중심적 혁신도 사실상 작동하지 않게 된다.

이러한 문제 인식은 시장 기반 체계로의 전환, 즉 탈규제의 필요성을 뒷받침하는 중요한 논거가 된다. 가격이 수급 여건에 따라 탄력적으로 결정되고, 소비자가 다양한 선택지를 통해 자신의 수요 패턴에 맞게 행동할 수 있도록 함으로써, 자원의 효율적 배분과 소비자 후생 제고를 동시에 달성할 수 있다는 기대가 탈규제 논의의 핵심을 이루고 있다.

(4) 규제 실패와 정치경제적 유연성 확보

규제는 공공성과 안정성을 담보하는 장점이 있지만, 현실적으로는 정치적 압력, 관료적 비효율, 정보 비대칭 등으로 인해 정책 목적과 다른 결과를 낳을 수 있다. 이는 전형적인 규제 실패의 사례이며, 과잉 투자, 요금 왜곡, 특정 집단의 이익 편중 등의 문제로 나타난다.

탈규제를 통해 시장 중심의 조정 메커니즘을 도입하면, 제도적 경직성을 완화하고, 정치적 압력으로부터 상대적으로 자유로운 유연한 운영이 가능하다. 물론 송전과 배전 같은 독점 부문에 대한 규제는 여전히 필수적이지만, 경쟁이 가능한 영역에서는 탈규제를 통해 자율성과 효율성을 동시에 확보할 수 있다(Joskow, 2008c).

(5) 국제사회의 개방 압력과 제도 정합성

1980~90년대 이후 세계화의 흐름 속에서 전력산업도 국제적 제도 정합성(institutional compatibility) 확보의 필요성이 커졌다. 세계은행(World Bank), IMF, OECD 등은 개도국에 대한 구조조정 조건으로 에너지 부문의 개방과 민영화를 요구하였고, EU는 역내 전력시장 단일화를 추진하며 단계별 개방 지침을 도입하였다.

이에 따라 개도국 역시 정책 및 제도 개편에 착수하였으며, 전력산업 탈규제는 단지 국내 효율성 개선의 수단을 넘어서, 글로벌 규범과의 조화를 위한 필수 조건으로 인식되었다. 특히 전력시장이 무역, 투자, 환경정책과 긴밀히 연계되면서, 제도 간 정합성을 확보하는 것이 더욱 중요한 과제로 부상하였다(Hepburn, 2006).

이상의 논의는 탈규제가 단지 이념적 선택이 아니라, 전력산업의 비효율성과 제도적 경직성을 극복하기 위한 경제학적 해법으로 등장하였음을 보여준다. 그러나 탈규제의 성패는 제도 설계의 정합성, 시장 참여자 간의 전략적 행태, 그리고 정치경제적 맥락에 따라 달라질 수 있다. 다음 절에서는 이러한 탈규제를 제도적으로 구현하기 위한 구조개편(restructuring)의 구체적 구성요소를 살펴본다.

3 구조개편(Restructuring)의 구성요소

전력산업의 구조개편(restructuring)은 단순히 기존 규제를 완화하거나 경쟁을 도입하는 것을 넘어서, 전력산업 전반의 기능적 구조와 제도 설계를 근본적으로 재정비하는 포괄적인 개혁이다. 기존의 수직통합형 체제에서는 발전, 송전, 배전, 소매판매 등 모든 과정이 하나의 공기업 혹은 독점적 민간사업자에 의해 일괄적으로 수행되었다. 이러한 구조는 기술적 통합성과 장기적 투자 유인을 보장하는 장점이 있었으나, 비효율성과 유연성 부족, 혁신 저해 등 여러 한계를 노출하였다(Crew & Kleindorfer, 1986).

구조개편의 핵심은 '기능별 분리'이다. 즉, 경쟁이 가능한 부문과 자연독점적인 부문을 구분하고, 전자는 시장에 개방하며, 후자는 공정한 접근과 효율적 운영을 확보하기 위해 지속적인 규제를 유지하는 방식이다. 일반적으로 발전과 소매판매 부문은 경쟁 도입이 가능한 영역으로 간주되며, 송전과 배전은 대규모 고정비용과 네트워크 외부성으로 인해 여전히 자연독점의 특성을 보인다.

(1) 기능별 분리(Unbundling)

전력산업 구조개편의 출발점은 기능별 분리(unbundling)에 있다. 이는 전력산업을 구성하는 주요 기능들을 경제적·기술적 속성에 따라 구분하고, 그에 따른 적절한 제도적 대응방식을 설계하는 과정이다. 구체적으로는 발전, 송전, 배전, 소매판매의 네 가지 부문을 독립된 기능 단위로 분리하고, 각 부문이 시장경쟁에 적합한지를 평가한다. 일반적으로 발전과 소매판매는 기술 변화, 설비의 소형화, 정보통신 인프라의 확장 등에 힘입어 경쟁이 가능한 부문으로 간주되는 반면, 송전과 배전은 대규모 고정비용과 네트워크 외부성으로 인해 여전히 자연독점의 속성을 지닌다.

기능별 분리는 단순한 개념적 구분을 넘어서 실제 기업 구조와 운영에 대한 구체적인 제도 설계로 이어진다. 이 과정에서 세 가지 주요 형태가 구분된다. 첫째, 회계적 분리는 동일한 기업 내에서 각 기능의 수익, 비용, 자산 등을 별도로 분류하여 외부 감시가 가능하도록 하는 방식이다. 둘째, 운영적 분리는 각 기능 간의 인사, 의사결정, 운영 시스템을 독립적으로 구성하는 것을 의미한다. 셋째, 법적 분리는 발전, 송전, 소매 등의 기능을 각각 별도의 법인으로 독립시키는 방식이며, 이는 시장지배력 남용 가능성을 줄이는 데 더 효과적이다(Joskow, 2003).

한편, 일부 국가에서는 소유권 분리도 채택하였다. 이는 송전망이나 배전망과 같은 네트워크 자산의 소유권 자체를 경쟁 부문으로부터 완전히 분리하는 것으로, 독점적 기반시설의 중립성과 제3자 접근 보장을 제도적으로 확보하는 강력한 방식이다. 예를 들어, 네덜란드는 완전한 소유권 분리를 법제화한 대표적인 사례이며, 영국도 송전 부문에 대해 이러한 원칙을 부분적으로 적용하였다(Pollitt, 2008).

기능별 분리는 궁극적으로 다음의 세 가지 정책 목표를 지향한다. 첫째, 정보의 투명성 확보이다. 비용 구조와 수익 흐름을 분리함으로써 규제기관 및 시장 참여자들이 각 부문의 효율성과 성과를 독립적으로 평가할 수 있다. 둘째, 이해상충의 방지이다. 송전사업자가 특정 발전사업자 또는 소매판매사업자에 유리한 조건을 제공하는 행위를 방지함으로써 공정한 경쟁 여건을 조성한다. 셋째, 신규 사업자의 시장 진입 촉진이다. 기능별 분리를 통해 기존 수직통합 기업이 시장 접근을 제한하거나 진입 장벽을 형성하는 것을 방지하고, 개방적이고 투명한 시장 환경을 조성한다.

그러나 기능별 분리는 그 자체로 목표가 아니라, 경쟁 환경 조성과 제도 정합성 확보라는 궁극적 목표를 위한 수단이다. 따라서 각국은 산업 구조, 시장 규모, 제도역량 등을 고려하여 회계적 분리에서 법적 분리, 나아가 소유권 분리까지 다양한 수준의 분리 방식을 채택하고 있으며, 이 과정에서 규제기관의 역량 강화와 감시 체계의 정교화가 병행되어야 한다.

(2) 경쟁도입 부문: 발전과 소매판매

전력산업 구조개편 과정에서 가장 먼저 경쟁이 도입된 부문은 발전이다. 발전 부문은 과거 중앙집중적 대형 설비 중심의 구조에서, 기술의 진보에 따라 소형화, 모듈화, 고효율화가 가능해졌고, 이로 인해 신규 사업자의 시장 진입이 용이해졌다. 복합화력(CCGT), 풍력, 태양광 등 다양한 연료원과 기술이 상호 경쟁할 수 있는 기반이 조성되었으며, 이는 발전 부문에서의 경쟁 가능성을 실질적으로 확대하였다.

경쟁적 발전시장은 일반적으로 전력 도매시장을 통해 실현되며, 대표적인 형태로는 입찰 기반 시장(bid-based pool)과 양방향 계약 시장(bilateral contract market)이 있다. 입찰 기반 시장에서는 발전사업자들이 시간 단위로 공급량과 가격을 제시하고, 시스템 운영자(ISO 또는 RTO)는 이를 바탕으로 경제급전을 수행한다. 이 과정에서 한계가격이 도출되며, 이는 시장참여자에게 가격 신호를 전달하고 자원 배분의 효율성을 제고하는 역할을 한다(Cramton, 2003).

반면, 양방향 계약 시장은 발전사업자와 수요자 또는 소매사업자가 장기·단기 계약을 통해 가격과 공급량을 사전에 정하는 방식으로, 가격 변동 위험을 관리할 수 있는 수단이 된다. 실제 시장에서는 두 방식이 병행되거나 혼합된 구조로 운영되는 경우가 많으며, 발전시장 설계는 각국의 전력수급 특성과 제도적 역량에 따라 다양하게 나타난다.

소매판매 부문 역시 경쟁 도입의 핵심 대상이다. 소매사업자는 도매시장에서 전력을 구매해 최종 소비자에게 공급하며, 요금제, 서비스 품질, 친환경 옵션 등을 통해 차별화된 상품을 제공한다. 소비자는 다양한 공급자를 비교하여 자율적으로 선택할 수 있으며, 이는 소비자 후생을 증대시키고 공급자 간 서비스 경쟁을 유도할 수 있다. 이러한 소매시장 자유화는 전력소비의 수요 측면에서 효율성을 제고하는 중요한 메커니즘으로 간주된다.

그러나 소매경쟁은 그 효과가 수요자 집단에 따라 상이하게 나타날 수 있다. 대규모 산업용 소비자는 가격 민감성이 높고 정보 접근성이 뛰어나 경쟁의 효과를 적극적으로 누릴 수 있지만, 가정용 또는 소규모 상업용 소비자는 정보 비대칭과 거래비용, 브랜드 충성도 등의 요인으로 인해 실질적인 선택 폭이 제한될 수 있다. 이에 따라 여러 국가에서는 시장개방을 점진적으로 시행하거나, 보호요금제(safeguard tariff), 기본공급자 제도를 도입해 소매시장 경쟁의 이행을 보완하고 있다(Joskow, 2008c). 또한, 일부 지역에서는 소매판매 자유화가 가격 인하보다 오히려 가격 불안정성을 초래한다는 비판도 제기되며, 경쟁의 효과가 시장 설계, 소비자 정보 수준, 정책 조율에 따라 달라질 수 있다는 점이 강조된다(Hirsh, 2002).

(3) 독점 유지 부문: 송전과 배전

송전과 배전 부문은 전력산업 구조개편 이후에도 여전히 자연독점의 성격을 지니고 있기 때문에, 경쟁 도입이 아닌 규제적 독점 형태로 유지된다. 자연독점은 대규모 초기 고정투자, 규모의 경제, 네트워크 외부성 등이 존재하여, 단일 사업자가 시장 전체를 담당하는 것이 오히려 비용 측면에서 효율적일 때 발생한다. 전력망은 이러한 조건을 충족하는 대표적 산업으로, 중복 투자가 사회적 비용을 유발할 수 있어, 송전 및 배전 설비의 병행 경쟁은 일반적으로 바람직하지 않다(Joskow & Schmalensee, 1983).

그러나 구조개편 이후에도 기존 수직통합 기업이 송전 또는 배전망을 소유한 채 발전이나 소매판매 부문과 병행 운영하는 경우, 차별적 접근, 교차보조, 정보 비대칭 등의 문제가 발생할 수 있다. 예를 들어 송전사업자가 특정 발전사업자(자회사)의 계통접속을 우선하거나, 타사의 계통이용을 지연 또는 차단할 경우, 시장 경쟁은 왜곡되고 신규 진입자의 진입 기회는 봉쇄될 수 있다(Hogan, 2002).

이러한 문제를 방지하기 위해 많은 국가에서는 송전망의 중립성과 투명성을 확보하기 위한 제도적 장치를 마련하였다. 대표적인 방식은 송전망 운영의 독립화이며, 이는 크게 두 가지 형태로 구현된다. 첫째, ISO(Independent System Operator)는 기존 송전망 사업자로부터 운영권을 분리하여, 제3의 중립기관이 송전망 운영과 발전계획 수립, 계통접속 승인, 혼잡관리 등을 담당하게 하는 방식이다. 둘째, RTO(Regional Transmission Organization)는 ISO보다 권역이 크고 시장 설계 및 정산 업무까지 포함하는 더 확장된 형태로, 미국 전력시장에서는

PJM, CAISO, MISO 등이 대표적 사례이다(Joskow, 2005).

이들 기관은 발전사업자의 입찰을 수용하고, 전력흐름의 기술적 제한을 고려하여 경제급전을 수행하며, 전력계통의 실시간 균형을 책임진다. 이를 통해 시장운영의 중립성 확보, 송전혼잡의 효율적 관리, 투명한 접속조건 제공 등이 가능해지며, 결과적으로 공정한 시장 경쟁 환경 조성에 기여한다.

또한, 독립된 송전운영자는 장기적으로 송전투자의 유인구조를 개선하는 역할도 수행한다. 시장 기반 가격신호와 계통 혼잡 정보에 기반하여 신규 송전설비의 위치 및 규모를 결정하게 되며, 이는 기존 수직통합 구조에서 발생하던 비효율적 투자 결정을 줄이는 데 기여한다. 특히 재생에너지의 분산적 입지 특성을 고려할 때, 송전망의 계획과 투자는 점점 더 전략적인 조정기능이 요구되는 분야가 되고 있다.

한편, 배전 부문 역시 자연독점 구조로 인해 대부분의 국가에서 여전히 규제하의 독점 운영이 유지된다. 다만, 분산형 에너지 자원의 확산과 스마트그리드 기술의 도입으로 인해, 배전망 운영자의 역할도 기존의 단순한 전력수송 기능에서 플랫폼 운영자(distribution system operator, DSO)로 진화하고 있다(Jamasb et al., 2015). 이러한 변화는 향후 배전 부문에서도 부분적인 시장기능 도입의 가능성을 시사하지만, 여전히 공정한 접근과 투자 유도를 위한 규제기관의 적극적인 개입이 필수적이다.

(4) 시장운영자와 정산 시스템

경쟁적 전력시장이 안정적으로 작동하기 위해서는 중앙 시장운영자(market operator)의 역할이 핵심적이다. 시장운영자는 전력 도매시장의 효율성과 투명성을 보장하는 제도적 인프라로서, 거래 참여자 간의 입찰 정보를 집계하고, 수요-공급의 균형을 기반으로 시장청산가격을 산정하며, 이에 따라 정산을 수행한다. 이러한 기능은 단기적 가격 형성과 수익 배분의 공정성을 보장하는 동시에, 장기적으로는 투자 유인과 자원 배분의 효율성을 유도하는 역할을 한다.

시장운영자는 또한 실시간 수급 조정, 송전혼잡 관리, 보조서비스 조달 등을 담당하여 전력계통의 안정성과 신뢰성을 유지한다. 예컨대 주파수 제어, 예비력 확보, 무효전력 관리 등은 시장운영자의 통합 운영하에 수행되어야 하며, 이는 단순한 가격 결정 기능을 넘어 계통 운영과 물리적 전력 흐름의 동기화를 요구하는 고도화된 기술적 역할이다(Stoft, 2002).

시장 설계는 각국의 제도적·기술적 여건에 따라 다양하게 구현되며, 대표적인 형태로는 다음 세 가지가 있다.

첫째, 단일가격제는 시장 전역에 동일한 시장청산가격이 적용되는 방식으로, 단순성과 거래 편의성 측면에서 장점이 있다. 그러나 물리적 송전 제약과 지역 간 가격차를 반영하지 못해 효율적 자원 배분의 측면에서는 한계가 있다.

둘째, 지역별 한계가격제(locational marginal pricing, LMP)는 송전망의 혼잡, 손실, 기술적 제약을 고려하여 각 노드(node) 또는 지역(zone)마다 다른 가격을 책정하는 방식으로, 북미의 PJM, CAISO, MISO 등의 시장에서 채택되고 있다. 지역별 한계가격제는 송전망의 물리적 제약을 경제적 신호로 반영함으로써 혼잡비용 내재화 및 입지 기반 효율성 유도에 효과적이다(Joskow, 2005).

셋째, 이중정산제(two-settlement system)는 전일시장(day-ahead market)과 실시간시장(real-time market)을 분리하여 운영하는 방식으로, 대부분의 선진 전력시장에서 채택되는 구조이다. 이는 전일시장 가격이 거래의 기초가 되고, 실시간시장은 불확실성에 따른 보정 역할을 수행함으로써 가격 안정성과 조정 유연성을 동시에 확보할 수 있다. 이중정산제는 공급자와 수요자 모두에게 예측 기반의 거래계획 수립을 가능하게 하여, 가격변동성의 리스크를 관리할 수 있는 제도적 장점을 제공한다.

시장운영자의 설계와 정산 시스템은 단지 기술적 메커니즘을 넘어, 전력시장의 경제적 신호 전달, 거래의 공정성, 계통의 안전성이라는 세 가지 목표 간 균형을 달성해야 하는 복합적 구조이다(Hogan, 2002). 시장 설계가 가격 왜곡을 최소화하고, 송전망의 제약을 효율적으로 반영하며, 거래 참여자 간의 신뢰를 구축할 수 있어야 지속가능한 경쟁체제가 가능하다. 특히 재생에너지의 간헐성과 전력수요의 변동성이 커지는 최근의 시장 환경에서는, 정산 시스템의 정교화 및 실시간 가격신호의 개선이 점점 더 중요해지고 있다(Joskow, 2008c).

(5) 제도 설계의 핵심 쟁점

전력산업의 구조개편은 단순히 기능별 분리나 경쟁 도입만으로 완결되지 않는다. 오히려 구조개편의 성공 여부는 진입 규칙, 가격 체계, 정보 공개, 시장 감시, 소비자 보호, 투자 유인 등 제도 설계 전반의 정합성에 의해 좌우된다(Joskow, 2008c). 특히 구조개편은 전력산업의 기술적 복잡성과 공공재적 성격을 고려할 때, 경제적 효율성과 사회적 수용성을 동시에 충족할 수 있는 복합적 제도 설계를 필요로 한다.

첫 번째 쟁점은 시장 진입과 퇴출의 유연성이다. 경쟁 시장의 핵심 원리는 효율적인 기업은 진입하고, 비효율적인 기업은 퇴출되도록 하는 것이다. 그러나 전력산업에서는 기술적 제약과 계통 안정성의 요구로 인해 무제한적인 진입은 오히려 시장의 불안정성을 초래할 수 있다. 따라서 대부분의 국가에서는 일정한 기술적 요건이나 계통 접속 규칙을 설정함으로써 질서 있는 진입을 유도하고 있으며, 동시에 퇴출에 따른 소비자 보호를 위해 기본공급자 제도나 최종공급자 메커니즘 등을 마련하고 있다(Cramton, 2003).

두 번째 쟁점은 시장지배력의 억제이다. 전력은 수요의 비탄력성과 실시간 수급이라는 특수성 때문에 일부 발전사업자가 가격을 조작하거나 시장을 지배할 가능성이 높다. 이를 방지하기 위해 여러 시장에서는 발전설비 점유 비율에 상한을 두거나, 입찰 가격에 상한선을 설정하고, 시장지배력 지수(HHI 등)에 따라 구조적 조치를 취하는 경우가 많다(Borenstein et al., 2002). 또한 시장운영기관은 실시간 거래를 감시하고, 비정상적인 입찰 행태를 분석하는 모니터링 기능을 수행하여 시장의 경쟁성을 유지하고자 한다.

세 번째 쟁점은 소비자 보호이다. 구조개편은 가격 신호의 투명성과 자율적 선택을 확대한다는 장점이 있지만, 동시에 요금의 변동성 확대, 정보 비대칭, 공급자 간 정보 격차 등의 문제를 수반할 수 있다. 특히 정보에 취약한 가정이나 소규모 사업자는 시장에서 불리한 조건에 노출될 수 있다. 이에 따라 기본공급자 제도, 사회적 요금제, 계약 변경 유예기간 등의 제도들이 마련되어 왔으며, 취약계층에 대해서는 별도의 지원체계를 갖추는 것이 일반적이다.

네 번째 쟁점은 장기적 투자 유인의 확보이다. 경쟁시장은 단기적 가격 신호를 통해 효율성을 유도할 수 있으나, 대규모 발전설비나 송전망 확장과 같이 투자 회수 기간이 긴 프로젝트는 단기 시장 가격만으로는 충분한 유인을 제공하지 못하는 경우가 많다. 특히 재생에너지, 저장설비, 신기술 설비 등은 정책적 목표와 장기적 계획이 결합되어야만 안정적인 투자가 가능하다. 이를 위해 용량시장(capacity market), 용량지불제(capacity payment), 장기전력구매계약(long-term PPA), 차액계약제도(CfD) 등의 제도가 설계되었으며, 이는 시장 기반의 수익성과 정책 기반의 안정성을 동시에 확보하는 수단으로 기능하고 있다(Hogan, 2002).

이와 같이 구조개편은 단지 경쟁을 도입하는 것이 아니라, 복잡한 경제적·제도적 쟁점들에 대해 정합적인 정책 대응을 구성하는 과정이다. 제도 설계가 경쟁의 효율성과 공공성, 기술적 안정성과 투자 지속가능성 간의 균형을 얼마나 효과적으로 달성하느냐에 따라 구조개편의 실질적 성과는 크게 달라질 수 있다. 이러한 점에서 제도 설계는 이후 장에서 다루게 될 국가별 구조개편 사례 비교에 있어 핵심적인 분석 기준이 된다.

4 주요 국가 사례 분석

전력산업의 탈규제와 구조개편은 각국의 제도, 기술, 정치경제적 조건에 따라 다양한 방식으로 설계되고 실행되었다. 본 절에서는 대표적인 네 개국(또는 지역)-영국, 미국, 유럽연합(EU), 한국-의 구조개편 사례를 살펴보고, 그 정책적 선택과 성과, 그리고 한계를 비교 분석한다.

(1) 영국: 구조개편의 선도모델

영국은 1990년 세계 최초로 전력산업 전반에 걸친 구조개편과 민영화를 동시에 추진한 국가로, 이후 미국, 칠레, 유럽연합 등 여러 국가의 전력시장 설계에 직접적 영향을 미친 선도모델로 평가된다(Newbery, 1999). 당시 영국 정부는 기존의 수직통합 공기업인 중앙전력청(CEGB, Central Electricity Generating Board)을 해체하고, 발전, 송전, 배전, 소매판매의 기능을 분리함으로써 전력산업의 근본적 구조 전환을 단행하였다.

구체적으로 발전 부문은 여러 민간기업으로 분할된 후 민영화되었으며, 송전망은 National Grid Company가 중립적인 시스템 운영자로서 독립적으로 관리하였다. 배전과 소매판매 부문은 지역 전력회사로 전환되어 점진적으로 민영화되었으며, 이로써 영국은 기능별 분리와 자산 매각을 병행하는 방식으로 민간 주도의 시장 체계를 수립하게 되었다.

초기에는 풀(pool) 방식의 중앙집중형 도매시장이 운영되었으며, 이는 모든 발전사업자가 매일 발전량과 가격을 입찰하고 중앙 시장에서 경제급전을 통해 거래가 이루어지는 구조였다. 그러나 이 방식은 발전사업자 간 전략적 입찰, 시장력 행사, 가격 변동성 심화 등의 문제를 야기하였다(Thomas, 2006). 이에 따라 2001년, 영국은 도매시장 설계를 근본적으로 변경하여 양방향 계약 기반의 NETA(New Electricity Trading Arrangements) 체계를 도입하였다. 이는 전력거래를 발전사업자와 소매사업자 간의 직접 계약에 기반을 두는 구조로 전환한 것으로, 중앙급전(pool) 중심의 거래에서 분산형 시장 기반 체계로 전환한 것이다.

NETA는 송전망 사업자인 National Grid가 실시간 수급 균형과 정산 업무를 수행하되, 거래는 다양한 시간대(전일시장, 실시간시장 등)에서 계약 기반으로 자율적으로 이루어지도록 설계되었다. 이후 2005년에는 이 체계가 스코틀랜드 지역까지 확대되어 BETTA(British Electricity Trading and Transmission Arrangements) 체계로 발전하였다. BETTA는 영국 전역을 포괄하는 단일 전력시장 체계를 구축함으로써 지역 간 효율적 자원 배분과 거래 통합을 가능하게 하였다.

영국 구조개편 모델의 가장 두드러진 특징은 전면적이고 신속한 개혁 추진, 기능별 명확한 분리, 민간자본 중심의 시장 재구성이다. 초기에는 도입 효과가 뚜렷하여, 전력요금 하락, 설비이용률 개선, 생산성 증가 등의 긍정적인 결과가 관찰되었다. 민간의 경쟁 유도와 가격 신호의 역할을 강조한 영국 모델은 구조개편 초기 단계에서 비용 효율성 측면에서 탁월한 성과를 보였으며, 세계은행 등 국제기구도 개도국에 영국 모델을 모범 사례로 제시한 바 있다(World Bank, 2004).

그러나 시간이 지나면서 새로운 문제점도 드러났다. 소매시장에서는 대형 기업 간의 시장 집중화가 심화되었고, 가격 경쟁보다는 브랜드 충성도나 계약 복잡성으로 인해 실질적인 소비자 선택의 폭이 제한되었다(OFGEM, 2014). 또한 투자 회수 불확실성과 장기 수익성 부족 문제로 인해 기저부하 발전설비 및 송전 인프라에 대한 투자 부족 현상이 발생하였으며, 이로 인해 일부 기간에는 예비력 부족과 전력계통의 유연성 저하 문제가 제기되었다(Newbery, 2005). 특히 재생에너지의 확대와 같은 정책 변화에 구조개편된 시장 체계가 적절히 대응하지 못하면서, 정책·시장 간 비정합성 문제가 본격적으로 제기되기도 하였다(Mitchell et al., 2006).

이러한 경험은 구조개편이 효율성을 제고하는 데 기여할 수 있지만, 장기적 투자 안정성, 공공성 확보, 재생에너지 연계성, 소비자 보호 등 다양한 요소를 종합적으로 고려한 제도 설계의 중요성을 다시금 부각시켰다. 영국 사례는 구조개편의 가능성과 한계를 동시에 보여주는 대표적 사례로, 이후 국가들의 전력시장 개혁에서 참조 모델(reference model)로서 중요한 기준점 역할을 하게 되었다.

(2) 미국: 점진적, 분권적 개편모델

미국은 연방제 국가라는 제도적 특성으로 인해, 전력산업의 구조개편이 통일된 국가 모델에 따라 진행되기보다는 주(State) 단위의 자율적 선택과 시범적 도입을 중심으로 전개되었다. 연방 정부가 전체적인 방향성을 제시하되, 구체적인 구조개편 여부와 방식은 각 주 정부 및 주별 규제기관(Public Utility Commissions, PUCs)의 재량에 따라 결정되었으며, 그 결과 지역별로 상이한 개편 수준과 시장 구조가 공존하게 되었다(Joskow, 2008c).

구조개편을 적극적으로 추진한 지역으로는 캘리포니아, 뉴욕, 텍사스, 펜실베이니아 등이 있으며, 이들 주는 발전·송전·소매판매의 기능적 분리와 함께 경쟁 도입을 핵심 정책 목표로 설정하였다. 이와 달리 대부분의 남부·중서부 주(State)들은 여전히 전통적인 수직통합 전력회사 구조를 유지하고 있으며, 전력요금은 규제당국에 의해 결정되고, 도매시장이 존재하지 않거나 제한적으로만 운영된다(Kiesling & Kleit, 2009). 이러한 분권적·이질적 제도 구성은 미국 구조개편 모델의 가장 큰 특징이자 장단점으로 평가된다.

가장 대표적인 성공적 사례는 RTO/ISO(지역 계통운영자) 기반의 시장 설계로, 특히 PJM(펜실베이니아-뉴저지-메릴랜드), NYISO(뉴욕), CAISO(캘리포니아), MISO(중서부) 등이 시장기반 구조개편의 중심축으로 자리 잡았다(Hogan, 1998). 이들 지역은 도매시장, 전일시장, 실시간시장, 보조서비스시장, 용량시장 등을 포함하는 복합 시장 시스템을 구축하고 있으며, 전력계통 운영과 시장 운영의 분리를 제도화하였다.

특히 지역별 한계가격제(LMP, Locational Marginal Pricing)의 채택은 송전망의 혼잡과 손실을 실시간 가격에 반영함으로써 경제적 효율성과 기술적 제약 간의 연계를 실현한 중요한 제도적 성과로 평가된다(Hogan, 1992). 지역별 한계가격제는 노드 단위 또는 지역 단위로 가격을 결정하여, 전력 흐름의 제약을 가격신호로 내재화하고, 발전기와 수요자의 위치 선택에 유인구조를 제공한다. 이는 기존의 단일가격제가 갖는 지리적 왜곡을 해소하고, 혼잡관리의 효율성을 제고하는 효과를 가져왔다.

그러나 미국의 구조개편은 2000~2001년 캘리포니아 전력 위기를 통해 제도적 한계와 시장 설계 실패의 위험성을 명확히 드러내는 경험을 하였다. 당시 캘리포니아는 도매시장 가격을 자유화하면서도 소매요금에는 상한(price cap)을 유지하는 비대칭적 가격 규제를 시행했으며, 이는 발전사업자의 시장지배력 행사, 거래소 외부에서의 전력 거래 회피, 공급자들의 전략적 전력 유출 등을 유도하였다(Borenstein et al., 2002).

이 사태는 미국 내에서 구조개편에 대한 비판적 재검토를 촉발하였으며, 이후 시장감시기능 강화, 실시간 감시 시스템 도입, 가격입찰 제한, 용량시장 보완제도 도입 등 제도 보완이 본격적으로 추진되었다(FERC, 2003). 이 경험은 미국 모델이 지닌 시장설계의 복잡성, 규제 일관성의 중요성, 시장감시체계의 제도적 정교화 필요성을 보여주었으며, 이후 구조개편을 고려하는 타 국가들에게 "점진적, 실증 기반의 접근"의 필요성을 강조하는 계기가 되었다(Joskow, 2001).

요컨대, 미국은 연방제의 분권적 구조 하에서 전력산업 개편을 다원적으로 전개함으로써 지역별 제도 실험의 장을 제공하였으며, 이를 통해 다양한 시장설계와 규제모델의 효과를 비교 검토할 수 있는 귀중한 사례를 축적하였다. 이는 단일한 중앙정부 모델이 아닌 점진적·적응적 접근방식의 타당성을 입증한 것으로 평가된다. 그러나 동시에, 제도 설계의 미세한 불일치가 심각한 시스템 위기로 이어질 수 있다는 교훈도 함께 제공하였으며, 전력시장 개혁에서 정합성 있는 정책 설계와 시장감시체계의 구축이 얼마나 중요한지를 보여준 사례이기도 하다.

(3) 유럽연합(EU): 단계적이고 법제화된 시장 통합

유럽연합(EU)은 역내 전력시장의 통합과 효율성 제고를 위해, 구조개편을 초국가적 차원에서 법제화하고 단계적으로 추진해 온 대표적인 지역협력 모델이다. EU는 단일 전력시장의 형성을 통해 에너지 안보, 경제적 효율성, 그리고 기후변화 대응을 동시에 달성하고자 하였으며, 이를 위해 1996년부터 일련의 전력지침(Electricity Directives)을 통해 회원국의 전력시장 개방과 제도 정비를 규범적으로 유도해 왔다(Jamasb & Pollitt, 2005).

첫 번째 지침인 1996년의 96/92/EC는 발전, 송전, 배전, 소매판매의 기능별 분리를 권고하고, 일정 규모 이상의 소비자에게 전력공급자 선택권을 부여하는 등 구조개편의 기초적 틀을 마련하였다. 이후 2003년 지침(2003/54/EC)은 법적 분리와 제3자망 접근권을 강화하였으며, 2009년의 제3차 전력지침(2009/72/EC)에서는 국가 간 송전망 운영의 독립성 확보와 규제기관 간 협력체인 ACER(Agency for the Cooperation of Energy Regulators) 설립을 통해 제도적 통합을 한층 더 진전시켰다(Glachant & Finon, 2006).

이러한 법제적 노력은 2019년 채택된 '모든 유럽인을 위한 청정에너지 패키지(Clean Energy for All Europeans)'를 통해 더욱 구체화되었다. 해당 패키지는 재생에너지 확대, 에너지 효율성 제고, 스마트계통 투자 등을 종합적으로 통합한 에너지 전환 정책의 핵심 축으로, 전력시장 운영규칙의 표준화, 소비자 권리 강화, 유연한 가격 형성 메커니즘 도입 등을 포함하였다.

EU 구조개편 모델의 주요 특징은 네 가지로 요약될 수 있다. 첫째, 법적 기능분리의 의무화를 통해 발전·소매와 송전·배전 간 이해상충을 최소화하고, 공정한 시장 진입 여건을 보장하고자 하였다. 둘째, 송전망 운영의 독립성 확보를 위해 ISO 또는 TSO(Transmission System Operator)의 지배구조를 재편하였고, 운영자 간 협력을 위해 ENTSO－E(European Network of Transmission System Operators for Electricity)를 설립하였다(Glachant et al., 2015). 셋째, 도매시장 통합과 가격 영역의 연결을 위해 Nord Pool, EPEX Spot, EEX 등 유럽 주요 전력거래소 간 시장 연계(Market Coupling)를 추진하였으며, 넷째, 국경 간 전력 거래의 자유화를 통해 유럽 전체를 하나의 시장으로 통합하는 정책 목표를 지향하였다.

특히 ENTSO－E는 역내 송전망의 물리적 연계를 강화하는 동시에, 일일 단위의 전력흐름 예측, 공동 수급계획 수립, 국경 간 용량 배분 등을 조정하는 역할을 수행하며 계통 안정성과 시장 효율성의 동시 달성을 도모하고 있다(ENTSO－E, 2020). 시장 연계는 송전망 혼잡을 고려한 가격 신호를 자동으로 반영하여, 각국 간 전력흐름을 최적화하고, 지역별 전력 가격의 수렴 효과를 유도하는 방식으로 발전하였다.

그러나 유럽연합의 구조개편은 제도적 통합이 법제적으로 추진되고 있음에도 불구하고, 여전히 회원국 간의 정책·시장 간 불일치라는 구조적 한계를 지닌다. 예를 들어, 재생에너지 보조금 제도, 용량보장제도, 탄소세 수준, 공급자 보조 프로그램 등에서 국가 간 규칙이 상이하며, 이는 시장 통합에 따른 규제 격차와 정책 충돌을 야기하고 있다(Glachant et al., 2015). 특히 독일, 프랑스, 폴란드 등은 자국 내 발전믹스와 정책 우선순위에 따라 상이한 제도적 접근을 보이고 있으며, 이는 통합시장에서 시장왜곡 및 비효율적 투자 유인을 초래할 수 있다는 우려로 이어진다.

또한 일부 국가는 자국 에너지 안보와 산업 보호를 이유로 국경 간 거래를 제한하거나, 송전투자에 대한 공동조율에 소극적인 태도를 보여 왔다. 이로 인해

EU의 시장 통합은 기술적으로는 상당한 진전을 이루었으나, 정치적 통합의 한계 및 에너지 주권에 대한 각국의 입장 차이로 인해 완전한 통합은 아직 진행 중인 과제로 남아 있다(Meeus & Glachant, 2012).

결론적으로, EU의 전력시장 구조개편은 단계적이고 법제화된 방식으로 시장 통합을 추진한 국제적으로 독보적인 사례이며, 물리적·제도적 통합의 효과를 실증적으로 축적해 온 실험장이기도 하다. 다만, 완전한 단일시장 형성을 위해서는 여전히 회원국 간 정책 조정, 제도 표준화, 공동 투자 메커니즘 강화가 필요하며, 이는 향후 EU 전력시장 거버넌스의 핵심 과제로 남게 될 것이다.

(4) 한국: 제한된 범위의 구조개편

한국은 2001년 전력시장 개설(한국전력거래소, KPX)을 계기로 전력산업의 구조개편을 공식적으로 추진하였다. 이는 아시아 국가 중 비교적 이른 시기의 개편 시도로, 당시 정부는 전력산업의 효율성 제고와 경쟁 도입을 목표로 구조개편 로드맵을 수립하였다. 개편 초기에는 발전 부문을 중심으로 기능별 분리를 추진하였으며, 한국전력공사(KEPCO)의 발전 기능은 6개의 자회사(남동, 남부, 동서, 중부, 서부발전, 한수원)로 분리되었다. 이들은 민영화 대상이 아닌 국영기업 형태로 경쟁적 도매시장에 참여하였으며, 전력거래는 중앙집중형 입찰 기반 시장(pool-based market)에서 이루어지게 되었다(Lee & Ahn, 2006).

그러나 이러한 구조개편은 발전 부문에만 국한된 부분 개편에 머물렀다. 송전, 배전, 소매판매 등은 여전히 KEPCO가 수직적으로 통합된 상태로 독점적인 운영권을 유지하고 있으며, 소매시장 개방은 현재까지도 이루어지지 않았다. 이에 따라 한국 전력시장은 경쟁이 부분적으로만 구현된 상태로 평가되며, 제도 설계 측면에서도 기능별 분리가 불완전하다는 비판이 제기되어 왔다(Kim & Kim, 2008).

한국 전력시장의 주요 특징은 다음과 같다. 첫째, 공기업 중심의 제한적 경쟁 구조이다. 발전 자회사 간 경쟁은 형식적으로 존재하지만, 모두 동일한 지배주체인 KEPCO의 자회사이기 때문에 진정한 시장 경쟁 유인은 제한적일 수밖에 없다. 둘째, 단일가격제 구조가 유지되고 있으며, 실시간 가격 반영이나 지역별 가격 차등화는 이루어지지 않고 있다.

최근에는 재생에너지 확대와 에너지 전환 정책의 본격화에 따라 새로운 제도적 과제가 제기되고 있다. 간헐성이 큰 재생에너지 비중이 증가하면서 전력계통의 유연성 확보가 중요한 정책 과제로 부상하고 있으며, 이를 위해 보조서비스 시장의 도입, 수요자원 시장의 확대, 저탄소 장기 투자 유인 구조 마련 등이 필요하다는 지적이 나온다. 정부는 이와 같은 방향을 제시하고 있으나, 제도적 실행 수준에서는 여전히 보수적이고 점진적인 접근이 유지되고 있다.

국제적으로 비교할 때, 한국의 구조개편 모델은 기능적 분리나 경쟁 유도, 시장 메커니즘 정립에 있어 제한적인 수준에 머물러 있다는 점에서 명확한 한계를 지닌다. 영국이 급진적이고 전면적인 민영화와 기능 분리를, 미국이 분권적이고 실험적인 지역별 개편을, 유럽연합이 법제화에 기반한 단계적 통합 모델을 선택한 반면, 한국은 점진적 도입과 공공성 유지라는 전략을 채택해 왔다.

이러한 차이는 구조개편의 성공 여부가 단순히 제도 도입 여부에 달려 있는 것이 아니라, 시장 설계의 정합성, 제도 운영의 유연성, 정치적 수용성과 소비자 보호 장치 등 복합적인 요소에 의해 결정된다는 점을 시사한다. 따라서 한국이 향후 구조개편을 심화하거나 보완하는 경우, 기술 변화, 정책 목표, 시장 구조, 이해관계자 수용성을 종합적으로 고려한 정합성 있는 제도 설계와 실행 전략이 필요하다고 할 수 있다.

5 구조개편의 성과와 한계

전력산업 구조개편은 전통적인 수직통합과 규제 중심 체계에서 벗어나, 시장 중심의 경쟁적 메커니즘을 도입하고, 효율성과 유연성을 제고하려는 시도로 시작되었다. 실제로 일부 국가에서는 구조개편 이후 전력산업의 성과 개선과 투자 환경의 변화가 나타났지만, 동시에 예상치 못한 부작용이나 제도적 한계 또한 드러났다. 본 절에서는 이러한 성과와 한계를 균형 있게 분석하고, 그에 따른 정책적 함의를 도출한다.

(1) 주요 성과: 효율성 제고와 시장 기반 정착

전력산업 구조개편을 통해 전력시장에 경쟁이 도입된 이후 가장 뚜렷한 성과 중 하나는 생산 및 운영 효율성의 향상이다. 과거 수직통합 독점 구조에서는 가격 통제가 존재하고 투자 회수가 보장된 환경이었기 때문에, 기업 입장에서는 생산 비용 절감이나 자원 효율성 향상에 대한 유인이 상대적으로 낮았다. 그러나 구조개편 이후에는 경쟁 압력 하에서 발전사업자들이 비용 절감, 연료 효율성 제고, 설비 활용률 향상 등을 주요 경영 목표로 설정하게 되었고, 이는 결과적으로 단위 생산비용의 감소와 기술혁신의 유인을 제공하였다(Joskow, 2008c).

예를 들어 영국의 경우, 구조개편 이후 기존 발전설비의 이용률이 증가하고, 전력단가가 하락하였으며, 특히 가스 복합화력(CCGT)의 확산을 통해 연료전환 및 효율 개선이 이루어졌다는 실증적 분석이 다수 보고되었다(Helm, 2004). 미국에서는 캘리포니아와 펜실베이니아(PJM) 등 경쟁시장 도입 지역에서 효율성이 높고 가격 경쟁력이 있는 발전소들이 시장 점유율을 확대하였고, 비효율적인 설비는 점진적으로 퇴출되는 자발적 구조조정이 발생하였다(Bushnell & Wolfram, 2005). 이는 경쟁이 기술적·운영상의 효율성뿐 아니라 산업 구조 자체의 동태적 개선을 촉진할 수 있음을 시사한다.

두 번째 성과는 시장 기반 가격 결정 메커니즘의 정착이다. 구조개편 이전에는 대부분의 국가에서 정부 또는 규제기관이 전력요금을 결정하였으며, 이는 공급자의 비용구조나 수요자의 수요탄력성을 가격에 제대로 반영하지 못하는 경직된 시스템이었다. 이에 반해 구조개편 이후 도입된 시장 기반의 가격 메커니즘은 수급 상황, 발전원가, 계통 제약 조건 등을 실시간으로 반영하여 동태적 가격 형성을 가능하게 하였다.

특히 미국과 유럽에서 채택된 지역별 한계가격제는 전력시장 가격에 지리적 위치, 송전망 혼잡도, 손실률 등의 요소를 반영하는 정교한 가격 체계로, 송전망의 실시간 운영 제약을 경제적 신호로 전환함으로써 효율적인 발전 입지 유도 및 송전 투자 판단에 기여하였다(Hogan, 1992). 지역별 한계가격제는 또한 계통 안정성과 시장 효율성을 동시에 추구할 수 있는 체계로서, 혼잡비용을 가격에 내재화함으로써 과거 단일가격체계에서 발생하던 가격 왜곡과 비효율적 송전 흐름 문제를 상당 부분 해소할 수 있게 했다(Joskow, 2005).

더 나아가, 경쟁시장에서 형성된 가격은 단기 수급 균형을 맞추는 데 그치지 않고, 장기적 투자 판단의 기준이 되는 가격 신호로도 작동하게 된다. 발전사업자는 가격 신호를 기반으로 신규 설비 투자, 노후 설비 폐쇄, 연료 전환, 입지 선택 등을 결정하며, 이 과정은 시장의 자생적 구조조정으로 이어진다(Newbery, 1999). 즉, 가격은 단순한 교환 비율이 아니라, 자원 배분의 조정 장치이자 장기적 산업구조 형성의 기반이 되는 것이다.

이러한 성과들은 전력산업 구조개편의 정책 목표가 단지 민영화나 규제완화 그 자체가 아니라, 경제적 유인과 시장 메커니즘을 통해 효율성과 지속가능성을 동시에 달성하는 데 있음을 보여준다. 물론 이러한 성과는 시장 설계의 정합성, 감시 및 규제의 보완성, 정치적 수용성 등이 조화를 이룰 때에만 실현 가능하다는 점도 강조되어야 한다(Joskow, 2008c).

(2) 투자 유인과 설비 다양화

전력산업 구조개편은 단지 경쟁을 통한 비용 절감이나 효율성 향상에만 그치는 것이 아니라, 민간 자본의 참여 확대와 투자 유인의 제고라는 점에서도 중요한 전환점을 제공하였다. 기존의 전력산업은 고정비 중심의 장기 설비 산업이라는 특성으로 인해, 정부 주도의 공공부문이 투자와 운영을 주도해 왔다. 그러나 구조개편 이후에는 시장 기반의 가격 신호와 진입의 자유가 보장됨으로써, 민간 발전사업자의 신규 진입과 자본 유입이 활발히 이루어지게 되었고, 이는 발전 부문에서 특히 두드러지게 나타났다(Newbery, 1999).

예를 들어, 영국과 미국의 구조개편 이후 신규 독립 발전사업자(Independent Power Producers, IPPs)의 시장 참여가 활발해졌으며, 이는 기존 국영 발전기업의 지배 구조를 변화시키고 시장 경쟁을 촉진하는 중요한 요인으로 작용하였다(Bushnell & Wolfram, 2005). 신규 사업자들은 전통적인 석탄·원자력 기반의 대형 설비 외에도 천연가스 복합화력, 소형 분산형 발전, 재생에너지 등 다양한 기술과 연료 기반의 발전설비를 도입함으로써 에너지 믹스의 다변화를 가능하게 했다(Joskow, 2008c).

이러한 기술과 자본의 다양성은 공급 안정성 확보뿐 아니라, 연료 가격 변동성, 정책 리스크, 기술 리스크의 분산에도 기여하였으며, 궁극적으로는 시장의 동태적 효율성을 제고하는 요인이 되었다. 특히 분산형 설비의 확대는 지역 내 수요 대응성 향상, 송전 손실 감소, 수요반응 기술과의 연계 가능성 측면에서도 긍정적인 평가를 받고 있다.

하지만 시장 기반 구조만으로는 장기적 설비 투자 유인을 충분히 보장하기 어렵다는 문제점도 일부 국가에서는 드러나기 시작하였다. 전력 수요의 변동성, 재생에너지의 간헐성, 단기 시장 가격의 불확실성 등으로 인해 일부 발전사업자들은 신규 설비 투자에 소극적으로 전환하는 경향을 보였고, 이는 결과적으로 예비력 부족, 가격 급등, 공급 안정성 저하와 같은 시스템 리스크로 이어질 수 있었다(Cramton & Stoft, 2006).

이에 따라 미국, 영국, 프랑스 등 일부 국가는 용량시장 또는 용량지불 제도를 도입하거나 확대 운용하기 시작하였다. 용량시장은 발전사업자가 일정 용량을 장기적으로 확보하고 이에 대해 시장 또는 정책당국으로부터 정기적인 수익을 보장받는 제도로, 실제 전력 생산이 아닌 설비의 대기 상태 자체에 대한 보상을 통해 장기 투자 유인을 보완하려는 목적을 가진다(Keppler, 2017).

예컨대 PJM 시장의 경우, 도매전력시장과 별도로 용량시장(RPM: Reliability Pricing Model)을 운영하여, 발전사업자가 3년 후의 용량을 미리 확보하고 해당 용량에 대해 수익을 보장받을 수 있도록 설계하였다(Cramton & Stoft, 2006). 이는 특히 천연가스 발전과 같은 가변비 중심 설비나 피크 수요 대응 설비에 대한 투자 유인을 강화하며, 시장 가격 변동성과 투자 리스크를 완화하는 기능을 수행하고 있다.

이와 같은 제도는 구조개편의 시장 기반 원리를 훼손하지 않으면서도, 장기적 안정성과 신뢰 가능한 수급체계의 유지를 가능하게 하는 제도적 보완 장치로 자리잡았다. 다만 이러한 용량보장 제도도 시장 설계의 정합성, 규칙의 예측 가능성, 입찰 경쟁의 공정성 등이 확보되지 않으면 오히려 과잉 투자 또는 수익 보장 위주의 비효율을 초래할 수 있다는 점에서 신중한 설계가 요구된다.

결론적으로 구조개편은 민간자본과 다양한 기술의 유입을 통해 전력산업의 투자 기반을 다변화하고 시장 경쟁을 활성화하는 데 기여하였으며, 그 한계를 보완하는 제도적 혁신도 함께 이루어지고 있다. 이는 전력산업이 기술·정책·시장 조건의 변화에 능동적으로 적응하기 위해 지속적인 시장 설계의 진화와 규제의 조율이 필요하다는 점을 시사한다.

(3) 시장의 불안정성과 가격 변동성

전력산업의 구조개편은 효율성 제고와 경쟁 촉진이라는 긍정적인 측면에도 불구하고, 시장 불안정성과 과도한 가격 변동성이라는 중요한 부작용을 동반하기도 한다. 이러한 부작용은 특히 전력이라는 재화의 비축 불가능성, 수요의 비탄력성, 실시간 균형 필요성, 공급의 제한된 조정속도 등 물리적 특성에서 기인하며, 전력시장이 이론적 완전경쟁 조건을 충족시키기 어려운 구조적 한계를 지닌다는 점을 부각시킨다(Joskow & Tirole, 2007).

가장 극단적인 사례는 2000~2001년 캘리포니아 전력시장 위기이다. 구조개편 초기, 캘리포니아는 도매시장을 경쟁적으로 운영하면서도 소매요금에 상한을 유지하였고, 발전 설비 확충은 시장에 전적으로 위임한 상태였다. 이 같은 제도 설계의 비대칭성은 공급 부족과 가격 신호 왜곡을 유발하였다(Borenstein et al., 2002). 여기에 일부 발전사업자 들이 송전 혼잡을 인위적으로 조성하거나 발전기를 의도적으로 비가동 상태로 전환함으로써, 인위적인 전력 부족과 가격 폭등을 유도하는 조작적 행위를 벌였다.

그 결과, 전력 도매가격은 단기간에 수 배 이상 상승하였으며, 잦은 계획 정전과 전력 부족 사태가 발생하였다. 이는 단지 경제적 문제를 넘어 사회적 혼란과 정치적 위기로 확산되었고, 당시 캘리포니아 주지사 교체와 관련 에너지 정책의 급격한 전환을 촉발하였다(Bushnell, 2004). 이 사건은 시장 설계의 정합성 부재와 감시 기능의 미비, 그리고 시장지배력 행사의 제어 실패가 초래할 수 있는 심각한 결과를 명확히 보여준 사례로 평가된다.

이러한 시장 불안정성은 전력산업 구조개편이 단순한 민영화나 규제완화로 치환될 수 없다는 점을 강조하며, 특히 다음과 같은 함의를 지닌다. 첫째, 전력시장은 여타 상품시장에 비해 공급자의 전략적 행동에 민감하며, 시장지배력이 발생하기 쉬운 구조를 가진다. 수요의 단기 비탄력성과 공급의 물리적 제약으로 인해, 수요와 공급의 미세한 불균형도 가격의 급등락으로 연결될 수 있다.

둘째, 가격의 급변은 단지 효율성의 문제가 아니라, 정치경제적 파급효과를 초래하는 사회적 이슈가 될 수 있다. 전력은 공공재적 성격과 생활 필수재의 속성을 동시에 지니기 때문에, 전기요금의 급등은 소비자의 강한 반발, 정치적 저항, 정부 개입 압력으로 이어질 수 있으며, 이는 제도 설계의 일관성과 시장의 신뢰성을 저해한다. 특히 저소득층이나 중소기업 등 가격 민감도가 높은 계층에 대한 적절한 보호 장치 없이 경쟁을 도입할 경우, 시장개편의 정당성이 사회적으로 약화될 수 있다.

셋째, 시장 감시 및 규제의 역할은 구조개편 이후 오히려 더욱 중요해졌음에도 불구하고, 종종 과소평가되거나 후속적으로 보완되는 경향을 보인다. 캘리포니아 위기 이후 미국 연방에너지규제위원회(FERC)는 시장감시 기능 강화, 비정상 거래 탐지 체계 도입, 시장지배력 대응 프로그램을 도입하였고, 이는 이후 전력시장 설계에서 필수적 제도 요소로 정착하게 되었다(FERC, 2003).

결국 전력시장의 안정성과 가격 신뢰성을 확보하기 위해서는 시장 설계, 감시·규제 체계, 수요 측 반응, 정책 일관성이 유기적으로 작동하는 구조가 필요하다. 구조개편은 경쟁을 통한 효율성 향상이라는 목적과 더불어, 공공성, 형평성, 안정성이라는 목표를 균형 있게 달성할 수 있어야 하며, 이를 위한 제도적 정합성과 수용성 확보가 구조개편의 지속가능성을 좌우하게 된다(Joskow, 2008c).

(4) 공급 안정성과 장기 투자 부족

전력산업의 구조개편을 통해 경쟁이 도입되면서 단기적으로는 효율성과 가격 신호의 정교화가 달성되었지만, 공급 안정성과 장기적 투자 유인의 부족은 구조개편의 대표적인 한계로 지속적으로 지적되고 있다. 경쟁시장은 본질적으로 단기 수익성에 기반한 의사결정을 유도하기 때문에, 예비력(reserve capacity) 확보나 장기 설비투자와 같이 수익 실현이 지연되는 자산에 대해서는 시장 참여자들이 적극적인 투자를 기피하는 경향이 있다(Cramton & Stoft, 2006).

이러한 현상은 특히 기후변화 대응을 위한 재생에너지 확대가 본격화되면서 더욱 심화되고 있다. 태양광, 풍력 등 변동성이 높은 재생에너지 자원의 확대는 전력수급의 불확실성을 증가시키며, 이로 인해 실시간 계통의 안정성을 유지하기 위한 백업 발전소, 저장 설비, 수요 반응 자원 등에 대한 필요성이 급증하고 있다(Fabra, 2018). 그러나 이와 같은 유연성 자산은 운영시간이 제한적이고 수익 변동성이 크며, 투자 회수 기간도 길기 때문에, 순수 시장가격 신호만으로는 충분한 투자 유인을 제공하기 어렵다(Keppler, 2017).

이러한 배경 속에서 많은 국가들은 경쟁 시장의 한계를 보완하기 위한 보완적 제도를 병행적으로 도입하고 있다. 대표적인 사례로 미국의 PJM 전력시장과 영국의 National Grid는 용량시장과 보조서비스시장을 운영하고 있으며, 이를 통해 발전사업자나 유연성 자원이 시장 외부에서 수익을 확보할 수 있도록 지원한다(Cramton et al., 2013).

용량시장은 발전설비가 실제로 전력을 생산하지 않더라도, 향후 일정 시점에 전력 공급 가능성을 보장하는 '대기 용량'에 대해 보상을 제공하는 제도로, 공급 부족 위험이 높은 피크 시간대의 전력공급을 사전에 확보하는 기능을 수행한다. 예를 들어 PJM의 경우 Reliability Pricing Model(RPM)을 통해 3년 후의 예비용량 확보를 사전에 경매 방식으로 결정하며, 이는 장기투자 유인의 핵심 수단으로 작동하고 있다(Cramton & Stoft, 2006).

한편, 보조서비스시장은 주파수 조정, 전압 안정화, 급전 가능성 등 계통 안정성 유지에 필요한 기술적 서비스를 시장화한 것으로, 주로 고속 응답 발전기, 배터리 저장장치, 수요 반응 자원(DR)이 참여한다. 영국의 경우, 국영 전력망 운영기관(National Grid)은 신속 예비전력(Fast Reserve), 주파수 응답 서비스(Frequency Response), 블랙스타트(Black Start) 등 다양한 보조서비스 시장을 운영하며, 이는 재생에너지 확대 이후 전력계통의 유연성과 회복력을 유지하는 데 핵심 역할을 하고 있다(National Grid ESO, 2022).

이러한 보완 제도는 단순히 시장실패를 시정하는 기능을 넘어서, 시장 기반 전력산업의 지속가능성을 제고하는 제도적 인프라로 진화하고 있다. 그러나 용량시장 또는 보조서비스시장의 설계가 불완전할 경우, 과도한 보조금 지급, 과잉설비 유도, 기술 중립성 훼손, 비효율적 자원 배분과 같은 새로운 문제가 발생할 수 있으며, 따라서 제도 설계의 정합성과 신뢰성 확보가 중요한 정책 과제가 된다.

결국 공급 안정성과 장기 투자 유인을 확보하기 위해서는 단기 전력시장과 보완제도 간의 통합적 설계, 유연성 자원에 대한 명확한 시장가치 책정, 그리고 기술혁신을 반영하는 유연한 규제 체계가 함께 구축되어야 한다. 이는 특히 탄소중립을 목표로 한 에너지 전환이 가속화되는 현 시점에서, 전력산업 구조개편의 성과와 지속가능성을 평가하는 핵심 기준이 되고 있다.

(5) 시장지배력과 감시체계의 필요성

전력시장은 일반적인 상품시장과 달리 저장 불가능성, 실시간 수급 균형, 수요의 비탄력성이라는 독특한 특성을 지니고 있어, 이론적 완전경쟁 조건이 성립하기 어렵다. 특히 수요 측의 반응이 매우 제한적인 상황에서는, 공급자가 시장의 균형가격 결정에 사실상 우월적인 영향력을 행사할 수 있는 구조적 여건이 조성된다. 이러한 조건 하에서는 일정 규모 이상의 발전설비를 보유한 사업자가 의도적으로 공급을 제한하거나 입찰가격을 왜곡함으로써 시장가격을 인위적으로 상승시키는, 이른바 시장지배력 행사가 가능하다(Wolak, 2000).

실제로 구조개편 이후 도입된 경쟁시장에서 여러 사례를 통해 시장지배력의 실현 가능성이 확인되었다. 대표적으로 2000~2001년 캘리포니아 전력시장에서는 일부 발전사업자가 공급을 고의로 제한하고, 계통 혼잡을 조작함으로써 도매전력가격을 수십 배까지 상승시키는 현상이 발생하였다(Borenstein et al., 2002). 이와 같은 사건은 전력시장의 경쟁이 자연스럽게 효율성을 담보하지 않으며, 시장 설계와 운영의 정합성, 그리고 제도적 감시기능의 유무가 결과의 질을 결정한다는 점을 여실히 보여준다.

따라서 구조개편 이후의 전력시장에서 시장감시기구와 반독점 규제기관의 역할 강화는 선택이 아닌 필수적인 제도 요소로 간주된다. 시장지배력은 단순한 기업의 규모 문제가 아니라, 송전 제약, 입찰 전략, 정보 비대칭성, 단기 수급 불균형 등 다양한 요인을 통해 복합적으로 실현되기 때문에, 사전 예방적 감시 및 실시간 모니터링 체계가 필요하다(Joskow & Kahn, 2002).

미국의 경우, 연방에너지규제위원회(FERC, Federal Energy Regulatory Commission)는 RTO/ISO와 연계된 독립 시장감시기구를 통해 시장참여자의 입찰 행위, 설비 운영 방식, 계통 사용 행태, 수익 변동 등을 종합적으로 분석하고 있다. 이들은 비정상적 가격 패턴, 비효율적 급전 지시, 시장가격 왜곡 가능성이 탐지될 경우, FERC에 보고하거나, 직접적으로 경고, 벌금 부과, 참여자 자격 제한 등의 행정적 제재 조치를 취할 수 있다(FERC, 2003).

예를 들어 PJM 시장의 시장감시기구는 발전기의 합리적 비용보다 현저히 높은 가격으로 반복 입찰을 시도하거나, 발전기의 가동가능성을 거짓으로 보고하는 행위 등을 집중 감시한다. 또한 CAISO의 경우, 시장참여자가 실시간 시장에서 전략적 가격설정을 통해 불균형수익을 과도하게 획득하는 상황을 탐지하면 해당 거래를 무효화하거나 환수할 수 있는 제도적 권한을 부여받고 있다(Hogan, 2002).

이러한 감시체계는 단순히 시장의 공정성을 확보하는 데 그치지 않고, 시장 신뢰성과 정책 수용성을 동시에 제고하는 기능도 수행한다. 만약 시장이 지배력 남용에 대해 효과적인 제재를 가하지 못할 경우, 소비자의 신뢰 상실, 정치적 개입 강화, 구조개편의 역진성 등 부정적 후속 반응이 유발될 수 있다(Joskow, 2008c).

따라서 전력시장 경쟁이 효과적으로 작동하기 위해서는, 시장 내 가격 신호의 왜곡을 초래할 수 있는 행위 기반 지배력과 구조 기반 지배력 모두를 탐지·제어할 수 있는 독립적이고 전문화된 감시기구의 제도화가 필수적이며, 이는 전력산업 구조개편의 성공 여부를 가늠하는 핵심 기준이 된다.

(6) 시장과 제도의 균형

이상의 논의는 전력산업의 구조개편이 경제적 효율성과 유연성 제고를 위한 강력한 수단이 될 수 있음을 확인시켜 준다. 경쟁 도입을 통해 발전 부문의 생산 효율성이 향상되고, 가격 메커니즘이 시장 참여자에게 유의미한 신호를 제공함으로써 자원 배분의 최적화를 도모할 수 있다는 점에서, 구조개편은 명백한 성과를 보여주었다(Joskow, 2008c). 그러나 동시에 전력이라는 재화가 지닌 공공재적 속성, 수급의 실시간 균형 요구, 수요의 비탄력성 등으로 인해, 시장실패와 사회적 리스크가 발생할 수 있다는 점도 명확히 드러났다(Hirsh, 2002; Glachant & Finon, 2006).

실제로 일부 국가에서는 급격한 구조개편이 시장지배력의 확대, 장기투자 부족, 가격 변동성 증가, 소비자 불신 등으로 이어져 정책적 역풍을 맞기도 하였다(Thomas, 2006). 따라서 전력시장 개혁의 성공은 단순히 시장 도입 여부 자체에 달려 있는 것이 아니라, 시장 설계의 정합성, 규제기관의 역할과 역량, 정책 목표 간의 균형성 등에 의해 좌우된다고 할 수 있다(Joskow & Tirole, 2007).

첫째, 시장 설계의 정합성이란 기술적·경제적 조건과 제도적 환경에 맞는 가격 체계, 거래 구조, 참여 조건, 감시·규제 장치 등을 체계적으로 결합하는 것을 의미한다. 예를 들어, 수요 반응을 유도할 수 있는 시간별 요금제, 혼잡을 반영하는 지역별 한계가격제(LMP), 불확실성을 보완하는 용량시장 등이 상호보완적으로 작동할 수 있어야 한다(Fabra, 2018).

둘째, 규제기관의 역할은 경쟁 시장을 설계하고 감시하는 "시장 설계자이자 조정자"로서의 기능을 포함한다. 전통적인 규제기관이 가격통제자였다면, 구조개편 이후의 규제기관은 공정 경쟁 유도, 시장지배력 감시, 공공성 확보, 소비자 보호 등 다기능적 역할을 수행하는 전문기관으로 진화해야 한다(Glachant & Finon, 2006).

셋째, 정책 유연성은 시장 구조 변화, 기술 진보, 기후정책 등의 외생 변수에 탄력적으로 대응할 수 있는 제도 설계와 정책 도구의 필요성을 의미한다. 재생에너지의 확대, 에너지저장기술의 발전, 디지털 기술의 확산 등은 기존 시장 모델에 대한 끊임없는 조정과 재설계를 요구하고 있으며, 이는 정책의 선형적 실행이 아닌 순환적·적응적(adaptive) 거버넌스를 요구한다.

궁극적으로는 경쟁과 규제, 민간과 공공, 효율성과 형평성이 상호보완적으로 결합되는 다층적 시장체계의 설계가 필요하다. 이는 단일 목표 지향이 아닌, 경제적 효율성, 사회적 형평성, 환경적 지속가능성이라는 다중 목표를 함께 추구할 수 있는 시스템으로서의 전력시장을 의미한다(Helm, 2005).

이러한 다층적 설계는 특히 기후변화 대응과 에너지 전환이 새로운 전력시장 설계의 중심 과제가 되고 있는 상황에서 더욱 중요해지고 있다. 단기 효율성에만 초점을 맞춘 시장은 에너지안보, 탄소중립, 기술혁신 등 장기 과제를 뒷받침할 수 없기 때문에, 이제는 시장주의와 정책주의 간의 균형적 접근이 개혁의 새로운 패러다임이 되어야 한다(Newbery, 2016).

6 재생에너지 확산과 구조개편의 재정립

21세기 들어 전력시장은 본질적인 구조 전환의 시기를 맞이하고 있다. 이는 단순한 기술 변화나 수요 패턴의 변화 수준을 넘어서, 에너지 체계의 패러다임 전환을 촉발하는 변화이며, 그 중심에는 재생에너지의 급속한 확산이 있다. 태양광과 풍력을 중심으로 한 신재생에너지원은 기후변화 대응, 국제 협약의 이행, 기술 발전, 정부의 보조제도 등에 힘입어 전례 없이 빠르게 전력 믹스 내 비중을 확대해 나가고 있다. 이러한 변화는 1990년대 이후 설계된 경쟁 기반 전력시장 모델에 근본적인 제도적 도전을 제기하고 있다.

재생에너지는 전력시장의 효율성과 지속가능성이라는 두 목표를 동시에 추구할 수 있다는 점에서 구조개편 이후의 전력시장에 긍정적 기여를 할 수 있다. 그러나 그 물리적 특성과 가격 형성 방식은 기존의 시장 설계 원리와 충돌하는 지점을 다수 내포하고 있다. 이 절에서는 재생에너지의 간헐성과 가격 신호 왜곡 효과, 그리고 이에 대응하기 위한 시장 설계의 재정립 방향을 고찰한다.

(1) 간헐성과 가격 신호 왜곡

재생에너지는 전통적인 화석연료 발전과 비교할 때 운영비용이 거의 0에 수렴하며, 탄소배출이 없고, 연료 조달의 불확실성도 없다는 점에서 명백한 장점을 지닌다. 그러나 동시에, 간헐성이라는 고유한 한계를 수반한다. 태양광 발전은 일조량에 따라, 풍력은 풍속에 따라 출력이 시시각각 변동하므로, 수요 변동에 따라 즉각적으로 출력 조정이 가능한 전통적인 화력발전이나 수력발전에 비해 출력 예측의 정확도와 계통 대응성이 낮다.

이러한 간헐성은 계통의 실시간 수급 균형을 유지하는 데 부담을 초래하고, 예비력 및 유연성 자원의 필요성을 증가시키는 결과로 이어진다. 즉, 재생에너지의 확대는 단순히 전력 공급원을 다변화하는 것 이상의 문제로, 기존 시장이 전제하고 있는 공급의 연속성과 계획가능성 자체를 불안정하게 만드는 요인으로 작용한다(Joskow, 2011).

더불어 재생에너지는 한계비용이 거의 0이기 때문에, 경쟁입찰 기반의 도매시장에서는 통상적으로 매우 낮은 입찰가격을 제시하게 되며, 이로 인해 시장청산가격에 하방 압력을 가한다. 이 현상은 전통적인 발전원(특히 석탄, 천연가스, 원자력 등)의 수익구조를 심각하게 약화시키며, 장기적인 설비 투자 유인을 감소시키는 결과로 이어진다(Sensfuß et al., 2008). 이러한 현상은 일반적으로 급전순위효과로 알려져 있으며, 독일, 덴마크, 캘리포니아 등 재생에너지 비중이 높은 지역에서 실증적으로 반복적으로 관측되고 있다(Wurzburg et al., 2013).

급진순위효과는 재생에너지가 우선적으로 시장에 진입하면서 기존 발전기이 입찰이 가격결정 단계에서 밀려나거나, 심지어 음의 가격까지 발생하는 결과를 낳기도 한다. 이는 재생에너지 사업자에게는 정부의 보조금이나 정산 메커니즘이 있어 수익을 확보할 수 있으나, 전통 발전기에게는 시장 기반 수익의 불확실성을 가중시킨다. 결과적으로 이는 시장 기반 투자 신호의 왜곡을 초래하며, 장기적으로 기저부하 및 예비력 설비의 부족 문제로 이어질 수 있다(Keppler & Cometto, 2013).

이러한 상황은 단순한 기술 간 경쟁을 넘어, 시장설계의 근본적 재검토를 요구한다. 즉, 재생에너지의 확대는 전력시장 내 가격 신호 기능, 투자 유인 구조, 운영 안정성 확보 체계 등 다수의 핵심 기제를 동시에 흔들고 있으며, 이에 따라 기존 경쟁시장 설계가 재정립될 필요성이 커지고 있다(Joskow, 2019). 예를 들어 용량시장, 유연성 자원 시장, 장기계약(PPA), 차액계약제(CfD) 등은 모두 이러한 문제를 완화하기 위한 제도적 대응으로 등장하였다.

(2) 구조개편 모델과 정책 간의 긴장

전력산업의 구조개편은 본질적으로 시장 중심의 가격 메커니즘을 통해 자원을 효율적으로 배분하고, 민간 부문의 경쟁을 통해 비용 절감과 기술 혁신을 유도하는 것을 주요 목표로 한다. 이 모델은 한계비용에 기반한 입찰 시스템, 가격에 의한 수급 조정, 시장 신호를 통한 투자 유도를 핵심 작동 원리로 삼는다. 그러나 최근의 재생에너지 확산은 전통적인 경쟁시장 설계와는 상이한 정책 기반에 의해 촉진되고 있으며, 이로 인해 구조개편 모델과 에너지 전환 정책 사이에 본질적인 긴장 관계가 발생하고 있다.

재생에너지의 확대는 대부분 정부의 강력한 정책 개입과 보조금 체계에 의존해 이루어져 왔다. 대표적인 제도로는 발전차액지원제도(FIT, Feed-in Tariff), 신재생에너지 공급의무화제도 및 인증서 거래(REC, Renewable Energy Certificate), 차액계약제도(CfD, Contracts for Difference) 등이 있다(Mitchell et al., 2006). 이들 제도는 발전사업자가 시장가격과 무관하게 일정한 수익을 확보할 수 있도록 설계되어 있으며, 이는 시장 내 가격 신호의 왜곡을 초래할 수 있다.

예를 들어, 발전차액지원제도(FIT)는 재생에너지 발전사업자에게 일정한 고정가격으로 전력을 장기 매입하는 방식으로, 시장가격이 하락하더라도 사업자는 수익을 보장받는다. 이는 투자 유인을 강화하는 효과가 있으나, 시장가격의 경쟁적 형성과는 무관하게 발전이 이루어지게 되어, 전력시장 내의 가격 신호 기능이 약화된다(Fabra et al., 2015). 이와 같은 제도는 특히 재생에너지의 단가가 기존 발전원보다 높았던 도입 초기 단계에서는 중요한 정책 수단이었지만, 재생에너지 발전단가가 급격히 하락한 이후에도 잔존할 경우, 시장 효율성 저하와 정책 의존의 고착화를 초래할 수 있다(Buckman & Diesendorf, 2010).

또한, 재생에너지의 우선급전(priority dispatch)은 그 친환경적 성격을 이유로, 재생에너지 발전량을 기술적 제약이 없는 한 시장 질서와 관계없이 우선 송전하도록 규정하는 정책이다. 이는 계통 혼잡이나 수요와 무관하게 공급이 이루어질 수 있음을 의미하며, 기존의 급전순위 방식(merit order dispatch) 원칙을 무력화할 수 있다. 그 결과, 전통적인 화력발전은 갑작스럽게 출력 조정을 요구받거나 시장에서 밀려나는 상황이 발생하게 되며, 이는 시장 기반 수익의 불안정성, 예비력 설비의 투자 위축, 시스템 운영 리스크 증가로 이어질 수 있다(Keppler & Cometto, 2013).

이처럼 정책 기반의 에너지 전환 기제와 시장 중심의 구조개편 모델은 상호 보완적이기보다는 때로 충돌적일 수 있으며, 특히 전력시장이 수익 중심의 민간 투자 유도 구조를 전제로 하는 경우, 정책의 불확실성은 시장 예측 가능성과 투자 안정성을 심각하게 훼손할 수 있다. 이러한 구조적 긴장은 재생에너지 보조 정책이 시장 설계를 교란하고 있다는 비판을 초래하는 동시에, 정책이 없으면 시장만으로는 에너지 전환이 불가능하다는 현실론적 접근과 충돌하게 된다.

따라서 향후 전력시장 설계는 단순한 경쟁구조의 고수나 전면적 정책 주도의 이분법을 넘어서, 시장 메커니즘과 정책 목표가 상호 정합성을 가질 수 있는 통합 설계 모델을 구축하는 것이 중요하다(Newbery, 2016). 예컨대, 보조금 체계를 시장 기반 장기계약(PPA, CfD)으로 전환하고, 재생에너지의 변동성과 시장가치를 반영한 유연한 정산 메커니즘을 도입하며, 시장 감시체계를 통해 정책과 시장 간 부조화를 사전에 탐지·조정하는 접근이 필요하다.

(3) 분산형 자원의 부상과 유통 구조의 변화

재생에너지의 확산은 기존 전력산업의 구조와 운영 방식에 근본적인 변화를 야기하고 있다. 특히 태양광, 소형 풍력, 에너지 저장장치(ESS), 스마트 계량기 등과 같은 분산형 에너지 자원의 등장과 확산은, 과거 대규모 중앙집중형 발전 설비에 의존하던 체계와는 상이한 전력생산 및 소비의 양상을 만들어내고 있다.

이러한 자원은 개별 가정이나 중소규모 사업장에서도 설치가 가능하며, 에너지를 단순히 소비하는 주체에서 직접 생산과 소비를 동시에 수행하는 '프로슈머(prosumer)'로의 전환을 가능하게 하고 있다.

이로 인해 기존의 전력망 구조는 수직적이고 일방향적인 흐름을 전제로 하는 체계에서, 점차 수평적이고 양방향적인 전력 흐름이 가능한 체계로 변화하고 있다. 즉, 전력이 발전소에서 송전망, 배전망을 거쳐 최종 수요자에게 일방적으로 공급되는 기존의 중앙집중형 시스템은, 분산형 자원의 확산에 따라 전력이 다수의 소규모 발전 주체들로부터 다양한 방향으로 공급되고, 동일한 주체가 전력의 수요자이자 공급자로 동시에 작용하는 다중 중심적 시스템으로 전환되고 있는 것이다.

이와 같은 변화는 단순한 기술적 전환을 넘어, 소매시장 설계, 요금 체계, 전력 계통의 운영방식 등 기존 구조개편의 핵심 설계 논리 전반에 걸쳐 전면적인 재검토를 요구하게 된다. 예를 들어, 순소비 기준 요금제(net metering)는 사용자가 자체 생산한 전력을 자가 소비하고, 잉여 전력을 계통에 공급한 후 순차적으로 정산하는 방식이다. 이 제도는 초기에는 소규모 재생에너지 보급 확대에 크게 기여하였으나, 시간이 지나면서 송배전망을 사용하는 데 따른 고정비용을 일부 사용자들이 회피하게 되는 구조적 문제가 드러나기 시작하였다(Picciariello et al., 2015).

이에 따라 일부 국가들은 순소비 기반 요금제의 한계를 보완하고 계통 유지비용을 보다 형평성 있게 분담하기 위해, 정액 기반의 망 이용 요금제, 양방향 계량, 시간대별 요금제 또는 위치기반 혼잡요금과 같은 다양한 개편을 시도하고 있다. 이와 함께, 분산형 에너지 자원을 활용한 지역 단위 전력거래 플랫폼과 지역 배전망 운영자의 역할 강화를 통해 실시간 계통 안정성을 확보하려는 구조 전환도 확산되고 있다.

결과적으로, 재생에너지 확대는 중앙집중형 발전 시스템에서 분산형 에너지 생태계로의 전환, 그리고 단일 소비자 중심의 일방향 유통 구조에서 다중 주체 간 상호작용이 가능한 양방향 유통 체계로의 전환이라는 복합적인 구조 변화를 수반한다. 이러한 흐름은 기존 구조개편 모델의 한계를 드러내며, 향후에는 분산형 자원의 통합을 고려한 새로운 형태의 시장 설계와 규제 체계가 필요하다는 점을 시사한다.

(4) 시장 설계의 진화: 유연성, 적응성, 혼합형 모델

재생에너지의 확산과 분산형 자원의 증가, 그리고 디지털 기술의 발전은 기존 전력시장의 구조와 운영 방식에 심대한 영향을 미치고 있으며, 이에 따라 전력시장 설계도 단순한 경쟁 도입 중심 모델에서 복합적이고 유연한 설계 원칙으로 진화하고 있다. 이러한 시장 설계의 진화는 과거의 구조개편 모델이 전제하였던 정적(static), 일률적, 가격 중심의 설계 원칙이 더 이상 유효하지 않음을 보여준다. 이에 따라 최근 전력시장 설계는 유연성, 적응성, 혼합형 설계를 핵심 방향으로 삼고 있다(Cramton, 2017; Joskow, 2019).

첫째, 전력시장의 진화는 유연성 자원의 시장 참여 확대를 적극적으로 반영하고 있다. 전력 공급의 간헐성이 증가함에 따라, 실시간 수요조정 능력과 예비력 확보가 전력 시스템의 안정성 유지에 핵심이 되고 있다. 이에 따라 수요반응, 에너지 저장장치(ESS), 고속기동 발전기 등은 점차 정규시장 참가자로 제도화되고 있으며, 이들을 위한 별도 시장 또는 참여 보상 구조도 병행적으로 개발되고 있다(Eid et al., 2016). 예컨대 유럽의 여러 국가에서는 수요반응 자원을 보조서비스 시장에 정식 등록시키고 있으며, 미국 PJM 지역에서는 수요반응이 예비력 시장과 정산 시장에서 실질적 역할을 수행하고 있다.

둘째, 기존의 단일 도매전력시장 중심에서 벗어나, 보완시장의 설계와 활성화가 중요해지고 있다. 이는 주파수 조정, 예비력, 계통 안정화, 보조서비스, 정산시장 등의 역할을 수행하는 세부적 시장 구조의 정립을 의미한다(Cramton et al., 2013). 예를 들어, 영국의 National Grid는 신속 예비전력(Fast Reserve), 주파수 응답 서비스(Frequency Response)와 같은 시장을 별도로 운영하여, 재생에너지 간헐성으로 인한 단기 시스템 불균형을 완충하는 제도적 장치를 마련하고 있다. 이러한 시장은 단지 경제적 효율성뿐 아니라, 기술적 안정성과 계통 신뢰도 확보를 위한 필수 조건으로 간주된다.

셋째, 용량보장제도의 재설계가 주요한 논의 대상이 되고 있다. 재생에너지의 확대로 인해 전력시장 가격이 낮은 수준으로 고착화되면서, 시장가격 신호만으로는 장기적 설비 투자에 대한 충분한 수익성을 확보하기 어렵게 되는 '미씽머니(missing money)' 문제가 심화되었다(Newbery, 2016). 이를 보완하기 위해 주요 전력시장에서는 용량시장이 도입되었으며, 시장 수익만으로는 보상되지 않는 예비력의 가치를 명시적으로 가격화하는 제도 설계가 이루어지고 있다.

넷째, 시장 설계는 AI, 빅데이터, IoT, 블록체인 등 디지털 기술 기반의 실시간 운영 체계로 점진적으로 진화하고 있다. 실시간 정산, 분산형 자원 간 P2P 전력거래, 지역 기반 마이크로그리드 운영, 블록체인을 활용한 거래 추적 및 자동 정산 등의 기능은 이미 일부 국가에서 실증 프로젝트나 파일럿 형태로 도입되고 있으며(Andoni et al., 2019), 이는 전통적 전력시장이 거래 중심의 플랫폼 생태계로 전환되고 있음을 시사한다. 이러한 기술 전환은 전력 시스템의 복잡성을 증가시키는 동시에, 운영의 투명성 제고, 거래의 효율성, 비용 절감 가능성을 함께 제시한다.

이러한 흐름은 기존 구조개편 논의가 주로 발전, 송전, 배전의 수직적 기능 분리와 도매시장 경쟁 도입에 집중되어 있었던 것과는 대비된다. 오늘날의 전력시장 설계는 상황에 따라 적응하고, 다양한 제도와 기술을 혼합할 수 있는, 다층적이고 동적인 모델로 재편되고 있으며, 이는 효율성, 안정성, 지속가능성, 공정성이라는 다중 목표를 동시에 달성하기 위한 필수 조건이 되고 있다(Cramton, 2017).

(5) 지속가능한 전력시장을 위한 과제

재생에너지를 중심으로 한 에너지 전환은 단지 에너지원의 변화에 그치지 않고, 전력시장의 설계 및 운영 원칙에 대한 근본적 재구성의 기회를 제공한다. 특히 태양광, 풍력 등 탄소중립형 발전원이 전력 믹스 내에서 핵심적 역할을 차지하게 되면서, 전력시장도 효율성 중심의 경쟁 시장에서 지속가능성과 기술혁신 중심의 체계로 진화할 수 있는 전환점에 도달하고 있다. 그러나 이러한 전환은 단지 기회일 뿐만 아니라, 복합적인 정책·제도적 과제를 동반하고 있다는 점에서 보다 정교한 대응 전략이 요구된다.

무엇보다 중요한 과제는 시장 안정성의 확보이다. 간헐성과 무제한 공급 특성을 가진 재생에너지가 전력시장 내 주요 공급자로 자리잡게 되면, 전력가격의 변동성 증가와 수익의 불확실성 심화로 인해 시장 전반의 예측 가능성이 약화될 수 있다. 이는 기존 투자자뿐 아니라 새로운 시장참여자들에게도 위험 신호(risk signal)로 작용할 수 있으며, 결과적으로 시장 기반 투자 의사결정을 위축시키는 부정적 효과를 초래할 수 있다(Joskow, 2019).

둘째로, 장기적 투자 유인을 확보하는 구조가 필수적이다. 발전설비뿐만 아니라 에너지 저장장치, 수요반응 시스템, 전력망 확장 등 장기 인프라 투자에는 안정적이고 예측 가능한 수익 회수 메커니즘이 요구된다. 이를 위해 일부 국가들은 시장가격만으로는 투자 유인이 부족한 자원에 대해 용량보상제도, 장기 계약(PPA), 보조서비스 계약 등 혼합형 수익구조를 도입하고 있으며, 이는 향후 제도 설계에서 중요한 고려사항이 되어야 한다(Cramton, 2017).

셋째는 공정한 비용 분담의 문제이다. 순소비 정산제(net metering)나 발전차액지원제도(FIT), 차액계약제(CfD) 등 일부 재생에너지 지원제도는 특정 집단에 혜택을 집중시키는 반면, 전력망 유지 비용이나 보조금 재원은 전체 소비자에게 전가하는 구조가 될 수 있다. 이러한 교차보조는 제도적 정당성과 사회적 수용성을 약화시킬 수 있으며, 특히 에너지 취약계층에게는 역진적 효과를 초래할 수 있다(Picciariello et al., 2015). 이에 따라, 이용자 기반 요금제 개편, 소득 계층별 요금 차등제, 사회적 배려 소비자 보호제도 등 보다 정교한 비용 배분 메커니즘이 요구된다.

넷째, 제도에 대한 신뢰성 확보가 핵심 과제로 부각되고 있다. 정책의 일관성이 부족하거나 시장 설계가 빈번히 변경되는 경우, 시장 참여자들은 장기 투자에 소극적일 수 있으며, 이는 시장의 신뢰성과 제도 운영의 지속가능성을 저해하게 된다. 특히 재생에너지 확대와 같이 기술 변화 속도가 빠른 영역에서는, 장기 정책 목표와 단기 시장운영 간의 정합성을 유지하는 체계적 거버넌스가 필요하다.

이러한 복합적 과제를 해결하기 위해서는 단순히 시장 메커니즘을 확대하거나 보조금을 늘리는 접근만으로는 충분하지 않다. 오히려 지금 필요한 것은 경쟁, 규제, 보조금, 디지털 기술, 환경정책 등의 요소가 상호 조화를 이루는 통합된 제도 설계이다(Cramton, 2017). 즉, 전력시장 구조개편의 재정립은 기술 변화, 정책 목표, 시장 메커니즘이 상호보완적으로 작동하는 포괄적 프레임워크의 구축을 요구한다.

또한 지속가능한 시장설계는 정부, 민간기업, 소비자, 지역사회 등 다양한 이해관계자 간의 수평적 협력을 전제로 하며, 장기적인 사회적 수용성을 함께 확보할 수 있어야 한다. 결국 이는 전력시장의 목적이 단순한 효율성 확보에서 벗어나, 기후중립, 에너지 안보, 사회적 형평성이라는 복수의 목표를 조화롭게 달성하는 방향으로 진화해야 함을 의미한다.

7 결론: 경쟁과 규제의 균형

전력산업 구조개편은 지난 수십 년간 세계 에너지 정책 변화의 핵심 동인이었으며, 이는 전통적인 수직통합형 공공산업 체제를 경쟁 기반의 시장 체계로 전환하려는 시도였다. 이는 단순한 제도 개혁이 아니라, 필수재적 속성을 갖는 전력산업에 경쟁의 논리를 적용할 수 있을 것인가라는 보다 근본적인 정책 실험이었다. 본 장에서는 전력산업 구조개편의 이론적 배경과 제도 구성요소, 국가별 개혁 경험, 제도적 성과와 한계, 그리고 재생에너지 확산이 제기하는 새로운 도전 과제를 중심으로 논의하였다. 이러한 논의는 구조개편의 의의를 종합적으로 평가할 수 있는 틀을 제공한다.

무엇보다 구조개편은 단순한 민영화나 규제 완화의 문제가 아니라, 시장 메커니즘과 공공 목적 간의 정교한 조합을 설계하는 제도적 시도라고 할 수 있다. 경쟁의 도입은 발전 부문의 효율성을 제고하고, 소비자의 선택권을 확대하며, 정보 비대칭과 운영 비효율을 개선하는 데 기여하였다(Joskow & Schmalensee, 1983).

그러나 전력산업은 저장 불가능성, 수요의 비탄력성, 실시간 공급 균형의 필요성이라는 고유한 제약을 지니고 있으며, 이로 인해 완전경쟁 조건이 충족되기 어려운 구조임이 확인되었다(Stoft, 2002). 따라서 시장 메커니즘만으로는 수급 안정성과 장기 설비 투자 유인을 충분히 보장하기 어렵다는 현실적 한계가 존재한다.

국가별 사례 분석은 구조개편이 제도의 설계와 실행 역량에 따라 매우 상이한 결과를 낳을 수 있다는 점을 보여준다. 영국은 급진적인 민영화를 통해 전면적인 시장화를 단기간에 실현하였고, 미국은 주 정부별로 분권적이고 실험적인 개편을 수행하였다. 유럽연합은 법제화된 시장 통합을 추진하였으며, 한국은 비교적 제한된 범위 내에서 점진적인 개편을 시도하였다. 이와 같은 다양성은 보편적인 구조개편 모델이 존재하지 않음을 보여주며, 성공적인 개혁은 제도 설계 자체보다는 실행 역량, 정책 유연성, 그리고 이해관계자 간의 협력 구조에 크게 의존한다는 점을 시사한다.

더불어 최근의 재생에너지 확산은 기존의 시장 설계에 대한 근본적인 재검토를 요구하고 있다. 태양광과 풍력과 같은 변동성 높은 발전원은 기존의 가격 기반 시장에서 안정적인 수익을 확보하기 어려운 특성을 지니며, 한계비용이 거의 제로에 수렴하는 공급원으로 인해 시장가격 형성 기능이 왜곡될 수 있다(Joskow, 2019). 이에 따라 전통적인 경쟁시장 구조는 간헐적인 재생에너지 자원의 대규모 확산에 대응하기 어렵다는 한계가 드러나고 있으며, 유연성 자원의 확보, 보완시장 구축, 장기 계약 제도 등 시장과 정책의 통합적 설계가 중요한 과제로 부상하고 있다(Cramton, 2017).

지속가능한 전력시장 설계를 위해서는 경쟁과 규제의 균형이 무엇보다 중요하다. 전력시장에서 시장지배력을 억제하고, 예비력 확보를 유도하며, 신호 왜곡을 방지하는 가격 구조를 설계하고, 소비자 보호와 공공재적 가치 실현을 동시에 달성하기 위해서는 정부의 정책적 개입이 필요하다(Newbery, 2002). 특히 재생에너지 보급 확대와 관련된 지원제도는 효율성뿐 아니라 공정성의 측면에서도 정당성을 확보해야 하며, 에너지 취약계층 보호와 장기적 시스템 신뢰성 확보를 위한 사회적 수용성도 함께 고려되어야 한다.

결국 전력산업 구조개편은 고정된 제도이거나 이념적 교리가 아니라, 기술 발전과 사회적 기대, 환경 변화에 유연하게 적응해야 하는 하나의 정책 과정이다. 경쟁과 규제, 시장과 정책, 효율성과 공공성은 상호 대립되는 개념이 아니라, 서로를 보완하며 지속가능한 에너지 시스템을 설계하기 위한 공동 요소로 작동해야 한다. 따라서 미래의 전력시장은 고정된 규범적 모델이 아니라, 다층적이고 진화적인 제도 설계 능력에 의해 구축되어야 하며, 이는 전력산업의 사회적 책임과 탄소중립 시대의 에너지 전환 목표를 함께 달성할 수 있는 기반이 될 것이다.

IV

에너지 정책

제13장

에너지 효율성

1 서론

에너지 효율성은 에너지 경제학에서 가장 핵심적인 정책 수단 중 하나로, 동일한 산출을 보다 적은 에너지 투입으로 달성함으로써 경제적 효율성과 환경적 지속가능성을 동시에 추구할 수 있는 경로를 제시한다. 이는 에너지 안보, 온실가스 감축, 에너지 비용 절감이라는 세 가지 목표를 동시에 달성할 수 있는 '삼중 편익(triple dividend)'을 제공한다는 점에서 정책적 관심이 높아지고 있다.

특히, 글로벌 에너지 수요가 지속적으로 증가하고 있는 상황에서, 에너지 효율성은 수요 측 관리의 핵심 수단으로 주목받고 있다. 국제에너지기구(IEA, 2022c)에 따르면, 2030년까지 전 세계 에너지 관련 탄소배출 감축의 약 40%는 에너지 효율 개선만으로도 달성 가능하며, 이는 신규 기술의 도입보다 훨씬 낮은 비용으로 실현될 수 있다.

에너지 효율성은 기술적 차원뿐 아니라, 경제적·행태적 요소와도 밀접하게 연관된다. 예를 들어, 고효율 보일러, LED 조명, 단열재 등 기술적 수단의 확산은 초기 투자비용과 정보 비대칭, 그리고 인지적 편향에 의해 저해될 수 있다. 따라서 시장실패와 비합리적 소비자 행동을 교정하기 위한 정책 개입이 필요하며, 이러한 개입은 보조금, 규제, 정보 제공, 표준 설정 등 다양한 수단으로 구성될 수 있다.

한편, 에너지 효율 정책은 반등효과라는 비의도적 결과를 초래할 수 있다. 이는 에너지 효율 향상으로 인해 사용 비용이 감소하면, 오히려 에너지 소비가 증가할 수 있는 현상으로, 최종 절감 효과를 상쇄시킬 수 있다(Sorrell, 2009). 이에 따라, 정책 설계 시 기술적 잠재력뿐 아니라 경제적 행태 변화까지 고려한 정교한 분석이 요구된다.

이 장에서는 먼저 에너지 효율성의 개념과 측정지표를 정의하고, 다음으로 주요 기술과 부문별 효율 개선 사례를 검토한다. 이어서 반등효과의 개념과 실증 분석 결과를 소개하고, 마지막으로 에너지 효율을 촉진하기 위한 정책 수단과 그 효과에 대해 이론적·실증적으로 분석한다.

2 에너지 효율성의 개념과 중요성

(1) 에너지 효율성의 정의

에너지 효율성은 동일한 산출물이나 서비스를 제공하는 데 소비되는 에너지의 양을 줄이는 능력을 의미한다. 다시 말해, 에너지 효율성이란 주어진 수준의 경제 활동이나 생활 서비스를 유지하면서 필요한 에너지 투입을 최소화하는 것이다. 이 개념은 생산성과 유사한 구조를 가지며, 특정한 투입(에너지)으로부터 최대의 산출을 얻어내는 과정에서의 효율성을 평가한다.

기술적 관점에서 에너지 효율성은 기계, 장비, 건물, 운송수단 등의 에너지 전환 장치나 시스템이 얼마나 에너지를 효과적으로 사용하는지를 나타낸다. 예를 들어, 내연기관 자동차의 경우 리터당 주행 거리(km/L), 냉방 장치의 경우 에너지 효율 등급이나 에너지효율비 등으로 표현된다. 이처럼 에너지 효율성은 장치나 시스템의 기술적 성능을 정량화할 수 있는 다양한 지표로 측정된다(Sorrell, 2009).

경제학적 관점에서 볼 때, 에너지 효율성은 보다 포괄적인 개념으로 확장된다. 하나의 산업이나 국가 경제 전체에서 단위 산출(예 GDP)당 소비되는 에너지량을 측정하는 에너지 집약도는 경제 전체의 에너지 효율성을 나타내는 주요 지표로 활용된다. 그러나 에너지 집약도는 단순히 기술적 효율성만이 아니라 산업

구조의 변화(예 제조업에서 서비스업으로의 전환), 연료 믹스, 기후 조건 등의 영향을 함께 반영하기 때문에, 반드시 기술적 에너지 효율성과 일치하지는 않는다.

정책 및 제도적 측면에서 에너지 효율성은 온실가스 감축, 에너지 안보 강화, 산업 경쟁력 제고 등을 위한 핵심 수단으로 활용된다(IEA, 2022c). 특히, 에너지 효율은 기술 혁신과 밀접하게 연관되어 있으며, 신기술의 도입과 확산을 통해 장기적으로 경제 구조의 저탄소 전환을 가능하게 한다. 이러한 이유로 국제에너지기구(IEA)는 에너지 효율성을 "제1의 연료(first fuel)"로 간주하며, 모든 국가의 에너지 전략의 중심축이 되어야 한다고 강조하고 있다(IEA, 2022c).

(2) 에너지 절약과의 차이

에너지 효율성과 에너지 절약은 모두 에너지 소비를 줄이는 수단이라는 점에서 유사해 보이지만, 이 둘은 그 개념적 기반과 실행 방식에서 중요한 차이점을 지닌다. 에너지 효율성은 동일한 산출 또는 서비스를 유지하면서 에너지 소비를 줄이는 것을 의미하는 반면, 에너지 절약은 서비스의 수준 자체를 감소시키거나 사용을 억제함으로써 에너지 소비를 줄이는 행위를 의미한다(Gillingham et al., 2009).

예를 들어, 고효율 LED 조명을 설치하여 기존 대비 50%의 전력을 절감하는 경우는 에너지 효율성 향상에 해당한다. 반면, 사용 시간 자체를 줄여 조명을 자주 끄는 경우는 에너지 절약에 해당한다. 전자의 경우는 생활의 질이나 생산성의 손실 없이 에너지 소비를 줄이지만, 후자의 경우는 편의성이나 서비스 수준의 감소를 수반할 수 있다.

경제학적으로 보면, 에너지 효율성은 기술 변화의 성격을 띠며 장기적인 생산성 향상과 밀접한 관련이 있다. 이는 대체로 에너지 서비스의 질과 양을 유지하면서 자원의 사용 효율을 높이는 것을 목표로 한다. 이에 비해 에너지 절약은 단기적 대응이나 행동 변화의 측면이 강하며, 때로는 불편이나 비용을 감수하는 방식으로 에너지 소비를 억제하는 것을 포함한다(Gillingham et al., 2006).

정책적 관점에서도 두 개념은 서로 다른 접근을 요구한다. 에너지 효율성 정책은 주로 기술 표준 강화, 고효율 제품에 대한 인센티브 제공, R&D 투자 확대 등 구조적 개선을 중심으로 설계된다. 반면, 에너지 절약은 전력 피크 시간의 절전 권고, 난방 온도 제한, 소비자 캠페인 등 행동 변화 유도 정책을 통해 실현된다(IEA, 2022c). 이처럼 에너지 효율성과 에너지 절약은 목적은 유사하나, 수단과 지속가능성 측면에서 차별화된 정책 설계가 필요하다.

한편, 두 개념은 상호보완적일 수 있다. 예컨대, 에너지 효율성이 기술적 기반을 제공한다면, 에너지 절약은 해당 기술을 어떻게 사용하는가에 따른 소비자의 선택과 행동을 반영한다. 따라서 효과적인 에너지 전략은 기술 중심의 효율성 향상과 행동 중심의 절약 실천을 함께 포괄해야 하며, 특히 단기적 수요 조절과 장기적 구조 개선 간의 균형이 중요하다.

3 에너지 효율성 향상의 경제적 효과

(1) 소비자 비용 절감

에너지 효율성 향상은 소비자에게 가장 직접적이고 가시적인 혜택 중 하나인 에너지 비용 절감을 가능하게 한다. 고효율 제품이나 설비를 사용하면 동일한 에너지 서비스를 제공하면서도 소비되는 에너지 양이 감소하므로, 결과적으로 전기료, 연료비, 난방비 등의 지출이 줄어들게 된다. 이는 소비자의 가처분소득 증가로 이어지며, 단기적으로는 생활비 부담 완화, 장기적으로는 소비자 후생 향상의 효과를 창출한다(Gillingham et al., 2009).

가정 부문을 예로 들면, 고효율 냉장고, LED 조명, 고단열 창호 등은 초기 설치 비용이 다소 높을 수 있지만, 시간에 따라 절감되는 에너지 비용은 초기 투자 비용을 상회하는 경우가 많다. 이러한 비용 절감은 단순한 소비 감소를 넘어, 장기적으로 소비자의 소비 패턴에까지 영향을 미치며, 자원이 보다 효율적으로 사용되는 구조로의 전환을 촉진한다.

특히, 에너지 효율성의 비용 절감 효과는 소득 수준이 낮은 계층에서 더욱 두드러지게 나타난다. 에너지 지출은 일반적으로 저소득층 가계에서 전체 지출의 높은 비중을 차지하기 때문에, 고효율 설비의 도입은 이들 가계의 상대적 에너지 부담을 크게 줄이는 역할을 한다. 이는 에너지 효율성이 소득 재분배 효과를 가질 수 있음을 시사하며, 에너지 복지와 빈곤 완화 측면에서도 중요한 수단이 될 수 있다.

또한, 에너지 효율성이 가져오는 소비자 비용 절감은 에너지 가격의 변동성으로부터 소비자를 보호하는 효과도 있다. 국제 에너지 가격이 급등하거나 국내 전기·가스 요금이 인상될 경우, 고효율 설비를 사용하는 가계는 이러한 충격에 덜 민감하게 반응하게 된다. 이와 같은 위험 회피적 성격(hedging effect)은 에너지 효율성 투자의 또 다른 경제적 편익으로 볼 수 있으며, 불확실성이 큰 에너지 시장에서 소비자의 재정 안정성을 제고하는 데 기여한다.

그러나 에너지 효율성이 항상 자동적으로 비용 절감으로 이어지는 것은 아니다. 고효율 설비의 도입에는 종종 초기 투자 비용이 수반되며, 정보 부족이나 재정 제약으로 인해 일부 소비자는 이러한 설비에 접근하지 못하는 경우도 있다(Allcott & Greenstone, 2012). 이와 같은 에너지 효율성 투자에 대한 시장실패는 보조금, 세제 혜택, 효율 라벨링 정책 등을 통해 완화될 수 있으며, 장기적으로 소비자의 합리적인 선택을 유도하는 제도적 기반이 중요하다.

(2) 에너지 수요 감소 및 환경 편익

에너지 효율성의 향상은 단순히 개별 소비자의 비용을 절감하는 데 그치지 않고, 국가 전체의 에너지 수요 감소를 유도함으로써 에너지 시스템의 부담을 완화하고, 환경에 긍정적인 외부효과를 창출하는 중요한 역할을 수행한다. 효율성이 향상되면 동일한 수준의 경제 활동을 수행하기 위해 필요한 에너지 투입량이 줄어들기 때문에, 총체적인 에너지 수요는 감소하며, 이는 에너지 생산, 운송, 변환 과정에서 발생하는 다양한 환경 부담을 경감시키는 결과를 가져온다.

먼저, 에너지 수요 감소는 화석연료 사용량의 절감으로 이어져 온실가스(GHG) 배출을 감소시킨다. 전 세계 에너지 관련 이산화탄소 배출의 약 70%는 전력 및 열 생산, 운송, 건물, 산업 등 최종 수요 부문에서 발생하며(IEA, 2022c),

이 부문에서의 효율성 향상은 직접적인 탄소 저감 효과를 가진다. 예를 들어, 고효율 냉난방 시스템, 산업용 모터, 전기차 등의 보급 확대는 전력 소비량의 감소를 가져오며, 발전 부문에서의 화석연료 의존도를 낮출 수 있다. 이러한 점에서 에너지 효율성은 기후변화 대응 전략에서 가장 비용 효과적인 수단 중 하나로 간주된다.

또한, 에너지 수요의 감소는 지역 환경 개선 효과도 수반한다. 발전소 및 산업설비에서의 에너지 사용이 줄어들면 대기오염물질(SOx, NOx, PM 등)의 배출도 함께 감소하며, 이는 공기질 개선과 공중보건 향상으로 연결된다. 특히 대도시 및 산업지대에서의 고농도 미세먼지 문제는 에너지 효율성 개선을 통해 구조적으로 완화될 수 있으며, 관련한 사회적 비용(의료비, 조기사망 등)의 절감 효과도 크다.

효율성 향상은 전력 시스템의 수요 압력을 줄임으로써 에너지 인프라 투자 부담을 낮추는 간접적 효과도 제공한다. 에너지 수요가 감소하거나 증가 속도가 둔화되면, 발전소, 송전망, 분산형 설비에 대한 신규 투자 필요성이 줄어들고, 이는 전력요금의 안정을 도모하는 효과를 낳는다.

그러나 에너지 효율성이 항상 총 에너지 수요 감소로 직결되는 것은 아니다. 반등 효과(Rebound Effect)로 알려진 경제학적 현상에 따르면, 에너지 효율성 향상으로 인해 에너지 서비스의 단가가 낮아지면, 소비자들이 오히려 에너지 사용을 늘릴 수도 있다(Sorrell, 2009). 예컨대 고효율 차량을 구매한 후 더 자주 운전하게 되는 경우가 이에 해당한다. 하지만 다수의 실증 연구에 따르면 반등 효과는 대체로 제한적인 수준이며, 장기적으로는 총 에너지 수요의 지속적인 감소를 유도하는 경향이 더 크다고 평가된다(Gillingham et al., 2013).

(3) 에너지 안보와 수입 의존도 감소

에너지 효율성의 향상은 국가적 차원에서 에너지 안보를 강화하고, 동시에 수입 에너지에 대한 의존도를 구조적으로 감소시키는 효과를 제공한다. 에너지 안보란 일반적으로 경제 및 사회 활동에 필요한 에너지를 적절한 가격에 안정적으로 확보할 수 있는 능력을 의미하며, 공급 측면과 수요 측면 모두에서 관리되어야 하는 전략적 과제이다. 이 중 수요 측의 관리 수단으로서 에너지 효율성은 에너지 안보 제고의 핵심 축으로 자리잡고 있다.

에너지 효율성이 향상되면 동일한 수준의 경제 활동을 수행하기 위해 필요한 에너지 양이 감소하므로, 총체적인 에너지 수요가 줄어들게 되고, 이는 수입 에너지—특히 석유, 천연가스, 석탄—에 대한 의존도를 낮추는 직접적인 효과를 갖는다. 에너지 수입 의존도가 높은 국가는 국제 시장의 가격 변동, 지정학적 분쟁, 수출국의 공급 제한 등의 위험에 쉽게 노출되는데, 에너지 효율성은 이와 같은 외생적 충격에 대한 취약성을 완화하는 수단으로 기능한다.

예를 들어, 유럽연합은 러시아-우크라이나 갈등 이후 천연가스 수입 의존도에 대한 대응 방안으로 에너지 효율성 강화 정책을 우선시하였다. 이는 단기적으로는 수요 억제를 통해 공급 부족을 완화하고, 장기적으로는 수입구조의 다변화와 병행하여 공급안정성을 높이는 효과를 기대할 수 있게 한다(IEA, 2022f).

경제학적으로 보면, 에너지 수입에 대한 지출은 국가의 무역수지 및 외환시장에도 영향을 미치는 주요 변수다. 에너지 수입이 많아지면 경상수지의 악화 요인이 되고, 수입 에너지 가격이 급등할 경우 환율 불안정과 인플레이션 압력으로도 이어질 수 있다. 따라서 에너지 효율성을 높여 수입 수요 자체를 줄이는 것은 국가의 대외 경제 취약성을 완화하는 거시경제 안정화 수단이 될 수 있다.

또한, 에너지 효율성은 국내 에너지 자원의 활용 효율을 높이고, 전력 및 연료 수요의 피크(peak)를 완화함으로써 에너지 공급 인프라의 과잉 투자와 시스템 불안정을 방지하는 효과도 갖는다. 특히 피크 시간대 수요 억제를 통해 발전소 추가 건설이나 연료 수입 증가를 방지할 수 있으며, 이는 경제적·환경적 편익과 함께 전력시장의 회복탄력성을 향상시키는 효과로 연결된다.

4 에너지 효율성과 시장실패

(1) 정보비대칭과 불완전 정보

에너지 효율성이 가져다주는 경제적·환경적 편익에도 불구하고, 소비자와 기업이 고효율 제품이나 설비에 대한 투자를 충분히 하지 않는 현상은 실증적으로 널리 관찰된다. 이러한 현상은 "에너지 효율성 갭" 또는 "에너지 패러독스"로 불리며, 그 핵심 원인 중 하나는 정보의 비대칭성과 불완전 정보에 있다(Allcott & Greenstone, 2012).

정보 비대칭은 시장 참여자 간 정보의 비대칭적 분포로 인해 의사결정이 왜곡되는 현상을 의미한다. 에너지 효율성 시장에서는 판매자와 구매자, 제조자와 소비자 간에 고효율 기술에 대한 성능, 장기 비용, 유지관리 필요성 등에 대한 정보가 불균형하게 분포되어 있는 경우가 많다. 예를 들어, 임대주택 시장에서는 건물주가 에너지 효율 설비를 설치해도 실제 에너지 요금을 부담하는 것은 세입자이므로, 투자 유인이 약화되는 행위주체 불일치(principal–agent problem) 문제가 발생한다.

또한, 다수의 소비자는 고효율 설비의 실제 성능, 기대 수명, 에너지 절감 효과, 장기적 경제성 등에 대해 충분한 정보에 접근하지 못하거나, 이를 정확하게 이해하고 해석할 능력이 부족한 경우가 많다. 이는 불완전 정보로 인해 합리적인 소비 결정을 내리지 못하게 만들며, 시장의 비효율성을 유발한다. 실제로 고효율 제품이 초기 비용은 높지만 장기적으로 비용을 절감한다는 점을 이해하지 못하거나 할인율을 과도하게 적용하여 투자 유인을 스스로 축소하는 경우도 있다(Train, 1985).

정보 문제는 또한 인지 편향이나 제한된 합리성과 같은 행동경제학적 요인에 의해 더욱 심화될 수 있다. 예컨대, 소비자는 단기적 가격 정보에 과도하게 반응하거나, 에너지 절감 효과를 과소평가하는 경향이 있다. Allcott(2011)은 고효율 차량이나 가전제품 구매 결정에서 소비자들이 향후 연료비 절감보다는 초기 구입 비용에 훨씬 더 큰 가중치를 두는 경향이 있음을 실증적으로 제시하였다.

이와 같은 정보의 비대칭성과 불완전성은 에너지 효율 시장의 자발적 작동만으로는 사회적으로 바람직한 수준의 투자가 이루어지지 않음을 의미하며, 정부 개입의 정당성을 제공한다. 이에 따라 많은 국가들은 정보 문제를 해결하기 위해 에너지 효율 등급 제도, 라벨링(labeling), 소비자 교육 캠페인, 온라인 정보 포털 등 다양한 정보 제공형 정책을 도입하고 있다. 특히, 의무적 라벨링과 최소 성능 기준(MEPS)은 소비자의 비교 비용을 줄이고, 시장의 신뢰를 형성하는 데 기여하고 있다(Newell et al., 1999).

그러나 정보 제공만으로는 소비자 행동을 완전히 변화시키기 어렵기 때문에, 정보와 인센티브를 결합한 복합적 접근이 필요하다. 예를 들어, 미국의 에너지스타(Energy Star) 프로그램은 고효율 제품에 대한 정보와 함께 세금 감면이나 리베이트를 제공함으로써 구매 유인을 강화하였다(US EPA, 2020). 이러한 정책은 정보 문제와 재정 제약이라는 이중의 장벽을 동시에 완화함으로써, 에너지 효율성 확산을 보다 효과적으로 촉진할 수 있다.

(2) 외부성(Externalities)

에너지 효율성의 결정은 소비자나 기업의 개별적 선택을 통해 이루어지지만, 그 효과는 종종 제3자에게도 영향을 미치며, 이는 외부성의 전형적인 사례다. 외부성이란 시장 거래에 참여하지 않은 제3자가 의도치 않게 이익을 보거나 피해를 입는 상황을 의미하며, 에너지 효율성은 대표적인 양(+) 외부성을 수반하는 투자로 간주된다.

가장 대표적인 외부성은 환경 외부성이다. 고효율 설비나 건물을 사용하는 개인은 자신의 에너지 비용을 줄이는 동시에 온실가스(GHG)와 대기오염물질(SOx, NOx, PM 등)의 배출을 감소시켜 사회 전체의 환경 편익을 제공한다. 그러나 이와 같은 편익은 시장 가격에 완전히 반영되지 않기 때문에, 개별 소비자는 사적 편익만 고려하여 비효율적으로 낮은 수준의 투자를 하게 된다(Gillingham et al., 2009).

이와 같은 환경적 외부성 외에도, 에너지 효율성은 에너지 시스템의 안정성,

전력망의 부하 완화, 에너지 수입 감소 등 다양한 사회적 편익을 함께 창출한다. 예를 들어, 에너지 수요의 피크 시간대에 고효율 설비가 전력 부하를 줄이면, 추가 발전소 건설을 방지하거나 전력 요금의 급등을 억제할 수 있어 전체 사회에 간접적인 이익을 제공한다. 또한 고효율 기술의 확산은 기후 변화 대응의 비용을 줄이고, 미래 세대에 더 나은 환경을 제공하는 세대 간 외부성의 성격도 내포하고 있다.

외부성은 시장이 스스로 교정하기 어려운 대표적인 시장실패의 형태로 간주되며, 이로 인해 정책 개입의 필요성이 정당화된다. 정부는 외부성을 내부화하기 위해 탄소세와 같은 가격 기반 정책을 도입하거나, 에너지 효율 기준, 건물 코드, 보조금 등과 같은 수량 기반 또는 명령-통제형 규제를 활용할 수 있다 (Goulder & Parry, 2008). 특히, 에너지 효율성은 보조금 정책과 결합될 때 양의 외부성을 보다 효과적으로 실현할 수 있으며, 이는 기술 확산 초기 단계에서 특히 중요하다.

또한, 외부성은 단순히 환경 분야에 국한되지 않고 기술 확산과 지식의 외부성이라는 형태로도 나타난다. 한 기업이나 소비자가 고효율 기술을 도입하면, 관련 기술이 보다 널리 퍼지고 비용이 낮아지는 학습효과가 발생할 수 있다. 그러나 이러한 기술 외부성 역시 시장에서는 과소공급되기 쉬우며, 공공 R&D 지원이나 초기 시장 창출 정책이 필요한 이유이기도 하다.

에너지 효율성은 사적 투자 이상의 사회적 편익을 창출하는 양의 외부성을 내포하고 있으며, 이러한 외부성이 가격에 반영되지 않는 한 시장 메커니즘만으로는 최적 수준의 효율성 투자가 이루어지기 어렵다. 이에 따라 정부는 외부성을 보정하는 정책 수단을 설계해야 하며, 이는 에너지 및 환경 정책의 핵심 원리 중 하나로 자리 잡고 있다.

(3) 거래비용과 행동경제학적 요인

에너지 효율성 향상이 가져오는 잠재적 편익에도 불구하고, 실제 시장에서 효율성 투자가 과소하게 이루어지는 데에는 거래비용과 행동경제학적 요인이 복합적으로 작용하는 경우가 많다. 이는 정보 비대칭이나 외부성 외에도, 소비자와 기업이 합리적 선택을 제약받는 구조적·심리적 요인이 존재함을 보여준다(Gillingham & Palmer, 2014).

거래비용은 에너지 효율 관련 제품이나 서비스를 구매·설치·운영하는 데 들어가는 탐색, 협상, 모니터링, 학습 등의 비용을 의미한다. 예를 들어, 가정용 단열재나 고효율 보일러를 설치할 경우, 소비자는 기술 사양을 비교하고 시공업체를 선택하며 이후의 유지보수까지 고려해야 한다. 이러한 과정에서 발생하는 비용과 불확실성은 심리적·시간적 부담을 증가시켜 투자 결정을 지연시키거나 회피하게 만든다(Allcott & Wozny, 2014).

특히 소규모 소비자일수록 단위당 거래비용의 비중이 높고, 이를 상쇄할 만한 절감 효과를 실감하기 어려워 "합리적 무관심"을 선택하는 경우도 많다(Sallee, 2014). 이는 경제적으로 비용-편익이 긍정적인 상황에서도 행동이 따르지 않는, 전형적인 비관측 거래비용의 사례로 간주된다.

한편, 행동경제학적 요인은 소비자의 인지적 한계, 감정적 편향, 시간 선호 구조 등으로 인해 에너지 효율성 투자에 있어 비합리적 선택이 발생하는 경향을 설명한다. 예컨대, 소비자들은 현재비용을 과도하게 중시하고 미래 편익을 과소평가하는 경향, 즉 높은 주관적 할인율을 보이며, 이는 에너지 절감의 장기적 이점을 제대로 반영하지 못하게 한다(Frederick et al., 2002).

또한, 소비자들은 복잡한 정보나 기술 사양을 이해하는 데 어려움을 겪으며, 디폴트 옵션(default bias)이나 프레이밍 효과(framing effect) 등에 따라 비효율적인 제품을 선택할 가능성도 높다. Allcott(2011)은 미국 소비자들이 연료비 절감에 대한 정보를 제공받더라도 실제 구매 결정에서는 여전히 초기 구입비용에 과도한 비중을 두는 경향을 보였음을 실증적으로 제시하였다.

이러한 요인들은 특히 저소득층이나 고령층, 정보 접근성이 낮은 소비자일수록 더 크게 작용하며, 결과적으로 시장 기반 정책만으로는 충분한 효율성 투자를 유도하기 어렵다는 현실적 한계를 드러낸다. 이에 따라 최근 정책 설계에서는 행동유도형 개입(nudges), 디폴트 조정, 정서적 메시지 사용, 의사결정 단순화 등의 방식이 에너지 효율 프로그램에 결합되고 있다(Sunstein & Reisch, 2014).

예를 들어, 가전제품의 에너지 효율 라벨링에서 절대 등급(A~G)이 아닌 상대적 연간 비용 표시 방식을 도입하거나, 고효율 제품을 기본 선택(default)으로 설정하는 방식은 소비자의 선택 구조를 바꾸는 행동경제학적 접근 사례로 볼 수 있다(Schubert, 2017). 이러한 정책은 전통적인 가격 인센티브와 결합될 때 더욱 높은 효과를 보이는 것으로 나타나며, 거래비용과 행동 편향을 모두 고려한 통합적 접근의 필요성을 뒷받침한다.

5 에너지 효율성의 측정과 지표

(1) 에너지 집약도

에너지 효율성의 수준을 거시적으로 측정하는 데 가장 널리 사용되는 지표 중 하나는 에너지 집약도이다. 에너지 집약도란 경제 활동의 단위 산출물(예 국내총생산, 산업 부가가치 등)을 생산하기 위해 소비된 에너지의 양을 의미하며, 일반적으로 "에너지 소비량(TOE 또는 Joule) ÷ GDP"로 계산된다(IEA, 2022c). 이 지표는 경제 시스템이 에너지를 얼마나 효율적으로 사용하는지를 평가하는 간접적 지표로서, 국제 비교, 부문별 평가, 장기 추세 분석 등에 활용된다.

에너지 집약도가 낮다는 것은 주어진 경제적 가치를 창출하는 데 비교적 적은 에너지가 사용되었음을 의미하며, 이는 기술적 효율성 향상, 에너지 절약, 산업 구조 고도화, 서비스 부문 확대, 연료 전환 등 다양한 요인의 결과일 수 있다. 반대로, 에너지 집약도가 높은 경우는 에너지 소비에 대한 의존도가 크고 효율성이 낮을 가능성을 시사한다.

[그림 13-1]은 한국의 에너지 집약도를 전 세계 평균과 비교하고 있다. 한국의 집약도는 전반적으로 하락하는 추세를 보이고 있지만 전 세계 평균에 비해서는 높은 수준을 유지하고 있다는 것을 알 수 있다.

그러나 에너지 집약도는 기술적 에너지 효율성과 반드시 일치하지는 않으며, 해석에 있어 몇 가지 주의점이 필요하다. 첫째, 에너지 집약도는 단위 산출물당 에너지 소비량을 측정하는 '비율'이기 때문에, 산출물(GDP)의 통화가치 변동이나 물가 수준, 환율, GDP 측정 방식에 따라 큰 영향을 받을 수 있다. 둘째, 기술적 효율성 외에도 경제 구조의 변화—예컨대, 제조업에서 서비스업 중심으로의 산업 전환—가 에너지 집약도를 감소시키는 요인이 될 수 있다. 즉, 집약도의 하락이 반드시 기술 향상을 의미하는 것은 아니라는 점에서, 보완적 지표와의 병행 해석이 필요하다(Mulder & de Groot, 2012).

또한, 국가 간 비교 시에는 기후 조건이나 자원 구조, 에너지 믹스 등 비경제적 요소도 결과에 영향을 미칠 수 있다. 예를 들어, 추운 기후에서 난방 수요가 많거나, 광산업과 중화학공업 비중이 높은 국가에서는 구조적으로 에너지 집약도가 높을 수 있다. 따라서 집약도 지표는 장기적 경향을 파악하거나 정책 성과를 모니터링하는 데 유용하지만, 단기적 수치 변동이나 단일 연도의 수치를 과도하게 해석하는 것은 적절치 않다.

정책적으로는 에너지 집약도 목표치를 설정하거나, 산업별 감축 목표 관리, 탄소배출량 감축 정책의 기준 지표로 활용되기도 한다. 예컨대, 국제에너지기구(IEA)와 유엔기후변화협약(UNFCCC)은 국가별 에너지 전환 상황을 비교·모니터링하기 위해 에너지 집약도를 핵심 지표로 채택하고 있으며, 많은 국가들이 이 수치를 국가 에너지효율 로드맵의 핵심 지표로 설정하고 있다(IEA, 2022c).

요약하자면, 에너지 집약도는 기술, 구조, 정책, 가격, 행동 등 다양한 요소가 복합적으로 작용한 결과를 반영하는 지표로서, 에너지 효율성의 종합적인 수준을 진단하고 국제 비교를 가능하게 하는 기초 지표로 널리 사용된다. 다만 기술적 효율성과의 구분, 해석상의 제약 등을 충분히 고려할 때 그 정책적 유용성이 극대화된다.

그림 13-1 에너지 집약도(MJ/2017년 USD PPP기준)

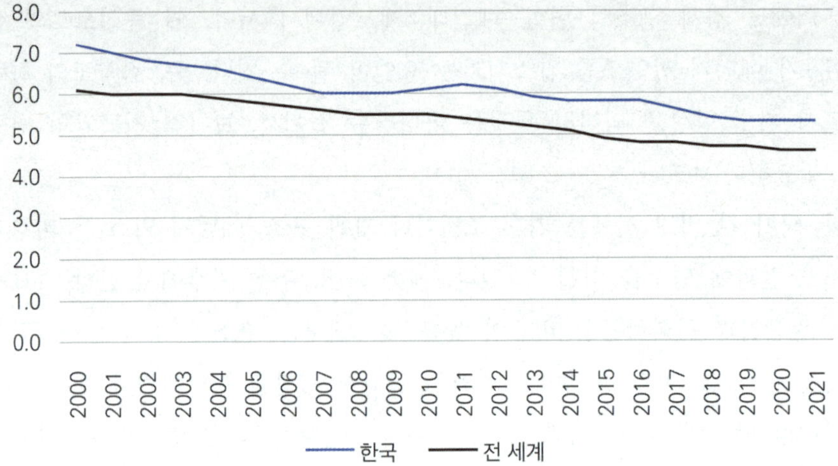

자료: IEA(2024)

(2) 기술 효율성과 경제 효율성

에너지 효율성은 단일 개념이 아니라, 측정 목적과 분석 범위에 따라 기술적 효율성과 경제적 효율성으로 구분된다. 이 두 개념은 에너지 소비와 산출 간의 관계를 해석하는 데 중요한 기초 개념이며, 각각의 지표는 상이한 정책 설계와 평가 기준에 활용된다.

기술 효율성은 주어진 에너지 투입으로부터 물리적 산출(예 냉방량, 생산량, 수송 거리 등)을 얼마나 많이 얻는지를 측정하는 개념이다. 이는 물리적 단위 기반 지표로 표현되며, 예를 들어 kWh당 냉방능력, MJ당 생산단위 등으로 나타낸다. 기술 효율성은 일반적으로 장비나 시스템 단위에서 측정되며, 에너지 전환과 전달 과정의 손실 최소화를 중심으로 한다.

기술 효율성은 물리적 시스템의 성능을 객관적으로 측정하는 데 유용하지만, 에너지 가격, 시장 구조, 소비자 행동, 정책 유인 등 경제적 요소를 반영하지 못한다는 한계가 있다. 이로 인해 동일한 기술적 효율성을 가진 장비라도 경제적 여건에 따라 채택 여부나 사용 방식이 달라질 수 있다(Hunt & Evans, 2009).

이에 반해 경제 효율성은 에너지 소비의 비용 효과성을 중심으로 평가하는 개념으로, 단위 산출당 에너지 비용 또는 단위 비용당 에너지 절감량으로 표현된다(Gillingham et al., 2009). 예를 들어, 두 개의 고효율 장비 중 하나가 초기 투자비용은 낮지만 에너지 절감 효과가 작고, 다른 하나는 고비용이지만 큰 절감을 제공한다면, 경제 효율성은 이들 간의 비용-편익 분석을 통해 어느 쪽이 더 합리적인 선택인지를 판단하게 해 준다.

경제 효율성은 기술 효율성에 시장 요인을 결합한 개념으로, 할인율, 수명주기비용, 에너지 가격 전망, 사용자 선호 등이 포함된 분석을 통해 의사결정을 지원한다(Allcott & Greenstone, 2012). 이는 에너지 정책의 타당성 평가, 보조금 설계, 에너지 서비스 기업 사업모델의 타당성 분석 등에 널리 활용된다.

두 개념은 상호보완적이며, 독립적으로 해석되기보다는 결합적으로 고려되어야 한다. 예를 들어, 기술 효율성이 높은 장비라도 초기비용이 지나치게 높다면 경제 효율성은 낮을 수 있으며, 반대로 경제적으로는 우수하나 기술적 성능이 기대에 못 미칠 수도 있다. 따라서 정책 설계 시에는 기술 기준과 함께 시장 유인을 반영한 경제성 평가 기준이 병행되어야 하며, 공공 투자의 우선순위 결정에서도 양자의 균형이 중요하다.

6 에너지 효율성 향상을 위한 정책 수단

(1) 명령-통제형 규제(Command-and-Control Regulations)

에너지 효율성 향상을 위한 정책 수단 중 가장 전통적이고 강제력이 높은 방식은 명령-통제형 규제이다. 이는 정부가 법적 기준이나 기술 요건을 명시적으로 설정하고, 시장 참여자들에게 그 기준을 준수하도록 강제하는 방식으로, 환경정책과 에너지정책에서 오랜 기간 핵심 수단으로 사용되어 왔다(Goulder & Parry, 2008).

명령-통제형 규제는 일반적으로 다음과 같은 유형으로 분류된다. 첫째, 최소 에너지 성능 기준(Minimum Energy Performance Standards, MEPS)이다. 이는 특정 제품이나 설비가 일정 수준 이상의 에너지 효율을 갖추지 않으면 시장에 출시될 수 없도록 하는 제도이다. 대표적으로 가전제품, 조명, 산업용 기계 등에서 광범위하게 적용된다(Newell et al., 1999). 둘째, 건축물 에너지 기준(Building Energy Codes)으로 신규 건축물이나 대규모 리노베이션 시 단열 성능, 창호 효율, 냉난방 시스템의 성능 등에 대한 기준을 설정하여 에너지 낭비를 방지한다. 셋째, 장비 의무 교체 또는 사용 금지 규제이다. 예컨대, 일정 연식 이상의 보일러나 내연기관 차량을 금지하거나 폐기하도록 하는 규제가 이에 해당한다.

이러한 규제는 강제력과 예측 가능성을 기반으로 하여, 시장에서 자발적으로 발생하기 어려운 기술 확산과 구조적 전환을 유도할 수 있다는 장점이 있다(Jaffe et al., 2002). 특히 정보 부족이나 인센티브의 부족으로 인해 소비자나 기업이 고효율 기술을 채택하지 않는 경우, 강제 기준은 효율적 소비를 실현하는 직접적 수단이 될 수 있다(Allcott & Greenstone, 2012).

그러나 경제학적으로 볼 때 명령–통제형 규제는 몇 가지 한계와 비효율성을 지닌다. 우선, 개별 주체의 이질성을 고려하지 않기 때문에, 규제 준수가 어떤 경우에는 과도한 부담을 주거나, 반대로 실제로는 저비용의 추가 절감 여지가 있음에도 규제 기준만 충족하면 그 이상은 실현되지 않는 비최적 상태를 유발할 수 있다(Gillingham et al., 2009).

또한, 기술 발전 속도가 빠른 분야에서는 고정된 규제 기준이 기술 혁신을 저해하거나 뒤처질 위험이 있다. 이에 따라 일부 연구는 명령–통제형 규제와 시장 기반 수단(세금, 보조금, 배출권거래제 등)을 보완적으로 결합하는 방식이 보다 효과적이라고 제안한다.

그럼에도 불구하고, 특히 개도국이나 시장 성숙도가 낮은 분야에서는 명령–통제형 규제가 여전히 정책 실행의 신뢰성과 속도 면에서 유효한 수단으로 작용하며, 많은 국가에서 에너지 효율성 제고를 위한 기본 틀로 채택되고 있다. 예를 들어, 유럽연합의 에코디자인 지침이나 미국의 연방 에너지 정책법 등은 에너지 효율 기준을 설정하고 지속적으로 강화함으로써 가전제품 및 산업용 설비의 기술 혁신을 촉진해 왔다(IEA, 2022c).

(2) 경제적 유인: 보조금, 세금, 리베이트

에너지 효율성 향상을 위한 또 하나의 핵심 정책 수단은 경제적 유인을 제공하는 것이다. 이는 시장 참여자에게 비용·편익의 구조를 변화시켜 효율적인 행동을 유도하는 방식으로, 명령-통제형 규제에 비해 유연성과 효율성 측면에서 강점을 가진다(Goulder & Parry, 2008; Gillingham et al., 2009).

가장 대표적인 형태는 보조금과 세금 공제이다. 이는 고효율 제품 또는 기술을 구매하거나 설치할 때 발생하는 초기 투자비용을 경감시켜, 소비자나 기업의 비용-편익 구조를 개선하고 투자 결정을 유도한다. 예컨대, 여러 국가에서 고효율 보일러, 절전형 냉장고, 고성능 단열재 등에 대해 에너지 효율 보조금과 세액 공제를 제공해 왔다(Allcott & Greenstone, 2012; US EPA, 2020).

또 다른 형태는 리베이트 프로그램이다. 이는 구매 후 일정 금액을 현금이나 크레딧으로 환급하는 방식으로, 소비자 입장에서는 초기 구매장벽을 낮추고, 정책 당국은 고효율 제품의 시장 보급률을 신속하게 높일 수 있다. 리베이트는 주로 에너지 공기업이나 지방정부가 운영하며, 가전제품, 전구, 전기차, 건물 리모델링 등 다양한 분야에 적용된다.

반대로 세금 부과는 비효율적 장비 또는 고에너지 소비 설비에 대해 가격 신호를 제공함으로써, 비효율 선택을 억제하는 수단이다. 예를 들어, 내연기관차의 연비가 낮을수록 등록세를 높게 부과하거나, 산업용 에너지 소비량이 일정 수준을 초과하면 추가 세금을 부과하는 방식이다. 이러한 세금은 내부화되지 않은 외부비용을 시장가격에 반영하도록 하여, 자원 배분의 왜곡을 줄이는 기능을 한다.

경제적 유인은 다음과 같은 강점을 가진다. 첫째, 비용 효율성이 높다. 개별 주체가 자율적으로 가장 저렴한 방식으로 목표를 달성할 수 있기 때문이다(Gillingham & Palmer, 2014). 둘째, 기술 중립성이 있어, 특정 기술을 강제하지 않고 다양한 경로를 허용함으로써 혁신을 촉진할 수 있다. 셋째, 정책의 유연성이 커서, 상황 변화에 따라 규모·대상·조건을 조정하기 용이하다.

그러나 경제적 유인 정책도 몇 가지 한계를 지닌다. 첫째, 정보 접근성과 이해도가 낮은 계층에서는 유인이 실제 행동 변화로 이어지지 않을 수 있다(Allcott &

Taubinsky, 2015). 둘째, 특별한 형태의 무임승차(free-rider) 문제가 발생할 수 있다. 이는 보조금이 없더라도 고효율 제품을 구매했을 소비자에게 동일한 재정지원이 제공되는 경우로, 재정 효율성이 저하되는 문제이다(Gillingham et al., 2009).

이러한 한계를 극복하기 위해, 보조금 정책은 소득 수준, 지역, 제품 유형에 따라 차등 설계되고 있으며, 정보 제공·라벨링·디폴트 설정 등 행동경제학적 기법과 결합되기도 한다(Sunstein & Reisch, 2014).

또한, 최근에는 성과 기반 보조금이 확대되고 있다. 예컨대 에너지 서비스 기업이나 건물 개조 프로젝트의 경우, 실제 절감된 에너지량에 비례하여 보상을 지급함으로써 보다 정확한 성과 유인을 설계할 수 있다(IEA, 2022c).

결론적으로, 경제적 유인은 에너지 효율성 향상을 시장친화적으로 달성할 수 있는 수단으로서, 특히 기술 도입 초기, 보급 확산기, 고비용 장벽 해소에 효과적이다. 그러나 타겟팅, 보완성, 성과 검증의 정밀한 설계 없이는 효과가 제한될 수 있으며, 명령-통제형 규제, 정보 정책과의 통합적 정책조합(policy mix)이 중요한 정책적 고려사항이 된다.

(3) 정보 제공 정책 및 교육 캠페인

에너지 효율성 향상을 위한 정책 수단 중 정보 제공은 소비자와 기업이 보다 합리적인 선택을 할 수 있도록 정확하고 이해 가능한 정보를 전달하는 방식이다. 이는 가격 신호나 법적 강제를 수반하지 않으면서, 의사결정의 질을 개선하는 '비가격적 정책 수단'으로 분류된다(Gillingham et al., 2009).

정보 제공 정책의 가장 대표적인 형태는 에너지 효율 라벨링(Energy Labeling)이다. 라벨링은 제품의 에너지 소비량, 효율 등급, 예상 연간 비용 등을 시각적으로 표시하여, 소비자가 고효율 제품을 쉽게 식별하고 비교할 수 있도록 돕는다. 유럽연합의 에너지 라벨링 제도는 가전제품에 대해 A부터 G까지의 등급을 부여하며, 미국의 에너지 스타(Energy Star) 프로그램은 고효율 제품에 인증 마크를 부여하여 소비자의 인지도와 구매율을 높이고 있다(US EPA, 2020).

또 다른 형태는 비교 정보 제공(benchmarking) 및 온라인 정보 포털 구축이다. 소비자는 웹사이트나 모바일 앱을 통해 자신의 에너지 사용량을 유사 가구와 비교하거나, 특정 설비의 에너지 절감 가능성을 확인할 수 있다. 이러한 방식은 행동 피드백 효과를 유발하여, 일상적인 소비 습관의 변화를 자연스럽게 유도할 수 있다(Allcott, 2011).

정보 제공은 또한 에너지 교육 캠페인이나 커뮤니티 기반 프로그램을 통해 확장될 수 있다. 학교, 직장, 지역 사회를 중심으로 절전 교육, 고효율 기기 사용법, 온도 조절 요령 등을 전파하는 것은 소비자의 인식과 태도를 변화시키는 데 효과적이다. 특히 청소년 대상 교육은 장기적인 에너지 문해력(energy literacy)을 제고하는 데 중요한 역할을 한다(Delmas et al., 2013).

정보 제공 정책의 강점은 여러 측면에서 나타난다. 첫째, 정치적 수용성이 높고 행정비용이 상대적으로 낮아 실행이 용이하다는 점에서 정책 당국에 매력적이다. 둘째, 소비자에게 선택의 자유를 제한하지 않으면서도 행동 변화를 유도할 수 있기 때문에 자유시장적 접근과도 잘 조화를 이룬다. 특히 행동경제학적 설계와 결합될 경우, 비강제적인 방식으로도 상당한 효과를 낼 수 있다는 점이 강조된다(Gillingham & Palmer, 2014; Sunstein & Reisch, 2014).

그러나 정보 제공 정책은 그 자체로는 제한적인 효과에 머물 수 있으며, 그 성공 여부는 정보의 품질, 전달 방식, 시의성, 그리고 소비자의 해석 가능성에 크게 의존한다. 많은 소비자들은 정보 과부하나 기술적 내용의 복잡성, 정보에 대한 불신으로 인해 제공된 정보를 제대로 활용하지 못한다. 특히 인지 편향이나 시간 선호의 왜곡이 심한 경우, 정보 제공만으로는 의미 있는 행동 변화를 기대하기 어렵다(Allcott & Taubinsky, 2015).

이러한 한계를 극복하기 위해 정보 제공 정책은 점점 더 정교한 방식으로 설계되고 있다. 예를 들어, 시각적 구성이나 감성 메시지를 통해 정보를 직관적으로 전달하거나, 사용자 맞춤형 피드백을 제공하여 행동 유인을 강화하고 있다. 또한 보조금이나 리베이트와 같은 경제적 유인과 병행될 때, 정보의 전달력과 실질 효과는 더욱 높아질 수 있다.

실증 연구에 따르면, 에너지 효율 라벨링은 소비자의 고효율 제품 구매 확률을 10~20%까지 높일 수 있으며, 비교 정보 제공은 평균 5~10%의 에너지 절감을 유도할 수 있는 것으로 나타났다(Delmas et al., 2013). 이처럼 정보 제공 정책은 비교적 저비용이면서도 소비자의 의사결정을 개선할 수 있는 수단으로 작용하며, 특히 행동경제학적 설계와 결합될 때 강력한 정책 효과를 발휘할 수 있다. 다만, 정보만으로는 충분하지 않기 때문에, 보조금, 기준 규제, 디폴트 설정 등 다른 정책 수단과의 결합을 통해 통합적 접근이 필요하다.

(4) 에너지 효율 표준 및 라벨링

에너지 효율 표준 및 라벨링은 전 세계적으로 가장 널리 사용되는 에너지 절감 정책 수단 중 하나이다. 이 제도는 소비자와 생산자 모두에게 에너지 효율성에 대한 명확한 정보와 규범적 기준을 제공함으로써, 시장 내 정보 비대칭 문제를 해소하고 고효율 기술의 확산을 유도한다(Gillingham et al., 2009).

에너지 효율 표준은 일정 수준 이상의 에너지 성능을 갖춘 제품만이 시장에서 유통될 수 있도록 법적 기준을 설정하는 것으로, 대표적으로 최소 에너지 성능 기준(Minimum Energy Performance Standards, MEPS)이 있다. MEPS는 조명, 냉장고, 에어컨, 산업용 모터 등 다양한 장비에 적용되며, 특정 기술의 강제 도입보다는 최소 수준 이상의 효율성 확보를 요구하는 형태로 설계된다(Newell et al., 1999).

반면, 에너지 효율 라벨링은 소비자에게 제품의 에너지 성능을 시각적이고 이해하기 쉬운 방식으로 제공하는 정보 전달 수단이다. 이는 제품 간 비교를 가능하게 하고, 효율성을 구매 결정의 중요한 요소로 전환시켜, 시장에서의 수요를 유도한다. 유럽연합의 라벨링 시스템은 A부터 G까지의 색상 등급 체계를 활용하고 있으며, 미국의 에너지 스타(Energy Star) 프로그램은 고효율 제품에 인증 로고를 부여하여 소비자의 신뢰와 인지도를 확보하고 있다(US EPA, 2020; Newell & Siikamäki, 2014).

효율 표준과 라벨링은 상호보완적인 정책 수단으로 작용한다. 표준은 시장의 하한선을 설정하여 비효율적인 제품의 퇴출을 유도하고, 라벨링은 효율성에 따른 차별화된 소비자 선택을 촉진함으로써 효율성이 높은 제품의 시장점유율을 확장시킨다. 특히 라벨링은 소비자 행동경제학의 핵심 요인—예컨대 인지 편향, 정보 회피, 시간 제약 등—을 고려하여 설계될 경우, 비가격적 유인으로서 매우 효과적인 역할을 수행한다(Schubert, 2017; Sunstein & Reisch, 2014).

다양한 연구 결과는 이러한 제도의 실효성을 강하게 지지한다. 미국에서는 에너지 효율 기준과 라벨링 제도가 시행된 이후 주요 가전제품의 평균 에너지 소비량이 30~70%까지 감소하였으며, 이는 기술혁신을 가속화하고 생산자 간 경쟁을 유도한 결과로 해석된다(Gillingham & Palmer, 2014; Jaffe et al., 2002). 또한 라벨링은 단기적으로 고효율 제품의 판매 확대에 기여할 뿐 아니라, 장기적으로 소비자 학습과 효율성에 대한 사회적 인식을 제고하는 데 기여한다(Newell & Siikamäki, 2014).

그럼에도 불구하고, 효율 표준 및 라벨링 제도는 몇 가지 도전과제에 직면해 있다. 첫째, 기술 발전 속도에 비해 규제 기준의 갱신 주기가 늦을 경우, 정책의 적시성이 떨어져 시장 변화에 뒤처질 수 있다. 둘째, 라벨 정보의 이해도나 신뢰도가 낮은 경우, 실제 구매 행동으로의 연결이 제한된다. 특히 개발도상국에서는 라벨링 제도에 대한 제도적 신뢰, 표준화된 시험기관, 감시체계의 미비로 인해 정책 효과가 제한적으로 나타날 수 있다(IEA, 2022c).

이러한 문제를 해결하기 위해, 최근에는 디지털 라벨링(e-labels), 실시간 비교 플랫폼, 표준 연동 보조금 정책 등이 함께 도입되고 있다. 또한 라벨링의 시각적 구성이나 메시지 표현 방식은 행동경제학적 분석을 통해 지속적으로 개선되고 있으며, 사용자 맞춤형 정보 제공이나 모바일 접근성을 강화하는 방향으로 발전하고 있다(Allcott & Taubinsky, 2015).

요약하면, 에너지 효율 표준 및 라벨링은 기술적, 제도적, 인지적 측면을 통합적으로 고려한 고효율 시장 형성의 핵심 정책 도구이다. 특히 다른 정책 수단—예컨대 세제 혜택, 교육 캠페인, 성과 기반 보조금 등—과 결합될 경우, 에너지 효율성 제고에 있어 가장 비용 대비 효과가 높은 방식 중 하나로 평가된다.

(5) 에너지 효율성 정책과 정부실패

에너지 효율성 정책은 시장실패를 교정하고 사회 전체의 에너지 소비를 줄이며 환경적 외부효과를 완화하기 위한 정부의 개입을 정당화하는 수단으로 자주 채택된다. 그러나 이러한 정책이 항상 성공적으로 작동하는 것은 아니며, 오히려 정부의 개입 자체가 새로운 왜곡과 비효율을 초래하는 경우도 존재한다. 이를 '정부실패(government failure)'의 관점에서 고찰할 필요가 있다.

첫째, 정보 비대칭과 정책 설계의 오류이다. 에너지 효율성 정책은 수요자와 공급자의 이질적인 상황을 충분히 고려하지 못한 채 일률적인 기준이나 인센티브를 제공할 경우, 실제 행태와 괴리된 정책 설계로 인해 비효율이 발생할 수 있다. 예를 들어, 동일한 보조금이 고소득층에는 실질적인 유인 효과 없이 지급되며, 결과적으로 재정의 비효율과 형평성 문제를 유발한다(Allcott & Greenstone, 2012). 이는 정보 부족으로 인해 정책 설계자가 에너지 수요 행태를 제대로 예측하지 못한 결과로 해석될 수 있다.

둘째, 관료적 유연성 부족과 시행 오류이다. 정책의 집행 주체가 민간 시장의 변화나 기술 발전 속도를 따라가지 못하거나, 부처 간 조정 실패로 인해 정책 간 불일치가 발생하는 경우가 있다. 예를 들어, 고효율 가전제품에 대한 세금 혜택과 동시에 고효율 제품에 대한 규제 기준이 중첩되어 소비자 혼란이나 시장 참여 위축을 초래할 수 있다(Gillingham & Palmer, 2014).

셋째, 이해관계자의 포획(regulatory capture) 및 정치경제적 왜곡이다. 특정 산업이나 기업이 자신에게 유리한 방식으로 에너지 효율성 정책을 설계하게끔 정부를 압박하거나, 보조금 배분이 비효율적·비투명하게 운영되는 경우가 이에 해당한다. 이는 정부가 시장의 실패를 교정하기보다는 특정 집단의 이익을 대변하게 되는 전형적인 정부실패의 형태이다.

넷째, 동태적 유연성 부족과 정책 일관성 결여이다. 에너지 효율성 정책은 장기적 관점에서 기술 발전, 소비 행태 변화, 경제구조의 진화 등을 반영해야 하나, 단기적인 정치적 유불리에 따라 정책이 수시로 변경되는 경우 정책 신뢰성과 민간 투자 유인이 약화될 수 있다.

이러한 정부실패를 최소화하기 위해서는 정책의 투명성, 적시성, 참여성, 사후 평가 메커니즘이 반드시 보완되어야 하며, 행동경제학적 통찰을 바탕으로 실제 소비자의 반응을 정밀하게 고려한 정책 설계가 필요하다(Sunstein & Reisch, 2014). 정부의 개입은 필요한 경우에만, 그리고 가장 비용-효과적인 수단을 통해 이루어져야 하며, 민간 부문의 참여와 시장 기반 메커니즘과의 조화를 통해 그 효과가 극대화될 수 있다.

7 에너지 효율성과 기술혁신

(1) 기술 확산과 학습곡선

에너지 효율성의 향상은 개별 소비자나 기업의 선택뿐 아니라, 기술의 개발과 확산, 그리고 그에 따른 비용 절감의 동태적 메커니즘에 의해 결정된다. 특히 에너지 효율 기술은 초기 단계에서 비용이 높고 시장 수용이 제한적일 수 있으나, 시간이 지남에 따라 확산과 학습을 통해 비용이 감소하고 보급률이 증가하는 특성을 보인다. 이러한 과정을 이해하는 데 핵심적인 개념이 바로 기술 확산과 학습곡선이다(Grübler et al., 1999).

기술 확산이란 혁신적 기술이나 제품이 초기 수용자로부터 시작되어 점차 대중 시장으로 확산되는 과정을 의미하며, 일반적으로 S자형 곡선(S-curve)을 따른다(Rogers, 2003). 초기 단계에서는 기술에 대한 정보 부족, 높은 비용, 불확실성 등으로 인해 확산 속도가 느리지만, 임계점에 도달하면 네트워크 효과와 비용 감소로 인해 급속한 확산이 이루어지고, 이후 포화 단계에 이르면 다시 확산 속도가 완만해진다.

이와 병행하여 기술 확산 과정에서는 학습효과가 발생하며, 이는 단위당 생산비용이 누적 생산량에 따라 점진적으로 감소하는 현상을 의미한다. 이를 정량적으로 표현한 것이 바로 학습곡선 또는 경험곡선이다. 일반적으로 학습률은 누적 생산량이 두 배 증가할 때 단위당 비용이 얼마나 감소하는지를 백분율로 나타내며, 다양한 기술 분야에서 10~30% 수준으로 보고된다(McDonald &

Schrattenholzer, 2001).

에너지 효율 기술에서도 이러한 학습곡선은 명확히 관찰된다. 예를 들어, LED 조명의 경우, 2000년대 초반에는 고가의 기술로 제한된 용도에만 사용되었으나, 기술 개선과 대량 생산을 통해 단위당 가격은 급속히 하락하고 에너지 효율은 향상되었다. 산업용 모터, 히트펌프, 고성능 창호, 인버터 시스템 등에서도 유사한 비용 감소 추세가 보고되고 있다. 이는 초기 단계에서의 정책적 개입—예컨대 보조금, 공공 구매, 기술 표준 등—이 시장 형성과 학습기회 확보에 결정적 역할을 한다는 점을 시사한다(Acemoglu et al., 2012).

학습곡선의 존재는 기술 혁신의 비용 구조가 정태적이지 않으며, 정책에 의해 동태적으로 변화할 수 있음을 의미한다. 전통적인 비용–편익 분석에서는 기술의 현재 비용만을 기준으로 정책 타당성을 판단하지만, 학습곡선을 고려할 경우 현재의 지원이 미래의 비용 절감과 시장 형성으로 이어지는 동태적 외부성을 창출한다. 이러한 외부성은 시장 메커니즘만으로는 내부화되지 않기 때문에, 공공부문의 조기 개입과 지속적인 R&D 투자, 초기 시장 창출 정책이 정당화된다.

또한, 학습곡선은 기술별 투자 우선순위 설정에도 활용된다. 다양한 에너지 효율 기술의 학습률을 비교함으로써, 한정된 재원을 가장 큰 비용 절감 효과가 기대되는 분야에 배분할 수 있다. 이는 기후변화 대응, 녹색 산업 육성, 에너지 전환 전략 등에서 정책적 효율성을 높이는 핵심 도구로 작용한다(IEA, 2020a).

(2) 혁신의 방향성과 에너지 효율

기술혁신은 그 자체로 사회 후생을 높이는 긍정적 과정이지만, 모든 혁신이 동일한 방향으로 사회적 편익을 제공하는 것은 아니다. 특히 에너지와 환경 분야에서 중요한 것은 기술혁신의 방향성이 어디로 향하는가이며, 이는 단순한 혁신의 양보다는 혁신이 어떤 문제를 해결하는 데 기여하는가에 초점을 둔다(Acemoglu et al., 2012).

에너지 효율성의 관점에서 기술혁신은 크게 두 방향으로 나뉠 수 있다. 하나는 에너지 생산 및 공급 효율을 높이는 혁신(예 발전소 효율 개선, 송배전 기술 향상)이고, 다른 하나는 최종 수요 측의 에너지 사용 효율성, 즉 에너지 소비를 줄이거나 동일한 에너지로 더 많은 서비스를 제공할 수 있는 기술을 개발·확산시키는 방향이다. 후자의 경우가 곧 에너지 효율 혁신의 핵심이며, 이에는 고효율 가전, 스마트 건물 시스템, 전력 저장 기술, 수요반응 기술 등이 포함된다.

기술혁신의 방향은 시장 메커니즘에 의해 자율적으로 결정되지 않는다. 특정 기술군에 대한 수익성, 정책 유인, 제도 환경 등이 결합되면서 자원이 어떤 분야의 R&D와 상용화에 집중될지를 결정짓는다. 이를 경제학에서는 "유도된 기술변화"로 설명한다. Acemoglu et al. (2012)은 이론모형을 통해, 정부의 세제 인센티브, 에너지 가격, 규제 강도 등의 외생적 조건이 기술 발전의 방향을 "청정 기술" 혹은 "오염 기술" 쪽으로 유도할 수 있음을 보였다.

에너지 효율 기술은 일반적으로 초기 시장 규모가 작고, 투자 회수 기간이 길며, 외부성이 강한 특성을 갖는다. 이로 인해 자발적 시장 선택만으로는 혁신의 방향이 효율성 제고 쪽으로 충분히 유도되기 어려우며, 시장실패와 혁신 실패가 동시에 존재하는 이중 실패의 가능성이 크다(Jaffe et al., 2005). 이 경우 정부는 단순한 R&D 지원을 넘어, 혁신의 방향을 명시적으로 설계하고 유도하는 정책, 즉 방향성 있는 기술정책이 필요하다.

에너지 효율 기술에 대한 정책적 유도는 다음과 같은 방식으로 나타난다. 첫째, 탄소세나 에너지세를 통해 가격 신호를 왜곡된 시장에서 바로잡고, 에너지 집약적 기술에 대한 수익성을 낮추는 방식이다. 둘째, 고효율 제품에 대한 보조금, 표준 설정, 녹색 조달 등은 효율 기술의 초기 시장을 만들어 주고, 학습과 규모의 경제를 통해 자생적 확산을 가능하게 한다. 셋째, 공공 R&D와 시험·인증 인프라, 규제 샌드박스 등은 기술혁신의 제도적 기반을 제공하고 민간의 위험 부담을 줄여준다(Grubb et al., 2021).

또한, 혁신의 방향성은 기술적 측면뿐 아니라 사회적·제도적 적합성도 고려해야 한다. 일부 고효율 기술은 기술적 성능은 우수하나, 사용의 복잡성, 유지보수의 불편, 초기 투자 부담 등으로 인해 실제 시장 확산에 어려움을 겪는다. 따라서 에너지 효율 혁신은 기술 그 자체뿐 아니라 사용자 친화성, 시스템 통합성,

정책 환경과의 조화 속에서 지속가능한 방향으로 설계되어야 한다.

8 에너지 효율성과 정책효과

(1) 반등효과의 개념

앞 절에서 정의된 바와 같이 에너지 효율성이란 동일한 수준의 산출(예 조명, 냉난방, 수송 등 에너지 서비스)을 유지하면서 소비되는 에너지의 양을 줄이는 능력을 의미한다. 이는 기술적 성능의 개선, 관리 시스템의 최적화, 설계의 합리화를 통해 실현되며, 동일한 생산이나 소비 활동에서 에너지 투입량을 줄임으로써 에너지 비용 절감, 탄소배출 저감, 에너지 안보 강화 등의 긍정적 효과를 기대할 수 있다(Gillingham et al., 2009).

그러나 이러한 효율성 개선이 항상 절대적인 에너지 소비량의 감소로 이어지는 것은 아니다. 효율성 향상으로 인해 에너지 서비스의 '단가'가 낮아지면, 소비자나 생산자가 해당 서비스를 더 많이 사용하게 되어 총 에너지 수요가 증가할 수 있으며, 이 현상을 반등효과(rebound effect)라고 부른다(Sorrell, 2009). 다시 말해, 기술적으로는 에너지 절감이 가능하지만, 경제적·행동적 반응으로 인해 절감 효과가 일부 상쇄되는 역동적 현상이다. 예들 들어, 새로운 에어컨이 기존 모델보다 50% 에너지 효율성이 높다고 가정하자. 어느 가정이 여름 동안 에어컨 사용으로 전력 1,000kWh를 소비한다면 새로운 에어컨 사용으로 전력 500kWh를 사용하고 500kWh를 덜 소비할 수 있음을 의미한다. 그러나 그 가정은 시간당 전력소비 감소에 따른 냉방비용이 하락으로 에어컨을 더 자주 사용하게 되어서 실제적으로는 600kWh를 사용하였다고 하면 실질 소비감소는 400kWh이다. 이 경우 반등 효과는 (예상 절감 − 실질 절감)/예상 절감 = (500 − 400)/500 = 20%가 된다.

[그림 13−1]은 연비 향상에 따른 주행거리의 변화를 나타내고 있다. 연비 향상은 동일한 주행거리를 운행하는 데 필요한 연료 소비량을 줄이므로, 단위 주행거리당 비용을 감소시킨다. 이를 경제학적으로 표현하면, 주행거리와 다른 재화를 선택하는 소비자의 예산제약선의 기울기가 변화하는 것이다. 구체적으

로, X축을 주행거리, Y축을 다른 재화(composite good)로 설정할 경우, 연비 향상은 주행거리 쪽의 상대가격을 낮추어 예산제약선을 오른쪽으로 회전시킨다.

소비자는 이 새로운 제약선 하에서 최적 소비조합을 재조정하게 된다. 이때 일부 소비자는 연비 향상으로 절약된 비용을 다른 소비에 사용하는 반면, 다른 소비자들은 저렴해진 운행비용으로 인해 자동차를 더 자주 사용하게 되는 경향을 보인다. 이처럼 에너지 효율 향상에도 불구하고 에너지 사용량이 줄어들지 않거나 심지어 증가하는 모습을 나타낸다.

주행 거리의 증가는 대체효과와 소득효과로 구성된다. 연비가 향상되면 주행거리의 기회비용이 줄어들어 상대적으로 더 많은 주행거리를 선택하게 되는 대체효과가 발생하며, 연비 향상으로 절약된 예산은 가처분 소득 증가처럼 작용하여 전체 소비 가능 범위를 확장시키는 소득효과로도 연결된다. 그 결과, 자동차 이용은 증가하며, 에너지 절약의 기대 효과가 부분적으로 상쇄된다.

그림 13-2 연비 향상과 주행거리

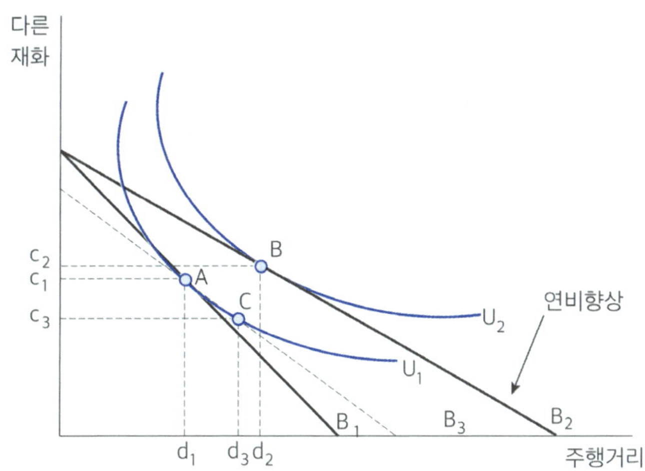

반등효과는 크게 세 가지 형태로 구분된다. 첫째, 직접 반등효과는 특정 효율기술의 사용 증가에서 발생한다. 예를 들어 고효율 조명을 설치한 후 전기요금이 줄어들자 더 오랫동안 조명을 사용하는 경우가 이에 해당한다(Greening et al., 2000). 둘째, 간접 반등효과는 효율성으로 절약된 비용이 다른 소비 활동으로 전환되어 그 활동에서 에너지가 소비되는 경우이다. 예컨대, 난방비를 절약한 가계가 그 여윳돈으로 더 많은 자동차 여행을 하는 경우가 여기에 속한다. 셋째, 경제 전반의 일반균형 효과는 효율성 개선이 산업 구조, 생산성, 가격 체계 등에 영향을 미쳐 장기적으로 에너지 수요와 환경에 구조적 변화를 일으키는 것이다.

반등효과의 크기에 대한 실증 연구는 다양하지만, 대체로 직접 반등효과는 10~30% 범위로 보고되며, 산업 부문보다는 가계나 운송 부문에서 더 크게 나타나는 경향이 있다(Gillingham et al., 2013). 다만, 반등효과가 절감 효과를 전부 상쇄하거나 오히려 총 소비를 늘리는 소비 역전(backfire) 현상은 실증적으로는 드물게 나타난다. 따라서 반등효과는 효율성 정책의 효과를 과소평가하지 말되, 과대평가도 피해야 할 중요한 개념적 고려사항이다(Sorrell, 2009).

정책적으로는 반등효과의 존재를 인정하고, 효율성 정책과 함께 수요관리, 탄소세, 총량 규제 등과 같은 보완적 수단을 결합하는 것이 중요하다. 예를 들어, 고효율 기기의 보급과 동시에 총 에너지 소비량에 제한을 두거나, 절감된 비용이 추가 에너지 소비로 전환되지 않도록 에너지 절약 행동을 장려하는 정보 제공 및 교육 정책이 함께 이루어져야 한다.

(2) 단기 및 장기 효과

에너지 효율성 정책은 그 효과가 시간의 흐름에 따라 다르게 나타나는 특성을 갖는다. 따라서 정책의 성과를 평가할 때에는 단기적 절감 효과뿐 아니라, 장기적 구조 변화와 기술 확산에 따른 영향을 함께 고려해야 하며, 이를 구분하는 것은 정책 설계와 평가의 정합성을 확보하는 데 필수적이다(Gillingham et al., 2009).

단기 효과는 일반적으로 정책 시행 직후 관찰되는 직접적이고 가시적인 절감 성과를 의미한다. 예를 들어, 고효율 조명이나 보일러 설치 후 1~2년 내 나타나는 에너지 소비량 감소, 에너지 요금 절감, 온실가스 배출 감소 등이 이에 해당한다(Palm & Thollander, 2010). 이러한 효과는 기술 교체, 리베이트 제공, 라벨링 정책 등 특정 개입이 개별 소비자의 행위 변화나 기술 채택에 미친 영향을 측정함으로써 정량화할 수 있다.

단기 평가는 주로 전후 비교, 통제군을 활용한 실험 설계, 또는 모델 기반 시뮬레이션 등을 통해 수행되며, 프로그램의 즉각적 효과성과 예산 효율성을 판단하는 데 사용된다(Allcott & Mullainathan, 2010).

반면, 장기 효과는 시간이 경과하면서 발생하는 누적적이거나 구조적인 변화를 포괄한다. 이는 기술 확산, 학습효과, 시장 가격 변화, 소비자 인식 변화, 산업구조 전환 등과 같은 2차적 효과 및 동태적 반응을 포함하며, 단기적 절감 이상의 사회적 편익을 수반할 수 있다. 예를 들어, 초기에 고비용으로 여겨졌던 고효율 기기가 시장에 보편화되며 가격이 하락하고, 이는 추가적인 수요 확대와 기술혁신으로 이어지는 선순환적 확산 과정을 형성하게 된다(Grubb et al., 2021).

장기 효과는 또한 에너지 집약도 감소, 총 에너지 수요 안정화, 온실가스 감축 경로와의 정합성 확보 등 거시적·지속가능성 차원의 성과로 연결될 수 있다. 다만, 이러한 효과는 단기적 통계나 회계적 절감으로는 측정하기 어려우며, 시계열 분석, 일반균형 모형, 시스템 다이내믹스 등 정교한 분석 기법을 필요로 한다.

중요한 점은, 단기 효과와 장기 효과가 반드시 일치하지 않을 수 있다는 것이다. 일부 정책은 단기적으로는 강력한 절감 효과를 보이지만, 장기적으로 기술도입을 왜곡하거나 시장 메커니즘을 위축시킬 수 있다. 반면, 초기에는 절감 효과가 크지 않더라도 장기적으로는 기술 혁신과 학습, 인프라 개선을 통해 지속적·확산적 파급 효과를 가져올 수 있다(Acemoglu et al., 2012).

따라서 에너지 효율성 정책의 평가는 단기 절감량에 국한되지 않고, 장기적 사회적 편익과 비용 간의 균형을 포함하는 시간 축에 따른 통합적 시야를 갖추어야 한다. 특히 정부가 혁신의 방향을 유도하거나 초기 시장을 형성할 때, 단기적 효율성보다 장기적 전환 효과에 주목하는 것이 필요하다.

(3) 실증 연구 결과

에너지 효율성 정책은 이론적으로 높은 비용–편익 비율을 지닌 것으로 평가되지만, 실제 정책이 얼마나 효과적으로 작동하는지는 실증적 분석을 통해 검증되어야 한다. 최근의 실증 연구들은 다양한 국가와 부문에서 실행된 효율성 프로그램의 결과를 계량적으로 분석하고 있으며, 그 성과는 대체로 긍정적이면서도 맥락적 조건에 따라 상이한 양상을 보인다(Gillingham et al., 2009; Newell et al., 2021).

미국의 경우, 가장 광범위하게 분석된 정책 중 하나는 연방정부의 고효율 제품 라벨링 제도인 에너지 스타(Energy Star) 프로그램이다. Allcott & Greenstone (2012)의 분석에 따르면, 에너지 스타 인증이 부착된 가전제품은 평균적으로 에너지 소비량이 20~30% 더 낮고, 소비자는 해당 정보를 바탕으로 구매 결정을 변경할 가능성이 높은 것으로 나타났다. 또한, Newell & Siikamäki(2014)는 라벨링 정보의 제시 방식이 소비자 행동에 중요한 영향을 미치며, 명확하고 시각적인 정보는 고효율 제품 선택률을 10~20%까지 증가시킨다고 보고하였다.

보조금 및 리베이트 정책의 실효성에 대한 연구도 활발하다. Davis et al. (2014)은 미국 캘리포니아주의 고효율 냉방기 보조금 프로그램을 분석한 결과, 해당 보조금이 가구의 교체 결정을 앞당기고 평균적으로 5~15%의 에너지 절감을 유도하였다고 평가하였다. 그러나 동시에 보조금의 약 20~30%는 "프리 라이더"(보조금이 없어도 구매했을 소비자)에게 지급되어, 재정 효율성이 완전하지 않음을 지적하였다.

건물 단열 및 효율 리모델링과 관련한 실증 연구는 특히 유럽에서 풍부하다. 예컨대, 프랑스의 고효율 주택 개조 프로그램을 분석한 Boonekamp(2007)는 가구당 평균 에너지 소비가 15~25% 감소하였으며, 이러한 효과는 중저소득층에서 특히 두드러졌다고 보고하였다. 이는 에너지 효율성이 에너지 빈곤 완화에도 기여할 수 있음을 시사한다.

한편, 반등효과와 장기적 비효율성에 대한 검증도 중요하다. Sorrell(2009)은 여러 국가의 메타분석을 통해, 효율성 개선으로 절감된 에너지의 약 10~30%는 재소비로 상쇄되며, 이는 특히 운송 및 난방 부문에서 강하게 나타난다고 지적하였다. 하지만 Gillingham et al. (2013)은 대부분의 경우 절감이 반등을 상회하여 총 절감 효과가 여전히 유의미하다는 점을 강조하였다.

아울러, 에너지 효율성에 대한 장기적 구조 전환 효과를 분석한 Grubb et al. (2021)은 기술 확산, 가격 신호, 제도 변화가 상호작용할 경우, 에너지 집약도가 비탄력적으로 감소하며, 이는 정책 지속성과 학습곡선을 통한 혁신 축적에 크게 의존한다고 분석하였다. 이러한 결과는 단기 성과에만 초점을 맞춘 평가의 한계를 지적하고, 장기적 효과성 평가의 필요성을 제기한다.

9 에너지 효율성 향상 전략의 종합

에너지 효율성 향상은 단일한 기술이나 정책 수단만으로 달성될 수 없는 복합적이고 다차원적인 과제이다. 따라서 정책 설계는 기술 혁신, 규제 및 인센티브, 정보 제공, 국제 협력 등 여러 요소를 유기적으로 통합한 전략적 접근이 필요하다(Gillingham et al., 2009; IEA, 2022c). 에너지 효율성은 단기적인 에너지 소비 절감뿐 아니라, 탄소중립, 경제 생산성 향상, 에너지 안보 강화 등 국가 에너지 시스템 전환의 핵심 경로로 기능하고 있다(Grubb et al., 2021).

우선, 효과적인 에너지 효율 정책은 정책 수단의 조합을 통해 설계되어야 한다. 규제 중심 접근(예 최소 효율 기준, 건물코드)은 시장의 하한선을 설정하는 반면, 보조금이나 세제 혜택은 고효율 기술의 초기 시장 진입을 촉진한다. 라벨링과 정보 제공은 소비자의 선택을 유도하고, 에너지 서비스 기업(ESCO)이나 성과기반 보조금은 민간 투자와 시장 형성을 자극한다(Gillingham & Palmer, 2014). 이와 같은 수단 간의 상호보완성과 정합성을 고려한 다층적 전략 설계가 핵심이다.

둘째, 기술 혁신은 에너지 효율성 향상의 장기적 기반이며, 이를 위해서는 단순한 연구개발(R&D) 지원을 넘어 학습곡선과 시장 형성 간의 선순환 구조를 구축해야 한다(McDonald & Schrattenholzer, 2001). 특히 초기에는 기술비용이 높고 수요가 불확실하기 때문에, 공공의 선도적 투자가 기술 확산과 비용 절감, 수요 확대로 이어지도록 설계하는 것이 중요하다(Acemoglu et al., 2012). 이 과정에서 효율 기술의 사회적 외부성을 고려한 방향성 있는 기술정책이 요구된다.

셋째, 정책 설계 시 행동경제학적 요인과 반등효과를 고려한 정밀한 수요 분석이 필요하다. 소비자는 효율적 선택을 할 유인을 갖더라도 정보 부족, 인지 편향, 시간 제약 등의 이유로 비합리적 결정을 내릴 수 있으며, 이는 정보 제공 및 디폴트 설정, 비교 정보 제공 등 소위 '넛지' 정책을 통해 보완할 수 있다(Allcott & Taubinsky, 2015). 또한 효율성 향상으로 절감된 에너지 비용이 일부 재소비로 이어질 수 있기 때문에, 총량적 감축 목표 또는 시장 기반 수단과의 결합이 필요하다(Sorrell, 2009).

넷째, 국가 간 제도 차이를 고려한 맥락적 정책 설계가 중요하다. 미국은 자율성과 시장 유인을 중심으로, EU는 규제 기반 제도화에 초점을 맞추며, 일본은 업종별 기술표준과 자율적 협약을 강화하는 방식으로 접근하고 있다(IEA, 2020a). 한국의 경우 이들 전략을 혼합한 다중 접근법을 적용하고 있으며, 향후 디지털화, 에너지 데이터 통합관리, 건물 및 산업부문에 대한 통합관리체계 확립이 주요 과제로 제시된다.

마지막으로, 에너지 효율성은 이제 국제 거버넌스와 기후변화 대응체계의 핵심 축으로 부상하고 있다. IEA, UN SEforALL, ISO, G20 등의 다자간 협력체계는 국가 간 정책 일관성, 기술 표준, 재정 연계, 역량 강화 등의 측면에서 중요한 역할을 수행하고 있으며, 이를 통해 개발도상국의 효율 정책 수립과 이행을 지원하는 국제 공공재로서의 성격이 더욱 강화되고 있다.

요약하자면, 에너지 효율성 향상 전략은 단기적 절감이 아닌 장기적 전환과 구조적 혁신을 유도하는 종합 전략으로 재구성되어야 한다. 이를 위해 기술, 제도, 재정, 인센티브, 정보, 행동, 거버넌스 등 다양한 요소를 연계하고, 국가 여건에 맞춘 유연한 정책조합과 국제적 협력이 동시에 강화되어야 한다. 에너지 효율성은 더 이상 "숨겨진 자원"이 아니라, 지속가능한 미래를 실현하는 핵심적 전략 자산임을 의미한다.

제14장

에너지 안보

1 서론

에너지 안보는 오랫동안 국가의 경제적 안정과 전략적 자율성을 지탱하는 핵심 요소로 간주되어 왔다. 특히 에너지 수입에 크게 의존하는 국가의 경우, 에너지의 안정적 확보는 단순한 경제 문제를 넘어 국가 생존의 문제로 인식되어 왔다. 에너지는 산업 생산, 가정의 난방 및 냉방, 수송, 통신 등 사회 전반의 기능 유지에 필수적인 요소이므로, 에너지 공급의 중단은 광범위한 경제·사회적 혼란을 초래할 수 있다. 이러한 이유로 에너지 안보는 전통적으로 "위기 회피" 또는 "공급망 보호"라는 국가 안보의 연장선에서 다루어져 왔다.

1970년대 오일쇼크는 에너지 안보 개념을 정책의 중심 과제로 부각시킨 결정적인 계기였다. 석유 수출국들의 생산 통제로 인해 에너지 공급이 불안정해지자, 주요 수입국들은 수입원 다변화, 전략비축, 에너지 자립 등의 대응책을 강구하기 시작하였다. 이 시기의 에너지 안보는 주로 공급의 물리적 확보에 초점이 맞추어져 있었으며, 가격 안정이나 환경적 고려는 부차적인 요소로 간주되었다.

그러나 21세기에 들어 기후변화, 신재생에너지 확대, 글로벌 에너지시장 통합, 디지털 인프라의 발전 등 다양한 환경 변화로 인해 에너지 안보의 개념도 본질적인 전환을 겪고 있다. 국제에너지기구(IEA)는 에너지 안보를 "경제 활동과 소비자의 삶에 지장을 주지 않도록, 적정한 가격에 에너지를 안정적이고 지속가능하게 공급받을 수 있는 능력"으로 정의하며(IEA, 2023g), 단순한 물리적 공급의 확보를 넘어서 가격의 합리성, 접근성, 지속가능성까지 포함하는 다차원적 개념임을 강조한다.

이와 같은 개념 확장은 Sovacool & Brown(2010)의 정의에서도 나타난다. 그들은 에너지 안보를 "단기적으로는 공급 충격에 대한 회복력(resilience), 장기적으로는 지속가능한 에너지 체계의 유지 능력"으로 규정하며, 기술 다양성, 환경 지속성, 사회적 수용성 등 새로운 요소들을 포함시킨다. 즉, 오늘날의 에너지 안보는 단순한 위기 대응을 넘어서, 에너지 시스템 전반의 복원력과 지속가능성을 포괄하는 개념으로 진화하고 있다.

또한, Cherp & Jewell(2011)은 에너지 안보에 대한 세 가지 이론적 관점을 제시한다. 첫째, 국가 안보적 관점은 에너지 자원의 전략적 확보와 지정학적 리스크 대응에 중점을 둔다. 둘째, 경제학적 관점은 시장의 효율성과 가격 안정, 자원 배분의 최적화를 강조한다. 셋째, 지속가능성 관점은 환경 보호, 기후 변화 대응, 생태적 균형 유지를 주요 과제로 설정한다. 이들 관점은 서로 충돌할 수 있으나, 복합적이고 통합적인 시각을 바탕으로 에너지 정책을 설계하는 것이 현대 에너지 안보의 핵심 과제이다.

이 장에서는 에너지 안보의 개념과 정의, 에너지 안보의 구성요소, 그리고 주요국의 전략과 정책적 대응에 대하 살펴보기로 한다. 이를 통해 전통적 공급안보에서 시작해, 지속가능한 에너지 체계의 회복력 확보로 나아가는 에너지 안보의 패러다임 전환을 이해할 수 있을 것이다.

2 에너지 안보의 중요성

에너지는 현대사회의 모든 활동—산업 생산, 교통 운송, 주거 생활, 정보통신—의 기반이며, 경제 성장과 국민의 삶의 질을 유지하는 데 필수적인 재화이다. 이러한 에너지가 안정적으로 확보되지 못할 경우, 경제적 손실은 물론 사회적 혼란과 정치적 불안까지 초래될 수 있다. 따라서 에너지 안보는 단지 자원의 문제가 아니라, 국가 전체의 시스템 회복력과 전략적 자율성을 보장하는 핵심 조건으로 간주된다(IEA, 2023g).

첫째, 에너지 안보는 거시경제의 안정성과 직결된다. 에너지 가격의 급등은 생산비 상승, 소비 위축, 물가 상승을 유발하여 경기 침체와 실질소득 감소로 이어질 수 있다. 특히 수입 에너지 의존도가 높은 국가에서는 국제 유가와 환율 변동이 동시에 작용하여 외환위기의 촉매가 될 수도 있다. 에너지 가격의 불안정성은 기업의 투자 의사결정과 장기적 산업 전략에도 불확실성을 가중시킨다.

둘째, 에너지 안보는 지정학적 리스크 관리의 핵심이다. 세계 에너지 공급은 특정 지역과 국가에 집중되어 있으며, 공급국의 정치적 불안정이나 갈등은 수입국의 안보 위기로 확산될 수 있다. 러시아-우크라이나 전쟁은 이를 상징적으로 보여주는 사례로, 유럽연합은 러시아산 천연가스 공급 축소에 따라 산업 생산 차질, 에너지 비용 급등, 정치적 분열 등 복합적 위기에 직면하였다. 이처럼 에너지 공급은 단순한 상업 거래를 넘어 국가 간 전략적 상호 의존의 차원에서 접근되어야 한다.

셋째, 에너지 안보는 환경 및 기후정책과의 연계성을 가진다. 기후변화에 대응하기 위해 화석연료에서 재생에너지로의 전환이 진행되고 있지만, 이 과정 자체가 새로운 에너지 안보 위협을 동반할 수 있다. 예컨대, 태양광, 배터리, 풍력 터빈에 사용되는 핵심 광물의 공급망은 소수 국가에 집중되어 있으며, 이들 자원의 지정학은 기존의 석유·가스 지정학 못지않은 불안정성을 내포한다(Sovacool et al., 2021). 따라서 기후 리스크와 자원 리스크를 동시에 고려한 에너지 안보 전략이 요구된다.

넷째, 에너지 안보는 사회적 안정성과 국민 생활의 질에도 직결된다. 전력 공급 중단, 난방 연료 부족, 가격 급등은 시민의 일상에 직접적 피해를 주며, 이는 사회적 불만과 정치적 갈등으로 이어질 수 있다. 특히 에너지 취약 계층에게는 연료빈곤이 실질적 생존 문제로 작용하며, 이는 정책 신뢰와 사회적 연대의 약화로 이어질 수 있다. 따라서 에너지 안보는 단순히 국가 차원의 문제가 아니라, 국민 개개인의 삶의 질을 유지하기 위한 보편적 정책 과제이다.

다섯째, 에너지 안보는 기술 혁신과 산업경쟁력 강화의 기반이 된다. 안정적이고 예측 가능한 에너지 공급은 제조업, 첨단기술 산업, 데이터센터 운영 등 고에너지 집약 산업의 성장에 필수적이다. 또한 새로운 에너지 기술—예컨대 수소, 전력 저장, 스마트 그리드—에 대한 투자 역시 안정적인 정책 환경과 시장 구조 없이는 활성화되기 어렵다. 따라서 에너지 안보는 기술 혁신을 촉진하고, 국가의 산업 전략을 뒷받침하는 중요한 기반 역할을 한다.

요약하자면, 에너지 안보는 단지 에너지의 안정적 확보에 국한되지 않고, 경제 안정, 외교 전략, 사회 복지, 환경 지속성, 기술 혁신 등 다섯 개 축 위에서 작동하는 복합적 정책 목표이다. 특히 에너지 전환과 지정학적 충돌이 동시에 전개되는 현재의 전환기적 국면에서는, 에너지 안보를 중심에 둔 종합적 정책 설계가 어느 때보다 중요한 시점이라 할 수 있다.

3 에너지 안보의 구성요소

(1) 공급의 안정성

에너지 안보의 가장 기본적이고 핵심적인 구성 요소는 바로 공급의 안정성이다. 이는 물리적·경제적·정치적 위협으로부터 에너지의 연속적 공급을 보장받는 능력을 의미하며, 특히 에너지 수입에 크게 의존하는 국가들에게는 생존에 가까운 정책 과제로 간주된다. 공급 안정성은 단지 자원이 존재하는가의 문제를 넘어서, 그것이 필요한 시점에, 필요한 장소로, 합리적인 비용으로 전달될 수 있는가를 포함하는 개념이다(Cherp & Jewell, 2014).

공급의 안정성은 크게 두 가지 차원에서 고려된다. 첫째는 단기적 충격에 대한 대응 능력이다. 천연재해, 정세 불안, 테러 공격, 전력망 사고 등 예기치 못한 사건으로 인해 에너지 공급이 중단될 경우, 이에 얼마나 신속히 복구할 수 있는지가 핵심이다. 예컨대 2021년 텍사스의 혹한기 전력 대란이나, 2006년 러시아–우크라이나 간 가스 분쟁은 공급망의 단기 불안정성이 얼마나 큰 사회적·경제적 피해를 유발할 수 있는지를 단적으로 보여준다(Sovacool et al., 2021).

둘째는 장기적인 공급 체계의 구조적 안정성이다. 이는 자원의 수입처가 얼마나 다양화되어 있는가, 주요 자원에 대한 해외 의존도가 얼마나 높은가, 국내 생산 또는 대체 가능한 에너지원이 얼마나 준비되어 있는가를 포함하는 구조적 문제다(Bohi & Toman, 1996). 만약 특정 에너지원이 한두 개 국가에 과도하게 집중되어 있다면, 공급국의 정치적 변화나 정책 전환이 곧 수입국의 위기로 전이될 수 있다. 이러한 이유로, 공급의 안정성을 제고하기 위한 정책 수단으로는 수입처 다변화, 공급경로의 다양화, 그리고 전략적 비축물량 확보가 일반적으로 활용된다.

또한, 공급의 안정성은 에너지 인프라의 신뢰성과 회복력과도 밀접하게 연관된다. 전력망, 송유관, 가스관, LNG 터미널 등의 기반시설이 노후화되어 있거나 자연재해·사이버 공격 등에 취약하다면, 공급 중단의 가능성은 더욱 커진다. 따라서 단순히 자원을 확보하는 것뿐만 아니라, 이를 안전하고 지속적으로 전달할 수 있는 인프라의 물리적, 기술적 준비 상태 역시 공급 안정성의 주요 구성 요소로 간주된다.

마지막으로, 공급 안정성은 시장의 예측 가능성과 정책 일관성을 전제로 한다. 에너지 시장의 법적·제도적 불확실성이 크거나, 정부의 정책이 빈번히 변경될 경우 민간 부문은 장기적 공급 계약이나 인프라 투자에 소극적일 수밖에 없다. 이로 인해 시장 참여자들은 더 높은 리스크 프리미엄을 요구하게 되며, 결국 공급 불안정으로 이어질 수 있다. 따라서 공급 안정성은 정부의 신뢰할 수 있는 에너지 정책, 규제 환경, 그리고 국제적 협력 체계와도 깊이 연계되어 있다.

(2) 가격 안정성

에너지 안보의 또 다른 핵심 요소는 가격 안정성이다. 이는 에너지가 단지 물리적으로 공급되는 것뿐 아니라, 경제 주체들이 감당할 수 있는 수준에서 예측 가능한 가격으로 공급되는 것을 의미한다. 다시 말해, 가격이 급격히 변동하거나 불확실성이 크다면, 공급이 중단되지 않더라도 에너지 안보는 위협받을 수 있다. 가격 안정성은 특히 국가 경제, 기업 투자, 가계의 실질 생활비, 통화정책 운용 등에 직결되기 때문에, 에너지 안보 논의에서 매우 중요한 축을 이룬다.

에너지 가격의 불안정성은 여러 경로를 통해 경제 전반에 충격을 가할 수 있다. 첫째, 국제 유가의 급등은 소비자 물가 상승을 유발하고, 실질 소득 감소를 통해 민간 소비를 위축시키며, 결과적으로 경기 침체를 야기할 수 있다. 이러한 연쇄효과는 '석유가격 충격'이라는 이름으로 이미 여러 차례 관측된 바 있다. 대표적으로 2007~2008년 국제유가의 급등은 글로벌 금융위기와 맞물려 실물경제에 중대한 타격을 주었다(Hamilton, 2009).

둘째, 에너지 가격의 변동성은 기업의 생산비를 불안정하게 만들고, 장기적 투자 의사결정을 어렵게 한다. 특히 전력, 철강, 화학, 시멘트 등 에너지 집약적 산업의 경우, 연료비의 변화가 생산단가에 직접적인 영향을 미치며, 이는 수익성의 불확실성을 증대시킨다. 결과적으로 산업 경쟁력의 약화, 고용 감소, 해외 생산기지 이전 등 부정적 외부효과가 발생할 수 있다.

셋째, 국가 재정과 통화정책 운영에도 부담을 준다. 에너지 수입국의 경우, 국제 에너지 가격 상승은 경상수지 악화, 외환 보유액 감소, 환율 불안정으로 이어질 수 있으며, 이는 금리 인상과 같은 긴축 정책을 유도해 내수 경기를 둔화시킨다. 동시에 저소득층 보호를 위한 보조금 정책은 재정 부담을 가중시키며, 장기적으로는 재정 건전성에도 부정적 영향을 미칠 수 있다.

에너지 가격의 불안정성은 국가 경제와 국민 생활에 광범위한 영향을 미치기 때문에, 많은 국가들은 이에 대응하기 위한 다양한 정책 수단을 활용하고 있다. 한 가지 주요 접근 방식은 국제 유가의 급등락과 무관한 조건으로 에너지 자원을 확보할 수 있도록 설계된 장기계약을 체결하는 것이다. 또한, 금융시장에서는 헤징 전략을 통해 가격 변동에 따른 재정적 리스크를 사전에 관리하는 방식도 널리 사용된다. 아울러 에너지세의 도입이나 가격 안정기금의 조성은 에너지 가격 충격을 흡수하고 시장 안정성을 제고하는 데 기여한다. 더불어, 에너지 효율성을 향상시킴으로써 수요 측의 가격 민감도를 완화하려는 정책도 중요하게 다뤄지고 있다. 이와 함께 일부 국가는 비상 상황에서 전략비축물량을 시장에 방출함으로써 일시적인 가격 급등세를 진정시키는 조치를 취하고 있다.

다만 가격 안정성을 지나치게 추구할 경우, 시장가격에 대한 왜곡과 비효율을 초래할 수 있다는 점도 고려해야 한다. 예를 들어, 에너지 가격을 인위적으로 낮게 유지하면 에너지 과소비를 유발하고, 신재생에너지 등 새로운 에너지 투자에 대한 인센티브를 약화시킬 수 있다. 따라서 가격 안정성은 시장 기능과의 균형 속에서 접근되어야 하며, 정책적 개입의 정당성과 타이밍이 매우 중요하다 (Toman, 1993).

(3) 인프라 복원력

에너지 안보의 또 다른 핵심 요소는 에너지 인프라의 복원력이다. 이는 에너지 시스템이 자연재해, 인재(人災), 사이버 공격, 기술적 사고 등 다양한 외부 충격에 직면했을 때, 얼마나 빠르고 안정적으로 기능을 회복할 수 있는가를 의미한다. 공급의 안정성이 '무엇을, 얼마나 확보하는가'에 초점을 둔다면, 인프라 복원력은 '그 에너지가 사회에 전달되는 경로가 얼마나 견고한가'에 초점을 둔 개념이라 할 수 있다.

오늘날 에너지 시스템은 고도로 연결되고 복잡한 네트워크 구조를 띠고 있다. 전력망, 송유관, 가스관, LNG 터미널, 정유시설, 배전 시스템 등은 상호 연계되어 있어, 한 지점의 마비가 전체 시스템의 붕괴로 이어질 수 있다. 예컨대, 2003년 북미 대정전 사태는 오하이오주의 단일 고장에서 비롯되었으나, 불과 몇 시간 만에 미국 동부와 캐나다 일부에 걸친 대규모 전력 중단으로 확대되었다 (U.S.–Canada Power System Outage Task Force, 2004). 이 사건은 인프라 복원력의 결핍이 얼마나 큰 사회적·경제적 피해로 이어질 수 있는지를 보여주는 대표적인 사례이다.

복원력은 일반적으로 세 가지 요소로 구성된다. 첫째, 충격에 대한 내성이다. 이는 시스템이 외부 위협에 노출되더라도 기능을 유지할 수 있는 능력으로, 물리적 설계의 견고함과 사이버 보안 수준이 주요 결정 요인이다. 둘째, 반응 속도이다. 사고 발생 시 신속하게 원인을 파악하고, 적절한 대응을 통해 피해를 최소화하는 능력이다. 셋째, 복구 능력이다. 시스템이 정상 상태로 얼마나 빠르게 회귀할 수 있는지를 나타내며, 대체 공급선이나 예비 인프라의 확보 여부에 크게 좌우된다.

최근 복원력 논의에서 가장 주목받는 위협 중 하나는 사이버 보안이다. 스마트그리드, 디지털 제어 시스템, 분산형 에너지 시스템이 확산됨에 따라, 에너지 인프라는 점점 더 정보통신기술에 의존하고 있다. 이로 인해 사이버 공격은 전통적 군사·물리적 공격보다 더 정밀하고 은밀하게 에너지 시스템을 마비시킬 수 있는 수단이 되었다. 예컨대, 2021년 미국 콜로니얼 파이프라인(Colonial Pipeline) 해킹 사건은 동부 지역의 석유 유통망을 사실상 정지시켰고, 연료 가격 급등과 대규모 혼란을 초래하였다(Mittal, 2024)). 이러한 사례는 인프라 복원력의 핵심이 이제 물리적 강도뿐만 아니라, 디지털 보안과 운영 유연성으로 이동하고 있음을 보여준다.

기후변화 또한 인프라 복원력에 대한 도전을 가중시키고 있다. 폭염, 한파, 홍수, 산불 등 이상기후는 송전망이나 발전소의 작동을 방해하고, 물리적 손상을 초래할 가능성이 높아지고 있다. 이러한 현상은 수력·원자력 발전의 냉각수 부족, 화력발전소의 과열, 전력 수요 급증 등으로 나타난다. 따라서 복원력을 강화하기 위해서는 단순히 기존 인프라의 유지보수 수준을 높이는 것을 넘어, 기후 회복력을 고려한 인프라 설계와 투자 기준이 필요하다.

4 국제적 에너지 안보의 위협요인

(1) 지정학적 리스크

지정학적 리스크는 국제 에너지 안보를 위협하는 가장 오래되고 근본적인 요인 중 하나로, 특정 지역이나 국가에서의 정치·군사적 갈등이 에너지 공급망에 직접적인 충격을 가하는 상황을 의미한다. 에너지 자원은 지리적으로 불균등하게 분포되어 있고, 그 채굴과 수송, 소비에 이르기까지 복잡한 국제적 연계망을 거치기 때문에, 지정학적 불안정성은 공급 차질, 가격 급등, 시장 불안정성 등을 초래할 수 있다.

역사적으로 지정학적 리스크는 에너지 위기의 주요 원인이 되어 왔다. 대표적으로 1973년 중동 전쟁 당시 아랍 석유 수출국들이 단행한 석유 금수 조치(Oil Embargo)는 서방 선진국에 극심한 공급 충격과 가격 폭등을 초래하였으며, 에너지 안보 개념 자체가 정책 의제로 부상하는 계기를 제공하였다(Hamilton, 2011). 이후 1990년대 걸프전, 2000년대 이라크 전쟁, 2010년대 이란 핵 갈등 등 중동 지역의 긴장은 국제 유가의 급등과 에너지 시장의 불확실성을 반복적으로 유발하였다.

최근 가장 대표적인 사례는 2022년 러시아－우크라이나 전쟁이다. 러시아는 유럽연합(EU)에 천연가스의 약 40%, 석유의 약 25%를 공급해 왔으며, 주요 파이프라인이 우크라이나를 경유하고 있었다. 전쟁 발발 이후 러시아는 가스 공급을 무기화하며 EU 국가들에 대한 압박 수단으로 활용하였고, 이는 유럽 내 에너지 가격의 급등, 비축 방출, 산업용 전력 제한, 정책 갈등 등 연쇄적 혼란을 야기하였다(Bordoff & O'Sullivan, 2022). 이 사례는 지정학적 충돌이 에너지 안보에 미치는 영향이 단순한 공급 문제를 넘어 경제, 외교, 사회 전반으로 확산될 수 있음을 명확히 보여준다.

지정학적 리스크는 또한 에너지 자원의 수송 경로와 밀접하게 연계된다. 주요 에너지 자원의 상당량이 좁은 해협이나 특정 육상 루트를 통해 이동하며, 이들은 군사적 봉쇄나 테러, 사고 등에 취약하다. 예를 들어, 중동 산유국의 원유 대부분은 호르무즈 해협(Hormuz Strait)을 통과하는데, 이 해협은 이란과 사우디아라비아 간의 긴장이 고조될 때마다 봉쇄 위협에 놓이곤 한다. 아프리카 동부에서 홍해를 거쳐 수에즈 운하를 통과하는 노선 역시 지정학적 분쟁의 영향을 강하게 받는다.

또한 지정학적 리스크는 에너지 자원을 외교 수단으로 활용하는 전략적 행위, 즉 에너지의 무기화와도 관련된다. 에너지 수출국은 자원을 공급하거나 차단하는 방식으로 타국의 경제에 영향을 미치고, 자국의 정치·군사적 목표를 관철시키려는 시도를 반복해 왔다. 이는 시장 원리에 따른 에너지 거래를 훼손할 뿐 아니라, 수입국의 정책 자율성과 외교적 독립성을 심각하게 제약할 수 있다.

지정학적 리스크에 대응하기 위해 많은 국가들은 수입처 다변화, 전략적 비축 확대, 대체 인프라 확보, 동맹국과의 에너지 협력 강화 등 다양한 전략을 동원한다. 그러나 공급망이 세계화되고 기술이 정교해질수록, 새로운 유형의 리스크—예컨대 핵심 광물 공급의 지정학적 편중, 사이버공격을 통한 인프라 마비, 기술 의존성 등—이 부상하고 있어, 지정학적 리스크는 점점 더 복합적이고 다차원적인 형태로 전개되고 있다(Sovacool et al., 2021).

(2) 에너지의 무기화

에너지의 무기화란 에너지 자원을 단순한 상품이 아닌, 정치적·전략적 영향력을 행사하기 위한 수단으로 활용하는 행위를 의미한다. 즉, 에너지 공급의 확대나 중단, 가격 조작, 인프라 운영 통제 등을 통해 특정 국가나 지역에 압력을 가하거나 정책적 양보를 유도하는 방식이다(Smith Stegen, 2011). 이러한 행위는 에너지 시장의 경제적 효율성과 투명성을 훼손할 뿐 아니라, 에너지 안보의 정치화를 심화시키는 요인이 된다.

에너지 무기화는 에너지 수출국과 수입국 간의 구조적 비대칭성을 기반으로 발생한다. 자원을 가진 국가는 공급 통제권을 지렛대로 활용할 수 있는 반면, 자원이 부족한 국가는 외부 공급에 의존할 수밖에 없기 때문이다. 이는 특히 에너지가 국가 경제와 사회 시스템의 핵심 인프라로 기능하는 현대 산업사회에서는 매우 강력한 압박 수단이 될 수 있다.

역사적으로 가장 대표적인 사례는 1973년 아랍 석유 수출국(OAPEC)의 금수 조치이다. 당시 중동전쟁 이후 미국과 네덜란드 등이 이스라엘을 지원하자, 아랍 산유국들은 이들 국가에 대한 원유 수출을 중단하고, 국제 유가를 4배 이상 인상함으로써 서방 세계에 심각한 경제적 충격을 주었다(Hamilton, 2011). 이는 에너지가 처음으로 국제 외교의 도구이자 무기로 사용된 사례로 평가된다.

보다 최근에는 러시아의 천연가스 외교가 에너지 무기화의 대표적 예시로 꼽힌다. 러시아는 2006년과 2009년, 그리고 2022년 우크라이나 사태와 관련하여 유럽으로의 가스 공급을 차단하거나 감축하는 조치를 취하였고, 이는 단순한 상업적 분쟁을 넘어서 외교·군사적 압박 수단으로 기능하였다(Bordoff & O'Sullivan, 2022). 유럽은 러시아산 가스 의존도를 급속히 줄이기 위해 LNG 수입 다변화, 재생에너지 확대, 비축 확대 등의 조치를 취했지만, 단기적으로는 심각한 전력 및 난방 위기를 겪어야 했다.

에너지 무기화는 단지 공급 차단만으로 이루어지는 것이 아니다. 에너지 기반 인프라의 소유권 또는 운영권을 통해 특정 국가의 안보에 영향을 미치는 방식도 존재한다. 예를 들어, 러시아 국영 가스기업 가즈프롬(Gazprom)이 유럽 내 저장소와 파이프라인 운영권을 보유함으로써 특정 국가의 수급 결정에 간접적 영향력을 행사한 사례가 그러하다. 이러한 구조는 민간 기업의 형식을 띠더라도 실질적으로는 지정학적 도구로 기능할 수 있다는 점에서 주목받고 있다(Henderson & Mitrova, 2020). 또한 에너지 무기화는 심리적·정책적 불안정성을 조성함으로써 시장 참여자들의 기대와 행동에도 영향을 미친다. 공급 위협이 반복되면, 수입국은 물리적 피해가 발생하지 않았더라도 과잉 비축, 불필요한 다변화 비용, 비효율적 인프라 투자를 초래하게 되며, 이는 장기적으로 시장의 효율성과 자원 배분을 왜곡시킬 수 있다.

에너지 무기화에 대응하여 수입국들은 다양한 전략을 개발해 왔다. 첫째, 다자간 협약을 기반으로 한 공동 대응 체계를 구축하여 공급 위협에 공동으로 대응하고 있다. 둘째, 액화천연가스(LNG) 기반 인프라에 대한 투자를 통해 시장의 유연성을 높이고, 특정 공급원에 대한 의존도를 줄이려는 노력이 이루어지고 있다. 셋째, 전략비축 확대와 동맹국 간의 공유 시스템을 구축하여 비상시 에너지 공급의 안정성을 확보하고자 한다. 넷째, 재생에너지 및 분산형 에너지로의 전환을 가속화하여 에너지 자립도를 높이고, 장기적으로 공급 리스크를 완화하려는 정책이 추진되고 있다. 궁극적으로 에너지 무기화는 단기적 압박에는 효과적일 수 있으나, 장기적으로는 수입국의 에너지 자립과 전환 노력을 가속화시켜 수출국의 영향력을 약화시킬 수 있는 역설적 결과를 낳을 수도 있다.

(3) 글로벌 공급망의 취약성

현대 에너지 시스템은 생산, 수송, 저장, 소비에 이르는 전 과정이 전 지구적 공급망을 통해 유기적으로 연결된 구조를 갖고 있다. 원유, 천연가스, 석탄과 같은 전통적 화석연료뿐 아니라, 태양광 패널, 풍력 터빈, 배터리, 전력망 구성품 등 청정에너지 전환을 위한 핵심 기술과 자원 역시 복잡하고 장거리의 공급 네트워크를 통해 이동한다. 이러한 구조는 효율성과 비용 측면에서 이점을 제공하지만, 동시에 공급망의 어느 한 지점에서 발생하는 장애가 전체 시스템의 작동을 중단시킬 수 있는 구조적 취약성을 내포한다(Sovacool et al., 2021).

글로벌 공급망의 취약성은 다양한 형태로 나타난다. 첫째, 지정학적 갈등이나 정책 변화에 따른 물류 차질이다. 예컨대 2021년 수에즈 운하에서의 선박 좌초 사고는 며칠 만에 전 세계 석유 및 LNG 운송 일정을 뒤흔들었고, 공급 지연과 가격 불안정을 초래하였다(Bonadio et al., 2021). 특히 주요 에너지 수송 루트가 좁은 해협, 정치 불안 지역, 특정 국가의 통제 하에 있을 경우, 지정학적 충돌이 물리적 공급 중단으로 직결될 수 있다. 호르무즈 해협, 말라카 해협, 수에즈 운하, 파나마 운하 등은 에너지 지정학의 주요 전략 거점으로 인식되고 있다.

둘째, 글로벌 공급망의 과도한 집중도 위험 요인이다. 특정 자원이나 기술이 특정 국가에 편중되어 있을 경우, 그 국가의 정책 변화, 자연재해, 팬데믹 등 외생적 충격에 따른 공급 중단은 대체재가 없거나 매우 비싸기 때문에 전체 시스템에 광범위한 영향을 끼친다. 예컨대 태양광 패널의 주요 원재료인 폴리실리콘의 생산은 중국 신장 지역에 집중되어 있고, 전기차 배터리의 핵심 광물인 코발트의 상당량은 콩고민주공화국에서 채굴되고 있다(IEA, 2023g). 이러한 편중된 공급 구조는 공급망 리스크를 증폭시키는 요인으로 작용한다.

셋째, 코로나19 팬데믹은 글로벌 공급망의 물리적 이동과 노동력 가용성, 제조 여력 등을 동시다발적으로 마비시킴으로써, 에너지와 관련된 설비, 부품, 자재 공급에 심각한 지연을 초래하였다. 이는 특히 풍력 터빈, 변압기, 배터리 셀 등의 제조·조달 일정에 영향을 미쳤으며, 글로벌 에너지 프로젝트의 착공·완공이 지연되거나 비용이 상승하는 결과로 이어졌다. 이처럼 팬데믹은 단기적 위기를 넘어서, 글로벌 공급망의 회복력과 적응성에 대한 근본적 재검토를 촉진하였다(Hepburn et al., 2020).

넷째, 청정에너지 전환이 초래하는 새로운 공급망 취약성이다. 태양광, 풍력, 수소, 전기차, 에너지저장장치(ESS) 등의 보급 확대는 탄소 배출 저감이라는 목표를 실현하는 한편, 이들 기술에 필요한 핵심 광물의 공급망 의존도를 심화시킨다. 특히 리튬, 니켈, 코발트, 희토류 등은 자원의 매장지와 제련 능력, 기술 특허가 일부 국가에 집중되어 있어, 전통적인 석유·가스 자원 못지않은 신(新)자원 지정학의 대상이 되고 있다.

이러한 공급망의 취약성에 대응하기 위해 많은 국가들은 공급망의 다변화와 지역화를 추진하고 있으며, 핵심 광물에 대한 전략적 비축 체계를 구축하는 데 주력하고 있다. 아울러 재활용 기술의 고도화와 순환경제의 확대를 통해 자원 활용의 효율성을 높이고자 하는 노력도 병행되고 있다. 또한 공급망의 투명성을 강화하고 원산지와 유통 경로를 실시간으로 추적할 수 있는 시스템 구축이 활발히 이루어지고 있으며, 안정적인 자원 확보를 위해 국제적 협력과 제도 정비를 통해 다자간 공급체계를 강화하려는 움직임도 확대되고 있다.

결국 글로벌 공급망의 취약성은 단지 무역의 효율성 문제에 국한되지 않고, 에너지 시스템의 회복력, 정책의 유연성, 기술 독립성, 지정학적 안정성 등과 복합적으로 연결되어 있다. 따라서 에너지 안보를 강화하려면, 공급망의 분산성과 탄력성 확보가 핵심 전략으로 포함되어야 한다.

(4) 기후변화와 에너지 시스템의 불안정성

기후변화는 에너지 안보를 위협하는 가장 복합적이고 장기적인 리스크 중 하나로 부상하고 있다. 과거에는 에너지 안보가 주로 정치적 불안정이나 경제적 충격에서 비롯되는 위협에 초점을 맞췄다면, 최근에는 기상이변, 해수면 상승, 생태계 교란 등 기후환경 변화 자체가 에너지 시스템의 안정성과 지속가능성에 중대한 영향을 미친다는 인식이 확산되고 있다. 이는 공급 측면뿐 아니라 수요, 인프라, 가격, 정책 전반에 걸쳐 전방위적인 불안정성을 초래한다.

첫째, 기상이변이 에너지 공급에 직접적인 타격을 주고 있다. 극심한 가뭄은 수력발전의 용수 부족을 야기하며, 고온 현상은 원자력 및 화력발전소의 냉각 효율을 저하시켜 발전량 감소를 초래할 수 있다. 예컨대 2022년 유럽의 기록적 가뭄은 노르웨이·프랑스 등 수력·원자력 의존 국가에서 전력 생산 차질을 발생시켰고, 이는 전력 수급 위기와 시장 불안정으로 연결되었다. 또한 허리케인, 폭풍, 산불 등은 전력망이나 송유관 등 물리적 인프라를 파괴하거나 가동을 중단시킴으로써 물리적 공급망의 취약성을 노출시키고 있다.

둘째, 에너지 수요의 양극화와 급증이 기후변화로 인해 발생하고 있다. 여름철 폭염은 냉방 수요를 급격히 증가시키고, 겨울철 이상 한파는 난방 수요를 끌어올리며, 이로 인해 전력 수요 피크의 빈도와 강도가 상승하고 있다(Cronin et al., 2018). 이는 전력망의 부하를 높이고, 예비 전력 확보의 어려움을 가중시키며, 장기적으로는 송배전 시스템의 과부하와 발전설비의 조기 노후화를 유발할 수 있다.

셋째, 재생에너지 확대에 따른 기후 민감성이 새로운 불안정 요인으로 부상하고 있다. 태양광과 풍력은 친환경 에너지원으로 에너지 안보에 긍정적 기여를 할 수 있지만, 동시에 기후에 따른 자원 가용성의 변동성이라는 구조적 약점을 지닌다. 예를 들어, 지속적인 구름 낀 날씨나 무풍 상태가 이어질 경우, 전력 생산이 급감하여 전력 공급의 안정성이 흔들릴 수 있다(Bloomfield et al., 2023). 이와 같이 재생에너지 중심의 시스템은 날씨에 대한 물리적 의존성이 높아, 기후변화의 불확실성이 그대로 에너지 시스템의 불확실성으로 전이되는 구조를 띤다.

넷째, 기후리스크에 대응하기 위한 정책 변화가 오히려 에너지 안보를 단기적으로 위협할 수도 있다. 예컨대 탄소중립을 위한 화석연료 감축이 너무 급속하게 이루어질 경우, 대체 에너지원 확보와 인프라 정비가 동반되지 않으면 에너지 공급이 부족해지고, 전력요금 급등이나 공급 불안정이 발생할 수 있다.

이러한 기후 관련 불안정성에 대응하기 위해서는 기후 회복력을 반영한 인프라 설계가 우선적으로 고려되어야 하며, 에너지 수요의 불확실성을 줄이기 위한 정교한 수요예측 모델과 피크 수요에 대응할 수 있는 체계적인 관리 시스템의 구축이 필요하다. 또한 재생에너지의 간헐성을 보완할 수 있는 에너지 저장 기술과 스마트그리드 인프라를 확충함으로써 시스템의 유연성과 안정성을 확보해야 한다. 기후 변화와 에너지 정책을 유기적으로 연계할 수 있는 통합 거버넌스 체계를 마련하는 것도 중요하며, 국제적인 차원에서는 기후 적응을 위한 재정 지원과 기술협력을 강화하는 노력이 병행되어야 한다.

결국 기후변화는 단지 에너지 부문이 대응해야 할 외부 변수이자 환경 문제가 아니라, 에너지 시스템 내부의 안정성과 정책의 유연성을 구조적으로 재설계하게 만드는 핵심 변수로 작용하고 있다. 따라서 에너지 안보는 이제 기후리스크와의 통합적 관점에서 재정의되어야 하며, 회복력과 지속가능성 기반의 전략이 필수적이다.

(5) 전력시장의 사이버 공격과 에너지 안보

전력시장은 디지털 기술의 급속한 진전과 스마트그리드의 도입에 따라 단순한 전력의 생산과 소비를 넘어서, 데이터 기반의 실시간 운영, 원격 제어, 자동화된 수요 대응 메커니즘이 통합된 복합적이고 고도화된 네트워크로 진화하고 있다. 특히, 스마트 계량기(AMI), 배전 자동화 시스템(DAS), 수요반응(DR) 플랫폼, 에너지관리시스템(EMS)과 같은 디지털 제어 기술은 전력 흐름을 정밀하게 조절하고 시장 효율성을 높이는 데 기여하고 있다. 그러나 이러한 디지털화는 동시에 사이버 위협 노출 면적을 확대시키며, 기존의 물리적 공격에 더해 정보통신기술 기반의 침해 가능성을 증가시키는 결과를 초래하였다.

사이버공격이 에너지 시스템에 미치는 영향은 공급 중단이나 사고 차원을 넘어서 에너지 안보의 세 가지 핵심 축—공급 안정성, 시스템 회복력, 그리고 경제적 효율성—을 동시에 위협한다는 점에서 더욱 심각하다. 예컨대, 2021년 Colonial Pipeline에 대한 랜섬웨어 공격으로 IT 시스템이 마비되며 주요 송유관 가동이 수일간 중단되었고, 이는 미국 동부 지역의 연료 공급망을 크게 교란시키며 사회적 혼란과 가격 급등을 유발하였다(Knittel & Stoll, 2021). 해당 사건은 사이버공격이 단지 정보 시스템에 국한되지 않고, 물리적 인프라와 시장까지 연계된 복합 피해를 유발할 수 있음을 명확히 보여주는 사례이다.

전력시장과 같은 실시간 균형이 필수적인 영역에서는 사이버공격의 효과가 더욱 증폭된다. 공격자가 시장의 수요예측 데이터를 조작하거나 발전기 입찰 정보를 변형시킬 경우, 잘못된 가격 신호가 전송되어 시장 가격의 왜곡, 거래 실패, 수요불응 등이 발생할 수 있으며, 이는 곧 가격의 변동성 확대와 전력시장 전체의 신뢰성 하락으로 이어진다. 특히 민간 발전사업자나 재생에너지 사업자는 이러한 불확실성에 의해 수익 예측이 어려워지고, 장기적 투자 회피로 연결될 가능성이 크다.

따라서 에너지 안보의 현대적 개념은 더 이상 물리적 공급망의 확보나 단기 가격 안정에만 국한되지 않으며, 디지털 인프라의 회복탄력성(cyber-resilience)과 사이버방어 역량 강화가 필수적 구성 요소로 포함되어야 한다(World Bank, 2022a). 정책적 대응으로는 침입 탐지 및 실시간 모니터링 시스템 구축, 운영기술(OT)과 정보기술(IT) 간의 물리적 및 논리적 분리, 산업 제어 시스템(ICS)에 특화된 보안 기준의 제정, 그리고 반복적인 사이버 공격 대응 훈련과 국제 협력 체계 마련 등이 필요하다(World Bank, 2022a). 특히 국가 단위의 에너지 규제기관은 전력시장과 계통운영기관의 보안 수준을 감시하고 표준화하는 역할을 강화해야 하며, 민간 부문과의 협업을 통해 위협 인텔리전스 공유 체계를 구축할 필요가 있다.

(6) 핵연료 재처리와 핵확산

에너지 안보 관점에서 보면, 재처리는 원자력 발전이 직면한 핵심 과제 중 하나인 연료 공급의 지속가능성을 제고하는 수단으로 간주된다. 우라늄 가격의 장기적 상승 가능성, 특정 국가에 의존된 공급 구조, 사용후핵연료 저장의 정치적·환경적 갈등 등을 고려할 때, 재처리는 자원의 국내순환성을 높이고 외부 충격에 대한 회복력을 강화하는 기술로 평가된다. IAEA(2009)는 재처리 기술이 일부 국가에 있어 핵연료 자립성과 전략적 비축 효과를 제공할 수 있으며, 특히 고속로(fast breeder reactors)와 결합할 경우 에너지 자원의 사용기간을 수백 년 이상으로 연장시킬 수 있다고 평가하였다.

그러나 이러한 기술적 효율성과 에너지 안보상의 이점에도 불구하고, 재처리는 동시에 심각한 핵확산 리스크를 수반한다. 플루토늄이 재처리 과정에서 분리되면, 이는 이론상 핵무기 제조에 사용 가능한 핵물질이 되며, 민간 목적의 재처리 프로그램이 군사적 전용의 의심을 불러일으킬 수 있다. 특히 폐쇄형 주기(closed fuel cycle)를 운영하는 국가는 플루토늄을 보유하게 되므로, 국제사회에서 안전보장조치(safeguards)의 강화와 신뢰구축이 필수적이다. Feiveson et al. (2011)은 재처리 기술의 확산이 지역적 안보 우려를 증대시키며, 국제 핵비확산 체제를 약화시킬 수 있다고 경고하였다.

이러한 문제로 인해, 재처리를 둘러싼 국제 정책은 분명한 양면성을 지닌다. 일부 국가는 재처리를 에너지 자원 안보 차원의 선택지로 정당화하고 있으며, 일본과 프랑스는 민간 재처리 프로그램을 국제 감시 하에 운영하고 있다. 반면 미국은 1970년대 이후 상업적 재처리를 금지하고 있으며, 고준위폐기물 처리를 영구 처분(direct disposal) 방식으로 해결하려는 정책을 유지해 왔다. 이는 핵확산 우려를 최소화하는 보수적 접근으로 평가된다.

결과적으로 핵연료 재처리는 에너지 안보를 강화할 수 있는 기술임과 동시에, 핵확산 위험을 증대시킬 수 있는 잠재적 경로이기도 하다. 국제원자력기구(IAEA)는 재처리와 핵확산 방지 사이의 균형을 유지하기 위해 국제적 감시, 기술적 투명성, 플루토늄의 무기화 불가능성 확보 등 여러 조건을 강조해 왔으며(IAEA, 2009), 다자적 연료은행이나 지역 공동 재처리 시설 등의 대안도 제시되고 있다(Miller & Sagan, 2009). 따라서 에너지 안보를 위한 기술적 선택이 비확산 체제의 신뢰성과 충돌하지 않도록, 제도적 보완과 국제 협력이 병행되어야 할 것이다.

5 에너지 안보의 경제학적 성격: 공공재와 외부성

에너지 안보의 경제학적 성격을 어떻게 규정하느냐는 정책 수단의 선택과 정부 개입의 정당성에 결정적인 영향을 미친다. 특히 에너지 안보를 부정적 외부성으로 간주할 것인지, 혹은 공공재로 이해할 것인지는 정책설계의 철학과 접근 방식을 근본적으로 나누는 기준이 된다. 전자는 개별 행위가 사회 전체에 부정적인 영향을 미치지만 그 사회적 비용이 시장 가격에 반영되지 않는 경우로, 시장실패의 일종으로 이해된다. 후자는 에너지 안보가 비경합성과 비배제성을 지닌다는 점에서 민간시장에 의존하여서는 효율적으로 공급될 수 없는 집합적 재화로 간주된다.

외부성 접근에서 에너지 안보는 주로 에너지 공급의 중단이나 국제 시장의 가격 변동성이 전체 경제에 미치는 부정적인 파급효과에 주목한다. Bohi & Toman(1996)은 석유 수입의존도가 높은 경제가 겪는 가격 급등과 그에 따른 물가 상승, 고용 위축, 소비 감소 등 거시경제적 충격을 대표적인 부정적 외부성으로 제시하였다. 이들은 에너지 수입과 관련된 사회적 비용이 시장에서 적절히 반영되지 않기 때문에, 정부의 개입을 통해 이를 내부화해야 한다고 주장한다. 외부성은 단순히 공급 안정성의 문제를 넘어서, 특정 국가 또는 기업의 전략적 행위가 국제 유가의 불안정성을 확대시켜, 타국에도 피해를 전가하는 구조로 작동한다. Metcalf(2014) 또한 이러한 입장을 지지하며, 석유와 같은 국제 거래재의 경우 개별 국가의 정책이 국제 시장 전체에 영향을 미치기 때문에 외부성의 성격이 강하게 나타난다고 설명한다. 그는 가격 신호만으로는 충분하지 않으며, Pigouvian 방식의 세금, 보조금, 규제를 통해 사회 전체의 후생을 개선할 필요가 있다고 본다.

한편 에너지 안보를 공공재로 해석하는 견해는, 그 소비가 비경합적이고 비배제적이라는 점에 주목한다. Farrel et al. (2004)는 에너지 인프라 보안과 같은 핵심 요소들이 특정 개인이나 기업이 독점적으로 향유할 수 없으며, 다수의 주체가 동시적으로 소비할 수 있다는 점에서 고전적인 의미의 공공재라고 주장하였다. 송전망의 사이버 보안, 국제 해상 운송로의 보호, 전력망의 복원력 강화 등은 개별 기업이 단독으로 수행하기 어렵고, 시장 메커니즘으로는 과소공급될 가능성이 높다. 이와 같은 성격 때문에 에너지 안보는 정부가 직접적으로 공급하거나, 국가 간 협력을 통해 제도화할 필요가 있다는 주장으로 이어진다. Yergin(2006)은 에너지 안보를 국가 안보의 일부로 간주하면서, 이는 국방이나 기후 안정성과 마찬가지로 사회 전체가 공유하는 보호재이며, 시장 기제만으로는 충분히 보장할 수 없다고 강조한다.

이와 같이 외부성과 공공재라는 이론적 틀은 정책적 대응 방식에서도 명확히 구분된다. 외부성 접근은 시장실패를 보정하기 위한 유인 중심의 개입을 정당화하며, 정책 수단은 주로 세금, 보조금, 정보 제공, 규제 등 시장 행위자의 결정을 조정하는 방향으로 구성된다. 이 경우 정부는 민간의 자율적 행동을 유도하는 조정자로서 기능하며, 가격 메커니즘을 중심으로 자원의 효율적 배분을 유지하면서 에너지 안보를 강화하려 한다. 이에 반해 공공재 접근은 에너지 안보를 민간시장에 맡길 수 없는 필수재로 보고, 정부가 직접 공급하거나 국가 간 제도화된 협력을 통해 제공해야 한다고 본다. 이러한 경우에는 공공투자, 법적 규범의 정비, 국제 협약의 체결 등 보다 적극적이고 제도적인 개입이 요구된다. 특히 국제적 협력이 핵심적 요소로 작용하며, 단일 국가의 대응만으로는 충분하지 않다는 인식이 강하게 작동한다.

그러나 현실의 에너지 안보는 외부성과 공공재의 성격이 혼합되어 나타나는 경우가 많다. 전략적 비축의 경우, 한 국가가 비축을 확대하면 가격 급등 시 시장 전체의 안정을 도모할 수 있어 외부성 완화 효과가 발생하지만, 동시에 자국민 전체를 보호하는 집합적 재화로서의 성격도 지닌다. 송전망이나 LNG 터미널과 같은 인프라의 보안 역시 특정 기업의 문제로 시작될 수 있으나, 시스템 전체의 연쇄적 피해로 이어질 경우 공공재적 접근이 요구된다. 이러한 이유로 최근의 학문적 논의는 에너지 안보를 이분법적으로 구분하기보다, 복합적이고 다차원적인 특성에 맞춰 통합적인 정책 설계를 요구하는 방향으로 진화하고 있다. Cherp & Jewell(2014)은 에너지 안보가 공급의 물리적 안정성만이 아니라, 제도적 대응능력, 기술적 회복탄력성, 정치적 협력구조 등 다양한 요소로 구성된 복합적 개념이라는 점을 강조하며, 이에 따른 다층적 정책 패키지가 필요하다고 지적한다.

결국 에너지 안보의 경제학적 성격에 대한 이론적 논쟁은 단순한 개념 정의의 문제가 아니라, 정부 개입의 범위와 방식, 국제 협력의 구조를 결정짓는 실질적인 정책 논쟁으로 이어진다. 에너지 안보를 부정적 외부성으로 볼 경우에는 경제적 유인을 통한 행태 조정과 비용 내부화가 정책의 핵심이 되며, 공공재로 볼 경우에는 제도화된 거버넌스와 국제적 공공투자가 중심이 된다. 오늘날과 같이 공급망의 복잡성과 위기의 복합성이 심화된 상황에서는, 외부성과 공공재라는 이론적 구분을 넘어서 이들의 상호작용을 고려한 다층적이고 통합적인 정책 설계가 요구된다.

6 정책수단과 제도적 대응

(1) 전략적 비축제도

전략적 비축제도는 에너지 안보를 위한 대표적인 정책 수단으로, 에너지 공급망에 충격이 발생했을 때 시장의 혼란을 최소화하고 국민경제에 미치는 피해를 줄이기 위해 정부가 일정량의 에너지 자원을 사전에 비축해 두는 제도이다. 이 제도는 1973년 1차 석유위기 이후, 에너지 수입국들이 국제 에너지시장의 변동성과 지정학적 리스크에 대응하기 위해 체계적으로 구축하게 되었으며, 국제에너지기구(IEA)의 권고에 따라 회원국들은 최소 90일 분량의 순수 석유 수입량에 해당하는 비축을 유지해야 한다(IEA, 2025).

전략적 비축은 석유, 천연가스, 석탄 등 주로 화석연료를 대상으로 하며, 비상시 정부가 직접 또는 공공기관을 통해 시장에 자원을 방출할 수 있도록 설계된다. 대표적인 사례로 미국의 'Strategic Petroleum Reserve(SPR)'는 7억 배럴 이상의 원유를 저장할 수 있는 세계 최대 규모의 비축기지이며, 한국도 산업통상자원부 산하의 한국석유공사를 통해 전국에 걸쳐 석유 비축기지를 운영하고 있다(IEA, 2023g). 이러한 비축물량은 공급 중단이 발생할 경우 수주에서 수개월간

시장에 공급 가능한 여유분을 확보함으로써, 단기적인 충격 완화와 에너지 가격 안정에 기여한다.

전략적 비축제도는 단지 물리적인 저장을 넘어서, 국제적 협력 체계와 긴밀히 연결되어 있다. 국제에너지기구(IEA)는 회원국 간 에너지 위기 발생 시 공동 비축 방출을 조정하는 역할을 하며, 실제로 1991년 걸프전, 2005년 허리케인 카트리나, 2011년 리비아 내전, 2022년 러시아–우크라이나 전쟁 등의 위기 상황에서 공동 방출이 이루어진 바 있다(Bordoff & O'Sullivan, 2022). 이러한 국제 협력은 단일국의 대응 능력을 넘어 글로벌 에너지 시장의 심리적 안정을 도모하고, 유가 급등을 억제하는 데 기여한다.

그러나 전략적 비축제도는 고비용 정책이라는 점에서 경제적 효율성에 대한 지속적인 평가가 필요하다. 비축 자원의 구매 비용, 저장과 유지 관리에 소요되는 물리적 비용, 그리고 자본의 기회비용 등을 모두 고려하면, 정량적인 비용편익 분석 없이는 과잉 비축의 유인이 발생할 수 있다. 또한 비축물의 방출 시점과 조건에 대한 정치적 판단은 시장 신호에 왜곡을 초래할 수 있으며, 지나치게 빈번하거나 예측 불가능한 방출은 오히려 불확실성을 증대시킬 수 있다(Toman, 1993).

[그림 14–1]은 적정 전략적 비축량(SR*)이 비축 증가에 따른 한계비용과 혜택, 즉, 공급 부족의 한계비용 감소를 고려해서 결정되야 함을 나타낸다(Razavi, 1997)

그림 14-1 적정 전략적 비축량의 결정

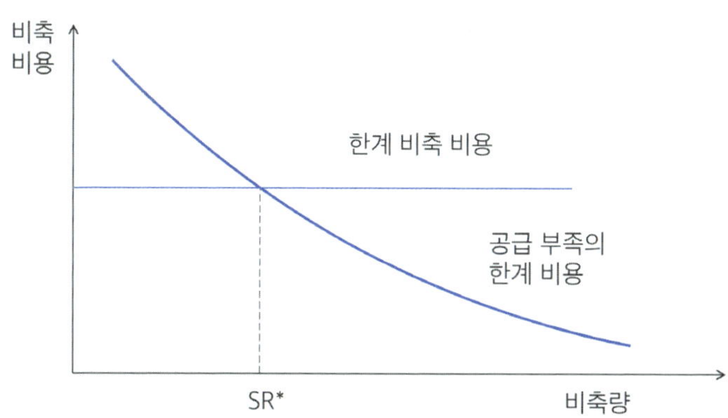

이와 함께 재생에너지 전환과 에너지 저장 기술의 발전은 전략적 비축의 필요성과 기능에 대한 재검토를 요구하고 있다. 화석연료 중심의 공급 위기가 감소하고, 전력 중심의 수급 불안정이 부상하면서, 향후에는 전력 저장, 수소 저장, 전기차 배터리 등 새로운 형태의 전략적 비축체제가 필요하다는 논의가 진행되고 있다(Sovacool et al., 2021). 즉, 전략적 비축제도는 고정된 정책이 아니라, 에너지 전환의 흐름 속에서 점진적 개편과 기술적 진화를 요구받고 있는 정책영역이다.

결국 전략적 비축제도는 에너지 공급망의 회복력을 강화하는 핵심 정책 수단으로서, 단기적 시장 안정을 위한 보험적 역할과 동시에, 국제적 협력을 통한 집단적 리스크 관리 체계의 기반을 제공한다. 다만 그 효과성과 지속가능성을 높이기 위해서는 비용편익 분석에 기반한 적정 비축 수준의 재설정, 방출 규칙의 투명성 확보, 그리고 신기술과의 접목을 통한 유연한 설계가 요구된다.

(2) 수입 다변화 정책

수입 다변화 정책은 특정 국가나 지역에 대한 에너지 자원의 의존도를 줄이고, 공급망의 안정성과 복원력을 높이기 위한 전략적 접근으로, 에너지 안보의 핵심 정책 수단 중 하나이다. 이 정책은 특히 에너지 자원이 자국 내에 부족한 수입 의존형 국가에게 있어 지정학적 리스크를 완화하고, 가격 협상력과 시장 유연성을 확보하기 위한 필수적 대응 방식으로 발전해 왔다. 경제학적으로는 다양한 공급국을 확보함으로써 단일 공급선의 충격에 따른 손실을 분산하는 일종의 '위험 포트폴리오 구성 전략'으로 이해된다(Hirschhausen & Neumann, 2008).

에너지 수입이 특정 국가에 집중될 경우, 해당 공급국의 정치적 불안정성, 자연재해, 정책 변화, 무역 제한 등이 발생했을 때 수입국은 대체 자원이 부족하여 심각한 에너지 위기에 직면할 수 있다. 예컨대 유럽연합은 오랫동안 러시아에 천연가스 수입의 약 40% 이상을 의존해 왔으며, 2022년 러시아의 우크라이나 침공 이후 가스 공급 차단을 경험하면서 에너지 가격의 폭등, 전력 공급 불안정, 산업 생산 위축 등 복합적인 위기를 겪었다(Bordoff & O'Sullivan, 2022). 이러한 경험은 공급 다변화의 중요성을 실질적으로 각인시키는 계기가 되었고, 유럽은 이후 미국, 노르웨이, 카타르산 LNG 수입을 확대하고, 재생에너지 전환 속도를 높이며, 제3국과의 에너지 협력을 강화하는 다면적 전략을 구사하고 있다.

한국 역시 중동 지역에 편중된 원유 수입 구조와 러시아 및 호주 중심의 천연가스 공급 구조를 점진적으로 다변화하고 있으며, 이를 위해 미주, 아프리카, 중앙아시아 등 신규 공급국과의 외교 및 경제 협력을 확대하고 있다(IEA, 2023g). 수입선 다변화는 공급 충격 발생 시 대체 가능성을 확보하는 동시에, 특정 국가에 대한 전략적 종속 관계를 줄이고 외교적 자율성을 확보하는 데에도 기여한다. 이는 에너지 자원이 단순한 상품이 아닌, 국제 정치경제 질서에서 전략적 자산으로 작용한다는 점에서 더욱 중요한 정책 수단으로 부상하고 있다.

다만 수입 다변화는 비용이 없는 전략은 아니다. 새로운 공급처를 확보하려면 추가적인 인프라 투자, 운송비 증가, 공급 안정성 불확실성 등 경제적 비용이 수반되며, 장기 계약 체결에 따른 가격 조건 악화 가능성도 존재한다. 특히 파이프라인 중심의 공급 구조를 탈피하고 LNG 수입 비중을 높이는 경우, 저장 및 재기화 설비 구축, 운송선 확보, 국제 거래소 참여 등 복합적인 시스템 구축이 병행되어야 하며, 이에 따른 초기 고정비용이 상당하다.

또한 수입 다변화는 국제적 공급망의 복잡성을 증가시키고, 기술적·외교적 관리의 난이도를 높일 수 있다. 공급국이 다변화될수록 다양한 법·제도적 조건, 정치 리스크, 무역 분쟁 등에 노출될 가능성도 커진다. 따라서 단순히 수입처를 늘리는 것을 넘어서, 공급국의 신뢰성, 계약의 유연성, 시장의 접근성 등을 종합적으로 고려한 전략 설계가 필요하다.

최근에는 공급원만이 아니라 공급경로, 에너지 형태, 계약방식, 가격지표 등 다양한 차원의 다변화가 강조되고 있다. 예를 들어 장기 계약에 의존하던 구조에서 단기 시장과 스팟 거래로의 전환, 파이프라인에서 LNG로의 전환, 석유·가스 위주의 수입에서 전력망 연계와 재생에너지 전력 수입으로의 확장 등이 시도되고 있으며, 이는 전통적 에너지 안보 개념을 넘어서 에너지 시장의 구조적 유연성 확보라는 방향으로 진화하고 있다.

(3) 에너지 효율성 및 수요관리

에너지 효율성과 수요관리는 에너지 안보를 강화하는 데 있어 공급 측면의 대응만큼이나 중요한 수요 측면의 전략적 수단으로 간주된다. 이 정책 수단은 단순히 에너지 소비를 줄이는 데 그치지 않고, 에너지 자원의 활용 효율을 높이고, 피크 수요를 조절하며, 공급 충격에 대한 시스템의 회복력을 강화하는 효과를 지닌다. 경제학적으로는 에너지 소비로부터 동일한 산출을 얻기 위한 투입의 절감, 즉 에너지 소비의 한계생산성 증가로 해석될 수 있으며, 이는 후생 증가와 탄소 감축이라는 이중 효과를 동시에 제공한다.

에너지 효율성 정책은 조명, 냉난방, 산업 공정, 건축물, 가전제품 등 다양한 부문에서 에너지 단위당 산출을 낮추는 기술과 설비의 도입을 촉진하는 방향으로 이루어진다. 이에는 최소 효율 기준 제도, 에너지 소비 표시제도, 고효율 기기 보급, 에너지 성능 계약(EPC), 금융 및 세제 인센티브 등이 포함된다. 이러한 정책은 소비자가 에너지 비용을 절감할 수 있도록 유도하며, 동시에 국가 전체의 에너지 수요를 구조적으로 안정시키는 효과를 지닌다(Gillingham et al., 2016).

수요관리는 단순히 에너지 소비량을 줄이는 것이 아니라, 시간대별, 공간별, 계절별 에너지 소비 패턴을 조정함으로써, 수요와 공급 간의 불균형을 완화하는 데 초점을 둔다. 특히 전력 부문에서는 피크 시간대의 수요를 분산시키기 위한 시간별 요금제, 수요 반응 프로그램, 스마트 계량기 활용 등이 핵심 정책 도구로 사용된다. 이러한 방식은 에너지 수요의 탄력성을 제고하고, 발전설비의 예비 여력 부담을 줄이며, 에너지 공급 인프라에 대한 과잉투자를 방지하는 데 기여한다.

에너지 안보의 관점에서 볼 때, 에너지 효율성과 수요관리는 외부 공급 충격에 대응할 수 있는 비용 효율적이고 환경 친화적인 전략이다. 공급선의 다변화나 전략적 비축은 일정한 비용과 시간이 소요되며, 외교적·지정학적 변수에 민감하지만, 수요 관리는 자국 내에서 즉각적이며 독립적으로 시행할 수 있는 정책 수단이라는 장점을 갖는다. 특히 단기적으로 수급 불균형이 발생했을 때, 수요 감축을 통한 전력 피크 제어는 정전이나 가격 폭등을 방지하는 매우 효과적인 수단으로 작용한다(Bohi & Toman, 1996).

그러나 에너지 효율성 및 수요관리 정책은 몇 가지 한계를 지닌다. 첫째, 정보의 비대칭성과 행동의 비합리성으로 인해 소비자가 효율 기술을 도입하지 않는 경우가 많으며, 이는 '에너지 효율성 갭(energy efficiency gap)'이라 불리는 현상으로 나타난다. 둘째, 보조금이나 금융 지원 없이 민간 투자만으로는 고효율 설비의 초기 비용을 감당하기 어려운 구조적 제약이 존재한다. 셋째, 일부 경우에는 효율성 향상으로 인한 에너지 비용 절감이 오히려 에너지 사용을 증가시키는 '반등효과'를 초래할 수 있다는 점도 고려해야 한다(Gillingham et al., 2016).

그럼에도 불구하고 에너지 효율성과 수요관리는 에너지 안보를 향한 가장 경제적이고 지속가능한 접근 중 하나로, 기술적 진보와 함께 그 중요성이 더욱 커지고 있다. 특히 디지털 기술과 스마트 그리드의 발전은 수요 측의 정교한 제어와 최적화를 가능하게 하며, 에너지 안보의 수요 측 전략을 한층 진화시키고 있다. 따라서 정책적으로는 가격 신호, 규제 기준, 인센티브 설계, 교육과 정보 제공 등 수요관리의 거버넌스를 정교하게 설계하는 것이 핵심 과제가 될 것이다.

(4) 국제협력과 다자 제도

에너지 안보는 본질적으로 초국경적 성격을 지니며, 개별 국가의 정책만으로는 완전한 대응이 어렵다는 점에서 국제협력과 다자 제도는 에너지 안보 전략의 핵심적인 축을 구성한다. 특히 에너지 자원의 생산과 소비, 수송, 가격 형성, 기술 이전, 탄소배출 등 대부분의 에너지 관련 활동이 국경을 넘어 이루어지는 국제적 상호의존 체계 위에서 운영된다는 점에서, 글로벌 거버넌스를 통한 위험 분산과 정보 공유, 공동 대응 체계의 구축은 점점 더 중요해지고 있다(Cherp & Jewell, 2011).

국제협력은 에너지 안보를 확보하기 위한 다음과 같은 기능을 수행한다. 첫째, 정보의 신속한 공유와 시장의 투명성 제고를 통해 예기치 못한 공급 충격이나 가격 급등락에 대한 사전 대응 능력을 높인다. 둘째, 공동 비축과 위기 대응 협력 체계의 구축을 통해 개별 국가의 대응 한계를 보완하고 집단적 시장 안정화를 도모한다. 셋째, 기술 개발, 규제 표준화, 투자 환경 조성 등을 통해 재생에너지 전환과 에너지 접근성 향상이라는 공동 목표를 달성하는 기반을 제공한다.

대표적인 다자 제도로는 국제에너지기구(IEA)가 있다. IEA는 1974년 석유위기 직후 OECD 국가들을 중심으로 설립되었으며, 회원국들에게 90일 분량의 석유 비축 의무, 에너지 통계의 상호 공유, 공동 위기 대응 계획 수립 등을 규정하고 있다. IEA는 그동안 걸프전, 허리케인 카트리나, 리비아 내전, 러시아-우크라이나 전쟁 등의 상황에서 공동 비축 방출을 조정하고 시장의 심리적 안정을 유도하는 데 실질적인 역할을 수행하였다(IEA, 2023).

한국의 경우에도 IEA 회원국으로서 비축제도와 통계보고 의무를 이행하고 있으며, 아시아 지역 내 LNG 수입국 간 협력, 기후변화 협상에서의 중견국 외교, 국제 원자력기구(IAEA)를 통한 원전 안전협력 등 다양한 형태의 에너지 안보 관련 국제협력에 참여하고 있다. 특히 최근에는 핵심 광물 확보를 위한 미국, EU, 호주 등과의 전략적 공급망 협력이 강화되고 있으며, 이는 에너지 안보가 점차 기술과 자원, 외교가 결합된 복합적 전략 영역으로 확대되고 있음을 보여준다.

그러나 국제협력과 다자 제도는 국가 간 이해관계의 충돌, 제도적 신뢰의 결여, 실행력 부족 등의 문제로 인해 제한적인 역할에 머무르는 경우도 있다. 특히 에너지 자원이 지정학적 무기로 활용되거나, 일부 국가가 국제 규범을 무시하는 경우, 다자 체계의 대응력은 크게 약화된다. 또한 기후변화 대응과 에너지 안보 목표 간의 긴장이 커지는 경우, 회원국 간 정책 우선순위의 충돌로 인해 협력이 지연되거나 무력화될 가능성도 존재한다.

이러한 한계를 극복하기 위해서는 지역 간 거버넌스 체계의 다원화, 비국가 행위자의 참여 확대, 민간과 공공의 협력 모델 강화 등이 필요하다. 국제협력은 단지 정책의 보조 수단이 아니라, 불확실성이 증대된 세계 에너지 체계에서 필수적인 제도적 기반이자 정책 수단으로 작용해야 하며, 이를 위해서는 법적 구속력, 실행력, 유연성을 갖춘 진화형 거버넌스가 요구된다.

7 에너지 전환과 안보의 관계

(1) 탈탄소화가 에너지 안보에 미치는 영향

탈탄소화는 지구온난화를 억제하고 지속가능한 발전을 달성하기 위한 글로벌 정책 기조로 자리잡았으며, 이에 따라 에너지 시스템 전반이 화석연료 중심에서 저탄소·무탄소 에너지로 구조적으로 전환되고 있다. 이러한 변화는 단지 환경 정책의 차원을 넘어서, 에너지 안보의 개념과 구조를 근본적으로 재편하고 있다. 탈탄소화는 공급의 자립성과 시장의 안정성, 기술 주도권, 지정학적 리스크 등 다양한 측면에서 에너지 안보에 새로운 기회와 도전을 동시에 제공한다(Van de Graaf & Overland, 2019).

우선 탈탄소화는 장기적으로 에너지 공급의 다양성과 자립성 향상을 통해 에너지 안보에 긍정적으로 작용할 수 있다. 태양광, 풍력, 수력, 바이오에너지 등 재생에너지는 대부분 자국 내에서 생산이 가능하며, 외국산 연료 수입에 대한 의존도를 낮춤으로써 외부 공급 충격이나 가격 급등에 대한 민감도를 줄일 수 있다. 특히 에너지 수입국은 탈탄소화 과정에서 국내 자원 활용과 효율 기술 확대를 통해 물리적 공급의 안정성과 정책적 자율성을 동시에 제고할 수 있다.

또한 탈탄소화는 에너지 기술 중심의 안보 구조 전환을 촉진한다. 화석연료는 물리적 자원과 지리적 통제력이 주요 변수였다면, 탈탄소화 이후에는 기술 경쟁력과 혁신 역량이 에너지 주도권의 핵심 요소로 부상하고 있다. 에너지 저장, 스마트 그리드, 수소, 탄소포집·저장(CCS) 등 신기술에 대한 선제적 투자와 표준 선점은 단순한 환경 대응을 넘어 국가 간 에너지 주도권 확보와 산업 경쟁력 강화를 위한 전략적 자산이 되고 있다.

그러나 탈탄소화는 단기적으로는 에너지 안보에 새로운 유형의 불안정성을 유발할 수 있다. 우선 재생에너지의 간헐성과 변동성은 전력망의 안정성과 공급 예측 가능성에 부담을 주며, 이는 저장 인프라의 부족, 전력 피크 대응 한계, 송배전 체계의 유연성 부족 등과 결합하여 공급 신뢰도 저하를 초래할 수 있다(Bloomfield et al., 2023). 특히 화석연료 발전소의 조기 폐쇄가 신속히 이루어지는 반면, 이를 대체할 수 있는 신재생에너지 설비와 백업 시스템이 충분히 구축되지 않은 경우, 에너지 수급 불균형과 가격 변동성 증가라는 문제가 발생한다.

또한 탈탄소화는 새로운 지정학적 의존 구조를 낳을 수 있다. 전통적으로 석유와 천연가스가 국제 에너지 지정학의 중심에 있었다면, 향후에는 리튬, 니켈, 코발트, 희토류와 같은 핵심 광물이 그 자리를 대체하고 있다. 이들 자원의 탐사, 채굴, 제련은 일부 국가에 집중되어 있어, 공급망의 편중과 정치적 불확실성이 새로운 에너지 안보 리스크로 부상하고 있다(Sovacool et al., 2021). 특히 재생에너지 기술의 원천기술, 부품, 제조 공정에 대한 특정 국가의 독점적 지위는 기술 공급망 리스크와 산업 종속 문제를 동반할 수 있다.

아울러 탈탄소화는 전환기적 이행 리스크를 내포한다. 기존 에너지 산업의 구조조정, 고용 감소, 지역경제 침체 등의 부정적 파급효과는 에너지 안보의 사회적 기반을 약화시킬 수 있으며, 이에 따른 정치적 저항이나 정책 후퇴 가능성도 무시할 수 없다. 이 과정에서 에너지 접근성, 에너지 형평성, 에너지 빈곤 문제가 심화될 경우, 에너지 안보의 사회적 정당성과 수용성 자체가 흔들릴 수 있다.

결과적으로 탈탄소화는 에너지 안보를 위한 궁극적 방향성을 제공하지만, 그 과정은 단선적인 개선이 아닌, 구조적 재편과 제도적 유연성이 필요한 전환 과정이다. 따라서 탈탄소화 정책은 공급의 지속가능성과 시장의 안정성, 사회적 형평성과 기술적 신뢰성 간의 균형을 고려한 종합적 안보 전략으로 추진되어야 한다. 이에는 중장기 인프라 투자, 핵심 광물 공급망의 안정화, 기술 혁신과 인력 양성, 정책 일관성 유지, 그리고 국제 협력 체계의 강화가 병행되어야 한다 (O'Sullivan et al., 2017).

(2) 청정기술 공급망의 지정학

기후변화 대응과 에너지 전환이 가속화되면서 태양광, 풍력, 배터리, 수소, 전력 저장 장치 등 이른바 청정에너지 기술이 글로벌 에너지 시스템의 중심축으로 부상하고 있다. 이러한 기술들은 대부분 원료 채굴, 부품 제조, 장비 조립, 설치 및 유지보수에 이르는 복잡하고 국제적인 공급망을 통해 작동하며, 이 공급망의 구조와 지배력은 점차 에너지 안보와 지정학적 리스크의 새로운 중심 요소로 부상하고 있다(Sovacool et al., 2021).

기존의 화석연료 중심 지정학은 자원의 지리적 편중성과 이를 통제하는 국가간 전략적 상호의존을 중심으로 전개되었다. 그러나 청정기술로의 전환은 새로운 형태의 의존 구조를 만들어낸다. 대표적으로 전기차 배터리, 풍력 터빈, 태양광 패널, 전력망 설비에 사용되는 핵심 광물—리튬, 코발트, 니켈, 망간, 희토류 등—은 특정 국가, 특히 중국, 칠레, 콩고민주공화국, 호주 등에 집중되어 있다. 이들 자원은 물리적으로는 비교적 풍부하지만, 채굴 · 제련 · 정제 · 가공 · 제조 공정이 일부 국가에 의해 수직적으로 통합되어 통제되고 있어, 기술 공급망에서의 리스크가 증가하고 있다(IEA, 2023g).

특히 중국은 태양광 패널의 폴리실리콘, 전기차 배터리의 양극재와 전해질, 희토류 자석 등 청정기술 핵심 부품의 공급망에서 압도적 경쟁우위를 확보하고 있으며, 이는 미국과 유럽을 중심으로 한 에너지 전환국들에게 기술 종속성과 전략적 취약성에 대한 우려를 불러일으키고 있다. 이러한 맥락에서 청정기술의 공급망은 단순한 경제적 효율성의 문제가 아니라, 산업 정책과 국가 안보, 외교 전략이 교차하는 지정학적 사안으로 인식되고 있다(Bordoff & O'Sullivan, 2022).

또한 핵심 광물의 공급망은 정치 불안정성과 환경 · 사회적 리스크에 취약하다. 예컨대 코발트의 상당량은 콩고민주공화국에서 채굴되며, 이는 아동노동, 인권 침해, 지역 분쟁 등 다양한 윤리적 문제와 결합되어 있다. 이로 인해 광물 공급망의 안정성 확보는 단지 물량 확보를 넘어, 지속가능성과 책임 있는 공급망 관리라는 새로운 국제 규범과 정책과제와도 연결되고 있다(Ekins et al., 2023).

선진국들은 이러한 리스크에 대응하기 위해 청정기술 공급망의 국내화, 우호국 중심 재편(friendly-shoring), 공급망 다변화 등을 추진하고 있다. 유럽연합은 핵심원자재법을 통해 전략 광물의 자립도를 제고하고 있으며, 미국과 함께 인도, 호주, 캐나다, 아르헨티나 등 비중국권 국가들과의 양자 및 다자 협력을 강화하고 있다(IEA, 2023g).

이러한 변화는 청정기술 공급망이 향후 국제 질서에서 주요 전략 경쟁의 무대가 될 가능성을 시사한다. 과거에는 석유와 가스를 둘러싼 갈등이 에너지 지정학의 중심이었다면, 이제는 광물과 기술, 표준과 데이터 주권을 둘러싼 신지정학적 게임이 전개되고 있으며, 각국은 이를 산업정책, 외교안보, 개발협력, 통상 전략과 연계하고 있다.

결국 청정기술 공급망의 지정학은 단순한 공급 위험의 문제가 아니라, 국가의 전략적 주권, 경제 경쟁력, 에너지 전환의 속도와 방향을 좌우하는 핵심 변수로 작용하고 있다. 이에 따라 공급망의 회복력과 투명성을 확보하는 것이 에너지 안보의 필수 전략으로 부상하고 있으며, 이를 위해 공급망 추적 시스템, 기술 혁신 및 재활용 역량 강화, 국제 협력 체계 구축이 병행되어야 한다.

8 에너지 안보의 혜택과 비용: 실증분석

에너지 안보의 중요성이 커짐에 따라, 이를 정책적으로 강화하기 위한 다양한 조치들이 취해지고 있지만, 그 정책이 실제로 어느 정도의 사회적 편익을 창출하고 있는지, 그리고 그에 수반되는 비용은 어느 정도인지에 대한 실증분석은 정책 정당성의 핵심적 근거로 작용한다. 이러한 실증연구들은 에너지 안보 정책의 비용-편익 구조를 수량적으로 평가하고, 개별 조치—예를 들어, 전략적 비축, 공급 다변화, 인프라 보강, 사이버 보안 강화—가 경제적 효율성을 가지는지를 검토한다.

대표적인 실증분석으로는 Electric Power Research Institute(EPRI, 2011)의 연구가 있다. 이 연구는 스마트 그리드 기술의 도입이 에너지 안보에 미치는 영향을 계량적으로 분석하며, 정전 발생 빈도 및 복구 시간의 감소, 재생에너지와의 상호 운용성 강화, 실시간 모니터링을 통한 공급 안정성 제고 등을 통해 약 6천억 달러 규모의 편익이 발생할 수 있다고 추정하였다. 이에 반해 총 비용은 약 1,200억~1,700억 달러로 평가되어, 순편익이 매우 큰 것으로 제시되었다(Electric Power Research Institute, 2011). 그러나 Joskow(2012)는 이 분석이 사용하는 정전 피해비용(Value of Lost Load, VoLL)이 지나치게 높게 설정되었다고 비판하면서,

그 수치를 조정할 경우 편익 추정이 과대평가될 가능성이 있음을 지적하였다.

에너지 안보의 외부적 비용 측면을 계량적으로 측정한 연구도 존재한다. Delucchi & Murphy(2007)는 미국의 석유 수입이 군사적 지출 증가와 같은 숨은 외부비용(hidden externality)을 유발한다고 보며, 만약 도로 교통 수송 부문이 석유를 사용하지 않는다면 군사비 지출이 어느 정도 감소할지를 추정하였다. 이들은 그 비용이 갤런당 0.03~0.15달러에 해당할 수 있다고 제시하였다. 이는 석유 의존도가 높을수록 사회 전체가 지불해야 하는 숨은 비용이 커질 수 있음을 의미한다.

또한 Brown & Huntington(2013)은 에너지 안보의 경제적 편익 중 하나로 오일 프리미엄(oil security premium) 개념을 제시하였다. 이 연구는 석유 수입에 따른 가격 불안정성으로 인해 발생하는 GDP 손실과 같은 거시경제적 비용을 계량화하며, 2009년 기준으로 미국의 석유 소비자들이 약 5.5%의 가격 프리미엄을 부담하고 있다고 평가하였다. 예를 들어, 원유 가격이 배럴당 40달러일 때, 휘발유 가격이 갤런당 2달러라면, 약 23센트의 보이지 않는 안보비용이 포함되어 있다는 것이다. 이 분석은 에너지 안보가 단순히 물리적 공급 안정성의 문제가 아니라, 가격 신호와 거시경제에 광범위한 영향을 미친다는 점을 보여준다.

이외에도 일부 연구는 에너지 다변화(diversification)와 재고 수준이 정량적으로 어느 정도의 안보 기여를 하는지를 계량경제학적으로 분석해 왔다. 예컨대 Gupta(2008)는 에너지 수입국의 공급원 다변화 지수가 높을수록 국제 유가 변동에 따른 GDP 변동폭이 작아지는 경향이 있음을 실증적으로 보여주었고, 이는 정책적으로 수입원 다변화가 에너지 안보에 실질적 기여를 할 수 있다는 점을 뒷받침한다.

9 한국의 에너지 안보 정책의 진화

한국의 에너지 안보 정책은 외부 자원 의존도 극복과 안정적 공급 확보라는 목표 아래, 시대별로 그 전략과 수단이 변화해 왔다. 자원빈국으로서의 구조적 한계와 고도성장에 따른 에너지 수요 급증 속에서, 한국은 에너지 안보를 국가 생존 전략의 핵심 요소로 인식해 왔으며, 이에 따라 공급 중심에서 효율·시장 중심으로 그리고 지속가능성 중심으로 정책 방향이 진화해 왔다.

1970~80년대는 공급 안정성 확보가 최우선 과제로 설정되던 시기로, 1973년과 1979년의 두 차례 석유파동은 한국 경제에 심각한 충격을 주었다. 이를 계기로 한국 정부는 국영 에너지 공기업 설립, 발전소 건설 확대, 연료 다변화 등의 대규모 에너지 인프라 확충 정책을 추진하였다. 1980년 한국석유공사(KNOC)와 1982년 한국가스공사(KOGAS)가 설립되었으며, 해외 자원개발과 원자력 발전 확대가 본격화되었다.

1990년대 이후에는 시장 효율성과 민간 참여 확대가 정책 기조로 부상하였다. 1997년 외환위기 이후 정부는 에너지 부문의 공공부문 개혁과 민영화를 추진하며, 전력산업 구조개편과 전력시장 개방을 단계적으로 추진하였다. 2001년 전력거래소(KPX)가 설립되고, 발전 부문 분할 및 경쟁 도입이 이루어졌다. 이 시기는 에너지 안보의 의미가 단순 공급 확보에서 시장 기반의 안정적 조달과 가격 경쟁력 확보로 확장되던 시기였다.

2000년대 중반 이후, 국제 유가의 급등과 기후변화 논의의 본격화는 에너지 안보의 범위를 환경적 지속가능성 및 수요관리 측면까지 포괄하는 방향으로 전환시켰다. 2008년 이명박 정부는 '저탄소 녹색성장'을 국가 비전으로 제시하며, 신재생에너지 보급 확대, 에너지 효율 향상, 스마트그리드 시범사업 등을 추진하였다. 2010년대에는 에너지기본계획을 통해 에너지 믹스 재편, 원자력 비중 조정, 에너지 자립도 제고 등의 방향이 제시되었다(도현재, 2008).

2020년 이후 한국의 에너지 안보 정책은 탄소중립과 에너지 전환의 통합 전략으로 진화하고 있다. 문재인 정부는 2020년 '2050 탄소중립 선언'을 통해 석탄화력의 단계적 감축, 재생에너지 비중 확대, 수소경제 육성 등을 포함한 에너지 구조 재편을 본격화하였다. 윤석열 정부 또한 원전과 재생에너지의 조화를 강조하며 공급 안정성과 탄소중립 목표 간의 균형을 추구하였다. 특히 러시아–우크라이나 전쟁 이후에는 핵심 광물 확보, LNG 수입선 다변화, 전략비축 확대 등

지정학적 리스크 대응 강화가 정책 우선순위로 부상하였다. 한국은 에너지 안보 강화를 위해 국제 협력도 적극적으로 추진하고 있다. 2002년 IEA 가입 이후 공동 비축 체계에 참여하고 있으며, 최근에는 미국, 호주, 아프리카 국가들과의 핵심 광물 공급망 협력을 강화하고 있다.

그러나 한국의 에너지 안보 정책은 여전히 몇 가지 구조적 과제를 안고 있다. 첫째, 에너지 믹스에 대한 정치적 불확실성 및 사회적 합의 부족, 송전망 건설 등 인프라에 대한 주민 수용성 부족이 병존하고 있다. 둘째, 에너지 가격의 정치화로 인해 시장 가격 신호가 왜곡되고, 효율적 수요관리에 장애가 발생하고 있다. 셋째, 에너지 전환과 고용, 지역경제 간의 조정이 미비하다는 비판도 제기되고 있다.

결론적으로 한국의 에너지 안보 정책은 외형적 안정성 확보에서 내적 복원력과 지속가능성 강화로의 구조적 진화를 거쳐왔으며, 지금은 기후위기, 지정학, 기술혁신이라는 복합적 요인 속에서 다차원적 에너지 안보 전략을 구축해 나가고 있다. 향후에는 에너지 안보의 정의 자체를 재정의하고, 수요관리, 지역 기반 분산형 시스템, 국제 공급망 협력, 기술·인력 투자 등 장기적이고 유연한 거버넌스 체계로의 전환이 더욱 중요해질 것이다.

10 결론: 에너지 안보의 다차원적 성격

에너지 안보는 과거 단순히 "에너지의 안정적 공급"을 의미하는 협의적 개념에서 출발했으나, 오늘날에는 기술, 환경, 경제, 지정학, 사회 등 다양한 차원을 아우르는 다차원적이고 통합적인 정책 개념으로 진화하고 있다(Cherp & Jewell, 2014). 이는 에너지가 현대사회에서 단순한 투입재를 넘어, 국가의 전략적 자율성, 경제의 지속가능성, 환경의 회복력, 시민의 삶의 질과 직결된 복합 자산이라는 인식이 확대되었기 때문이다.

첫째, 에너지 안보는 공급의 안정성을 가장 전통적인 차원으로 포함한다. 이는 수입 의존 구조, 물리적 인프라, 재난 대응력 등과 관련되며, 특히 국제적 충격—예컨대 러시아–우크라이나 전쟁, 중동 불안정, 팬데믹 등—이 발생할 때 물리적 공급망의 복원력이 핵심이 된다. 그러나 이러한 공급 중심 접근만으로는 에너지 체계의 복잡성을 충분히 설명할 수 없다.

둘째, 경제적 접근가능성은 에너지 가격의 급등락, 소비자의 지불 능력, 산업의 생산 비용 구조 등과 맞물려 있으며, 이는 특히 에너지 빈곤층이나 중소기업의 생존에 직접적인 영향을 미친다. 에너지 안보는 더 이상 국가 단위의 통계나 수입 구조만으로 판단될 수 없으며, 가계와 기업 수준의 후생과 효율성까지 포괄하는 미시적 분석이 요구된다.

셋째, 환경적 지속가능성은 기후변화 대응과 직결되며, 탈탄소화와 에너지 전환은 에너지 안보의 필수 조건으로 자리잡고 있다. 과거에는 탄소 감축과 에너지 안보 간에 충돌이 존재했지만, 최근에는 재생에너지 확대, 수소경제, 에너지 효율 향상 등이 양자의 상보성을 증명하고 있다. 이로써 에너지 안보는 환경정책과 통합된 시스템 전략으로 자리매김하게 되었다.

넷째, 사회적 수용성과 거버넌스 역시 에너지 안보의 중요한 구성 요소로 부상하고 있다. 에너지 시스템은 기술적 안정성만으로는 지속가능하게 운영될 수 없으며, 정책의 정당성과 시민의 신뢰가 결여될 경우 사회적 저항이나 갈등으로 이어질 수 있다. 에너지 정책은 이제 단순한 기술·경제적 최적화를 넘어, 시민의 수용성, 지역사회와의 신뢰, 참여 기반의 정책 설계로 확장되고 있다.

다섯째, 지정학적 복잡성은 청정기술 전환과 함께 새로운 양상으로 전개되고 있다. 기존에는 원유와 가스의 수출입 경로가 주요 변수였다면, 이제는 리튬, 코발트, 희토류 등 핵심 광물의 공급망, 기술 패권, 표준 경쟁 등이 안보의 핵심 요소로 부상하고 있다(Sovacool et al., 2021). 이는 에너지 안보를 자원 중심에서 기술·데이터·외교 전략 중심으로 재구성하고 있음을 의미한다.

이처럼 에너지 안보는 공급·경제·환경·사회·지정학이라는 최소 다섯 개의 상호 연결된 차원을 포함하는 복합적 개념으로, 각 차원은 서로 긴장하거나 보완하면서 정책의 복합성과 조정의 필요성을 높이고 있다. 예컨대, 재생에너지 확대는 환경성과 자립성을 높이지만 간헐성과 저장 문제를 유발할 수 있고, 원전은 공급 안정성을 제공하지만 사회적 수용성과 장기 위험에서 한계를 가질 수 있다. 이와 같은 다차원성과 상충성을 이해하고 균형을 조율하는 능력이야말로 현대 에너지 안보 정책의 핵심 역량이라 할 수 있다.

따라서 21세기형 에너지 안보는 더 이상 단일 차원의 기술적·물리적 대응이 아니라, 복합 시스템적 사고와 통합 거버넌스의 관점에서 재정의되고 있으며, 이는 각국의 에너지 정책이 지속가능성과 회복력을 핵심 원칙으로 삼아야 하는 이유를 잘 보여준다.

제15장

에너지와 기후변화

1 서론

전 지구적인 온실가스 배출의 가장 큰 단일 원천은 바로 에너지 소비이다. 특히 석탄, 석유, 천연가스 등 화석연료의 연소는 이산화탄소(CO_2)를 비롯한 온실가스를 대기 중에 대량으로 방출하며, 이는 지구온난화의 주된 원인으로 작용한다. 국제에너지기구(IEA)에 따르면, 2022년 기준으로 전 세계 온실가스 배출량의 약 75%가 에너지 부문에서 발생하였으며, 그중에서도 전력생산, 산업공정, 수송부문이 핵심적 기여 부문으로 나타났다. 특히 발전 부문은 단일 부문 중 가장 많은 이산화탄소를 배출하고 있으며, 이는 여전히 석탄 화력 발전에 대한 의존도가 높은 국가들이 많기 때문이다(IEA, 2023b).

기후변화에 관한 정부간 협의체(IPCC) 또한 에너지 시스템의 변화 없이는 파리협정의 1.5°C 목표 달성이 불가능하다고 강조하고 있으며, 이는 에너지 소비 패턴이 곧 전 지구적 기후변화의 궤적을 결정짓는 핵심 요인임을 시사한다. 따라서 에너지 경제학적 분석은 단순한 수요·공급의 효율성 문제를 넘어, 탄소배출이라는 환경적 외부성을 반영한 통합적 시각을 요구받고 있다(IPCC, 2022a).

화석연료의 연소는 기후위기의 가장 중요한 구조적 원인 중 하나로 간주된다. 석탄, 석유, 천연가스는 탄소(C)를 다량 포함하고 있으며, 이를 연소하는 과정에서 이산화탄소(CO_2)가 대기 중으로 방출된다. 이산화탄소는 지구 복사에너지를 흡수하고 재방출함으로써 지표면 온도를 상승시키는 대표적인 장기 체류형 온실가스이며, 산업혁명 이전 280ppm 수준이었던 대기 중 CO_2 농도는 2022년 기준 약 417~419ppm에 이르렀다(NOAA, 2023).

기후변화에 관한 정부 간 협의체(IPCC)는 지난 150년간의 지구 평균기온 상승의 주된 원인을 인간 활동, 특히 화석연료 연소에서 기인한 온실가스 배출로 명확히 규정하고 있다. 1850년부터 2019년까지 누적된 이산화탄소 배출량의 대부분은 에너지 소비에 따른 연소 활동에서 기인하며, 이 중에서도 석탄은 단위 에너지당 CO_2 배출량이 가장 높은 연료로, 발전 부문에서 기후위기의 핵심 원인으로 지목되어 왔다(IPCC, 2022a; IEA, 2023b).

화석연료 기반 산업은 그 자체로 경제성장의 동력원이 되어 왔지만, 동시에 기후시스템의 불안정을 초래하는 핵심 인프라이기도 하다. IPCC(2022a)에 따르면, 1.5°C 목표 달성을 위한 전 지구 탄소예산은 400 $GtCO_2$ 내외로 추정되며, 현재의 배출 속도로 유지될 경우 2030년대 초반 이전에 초과할 가능성이 높다. 이처럼 화석연료의 지속적 사용은 단순한 환경 문제를 넘어, 인류 생존과 직결된 시스템 리스크로 진화하고 있는 것이다.

기후변화는 에너지 수요의 시계열적 패턴과 공간적 분포뿐 아니라, 에너지 공급 인프라의 안정성과 효율성에도 중대한 영향을 미친다. 우선, 기온 상승은 에너지 수요에 구조적 변화를 유발한다. 여름철의 평균기온 및 폭염 일수가 증가하면서 냉방 수요가 급격히 증가하고 있으며, 이는 전력 피크 부하의 계절적 집중도를 높이는 요인으로 작용한다. 반면, 일부 지역에서는 겨울철 난방 수요가 감소하는 현상도 관측되지만, 북미 및 일부 온대 지역에서는 전체적으로 냉방 수요 증가가 난방 수요 감소를 상회하며 총 에너지 수요 증가로 이어진다는 연구 결과가 보고되고 있다(Auffhammer & Mansur, 2014).

기후변화는 에너지 인프라의 운영 안정성과 복원력에 새로운 유형의 리스크를 야기하고 있다. 고온, 폭염, 가뭄, 해수면 상승, 태풍 및 홍수 등 극한기후현상은 발전소, 정유시설, 송배전망과 같은 물리적 인프라의 가동성과 내구성을 위협하며, 특히 냉각수를 사용하는 석탄 및 원자력 발전소는 고온기에 냉각 효율 저하 또는 냉각수 부족으로 출력이 제한되는 사례가 빈번히 보고되고 있다(Van Vliet et al., 2016). 수력발전 역시 가뭄과 강수 패턴 변화에 민감하며, 태양광 발전은 고온으로 인한 효율 저하라는 한계에 직면하고 있다.

송전망과 배전망은 폭염, 산불, 폭풍과 같은 자연재해에 취약하며, 이는 전력계통의 운영 안정성 및 공급 신뢰도에 심대한 영향을 미친다. 특히 도시 지역은 부하 밀집도가 높아 정전 발생 시 사회경제적 피해가 확대될 수 있으며, 이를 고려한 인프라 회복력 강화가 필수적이다. 이에 따라 주요국들은 에너지 부문의 기후복원력(climate resilience)을 강화하기 위한 전략을 에너지 정책에 반영하고 있으며, IEA(2023d)는 이를 위한 정책적 권고와 사례를 제시하고 있다. 이처럼 기후변화는 단순한 환경 변수를 넘어 에너지 시스템의 구조적 취약성과 정책 대응 체계를 재정의하는 중요한 도전 요인으로 부상하고 있다.

2 온실가스 배출과 에너지원

(1) 태양에너지 수지(Solar energy balance)

지구 기후 시스템의 이해에서 출발점이 되는 개념은 태양에너지 수지(Solar Energy Balance)이다. 이는 태양으로부터 유입되는 복사에너지와 지구가 우주로 방출하는 복사에너지 간의 균형을 의미하며, 지구 평균기온과 에너지 순환 구조를 결정짓는 핵심 변수로 작용한다. 구체적으로 지구는 태양복사의 약 340 W/m²를 대기권 상단에서 받으며, 이 중 약 30%는 구름, 대기, 지표면에 의해 반사되어 다시 우주로 방출되고, 나머지 70%는 대기와 해양, 육지에 흡수되어 지표를 가열하거나 증발, 대류, 복사 등의 형태로 다시 방출된다(Trenberth et al., 2009).

이러한 태양에너지 수지는 기본적으로 균형을 이루고 있으나, 온실가스의 증가로 인해 대기가 방출하는 복사에너지가 줄어들면서 순복사 불균형(radiative forcing imbalance)이 발생한다. 이는 지구 시스템에 추가적인 에너지가 축적되도록 하여 대기와 해양의 온도를 상승시키고, 기후 변화의 직접적인 원인으로 작용한다. 따라서 태양에너지 수지를 물리적으로 복원하려는 기후정책, 즉 복사 강제력(radiative forcing)을 줄이기 위한 온실가스 감축은 기후 안정성 확보의 출발점이라 할 수 있다.

경제학적으로도 태양에너지 수지는 중요한 함의를 갖는다. 우선, 에너지 시스템의 외부효과를 고려할 때, 온실가스 배출로 인해 태양에너지 수지가 교란되면서 발생하는 기후 손실(climate damage)은 시장가격에 반영되지 않는 대표적인 부정적 외부성이다. 이로 인해 사회적 최적 수준보다 높은 탄소배출이 이루어지게 되며, 탄소세나 배출권거래제와 같은 내부화 수단의 필요성이 제기된다. 또한, 태양광 발전은 이러한 외부성 문제를 줄일 수 있는 저탄소 에너지원으로, 자체적인 태양에너지 수지와 기후 수지의 연결고리를 갖는다. 즉, 태양으로부터 유입되는 에너지를 직접 전력으로 변환함으로써 추가적인 탄소배출 없이 사회적 편익을 창출하는 방식이다.

정책적 관점에서 보면, 지구적 태양에너지 수지의 교란은 단지 자연과학적 현상이 아니라, 에너지 소비 행태, 기술 채택, 인프라 투자, 글로벌 협력 등 복합적 선택의 결과이며, 이를 바로잡기 위한 정책은 기술적 해법과 동시에 사회경제적 유인구조를 설계해야 한다. 특히 에너지 효율 향상, 재생에너지 확대, 탈탄소 전환 등의 정책은 태양에너지 수지의 회복, 즉 지구 에너지 균형 복원을 목표로 설계되어야 하며, 이는 기후경제학의 핵심 논점과 직결된다(Nordhaus, 2013).

(2) 에너지원별 탄소배출계수

에너지원은 그 종류에 따라 이산화탄소를 포함한 온실가스 배출량에 현저한 차이를 보이며, 이러한 차이는 일반적으로 탄소배출 계수라는 지표를 통해 정량화된다. 탄소배출 계수는 특정 연료가 연소될 때 단위 에너지(보통 GJ 또는 kWh) 당 배출되는 CO_2의 양을 나타내며, 국가 온실가스 인벤토리 작성과 에너지 정책 수립 시 핵심적 지표로 활용된다(IPCC, 2006).

가장 높은 탄소배출 계수를 가진 대표적인 연료는 석탄이며, 특히 유연탄은 연소 시 약 94.6 kg CO_2/GJ를 배출한다. 이는 천연가스의 약 56.1 kg CO_2/GJ

에 비해 70% 이상 높은 수준이다(EPA, 2021). 갈탄은 수분 함량이 높아 단위 에너지당 효율은 낮지만, 배출계수는 문헌에 따라 최대 101.0 kg CO_2/GJ에 이르기도 한다(IPCC, 2006). 이러한 특성으로 인해 석탄은 국제 사회의 온실가스 감축 논의에서 가장 우선적인 감축 대상으로 꾸준히 지목되고 있다.

석유 제품 역시 높은 배출 계수를 가지며, 연료유의 경우 약 77.4 kg CO_2/GJ, 휘발유는 약 69.3 kg CO_2/GJ 수준이다. 경유은 휘발유보다 약간 높은 배출량(약 74.1 kg CO_2/GJ)을 기록하며, 수송부문에서 주요한 탄소 배출원으로 작용한다(EPA, 2021; IPCC, 2006).

천연가스는 화석연료 중 상대적으로 낮은 탄소배출 계수를 가지며, 약 56.1 kg CO_2/GJ 수준으로 평가된다. 이는 석탄에 비해 약 40~45% 낮은 수치이며, 이러한 특성으로 인해 일부 국가에서는 천연가스를 석탄에서 재생에너지로 전환하는 '브릿지 연료(bridge fuel)'로 간주하고 있다. 그러나 천연가스의 주성분인 메탄(CH_4)은 대기 중 체류기간은 짧지만, 100년 기준 온난화 잠재력(GWP)이 CO_2의 28~34배에 달하기 때문에, 생산·수송·소비 과정에서 비산가스(leakage)가 발생할 경우 기후영향은 상당할 수 있다.

반면, 재생에너지(예 태양광, 풍력) 및 원자력은 발전 과정에서의 직접 CO_2 배출이 거의 없으며, 탄소배출 계수는 사실상 0에 가깝다. 다만, 설비 건설과정에서 발생하는 간접배출이 일부 존재하며, 수명주기 분석(Life Cycle Assessment, LCA)에 따르면 태양광과 풍력의 평균 배출량은 20~50 g CO_2−eq/kWh 수준으로, 화석연료 기반 발전(석탄 약 900~1,000g CO_2−eq/kWh)에 비해 현저히 낮다(NREL, 2021).

이처럼 에너지원별 탄소배출 계수는 에너지 믹스의 전환이 기후변화 완화에 미치는 영향을 정량적으로 보여주는 핵심 지표이며, 국가 또는 부문별 온실가스 감축 전략 수립에 있어 필수적인 기초자료로 활용된다.

(3) 국가별 에너지 믹스와 탄소배출 구조

국가별 온실가스 배출 구조는 해당 국가의 에너지 믹스(energy mix), 즉 에너지원 구성에 따라 크게 달라진다. 각국은 자원 조건, 산업구조, 정책 우선순위 등에 따라 에너지원을 다르게 선택해 왔으며, 이는 온실가스 배출의 총량뿐 아니라 배출 강도(emissions intensity), 감축 잠재력 등에도 큰 영향을 미친다.

예를 들어, 중국과 인도는 석탄 중심의 발전 구조를 유지하고 있어 에너지 믹스의 탄소집약도가 매우 높다. 중국의 경우 2022년 기준 전체 발전량의 약 61%가 석탄에서 비롯되었으며, 이는 세계 최대 탄소배출국으로 자리매김하게 한 핵심 요인이다. 인도 역시 석탄 의존도가 70%에 달하며, 산업부문과 수송부문에서의 석유 사용 역시 배출량 증가의 주요 원인으로 작용하고 있다(IEA, 2022d).

반면, 프랑스는 원자력 중심의 전력구조를 바탕으로 낮은 탄소배출 강도를 유지하고 있다. 2022년 기준 프랑스 전력 생산의 약 63%가 원자력에서 비롯되며, 재생에너지도 약 22%를 차지하고 있어 석탄 사용 비중은 사실상 미미하다(RTE, 2023). 이로 인해 프랑스의 1인당 전력 사용량은 선진국 평균 수준이지만, 전력 부문의 탄소배출량은 상대적으로 낮다.

노르웨이, 아이슬란드, 캐나다 등 수력자원이 풍부한 국가는 수력발전을 중심으로 한 전력 공급이 이루어지며, 이로 인해 발전부문의 온실가스 배출이 거의 없는 구조를 가지고 있다. 노르웨이의 경우 전체 전력 생산의 90% 이상이 수력에서 나와 전력부문에서의 탄소배출은 사실상 제로에 가깝다(IEA, 2021d).

한편, 독일, 영국, 미국 등은 과거 화석연료 중심에서 재생에너지 중심으로의 전환을 시도하고 있는 대표적인 국가들이다. 독일은 에너지 전환 정책(Energiewende)을 통해 태양광과 풍력의 비중을 대폭 확대하고 있으며, 2022년 기준 전체 발전의 44% 이상이 재생에너지에서 나왔다(BMWK, 2023). 미국도 석탄에서 천연가스 및 재생에너지로의 전환이 빠르게 진행되면서, 발전부문의 탄소배출 강도는 2005년 이후 지속적으로 감소하고 있다(EPA, 2021).

이러한 국가 간 차이는 국제적 탄소 감축 협상에 있어 형평성과 책임 할당의 기준에도 중요한 함의를 제공한다. 산업화 시점이 빠른 선진국은 현재 배출량은 줄어들었더라도 역사적 누적 배출이 크며, 에너지 전환 역량도 상대적으로 높다.

반면, 개도국은 아직 산업화 초기 단계에 있으며, 에너지 접근성 향상이 중요한 정책 과제이기 때문에, 이들의 높은 탄소배출 구조는 감축보다는 개발과 전환의 균형이 필요한 상황이다(IPCC, 2022b).

결국 국가별 에너지 믹스는 각국의 배출 경로와 감축 여건을 결정짓는 핵심 요인이며, 이를 고려한 차별적 감축 전략이 국제 기후정책 협상의 기본 전제가 되고 있다.

(4) 배출경로 시나리오(Emission Pathway Scenarios)

전 지구적 온실가스 배출의 미래 경로는 향후 기후변화의 속도와 강도를 결정짓는 핵심 변수로 작용한다. 이러한 경로를 과학적으로 전망하고 정책 설계에 활용하기 위해, 다양한 배출경로 시나리오(emission pathway scenarios)가 국제적으로 제시되어 왔다. 시나리오는 인구 증가, 경제 성장률, 에너지 기술의 발전 속도, 정책 개입의 강도 등 복합적인 변수 조합에 따라 상이한 기후 결과를 예측하며, 그중에서도 IPCC와 IEA의 시나리오 체계가 가장 널리 활용되고 있다(IPCC, 2021; IEA, 2021c).

IPCC는 제5차 평가보고서(AR5)부터 대표농도경로(Representative Concentration Pathways, RCPs)를 도입하여, 대기 중 온실가스 농도 증가에 따른 방사강제력(radiative forcing) 변화를 수치화하였다. 예를 들어, RCP8.5는 기술 변화나 정책 개입이 없는 경우의 고배출(high-emissions) 시나리오로, 2100년까지 방사강제력이 8.5 W/m²에 도달하고, 지구 평균기온이 산업화 이전 대비 약 4.3°C 상승할 것으로 예측된다(IPCC, 2014). 반대로, RCP2.6은 강력한 감축 정책과 탄소제거 기술의 활용을 전제로 하며, 2100년까지 기온 상승을 1.5~2°C 이내로 억제하는 경로를 제시한다.

제6차 평가보고서(AR6)에서는 사회경제적 배경과 기후 시나리오를 통합적으로 분석하기 위해, SSP-RCP(Shared Socioeconomic Pathways-Representative Concentration Pathways) 통합 시나리오 체계가 본격적으로 적용되었다. SSP는 세계의 인구, 경제성장, 기술 발전, 정책 역량 등을 반영하여 총 5가지 사회경제적 경로

(SSP1~SSP5)로 구분되며, 이들은 RCP와 결합하여 온실가스 배출과 기후변화를 종합적으로 시뮬레이션하는 데 활용된다.

예를 들어, SSP1–1.9는 지속가능한 발전과 강력한 기후정책이 조화를 이루는 시나리오로, 2050년경 CO_2 순배출을 제로로 만들고, 2100년까지 기온 상승을 1.5°C 이하로 억제할 수 있는 유일한 시나리오로 간주된다. 반면, SSP5–8.5는 높은 경제성장과 화석연료 지속 의존을 전제로 한 경로로, 21세기 말까지 지구 평균기온이 4°C를 초과할 수 있는 가장 높은 온난화 경로를 예측한다.

국제에너지기구(IEA)는 자체 시나리오 체계를 통해 에너지 부문 중심의 온실가스 배출경로를 분석하고 있다. 대표적인 시나리오 중 현행 정책 시나리오(Stated Policies Scenario: STEPS)는 각국에서 현재 시행 중이거나 법제화된 정책을 기준으로 미래 배출 경로를 예측하며, 공약 이행 시나리오(Announced Pledges Scenario: APS)는 각국이 국제사회에 발표한 탄소중립 및 감축 공약이 모두 달성된다고 가정하는 시나리오이다.

가장 야심찬 경로는 2050 순배출 제로 시나리오(Net Zero Emissions by 2050 Scenario: NZE)로, 1.5°C 목표와 정합성을 유지하기 위해 2050년까지 전 세계 온실가스 순배출(Net emissions)을 제로로 만드는 경로이다. 이 경우, 2030년까지 태양광·풍력 등 재생에너지 투자와 전기차 보급률이 급속히 확대되어야 하며, 모든 에너지 소비 부문에서 구조적 전환이 요구된다(IEA, 2021c).

이러한 시나리오 분석은 각국 감축 공약의 현실성을 점검하고, 에너지 전환 전략 수립의 우선순위를 도출하는 데 중요한 역할을 한다. 특히 시나리오 간의 배출 격차(emissions gap)는 기후정책 이행 여부가 온도 상승 경로와 기후리스크에 어떠한 영향을 미치는지를 정량적으로 보여주는 핵심 분석 도구로 기능한다(IPCC, 2021).

3 기후변화의 경제학

(1) 외부성과 시장실패

기후변화는 경제학적으로 볼 때 전형적인 외부성 문제로 이해된다. 외부성이란 한 경제 주체의 행위가 다른 주체의 후생에 영향을 미치지만, 그 영향이 시장가격에 반영되지 않아 자원 배분의 비효율성이 발생하는 현상을 의미한다. 특히 기후변화는 글로벌, 장기, 비가역적 외부성이라는 점에서 그 복잡성과 심각성이 매우 크다.

이산화탄소(CO_2)와 같은 온실가스의 배출은 에너지를 소비하는 개인이나 기업에게는 비용이 거의 들지 않지만, 대기 중 농도 증가를 통해 지구 온난화를 야기하고, 이는 농업생산 감소, 해수면 상승, 기상이변 증가 등 전 세계적으로 광범위하고 장기적인 피해를 초래한다(IPCC, 2021a). 그러나 이러한 피해는 시장에서 명시적인 가격으로 반영되지 않기 때문에, 온실가스 배출자는 사회 전체에 비용을 떠넘기면서 사적 이익을 극대화하는 행동을 지속하게 된다.

기후변화는 경제학에서 가장 심각하고 복합적인 형태의 시장실패로 간주된다. 일반적인 시장경제에서는 가격 메커니즘을 통해 자원이 효율적으로 배분되지만, 온실가스 배출과 같은 부정적 외부성(negative externality)이 존재할 경우, 사회적으로 바람직한 수준보다 과도한 오염이 발생하게 된다.

특히, 온실가스는 전 지구적으로 확산되고 누적되며, 배출 주체와 피해자 간의 시간적·공간적 격차로 인해 정보 비대칭성과 책임 귀속의 어려움이 발생한다. 이로 인해 국가 간 또는 행위자 간의 비용 분담 협상이 복잡해지고, 자발적 감축 유인은 약화된다. 결과적으로, 기후변화 대응은 집합행동 실패(collective action failure)의 대표 사례로 분석되며, 이는 엘리노어 오스트롬(Ostrom, 2010)이 제시한 공공재 문제의 구조적 한계와도 연결된다.

기후변화는 단기적으로는 시장에서 명확히 반영되지 않는 미래의 위험을 포함하고 있기 때문에, 민간 경제주체는 장기적인 피해를 과소평가하거나 무시하는 경향이 있다. 이는 사회적 할인율(discount rate)의 설정 문제와 밀접하게 연관되며, 기후정책의 시급성 및 최적 시기의 경제적 판단을 둘러싼 핵심 쟁점으로 작용한다.

결과적으로, 기후변화로 인한 외부성은 다차원적인 시장실패를 유발한다. 첫째, 온실가스 배출자는 비용을 부담하지 않는 비가격적 외부성 구조를 통해 자원을 과잉 소비하게 된다. 둘째, 장기 피해에 대한 과소 인식은 사회 전체의 최적 대응을 지연시킨다. 셋째, 국제적 협력의 불안정성은 집합행동 실패로 이어져 글로벌 대응을 어렵게 만든다.

이러한 구조적 시장실패를 교정하기 위해서는 탄소세와 같은 가격기반 조세제도, 배출권거래제, 직접규제, 기술보조금 등 다양한 공공정책 수단의 결합이 필요하며, 이는 기후경제학의 핵심 주제로 자리 잡고 있다.

(2) 탄소의 사회적 비용

기후변화의 외부성을 화폐 단위로 정량화하고, 이에 기반하여 정책 수단을 설계하기 위해 가장 널리 사용되는 개념 중 하나가 탄소의 사회적 비용(Social Cost of Carbon, SCC)이다. SCC는 온실가스 감축의 경제적 타당성을 평가하는 핵심 지표로, 이산화탄소(CO_2) 1톤이 추가 배출될 때 전 세계 사회가 장기적으로 부담하게 될 총 피해 비용의 현재가치를 의미한다(Nordhaus, 2017).

SCC는 농업 생산성 감소, 건강 피해, 해수면 상승, 생태계 손실 등 다양한 부정적 영향을 미래 시점에서 종합적으로 고려하고, 이를 사회적 할인율(discount rate)을 적용하여 현재 가치로 환산하는 방식으로 계산된다. 이 과정에서 사용되는 핵심 변수는 피해 함수(damage function), 할인율, 경제성장률, 기후 민감도(climate sensitivity) 등이며, 이들 변수의 설정 방식에 따라 SCC 추정치는 크게 달라질 수 있다(Dietz & Stern, 2015).

노드하우스(W. Nordhaus)는 기후와 경제의 동태적 통합모형(Dynamic Integrated Model of Climate and the Economy: DICE)을 통해 탄소의 사회적 비용을 최초로 정량화하였으며, 2017년 발표한 DICE−2016R 모델에서는 글로벌 평균 SCC를 약 31달러/톤CO_2(2010년 USD 기준)로 제시하였다(Nordhaus, 2017).

그러나 이후 연구에서는 피해 함수가 실제 피해를 과소 추정할 가능성과 사회적 할인율이 과도하게 높게 설정되었다는 점이 주요한 비판으로 제기되었다. 이에 따라 미국 환경청(EPA)은 최신 과학 및 경제자료를 반영하여 2022년 새로운 추정치를 발표하였으며, 중앙값 기준 SCC를 190달러/톤CO_2(2020년 USD 기준, 2% 할인율 적용)로 대폭 상향하였다(EPA, 2022). 이러한 변화는 기후정책의 설계와 비용-편익 분석에 중대한 영향을 미친다.

SCC는 시장이 반영하지 못하는 외부비용을 계량화함으로써, 기후정책 설계 시 경제적 효율성과 환경적 지속가능성을 동시에 고려할 수 있는 근거를 제공한다(Stiglitz & Stern, 2017). 그러나 SCC는 수십 년 이상 장기 미래에 대한 예측을 전제로 하기 때문에, 그 추정치는 통합평가모형의 구조, 사회적 할인율 설정과 같은 윤리적 판단, 그리고 기후위험에 대한 태도에 따라 민감하게 달라질 수 있다(Pindyck, 2019).

따라서 단일 수치로 정책을 설계하기보다는, 범위 기반 접근과 민감도 분석을 병행하는 것이 현실적인 활용 방안으로 권고되고 있다.

(3) 탄소세(Carbon Tax)

탄소세(Carbon Tax)는 온실가스 배출에 가격을 부과하여 외부비용을 내부화하는 대표적인 시장 기반의 기후정책 수단이다. 경제학적으로 탄소세는 피구세(Pigouvian tax)의 전형적인 예로, 이산화탄소(CO_2) 또는 기타 온실가스의 배출량 1톤당 사회적으로 적정한 비용을 부과함으로써, 시장실패를 교정하고 배출 저감을 유도한다.

탄소세의 이론적 근거는 탄소의 사회적 비용(Social Cost of Carbon, SCC)에 기반하며, 이상적으로는 탄소세율이 SCC와 일치할 때 자원 배분의 효율성이 달성된다(Nordhaus, 2017). 이 경우 온실가스를 배출하는 경제 주체는 자신의 행위가 유발하는 기후 피해를 내부화하게 되며, 에너지 소비를 줄이거나 저탄소 기술로의 전환을 경제적으로 유인받게 된다.

탄소세는 다음과 같은 정책적 장점을 갖는다. 첫째, 탄소 가격이라는 명확한 신호를 시장에 제공하여 에너지 소비자 및 생산자의 의사결정을 변화시킨다. 둘째, 행정적으로 간단하고 예측 가능성이 높아 정부의 정책 일관성을 유지하기에 용이하다. 셋째, 탄소세 수입은 에너지 전환 투자, 사회적 지원, 혹은 세금 감면 등 다양한 형태로 재분배될 수 있어 이중 배당(double dividend) 효과를 기대할 수 있다.

실제 정책 사례로는 스웨덴의 탄소세가 자주 인용된다. 스웨덴은 1991년부터 탄소세를 도입하였고, 2023년 기준으로 세율은 약 130유로/톤CO_2에 이르며, 그 결과 GDP 성장과 고용에 부정적 영향을 주지 않으면서도 온실가스 배출을 크게 줄이는 데 성공했다(Andersson, 2019). 캐나다는 연방 차원에서 전국 단일 탄소세 체계를 도입하였고, 수입의 대부분을 주민에게 환급하는 탄소배당(Carbon Dividend) 형태로 운영하고 있다(Goulder & Hafstead, 2018).

그러나 탄소세는 현실 정치에서 다양한 도전과 논쟁에 직면한다. 대표적으로는 소득 불평등과 역진성 문제가 있다. 저소득층은 소득 대비 에너지 지출 비중이 높기 때문에, 동일한 세율이 더 큰 부담으로 작용할 수 있다. 또한 특정 산업(예 철강, 시멘트, 항공 등)은 탄소세에 민감하게 반응하며, 국제 경쟁력 저하 또는 탄소 누출(carbon leakage)의 우려가 발생한다.

이러한 한계를 극복하기 위해 탄소세 수입을 이용한 사회적 완충 장치, 보조금 정책과의 연계, 국제 탄소세 협력 논의 등이 점차 중요해지고 있다. 특히 EU는 탄소세와 연계하여 탄소국경조정제도(CBAM)를 도입함으로써 역외 수입품에도 유사한 규제를 적용하려 하고 있으며, 이는 글로벌 기후거버넌스의 새로운 흐름으로 주목받고 있다.

결국 탄소세는 경제이론상 가장 간결하고 효과적인 기후정책 수단이지만, 실행 가능성과 분배적 정당성, 정치적 수용성을 함께 고려한 정교한 설계가 필수적이다. 특히 탄소세가 기후정책의 중심축이 되기 위해서는, 세율의 점진적 강화와 사회적 수용성을 높이기 위한 정책 조합이 함께 추진되어야 한다.

(4) 배출권거래제

배출권거래제(Emissions Trading System, ETS)는 정부가 설정한 온실가스 총 배출허용량(cap) 하에서, 기업 간에 배출권을 시장에서 사고 팔 수 있도록 허용하는 제도이다. ETS는 배출량이라는 양적 목표를 통제하면서, 한계감축비용(marginal abatement cost)이 낮은 기업에게 더 많은 감축을 맡기는 방식으로 전체 사회의 비용 최소화를 유도하는 시장 기반 수단이다(Montgomery, 1972).

ETS는 기본적으로 두 가지 요소로 구성된다. 첫째, 정부 또는 규제기관은 특정 기간 동안 전체 경제 또는 특정 산업 부문에서 허용되는 온실가스 총량(예 이산화탄소 톤 단위)을 설정한다. 둘째, 이 총량을 기업별로 배분하거나 경매로 판매한 후, 기업들은 실제 배출량과 할당된 배출권량을 맞추어야 하며, 잉여 배출권은 판매하고 부족한 배출권은 구매할 수 있다(Tietenberg, 2006).

ETS의 가장 큰 장점은 감축비용의 이질성을 고려한 정책 효율성에 있다. 동일한 규제 하에서도 기업마다 감축 여건과 기술 수준이 다르기 때문에, 고비용 기업이 배출권을 구매하고 저비용 기업이 더 많이 감축하는 방식으로 전체 감축 비용을 줄일 수 있다. 또한 ETS는 탄소 가격 형성의 시장 메커니즘을 통해 배출 주체에게 명확한 경제적 유인을 제공하며, 가격 신호를 통해 저탄소 기술 투자도 촉진할 수 있다.

대표적인 사례는 유럽연합의 EU ETS이다. 2005년 도입된 이 제도는 세계 최초의 대규모 다국적 배출권 시장으로, 현재 전력, 철강, 시멘트, 항공 등 주요 산업 부문을 포괄하고 있으며, 제4차 거래기간(2021-2030)부터는 유상할당 확대와 시장안정화 메커니즘을 도입해 가격의 안정성과 예측 가능성을 높이고 있다(European Commission, 2022). EU ETS의 탄소 가격은 2022년 기준 톤당 80~100유로 수준이며 이는 전력믹스와 산업구조의 탈탄소화에 실질적인 영향을 미치고 있다.

한국도 2015년부터 K-ETS를 시행하고 있으며, 700여 개 기업이 참여하는 세계 3위 규모의 배출권 시장을 운영 중이다. 초기에는 대부분의 배출권이 무상으로 할당되었으나, 점차 유상할당 비중이 확대되고 있으며, 배출권 가격의 안정성과 유동성을 높이기 위한 제도 개선도 진행 중이다.

그러나 ETS에는 다음과 같은 한계와 도전도 존재한다. 첫째, 초기 배출권 할당이 과도하거나 정치적 고려로 인해 탄소 가격이 지나치게 낮아지는 경우 시장 신호가 왜곡될 수 있다(Goulder & Schein, 2013). 둘째, 배출량의 측정과 검증이 불완전할 경우 시장 신뢰도가 저하되고, 감축 효과가 실제보다 과대평가될 수 있다. 셋째, 탄소 가격의 단기 변동성(volatility)은 기업의 중장기 투자 결정에 불확실성을 증가시킬 수 있다.

또한, ETS는 국제적으로 연결될 가능성이 크기 때문에 국가 간 감축비용 차이, 무역왜곡, 탄소누출 등의 문제도 함께 고려되어야 한다. 이를 보완하기 위한 제도로는 탄소국경조정제도(CBAM), 감축의무 상쇄제도(offsets), 국제 탄소시장 연계 등이 논의되고 있다.

결론적으로, ETS는 환경 목표의 확실성과 비용 효율성의 조화를 가능케 하는 제도로 평가되며, 탄소세와 함께 가장 유력한 경제적 기후정책 수단 중 하나로 자리매김하고 있다. 다만 제도의 효과성은 설계의 정교함과 이행의 엄격성에 크게 의존하며, 점진적인 제도 개선과 국제 협력의 병행이 요구된다.

4 온실가스 감축 전략

(1) 에너지 효율과 수요관리

에너지 효율의 향상과 수요측 관리는 온실가스 감축을 위한 가장 핵심적이면서도 비용 효율적인 전략 중 하나로 간주된다. 에너지 효율이란 동일한 산출을 달성하기 위해 필요한 에너지 소비량을 줄이는 것을 의미하며, 이는 기술 혁신뿐 아니라 시스템 운영과 소비행태의 개선을 통해 달성될 수 있다. 수요측 관리는 공급 중심의 대응이 아닌, 에너지 수요 그 자체를 제어하거나 전환함으로써 에너지 시스템의 부담을 완화하는 접근이다. 두 전략은 에너지 소비의 절대량과 피크 수요를 동시에 줄이는 수단으로 상호보완적인 기능을 수행한다.

에너지 효율은 기술적 진보를 통해 크게 향상될 수 있으며, 이는 곧 탄소배출의 직접적 저감으로 이어진다. 고효율 가전제품, LED 조명, 고성능 단열재, 산업 공정 개선, 고효율 모터와 펌프 등의 도입은 단위산출당 에너지 사용량을 낮추고, 총 에너지 소비의 감소를 통해 배출량을 억제하는 효과를 가져온다(Allcott & Greenstone, 2012). 특히 건물과 산업부문은 에너지 절약 잠재력이 높으며, 기술적으로도 이미 성숙된 대안이 존재하는 영역이다. 또한 수송 부문에서는 연비 기준 강화와 전기차 보급 확대가 효율 향상의 핵심 전략으로 작용하고 있다.

수요측 관리는 이러한 효율 개선과 함께, 에너지의 사용 시점을 조절하거나 소비패턴을 변화시키는 전략으로 발전하고 있다. 예를 들어, 피크 시간대의 수요를 줄이거나 평탄화하기 위해 계시별 요금, 수요반응 프로그램, 자동제어 기술이 활용되고 있으며, 이는 전력계통의 안정성과 재생에너지의 변동성 흡수에 중요한 역할을 한다. 또한 디지털 계량기와 스마트홈 기술은 실시간 소비 정보 제공을 통해 소비자의 행동변화를 유도하고, 전력 피크 수요를 줄이는 데 기여하고 있다.

정책적으로는 에너지 효율성과 수요관리를 촉진하기 위해 다양한 제도적 장치가 마련되어 있다. 규제 기반 접근으로는 에너지 효율 기준(MEPS), 건물 에너지 코드, 자동차 연비 규제 등이 있으며, 시장 기반 접근으로는 에너지절약 보조금, 세액공제, 라벨링 제도, 에너지서비스기업(ESCO) 활용 등이 있다(Gillingham et al., 2009). 또한 공공부문을 대상으로 한 조달기준 강화나 민간 금융과 연계한 성과기반 보조금 정책도 점차 확대되고 있다.

에너지 효율과 수요관리는 온실가스 감축뿐 아니라 에너지 안보, 에너지 비용 절감, 산업 경쟁력 제고 등의 정책목표와도 부합하며, 기후변화 대응의 핵심 기반을 형성한다. 특히 단기적으로 실현 가능하고 사회적 저항이 적은 전략이라는 점에서, 에너지 전환의 초기 단계에서 우선 적용할 수 있는 고효율·저비용의 정책수단으로 평가된다.

(2) 재생에너지 확대와 전력 탈탄소화

기후변화 대응의 중심축은 전력부문의 탈탄소화이며, 이는 궁극적으로 재생에너지를 비롯한 무탄소 전원의 보급과 전환을 요구한다. 전 세계 온실가스 배출의 약 40%가 에너지 생산, 특히 전력 및 열생산 부문에서 기인하며, 이 중 상당 부분은 석탄, 석유, 천연가스 등의 화석연료 연소에 의한 것이다(IEA, 2023g). 따라서 발전원의 탈탄소화를 통한 전력 생산 구조의 근본적인 변화는 기후변화 완화의 출발점이자 가장 중요한 감축 전략으로 간주된다(IPCC, 2022b).

재생에너지는 발전 과정에서 이산화탄소를 직접 배출하지 않기 때문에, 탄소중립을 지향하는 국가 전략에서 필수적인 요소로 자리 잡고 있다. 특히 태양광과 풍력은 기술 진보와 규모의 경제를 통해 지난 10년간 급격한 비용 하락을 경험하였다. 국제재생에너지기구(IRENA, 2023c)에 따르면, 2010~2022년 사이 태양광 발전단가(Levelized Cost of Electricity)는 약 89%, 육상풍력은 약 69% 하락하였으며, 이는 재생에너지가 더 이상 보조금에 의존하지 않고도 기존 화석연료 발전과 가격 경쟁력을 갖추고 있음을 보여준다. 일부 지역에서는 신규 석탄이나 가스화력보다 재생에너지 설비가 이미 더 저렴한 수준에 도달하였다(Lazard, 2023).

전력 부문에서의 재생에너지 확대는 전기화 전략과도 긴밀하게 연계된다. 수송, 난방, 산업 부문이 전기 기반으로 전환될 경우, 해당 전력의 탄소중립성이 확보되지 않는다면 온실가스 감축 효과는 제한적일 수밖에 없다. 따라서 재생에너지 기반의 전력시스템 구축은 전기차, 히트펌프, 전기화학 공정 등 다른 부문의 탈탄소화를 가능하게 하는 전제 조건이다. 이처럼 전력 탈탄소화는 '기반 감축 전략(enabling mitigation)'으로서의 역할을 수행한다는 점에서 정책적 우선순위가 높나.

그러나 재생에너지의 보급 확대는 기술적·제도적 측면에서 새로운 과제를 수반한다. 태양광과 풍력은 기상 조건에 따라 출력이 변동하는 간헐성(intermittency)을 가지며, 이는 전력망의 실시간 수급 균형을 유지하는 데 부담을 가중시킨다. 이에 따라 발전 예측 정확도 향상, 에너지 저장장치의 도입, 수요반응 자원의 활성화, 전력시장 운영의 유연화가 병행되어야 한다. 특히 계통 연계 능력이 부족한 지역에서는 송전망 확충과 분산형 전원 통합 설계가 필수적이다.

정책적으로는 초기 시장 형성과 투자유인을 위한 제도 설계가 중요하다. 발전차액지원제도(FIT), 재생에너지공급의무제도(RPS), 계약경매제도(Auction) 등은 다양한 국가에서 시행되었으며, 각국의 시장성숙도에 따라 보조금 중심에서 경쟁입찰 중심으로 전환되고 있는 추세이다. 또한 장기전력수급계획, 송전망 투자계획, 인허가 제도 등 제도적 정합성이 확보되지 않는다면 재생에너지 확산 속도는 기대에 못 미칠 수 있다.

최근에는 그린수소, 해상풍력, 차세대 태양광(PV), 부유식 풍력 등 기술 다변화를 통한 보급 확대가 시도되고 있으며, 이는 산업 전반의 구조전환과 일자리 창출 등 경제적 효과도 기대할 수 있게 한다. 동시에 재생에너지 설비의 입지 갈등, 환경 영향, 지역 수용성 등의 문제가 제기되면서, 단순한 설비 확충을 넘어 사회적 신뢰 구축과 이해관계자 참여 기반의 전환 전략이 필요해지고 있다 (Sovacool & Ratan, 2012).

재생에너지 확대와 전력 탈탄소화는 기후변화 대응의 핵심 축이며, 에너지 경제 전반의 구조를 변화시키는 장기 전략이자 조기 시행 가능한 고효율 전략이다. 이를 효과적으로 추진하기 위해서는 기술적 해법, 시장 설계, 재정 지원, 지역 기반 거버넌스가 통합적으로 작동하는 체계적 정책 설계가 요구된다.

(3) 전기화(Electrification)와 연료 전환

온실가스 감축을 위한 핵심 전략 중 하나는 에너지 최종 수요 부문에서의 전기화(electrification)와 연료 전환(fuel switching)이다. 전기화란 기존에 화석연료를 사용하는 부문—예를 들어 내연기관 자동차, 가스 보일러, 화석연료 기반 산업 열원 등—을 전기를 사용하는 기술로 대체하는 것을 의미하며, 그 전력이 재생가능 에너지원으로 생산될 경우 실질적인 탈탄소화를 달성할 수 있다. 연료 전환은 특정 공정이나 기기에 사용되는 에너지원의 유형을 보다 탄소집약도가 낮은 연료로 바꾸는 전략으로, 전기화가 기술적으로 어려운 경우 중요한 대안이 된다.

전기화는 전력부문의 탈탄소화가 진전될수록 감축 효과가 기하급수적으로 확대되는 전략이다. 재생에너지를 기반으로 한 전력공급이 증가하는 상황에서, 수송, 난방, 산업 등의 최종 수요를 전기로 전환하면 전체 에너지 시스템의 탄소배출 강도를 획기적으로 줄일 수 있다. 예를 들어 전기차는 내연기관 차량 대비 주행 중 배출이 없으며, 전력망이 청정해질수록 간접 배출도 지속적으로 감소한다. 마찬가지로 건물의 난방·온수 시스템에서 가스보일러를 히트펌프(heat pump)로 대체하면, 고효율 전기기기의 도입과 함께 감축 효과가 크게 나타난다(IPCC, 2022b).

산업 부문에서도 전기화는 점진적으로 확산되고 있다. 저온 열공정(100~200°C)에서 전기히터, 전기건조기 등의 기술이 상업화되고 있으며, 일부 고온 공정에서는 플라즈마 가열, 전기 유도로 등이 대안으로 부상하고 있다(EPRI, 2020). 그러나 철강, 시멘트, 화학과 같은 고온·고압 공정에서는 기술적 한계와 비용 제약으로 인해 전기화가 아직까지 부분적으로만 가능하며, 이 경우 연료 전환이 현실적 대안으로 검토된다.

연료 전환은 전기화가 어려운 분야에서 중요한 탄소 저감 수단으로 기능한다. 특히 석탄이나 중유 기반의 산업 및 발전 공정을 천연가스로 대체하거나, 향후에는 청정수소, 바이오가스, 암모니아, 합성연료(e-fuel) 등으로 전환함으로써 탄소 배출 강도를 낮출 수 있다. 예를 들어 수소는 제철, 정유, 암모니아 생산 등에서 탄소 배출이 많은 화석연료 기반 공정을 대체할 수 있는 유망한 에너지원으로 주목받고 있으며, 특히 재생에너지 기반의 수전해(green hydrogen)는 탄소중립 전환을 위한 전략 기술로 간주된다.

전기화와 연료 전환은 구조적으로 상호보완적인 관계에 있다. 전기화는 탈탄소화된 전력망을 전제로 해야 효과가 극대화되며, 연료 전환은 단기적으로는 천연가스 등 중간수단을 거쳐 궁극적으로 탄소중립 연료로 이행하는 과도기적 전략으로 기능할 수 있다. 이 과정에서 전체 에너지 시스템의 효율성과 배출 강도, 비용구조, 인프라 적합성 등을 종합적으로 고려한 기술·경제적 평가가 필수적이다.

정책적으로는 전기화와 연료 전환의 확대를 유도하기 위한 경제적 유인과 제도 설계가 필요하다. 우선, 전기요금 구조가 화석연료보다 불리한 경우 전기화가 경제성을 확보하기 어렵기 때문에, 세제 조정이나 전력 요금의 탄소비용 반영이 필요하다. 또한 차량, 보일러, 공정설비 등 기존 자산의 교체 주기를 고려한 보조금 정책, 투자 인센티브, 규제 강화 등이 결합되어야 효과적인 전환이 가능하다. 산업 부문에서는 기술 실증과 표준화, 전환 자산의 감가상각 지원, 전력계통 보강 등 인프라 측면의 병행 투자가 수반되어야 한다.

전기화와 연료 전환은 탈탄소화 경로에서 수요측 전환을 실현하는 핵심 전략으로, 기술적 확산뿐 아니라 인센티브 설계, 인프라 정비, 에너지시장 구조 개선 등 다층적 정책 개입이 요구된다. 특히 전기화는 재생에너지 확대와 연계되어 가장 강력한 감축 수단으로 부상하고 있으며, 연료 전환은 중간 단계에서의 현실적 대안을 제공하는 전환 수단으로서 역할을 수행하고 있다. 이 두 전략이 체계적으로 조합될 때, 에너지 소비 구조의 탄소집약도를 획기적으로 낮출 수 있으며, 탄소중립 목표의 이행 가능성도 높아진다.

(4) 탄소포집 및 제거 기술(CCUS, CDR)

기후변화 대응 전략에서 탄소의 발생을 줄이는 감축(mitigation) 수단뿐 아니라, 이미 배출된 이산화탄소를 직접 제거하거나 대기 중 농도를 안정화시키는 기술이 점차 중요해지고 있다. 이와 같은 기술은 크게 탄소포집·활용·저장(Carbon Capture, Utilization and Storage, 이하 CCUS) 기술과 탄소제거(Carbon Dioxide Removal, 이하 CDR) 기술로 구분된다. CCUS는 산업공정이나 발전소 등에서 발생한 CO_2를 직접 포집하여 저장하거나 활용하는 기술을 의미하며, CDR은 대기 중에 존재하는 CO_2를 직접 흡수하거나 격리하는 보다 포괄적인 개념으로, 자연기반 접근과 공학적 접근이 모두 포함된다(IPCC, 2022b).

먼저 CCUS는 고정 배출원이 명확한 산업 및 발전 부문에 적용 가능성이 높다. 석탄·가스 화력발전소, 시멘트·제철·화학 등 공정에서 발생하는 고농도 CO_2를 연소 전, 연소 후, 순산소 연소 방식 등을 통해 포집하고, 이를 압축하여 지하 심부에 주입하거나 화학적으로 전환하는 기술이 대표적이다. 포집된 이산화탄소는 고갈 유전, 염수층, 석유회수증진(EOR) 등을 위해 사용되거나, 콘크리트, 플라스틱, 연료 합성 등에 활용될 수 있다. 특히 CCUS는 에너지 집약적 공정에서의 감축 한계를 보완하는 유일한 기술로 간주되며, 탈탄소 경로에서 필수적 기술로 다루어진다(IPCC, 2022b).

한편 CDR 기술은 이미 대기 중에 존재하는 CO_2를 직접 제거함으로써 '순배출 제로(net-zero)' 또는 '순배출 마이너스(net-negative)' 상태를 달성하는 데 기여한다. 대표적인 CDR 기술에는 조림·재조림, 토양 탄소 저장, 해양 비료화, 바이오에너지와 탄소포집(BECCS), 직접공기포집(DAC; Direct Air Capture) 등이 포함된다(NAS, 2019). 이 중 BECCS는 바이오매스를 연료로 사용하여 발전을 수행한 뒤, 그 과정에서 발생한 CO_2를 포집해 지하에 저장하는 방식으로, 이론적으로는 음의 배출(negative emissions)이 가능하다. DAC은 공기 중에서 직접 CO_2를 분리·포집하는 기술로, 아직 초기 단계지만 장기적으로 고정밀 감축 수단으로 주목받고 있다(Kramer et al., 2022).

그러나 이러한 기술들은 여전히 비용, 인프라, 기술 성숙도 측면에서 상당한 제약을 가진다. CCUS는 포집 및 수송, 저장 설비 구축에 고정비용이 매우 크며, 포집 단가 또한 기존 발전단가를 상회하는 수준이다. 특히 전력 부문에서는 CCUS를 적용한 화력발전의 비용이 재생에너지보다 비경제적인 경우가 많다(Lazard, 2023). CDR 기술 역시 조림을 제외하면 대부분 상용화 초기 단계에 머물러 있으며, 비용은 톤당 수백 달러에 달할 수 있다. 이와 함께 사회적 수용성, 환경 영향, 책임소재에 대한 논란도 존재한다(Bergman et al., 2023).

정책적으로는 이러한 기술이 감축의 '보완 수단'이 아닌, 기후목표 달성을 위한 '필수 수단'으로 인식되어야 한다. 특히 산업 부문과 고정 배출원에서는 CCUS의 조기 상용화를 위한 지원과 인프라 구축이 필요하며, CDR 기술은 공공재적 성격을 고려한 보조금, 연구개발, 공적조달 등 정부 주도의 지원체계가 수반되어야 한다. 또한 국제적으로는 감축 실적의 신뢰성 확보를 위한 측정·보고·검증 체계 정비와 함께, 배출권 시장이나 국가감축목표(NDC)에의 포함 여부 등 제도적 정합성도 논의되고 있다.

CCUS와 CDR 기술은 탄소중립 이행 경로에서 기술적 다양성과 비용-효율성 간 균형을 확보할 수 있는 중요한 전략 수단이다. 특히 배출 회피가 어려운 산업 부문, 기존 인프라의 장기 활용, 초과배출의 보완 등에 있어 핵심적 역할을 수행하며, 탈탄소 전환의 현실적 한계를 보완하는 과학기술 기반 해법으로 기능하고 있다. 향후 과제는 기술적 타당성을 넘어, 경제적 지속가능성과 제도적 통합성을 확보하는 방향으로 정책과 투자가 정렬되는 것이다.

5 기후변화 적응 전략

(1) 에너지 인프라의 기후 회복력

기후변화는 에너지 시스템의 작동 조건과 위험요인을 근본적으로 변화시키고 있다. 온실가스 감축 전략이 미래 배출을 줄이는 것이라면, 적응 전략은 이미 현실화된 기후위협에 대한 회복력을 구축하는 데 초점을 둔다. 에너지 부문에서의 회복력은 단지 공급의 안정성 확보를 넘어서, 기상이변과 장기적인 기후 추세 변화에 대응할 수 있는 시스템의 대비·흡수·복원 능력을 의미한다. 이러한 회복력의 핵심은 에너지 인프라가 예기치 못한 기후 충격 속에서도 지속적으로 작동하고, 피해를 최소화하며, 빠르게 복구할 수 있는 능력을 갖추는 데 있다.

기후변화는 다양한 방식으로 에너지 인프라의 취약성을 노출시킨다. 고온 현상은 송전선의 전류 전달 용량을 감소시키고, 변압기와 냉각 장비의 작동을 저해하며, 냉방 수요 급증으로 인한 피크 부하를 유발한다. 폭염과 가뭄은 수력 발전의 가동률을 저하시키며, 냉각수 부족으로 원자력 및 화력 발전소의 가동 제한을 초래할 수 있다. 해수면 상승과 해안 침수는 연안 발전소, LNG 터미널, 석유 정제시설 등 주요 에너지 기반시설을 물리적으로 위협하며, 태풍과 홍수는 송전망과 저장시설의 마비로 이어질 수 있다(IPCC, 2022a). 최근에는 산불, 폭우, 한파 등 복합재난이 반복되며 재생에너지 설비의 물리적 손상이나 통신망과 연계된 사이버리스크도 함께 증가하고 있다.

이러한 맥락에서 에너지 인프라의 회복력 제고는 기후 적응 전략의 핵심 과제로 부상하고 있다. 회복력 있는 인프라는 기후 위험을 고려한 입지 선정, 설계

기준 강화, 운영 방식의 유연성 확보, 정보 기반 조기 경보 체계의 구축 등을 포함한다. 예를 들어, 침수 가능성이 있는 지역의 발전소는 고지대 이전 또는 방수벽 설치가 필요하며, 고온 지역의 송배전설비는 열팽창과 부하 증가에 대비한 기술 사양이 요구된다. 또한 재생에너지 중심의 분산형 전원 시스템은 중앙집중식 설비에 비해 복원력이 높을 수 있으나, 기상 예측과 실시간 제어 기술의 정밀도가 충분히 확보되어야 한다(Kazmi et al., 2021).

정보기술과 인공지능의 발전은 회복력 확보에 새로운 기회를 제공하고 있다. 실시간 감시 센서, 위성 기반 모니터링, 기상예측 모델, 디지털 트윈(digital twin) 기반 인프라 모의시스템은 기후위험에 대한 조기 대응 능력을 높이며, 정전 복구 시간 단축과 시스템 전환의 유연성을 제고한다(Wang et al., 2022). 동시에, 이러한 디지털화는 새로운 사이버보안 리스크를 동반하기 때문에 회복력은 물리적 측면뿐 아니라 사이버 회복력(cyber resilience)도 함께 고려해야 한다.

정책적으로는 기후 회복력을 전력망, 발전, 수송, 저장 등 에너지 전 부문의 투자 및 계획 기준에 반영하는 것이 필수적이다. 회복력 강화는 단기적으로는 추가 비용을 수반하지만, 중장기적으로는 복구비용, 정전 손실, 경제적 피해를 최소화하는 비용－효율적 전략으로 작용할 수 있다. 이를 위해 각국은 기후위험 평가를 기반으로 한 에너지 인프라 계획 수립, 복원력 평가 지표 개발, 민간 부문 참여 유도, 보험 메커니즘 등의 제도적 수단을 확장해 나가고 있다. 특히 국제에너지기구(IEA)는 2021년 이후 각국 에너지 시스템의 기후 회복력 점검 지침을 발간하고 있으며, 세계은행과 같은 국제기구도 기후적응 인프라 투자의 수익성 평가 도구를 마련하고 있다((IEA, 2021a; World Bank, 2023a).

에너지 인프라의 기후 회복력은 더 이상 선택이 아닌 필수적 요소로 자리 잡고 있다. 회복력은 단순한 시스템의 '복구 능력'이 아니라, 기후위험을 예측하고 흡수하며 대응할 수 있는 종합적 전략을 의미하며, 이는 탈탄소화 전략과 병행하여 에너지 시스템의 지속가능성과 안정성을 확보하는 이중적 전략으로 기능한다.

(2) 분산형 전원과 스마트그리드

기후변화 대응에서 에너지 시스템의 물리적 탄력성과 운영의 유연성을 높이기 위한 전략으로 분산형 전원과 스마트그리드를 들 수 있다. 기존의 중앙집중식 발전 시스템은 대규모 설비에 대한 의존도가 높고, 기상이변이나 사이버공격, 송전망 사고 등에 취약한 구조를 가지고 있다. 이에 반해 분산형 전원과 스마트그리드는 에너지 공급망을 보다 유연하고 회복력 있는 체계로 재설계함으로써, 기후위기에 대한 적응력뿐만 아니라 에너지 시스템 전체의 지속가능성을 강화하는 역할을 수행한다.

분산형 전원이란 상대적으로 소규모인 발전 설비가 소비지 인근에 설치되어, 중앙계통에 의존하지 않고 자체적으로 전력을 생산하고 공급할 수 있는 시스템을 의미한다. 대표적인 예로는 주택용 태양광, 건물 단위의 연료전지, 지역 열병합 발전, 농촌 지역의 바이오에너지 설비 등이 있으며, 이들은 송배전 손실을 줄이고 지역 기반 에너지 자립도를 높이는 데 기여한다(IPCC, 2022a). 특히 자연재해나 계통 정전 시에도 제한된 지역에서 필수 전력을 공급할 수 있다는 점에서 재난 회복력 측면에서 주목받고 있다.

스마트그리드는 이러한 분산형 전원을 통합하고, 수요자와 공급자 간의 실시간 상호작용을 가능하게 하는 지능형 전력망이다. 스마트그리드는 고급 계량기(AMI), 센서, 통신 네트워크, 인공지능 기반 예측 알고리즘 등을 통해 전력 수요와 공급, 저장, 가격정보를 실시간으로 관리하고 최적화할 수 있는 시스템으로 정의된다(Fang et al., 2012). 특히 재생에너지의 간헐성과 지역 간 자원의 불균형을 조율하고, 수요반응 프로그램(DR), 전기차 충전 관리, 에너지 저장장치 연계 등을 통해 계통 전체의 유연성과 효율성을 향상시킬 수 있다(Kazmi et al., 2021).

기후 적응의 측면에서 스마트그리드는 기상이변으로 인한 수급 불안정 상황에서도 계통의 자율 복구 기능을 제공할 수 있으며, 마이크로그리드, 가상발전소(VPP), P2P 전력거래 등 다양한 형태의 유연한 전력 운영 모델을 가능하게 한다. 예를 들어, 마이크로그리드는 특정 지역 또는 시설 단위에서 독립적으로 운영되며, 외부 계통과 분리되어도 필수 전력을 자체적으로 유지할 수 있어 응급 시스템의 핵심 인프라로 활용된다(Boroojeni et al., 2017).

기술적으로는 분산형 전원과 스마트그리드의 통합 운영을 위해 표준화된 통신 프로토콜, 사이버보안 체계, 실시간 데이터 처리 기술, 시스템 간 상호운용성이 필수적이며, 이에 대한 지속적인 투자와 제도적 기반 마련이 필요하다. 동시에 이러한 시스템은 물리적 설비뿐만 아니라 사용자 참여와 수요자 중심의 서비스 모델이 결합되어야 안정적이고 효과적으로 작동할 수 있다. 예를 들어, 소비자가 전력 생산에 참여하는 '프로슈머(prosumer)' 모델은 에너지 시스템을 양방향 구조로 전환시키는 핵심 기반이며, 이는 스마트그리드 기술의 보편화와 맞물려 시장 구조 자체를 변화시키고 있다.

(3) 수요변동 대응과 기후변화 적응

기후변화는 에너지 수요의 시계열적 패턴과 부문별 수요 구조에 새로운 불확실성과 변동성을 초래하고 있다. 특히 이상고온, 혹한, 폭염, 가뭄 등 극단적 기상현상이 빈발하면서 에너지 수요의 단기 급증과 계절 간 불균형이 심화되고 있으며, 이는 에너지 시스템의 회복력과 적응능력 강화를 필요로 하는 주요 과제로 부상하고 있다(IPCC, 2022b). 기후변화 적응의 관점에서, 에너지 부문은 단순한 공급 기반의 대응을 넘어, 수요 측의 변화에 유연하게 대응할 수 있는 시스템 기반의 전략이 요구된다.

대표적인 사례는 여름철 냉방 수요의 급증이다. 지구 평균기온이 상승함에 따라 냉방 설비의 보급이 확대되고 있으며, 특히 도시 밀집지역과 중위도 국가에서는 냉방 수요가 전력 피크를 결정하는 핵심 요인으로 부상하고 있다. 반면 일부 지역에서는 난방 수요가 감소하고 있으나, 이상 한파의 반복적 발생으로 인해 여전히 난방 부문에서의 수요 피크는 큰 변동성을 보인다. 이러한 계절 간, 지역 간, 시간대 간 수요변동성 증가는 에너지 인프라의 탄력성과 지역별 자원 배분 전략의 적응성을 높이는 것이 필수적임을 보여준다.

이러한 수요변동성에 대응하기 위한 전략은 전통적인 공급 중심 대응을 넘어, 수요측 자원의 적극적인 활용으로 전환되고 있다. 수요반응은 소비자에게 실시간 가격, 인센티브, 제어 신호 등을 제공하여 에너지 사용을 자발적으로 조정하도록 유도하는 제도로, 기후변화로 인한 수요 급증을 완화하고 재생에너지의 변동성을 보완하는 데 기여할 수 있다. 스마트 계량기와 홈 에너지 관리 시스템(HEMS)을 활용하면 소비자 수준에서 에너지 사용을 실시간으로 최적화할 수 있으며, 이는 소비자의 기후 적응 행동을 가능하게 하는 핵심 수단으로 기능한다(Fang et al., 2012).

에너지 저장장치(ESS)와의 연계도 중요한 적응 수단이다. 저장기술은 수요가 낮을 때 에너지를 저장하고, 급등할 때 이를 활용함으로써 수급의 시간적 불균형을 조정할 수 있다. 특히 태양광이나 풍력과 같이 변동성이 큰 재생에너지원이 확대됨에 따라, ESS는 기후변화에 따른 공급 불확실성에 대응하는 핵심 인프라로 간주되고 있다.

기후변화는 에너지 수요뿐만 아니라 공급 인프라에도 영향을 미친다. 예를 들어, 폭염과 가뭄은 수력 발전량을 감소시키고, 냉각수 부족으로 인해 석탄·가스·원자력 발전의 운용을 제약할 수 있다. 또한, 극한 기상은 액화천연가스(LNG) 수송 지연, 송전선 결빙, 연료 저장고의 손상 등 에너지 공급망 전반에 복합적 리스크를 초래하며, 이는 수요 피크와 중첩될 경우 시스템 전반에 걸친 적응 실패로 이어질 수 있다(Cruz & Krausmann, 2013).

이에 따라 기후변화 적응 전략은 다음과 같은 다층적 접근을 요구한다. 첫째, 전력망과 연료 공급망의 회복력(resilience)을 강화하여 급변하는 기상 조건에도 안정적인 운용이 가능하도록 해야 한다. 둘째, 수요예측 모델에 기후 데이터를 통합하여 수요 구조의 변화를 구조적으로 반영해야 한다. 셋째, 시장 설계와 가격 신호 체계를 정비하여 소비자와 사업자가 수급 불균형에 능동적으로 적응할 수 있도록 해야 한다. 이러한 접근은 단기적 대응력을 높이고, 중장기적으로는 에너지 시스템의 기후 적응능력(climate adaptive capacity)을 강화하는 데 기여한다.

6 전환리스크와 좌초자산

(1) 전환리스크의 개념과 범위

기후변화 대응이 전 세계적으로 강화됨에 따라, 기존의 탄소집약적 산업 및 자산이 규제, 기술, 시장 구조의 변화로 인해 가치가 하락하거나 손실로 전환되는 현상이 확산되고 있다. 이러한 구조적 불확실성과 경제적 손실 가능성은 '전환리스크(transition risk)'라는 개념으로 설명된다. 전환리스크란 기후변화 대응을 위한 탈탄소화 과정에서 발생하는 정책, 기술, 시장, 사회적 변화로 인해 자산, 산업, 금융시스템, 고용 등에 미치는 간접적이고 비물리적인 경제적 리스크를 의미한다(TCFD, 2017). 이는 극한기후로 인한 물리적 손실인 물리적 리스크와 구별되며, 장기적으로는 그에 못지않은 영향을 미칠 수 있다.

전환리스크는 기후정책이 본격화될수록 그 가능성과 강도가 높아진다. 예를 들어, 탄소세 도입이나 배출권거래제 강화는 기업의 운영비용을 급격히 증가시킬 수 있으며, 특정 고배출 산업은 규제 회피 또는 감축 부적응으로 인해 시장에서 퇴출될 수 있다. 동시에 저탄소 기술의 빠른 발전은 기존 기술을 빠르게 대체하고, 기술적 진입장벽을 변화시켜 산업 내 경쟁 구도를 근본적으로 재편할 수 있다. 이와 함께 소비자의 인식 변화, ESG 기준의 확산, 금융기관의 탈탄소 투자 전환 등도 기업과 산업에 대한 외부 압력으로 작용하여 시장과 사회적 수용성의 급격한 변화를 초래한다(Giannini & Vona, 2021).

전환리스크는 보통 다음과 같은 네 가지 유형으로 분류된다. 첫째, 정책 리스크는 탄소 가격제, 환경규제 강화, 보조금 축소, 인허가 제한 등의 형태로 나타나며, 기업의 전략적 의사결정과 자산가치에 직접적인 영향을 준다. 둘째, 기술 리스크는 새로운 저탄소 기술이 기존 기술을 대체하면서 발생하는 가치 상실과 투자 손실의 가능성을 포함한다. 셋째, 시장 리스크는 수요구조의 급격한 변화, 대체재 확산, 글로벌 공급망 재편 등으로 인한 가격·수익성 하락의 가능성을 의미한다. 넷째, 평판 리스크는 ESG 기준 미달, 기후변화 대응 소극성으로 인해 소비자·투자자·시민사회로부터 신뢰를 상실하고 사회적 압력에 직면하는 위험이다(Carney, 2015).

이러한 리스크는 산업별, 지역별, 자산별로 상이하게 작용하지만, 특히 화석연료 기반 산업, 중화학·건설·교통 등 에너지 집약적 산업, 그리고 관련 금융자산이 높은 노출도를 가진다. 예를 들어 석탄 화력발전소는 수십 년의 경제적 수명을 가정하고 설계되지만, 전력믹스 전환이나 온실가스 규제 강화로 인해 조기 폐쇄되는 경우, 경제적 수명보다 앞선 자산 가치의 상각이 발생할 수 있다(Caldecott et al., 2014). 이와 같은 자산은 '좌초자산(stranded asset)'으로 전환되며, 금융시스템의 건전성과 투자 포트폴리오의 안전성에 대한 우려를 증폭시킨다.

전환리스크는 기업 내부의 전략 수립과 투자결정뿐만 아니라, 금융기관의 대출, 보험, 투자관리에도 중대한 영향을 미친다. 이에 따라 국제적으로는 기후리스크의 정보공시와 분석을 위한 체계가 정비되고 있으며, 금융안정위원회(FSB) 산하의 TCFD(Task Force on Climate-related Financial Disclosures)는 기업이 자산 구성, 시나리오 분석, 위험 노출, 대응 전략을 체계적으로 공개하도록 권고하고 있다(TCFD, 2017). 또한 각국 중앙은행과 금융감독기관은 전환리스크를 반영한 기후 스트레스 테스트를 도입하고 있으며, 녹색분류체계(taxonomy), 저탄소 금융상품 기준 등 제도 정비가 확대되고 있다(NGFS, 2020).

전환리스크는 기후정책이 야기하는 비용이 아니라, 기후대응이 지연될 경우 오히려 확대되는 경제체계의 구조적 전환 과정에서 불가피하게 수반되는 조정비용이다. 이를 회피하거나 지연시키는 접근은 오히려 장기적 불확실성과 금융불안정성을 증폭시키며, 기업과 정부, 금융기관은 이러한 전환리스크를 전략적 요소로 조기에 내재화할 필요가 있다. 탄소중립 이행에서의 정의로운 전환, 자산 재구성, 금융제도의 정합성 확보는 전환리스크를 완화하면서 동시에 기후경제로의 이행을 가속화하는 핵심 경로가 될 것이다.

(2) 기업·금융·정부의 재무 리스크

기후변화 대응을 위한 탈탄소 전환이 본격화되면서, 전환리스크는 단순한 산업 구조의 변화 차원을 넘어, 기업 경영, 금융 시스템, 국가 재정의 안정성에 직접적인 재무 리스크로 확장되고 있다. 이는 탄소집약적 자산의 가치 하락, 사업 모델의 수익성 약화, 규제 변화에 따른 투자 위축, 신용등급 변화, 공공 부문의 재정 부담 증가 등 다층적인 경로를 통해 경제 주체 전반에 영향을 미친다(Giannini & Vona, 2021; TCFD, 2017). 특히 탄소중립 목표가 법제화되고, ESG 규범이 자산시장에 반영되면서 전환리스크는 실질적 손실을 유발하는 경제현실로 다가오고 있다.

우선, 기업은 전환리스크의 1차적인 영향권에 있다. 탄소세, 배출권 가격 상승, 환경규제 강화는 직접적인 비용 증가를 초래하며, 고탄소 설비의 자산가치 하락, 감가상각 가속화, 사업 철수 등의 조정이 불가피해진다. 예를 들어, 석탄 화력 중심의 발전기업은 배출비용 상승과 재생에너지 가격 하락에 직면해 투자 철회 및 자산손실을 경험하고 있으며, 일부 석유기업은 이미 수십억 달러 규모의 유전자산을 평가절하한 바 있다. 또한 저탄소 기술로의 전환이 늦어진 기업은 시장 내 신뢰도 저하, 평판 리스크 확산, ESG 평가 하락으로 인해 자본 조달 비용 상승이라는 간접 리스크에도 노출된다(Caldecott et al., 2016).

이러한 기업 리스크는 금융시장에 시스템 리스크로 확산될 수 있다. 특히 석탄, 석유, 천연가스, 중화학, 항공, 자동차 등 고탄소 산업에 대한 대출·채권·지분 노출도가 높은 금융기관은 좌초자산 발생 가능성에 따라 투자 손실과 재무제표 악화를 경험할 수 있다. 이러한 위험이 누적될 경우 금융기관의 유동성 부족, 신용경색, 자산 포트폴리오 불균형을 초래하며, 금융시스템의 건전성에도 중대한 위협을 가할 수 있다. 이에 따라 주요 중앙은행과 금융감독기구는 기후리스크를 반영한 금융규제 강화와 스트레스 테스트 도입을 추진하고 있으며, 저탄소 경제로의 '급격한 전환'이 금융안정에 미치는 영향을 평가하고 있다(NGFS, 2020).

공공 부문도 예외는 아니다. 정부와 지방자치단체는 화석연료 기반 세수에 의존하거나, 탄소집약 산업에 고용이 집중된 지역을 다수 보유한 경우, 전환리스크가 공공재정의 취약성으로 이어질 수 있다. 예를 들어, 석유 및 석탄 수출국은 국제 수요 감소와 가격 하락으로 인해 수출수익과 세입 기반이 동시에 약화될 수 있으며, 화석연료 관련 설비를 국영기업이 보유한 경우 자산손실이 국부 감소로 직결된다(Van der Ploeg & Rezai, 2020). 또한 전환 과정에서의 사회적 비용—예 실업, 지역 공동체 붕괴, 재훈련·전직 지원, 정의로운 전환 보조금—은 정부의 지출 확대 요인으로 작용하며, 재정 건전성에 대한 압박을 가중시킬 수 있다.

이에 따라 전환리스크는 단지 특정 산업에 국한된 문제가 아니라, 국가 전체의 자산·부채 구조, 세입·세출 계획, 금융안정 정책의 전반에 걸쳐 영향을 미치는 거시적 리스크로 간주되어야 한다. 국제통화기금(IMF)과 세계은행(WB)은 국가별 기후재정 리스크를 점검하고, 공공예산에서의 기후위험 반영, 기후 관련 재정지표 개발 등을 통해 기후재정 거버넌스를 강화할 것을 권고하고 있다(IMF, 2022).

전환리스크는 기업의 재무 건전성, 금융기관의 자산 안정성, 국가의 재정 지속가능성 모두를 동시에 위협할 수 있는 구조적 리스크이다. 각 주체는 자산구성의 탈탄소화, 기후정보 공시 강화, 시나리오 기반 위험 평가, 전략적 투자 전환 등 다양한 수준의 대응 전략을 체계적으로 구축해야 하며, 특히 상호 연계된 위험 구조를 고려한 다자간 협력과 제도적 대응이 핵심이 된다.

(3) 고용·지역경제의 기후변화 대응 리스크

기후변화 대응을 위한 탄소 감축 정책은 장기적으로는 환경적 안정성과 사회 전체의 지속가능성을 제고하는 데 기여하지만, 이러한 정책이 단기적으로 노동시장과 지역경제에 미치는 구조적 영향은 간과할 수 없는 주요 과제이다. 특히 탈탄소화를 위한 규제 강화, 배출권거래제, 탄소세, 고탄소 연료의 단계적 퇴출 등은 특정 산업군과 지역에 집중적인 경제적 충격을 야기할 수 있으며, 이는 사회적 수용성과 기후정책의 지속가능성 확보에 있어 핵심적인 제약 요인이 된다.

탄소집약적 산업—예컨대 석탄 채굴, 석유 정제, 내연기관 차량 제조 등—은 기후정책의 강화로 인해 점진적 축소 혹은 폐지 대상으로 전환되고 있으며, 이 과정에서 해당 산업에 종사하는 노동자는 실직, 소득 감소, 숙련 불일치 등의 위험에 직면하게 된다. 이에 더해 산업 생태계에 기반한 지역경제 역시 서비스업, 인프라, 공공부문 등 다양한 연관 산업을 포함해 연쇄적인 위축을 겪을 수 있다(Carley & Konisky, 2020).

기후정책으로 인한 고용 및 경제적 충격은 지역 간 불균형을 확대시킬 수 있다. 특히 에너지 집약적 산업이 집중된 지역은 대체 산업 기반이 부족하고, 인구 이동성도 제한적인 경우가 많아 구조적 침체에 빠질 위험이 높다. 이로 인해 기후정책은 일부 지역사회로부터 강한 정치적 저항에 직면할 수 있으며, 이는 정책 이행의 안정성과 사회적 정당성에 중대한 도전을 초래할 수 있다(Jenkins et al., 2021).

또한 고용의 양적 변화뿐 아니라 질적 측면도 중요하다. 탈탄소 경제로의 전환이 일자리를 창출할 수 있음에도 불구하고, 신규 일자리가 기존보다 임금 수준이 낮거나 고용 안정성이 떨어질 경우, 사회적 불평등이 심화될 수 있다. 특히 여성, 청년, 저숙련 노동자와 같은 노동시장 내 취약계층은 기후정책에 따른 변화에 상대적으로 더 크게 영향을 받을 가능성이 높다. 따라서 단순한 일자리 수의 보전이 아니라, 양질의 녹색 일자리 창출이 필수적이다.

정의로운 전환(just transition)은 이러한 사회적 리스크를 체계적으로 완화하고 기후정책의 수용성을 높이기 위한 핵심 전략이다. 정책적으로는 먼저 고탄소 산업의 구조 변화가 예상되는 지역에 대한 선제적 영향 평가와 사회적 대화가 필요하며, 이를 바탕으로 대체 산업 육성, 인프라 재편, 직업 재교육, 노동이동 지원 등의 맞춤형 정책 조합이 마련되어야 한다(Fankhauser et al., 2018). 재정적 뒷받침도 매우 중요하다. 실업급여, 직업훈련, 고용서비스, 공공 인프라 투자 등을 통해 단기적 충격을 완화하고, 동시에 녹색산업으로의 노동 이전을 유도하는 방식이 병행되어야 한다.

궁극적으로, 기후변화 대응은 기술적·경제적 조정 이상의 사회적 구조 전환을 요구한다. 고용과 지역경제에 내재된 리스크를 사전에 인식하고, 이를 완화하는 포용적 정책 설계는 기후정책의 효과성과 정당성을 확보하는 핵심 경로이다.

7 국제협약과 글로벌 거버넌스

기후변화는 국경을 초월한 전 지구적 환경 문제이기 때문에, 이를 효과적으로 해결하기 위해서는 국제협력과 제도화된 글로벌 거버넌스가 필수적이다. 이와 같은 국제적 틀의 출발점은 1992년 리우 회의에서 채택된 기후변화에 관한 유엔 기본협약(UN Framework Convention on Climate Change, UNFCCC)이다. UNFCCC는 지구 온난화에 대한 국제사회의 공동 대응 의지를 최초로 명문화한 국제 환경 조약으로, 1994년 발효된 이래 현재까지 190개국 이상이 가입한 보편적 기후 레짐의 근간을 형성하고 있다.

UNFCCC는 법적 구속력이 있는 온실가스 감축 의무를 부여하지는 않았지만, 기후변화의 과학적 근거를 인정하고, 온실가스 농도의 안정화를 장기적 목표로 설정하였으며, 공통의 책임(common responsibility)과 차별적 책임(differentiated responsibility)의 원칙을 동시에 채택하였다. 이 원칙은 산업화로 인해 기후변화를 초래한 선진국이 역사적 책임을 더 크게 지며, 개발도상국은 감축보다는 적응과 지속가능한 개발을 우선한다는 차등적 접근의 근거가 되었다.

UNFCCC 체제 하에서는 정기적으로 당사국총회(Conference of the Parties, COP)가 개최되어, 기후행동을 구체화하고 협약의 이행을 점검한다. 그중에서도 가장 중요한 전환점은 2015년 파리에서 열린 COP21에서 채택된 파리협정(Paris Agreement)이다. 파리협정은 2020년 이후의 새로운 기후체제를 수립한 국제 협약으로, 지구 평균기온 상승을 산업화 이전 대비 2°C 이하로 제한하고, 나아가 1.5°C 이하로 억제하기 위한 노력을 강조하였다(UNFCCC, 2015; IPCC, 2018).

파리협정은 기후변화 대응을 위한 국제협력의 패러다임을 근본적으로 전환한 역사적 전환점으로 평가된다. 교토의정서(Kyoto Protocol)가 선진국에만 감축 의무를 부과한 데 비해, 파리협정은 모든 당사국이 자발적으로 기여하고 전 지구적 감축 목표에 동참하도록 설계된 보편적 합의 체제를 채택하였다(UNFCCC, 2015). 이는 "공통의 그러나 차별화된 책임과 각자의 역량"이라는 기후 거버넌스의 원칙을 유지하면서도, 참여와 이행의 실효성을 높이기 위한 구조적 유연성을 제공한다.

파리협정의 핵심 목표는 산업화 이전 대비 지구 평균기온 상승을 2°C 이하로 제한하고, 1.5°C 이내로 억제하려는 노력을 추구하는 데 있다(IPCC, 2018). 이를 달성하기 위한 주요 이행 수단이 바로 국가결정기여(Nationally Determined Contributions; NDCs) 제도이다. NDC는 각국이 스스로 설정한 온실가스 감축 목표, 적응 전략, 재정 및 기술 수요를 포함한 종합적인 기후행동 계획으로, 5년마다 제출·갱신되고, 이전 목표보다 "점진적 진전"과 "최고의 노력"을 보여야 한다(UNFCCC, 2015 제4조).

NDC 제도는 법적 구속력을 지닌 감축 할당량을 설정하지 않는 대신, 이행과 투명성을 강조한 '소프트 거버넌스 모델'로서 작동한다(Bodansky et al., 2017). 즉, 감축 의무의 강제는 없지만, 정기적 이행 점검, 정보 공개, 국제 동료 검토, 국내 정책의 내재화 등을 통해 참여국의 책임성과 감시체계를 제도화하고 있다. 이와 같은 설계는 참여 유인을 확대하고 국가 간 형평성 논쟁을 완화시키는 장점이 있으나, 동시에 실질적인 감축 실행력을 담보하기 어렵다는 한계를 지닌다.

결론적으로 파리협정과 NDC 체계는 기후변화 대응의 보편적 참여와 국가주도의 유연한 감축 메커니즘이라는 측면에서 제도적 진전을 이뤘지만, 그 실효성을 확보하기 위해서는 글로벌 스톡테이크, 감축 목표의 상향 조정, 이행 점검 체계 강화, 재정·기술 메커니즘의 확충이 함께 병행되어야 한다. 향후 국제사회는 파리협정을 '행동 중심의 기후 거버넌스'로 진화시키기 위해, NDC의 제도적 정합성과 이행력 제고에 보다 전략적인 노력을 기울여야 할 것이다.

8 결론

기후변화는 21세기 인류가 직면한 가장 복합적이고 심각한 환경·경제·사회적 도전이며, 이는 에너지 경제학의 분석 틀과 정책적 접근 방식에도 근본적인 전환을 요구하고 있다. 전통적인 에너지 경제학은 자원 배분의 효율성, 시장 설계, 가격 메커니즘, 기술선택의 경제성 등을 중심으로 발전해 왔으나, 기후위기라는 초국경적·비선형적 문제는 이러한 틀을 넘는 새로운 분석 패러다임과 정책 평가 기준을 제기하고 있다.

첫째, 기후변화 대응은 동적 불확실성과 비가역성을 수반한다는 점에서, 정태적 균형모형이나 단순한 비용－편익 분석으로는 대응이 어려운 영역이다. 온실가스의 누적적 성격, 피해의 시차, 생태계의 임계점 존재 등은 미래 세대에 대한 고려, 예방 원칙, 그리고 실질적 지속가능성 개념을 에너지 경제학에 통합할 것을 요구한다. 이는 할인율의 설정, 장기 편익의 계량화, 사회적 비용의 산정 등에 있어 윤리적 판단과 불확실성 하의 의사결정 이론을 함께 도입할 필요가 있음을 시사한다.

둘째, 기후정책은 분배적 정의와 형평성의 문제를 에너지 경제학의 중심축으로 끌어올리고 있다. 탄소세나 배출권거래제는 경제적 효율성은 확보할 수 있으나, 소득계층·지역·산업 간에 상이한 충격을 유발하므로, 분배효과에 대한 정밀한 분석과 사회적 보완장치 설계가 병행되어야 한다.

셋째, 기후변화 대응은 기술혁신의 촉진자이자 수요자로서, 기술경제학과의 통합을 요구한다. 탄소중립을 위한 기술—재생에너지, 수소, CCUS, 에너지저장, 디지털 제어기술 등—은 아직 많은 경우 초기 비용이 높고 불확실성이 크기 때문에, 경로의존성(path dependency), 학습효과, 네트워크 외부성 등의 요소를 고려한 동태적 정책 설계가 필요하다(Acemoglu et al., 2012). 이는 단순한 비용－편익 분석이 아니라, 기술 전환의 경제적 조건과 정부의 전략적 개입 여지를 분석하는 새로운 접근법이 요구됨을 의미한다.

넷째, 에너지시장의 탈탄소화는 시장 설계와 규제 이론에도 새로운 도전을 던지고 있다. 재생에너지의 간헐성과 탈중앙화는 기존의 전력시장 운영방식에 근본적인 수정을 요구하며, 탄소가격제, 보조금, 기준규제 등이 복합적으로 작용하는 정책 혼합(policy mix)의 효과성 분석이 중요해지고 있다. 이 과정에서 비시장 메커니즘, 사회적 수용성, 정치적 실행가능성 등을 고려한 다차원적 정책 평가가 필요하다.

마지막으로, 기후위기 대응은 에너지 경제학의 분석 범위를 국가 단위를 넘어선 글로벌 공공재 문제로 확장시키고 있다. 탄소는 전 지구적 외부효과를 갖기 때문에, 개별 국가의 최적정책 분석만으로는 기후목표를 달성할 수 없으며, 국제협력, 거버넌스 설계, 제도적 신뢰 구축을 포함하는 분석 틀이 요구된다(Nordhaus, 2015).

제16장

에너지와 지속가능성

1 서론

21세기 인류가 직면한 가장 근본적인 과제 중 하나는 지속가능한 발전을 실현하는 것이다. 지속가능한 발전은 "현재 세대의 필요를 충족시키면서 미래 세대가 그들의 필요를 충족시킬 수 있는 능력을 저해하지 않는 발전"으로 정의되며(WCED, 1987), 이는 환경적 보호, 경제적 번영, 사회적 형평성을 아우르는 다차원적 목표를 내포한다. 이 중에서도 에너지는 지속가능성의 세 축을 동시에 관통하는 핵심적 시스템적 요소로 간주된다.

에너지는 현대 경제의 원동력이자 산업, 수송, 농업, 주거 등 거의 모든 분야의 기반 인프라이며, 인간의 삶의 질과 기본권 실현에도 직결된다. 그러나 오늘날의 에너지 시스템은 주로 화석연료에 의존하고 있으며, 이로 인해 온실가스 배출, 기후변화, 대기오염, 자원 고갈 등 심각한 환경적·사회적 외부효과를 유발하고 있다. 따라서 기존의 에너지 시스템을 지속가능한 구조로 전환하는 것은 기후위기 대응뿐 아니라 장기적인 경제 안보와 사회 통합을 위한 필수 조건이 되고 있다.

이 장에서는 에너지와 지속가능성의 상호작용을 분석하고, 지속가능한 에너지 시스템이 갖추어야 할 핵심 요건에 대해 다룬다. 이를 통해 에너지 경제학이 지속가능성 문제에 어떻게 접근하고 있는지를 체계적으로 이해할 수 있을 것이다.

2 지속가능성의 개념과 역사적 발전

(1) 지속가능한 발전의 정의

지속가능한 발전은 20세기 후반 산업화의 부작용으로 대두된 환경문제, 자원 고갈, 개발도상국의 빈곤 문제 등을 종합적으로 해결하기 위한 새로운 발전 패러다임으로 등장하였다. 이 개념은 단순한 경제성장과는 구별되며, 현재 세대의 필요를 충족시키면서도 미래 세대가 그들의 필요를 충족시킬 수 있는 능력을 저해하지 않는 발전으로 정의된다(WCED, 1987). 이 정의는 1987년 세계환경개발위원회가 발표한 보고서 '우리 공동의 미래(Our Common Future)'를 통해 공식화되었으며, 이후 국제사회의 지속가능성 논의에 있어 가장 널리 수용된 기준으로 자리매김하였다.

이 정의는 발전의 목적이 단순히 물질적 풍요의 극대화가 아니라, 세대 간 정의와 장기적 생태계 유지 가능성을 내포해야 한다는 점을 분명히 하고 있다. 또한 인간의 필요를 중심 개념으로 설정하되, 특히 세계 빈곤층의 기본적 욕구를 우선시함으로써 사회적 형평성을 강조한다는 점에서 기존의 성장주의와 구별된다. 따라서 지속가능한 발전은 단일 목표가 아니라, 경제적 성장, 사회적 포용, 환경적 보존이라는 세 가지 목표 간의 균형을 지향하는 종합적 비전으로 간주된다.

이러한 정의는 이후 다양한 국제적 합의의 토대가 되었으며, 특히 1992년 리우 유엔환경개발회의(UNCED)에서 채택된 「아젠다 21(Agenda 21)」을 통해 구체적 실행 방향으로 확장되었다. 오늘날 지속가능한 발전은 유엔의 지속가능발전목표(SDGs)와 같은 글로벌 정책틀에서도 중심 개념으로 자리 잡고 있으며, 에너지 정책뿐 아니라 기후변화, 농업, 도시계획, 교육 등 광범위한 영역에서 실천적 기준으로 활용되고 있다(UN, 2015).

(2) 환경, 경제, 사회의 3대 축으로서의 지속가능성

지속가능성은 단일한 목표가 아니라 환경적 지속가능성, 경제적 지속가능성, 사회적 지속가능성이라는 세 가지 상호보완적 요소로 구성된 다차원적 개념이다. 이 세 요소는 흔히 '지속가능성의 세 기둥' 또는 '지속가능성 삼각형'으로 불리며, 정책 설계, 기업 전략, 국제 협력 등 다양한 영역에서 지속가능성을 판단하는 기준으로 활용된다(Purvis et al., 2019).

먼저, 환경적 지속가능성은 생태계의 회복력, 생물다양성 유지, 자원 재생 가능성 등을 전제로 하여, 인류의 활동이 자연환경의 수용능력을 초과하지 않도록 관리하는 것을 의미한다. 이는 대기, 해양, 토양, 수자원 등 자연자산의 장기적 보존을 중시하며, 탄소배출 감축, 재생에너지 확대, 순환경제 구현 등과 밀접하게 연계된다.

경제적 지속가능성은 단기적인 성장률이 아니라, 장기적인 생산성과 자원 효율성, 고용 안정성, 재정 건전성 등을 포함한 보다 포괄적인 개념이다. 이는 경제 시스템이 환경적 제약 하에서도 번영할 수 있는 조건을 갖추고, 사회 전체의 복지를 향상시키는 방향으로 기능해야 함을 의미한다. 지속가능한 경제는 외부비용을 시장에 내재화하고, 녹색투자와 기술혁신을 촉진하는 체제를 지향한다.

사회적 지속가능성은 사회 구성원 간의 공정성, 포용성, 기회 균등, 공동체의 안정성 등을 중시한다. 이는 빈곤과 불평등의 해소, 교육과 건강에 대한 접근, 노동권 보호, 문화적 다양성의 존중 등을 포함하며, 특히 에너지 전환 과정에서는 정의로운 전환과 밀접한 관련이 있다. 사회적 지속가능성이 확보되지 않으면, 환경적·경제적 조치가 실질적 정당성과 수용성을 얻기 어렵다.

이러한 세 축은 독립적인 것이 아니라 상호작용하며, 어느 한 축에만 과도하게 집중할 경우 지속가능성 전체가 훼손될 수 있다. 예컨대 경제 성장을 최우선시한 결과로 환경 파괴나 사회적 불평등이 심화된다면, 그 자체로 지속가능하지 않다. 따라서 세 요소 간의 균형적 접근과 통합적 정책 설계가 필요하며, 이는 유엔 지속가능발전목표(SDGs)에서도 명확히 반영되고 있다(UN, 2015).

(3) 에너지와 지속가능성의 관계

에너지는 지속가능성의 세 축—환경적, 경제적, 사회적 지속가능성—을 실현하는 데 있어 중심적 역할을 수행하는 핵심 시스템적 요소이다. 에너지는 거의 모든 경제 활동과 사회기반시설의 토대가 되며, 동시에 자원 고갈, 온실가스 배출, 환경 파괴 등 지속가능성을 위협하는 주요 원인이기도 하다. 따라서 에너지 시스템을 어떻게 설계하고 운영하느냐에 따라 지속가능한 발전의 가능성과 방향이 크게 좌우된다.

환경적 측면에서, 에너지 시스템은 지구 환경에 가장 직접적이고 광범위한 영향을 미친다. 화석연료 중심의 에너지 소비는 전 세계 온실가스 배출의 약 75%를 차지하며, 이는 기후변화의 주된 원인이다(IPCC, 2022a). 또한, 석탄 채굴, 석유 시추, 원유 정제, 발전소 냉각수 사용 등은 생태계 훼손, 수질 및 대기오염, 토양 침식 등을 초래할 수 있다. 반면, 재생에너지 및 에너지 효율 기술은 이러한 환경 부담을 줄이는 동시에 자원의 재생가능성을 확보할 수 있는 대안으로 간주된다.

경제적 측면에서, 에너지는 산업 생산, 수송, 무역 등 경제 활동의 기반이자 성장의 필수 요소이다. 에너지 가격의 변동성, 수입 의존도, 자원 분포의 불균형 등은 경제적 불안정성을 초래할 수 있으며, 이는 특히 에너지 수입국의 경우 거시경제에 직접적인 영향을 미친다. 그러나 재생에너지 기술의 확산과 에너지 효율 개선은 장기적으로 에너지 비용을 절감하고 에너지 안보를 강화할 수 있으며, 새로운 산업과 고용 창출의 기회를 제공한다. 특히 에너지 기술 혁신은 녹색성장(green growth)의 촉진제로서 기능하며, 지속가능한 경제 체제 구축에 핵심적이다(UNEP, 2011).

사회적 측면에서, 에너지는 인간의 삶의 질과 기본권 실현에 필수적인 요소다. 현대적인 에너지에 대한 접근은 의료, 교육, 물 공급, 정보통신 등 모든 사회적 인프라의 전제가 되며, 이에 따라 에너지 접근성, 형평성, 포용성은 중요한 사회적 지속가능성의 지표로 작용한다. 전 세계적으로 약 7억 명이 여전히 전력에 접근하지 못하고 있으며, 20억 명 이상이 청정 조리 연료 없이 생활하고 있다(IEA, 2022a). 에너지 빈곤은 단지 기술 부족의 문제가 아니라, 사회적 배제와 구조적 불평등의 문제로 연결되며, 에너지에 대한 접근 확대는 지속가능한 에너지 시스템 구축의 필수 조건으로 대두되고 있다(Sovacool et al., 2016).

결론적으로, 에너지와 지속가능성은 상호구조적 관계에 있으며, 에너지 시스템을 지속가능성의 원칙에 따라 재설계하는 일은 21세기 인류 발전의 핵심 과제라 할 수 있다. 이를 위해서는 기술 혁신뿐 아니라 제도, 정책, 사회적 참여의 통합적 접근이 요구된다. 에너지는 문제의 원인이자 해법이 될 수 있으며, 따라서 지속가능한 미래는 지속가능한 에너지 전환에서 출발한다.

3 에너지 지속가능성: 약한 지속가능성과 강한 지속가능성의 이론적 관점

에너지 지속가능성은 단순히 에너지의 안정적 공급을 넘어, 생태계 보전, 세대 간 형평성, 기술과 경제적 효율성, 사회적 수용성 등 다양한 요소를 포함하는 복합적 개념이다. 이러한 지속가능성 개념은 이론적으로 약한 지속가능성(weak sustainability)과 강한 지속가능성(strong sustainability)이라는 두 상반된 접근을 통해 해석될 수 있다(Neumayer, 2010).

약한 지속가능성은 자연자본과 인공자본, 인적 자본 간의 대체 가능성을 전제로 한다. 이 관점에 따르면, 자연자원의 고갈은 기술혁신, 인프라 투자, 교육과 같은 형태의 자본 축적을 통해 보완될 수 있으며, 총자본(stock of total capital)이 유지되기만 하면 지속가능성은 유지된다고 본다. 로버트 솔로우(Robert Solow)는 "비재생자원의 고갈이 미래 세대에 대한 부채가 되지 않도록 하기 위해서는, 이를 대체할 수 있는 자본이 충분히 축적되어야 한다"고 주장하였다(Solow, 1974). 나아가 "지속가능성이란 미래 세대가 현재 세대와 동일한 선택의 자유를 가질 수 있도록 하는 것"이라고 정의하며(Solow, 1991), 지속가능한 발전을 자본의 동등한 이전 문제로 간주하였다. 즉, 미래 세대가 동일한 자연 자원을 소비하지 않더라도 대체 자원을 통해 최소한 현세대와 동일한 수준의 후생수준을 유지한다면 지속가능성이 유지되는 것이다.

이러한 관점은 기술 낙관주의와 시장 중심의 정책 수단을 선호한다. 예를 들어, 재생에너지 기술에 대한 투자, 에너지 효율 향상, 탄소세 및 배출권거래제는 자원 고갈에 대한 대응책이 될 수 있으며, 이러한 경제적 유인을 통해 자연자본의 감소를 보완할 수 있다고 본다. 그러나 약한 지속가능성 접근은 모든 자연자원이 대체 가능하다는 전제에 대한 비판을 받아왔다. 생태계의 복잡성과 임계점의 존재는 단순한 대체로 해결될 수 없으며, 일부 자연자본은 비가역적으로 손상될 수 있다는 점이 제기되었다(Rockström et al., 2009).

강한 지속가능성은 자연자본은 인공자본으로 대체할 수 없는 고유한 가치와 기능을 지닌다는 비대체성의 원칙을 따른다(Neumayer, 2010). 기후 안정성, 생물다양성, 청정한 대기와 수질 등은 사회와 경제의 기반을 이루는 임계 자연자본으로 간주되며, 이들은 일정 수준 이하로 훼손될 경우 회복이 어렵거나 불가능하다(Daly, 1996).

이러한 관점에서 에너지 지속가능성이란 단순히 청정에너지 기술로의 전환을 넘어, 생태계 한계 내에서 에너지 시스템을 설계하고 운영하는 것을 의미한다. 이는 에너지 소비의 절대적 감축, 지역 기반의 분산형 에너지 시스템, 그리고 사회적 형평성을 포함하는 생태적·윤리적 접근을 필요로 한다(Rockström et al., 2009). 특히, 온실가스 배출이 임계치를 넘어서면 기후 시스템은 비가역적 변화를 겪게 될 수 있다는 인식은, 단순한 효율성 개선 이상의 구조적 전환을 요구한다.

표 16-1 약한 지속가능성과 강한 지속가능성의 비교

구분	약한 지속가능성	강한 지속가능성
자본 간 대체 가능성	자연자본은 다른 자본으로 대체 가능(Solow, 1974; Pearce & Atkinson, 1993)	임계 자연자본은 대체 불가능 (Daly, 1996)
지속가능성의 정의	총자본의 유지 또는 증가	자연자본의 보전과 생태계 임계점의 보호
정책 방향	기술 개발, 시장 메커니즘 (탄소세, 배출권, 보조금)	자원 소비 절감, 규범 기반 접근, 생태 회복력 강화
주요 한계	대체성 전제의 현실성 부족	경제성 및 정치적 수용성의 한계

약한 지속가능성은 현실적인 정책 도입에 있어 유연성과 비용 효율성이 높은

반면, 장기적 생태위험에 대한 고려는 상대적으로 약할 수 있다. 반대로, 강한 지속가능성은 환경의 회복력과 윤리적 정당성을 강조하지만, 경제성과 단기 수용 가능성 측면에서는 제약이 있을 수 있다.

에너지 지속가능성에 대한 논의는 단순한 에너지 기술의 전환을 넘어, 인간과 자연, 현재와 미래, 성장과 보전 사이의 균형에 대한 철학적·경제학적 질문을 내포하고 있다. 로버트 솔로우가 제시한 "자본의 대체를 통한 세대 간 형평성"이라는 접근은 약한 지속가능성의 이론적 기반을 제공하였으며, 이는 오늘날 많은 정책 모델에 반영되어 있다. 그러나 기후변화, 생물다양성 붕괴, 행성 경계의 초과와 같은 글로벌 리스크는 보다 강한 지속가능성의 원칙, 즉 생태적 한계와 윤리적 기준을 포함한 포괄적 전환 전략의 필요성을 제기하고 있다 (Rockström et al., 2009; Neumayer, 2010). 에너지 정책은 이제 총자본의 관리만이 아니라 지구 생태계의 안전 작동 범위 내에서의 에너지 시스템 재설계라는 보다 근본적인 과제에 직면하고 있다.

4 에너지 소비와 지속가능성 지표

(1) 총 에너지 소비와 1인당 에너지 소비

지속가능한 에너지 시스템의 평가와 설계에 있어 총 에너지 소비와 1인당 에너지 소비는 가장 기본적이면서도 중요한 지표로 간주된다. 이들 지표는 국가 혹은 지역 단위의 에너지 수요 구조, 산업 특성, 생활 수준, 기술 효율성 등을 종합적으로 반영하며, 에너지 시스템이 환경적·경제적·사회적으로 지속가능한 방향으로 운영되고 있는지를 판단하는 데 기초 자료를 제공한다(Rothman, 1998).

먼저, 총 에너지 소비는 일정 기간 동안 한 국가 또는 지역 내에서 소비된 모든 1차 에너지원(석탄, 석유, 천연가스, 원자력, 재생에너지 등)의 양을 나타내며, 일반적으로 석유환산톤(tonne of oil equivalent, toe) 또는 페타줄(PJ) 등의 단위로 측정된다. 총 에너지 소비는 산업 구조, 인구 규모, 경제 규모, 기후 조건 등에 따라 달라지며, 국가의 발전 단계와 에너지 집약도와 밀접한 관계를 가진다.

한편, 1인당 에너지 소비는 총 에너지 소비를 인구 수로 나눈 값으로, 국민 개개인의 평균적인 에너지 사용량을 나타낸다. 이는 한 사회의 생활 수준, 소비 패턴, 주거 환경, 교통 수단 이용 양태 등과 직결되며, 에너지의 형평성과 지속가능성을 평가하는 데 보다 세밀한 기준이 된다.

고소득 국가들은 일반적으로 1인당 에너지 소비가 매우 높은 편이며, 이는 산업화 수준뿐 아니라 에너지 집약적인 소비문화, 교외화된 생활양식, 수송 인프라의 자동차 의존도 등과 연관되어 있다. 예를 들어, 2020년 기준 미국의 1인당 에너지 소비는 약 6.8 toe로, 세계 평균의 두 배 이상에 해당한다. 반면, 저소득 국가는 전력 접근성이 낮고 산업화 수준이 제한되어 있기 때문에 1인당 소비가 매우 낮은 수준에 머무르며, 일부 지역에서는 에너지 빈곤이 지속적인 사회문제로 대두된다(IEA, 2022a).

그러나 높은 1인당 에너지 소비가 반드시 지속가능하지 않은 것은 아니다. 예컨대 에너지 소비의 탄소집약도가 낮고, 에너지 효율성이 높은 시스템이라면 높은 수준의 소비가 상대적으로 더 적은 환경 부담을 유발할 수 있다. 반대로, 낮은 1인당 소비라고 하더라도 전통 바이오매스 의존이 높거나 비효율적 연료 사용이 지속되는 경우에는 환경·건강·사회적 지속가능성 측면에서 부정적인 결과를 초래할 수 있다.

이러한 맥락에서 총 에너지 소비 및 1인당 소비 지표는 단순한 '더 적거나 많은' 양적 평가를 넘어, 소비 구조의 질적 구성, 소득 및 계층 간의 에너지 분포, 에너지 이용의 사회적 효과성 등을 함께 고려한 다차원적 분석이 필요하다. 예를 들어, 같은 에너지 소비량이라 하더라도 냉난방, 보건, 교육, 생산적 활동에 기여하는 방식과 단순한 사치성 소비 간에는 지속가능성의 수준이 전혀 다르다(Goldemberg et al., 1985).

또한, 총 에너지 소비는 지구 생태계의 한계를 고려할 때, 일정 수준에서 안정되거나 감소하는 방향이 바람직하다는 인식이 확산되고 있다. 특히 에너지 소비와 경제성장 간의 디커플링, 즉 에너지 소비 증가 없이도 경제 성장을 달성할 수 있는 구조 전환이 지속가능성의 핵심 지표로 떠오르고 있다. 에너지 집약도 개선과 재생에너지 전환을 통해 이러한 디커플링을 실현하고 있는 국가들은 보다 지속가능한 에너지 경로에 가까워지고 있다.

결론적으로, 총 에너지 소비와 1인당 에너지 소비는 지속가능성을 평가하는 데 있어서 단순한 양적 수치를 넘어서 에너지 사용의 효율성, 형평성, 환경적 영향 등을 종합적으로 해석할 수 있는 다면적 지표로 활용되어야 하며, 이를 통해 보다 정교한 정책 설계와 지속가능한 사회로의 전환을 유도할 수 있다.

(2) 에너지 소비의 탈탄소화 지수

지속가능한 에너지 시스템의 발전 정도를 평가하는 데 있어 중요한 지표 중 하나는 에너지 소비의 탈탄소화 수준, 즉 단위 에너지 소비당 온실가스 배출량을 측정하는 탈탄소화 지수이다. 이 지표는 동일한 양의 에너지를 사용할 때 배출되는 이산화탄소(CO_2)의 양을 나타내며, 에너지 시스템이 얼마나 청정하고 환경친화적인 방식으로 전환되고 있는지를 보여준다(Kaya & Yokobori, 1997).

탈탄소화 지수는 일반적으로 이산화탄소 배출량(ton CO_2)을 1차 에너지 소비량(terajoule 또는 toe)으로 나눈 값으로 표현된다. 이 값이 낮을수록 해당 에너지 시스템이 더 적은 탄소를 배출하면서 에너지를 사용하는 것이며, 이는 에너지 믹스의 친환경성, 에너지 효율성, 그리고 기술 수준을 반영하는 중요한 지표로 간주된다(IEA, 2021e).

이 지표는 특히 'Kaya 정체식(Kaya Identity)'과 긴밀하게 연결되어 있다. Kaya 정체식은 온실가스 배출을 인구, 1인당 소득, 에너지 집약도, 탄소 집약도의 곱으로 표현하는데, 이 중 마지막 항인 탄소 집약도(C/E)가 바로 에너지 소비의 탈탄소화 수준을 의미한다. 에너지 믹스가 석탄에서 천연가스, 재생에너지, 원자력 등으로 이동하거나, 에너지 효율성이 높아질수록 이 지수는 감소한다.

실제로 유럽연합은 지난 수십 년 동안 전체 에너지 소비량을 일정하게 유지하거나 오히려 증가시키면서도, 재생에너지 확대와 석탄 감축을 통해 에너지 소비의 탄소 집약도를 지속적으로 낮추는 데 성공해 왔다. 그 결과 유럽의 1차 에너지 소비당 CO_2 배출량은 꾸준히 감소하고 있으며, 이는 기후목표 달성을 위한 긍정적 신호로 평가되고 있다. 반면, 일부 신흥국들은 경제성장을 뒷받침하기 위해 여전히 석탄 등 고탄소 에너지원에 의존하고 있어 이 지수 개선 속도가 더디다.

탈탄소화 지수는 또한 전력, 수송, 산업 등 부문별로 비교할 수 있는 유용한 도구이기도 하다. 전력 부문에서는 재생에너지 전환이 상대적으로 빠르게 이루어지고 있어 이 지수가 크게 개선되는 반면, 산업이나 수송 부문은 기술적, 비용적 제약으로 인해 개선 속도가 느리다. 이 지표를 통해 부문 간 전환 속도의 불균형을 파악하고, 보다 집중적인 정책 개입이 필요한 영역을 식별할 수 있다.

에너지 소비의 탈탄소화를 가속화하기 위한 전략으로는 재생에너지를 비롯한 무탄소 에너지의 비중 확대, 에너지 효율 향상, 전기차와 같은 전기화 기술의 도입, 탄소포집 및 저장(CCS) 기술의 적용, 산업 구조의 저탄소화 등이 있다. 이러한 변화는 에너지 소비량 자체를 줄이지 않더라도, 소비당 환경부하를 줄임으로써 지속가능성을 확보하는 데 기여한다(Rogelj et al., 2015).

결론적으로, 에너지 소비의 탈탄소화 지수는 단순한 에너지 절약의 개념을 넘어, 에너지 사용의 질적 변화를 평가하는 핵심 지표이다. 이는 "얼마나 많은 에너지를 쓰는가"보다 "얼마나 깨끗하게 에너지를 쓰는가"를 강조하는 지속가능성 중심의 패러다임 전환을 반영하며, 에너지 정책과 기후 대응 전략의 성과를 진단하고 조정하는 데 필수적인 도구로 자리잡고 있다.

(3) 지속가능에너지 발전지수

지속가능한 에너지 시스템의 구축 수준을 종합적으로 평가하기 위해 국제사회는 다양한 정량적 지표들을 개발해 왔다. 그중 대표적인 것이 지속가능에너지 발전지수(Sustainable Energy for All Index, SEforALL)와 유엔의 지속가능발전목표 7번(SDG 7)을 중심으로 구성된 에너지 접근성과 지속가능성 관련 지표들이다. 이들은 단일한 수치나 경로가 아닌, 접근성, 효율성, 청정성이라는 세 가지 축을 통해 지속가능한 에너지 시스템의 진척도를 다차원적으로 평가한다(SEforALL, 2015; UN, 2015).

SDG 7은 2030년까지 "모두를 위한 저렴하고 신뢰할 수 있으며 지속가능한 현대적 에너지 보장”을 목표로 설정하고 있으며, 이를 구체화하기 위한 핵심 성과지표로 네 가지가 사용되고 있다. 첫째는 전력 접근률로, 가정과 사업체가 안정적이고 합법적인 전력공급망에 연결되어 있는지를 측정한다. 둘째는 청정 조리 연료에 대한 접근으로, 건강과 환경에 유해한 전통 바이오매스(장작, 숯, 동물 분 등)에 의존하지 않고, LPG, 전기, 바이오가스 등 청정 연료를 사용할 수 있는지를 평가한다. 셋째는 최종 에너지 소비에서 재생에너지의 비중이다. 이는 국가의 에너지 믹스가 얼마나 재생 가능한 자원에 기반하고 있는지를 보여주는 핵심 지표로, 특히 전력 부문뿐 아니라 수송, 난방, 산업 등 다양한 부문을 포괄하여 평가된다. 넷째는 에너지 집약도로, 단위 국내총생산(GDP)을 생산하는 데 필요한 에너지 소비량을 측정하며, 국가의 에너지 효율성과 경제 구조 전환 정도를 반영하는 지표다(UNSD, 2023).

SEforALL과 세계은행은 이러한 개별 지표들을 통합하여 국가별 지속가능 에너지 발전지수를 구성하고 있으며, 이를 통해 각국의 진척 상황을 정량적·시계열적으로 비교할 수 있게 하고 있다. 예를 들어 2022년 기준, 세계 평균 전력 접근률은 약 91%에 도달했지만, 사하라 이남 아프리카 지역은 여전히 50% 이하에 머물고 있으며, 청정 조리 연료 접근률도 매우 낮은 상태에 있다(IEA et al., 2022). 이러한 격차는 단지 기술과 인프라의 문제가 아니라, 사회적 불평등, 제도적 미비, 재정 접근성의 차이에서 비롯된다.

이 지표들은 에너지 시스템의 물리적 확대만이 아니라, 형평성과 포용성, 그리고 기후변화 대응과의 정합성까지 함께 평가한다는 점에서 큰 의의를 가진다. 따라서 고소득국과 저소득국 간의 발전 단계를 비교할 때도, 단순히 소비량이나 설치 용량이 아닌, 접근의 질과 지속가능성의 구조적 특성을 함께 고려할 수 있는 기반이 된다.

정책적으로 이러한 지표는 국제기구의 재정 지원, 기술 이전, 프로젝트 평가, 그리고 국가별 에너지 전환 계획 수립의 기준으로 활용되며, 지속가능성의 평가를 기술 중심이 아닌 사람 중심의 통합 지표로 확장시키는 역할을 수행하고 있다. 에너지 전환의 성공 여부는 단지 탄소배출 저감의 속도만이 아니라, 에너지가 얼마나 많은 사람들의 삶의 질을 개선하고 있는지에 대한 실질적 성과로 측정되어야 한다는 인식을 반영한다.

5 지속가능한 에너지 시스템의 설계

(1) 지속가능한 에너지 시스템의 개념

지속가능한 에너지 시스템은 단순히 에너지 공급의 안정성이나 기술적 효율성만을 의미하지 않는다. 이는 현재 세대의 에너지 수요를 충족시키면서도, 미래 세대가 필요로 하는 에너지 이용 가능성과 생태적 기반을 훼손하지 않는 구조를 의미하며, 경제적 효율성, 환경적 건전성, 사회적 형평성을 통합적으로 고려하는 다차원적 체계를 포함한다(Goldemberg et al., 2004).

이러한 개념은 전통적인 에너지 시스템—즉, 화석연료 기반의 대규모 중앙집중형 발전과 수직 통합된 공급체계—와는 구조적으로 구별된다. 지속가능한 에너지 시스템은 분산형, 탈탄소, 디지털화, 참여 기반이라는 특징을 지니며, 에너지 효율 개선, 재생에너지 확산, 온실가스 감축, 에너지 접근성 향상이라는 목표를 동시에 추구한다. 특히 파리협정의 1.5℃ 목표, 지속가능발전목표(SDGs), 탄소중립 이행 전략 등과 정합성을 갖는 체계로 설계되어야 한다(IPCC, 2022a).

이 시스템은 다음의 네 가지 핵심 요소를 통합적으로 충족해야 한다. 첫째, 환경적 지속가능성으로, 에너지 생산과 소비 과정에서의 온실가스 배출, 대기·수질 오염, 생태계 훼손을 최소화하고, 생물다양성과 자원순환성을 보장해야 한다(Rockström et al., 2009). 둘째, 경제적 효율성으로, 한정된 자원을 효율적으로 활용하고, 비용 대비 탄소감축 효과가 높은 기술을 우선적으로 도입함으로써 사회 전체의 후생을 극대화해야 한다. 셋째, 사회적 포용성과 형평성으로, 모든 계층과 지역이 깨끗하고 저렴한 에너지에 접근할 수 있어야 하며, 전환 과정에서의 고용 손실, 에너지빈곤, 지역 간 격차를 최소화해야 한다(Carlely & Konisky, 2020). 넷째, 시스템적 회복력(resilience)으로, 기상이변, 공급망 교란, 사이버 공격 등 외부 충격에 견딜 수 있는 자율성과 복원력을 갖추어야 한다.

지속가능한 에너지 시스템은 기술적·경제적·제도적 수준에서 설계될 수 있다. 기술적으로는 재생에너지 중심의 전력구조, 에너지 저장장치(ESS), 스마트그리드, 수요반응, 전기화 등이 포함되며, 경제적으로는 환경비용의 내부화, 녹색금융, 지속가능 투자 등이 요구된다. 제도적으로는 다부문 거버넌스, 이해관계자 참여, 지역분권적 에너지계획 수립 등이 핵심이다(Mitchell et al., 2011).

정책적 시사점으로는, 지속가능한 에너지 시스템은 단순한 기술 전환이 아닌 에너지 생산과 소비를 둘러싼 사회적·경제적 시스템 전반의 구조적 변화를 전제로 한다는 점에서, 탈탄소 정책, 산업정책, 사회복지 정책 간의 통합이 필수적이다. 특히 에너지 시스템은 '복합사회기술 시스템(socio-technical system)'이기 때문에, 기술만으로는 전환이 불가능하며, 제도적 적응성과 사회적 수용성을 함께 설계해야 한다(Geels, 2011).

지속가능한 에너지 시스템은 효율적인 에너지 공급 그 이상을 의미하며, 탄소중립, 에너지 안보, 사회적 형평성, 생태적 보전이라는 가치들을 동시 추구하는 에너지 전환의 핵심 기반이다. 이를 구현하기 위해서는 기술 선택의 기준을 넘어, 시스템 설계 전반의 목표 정렬과 정책 연계성을 고려한 총체적 접근이 요구된다.

(2) 기술적 요소: 저탄소·고효율 에너지 구조

지속가능한 에너지 시스템의 실현은 궁극적으로 저탄소성과 고효율성을 기술적으로 구현할 수 있는 에너지 구조의 구축을 전제로 한다. 즉, 에너지의 생산, 저장, 전달, 소비에 이르는 전 과정에서 탄소 배출을 최소화하고, 자원의 낭비를 줄이며, 유연성과 안정성을 높이는 기술적 기반이 핵심이다.

첫째, 재생에너지 및 무탄소 전원 중심의 전력 시스템 구축이 기술적 구조 전환의 핵심이다. 태양광, 풍력, 수력, 바이오에너지, 지열 등은 화석연료와 달리 탄소 배출이 없거나 매우 낮으며, 기술 발전과 규모의 경제에 힘입어 최근 수년간 발전단가(LCOE)가 급격히 하락하였다(Lazard, 2023). 특히 태양광과 육상풍력은 일부 지역에서 석탄·가스보다 저렴한 가격 경쟁력을 보이고 있으며, 이러한 변화는 전력믹스의 구조적 전환을 가능하게 한다.

둘째, 에너지 저장장치(ESS)와 계통 유연성 확보는 재생에너지의 간헐성과 변동성을 보완하는 기술적 핵심 요소이다. 배터리 저장 시스템(BESS), 양수발전, 열 저장 기술은 생산과 소비 간 시간적 불일치를 조정하여 공급의 안정성을 유지하고, 전력망의 부하 관리에 기여한다. 특히 전기차 배터리를 활용한 양방향 충전(V2G) 기술과 수요반응(DR) 기술은 사용자 측에서의 계통 조정 기능을 실현함으로써 분산형 에너지 구조의 기반을 제공한다.

셋째, 수소경제와 탄소중립 연료는 장기적으로 산업·수송 등 고배출 부문의 탈탄소화를 위한 필수 기술로 주목받고 있다. 특히 그린수소(green hydrogen)는 재생에너지 기반 수전해 기술을 통해 생산되며, 철강, 화학, 해운, 항공 등 고온·고압 조건에서 전기화가 어려운 분야에서 화석연료를 대체할 수 있다. 또한 암모니아, 합성연료(e-fuels), 바이오메탄 등 다양한 탄소중립 연료는 수소 기반의 확장 응용 기술로 개발되고 있다.

넷째, 탄소포집·활용·저장(CCUS)과 직접공기포집(DAC) 기술은 배출 회피가 어려운 산업공정 및 잔여배출 영역의 탄소 제거를 위한 기술적 대안이다. 특히 시멘트, 제철, 정유 등에서 발생하는 공정 배출을 포집해 저장하거나 활용하는 기술은 넷제로(Net Zero) 이행 경로에서 불가결한 기술로 간주된다(IPCC, 2022a). 다만, CCUS는 높은 설치비용, 포집 효율의 한계, 저장 부지 확보 등의 문제로 정책적·재정적 지원이 병행되어야 한다.

다섯째, 스마트그리드 및 디지털 기술의 도입은 에너지 시스템의 효율성과 회복력을 제고하는 데 핵심적이다. 실시간 전력 데이터의 수집·분석·예측을 통해 수요와 공급을 자동 조정하며, IoT 기반 센서, 인공지능 알고리즘, 디지털 트윈 등은 에너지 효율 최적화, 장애 예측, 유지보수 비용 절감 등 다방면에서 혁신을 가능하게 한다(Fang et al., 2012). 이와 같은 디지털화는 분산형 자원(DERs), 전기차, 가정용 태양광 등 수요자 중심의 에너지 참여 구조와도 상호작용하며, 플랫폼 기반 에너지 생태계로의 전환을 촉진하고 있다.

여섯째, 에너지 효율 향상 기술은 전환 비용을 최소화하고 탄소중립 목표 달성의 기초를 형성한다. 고효율 전기기기, 산업공정 최적화, 빌딩 단열, 스마트 조명, 히트펌프 등의 기술은 에너지 소비 자체를 줄이는 수단으로, 공급측 중심의 대응을 보완한다(Mundaca et al., 2016). 특히 에너지 효율은 수요관리(Demand－side management)의 출발점으로, 단기적으로 비용－효율성이 높은 감축 수단으로 널리 인정받고 있다(IPCC, 2022b).

지속가능한 에너지 시스템을 설계하기 위한 기술적 구조는 재생에너지 기반의 공급 전환, 저장 및 유연성 확보, 산업 탈탄소화, 디지털화, 그리고 에너지 효율 향상이라는 다섯 가지 축을 통합적으로 갖추어야 한다. 이는 단순한 기술의 집합이 아니라, 각 요소 간 상호보완성과 체계적 연계를 전제로 한 시스템 설계 차원의 통합적 접근이 요구되며, 이를 위한 투자, 인센티브, 제도적 기반도 함께 구축되어야 한다.

(3) 경제적 요소: 비용효율성과 투자유인

지속가능한 에너지 시스템의 전환은 대규모 자본투자가 필요한 구조적 변화이며, 따라서 경제적 실행 가능성, 즉 비용 효율성과 투자유인은 그 지속성과 확산성을 결정짓는 핵심 요소이다. 저탄소 기술이 환경적으로 우수하더라도, 비용이 과도하거나 투자 회수가 불확실하다면 시장에서 선택되지 않으며, 이에 따라 경제적 기반의 설계는 기술적 요소만큼이나 중요하다.

첫째, 비용 효율성(cost－effectiveness)은 동일한 감축 목표를 달성하기 위해 사회 전체가 부담해야 하는 총비용을 최소화하는 기준이다. 이를 위해 에너지 기술 간 단위당 온실가스 감축 비용이나 균등화 발전비용이 널리 활용된다. 최근 보고서에 따르면 태양광, 풍력, 일부 지역의 배터리 저장 시스템은 이미 석탄이나 천연가스보다 LCOE가 낮아졌으며, 이는 탈탄소 기술이 경제성까지 확보해 가고 있음을 의미한다(Lazard, 2023; IRENA, 2023).

둘째, 외부비용의 내부화는 비용 효율적 자원 배분의 전제가 된다. 기존 화석연료 기반 에너지 시스템은 온실가스 배출, 대기오염, 건강 피해 등 다양한 외부비용을 사회 전체에 전가해왔으며, 이러한 비용이 가격에 반영되지 않으면 시장 왜곡이 발생한다. 탄소세(carbon tax), 배출권거래제(ETS), 연료세 조정 등의 수단은 이러한 외부비용을 시장가격에 반영하는 방식으로, 에너지 소비의 방향성과 기술 선택에 영향을 준다. 예를 들어 유럽연합의 탄소배출권 가격은 2023년 기준 톤당 80~100유로 수준에 이르며, 이는 석탄 발전의 가격 경쟁력을 근본적으로 약화시키고 있다(EU ETS, 2023).

셋째, 민간 투자 유인 구조의 설계는 에너지 전환의 실행력을 결정하는 요소이다. 지속가능한 에너지 시스템은 대규모 재정지출만으로는 구현될 수 없으며, 장기적·예측가능한 수익 모델이 보장될 때 민간자본의 참여가 가능해진다. 이를 위해 정부는 정책 리스크 최소화, 시장 진입 장벽 해소, 금융 접근성 확대 등을 유도해야 하며, 대표적 수단으로는 녹색채권(green bonds), 신용보증, 발전차액제도(FIT), 재생에너지 의무할당제도(RPS) 등이 있다(UNEP, 2018; OECD, 2021b).

특히 최근 ESG 투자 및 임팩트 금융의 확산은 탄소중립 기반의 자산구성이 자본시장의 주류로 편입되고 있음을 보여준다. 글로벌 ESG 채권 발행 규모는 2022년 기준 연간 1조 달러를 상회하고 있으며, 이 중 재생에너지·그린수소·에너지효율 분야가 주요 수혜 산업이다. 또한 다양한 국제기구와 다자개발은행(MDBs)은 지속가능 에너지 프로젝트에 대해 낮은 조달비용, 기술 자문, 리스크 분산 수단을 결합하여 민간투자 유인을 제고하고 있다(World Bank, 2022b).

넷째, 소비자 참여 기반의 유인체계 설계도 점차 중요해지고 있다. 스마트미터, 동적 요금제, 수요반응시장, 프로슈머(prosumer) 인센티브 등은 소비자 행동을 변화시켜 수요 측의 유연성을 확보함으로써 시스템 전체의 비용을 줄이고, 탄소 감축 효과도 실현한다. 이는 중앙정부 중심의 공급 기반 체계에서 분산형 자원 중심의 수요자 참여형 시스템으로의 전환을 촉진하는 경제적 장치이다.

마지막으로, 지속가능한 에너지 시스템의 설계는 단기 기술비용 뿐만 아니라 장기적 사회후생까지 고려하는 평가 틀이 필요하다. 예를 들어, 특정 기술이 초기 투자비용은 높지만 오염이 적고 유지비가 낮다면, 사회적 순편익(Net Social Benefit)이 높아질 수 있다. 따라서 사회적 할인율, 옵션가치, 불확실성 하의 투자모형(real options model) 등 동태적 비용–편익 분석이 정책 및 투자 판단의 기준으로 제시되어야 한다(Arrow & Fisher, 1974; Hepburn et al., 2020).

지속가능한 에너지 시스템의 설계는 단순한 기술 채택이 아닌 비용·가격·투자·시장구조가 유기적으로 정렬된 경제적 기반 구축을 의미한다. 이는 경제성과 지속가능성의 조화를 가능하게 하며, 동시에 민간과 공공의 역할 분담을 통해 탈탄소 전환의 실질적 경로를 제시하는 정책 설계의 핵심 축이 된다.

(4) 제도적 요소: 정책·규제·거버넌스 체계

지속가능한 에너지 시스템은 단지 기술혁신이나 시장기제에 의존해서는 실현될 수 없다. 그 기반에는 명확한 정책 방향성, 정합적인 규제 체계, 포용적이고 다층적인 거버넌스 구조가 뒷받침되어야 하며, 이러한 제도적 틀이 시스템의 안정성과 사회적 수용성을 결정짓는 핵심 요소로 작동한다. 에너지는 공공성과 외부효과가 강한 부문이므로, 지속가능성의 세 가지 축—경제성, 환경성, 사회적 형평성—을 통합적으로 구현하기 위해 제도적 설계가 중심적 역할을 수행해야 한다.

첫째, 지속가능한 에너지 시스템을 위한 정책 포트폴리오 설계는 단기적 효율성과 장기적 비전을 균형 있게 조화시켜야 한다. 이에는 재생에너지 보급, 에너지 효율 향상, 보편적 에너지 접근성, 에너지 안보 및 회복력 증진 등 다층적 정책목표를 아우르는 방향성이 요구된다. 정책 혼합(policy mix)은 기술 개발-시장 형성-확산이라는 기술 여정을 고려하여, 규제 수단과 인센티브 수단이 상호보완적으로 작동하도록 설계되어야 한다(Rogge & Reichardt, 2016).

둘째, 정책 수단은 시장 기반 메커니즘과 명령형 규제 간의 균형을 기반으로 구성되어야 한다. 가격 기반 정책(예 탄소세, 에너지세, 보조금 개편, 배출권거래제)은 외부비용의 내부화를 통해 지속가능한 소비와 투자 방향을 유도하며, 양적 규제(예 RPS, 연료혼합 의무, 고효율 기준, 건물에너지코드 등)는 일정 수준의 기술 전환을 제도적으로 보장한다. 예를 들어, 독일의 재생에너지법(EEG)은 발전차액제도(FIT)에서 입찰제도로의 전환을 통해 비용효율성과 시장 유연성을 동시에 도모하였다(BMWK, 2022).

셋째, 형평성과 포용성을 내재한 제도 설계는 지속가능성을 뒷받침하는 핵심 요건이다. 취약계층의 에너지 접근 보장, 에너지 빈곤 완화, 지역 주민의 참여와 수용성 증진, 고용 전환과 같은 사회적 요소가 제도 안에 포함되어야 하며, 이를 통해 지속가능한 시스템이 사회 전체의 수용과 정당성을 확보할 수 있다(Carlely & Konisky, 2020). 이와 함께 전환지원기금, 노동시장 연계 정책, 지역 협의체 등은 사회적 갈등을 조정하는 실질적 장치로 기능한다.

넷째, 지속가능한 시스템 구축에는 다층적이고 협력적인 에너지 거버넌스 체계가 필요하다. 전통적인 중앙정부 중심의 수직적 정책 운영 방식에서 벗어나, 지방정부, 시민사회, 에너지 소비자, 지역 에너지조합, 민간기업, 국제기구 등 다양한 행위자들이 정책 형성-집행-감시-피드백의 전 주기에 걸쳐 참여할 수 있는 구조가 중요하다(Geels, 2011). 이는 단순한 참여를 넘어, 다중 수준(Multi－level), 다부문(Multi－sectoral), 다행위자(Multi－actor)의 통합 거버넌스 체계 구축으로 이어져야 한다.

다섯째, 제도 간 정합성은 정책 효과성과 지속가능성 확보에 필수적이다. 예컨대 재생에너지 확대정책이 전력요금 규제나 송전망 투자 규제와 충돌할 경우, 시스템 전체의 효율성과 투자유인이 저해될 수 있다. 따라서 에너지, 환경, 산업, 복지, 재정 정책 간의 목표 일관성과 규범적 조화를 제도 설계 초기부터 반영해야 한다(Metcalf, 2009).

결론적으로, 지속가능한 에너지 시스템의 제도 기반은 단순한 기술 확산을 넘어서, 정책 목표의 명확성, 수단 간 상호보완성, 형평성과 참여의 보장, 제도 간 정합성이라는 원칙 위에 설계되어야 한다. 이를 통해 기술혁신과 경제적 유인을 제도적으로 뒷받침하고, 환경적 지속성뿐 아니라 사회적 통합과 제도적 신뢰에 기반한 장기적 안정성을 구현할 수 있다.

(5) 회복력과 적응성: 기후 리스크 대비

지속가능한 에너지 시스템은 기후변화에 따른 장기적 탄소중립만을 추구하는 것이 아니라, 기후위기가 야기하는 물리적 충격과 사회경제적 교란에 대한 회복력과 적응성을 함께 갖추는 것을 전제로 한다. 이는 특히 점점 더 빈번해지고 강도 높아지는 극한 기상현상과 복합 리스크 상황 속에서 에너지 시스템이 견고하게 작동할 수 있는 조건을 의미한다(IPCC, 2022a).

기후변화로 인한 위험은 다양하다. 폭염, 혹한, 홍수, 가뭄, 산불 등은 발전설비의 출력 저하, 냉각수 부족, 송전선 고장, 수력발전 용수 고갈 등을 초래할 수 있으며, 실제로 유럽, 북미, 동아시아 등에서는 기상이변이 전력공급 중단이나 대규모 정전으로 이어진 사례가 증가하고 있다(Cruz & Krausmann, 2013). 이러한 위험은 단순한 자연재해의 문제가 아니라, 에너지 시스템의 연계성, 복잡성, 집중성을 고려할 때, 매우 심각한 구조적 위협이 될 수 있다.

따라서 회복력 있는 에너지 시스템은 단순한 설비의 강화에 그치지 않고, 물리적, 운영적, 제도적 차원의 다층 대응체계를 포함해야 한다. 물리적 회복력은 발전소, 변전소, 송전망 등 인프라의 내재적 강인성(hardening)을 의미하며, 침수 대응 설계, 내열 소재, 지열차단 기술, 이중회로망 구축 등 구조적 보강을 포함한다. 운영적 회복력은 실시간 감시, 분산형 자원(DERs)의 활용, 마이크로그리드, 자동 재구성 시스템 등을 통해 계통 운영의 유연성과 자율성을 확보하는 것이다(Panteli & Mancarella, 2015).

또한 디지털 보안과 사이버 회복력도 주요 이슈로 부상하고 있다. 스마트그리드와 디지털 제어 시스템의 확산은 효율성과 정보 흐름을 향상시키는 반면, 해킹, 악성코드, 통신 장애 등 새로운 취약성을 초래한다. 2021년 미국 Colonial Pipeline 해킹 사건은 사이버공격이 에너지 인프라 전체를 교란시킬 수 있다는 사실을 보여준 대표적 사례이다. 이에 따라 사이버 회복력 확보를 위한 다중 보안계층, 데이터 암호화, 긴급 복구 프로토콜 등이 필수적으로 요구된다.

한편, 회복력은 기술적 대응만이 아니라, 적응형 제도와 정책 구조를 통해 함께 보완되어야 한다. 이는 기후위기에 대한 예측 기반 시나리오 구축, 에너지 수급 계획의 재설계, 리스크 기반 투자 우선순위 조정, 보험제도 및 긴급 재정 수단 마련 등을 포함한다(OECD, 2018). 예를 들어, 일부 국가에서는 에너지 시스템의 기후 복원력을 평가하는 '기후 적응 스트레스 테스트'를 제도화하고 있으며,

국제에너지기구(IEA)와 세계은행(WB)도 개발도상국을 대상으로 기후 리스크 기반의 인프라 설계 가이드라인을 제공하고 있다(World Bank, 2021a).

특히 분산형 전원, 지역 기반 마이크로그리드, 에너지 자립마을 등은 에너지 지역화를 통해 회복력 제고를 기대할 수 있다. 이는 공급 측 충격 발생 시에도 최소한의 전력 공급을 유지할 수 있게 하며, 중앙 집중형 시스템의 취약성을 완화하는 방안으로 각국에서 시범 도입이 확대되고 있다.

지속가능한 에너지 시스템은 단순한 탄소 배출 저감만이 아니라, 기후위기와 복합재난에 유연하게 적응하고, 장애 발생 시 빠르게 복구할 수 있는 회복력을 설계단계에서부터 내재화해야 한다. 이를 위해 기술적, 제도적, 사회적 대응이 통합된 형태로 구축되어야 하며, 지속가능성과 회복력은 상충하는 개념이 아니라, 에너지 시스템의 지속적 작동을 위한 서로 보완적인 핵심 기둥이라 할 수 있다.

6 에너지 접근성과 형평성

에너지 접근성(Energy Access)은 인간의 기본적인 삶의 조건이자 지속가능한 발전을 위한 선결 요소로 간주된다. 국제사회는 이를 단순히 전력망에의 연결 여부가 아니라, 안정적이고, 저렴하며, 청정하고, 지속가능한 현대적 에너지 서비스를 사용할 수 있는 권리로 정의하고 있다(UNDP, 2011). 이에 따라 에너지 접근성은 조명, 난방·냉방, 요리, 교육, 정보통신, 의료 등 기본적인 생활영역에서 에너지를 '어떻게' 그리고 '얼마나' 사용할 수 있는지를 포괄하는 다차원적 개념으로 확장되었다.

에너지 접근성은 사회적 형평성과 깊게 연결되어 있다. 고소득층은 청정하고 안정적인 에너지원을 사용할 수 있는 반면, 저소득층이나 농촌·낙후지역 주민은 여전히 생물성 연료나 불안정한 전력 공급에 의존하는 경우가 많다. 이러한 불균형은 단지 물리적 접근의 문제를 넘어서, 건강, 교육, 소득기회, 여성의 시간사용, 정보접근성 등 다양한 사회경제적 격차를 구조화한다. 특히 여성과 어린

이는 조리 연료 수집에 더 많은 시간을 사용하고, 비위생적인 연료 사용으로 인한 실내 공기오염 피해에 더 크게 노출된다(ESMAP, 2015).

2022년 기준으로도 약 7억 명이 전력을 공급받지 못하고 있으며, 23억 명은 여전히 비위생적인 고체연료에 의존하여 조리를 하고 있다(IEA, 2022a). 에너지 부족은 개발도상국만의 문제가 아니라, 선진국 내부에서도 에너지 빈곤(Energy Poverty) 문제가 심각하게 대두되고 있다. 에너지빈곤은 일반적으로 소득 대비 에너지 비용 비율이 비정상적으로 높거나, 적절한 수준의 난방·냉방을 유지할 수 없는 상태를 의미하며, 이는 건강 문제와 주거환경 불평등으로 이어진다(Thomson et al., 2017).

이러한 맥락에서 에너지 형평성은 에너지 경제학적 분석의 중요한 가치로 떠오르고 있다. 에너지 형평성이란 에너지 자원의 배분이 얼마나 공정하게 이루어지는지를 묻는 개념으로, 소득 수준, 지역, 세대, 성별 간 차이를 고려한 자원 배분 방식을 모색한다. 예를 들어 탄소세나 전력요금 개편은 기후변화 대응에는 효과적일 수 있으나, 역진적 부담을 초래할 경우 저소득층에 불리하게 작용할 수 있다. 따라서 에너지 형평성은 이러한 정책 수단의 효과를 단순한 평균적 효율성 기준이 아니라, 사회 전체의 후생분포까지 고려하는 관점으로 확장시킨다(Fankhauser et al., 2014).

정책적으로는 보편적 에너지 접근을 위해 목표지향적 보조금(Targeted Subsidies), 에너지 바우처, 연료 전환 인센티브, 지역 기반의 분산형 전원 확대 등이 도입되고 있다. 특히 마이크로그리드, 소형 태양광 시스템(SHS), 청정조리기기 보급 등은 농촌이나 에너지 소외지역에서 효과적인 해결책으로 작용하고 있다. 또한 선진국에서는 에너지 빈곤층에 대한 겨울철 난방지원, 에너지 효율 개선 프로그램, 사회요금제 등도 형평성 보장을 위한 보완수단으로 활용되고 있다(Carlely & Konisky, 2020).

에너지 접근성과 형평성은 단지 에너지의 '양'과 '가격'만의 문제가 아니라, 누가 어떤 방식으로 에너지 서비스를 이용할 수 있으며, 그로부터 어떤 기회와 제약을 경험하는지를 분석하는 문제이다. 이는 지속가능한 에너지 시스템이 기술과 시장만으로는 작동하지 않으며, 사회적 약자와 미래 세대에 대한 고려가 내재된 구조적 설계를 필요로 한다는 점을 분명히 보여준다.

7 사회적 수용성과 거버넌스

지속가능한 에너지 시스템은 기술적 효율성과 경제적 타당성만으로 구현될 수 없으며, 시민의 신뢰와 사회적 지지를 기반으로 하는 제도적 기반이 수반되어야 한다. 이러한 맥락에서 사회적 수용성과 에너지 거버넌스는 단순한 전환의 실행 수단을 넘어, 에너지 시스템이 장기적으로 안정적이고 포용적으로 운영되기 위한 핵심 요건으로 자리잡고 있다(Wüstenhagen, Wolsink, & Bürer, 2007).

사회적 수용성은 일반적으로 시장 수용성, 정책 수용성, 지역 수용성의 세 가지 차원으로 구성된다. 시장 수용성은 재생에너지 설비나 고효율 기술이 소비자와 기업에 의해 자발적으로 채택되는 정도를 의미하고, 정책 수용성은 정부의 에너지 정책에 대한 시민의 신뢰와 지지를 뜻한다. 특히 지역 수용성은 송전선, 풍력, 태양광 등 인프라 시설의 입지에 대해 지역 주민이 보이는 태도로, 에너지 인프라가 물리적·공간적으로 작동할 수 있는 기반을 결정짓는 실질적 요소이다.

실제로 세계 각국에서 풍력터빈, 고압 송전망, 대규모 태양광 단지 등의 설치 과정에서 지역 주민의 반대가 빈번히 발생하고 있으며, 이는 흔히 'NIMBY(Not In My Backyard)' 또는 'BANANA(Build Absolutely Nothing Anywhere Near Anything)' 현상으로 설명된다. 그러나 이는 단순한 지역 이기주의로 환원될 수 없으며, 정보의 비대칭, 절차의 불투명성, 정서적 거리감, 보상구조의 불균형 등 복합적 요인이 결합된 결과로 이해해야 한다.

따라서 지속가능한 에너지 시스템의 제도 설계에서는 공정성과 투명성을 내포한 절차적 정당성이 필수적이다. 조기 정보 제공, 주민 설명회, 의견 수렴, 이익 공유 메커니즘 등은 신뢰를 형성하고 사회적 갈등을 완화하는 데 효과적이며, 지역 재정 기여, 고용 창출, 공동 소유 구조는 에너지 인프라가 지역사회에 실질적 이익을 제공하는 방식으로 정착되는 것을 돕는다.

이러한 수용성을 제도화하기 위해서는 에너지 거버넌스의 다층적 구조와 협력적 운영 방식이 필요하다. 에너지 시스템은 다수의 이해당사자가 얽힌 복잡한 구조를 지니고 있으며, 지속가능한 운영을 위해서는 중앙정부, 지방정부, 시민사회, 기업, 지역공동체 등이 정책의 형성-집행-평가-조정 과정 전반에 걸쳐 참여하는 구조가 요구된다(Geels, 2011). 특히 이해관계 충돌이 빈번한 에너지 인프라 분야에서는 중앙－지방 간 정책 정합성과 조정 메커니즘, 시민 참여 기반의 숙의제도, 거버넌스 내 민주성과 투명성 확보가 시스템 지속가능성의 핵심 요건이다(Kern & Bulkeley, 2009).

결론적으로, 사회적 수용성과 거버넌스는 단지 에너지 전환의 실행 가능성을 높이는 요소가 아니라, 에너지 시스템이 장기적으로 사회적 정당성과 제도적 안정성을 확보하며 운영되기 위한 구조적 조건이다. 이를 위해서는 형식적 제도 설계뿐 아니라 신뢰, 공정성, 참여라는 가치 기반의 제도 문화가 병행되어야 하며, 이러한 기반 위에서 지속가능한 에너지 시스템은 보다 포용적이고 회복력 있는 방향으로 진화할 수 있다.

8 에너지 지속가능성과 국제협력

에너지 지속가능성은 국경을 초월한 문제이다. 에너지 자원의 고갈, 기후변화, 기술 격차, 에너지 빈곤은 단일 국가의 노력만으로는 해결될 수 없는 전 지구적 도전이며, 이에 따라 국제적 협력과 거버넌스 체계 구축이 지속가능한 에너지 시스템의 핵심 기반으로 부상하고 있다(IPCC, 2022a).

우선, 기후변화와 탈탄소 전환이라는 전지구적 의제는 에너지 시스템의 지속가능성 논의를 국제무대에서 전개하게 만든 대표적 요인이다. 탄소는 국경을 넘는 외부효과이며, 전 세계 온실가스 배출량의 상당 부분은 에너지 생산과 소비에서 발생한다. 이에 따라 유엔기후변화협약(UNFCCC), 파리협정(Paris Agreement), G20 에너지·기후 공동세션 등은 각국의 감축 목표와 이행계획을 조율하고 있으며, 국가결정기여(NDCs)는 국가 수준에서 지속가능한 에너지 경로를 구체화하는 핵심 도구로 작동하고 있다(UNFCCC, 2015).

둘째, 기술 이전과 역량 강화는 국제협력의 핵심 축이다. 개발도상국의 경우 재생에너지나 스마트그리드 기술이 상업적으로 접근 불가능하거나, 관련된 제도·인프라가 부족하여 에너지 전환이 지체되는 경우가 많다. 이러한 기술 격차를 해소하기 위해 국제에너지기구(IEA), 국제재생에너지기구(IRENA), 세계은행(WB) 등은 기후기술센터(CTCN), 기술매핑 플랫폼, 공공-민간 파트너십 등을 통해 기술 이전을 지원하고 있으며, 선진국의 공공 자금 또는 녹색기후기금(GCF)을 통한 지원이 병행되고 있다(Buchner et al., 2021).

셋째, 재정 지원 역시 에너지 지속가능성의 글로벌 실행력을 좌우한다. 재생에너지 프로젝트, 전력망 확충, 에너지 효율 사업 등은 초기 자본투자가 크고 회수기간이 길기 때문에 개발도상국 입장에서는 외부 지원 없이는 실행이 어렵다. 이에 대응하여 녹색기후기금(Green Climate Fund), 글로벌환경기금(GEF), 세계은행의 에너지 전환 창구(ETP) 등은 저금리 융자, 보증, 투자 조합(blended finance)을 통해 위험을 완화하고, 민간자본을 유인하는 전략을 채택하고 있다(OECD, 2022a).

넷째, 국제 에너지시장 및 인프라의 통합도 지속가능성 확보를 위한 협력 대상이다. 유럽의 전력망 통합(EU Internal Electricity Market), 아세안 전력그리드, 아프리카의 전력풀(WAPP, SAPP) 등은 에너지 안보와 효율성을 강화하고, 재생에너지의 지역 간 분산을 촉진하는 데 기여하고 있다(Crossley, 2020). 에너지 교역의 다변화와 상호연결성 증대는 단일 국가의 불안정성을 줄이고, 지속가능한 공급망을 구축하는 전략으로 주목받고 있다.

마지막으로, 에너지 형평성에 기반한 협력 메커니즘이 강조되고 있다. 선진국과 개도국 간에는 역사적 배출 책임, 기술력, 재정 여력, 에너지 접근 수준에 있어 구조적 불균형이 존재하며, 이는 협상의 신뢰를 약화시킬 수 있다. 따라서 국제협력은 단순한 '기여'의 문제가 아니라, 공정한 부담 분담과 상호 책임 원칙을 반영하는 구조여야 하며, 다자기구와 지역협력체가 이 역할을 조율해야 한다(Sovacool et al., 2017b).

결론적으로 에너지의 지속가능성은 국제적인 제도 설계, 기술·재정적 연대,

시장의 통합, 그리고 공정한 파트너십을 통해 실현될 수 있다. 단순한 목표 설정을 넘어서, 구속력 있는 이행 메커니즘과 제도적 신뢰의 확보가 요구되며, 이를 통해 각국은 상호보완적으로 기후위기와 에너지 전환이라는 복합 과제에 대응해 나갈 수 있을 것이다.

9 SDGs, 녹색성장, ESG와의 연계

지속가능한 에너지 시스템은 단순히 기술적 전환을 의미하지 않는다. 그것은 글로벌 정책 프레임워크인 지속가능발전목표(SDGs), 저탄소 전환과 경제 성장을 결합하려는 녹색성장 전략, 그리고 기업 수준의 지속가능 경영을 의미하는 ESG (Environmental, Social, Governance) 원칙과 유기적으로 연계된다. 이는 에너지정책이 더 이상 고립된 부문정책이 아니라, 경제·환경·사회 전체를 아우르는 종합적 지속가능성 전략의 일부임을 시사한다(Sachs et al., 2019).

우선, 지속가능발전목표(Sustainable Development Goals, SDGs) 중 SDG 7은 "모두를 위한 저렴하고 신뢰할 수 있으며 지속가능한 현대적 에너지 접근 보장"을 명시하고 있으며, 이는 에너지 접근성, 재생에너지 비중 확대, 에너지 효율 향상이라는 세 가지 핵심 세부 목표로 구체화된다(United Nations, 2015). 더 나아가 에너지는 기후변화 대응(SDG 13), 물관리(SDG 6), 산업혁신(SDG 9), 빈곤퇴치 (SDG 1) 등 다수의 목표 달성에 필수적인 교차적 자원으로 간주된다. 에너지 시스템의 지속가능성 제고는 따라서 SDGs의 다차원적 통합성을 구현하는 핵심 매개로 기능한다.

둘째, 녹색성장은 환경 훼손을 최소화하면서도 경제 성장을 지속할 수 있다는 정책 패러다임으로, 특히 국제기구와 신흥국 정부의 성장전략에 중요한 좌표로 작용하고 있다(OECD, 2011). 녹색성장은 재생에너지 산업, 에너지 효율 기술, 친환경 인프라 투자 등 '녹색 부가가치'를 창출하는 경제 활동을 장려하며, 이는 전통적인 산업정책과 지속가능성 목표를 연결하는 정책 혼합의 대표적 사례이다. 한국, 독일, 중국 등은 탄소중립 목표를 산업전환과 연결한 녹색성장 전략을 채택하고 있으며, 이러한 접근은 에너지 전환이 오히려 장기적 성장과 일자리 창출을 가능하게 한다는 경제 논리를 강조한다(World Bank, 2012).

셋째, ESG(Environmental, Social, Governance)는 기업 및 금융시장 차원에서 지속가능성을 내재화하려는 민간 주도의 지배구조 프레임워크로 자리 잡고 있다. 특히 E(Environment) 항목에서 온실가스 배출, 에너지 사용량, 재생에너지 전환, 물 사용, 생물다양성 등이 핵심 평가 기준으로 설정되어 있으며, 이는 기업의 에너지 전략이 단순한 비용 요인이 아니라 평가, 투자, 리스크 관리의 핵심 요소로 기능하고 있음을 보여준다. 글로벌 자산운용사의 투자 의사결정에 있어 ESG 점수는 점점 더 중요한 기준이 되고 있으며, 이에 따라 에너지 집약도가 높은 산업은 빠르게 탈탄소 전략 수립과 정보공시 확대를 추진하고 있다(Matos, 2020).

특히 ESG의 제도화와 금융 연계는 녹색 채권, 지속가능채권, 책임투자원칙(PRI), EU 지속가능금융분류체계(EU Taxonomy) 등으로 확장되고 있으며, 이는 민간부문이 에너지 전환과 지속가능성 달성에 직접 참여하는 구조적 통로를 제공하고 있다(UNEP FI, 2021). 정부는 이 과정에서 정보공시 기준 제정, 그린워싱 방지 규제, 탄소가격 정책과 ESG 연계 등 정책적 정합성을 높이는 조율자 역할을 수행하게 된다.

결론적으로, 에너지의 지속가능성은 SDGs, 녹색성장, ESG라는 글로벌 공공정책과 민간 지배구조 프레임워크와의 유기적 연계를 통해 실현되는 복합적 목표이다. 이는 기술 도입이나 시장 구축만으로는 달성될 수 없으며, 거버넌스, 재정, 규제, 투자 흐름 전반의 구조적 재편을 요구한다. 따라서 정책 설계자는 이들 상위 프레임과의 연계성을 명확히 인식하고, 지속가능성과 성과의 정렬(alignment)을 기준으로 전략을 설계해야 할 것이다.

참고문헌

이 QR코드를 스캔하면
"에너지 경제학"의 참고문헌을 열람할 수 있습니다

색 인

－ㄹ－

－ㅁ－

－ㅂ－

－ㅅ－

— ㅇ —

— ㅈ —

저자소개

김동훈

연세대학교 상경대학 경제학과 졸업(경제학 학사 · 석사)

미 코넬대학교 대학원 경제학과 졸업(경제학 석사 · 박사)

한국은행

미 코네티컷 주립대 교수

연세대학교 국제처장

한국자원경제학회 회장

현 연세대학교 국제학대학원 교수

에너지 경제학

초판발행 2025년 10월 30일

지은이 김동훈
펴낸이 안종만 · 안상준

편 집 탁종민
기획/마케팅 장규식
표지디자인 BEN STORY
제 작 고철민 · 김원표

펴낸곳 (주) 박영사
서울특별시 금천구 가산디지털2로 53, 210호(가산동, 한라시그마밸리)
등록 1959. 3. 11. 제300-1959-1호(倫)
전 화 02)733-6771
f a x 02)736-4818
e-mail pys@pybook.co.kr
homepage www.pybook.co.kr
ISBN 979-11-303-2164-6 93320

정 가 35,000원